奈曼文化史

孛儿只斤·额尔德木图◎编著

内蒙古出版集团
内蒙古文化出版社

序

所谓的文化史,听起来是个新名词,实则是在一定范围历史的基础上累积、演绎、整理起来的社会政治制度、宗教沿革、民俗风貌、科学发展的综合史。

中华文化源远流长。就文化的载体文字而言,汉字的诞生时间尚难以考证,相传伏羲作八卦,仓颉造字。19世纪末发现了3000多年前的汉字——甲骨文。近些年又有更早期文字发现的报道,如距今5000多年前的高邮陶文等。中国各民族早就有敬天祭祖的传统,注重人伦道德。自唐、虞至夏、商、周三代,帝王与诸侯分而治之。周朝末期进入春秋战国,产生了诸子百家;汉以后成为儒家社会,东汉前后道教的兴起、佛教的传入,都成为中国文化的重要元素。

中国文化在古代创造出了灿烂的文明,并且不断延绵传承创新至今。近代以后的西洋文化自元代时传入中国,在清末民初,对社会产生了重要的影响。其中形成于西方的近代科学技术推动了中国文化的进步,而形成于西方的民主政治观念给中国带来了巨大的影响。总而言之,或谓自太古至秦、汉,为中国人创造文化及继续发达之时期;自汉末以来,则为中国文化中衰之时期。在中国大陆,随着改革开放以后市场经济的逐渐兴起,复兴中华传统文化与政治民主化成为一个社会趋势。

有历史学家将没有文字出现之前的文化称为史前文化。中国境内有多处早期人类活动的遗址被发现。考古证据显示,224万年至25万年前,中国就有直立人居住。考古发现的有巫山人、元谋人、蓝田人、南京直立人、北京直立人等。

旧石器时代,人类使用的多为简单的打制石器,而新石器时代多使用磨制石器,表面平滑锐利,已经相当精致。石器时代的工具材质也已经不限于石器,诸如竹器、木器、陶器、骨器等都已经被大量使用。火对于人类文明的进步也起到重大作用。人类开始用火来烹调食物以延长寿命,并且火也可以用来烧制陶器与玉器。

近代考古在中原地区发现的裴李岗文化、贾湖文化等,一万年前至七千年前已经进入以原始农业、畜禽饲养业和手工业生产为主,以渔猎业为辅的原始氏族社会,其中出土的龟甲契刻符号与约三千年前的殷商甲骨文有类同和相似之处,是目前中国乃至世界发现最早与文字起源有关的实物资料。当华夏文明在中原发展的时候,现在的中国疆域内还分布着其他各种文化。其中,距今一万年到五千年的文化,近代以来考古发现的金陵北阴阳营文化、高邮龙虬文化、嘉兴马家浜文化、余姚河姆渡文化、含山凌家滩文化、潜山薛家岗文化、天门石家河文化、巫山大溪文化等,分布于长江下游、中游和上游等地。三星堆遗址发现的古蜀文明,更是达到了很高的程度。

早先人们认为中华文化单一起源于黄河流域,但晚近的考古研究证明史前文化范围遍及中国各地,呈现各地并起的现象,并各有其风格。在其中比较重要的有中原地区的仰韶文化,其被认为是来源自中亚之安多文化,距今约一万年历史,以及后来之老官台文化和其延续的龙山文化,黄河下游的大汶口文化,辽河中上游流域地区的红山文化,长江中下游地区的良渚文化和河姆渡文化,四川地区的三星堆文化,还有台湾岛上的圆山文化。而在香港之黄土峒文化,更是中国华南地区文化之最早遗址,距今四万多年。

传说中的三皇五帝,是夏以前远古中国杰出首领的代表。中国神话始于盘古开天辟地,显示盘古可能是早期开辟疆土的领袖。女娲补天造人的神话,则表明女娲可能是教化婚配生育的首领。传说燧人发明钻燧取火,神农开创农业及医药,伏羲教民渔、猎、畜牧,创造八卦、文字,此即三皇。

三皇之后的首领,黄帝、颛顼、帝喾、尧、舜为五帝。五帝时期,古黄河水患严重,大禹以疏导之法成功治水,被推为王。

夏商周三代文化最大的特色即为宗法制度。宗法制度萌芽于夏朝,宗法制度完备确立在西周,其是在晚商的长子继承制的法则上加以严格规范与执行。标志为嫡长子继承制、土地分封制与严格的宗庙祭祀制度。在宗法制度下,"礼仪"对每个士族成员有极大的强制性和约束力,实际上宗法制度已经成为一种未成文的习惯法。在宗法范围内宗庙里祭祀辈分之亲疏,即规定了地位的高下。宗庙里的谱牒,即是政治上的名分。在宗法体制下,"国"与"天下"是以"家"做原型扩大的,"家"的精神乃成为各级政治秩序的基型。宗法制度在西周末期已开始瓦解,但宗法制度的影响却长期笼罩着中华社会。西周的宗法封建制度留给春秋战国时期士人天下只有一个共主的观念,这种思想也为秦汉帝国的建立与统一奠定基础。宗法制度的影响不仅是政治层面的影响,也不限于统治阶级,它在后世成为平民社会宗族概念的基础而普遍传承。

在中国文化史上,商朝、周朝时期的中国人产生了永不死亡的先妣神观念,也未有佛教宣导的轮回转世的思想。但当时的人也已经认为人死后会变成鬼,并且生前的身份会在阴间延续。因此商周时代人们认为人死后的灵魂依然继续关心影响人世之事,这导致占卜的流行。而是否能够得到鬼神的保护在于祭祀典礼是否恰当。商朝问卜的工具多为龟甲或骨头,而周人问卜的工具已经转为由阴阳符号组成的八卦及扩充而来的六十四卦来表示吉凶。到了西周晚期,统治者与士人已对天命产生怀疑。士人逐渐看重"民心",而获取民心就要施行"德政",这后来就成为儒家主张"德治"的依据。

商周时代的礼器以青铜器和玉器最重要。其造型典雅庄重,体现当时的文化特质。中国的青铜冶炼技术在商周时期也达到了一个先进成熟的阶段。周代手工业种类增加,分类更细致,因此有百工之说。商周时期发展成熟的阴阳五行学说也成为中国最早对自然现象的归纳方法。五行八卦学说更成为中国人的思维模式之一。商代已经有专司天文的人员,并在夏代天干记日的基础上发展出干支记日法。周代发明了圭表测影的方法后更确定了部分节气与十二时辰。在数学方面商代已开始使用十进位制，西周时期数学更成为"士"的必修科目。

在东亚大陆上目前发现的最早文字是商代的甲骨文，距今已有三千三百年的历史，商代奠定了中国主体字形声字的基础。商周时期也有不少知名的文学作品诞生流传，诸如《尚书》、《诗经》等。

西周末年，贵族政治趋于崩溃，宗法秩序日益混乱。春秋战国时代不仅是旧社会秩序的瓦解，也是新社会形态形成的时期。封建时期采用世卿世禄制，贵族世代为官。战国时期开始突破，出现了"布衣卿相"。在战国时代，世袭贵族没落消失，农民由依附者变为小自耕农，私有土地成为一般土地所有形态，私人工商业也随之兴起。

中国在商周时代中原地区并不全为华夏族的社会，而在华夏族的城邦之间还散布许多夷人的部落。这种华夷杂处的情形在春秋战国的大动荡中，华族与夷族之间的战争不曾中断，尊王攘夷更是成为华族凝聚内部的不二法门。在这种不断的征战中，双方都在不断吸收对方文化中优秀的部分，最典型的即为赵武灵王胡服骑射。夷族既有如同楚、吴、越等被华族同化者，也有如同东胡、西羌等被驱逐者。

在东周时期，由于宗教束缚的解除，新的社会风尚取而代之。春秋战国时期，四则运算已经完备。在历算方面，战国末期已有根据太阳年运转的二十四个节气。战国时代也是中国传统医学理论建立的时代。冶铁业的兴起更是加速了土地的开垦。大型水利工程的建设也于此时开始，其中最出色的都江堰到如今还依旧发挥着重要的作用。

春秋战国之时，官学散于民间，百家学术萌发，人文理性精神日进，因而夏商周时代嬗变而来之宗教观念焕然一新。季梁曰："民，神之主也，是以圣人先成民而后致力于神。"神为人所创造，民为神主，则前古神秘观念渐消。上古"上帝"之概念渐由自然之"天"取代，天为道德民意之化身，这构成了后世中国文化信仰的一个基础，而"敬天祭祖"是中国文化中最基本的信仰要素。

春秋战国时代的思想开放运动其规模之大历时之长也为仅见。人文思想在此时期也成为中国哲学的支柱。诸子百家在这个历史阶段各自宣扬自己的政治主张与处世思想,其中,为孔子、孟子、荀子所主张崇尚伦理道德的儒家,为老子、庄子、列子所主张崇尚自然无为的道家,为墨子所主张的墨家,为商鞅、韩非所主张的法家与后来的佛家思想并为后世中国最重要的五种思想。

同时,因为文化的发展,文学也得到了很快的发展。其中首屈一指的当属战国晚期楚国诗人屈原所著的楚辞名篇《离骚》。与之一时瑜亮的是《诗经》中记载各国民歌的章节《国风》。此外,诸子的散文也各具特色,《庄子》一书洋洋洒洒,是先秦诸子散文中的佼佼者。

战国时代是中国古代社会大变动的时代,而其产生的新社会在秦汉时代成型。秦汉时代的文化模式奠定了中国近两千年来文化的基础,又有其时代特色。秦汉时期中国人的精神风尚业已形成。

在秦汉时期,长城已经成为华夏定居农民和域外草原游牧民族的明确分界线。

自秦汉以后,华夏族对外的殖民与扩张多集中于东方与南方,与长城以外的地区多为征伐、邦谊与交流。这种关系唯一的例外是在西域丝绸之路沿线地带。在中西海上交通还未兴盛之前,中国与西方国家主要的交流大多经由西北陆上的河西走廊。远洋航行在此时也开始出现。随着丝路的开通,各种异国产物源源不断地进入中国,至今已成中国土产,例如葡萄、石榴、芝麻、豌豆、蚕豆、核桃、黄瓜、香菜、大蒜、苜蓿、生姜等。由于西域风俗的盛行,中国文化得到极大丰富。诸如舞蹈、杂技、鼓吹乐等纷纷传入中国。骆驼、石狮,辟邪、天鹿等怪兽造型也传入中国。而丝织品也成为中国最重要的外销品。

秦汉时期也为中国奠定了疆域和思想的基础。秦始皇焚书坑儒,在政治上统一了中国之后,又统一度量衡。汉武帝时,采纳董仲舒的建议,罢黜百家、独尊儒术。从此之后,儒家思想成为中国的正统思想。儒家思想能够经两千年而延续中国正统思想的地位,原因在于其经过以董仲舒为代表的汉儒的补充与改造,已经综合先秦时期各种思想于一体,并以儒家思想为核心。而以探讨先秦儒家思想为目的的经学也在汉朝成形,成为传统中国学术的重心。

秦汉时期,中国传统的农、医、天、算四大学科在汉代已经形成了自己独特的体系。《九章算经》、《素问》、《本草经》、《相六畜》等著作均已问世。金属冶炼技术也突飞猛进。

在这一时期内,中国传统的神话系统也基本成形。随着《山海经》与葛洪所著的《抱朴子》的流传与东汉末年天师道的兴起,中国人传统的神仙观点也基本盛行。

自汉献帝元年至隋文帝开皇九年,凡393年,为中国扰乱分裂之时,魏晋南北朝即在此间。或谓,汉末以来,虽政治教育仍多沿古代之法而继续演进,且社会事物,亦时有创造发明,然就全体观之,则政教大纲不能出古之范围,种族衰弱,时呈分割之状。虽中国亦能以固有之文化,使异族同化于华夏,要其发荣滋长之精神,较之太古及三代、秦、汉相去太远。

中国文化中衰及印度文化东来,究其原因,兹举数端,后世亦可为鉴:

(一)坏于盗贼无赖。秦以前,创业开国者多圣哲;秦以后,起事革命者多盗贼。盗贼无赖之徒,成则为帝王,固不识治国御世之道;败则肆焚掠,尤不解保护文化之益。

(二)坏于科举利禄。科举之制,发源于汉,大备于唐。虽科举考试可以泯贵族平民之阶级,然以利禄诱人,大损人格,实与古代教育之大义相反。

(三)宗教信仰之缺乏。中国国民脱离初民之迷信最早。唐、虞、三代之圣哲,专以人事言天道,即殷人尚鬼,有似于宗教性质,然其祭祀仍专重人鬼,无宗教家荒诞之说。后之立国者,于政治教育不能尽餍人望,又无宗教以资其维系,则人心之饥渴,乃甚于原有宗教之国家。

战国以来,神仙方士之说,因之以盛,而其效不可睹。要其为术,足以惑下愚而足以启上智。而佛教当时流入中国,正合于中国人心渴仰宗教之潮流。又有五胡乱华,外族政权治中原初以多种缘由而推显释教。然而,以中国人吸收之力,使印度文化变为中国文化,传播发扬,且盛于发源之地。此时期,谓异族蹂躏中夏之时期可,谓异族同化于中夏之时期亦可。惟汉以前,政治主权完全在夏族,而他族则以被治者而同化。汉以后,政治主权不全在夏族,而他族则或以征服夏族者而同化。后汉之季,由朴学而趋游谈。汉末魏际天下大乱,乘时趋势者,不以道义为重。旷达之士,目击衰乱,不甘隐避,则托为放逸,遂开清谈之风。晋室之兴,世乱未已,向秀之徒,益尚玄风。清谈所标,皆为玄理。稽其理论,多与释氏相通,故自晋以来,释子多治老、庄,清谈者亦往往与释子周旋,佛教于是与中国学说融合;或以佛与儒、道诸书并称,渐为儒释道之沟通融会。

从东汉后期到隋代五百多年的时间是一个乱世的时代,也是中原文化和周边胡族交流最密切的时代。华北是中华文化发源地之一,也是受草原游牧民族侵扰最多的地区。沿中国东北至西南边界,在西晋时有鲜卑、匈奴、羌、氐、羯等蒙古先人的五大民族,合称"五胡"。这五大民族在魏晋时先后有部分族群内徙。汉末中国大乱,原有内附民族开始侵扰中原,另外又有更多塞外游牧部落联盟迁入华北地区。而居住在华北地区的民族沾染了北方民族风俗,也引进了装备有马镫的骑兵。华北地区在五胡称雄的一百三十年的纷乱期,北方民族内徙;到北魏逐渐兼并华北,特别是北魏孝文帝太和九年(公元485年)的改革之后,才开始逐渐恢复社会经济生产。

这种情况在隋唐时得到了延续,中亚等地民族大量内徙的情况屡见不鲜。隋唐朝廷则划地予以安顿,任其自由生活。而北方民族的大量移入与活动,成为中国社会的一大特色。大量的北方民族高僧也成为中国佛教的栋梁。北方民族长期处于统治者的地位,但最终还是趋于汉化。北方民族统治者的政治形态多模仿汉人,北魏孝文帝更有汉化运动,易胡服、胡俗、胡名为汉服、汉俗、汉名,并鼓励胡汉通婚。另一方面,在北方长期居住的汉人在习俗方面也习染了胡风,呈现汉人胡化的现象。迁入华北的北方民族经常与当地汉族士族通婚,遂产生了半开化的混血新贵族,他们成为了新的统治者并统一了中国。北方民族与汉人的融合不仅产生了新的文化,生活习惯上也呈现了不同的风貌。而隋唐二朝更把这种趋势带到了塞外地区。隋朝为了交好中国西方与北方的游牧民族,先后把公主嫁给吐谷浑、突厥和高昌的君主;唐太宗进而把公主嫁给吐蕃王,通婚进一步带动了文化交流。

长江流域虽然在新石器时代晚期已经产生了令人瞩目的文明,但直到汉朝初期,仍未完全融入中华文化体系。西汉末年,长江以南大部分地区依然人口稀少。但到了东汉与三国时期时,为躲避中原地区的战乱,大批汉人开始移民长江流域。四世纪初,华北汉人地区的西晋政权被北方民族灭亡时,更大批的汉人大举移民到江南地区避难,此举带动了江南地区原有住民与汉文化的融合。唐朝在八世纪中叶发生的"安史之乱",带动汉人第三次南向移民,江南渐成汉人聚集的重心。而东晋与南朝时期,是江南开发最为快速的时期。由于北方大族举家南迁,人丁兴旺,耕作面积快速增加。隋朝的统一,虽然在军事上是北方统一南方,文化上却是南方向北方传播。而"安史之乱"后,南方在经济条件上亦超过了北方。

门第社会在魏晋南北朝时期的影响不亚于周朝时期的宗法制度。不同的是宗法制度的影响是从政治扩散到民间,而门第社会正好相反。门第在东汉时期已经形成,原因之一是当时学习条件困难,入仕只限于经济与文化条件优良的少数家族,形成这些家族累世为官,积久渐成门第。东汉覆亡后,平民失去了保护,纷纷依附到大族以求庇荫,这些大族乃组织自卫的团体,筑城自守。门第更有了军事与经济的影响力。南北朝时期各个政权根基不稳,往往仰赖门第支持。由于士族不需负役,平民争相依附,门第更趋发展。门第由法制化发展到法统化,以至于国家政权只有受到大门第的认可才得以延续。门第的形成与发展不是在短期内完成的,而是应社会的客观条件,结合形成广泛的文化生态,士族门第生命力不绝达数百年之久。士族门第为了维持其地位,一方面掌握政府人才进用管道的九品中正制,一方面选取门户相当的家族通婚,借此维护门第的尊贵。士族门第的庄园提供各种农业经济资源,并且拥有手工业作坊。东汉末年以降,由于汉人国运不振以及北方民族政权当道,逐渐养成门第不屑过问政治的风气,门第中人之间盛行清谈的风潮。结果江南门第士族以不问政治而标榜,最终也因此而消失。而北方汉人门第因混血而开始重视国力关心政治,并赖此统一南北。到隋朝推行科举考试制度,平民得以通过科举考试任官,士族无法通过人才选拔以壮大门第,到了唐代门第社会终趋于没落消失。

经过魏晋南北朝的民族与文化的交流和隋唐时的完全确立,使得华夏文明重新走上正轨和恢复发展,隋唐五代,宋成为中国历史上各民族文化交流最繁盛的朝代之一。国家呈现统一、上升、自信、开放的特质。由于糅合了南北、胡汉两种不同的文化类型与意识形态,隋唐时代的文化呈现出了前所未有的繁荣。隋唐时代的文化经济基础是奠定在成功的土地政策上的。均田制将荒地与部分门第私地分配于天下农户,来自于孟子的儒家思想终于实现。

自从印度的佛教通过中亚传入中国之后,与佛教相关的艺术形式也随之进入中国,其中最重要的要算是佛像壁画和佛像雕塑。由于印度佛像受到希腊文化的影响,因此中国佛像造像艺术融合了汉文化、印度文化与希腊文化。印度在早期的五百年内并没有制造佛像的习惯,人们认为佛的至高完美不是可以用人的相貌来描绘,因此早期的佛教艺术家是以佛的脚印或释迦佛悟道所在的"菩提树"作为佛的标记。后来由于希腊文化影响印度地区长达两百年之久,将古希腊人对人体美的崇尚观念植入印度,开启了印度的佛像雕塑,希腊文化亦对佛像雕刻产生了深刻影响。中国自南北朝佛教兴起后,中国的佛僧即袭印度的佛僧风尚,大举在深山之中,凿崖为窟修行,在窟内饰以佛像绘画与雕塑。中国的佛教重要石窟,现今主要有两大区域,一是华北地区,长期统治华北的北魏政权,在先后建都的大同与洛阳,分别开辟了云冈石窟与龙门石窟;第二个重要石窟群分布在西北地区,包括位于甘肃永靖县的炳灵寺石窟、丝路东端天水的麦积山石窟,以及丝路西陲的敦煌莫高窟。此外还有克孜尔千佛洞、大足石窟等位置孤立的石窟。

随着佛教信仰的盛行与石窟造像的发展,从南北朝到隋唐,成为宗教艺术盛行的时代。佛像彩绘与立体造像拓展了中国传统艺术的新领域,各种与佛教相关的装饰图案也普遍深入民间,佛画敷彩技巧补充了中国传统线描绘画的特质,佛塔佛寺建筑则丰富了中国原有的建筑风格。南北朝时期的宗教艺术由于西域及印度工人而使得艺术风格带有印度、希腊、波斯的色彩,这一时期也成为中国艺术最具异国情调的时期。

而与后代相比,北魏又显得异国情调特别浓重,后期的西魏则已有汉化的情形。在南北朝时期,除了佛教彩绘与雕塑外,工艺装饰方面亦由于佛教的兴起,铜器、石雕、织绣等均充满宗教色彩。作为佛教象征的莲花与忍冬成为此期的特色。绘画技巧方面,南北朝中期,佛画注重色彩晕染浸润的风格大为流行,对传统绘画的线描法造成巨大冲击。至南北朝晚期,敷彩的技法已远胜过白描,南朝梁画家张僧繇吸收此技,进一步舍弃线描,开创无骨的画法。而到了隋唐时期,宗教艺术不仅在形式上汉化,而且在精神意境上也有改变。隋唐的统一与经济上的繁荣太平促使宗教壁画风格由北魏时期舍身救世的悲惨气氛转为气势恢弘、情绪欢愉。原本来自印度表现释迦牟尼前生苦难的场景消失,取而代之的是对欢乐和幸福的幻想画面。而唐代的佛像雕塑以健康丰满替代北魏的秀骨清相;以慈祥和蔼、关怀现实取代北魏的超凡绝尘。

南北朝时期的工艺美术,在题材上多为佛教成分,但在风格上与汉魏仍较接近。而唐代的工艺美术脱离了商、周和汉、魏六朝时期古朴的特色,开启了新的装饰风貌。

唐朝的工艺普遍具有博大清新,华丽丰满的特点,各种工艺的造型设计,多运用较大弧度的外向曲线,给人以圆润丰满之质感。色彩多表现深浅层次的多彩色阶,有富丽、华美的艺术效果。唐代的工艺制作中最卓著的是陶俑塑像,尤以唐三彩陶俑为出名,其造型栩栩如生,呈现出盛唐社会的精神气蕴。尽管唐朝的陶俑偏重动物造型,但日用工艺的装饰却一反商周至六朝以动物纹为主的传统,开启往后千余年以植物花草为装饰主流的新风格,更加反映了生活风貌而摆脱了威严冷静的气氛,使人感到自由、舒展、活泼、亲切。在制镜工艺上,汉魏六朝以来铜镜装饰图案主要是格律体,而唐镜多采用自由体,显得生动活泼,富有变化。中国在历史上最早记载的画家是魏晋时期的,当时文人风气尚音律、书画,好玄远清雅,追求个人性情的解放,带动绘画对个人个性和特征的精致描绘。在唐之前,传统绘画大多为壁画,并体现政治及宗教色彩。自唐开始,转为以欣赏为主要目的。隋唐五代时期,也是中国绘画的人物画、山水画、花鸟画三大类别走向分科独立的时代。自中晚唐以降,山水画成为中国文人绘画的主流,绵延一千余年。

魏晋南北朝时期社会动荡,旧的价值观和社会秩序已经崩溃。社会的新秩序仍在重建。其时,富于思想的知识分子致力于摆脱两汉以来经学传统的束缚,转而注重内在人格的觉醒与追求。他们运用哲学论辩的方式,对一些高度抽象的理论进行探索,因而产生了当时主要学术思想——玄学。

玄学的影响是全面性的,在玄学的风气之下,个人的自觉是这一时期思想界的独特精神。由此树立了一种与前代截然不同的人生观和世界观。这种思想与两汉时期完全不同,而较接近于战国时期的道家思想,故玄学思想家很推崇先秦道家的《老子》、《庄子》二书,以及与道家精神密切相关的《周易》一书,他们把这三本书奉为研究玄学的主要经典,名之为"三玄"。南北朝时期佛教为了扩大在本土的影响力遂附会玄学,佛教以玄学语言阐述佛理传教,由此佛教大为盛行,因此玄学也融合了不少佛家与儒家的观点。

玄学流行时期也是政治动荡的时期,相对的,政治对学术思想的束缚也大为减少。在没有皇家钦定的学术标准下,当时的思想界相当自由而开放,议论争辩的风气相当盛行。"清谈"是这时期玄学讨论的主要活动。讨论纯粹以理取证,不论资历与辈分。这一时期思想活跃性堪比战国,与战国时代不同的是,战国时期关心的是治国之道,魏晋则关心个人的人格自觉。玄学家善于辨名析理,围绕着有无、本末、体用、言意、动静等命题展开热烈讨论,各学派争论都十分激烈,形成中国历史上对宇宙理论探讨最活跃的时期。而论辩这种形式促使中国产生了理性的哲学。这种哲学的理论性与成就也是空前的。

这个时代,玄学家所探讨的许多领域都是从前未曾思考过的问题。魏晋南北朝时期,社会上不讲究学术辈分,强调思想的活泼性与创造性,因此,透过清谈的形式,年青人在思想论坛上获得盛誉者不乏其人,是中国古代诞生青少年思想家最多的时代。钟会、王弼、王戎、向秀、魏玠等等许多著名思想家都是在20岁前已经成名。由此可见魏晋南北朝时期学术思想与先秦时代呈现出不同的方向。此时汉民族外在的事功虽有限,但内在的思想创建成就却很可观。

北方原本亦十分流行玄学,晋室南渡后,玄学风潮迅速扩散到江南,而留在北方的世族,转而崇本务实,好尚经史。而被北方视为文化正朔的南朝,其思想家一旦来北,往往倍加推崇。由此可见,政治版图的变迁影响到思想版图的变化,也看到了政治强权与文化优势不相同处的事实。

玄学流行时期,人们意识到短促的人生总充满生离死别、哀伤与不幸。这种对生离死别的重视、哀伤,对人生短促的感慨、喟叹,从魏晋直至南朝中期,从中下层直到皇家贵族,一直是整个时代的典型社会气氛。但玄学也并非一味的哀伤,玄学所指导的人生方向依然是要抓紧生活、珍重生命,要有意义自觉地充分把握住这短促而多苦难的人生,使之更为丰富满足。玄学追求一种绝对自由而又无限超越的人格。理想的人格是拥有感情而又不被感情牵累,拥有喜怒哀乐而与宇宙自然融为一体。达到玄学的境界之后,人的精神成就取代外在的行为节操,成了最高的生命意义与指标。这种无形精神超越有形躯体的现象处处可见。东汉时代对道德、操守、儒学、气节的尚好与品评,降及魏晋,人的才情、气质、格调、风貌、性分、能力成为新的品评重点所在。魏晋"人品"要求,以漂亮外在风貌表达出高超的内在人格,要求通过有限的、可穷尽的外在言语形像,传达和表现出某种无限的、不可穷尽的内在神情。

玄学是汉唐两个盛世之间四百年动乱期的主流思想。玄学思想的主要思想家和重要典籍也都出现于这个时期。玄学最重要的人物包括嵇康、阮籍、何晏、王弼四人。何晏与王弼致力于融合礼教与玄学,使礼教玄学化。而阮籍与嵇康则带头形成一股抛弃礼教、解放个性的风气,带动了历史上第一个个体解放的反传统运动,在当时及往后数百年成为一股潮流,许多士人仿效他们过着放浪形骸的生活。

由于自由放任的社会风气,文学在这个时期得到了飞速的发展。魏晋南北朝是中国人有自觉从事艺术创作的开端。抒情文学也在这个时期开始成熟。在魏晋之前,并没有明确的文学概念,一般人只把文章作为一种表达工具,因此文学并无独立的艺术地位,直到魏晋时期才有改变。由于文学创作被魏文帝提倡并成为士人的重心,文人地位日益提高,文学作品大量涌现。对文学风气的重视,首先萌芽于南方,到南北朝后期更普及到北方地区。魏晋南北朝时期,中国出现了纯文学著作,其主要风潮为"唯美主义",文人写作普遍讲求声律之美与修辞之美。自曹植开始,文人讲求文章的造词炼句,形成讲求辞藻华丽、雕琢字句、声律藻饰的"骈体文"。从此之后,文人将汉字修辞的特性研究发挥到了极致,其最大的成就在于"声律"。南朝的齐代,沈约等人据佛经梵音拼法,创汉字四声发音,正式建立起声律论,文人开始有意识地利用声律来写诗,有意识地交互安排平仄声,从而形成一种高低长短交替的节奏。这是中国"格律诗"的开端。

唐代留给后世最伟大的艺术遗产当属文学艺术,诗又为其中翘楚,唐诗传今有五万首。唐初的诗歌仍然传承了六朝时期华丽柔美的风格。诗歌题材多以宫廷生活为主。唐开国约半世纪后,诗歌开始反映新时代的大气象,诗歌题材从宫廷转向广阔的社会生活;语言风格也脱去六朝时期的柔媚气质,转向汉魏诗歌的雄健风格。开元、天宝年间,唐代社会达到经济繁荣和国力强盛的顶点,号称"开天盛世",唐诗的发展也进入高潮。盛唐气象为此期名称。这一时期,诗歌多内容丰富、气势壮阔、形象鲜明、多具浪漫主义色彩。这一时期最出色的诗人是李白,其豪迈奔放的诗风将浪漫主义的诗歌创作推向高峰。盛唐时期另一位与诗仙李白齐名的是诗圣杜甫。杜诗讲究排比声韵,每句立奇字为眼、炼字锻句、刻意求工,在每字每句上反复推敲。中国诗歌的形式,到了盛唐律诗的成熟,便告大备。唐代也因此达到中国诗歌成就的最高峰,后人的创作已无法超越唐代,其要得到新的成功,只有另辟蹊径,向词曲方面发展了。"安史之乱",过去的盛世不再,新的繁荣更多呈现一种平民化与多元化的趋势。诗歌也与此相呼应。

从五代十国开始,中国北部兴起了多个半农半牧或游牧政权。五代十国和两宋时由于北境外患频仍,全国都出现多样化的习武活动,民间广建组织、教习武术。因热衷武术,宋代兵书为盛唐年间的7倍之多。尽管如此,宋代最终的命运还是被强邻所败,原由在于北方民族政权武力比宋朝更强大,而不是宋朝不重视武术与国防。蒙古在进行侵略扩张的过程中,手段十分残暴,一度声称要杀光中国五大姓。其使中国华北和南宋的川陕四路地区的巨额人口消失,土地强行被划为牧场。直到13世纪中叶元世祖在位时,才开始采取一系列恢复生产的措施。

尽管宋代在军事方面趋于被动挨打的弱势,但在经济文化上却是中国古代最繁荣的时期。由于陆上道路被切断,宋代在海上与南洋各国经济文化交流密切。南宋全盛时代,市舶岁入占政府全年岁入的五分之一,足可见海上贸易的繁荣。两宋时期与中国有海上贸易关系的国家与地区多达六七十国。两宋时,印度洋之航权实操于中国人之手。宋代时,中国发明的火药、印刷术、指南针、制瓷器技术、针灸医术传入阿拉伯世界,再辗转输往欧洲地区;数学的"笔算法"及"阿拉伯数字"则由阿拉伯世界在南宋中期传入中国。

明太宗曾派郑和前往西洋,扩大了中国与亚非其他国家的交流。但明代,沿海为倭寇侵扰也十分严重。明代由于不胜倭寇的侵扰而实施海禁,中国在海上的活跃时期至此终结。明代在北方边境大举重修扩筑边墙,作为防御游牧民族南下劫掠和维持边境和平安定的界线。在海岸线上也严格执行贸易管制措施,来中土做生意,必须朝贡兼贸易,否则不予。明代严格的贸易管制措施和明中叶严格贸易管制的影响导致正常贸易地下化,转为走私贸易。贸易港集中地由广东、福建转往已为西方国家殖民地的菲律宾、印尼。而海上的维持秩序角色由于中国官方的消失而导致海盗集团猖獗。由于海上贸易仍在暗处进行,特别是明穆宗隆庆元年(公元1567年)废除海禁之后,美洲的大量白银又大量流入中土,银开始成为流行的通货。

宋代时期,辽、金、西夏三国,在政治、经济、文化上都和宋保持密切的联系。而宋廷铸造的"宋钱"信用良好,波斯、阿拉伯都能通用;高丽和日本更停止铸造本国通货,只用"宋钱"。而辽、金、西夏在文化上都深受汉文化影响。许多外来农作物的传入,例如早熟稻、玉米、番薯、马铃薯,使中国的农耕区大面积延伸,也导致了后世中国人口的大量增长。宋人大规模地深度推广和普及了于五代末期来自西域民族的"桌椅"形式,将五代十国末之前中国人席地而坐的起居方式改为垂足而坐。

汉族分别在西晋"永嘉之乱"、唐"安史之乱"、北宋"靖康之乱"大量南迁避难。因此生活重心由黄河流域移到长江流域,再移至东南沿海。在六朝和北宋以后,中国各方面的重心全部迁移到南方,华北已难超越。两宋时代是中国东南沿海最繁盛时期,此地区的土地开发与人口增长也达到饱和,导致当地人口在明清两代又开始大量外移。从明末到清后期鸦片战争发生的两百年间,中国的耕地扩张了一倍,人口绝对值更增加了两倍。而亦有大量的汉人进一步迁移至海外,诸如南洋、中东等地,促进了这些地区的开发。

中华帝国能以有限的资源维持数百年,其依山即为宗族制度。20世纪之前,中国的政权只向下延伸到县衙,其下完全通过"乡保"与"族长"进行管理。因此历朝政府都十分重视宗族的管理能力。从宋朝至民国初期,部分宗族将其订立的族规呈交地方官审批,并公告周知,使这些法令更具合法性和权威性。

宋代为中国经济高度发展的时期,主要因素是江南水稻种植区的开发。南宋尽管只占领南方半壁江山,人口却超过盛唐年间。至明代已经可以江南经济为后盾统一全中国。中国农业生产,北宋末可以养活1.34亿人,到明末可供养1.5亿人,清末可供养超过4亿住民,可见农业之发达。

这一时期也是中国古代历史上工商业最发达的时期。由于经贸发达,宋真宗咸平五年(公元1021年),出现世界上最早的纸币"交子"。即使是传统的铜币,其年全盛时的平均铸币量也超过盛唐年间的20倍。城市数量与人口不断的成长,汉平帝元始二年(公元2年)有1587个城镇,盛唐年间最高有 1859 个城镇,北宋末有逾 1500 个城市,晚明时最高有 7500 个城镇;清嘉庆末年有 3 万个;清末年有近 4 万个,并星罗棋布于全国各地,尤其集中于江南地区。随着工商业的发展,行号开始出现。同业与工商业者组成的"行",自唐代起相当活跃,宋以后更发达。洛阳有 120 个行,南宋国都临安则有四百多个行。明代时更发展成为同业工会,成为更有组织的商业团体。明代中后期之后,以同地域者组成"商帮",遍布大江南北。商帮资本雄厚,并建立同乡会馆。著名的商帮包括安徽"徽帮"和山西"晋帮"。徽商倚其雄厚财力与对文化事业的重视,在教育、文化、艺术上均有杰出的表现,可谓"士商一体",为中国有史以来首见的"儒商"。而"晋商"通过资本积累,涉足金融业务,形成 19 世纪中国最具规模与影响力的金融体系"山西票号",经营范围遍及全国。

工商业的发展伴随人们生活方式的改变,宋代以后都市生活形态的转变包括作息时间延长、活动空间增加、休闲娱乐多元化等。在隋唐五代时期,多是白天进行商业活动,到北宋时,随着市民的生活形态改变,有在晚上进行,城市成为不夜城。南北朝与隋唐五代皆明确划分住宅区与商业区。到北宋时,只要纳税,任何地区皆可设店营业。宋金元明清不再严格区分居住区与商业区。而勾栏与瓦舍则丰富了文化生活,其为杂剧团等专业表演场所。茶坊除了提供消渴及提供社交场所外,也结合民间艺人,表演说唱,丰富庶民生活。

宋元明清时期,宗教信仰日益世俗化。12 世纪中叶开始印度地区逐渐受到伊斯兰化的突厥种人的迁入,导致佛教在印度的消失;中国地区受世俗文明成果影响,原始佛教风貌与精神同样瓦解消失,取而代之的汉化佛教已充满庶民俗世生活的人间兴味。这种现象从唐中叶就开始了。宋代以后,佛像雕塑产生写实的倾向,日益世俗化,更多反映俗世的景象。宋代以降,佛像不再具有六朝与隋唐之威严,原有的超自然想象力变得稀薄,已无太多宗教意味。人世生活的欢乐替代天国的信仰,实际真正的世俗生活替代了理想来世的祈求。佛学理论也日益世俗化。明末,佛学产生了"世事"即"佛事"的理论,俗世生活所经营的百工、百业都堪称"净业"。居官、治家,或是从事工商事业,都是"菩萨行"。

宋代以后,各种宗教在民间萌发出了许多新的教派。因此,宋代以后,不论佛教或道教,在教义上都表现出儒、释、道融合的现象,并同时开始撰写能阐释三教合一精神的新经典《宝卷》。《宝卷》把三教原有经典中深奥的语言与哲理通俗化,由于浅显易懂,对庶民教化的作用极大。另外一种工具则是"功过格",其将道德行为量化,可以累积、可以功过相抵,并结合商业簿记的信仰形式,由于具体可行,效果显著,在民间长期广为流行。

戏曲发源于初唐,在宋代快速发展。到元代,戏曲又称元杂剧。其又可分为短曲和杂剧。中晚明之后杂剧衰落,代之而起的是以南戏发展的传奇。晚明时出现不少戏曲流派,有专讲音韵格律,也有偏重文采者。清前期,又有倾向兼顾舞台效果的改革及重视时事题材者。到了清乾隆末期,乾隆帝召全国戏班入京,中又以"徽班"最闻名。至同治、光绪年间,发展成为"京剧",取代传奇成为流行戏曲。

说唱艺术亦开始发展。说唱艺术是白话小说的前身,其艺术形式则源自于佛教的宣教活动。隋唐时,僧庙为向大众说明佛理,常采"变文"、"变相"的宣讲形式。到了宋代,由于经济的繁荣,这些行为也成为庶民的娱乐形式。说唱艺术发展到明代中叶,由口语艺术变成书面的文辞艺术。阅读对象由说唱家变为一般大众。剧本也由一般话本发展为完备的小说。由于小说是由话本演化而来,其大多内容丰富,重视情节,中晚明时,出现长篇小说创作的热潮,在一百年间出现了多达五六十部的小说。元末明初小说成就在于将话本作整理以供大众阅读,清代则多为出现许多文人独立创作。明清大量出版"绣像小说",由于其图文并茂,大受欢迎,也将庶民文化发挥到极致。

宋朝理学的形成是传统儒学的一次复兴。儒家思想形成于先秦,盛行于两汉,然又中衰于魏晋隋唐时期,后复兴于宋、元、明、清。宋代对儒学的复兴并不是如两汉时期的经学,而是转向于对经典的思想内涵的探讨与解析。南宋大儒朱熹将《大学》、《中庸》、《论语》、《孟子》四部经典加以注解,成为《四书集注》,并取代了五经的地位。传统儒学经过理学家对先秦儒学宗师言行的崇奉与诠释,加上官方的全面肯定与提倡,儒家在宋以降成了宗教性的"儒教"。各省各县都建孔庙对孔子加以供奉。儒学之盛由此可见。

北宋中叶,融合儒、释、道为一体,并以儒家学术为核心的理学形成。在宋之前的儒学虽在伦理与国家学说相当成熟完善,但在世界观和方法论方面却较薄弱。宋以后,理学将道德的自觉提升到对"圣"的向往与实践,因而发扬光大了先秦儒学最核心的道德学说。理学将道德落实在大学八目之上,即格物、致知、诚意、正心、修身、齐家、治国、平天下。在宇宙理论方面,理学建立了"与天地万物合一"的形上人生境界,以宇宙自然运行的天理强化人伦之理的正当性,并以天理的正当性,克制个体对自我功利与感性快乐的追求。理学把人生的境界建立在个体的自觉上,以讲求个体的修养达到圣人的境界。由于理学细密地分析、实践地讲求"立志"、"修身",以求最终达到"内圣外王"、"治国平天下",把道德自律、意志结构,把人的社会责任感、历史使命感和人优于自然等方面,提扬到本体论的高度,树立了人的伦理学主体性的庄严伟大。

理学的发展可分为三个阶段,其萌芽于北宋中期,代表人物为周敦颐、张载、程颢、程颐;成熟于南宋早期,代表人物为朱熹和陆九渊;转型于明代中期,其代表为王阳明。理学的理论发展,可谓由"气"到"理",从"理"到"心",由"心"到"欲";由强调区分"天理"到"人欲",到"理在欲中"、"欲即理"终;理学理论终走入无法突破的终极,因此理学在经由转型之后也完成了其生命历程,被心学所取代。自宋代以下,理学都带有一种严正的淑世主义,对理学家而言,要改良社会改良风俗,只能从礼教着手。为了普及礼教,朱熹等南宋理学家开始为一般民众编订简易的《家礼》与《乡约》,作为常人的社会生活与居家仪节。这些规范成为以后数百年间中国人的生活准则。此外朱熹和其他理学家还编写了一些蒙学教材,如小学、百家姓、三字经等。除了图书外,朱熹创始以书院作为理学的修习场所与宣讲之重要场所。明中叶以后,各地出现大量的"讲会",通过宣讲,理学的道德教化普及于文盲阶层。另外,通过娱乐、说书、戏曲等等手段,理学的教化更深入人心。

　　理学在中国盛行的七百年内，其所呈现的不仅是一种思想，也是一种社会规范，更重要的是其带动了中国社会迫切需要的社会救助工作。救助的主要方式包括由讲学之人自行办理社会救助；在士人影响下，带动官方办理社会救助；通过理学熏陶，商人阶级出资办理社会救助。救助内容除了办书院、订乡约以激励品德外，还普遍办理义庄，以救贫恤孤，资助教育；办社仓，以备荒歉；办保甲，以补地方之武装而保民。这种由士人自发的救助工作，成为自南宋以降中国社会安定的重大因素。在宋代之前，官方的社会救助活动多属临时性质；宋代开始，各州县普遍设立各种社会救助的永久性机构。由于商人财力雄厚，明清时期，商人阶级普遍组织行善团体参加社会救助工作，对各地方的贡献尤其显著。然而，理学提倡禁欲主义，使宋人成为严肃，宋文化转入"老僧"性格，沉静而内向。明代以后，程朱理学被奉为不可侵犯的正统哲学，中国文化更显现出典型的沉暮品格。

　　宋元时代是中国科技发展最快的时代，科技蓬勃发展的主因一是受社会经济繁荣的影响，二是由于理学勃兴，养成人们理性探求各种知识的习惯，因而厚植科技发展的基础。对规律探求的重视成为宋人的特色，无论对哲学、政治、诗歌、艺术以及自然事物都如此。宋朝兼重"儒术"与"商业"，鼓励工商为官方一贯的政策，因此对于科学技术的发明创造常予奖励。中国四大发明中，指南针、火药、活字印刷术三大发明都出现（或大规模使用）于北宋。在天文历算上，科学家郭守敬，发明出10多种天文仪器，并据以修订历法，他所制定"授时历"是古代最精密的一部历法。医学方面，中医分科由唐代的4科到宋代的9科再发展到元代的13科。宋慈所著的《洗冤录》是世界上最早法医专著。在纺织业上，元黄道婆由崖州（今海南岛）引进黎族的棉纺织技术再加以改良，提高旧的棉纺织效率与产量，棉布从此成为汉人最主要的衣着布料。

　　晚明实学思潮造成这个时期学术文化的生机蓬勃，而且以强大的生命力延续到清初。更发展出博学派、经史派等流派，其多重视实用及自然科学的研究。晚明时期，数学、物理学、天文学、地理学、植物学、医学、声律学等诸多学科以及机械、冶金、农业、水利等技术分支都展开了大规模的科学总结和新的开创。清代中叶之后，由于经济的繁荣及文字狱的压迫，考据学大兴。在文献学方面，有集全国之力完成的《古今图书集成》和《四库全书》，也有各个地方印行的小型地方志。中国现存地方志高达 8000 多种，其中明代有 1000 多种，清代有 5500 种。在 18 世纪中叶到 19 世纪中叶，对中国古籍进行了前所未有的总结，留给后世宝贵的遗产。

满清入取中原后，原位于东南沿海商贸性海盗介入了反清复明的活动，满清因此执行比明代更加严厉的"海禁"和"迁海令"，借以肃清反满清的势力。直到清末对外战争的接连失败，才被迫广开贸易口岸。

西方的政治势力以及西方文化与中国的大规模接触，其时间肇始于 16 世纪初的明朝中叶。在大航海时代之后，天主教便开始开拓新的教区，不少新航路陆续被发现，大量天主教士随之来到东方地区。明朝末年，"耶稣会"传教士抵华，吸收信徒达 10 万人之众。新教对华展开传教工作，则是二三百年后的事，并且在初期一直没有吸引太多华人信徒。西洋科学知识从 16 世纪末到 18 世纪初，明万历至清康熙 100 多年间传入中国，开启西学输入的先河，并引发此后中国人对西方学术的研究风尚。而其中把西方科学文化散布到中国的传教士中最杰出的为利玛窦。传教士将武器构造、历法、天文、数学、物理、机械、医学、世界地理等新知传入中国。而诸如西洋制钟表、眼镜、望远镜，其他仪器的技术，也由宫廷传至民间。明末清初的学者出现了中国历史上第一次学习西洋文化的风气，涌现了王徵、徐光启、李之藻、李天经、孙元化、方以智等一批学习西学的先驱。这也是中国除佛教文明之外，再一次触及外来文明之"思想"的初步契机。遗憾的是，康熙后期发生罗马教廷与满清朝廷对宗教仪节认知不同的"仪礼之争"，导致接续的雍正、乾隆、嘉庆朝厉行禁教。结果导致明末开始与西方的科学文化交流中断。也正是这个时期，西方进入工业革命，科技突飞猛进，清政府却对这些新的科技手段茫然无知，特别是对此时兴起的民权思想未有接触，中西文化出现一大隔阂。

鸦片战争是中国与西洋关系的转折点。鸦片战争之后，中国开放五口通商,西洋文化再度大量涌入中国。自鸦片战争后至满清灭亡前夕六十年间,中国对外贸易口岸增至 50 余处,西洋国家的在华势力随之增长。列强在中国重要通商口岸设有"租界",为各国商店、银行、工厂的集中地。租界有独立的司法人员、巡警和行政、立法之权。租界地人民不受清政府管辖,不需向清政府纳税。另一方面,租界是西洋学术、思想在华传播和孕育的重要地点,各地的租界无不是新闻传播与图书翻译的重要据点。而商业的贸易口岸及租界,天主教、基督教(新教)的活动成为清末西学输入中国的两大媒介。传教士的涌入,一方面其开设教会学校及医院等场所,但也产生了所谓的"吃教者",产生了激烈的民教冲突。其原因是由于天主教传教士享有治外法权,具有特殊身份,不受清政府管制,教士因此往往行为越轨,并庇护中国教徒,于是不肖之徒争相入教,教民依势欺人,时有纠纷。

然而清末天主教对西学的传播推广也是毋庸置疑的。以报刊而言,从天主教重获在华传教权利的 1860 年起,30 年内,仅耶稣会所主办的报刊即达 70 余种。新教宣教士自 1853 年起,各教派纷纷在各地口岸设立教堂、学校、医院,印行书报,曾经的中国第一大报《申报》即为其所创。而齐鲁大学、圣约翰大学、燕京大学、之江大学等大学及其前身,皆由教会所创办。19 世纪末,教会学校总数已达 2000 余所,在校生达 4 万名学生以上,至民国初年,教会学校更增到 6000 所,在校学生达 30 万名。

然而,即使天主教和新教对中国的教育、医疗和慈善工作做出很多贡献,中国人依然对这些"洋教"非常抗拒。除了是因为少数天主教传教士的恶行之外,最主要的原因,是因为当时入侵中国的西方帝国主义者给中国人对西方带来了不好的印象,自然对西方的宗教有所抗拒。当时的中国人流行一句说话:"释迦牟尼是骑着白象进入中国的,耶稣基督却是骑着洋炮进入中国的。"这就反映了当时的中国人对天主教和新教的抗拒。另外一个原因,是因为基督宗教不能融入中国这种异教文化当中。这是因为,基督宗教与佛教不同,本身对于真理和正统的信仰非常执著,无法如同佛教一般,能够借着修改本身的信仰而迎合中国人传统的儒家思想。加上天主教和新教提倡的"天堂"、"地狱"这些比较抽象观念,对于比较重视现实的中国人来说,是难以理解和明白的。

鸦片战争后中国数千年来民族的自信与骄傲荡然无存,在时代大变迁的背景之下,陆续有学者提出因应时代变迁的主张,诸如魏源所著的《海国图志》即为一例证。该书集中了西洋各国的地理及政治情势,可谓开先河。第二次鸦片战争后,越来越多的学者外患意识抬头,借此提升到对内政的关注,他们普遍检讨漕运、盐法、河工、农事等政策,并提倡"应先通西洋之情"和"师夷长技"。从 19 世纪 60 年代到 90 年代的 35 年间前后,清朝上层掀起兴办洋务的热潮,这是中国官方有史以来第一次有计划地移植外来文明。相对于魏晋时期佛教的流入多为"心灵哲学",洋务运动更注重"物质科学"。1861 年,清廷成立"总理各国事务衙门",成为中国认同国交平等的外交机构。满清官方推展以"江南制造局"与"京师同文馆"为重镇的译书工作,前后成书 200 种。内容早期包括数学、工艺、物理、地质、天文、地理、军事、化学,后期翻译范围扩及医药、农业、财经、外交、法律、历史。洋务运动的推展使得中国对西学内涵关注的重点,由偏重军事逐渐转为注意工商实业发展,也导致中国对西学人才培育的方法,由藉重洋人逐渐转为迳派学生赴西洋求学。但由于洋务运动以"强兵政策"为主旨,且多为官方推动,甲午战争后逐渐陷入停摆。

新一波的自强运动变为变法运动。变法运动的发展大致可分为三个时期:自鸦片战争前后至甲午战争前约六十年是变法思想的孕育期;自甲午战争至日俄战争间的十年是变法运动的萌芽期;自日俄战争至民初的洪宪帝制结束是变法运动的茁壮期。变法思想在甲午战争后,成为知识分子普遍的共识。在其后的三年间,全国自发组织的学会、报馆、学堂纷起,冲破了清廷 250 年来严禁士人集会结社、议论政治的传统法令。在变法运动的茁壮期,其主要推动者是康有为和梁启超二人,其主张实行君主立宪制,但新法仅实施百日便告失败。满清的压迫迫使体制外的革命运动开始发展,而日俄战争中日本的胜利更打破了"白种人不可战胜的神话",更激发革命人士推翻帝制的决心。1905 年中国废除科举制度。同年孙文在东京成立"中国革命同盟会"。1911 年武昌起义,革命人士推翻满清建立亚洲第一个民主共和国——中华民国,1916 年袁世凯洪宪帝制瓦解,更宣告帝制的终结。

这就是我们中华文化的轮廓。

我们奈曼旗是属于内蒙古通辽市的一个旗。她有整个科尔沁文化的氛围,也有其自己独特的文化发展史。大体上属于中华文化的一个组成部分。

在改革开放的今天,中共中央开展了精神文明创建活动,大力提倡社会主义精神文明建设。中共奈曼旗委员会和奈曼旗政府积极响应党中央的这一战略决策,主持编写了这本《奈曼文化史》。

文化建设的根本任务是提高全民族的思想道德素质和科学文化素质,培养一代又一代有理想、有道德、有文化、有纪律的公民。文化建设的基本任务就是用当代最新科学技术成就提高人民群众的知识水平,通过合理和进步的教育制度培养社会主义一代新人,并用最能反映时代精神的健康的文学艺术和生动活泼的群众文化活动来陶冶人们的情操,丰富人们的精神生活和物质生活水平。

运用丰富多彩的精神文明创建活动来推动经济与社会的协调发展,对整个中华民族的精神面貌的改善注入一个巨大活力。

文化是民族的血脉。中华民族有上下五千年历史,五千年历史创造了璀璨中华文化,而璀璨中华文化又维系着中华民族大家庭的绵延发展。中华文明是至今四大文明古国中唯一没有断流的文明。辩证扬弃传统文化,既是中华民族生生不息的精神动力,又是中华民族昂首走向世界、实现民族复兴的精神资源。

文化是国家实力的象征与体现。文化既是软实力,又是硬实力。当它成为一种科学核心价值观时,它是精神动力、吸引力,是软实力;当它转变为文化产业时,它又是物质生产力,是硬实力。

奈曼文化是一种特殊的文化,是中华文明中一朵鲜艳的奇葩。她由奈曼部落文化和奈曼旗地域文化组成。奈曼部落文化起源于遥远的黠戛斯——吉尔吉斯文化,在漫长的历史巨流中,不断吸纳新生血液,凝成了今日的奈曼文化。

中世纪初,黠戛斯人的一个分支进驻中亚东部的谦谦州一带八河地区,被称为"奈曼"部。是阿尔泰语系中的一个强大的部落。后来,随着世界历史的大潮流,统一到成吉思汗的伟大战旗之下。成为了蒙古族的主要组成部分。

大元与北元时期,奈曼部逐渐融合到蒙古其他部落之中。其主体部分被分配到大元汗廷周围,达延可汗巴图孟克把奈曼部分配给其长子的属民,形成了"察哈尔部"的组成部分。

清朝政府为了分散蒙古元朝遗留下来的中心力量,把原来察哈尔部的敖汉、奈曼二部分配到昭乌达邱日干——现赤峰市。

新中国成立后,把奈曼旗分配给原哲里木盟——现通辽市。

所以,奈曼文化是古老的吉尔吉斯文化——蒙古奈曼部文化——蒙古察哈尔文化——蒙古科尔沁文化。

我们为了迅速提高我旗广大民众的文化素质,特约内蒙古民族大学蒙古学学院的蒙古史教授、硕士生导师,科尔沁历史文化专家孛儿只斤·额尔德木图先生编写了这本《奈曼文化史》。

此致

奈曼旗人民政府旗长　布仁

2015 年 10 月 8 日

目　　录

上篇　历史卷

下篇　文化卷

上篇　历史卷

第一章　奈曼部历史

第一节　汉唐时期的奈曼部史记

一、各代史籍中的记载

奈曼,古代史书作乃蛮。蒙古被称为突厥的时代出现在史籍上的部落,汉文又写作"粘八葛"。奈曼,是蒙古语,意思是数字的八。奈曼这个"八",最早记录了大西北乞彦河河源的八条小河之称谓,后来八条小河的"八"转指这八条小河流域生活的人群之部族名称,谓"乃蛮部"。

又用汉语音译作"乃马"、"乃满"、"乃蛮"、"奈曼"、"奈蛮"、"耐满"、"粘拔恩"、"粘八噶"等。最初他们被称为"八姓乌古斯人"。奈曼故地——今阿尔泰山以南及稍偏西的一些地区。

汉文史籍作鬲昆或坚昆。

南北朝至隋朝作护骨,或作结骨、契骨、纥骨等。

唐朝通用的汉文译名是黠戛斯或纥扢斯,即当今的吉尔吉斯。

唐初,黠戛斯属薛延陀(苏尼特)汗国。公元 632 年,唐朝发使聘问。公元 648 年,其首领失钵屈阿栈(席八谷额真)入唐,唐以其部为坚昆都督府,任失钵屈阿栈为都督,隶燕然都护府。

《新唐书》卷二百一十七下列传第一百四十二下称:

黠戛斯,古坚昆国也。地当伊吾之西,焉耆北,白山之旁。或曰居勿,曰结骨。其种杂丁零,乃匈奴西鄙也。匈奴封汉降将李陵为右贤王,卫律为丁零王。后郅支单于破坚昆，于时东距单于廷七千里，南车师五千里，郅支留都之。故后世得其地者讹为结骨，稍号纥骨，亦曰纥扢斯云。众数十万，胜兵八万，直回纥西北三千里，南依贪漫山。地夏沮洳，冬积雪。人皆长大，赤发、析面、绿瞳，以黑发为不祥。黑瞳者，必曰陵苗裔也。男少女多，以环贯耳，俗骁伉，男子有黥其手，女已嫁黥项。杂居多淫佚。

谓岁首为茂师哀，以三哀为一时，以十二物纪年，如岁在寅则曰虎年。气多寒，虽大河亦半冰。稼有禾、粟、大小麦、青稞，步硙以为面糜。穄以三月种，九月获，以饭，以酿酒，而无果蔬。畜，马至壮大，以善斗者为头马，有橐驼、牛、羊，牛为多，富者至数千。其兽有野马、骨咄、黄羊、羱羝、鹿、黑尾，黑尾者似獐，尾大而黑。鱼，有蔑者长七八尺，莫痕者无骨，口出颐下。鸟，雁、鹜、乌鹊、鹰、隼。木，松、桦、榆、柳、蒲。松高者仰射不能及颠，而桦尤多。有金、铁、锡。每雨，俗必得铁，号迦沙，为兵绝犀利，常以输突厥。其战有弓矢、旗帜，其骑士析木为盾，蔽股足，又以圆盾傅肩，而捍矢刃。其君曰"阿热"，遂姓阿热氏，建一纛，下皆尚赤，余以部落为之号。服贵貂、豽，阿热冬帽貂，夏帽金扣，锐顶而卷末，诸下皆帽白毡，喜佩刀砺，贱者衣皮不帽，女衣貂毼、锦、罽、绫，盖安西、北庭、大食所贸售也。阿热驻牙青山，周栅代垣，联毡为帐，号"密的支"，他首领居小帐。凡调兵，诸部役属者悉行。内貂鼠、青鼠为赋。其官，宰相、都督、职使、长史、将军、达干六等。宰相七，都督三、职使十，皆典兵；长史十五，将军、达干无员。诸部食肉及马酪，惟阿热设饼饵。乐有笛、鼓、笙、觱篥、盘铃。戏有弄驼、师子、马伎、绳伎。祠神惟主水草，祭无时，呼巫为"甘"。昏嫁纳羊马以聘，富者或百千计。丧不劙面，三环尸哭，乃火之，收其骨，岁而乃墓，然后哭泣有节。冬处室，木皮为覆。其文字言语，与回鹘正同。法最严，临阵桡，奉使不称，妄议国若盗者皆断首；子为盗，以首着父颈，非死不脱。

阿热牙至回鹘牙所，橐驼四十日行。使者道出天德右二百里许抵西受降城，北三百里许至鹈泉，泉西北至回鹘牙千五百里许，而有东、西二道，泉之北，东道也。回鹘牙北六百里得仙娥河，河东北曰雪山，地多水泉。青山之东，有水曰剑河，偶艇以度，水悉东北流，经其国，合而北入于海。东至木马突厥三部落,曰都播、弥列、哥饿支,其酋长皆为颉斤。桦皮覆室,多善马,俗乘木马驰冰上,以板藉足,屈木支腋,蹴辄百步,势迅激。夜钞盗,昼伏匿,坚昆之人得以役属之。

坚昆,本强国也,地与突厥等,突厥以女妻其酋豪,东至骨利干,南吐蕃,西南葛逻禄。始隶薛延陀,薛延陀以颉利发一人监国。其酋长三人,曰讫悉辈,曰居沙波辈,曰阿米辈,共治其国,未始与中国通。贞观二十二年,闻铁勒等已入臣,即遣使者献方物,其酋长俟利发失钵屈阿栈身入朝,太宗劳享之,谓群臣曰:"往渭桥斩三突厥,自谓功多,今俟利发在席,更觉过之。"俟利发酒酣,奏愿得持笏,帝以其地为坚昆府,拜俟利发左屯卫大将军,即为都督,隶燕然都护。高宗世,再来朝。景龙中,献方物,中宗引使者劳之曰:"尔国与我同宗,非它蕃比。"属以酒,使者顿首。玄宗世,四朝献。乾元中,为回纥所破,自是不能通中国。后狄语讹为黠戛斯,盖回鹘谓之,若曰黄赤面云,又讹为戛戛斯。然常与大食、吐蕃、葛禄相依仗,吐蕃之往来者畏回鹘剽钞,必住葛禄,以待黠戛斯护送。大食有重锦,其载二十橐驼乃胜,既不可兼负,故裁为二十四,每三岁一饷黠戛斯。而回鹘授其君长阿热官为"毗伽顿颉斤"。

回鹘稍衰,阿热即自称可汗。其母,突骑施女也,为母可敦;妻葛禄叶护女,为可敦。回鹘遣宰相伐之,不胜,挈斗二十年不解。阿热恃胜,乃肆詈曰:"尔运尽矣!我将收尔金帐,于尔帐前驰我马,植我旗,尔能抗,亟来,即不能,当疾去。"回鹘不能讨,其将句录莫贺导阿热破杀回鹘可汗,诸特勤皆溃。阿热身自将,焚其牙及公主所庐金帐者,回鹘可汗常坐也。乃悉收其宝赀,并得太和公主,遂徙牙牢山之南。牢山亦曰赌满,距回鹘旧牙度马行十五日。阿热以公主唐贵女,遣使者卫送公主还朝,为回鹘乌介可汗邀取之,并杀使者。会昌中,阿热以使者见杀,无以通于朝,复遣注吾合素上书言状。注吾,虏姓也;合,言猛;素者,左也,谓武猛善左射者。行三岁至京师,武宗大悦,班渤海使者上,以其处穷远,能修职贡,命太仆卿赵蕃持节临慰其国,诏宰相即鸿胪寺见使者,使译官考山川国风。宰相德裕上言:"贞观时,远国皆来,中书侍郎颜师古请如周史臣集四夷朝事为《王会篇》。

今黠戛斯大通中国,宜为《王会图》以示后世。"有诏以鸿胪所得缋著之。又诏阿热著宗正属籍。

是时,乌介可汗余众托黑车子,阿热愿乘秋马肥击取之,表天子请师。帝令给事中刘蒙为巡边使,朝廷亦以河、陇四镇十八州久沦戎狄,幸回鹘破弱,吐蕃乱,相残啮,可乘其衰。乃以右散骑常侍李拂使黠戛斯,册君长为宗英雄武诚明可汗。未行,而武宗崩。宣宗嗣位,欲如先帝意,或谓黠戛斯小种,不足与唐抗,诏宰相与台省四品以上官议,皆曰:"回鹘盛时有册号,今幸衰亡,又加黠戛斯,后且生患。"乃止。至大中元年,卒诏鸿胪卿李业持节册黠戛斯为英武诚明可汗。逮咸通间,三来朝。然卒不能取回鹘。后之朝聘册命,史臣失传。

另一种记载称:突厥语吉尔吉斯,即中国史籍记载的黠戛斯,就是今天的柯尔克孜人。《史记》中最早记录了柯尔克孜人的情况,称之为"鬲昆"。两汉时称"坚昆",魏晋南北朝至隋代称"结骨"、"契骨"、"纥骨"、"护骨"。唐代时根据汉语的音译通称为"黠戛斯"。五代十国、辽、宋、金时又称"纥里迄斯",大蒙古汗国和元代称"吉利吉斯"等。这些名称其实都是各时期各种不同的音译。清代按准噶尔人的称呼,称其为布鲁特。乃蛮、钦察、契丹等来自哈萨克汗国的部族属于吉尔吉斯的"色尔特克勒克"(意为"外部之人"),不属于吉尔吉斯本部。

吉尔吉斯人原本世代居于西伯利亚南部、叶尼塞河上游的盆地。在汉代受匈奴统治,二世纪中叶后受鲜卑和柔然统治。北齐、隋唐时期先后受突厥汗国、回纥统治。后在公元840年,灭回鹘后,吉尔吉斯独立过一段时间。

之后黠戛斯被回纥打败,沦为回纥属部。

9世纪30年代末,回鹘汗国内乱。不久,黠戛斯发兵攻灭之。回鹘部众分数支南下和西徙。黠戛斯追击西迁回鹘部众,曾一度占领安西与北庭,但不久退出。此时黠戛斯可汗牙帐由睹满山(又作贪漫山,今叶尼塞河上游萨彦岭)之北迁到睹满山之南;南邻吐蕃,西南连葛逻禄。吐蕃之通葛逻禄,畏惧回鹘抄掠,往往需借黠戛斯护送。公元845年,唐曾册立黠戛斯可汗为英雄武诚明可汗。

黠戛斯人赤发皙面;也有黑发之人,传说为汉代李陵之后。主要从事游牧,兼营渔猎,也有少量的农业。信仰萨满教,称其为"甘"。使用类似北欧的鲁尼字母拼写的文字,这种文字一直流传到其东南邻族突厥与回鹘。已有贫富分化,出现了政权,但仍保持着相当浓厚的原始社会的残余现象。

黠戛斯在契丹兴起并据有漠北时,称辖戛斯。辽朝在其地设有辖戛斯大王府。

二、吉尔吉斯人的历史

中亚地区的居民。自称"克尔格兹人"。约大部分人生活在今吉尔吉斯共和国境内,其余分布在乌兹别克、塔吉克和哈萨克以及我国等地。属蒙古人种西伯利亚类型。使用吉尔吉斯语,分东南、西南和北部三种方言,属阿尔泰语系突厥语族。1926 年前有阿拉伯字母的文字,后改用拉丁字母。1940 年起又改用斯拉夫字母。信伊斯兰教,属逊尼派,还信万物有灵。

关于吉尔吉斯人的起源至今尚无一致意见。有人认为,中央亚细亚应是吉尔吉斯人形成的中心,其早期民族史与匈奴、丁零、塞种、乌孙部落等有密切联系。6~10 世纪,分布在萨彦·阿尔泰山脉、额尔齐斯河沿岸和天山东侧的使用突厥语的居民,也参加了吉尔吉斯人的民族形成过程。13 世纪,大批蒙古人进入哈萨克斯坦和中亚地区,部分突厥部落逐渐向西迁徙到天山中部和西部地区,后又往南直到帕米尔山脉。这些人就成为天山吉尔吉斯部族形成的基础。此部族还吸收了葛逻禄人、回鹘人,以及部分哈萨克诺盖部落的成员。17~18 世纪,准噶尔人进入该地。19 世纪 60~70 年代为沙俄兼并。1917 年建立苏维埃政权,1926 年成立吉尔吉斯苏维埃社会主义共和国,1936 年底加入苏联。

过去,吉尔吉斯人主要从事粗放的畜牧业或半游牧业,饲养羊、牛、马、骆驼等;南方少数地区从事农业,主要种植小麦、大麦、稻谷、玉米、瓜类和棉花,靠人工灌溉,农具是铁铧木犁、坎土曼、镰刀和用树枝捆扎成的耙,耕作技术落后。狩猎对吉尔吉斯人具有重要经济意义,猎犬和鹞鹰是猎人们的得力助手。还有编织地毯和织毛布等家庭手工业。

十月革命前,吉尔吉斯人还保留着许多父权制氏族残余,盛行族外婚制,但阶级分化已十分明显,封建上层拥有大批牲畜和最好的牧场,对穷苦牧民进行残酷剥削。吉尔吉斯人冬天住用石块和泥土砌成的小屋,夏季住帐篷。男子穿束腰紧身衬衫和宽大的裤子;妇女穿色彩鲜艳的连衣裙、长裤子,裹白色包头。日常多吃奶类和植物类食品,喜喝酸马奶。十月革命后,经济和文化发生深刻变化,主要工业部门有采矿(煤、石油和有色金属)、机器制造等;农业已改种棉花、甜菜、烟草等经济作物,养羊业发达。现在吉尔吉斯人已全部转为定居。

有一部分吉尔吉斯人分布在阿富汗等地。还有另一部分人以“乃蛮部”名义,在13世纪统一到大蒙古帝国,成为奈曼人。

三、古代吉尔吉斯人的风俗习惯

吉尔吉斯的历史传统、文化背景以及生活方式,在衣食住行、婚丧嫁娶方面因地而异。这里只对古代吉尔吉斯人的风俗习惯作如下简单介绍。

吉尔吉斯人是由游牧逐渐走向定居的民族,同时也是由最初信仰原始宗教到以后改信伊斯兰教的民族。所有这一切对该民族的婚丧嫁娶和衣食住行方面都带来了一定的影响,进而形成独具特色的风俗习惯。

1. 与婚姻有关的风俗习惯

吉尔吉斯人的婚姻不受民族、部落限制,但盛行父母包办。一般有指腹婚、摇篮婚、幼年婚和成年婚等,早婚现象比较普遍。所谓“指腹婚”就是当孩子尚未出生时,就由双方父母包办订婚。在这种情况下,双方父母发誓永远结亲,并举行一定仪式,当众确认订婚:双方父母都用牙齿咬一下弓箭;都在自己一个无名指上割一个口儿,并互相吮吸对方手指上流出的鲜血,然后,各折断一个树枝,并互相吐一口唾沫等等。如果由于生活中遇到无法遵守诺言的客观原因而使这桩婚事没有成功,那么这两家人仍像当初发誓那样,做好朋友。所谓“摇篮婚”,是指给婴儿订婚。男女双方的父母互称"亲家"和"亲家母"。男方父母给女方——女婴戴上银耳环。不管以哪种形式订婚,男方都要向女方送彩礼。彩礼主要是牲口或财产,而且各种牲口和财产的数目应是9或9的倍数。一般是9头一群的9种牲畜或9件一封的9种财产。

送过彩礼之后,成年男女就要准备结婚。举行婚礼的前一天,新娘的亲属们举行送别仪式。先把待嫁姑娘的小发辫都散开,重新梳理成已婚妇女的发型。然后,亲戚朋友向她致临别赠言,向她祝福,希望她做个好媳妇、好妻子。

举行婚礼那天,身着婚纱的新娘在嫂嫂或弟媳的陪伴下去新郎家。一路上,新娘要放声大哭,向人哭诉,不愿离开娘家。

当新娘到新郎家后,举行如下结婚仪式:取下新娘的盖头;给新娘戴上白头巾,因为吉尔吉斯人认为,白色象征纯洁和幸福;让新娘跨过火盆;男方父母、亲属相媳妇;指定代替父母的主婚人。新娘的父母把早已准备好的嫁妆在举行婚礼那天送到新郎家。这些嫁妆包括新婚夫妇过生活所需要的一切东西,从针线到牲口,而且嫁妆不应少于彩礼的价值。婚礼之后,男方亲属都轮着宴请新婚夫妇,介绍新娘与丈夫的亲属认识。

新婚夫妇结合后,新娘有很多禁忌。例如,新娘对丈夫的亲属不能直呼其名,可用其他适合的词儿代替他们的名字;新娘不能背朝丈夫的亲属坐着;不能对人伸出一条腿坐着;不能大声喧哗;不能不戴头巾、不穿鞋子走路;避免与丈夫的年长亲属直接会面等等。

依照风俗习惯,结婚一年以后,新娘要探望亲生父亲的村庄,谓"回娘家",而且要在娘家住几天或几个月。以现代形式出现的传统婚姻的许多方面一直流传至今。

2. 与分娩有关的风俗习惯

吉尔吉斯人把妇女分娩视为家庭生活中最重要和最快乐的事件。他们认为,孩子是家族及其传统的继承者,是本民族兴旺永存的象征。因此,还在分娩之前,就尽量保护好孕妇,使其不干繁重的家务劳动;不让孕妇独自走出村庄。千方百计保护孕妇,使其免遭恶魔鬼怪的侵害。孕妇必须把一种写有摘自古兰经的、保护妇女格言的、名叫"图玛尔"（"tumar"）的护身符，还有一种用熊爪和雕鸮爪制作的避邪物都挂在自己衣服上。为了保护产妇在其分娩期间不受魔鬼的危害，毡房内昼夜生火。火炉旁边平放一把刀，刀锋向门。毡房的栅状骨架上，即产妇的头顶上悬挂一支实弹火枪。据说，这些东西能驱魔避邪。

婴儿出生后40天内不许见生人；满40天那日，亲朋好友都来祝贺，主人宰羊待客。婴儿全身洗净后隆重放入摇篮，称之为"入摇篮仪式"。

依照风俗习惯，新生婴儿第一顿饭是让他（她）吸吮用微火煮沸的奶油。然后给他（她）穿上第一件小褂——"狗褂"。这件小褂是从一个老头或一个多子女的、受人尊敬的老太太的内衣上扯下的白色碎布缝制成的。这个小布褂做成后先让小狗穿一下，然后再让新生儿穿。"狗褂"便因此而得名。所有这些做法都是想让新生儿长命百岁、生活幸福、体魄健康和意志坚强。

按照风俗习惯，妇女不能给新生儿起名字。只有村庄上德高望重的人才有资格给新生儿起名字。

小孩刚学走路要举行"绳子仪式"。届时，父母亲回避，由祖父母主持仪式，叫来左邻右舍的小朋友们参加。"绳子仪式"按照一定程序进行。先把孩子领出门，放在毡房前面。然后用一根由白、黑毛线交织而成的细毛线绳捆住孩子的双腿。接着，让众童从20米远的地方跑来解开绳子。从此，这个孩子开始迈步走路。吉尔吉斯人认为，之所以使用白、黑相交织的毛线，是因为白色和黑色分别象征光明和黑暗、善良与邪恶。人的一生既有光明、欢乐的日子，也有黑暗、悲伤的岁月。因此，一个人从小就应该准备应付生活的挑战。按照伊斯兰教教规，男孩在3岁半或者7岁，举行割礼；女孩在9～10岁，举行梳辫仪式，即把原先梳的两条大辫子散开，再梳理成大约20条小辫子，从此，她就算长大成人了。

3.跟丧葬有关的风俗习惯

亲人去世被认为是家庭、家族的悲哀。如果是青年人或者壮年人去世，亲人们会更加悲痛。治丧活动依照程序，按部就班进行。（1）死者家属及其亲戚、朋友发出死亡通知,绘画死者肖像,改穿黑色丧服。(2)悬挂治丧旗。如果是青年人去世,透过毡房的最高点伸出一面红旗;如果中年人去世,毡房上竖起一面黑旗;如果是老年人去世,则竖起一面白旗。(3)哭泣。在安放死者遗体的毡房里,妇女们为死者哭泣。如果是丈夫去世,那么妻子就披头散发,有意抓破自己的脸,并大声哭诉。其他妇女则面向毡房的侧壁坐着,也大声哭诉。死者的遗孀只能在其丈夫过世后第 7 天或者第 40 天才能将其散乱的头发重新梳理起来。(4)接待和安置参加丧礼的客人。(5)给死者擦洗身体,然后给他裹上白色殓衣。(6)送葬。(7)下葬。吉尔吉斯人实行土葬。放尸体入墓时,使尸体呈坐状,使死者面朝日出的方向。(8)从墓地回来的人们集体哭泣。(9)把死者的衣服和个人物品分给参加葬礼的人。如果死者是妇女,还要把一块一块的小布(大约 50×50 厘米)分给大家。(10)举行葬后宴。(11)进行追悼活动。死者安葬后的第 3 天举行小祭,第 7 天举行中祭,第 40 天举行大祭。(12)善后事宜。在"大祭"活动结束那天,死者的亲属,包括妻子、儿女都脱掉丧服,并把这些丧服烧掉。做过悼念饭菜的铁锅要在地上倒扣几天。死者的画像安放在墓地。只有完成这一切安葬、悼念活动之后,死者的家庭和家族才能恢复正常的家庭生活。

4. 与宗教信仰有关的风俗习惯

对于吉尔吉斯人来说,"纳乌鲁兹"节是一年中最重要的节日之一。这是个辞旧迎新的节日,具有全民性。人们在每年 3 月下旬春分那天庆祝这个节日。春分前一天,家家都做节日饭菜——用小麦麦粒加牛奶和少量肉煮成稀粥。节日那天,人们身着盛装,互相祝贺。用烟熏毡房的顶盖和牲口,喝节日粥,生篝火。男人和孩子们跳篝火。他们认为,火具有净化与保健作用。同时,举行赛马及其他娱乐活动。过"纳乌鲁兹"节的风俗是自古流传下来的,起源于古波斯的祆教(也称拜火教)。这个风俗也同春天自然界万物复苏紧密相关。除了这个节日,还有一系列起源于多神教的风俗。例如,有祭祀地神和水神的风俗。祭祀地神和水神的仪式通常每年举行两次;第一次,在春天,当山上出现青草,母羊开始产羔之时举行;第二次,在深秋,当人们从牧场向冬季营地转移游牧、准备过冬的日子举行。届时,人们宰杀牲畜,做类似过节才食用的饭菜。全村人进餐后举行名叫"巴塔"("bata")的仪式,即向地神和水神祈求保佑,免遭自然灾害和不幸事件,另外,在发生旱灾或者水灾时,也举行集体和个人祭祀活动,向"老天爷"("tengger")和"神母"("omai")祈求开恩、赎罪或者发表感谢之词。吉尔吉斯人的有些风俗产生于该民族信仰原始宗教时期,并得到发展。随着他们改信伊斯兰教,其风俗习惯也发生了很大变化。他们同中亚其他民族的穆斯林一样,举行伊斯兰教的宗教仪式。伊斯兰教教历每年3月12日,为纪念先知默罕默德的诞生日和逝世日举行纪念性宗教节日——"圣纪"节;伊斯兰教教历每年9月,成年穆斯林守斋一个月。守斋结束,举行"开斋"节;伊斯兰教教历每年12月10日,举行"宰牲"节(也叫"古尔邦"节)等等。

5. 与待客和馈赠有关的风俗习惯

在吉尔吉斯人看来,殷勤好客是一种优良的民俗。吉尔吉斯人说,"来客是福"。客人不管是萍水相逢,还是远道而来,都要热情招待。家里一切好的东西:食品、床铺以及全家老少的共同关心都要献给客人。如果客人是骑马来的,那主人必须出门迎接,帮助客人下马,把客人请进毡房。对于吉尔吉斯人来说,客人刚进毡房,就问这问那,打听客人来访的目的都是令人不愉快的和没有礼貌的表现。必须安排客人住宿,如果主人不让客人住宿或者照顾不周,客人会怀着不满心情离去。像这样对待客人的态度会受到社会舆论的谴责。

在关系亲近的吉尔吉斯人中,有相互馈赠的风俗。可赠送牲口、猎禽、马饰品、皮鞭、乐器和首饰等等。按照"礼尚往来"的习俗,得到赠品者也要回赠,而且要回赠更有分量的东西。

6. 与居住有关的风俗习惯

吉尔吉斯人的住房有两种:一种是可挪动住房——毡房,另一种是固定住房。

吉尔吉斯斯坦学者认为,可挪动住房——毡房是吉尔吉斯民族物质文化的明显表现之一,是游牧建筑艺术和民间实用艺术的顶峰。它非常适用于游牧生活方式:毛毡柔软,结构简单,拆迁方便,四季通用。这些都是毡房的永恒优点。

吉尔吉斯人住的主要是一种圆形毡房——蒙古包。这种蒙古包以木头为骨架——哈纳,先围以薄草帘,外盖毛毡,房顶正中留一个可活动、透气的天窗——套努。蒙古包外部用绳子捆绑并牢牢地固定在大石头或木桩上,以防毡房被大风吹动。房门多朝东南,房内四壁挂以刺绣精美的围布或挂毯,地上铺毡毯或地毯。对门的正上方放置木箱、被褥,木箱前是客人的座位和睡觉的地方。门右边是主人住处,右下方放置食品和炊具,左上方为老年人铺位,左下方放置生产工具等。室内正中放置炉灶,用于取暖和烧饭。

吉尔吉斯人在毡房方面有许多习俗和禁忌。首先,对毡房及其陈设、用具要备加爱护。如果对毡房指手画脚,说三道四,那是很不礼貌的。在吉尔吉斯人中,有"乔迁酒宴"的习俗。当一个家庭建造好一座新毡房时,那主人必须举行庆祝活动。人们将一个祭祀用畜(小牲畜)的头割下,随即从毡房的烟道抛出。在毡房内的新毛毡或者新草席上缝缀一小块旧毡子,起到避邪作用。如前所述,吉尔吉斯人认为,火具有净化作用,不能向灶火吐痰,不能往火灶上洒水,不能围着室内火堆走动,不能在黄昏时给邻居送炽热的灰烬。如果一个家庭有人去世,按照风俗习惯,死者的尸体要在毡房内停放3天。在这种情况下,从毡房内搬出全部摆设和家具,只留下供哭灵妇女坐的毡毯。如果死者是男性,毡毯则铺在男人住的地方;如果死者是女性,毡毯则铺在女人住的地方。除了毡房,吉尔吉斯人还有固定的永久性住房。这种住房大批出现是自19世纪开始的,由游牧转入定居时期。到19世纪下半期,平原地区的大部分吉尔吉斯人家庭都有了固定住房及其附设的家务用房。建房技术、住房的规划设计以及内部装饰样式,都是从邻近的乌兹别克和塔吉克民族工匠那里学来的。

吉尔吉斯人同中亚其他游牧民族一样,并不看重定居生活方式,不喜欢住土坯房舍,比较殷实的家庭甚至还要在永久房舍的旁边再搭建一座毡房。

到 20 世纪,吉尔吉斯人终于完成了由游牧转向定居的漫长历史进程。毡房尽管在生活中还保持着自己的实用意义,但从整体上说,它已成为博物馆的展览品。所有吉尔吉斯人都住进了多半按照欧洲风格建造的固定房舍。只在吉尔吉斯斯坦南部地区偶尔才能发现按照中亚河中地区中世纪古代居民建筑传统建造的房屋。

7.与服饰有关的风俗习惯

吉尔吉斯人的传统服装是其整个民族文化的重要组成部分。男子的传统服装上身是长袍,罩羊皮袄,下身是布料长裤,冬天则穿皮裤。脚穿皮靴或毡靴。头戴皮帽或绣花小帽,更多的则是戴一顶名叫"卡尔帕克"的帽子。这种帽子用白毡做成。帽里的下沿儿镶一道黑绒,向上翻过来,并在左右两边各开一个口儿。帽顶呈四方型,缀有珠子和缨穗。这种"卡尔帕克"毡帽是区别吉尔吉斯人与其他民族的一大标志。男子腰系皮带,上挂小刀。妇女一般穿色彩鲜艳的宽大连衣裙,外罩针织丝绒或长绒的长袍或小坎肩,下配灯笼裤,长袍外面束一条开襟的绣花围裙。脚穿软皮鞋,外套胶皮套鞋。青年妇女一般喜欢红、绿色头巾,老年妇女多用白色头巾。现在吉尔吉斯人已普遍穿着现代服装,只有老年人及一部分中年人仍喜欢穿传统的民族服装。

吉尔吉斯人重视衣帽。他们认为,随便抛掷帽子、拿错帽子,以及走路不戴帽子都是很不礼貌的。人们不能从衣服上跳过。在男人表示完全顺从或者请求宽恕时,将自己的腰带挂在脖子上。

8.与饮食有关的风俗习惯

吉尔吉斯人的饮食多半是牛奶和肉类。粮食制品是在由游牧转向定居、农耕的过程中才开始出现的。

奶类食品是吉尔吉斯人食品的主要成分:纯酸牛奶、酸牛奶,由煮过的牛奶制作的酸凝乳、乳酪,用羊奶制作的奶渣干酪、乳皮、黄油,以及炼过的动物油等等。

吉尔吉斯人食用羊肉、马肉、牛肉、骆驼肉和牦牛肉。其中,绵羊肉和山羊肉特别受欢迎。在进餐者较多的大型宴席上,人们主要吃马肉。吉尔吉斯人还有贮藏肉、奶食品备用的习惯。他们主要制作干牛奶食品、黄油和小碎块干肉等等。吉尔吉斯人同其他穆斯林一样,忌食猪、狗、驴、骡、蛇肉以及猛禽肉和自死畜肉。在宗教气氛比较浓厚的地区,即使可食的马、牛、羊肉也必须是信仰伊斯兰教者所杀的才可食用。

面食品由小麦、玉米、大米、黍和燕麦制成。用粮食粒和面粉制作成各种饭菜。例如,各种粥,用水或牛奶和的面团制成的食品,用面粉、麦粒或土豆之类熬成的稀汤等等。面包制品或者馕有以下几类:用发酵酸面团制作的面饼,加有奶油、鸡蛋的分层薄面饼,用未发酵的面团制作的分层面饼等等。

吉尔吉斯人在做饭和吃饭方面至今还保留着不少古代的风俗习惯。例如,在用铁锅煮肉时,首先向沸腾的水中投入一块桡骨,然后再倒入肉块。在吃肉菜时,客人按两人、三人或者四人一组入座。主人按照来宾的社会地位或亲属辈分给他们每人送相应的熟肉块。进餐者必须严格从自己的盘子中取肉吃。在餐桌上,如果刀子不够用,进餐者可以互相使用刀子。在这种情况下,送刀子给别人时,一定让刀把儿朝前方;如果把刀子送回主人,那刀尖上要扎一块肉。

进餐前主人和客人都不得走出毡房(或房舍)洗手。为此,主人家会有一个小男孩在开饭前提着水壶从左至右来回给进餐者浇洗手水,而饭后则从右至左或者从室中心到门口来回给人浇洗手水。

如果一个吉尔吉斯人在饮食方面不遵守以上规矩,那么他的行为就会受到社会舆论的谴责,而且有可能永远不被别人尊重。

在现代条件下,吉尔吉斯人的民族文化传统发生了明显变化,都市化和欧洲化是吉尔吉斯民族文化发展的主导趋势。然而,吉尔吉斯人在婚丧嫁娶、衣食住行等方面的民族文化传统至今仍稳定地继续存在。

吉尔吉斯人的风俗习惯,除了有关伊斯兰教宗教习俗外,很多现象和蒙古族人非常相似。

第二节　辽金宋时期的奈曼部

吉尔吉斯到公元 924 年才被耶律阿保机的大契丹国统治。

奈曼部从 11 世纪开始出现在蒙古高原西部人群的历史记录中。牧地在阿尔泰山之阳,北接蒙古斡亦剌惕部,西界回鹘,操突厥语系语言,使用畏兀儿文字。

《辽史》称"粘八葛"。

《金史》称"粘拔恩"。

其最初隶属于吉尔吉斯,讲突厥语,是蒙古高原西部势力最强的游牧部落之一。

宋代称之为黠戛司,但对其情况却不甚了解。

金代称之为纥里迄斯。

柯尔克孜人最早信仰原始宗教萨满教,早期生活在天山南部及中亚等地的柯尔克孜人西元 10 世纪前后就皈依伊斯兰教。

在吉尔吉斯斯坦共和国境内约 361 万柯尔克孜族人,与现今的在中国新疆的 16 万柯尔克孜人均信仰伊斯兰教,生活在黑龙江的则信仰萨满教。新疆额敏河一带生活的部分柯尔克孜人因长期与蒙古厄鲁特人生活混杂着,因此信仰藏传佛教。吉尔吉斯斯坦因浩罕汗国而伊斯兰化,南部吉尔吉斯更早为伊斯兰化。

初居谦河地区(今叶尼塞河上游),后逐步南迁,散居于阿尔泰山一带。东邻蒙古客列亦惕(克列)部,西至也儿的石河——今额尔齐斯河,北抵吉利吉思,南界畏兀儿。信奉景教——聂斯托里。部落有很多分支。经济、文化较诸蒙古部落发达。在蒙古部兴起以前已建立起国家机构,并拥有精良、庞大的军队,经常同客列亦惕部发生战争。

许多学者认为,《辽史》所载"粘八葛",《金史》所载"粘八恩",指的都是奈曼部。辽道宗寿隆三年(公元 1097 年),粘八葛首领秃骨撒与蒙古草原的阻卜、梅里急(篾儿乞惕)部长同来贡方物。

辽亡，耶律大石自立为王，率众经奈曼部西行，于是奈曼附属于西辽。金世宗大定十五年(公元1175年)，粘八恩君长撒里雅寅特斯与康里部长孛古遣使来朝，请求上纳西辽所发牌印，归附金朝，接受金的牌印。伯希和认为，"粘八葛"或"粘八恩"是腭音很重的契丹人对"奈曼"一词的读法。

第三节　蒙元时期的奈曼部

蒙古人称吉尔吉斯为吉利吉斯。

阿拉伯文、波斯文史料也有关于他们的记载。

关于黠戛斯从叶尼塞河流域南迁到天山地区的过程，现仍无准确翔实的叙述。大致说来，西辽的西迁和13世纪蒙古人的西征都影响到黠戛斯，促成部分黠戛斯人南迁。

《史集》记载，起初奈曼境内有别帖乞和奈曼两个近邻的突厥部落。别帖乞比客列亦惕和奈曼更强，后被奈曼所并，成为奈曼的属部，称为别帖乞奈曼或别帖乞奈曼万户。奈曼也因此成为蒙古高原诸部中"国大民众"、势力最强的大部。奈曼最早见于记载的国君是纳尔黑失及其弟亦难赤汗。亦难赤汗又称亦难赤·必勒格·卜古汗。他曾发兵助王罕之弟也力可哈剌攻王罕，夺取客列亦惕部众给也力可哈剌。亦难赤汗死，其二子不和，终于导致分裂。次子拜不花继承其父太阳罕位。长子称不欲鲁黑罕，避居于黑辛八石(又译乞则里八寺海，今新疆吉力库勒和布伦托海)周围的山地，自成一支，称为"古出古惕·奈曼"。

奈曼虽因国君兄弟的分裂而大为削弱，但仍是两股强大的势力，曾分别与客列亦惕和蒙古进行过多次相互掠夺的战争。

当时的奈曼部分裂为二支，一支由不欲鲁黑罕统治，另一支由不欲鲁黑罕的弟弟太阳罕统治。铁木真曾几次与不欲鲁黑罕及其联军作战，极大地削弱了他们的实力。初次铁木真的兵锋所指，是太阳罕统治下的奈曼部。在不欲鲁黑罕遭到失败时，太阳罕漠然视之，在王汗脱兀里勒遭到铁木真的突袭灭亡时，太阳罕有些仓惶，而不敢不理。

在这里摘录《蒙古秘史》上的记载,供读者参考。

于公元 1203 年夏秋,客烈亦惕部被铁木真打败。客烈亦惕部的主子王罕与儿子尼勒哈桑昆仓皇出逃,到奈曼部边界上名叫迪迪克萨嘎拉的河边。王罕口渴,到河边要喝水而被奈曼部将领豁里速别赤抓住。这个"豁里速别赤"应该是职衔名称,而不是其名字。"豁里"为古代蒙古语军队中的指挥官称谓,"速别赤"为守护边境的官员,连起来是"守护边境的军官"。王罕对豁里速别赤说:

"我是客烈亦惕部的王罕。"

可是豁里速别赤不认识他,把他给杀了。

桑昆看到父亲被杀,赶紧逃命去了。

豁里速别赤把杀死王罕的过程报告给自己奈曼部的太阳罕。太阳罕的继母古儿别速说:

"王罕是个古老部落的罕,如果是真的,把他的首级拿来,我们祭一祭吧!"豁里速别赤见太阳罕的使臣,就把客烈亦惕部王罕的首级交给了他。

太阳罕一看是王罕的头,就认出了他,就把他的首级放在大白毡子上,叫媳妇孩儿们向他磕头施礼、把盏、弹唱,进行祭祀。由于秋末初冬的天气,王罕的头颅在送来的路上已经冻了,到太阳罕的温暖罕廷,开始化了,现出一种怪相。祭祀的人们一看那怪相,称"王罕的首级笑了!"而以为不吉利。七嘴八舌地议论开来。太阳罕也信以为真,下令拿下去践踏粉碎。

看到这些,老将可克薛兀撒卜剌黑巴特尔责备说:

"已经死了的王罕,你割其头颅,还要杂碎他的头颅,对吗?近些日子以来,我们的狗吠声不对。亦难察必勒格罕曾经说过:'妻子年少,丈夫我老了。这太阳罕又软弱,无能的儿子久后恐将我的部众守不住啊!'如今狗吠有败兆的声音,哈屯古儿别速的法度严峻,而太阳罕你又软弱。除了放鹰打猎,再没有别的能耐。"

太阳罕说:

"在我们东边有少数的蒙古,他们使古老的王罕受惊吓而死去了。如今他们将称罕是不是?自古天上有日月,地上怎能有二主?如今咱去把那些蒙古掳了回来!"

古儿别速道:

"要做什么?那些蒙古人气味臭,衣服破烂。掳来做什么?叫他们远一点好!从他们中间挑选一些个清俊的姑娘及小媳妇,叫她们把手脚洗干净,给我们挤牛羊奶还可以。"

太阳罕说:

"那有什么难?咱去将那些蒙古人的弓箭夺了过来!"

听到这些话,老将可克薛兀撒卜剌黑说:

"哎!说大话有啥用?哎!无能的罕啊!你配吗?最好是把这些话藏起来吧!"

听到可克薛兀撒卜剌黑的话,太阳罕叫脱儿必塔失的人做使者,派往汪古惕部主阿剌忽失的吉惕忽里处送信。

使者到长城附近的汪古惕部,对阿剌忽失吉惕忽里说:

"在这东方有少数的蒙古人,你做右手,我们联合着去夺他们的弓箭!"

阿剌忽失的吉惕忽里对使者说:

"我不能做你们的右手!"送走了使者。

阿剌忽失的吉惕忽里叫月忽难的使者前往铁木真处,说:"奈曼部太阳罕要夺取你们的弓箭,叫我做右手,我没有答应。如今提醒你们,不要把弓箭被他们夺了去!"

铁木真在帖蔑延客额列之地狩猎。围猎于秃勒勤扯兀惕的时候,阿剌忽失的吉惕忽里的使者月忽难送来了信。

铁木真立即与黄金家族共同商议出兵之事。多数人认为连年鏖战,战马消瘦,不宜出师。贴睦格斡惕赤斤那颜站了起来说:

"如何推说马瘦?我的马却肥着,既听了这些话,如何坐得住?"

别勒古台接着说:

"是活着的人而被敌人夺了弓箭,还有什么可活的?男子死时与弓箭在一处不好?"

"如今奈曼恃其国大民众,敢说大话。我们可以乘此机会去夺了他们的弓箭,何难?咱去后,他们的马群必然撇下,房屋空了,部众必皆逃入山林,咱们如今便可启程。"

铁木真赞许斡惕赤斤和别勒古台二位弟弟的想法,从阿卜只哈阔帖格儿出发,经哈勒河的斡儿讷兀的客勒贴该哈答下去。点数兵马,把军马编成敏罕(千)、扎温(百)、阿儿班(十);分别委派千夫长、百夫长、十夫长和扯儿必官。委派朵歹、多豁勒忽、斡格连、脱伦、不察兰、薛亦客秃6人为扯儿必。

又选择千夫长、百夫长、十夫长及普通人的子弟中身材好的为80个宿卫和70个散班等,统称护卫兵。

铁木真道:

"阿儿孩合撒儿选拔一千名勇士,厮杀时在我的前头厮杀,平日当我的护卫。"

铁木真下令:

"由斡格连扯儿必和忽都思哈勒潺合管70个散班。"又下令:

"科尔沁和散班护卫们及厨子、门卫、管军马的人等值日班。日落前给宿卫让位,出去就宿。宿卫在夜间,卧于房子附近。门口处轮流值班。科尔沁及散班在第二天等我们吃完汤,过来换班。"

公元1204年4月16日,铁木真祭旗出发,命哲别、忽必来二将为先锋,逆克鲁伦河西上。先锋部队首先到达了撒阿里客额列草原的康哈儿罕山,与奈曼部哨兵相遇。交战中,蒙古军一匹破鞍瘦马失散到奈曼部军队中,奈曼哨兵送至太阳罕帐前。奈曼人看到那匹马,认为蒙古军到达该地时,人马多已疲惫,并不可怕。面对这样的形势,朵歹扯儿必向铁木真建言:

"我们远道而来,人马疲惫,奈曼部人多势众,但尽是愚弱之辈,可多设疑兵,令每人烧火五处,待我们喂饱战马,再行攻击,必可获胜。"铁木真采纳了这个意见,令士兵们每人点火五处,修养待命。此情况果然被奈曼部哨兵发现,并向太阳罕报告说蒙古军队人数众多,夜间燃起的火,比天上的星星还多。

当时太阳罕驻扎在杭爱山的哈赤儿水大本营,他接到报告,立即转告

— 19 —

其子古出鲁克：

"蒙古人的战马瘦弱，蒙古兵来的很多。如今我们一旦开始混战，就会难解难分。混战起来的蒙古人，杀人不眨眼。其脸受伤而流着鲜血也从不躲避的刚硬蒙古人，混战可以吗？据说蒙古人的战马瘦弱，我们的大军越过阿勒泰山，整肃军马引诱他们。到阿勒泰山那边，他们的瘦马更加疲乏，而我们的军马正好，然后复回去与他们厮杀，可胜！"

古出鲁克听到父亲的话，说：

"那妇人般的太阳罕害怕了，才说这样的话。说蒙古人很多，哪儿来的？蒙古人的多数跟扎木合在咱这里。"

"没有走出孕妇撒尿的地方，没有到过牛犊吃草的牧场。妇人般的太阳罕害怕了，才说这样的话！"

使臣回到太阳罕处，把古出鲁克的话转告时，太阳罕很生气，说：

"有力有勇的古出鲁克，厮杀时不要减弱了这等勇气！"

太阳罕的大将豁里速别赤说：

"你的父亲亦难察必勒格罕，一辈子不曾被敌人见过男子汉的脊背和战马的后胯。如今你首先害怕了吗？早知道你如此胆小，不如让你的继母古儿别速来指挥军队了。可惜！可克薛兀撒卜剌黑巴特尔老了，我们的军纪不严了！看来真的到了蒙古人运气兴盛的时候了。哎！太阳罕你真是个庸碌之辈啊！"说完，敲打着箭筒，上马往别处去了。

太阳罕非常生气，说：

"该死的性命和受苦的身子，反正都一样。那就厮杀吧！"率军从哈赤儿水出发，顺塔米儿河，渡过斡儿浑河进发。经纳忽昆崖东南的察乞儿马兀惕行进的时候，铁木真的前哨发现了他们，马上报告给铁木真。铁木真道：

"多的损失多，少的损失也少！"率兵迎击，打败了奈曼部的前锋军。并对将士们说：

"进如山桃皮丛，摆如海子样阵，攻如凿穿而战！"

铁木真自己率领前锋军，叫哈撒儿治中军，令帖睦格斡惕赤斤指挥从马。

奈曼部从察乞儿马兀惕推到纳忽昆崖前山脚下,摆下了战阵。

铁木真亲率强兵打前锋,把奈曼部的前锋赶到其中军。太阳罕看到铁木真的前锋队,问身边的扎木合:"他们是谁?"

扎木合回答说:

"我的安达铁木真用人肉喂着的四条狗。

平时用铁索拴着他们,

赶我们前哨的是他们。

那四条狗的前额是生铁的,

嘴脸是凿子,

其舌头是锥子,

其心肝是铁的,

用镰刀做鞭子;

喝露水,

骑旋风行走。

厮杀之日吃人肉,

相斗之日吞人骨。

如今他们挣脱了铁索,

毫无拘束地欢笑着,

垂涎着,

攻了上来!"

太阳罕问:

"他们叫什么?"

扎木合回答说:

"他们是哲别、忽必来、者勒蔑、速别额台!"

太阳罕说:

"那么,理这些下等东西远一点吧!"往山上退去。

太阳罕看到其后边欢跃着,旋转着上来的一批人。问扎木合:

"像清晨刚放出来的马驹,吃饱了母亲的乳汁后,绕着其母亲周围,疾
跑一样的是谁?"

扎木合回答说:

"他们是:

咬死持枪的男子,

劫掠带血的武器,

赶着拿刀的男子,

砍倒并杀死而夺取财务和武器的,

兀鲁兀惕、忙忽惕二部。"

太阳罕说:

"那就离他们远一些吧!"往山上退去。

太阳罕又看到其后边的队伍,问扎木合:

"其后边,贪食的鹰一样垂涎着,打头的是谁?"

扎木合回答说:

"他就是我的安达铁木真。

他全身是用生铁炼就的,

没有锥子扎的间隙。

用铁打成的,

没有粗针扎的间隙。

铁木真安达,

如贪食的鹰一样,

冲刺而来了。

看见了吧?

你们奈曼人不是说:

若见到蒙古人,

如拎小羊羔一样,

蹄皮也不留。

试试看吧!"

太阳罕说：

"真可怕！登山吧。"继续往山上退去。太阳罕看到其后边的大队人马,问扎木合：

"其后厚厚的军阵是由谁率领的?"扎木合回答说：

"是诃额仑母亲用人肉喂的儿子。

三庹高的身材,

三岁牛的食量,

身穿三层铁甲,

三头犍牛拽着走!

咽下带弓箭的人,

其喉咙不觉碍着。

发怒时,

搭上昂忽嘎箭,

拽着放啊,

隔山也能射穿十到二十个人。

相斗的敌人渡过旷野时,

搭上客亦不儿箭,

拽着放时,

直连直穿地射死他们。

大拽射,

中九百庹;

小拽射,

中五百庹。

比任何人都特殊,

巨蟒一般的,

拙赤哈撒儿是他!"

太阳罕:

"往上登吧。"继续往山上退去。

走了一阵,太阳罕站住了,又问扎木合:

"其后边又是谁呢?"扎木合回答说:

"他是诃额仑母亲的幼子,

叫做斡惕赤斤的宠儿。

他是睡得早,

起得晚,

从不落后,

也不迟到的帖睦格。"

太阳罕说:

"那么继续爬上山顶吧。"

扎木合在交谈中,看出太阳罕的无能,就悄悄地离开了他,并派人向铁木真报告刚才的谈话内容。

铁木真指挥大军,层层包围了纳忽昆山。时值日落西山,大军围着纳忽昆山过夜。

当夜,奈曼部军队想突围而从纳忽昆山崖上坠滑,一层压一层,骨肉粉碎,似多年积的草,死得很惨。

第二天剩余的队伍纷纷投降。朵儿边、塔塔儿、合塔斤、撒勒只兀剔诸部亦投降。扎木合等带领少数人逃遁。太阳罕负伤而死。奈曼部大部分被俘。

铁木真叫来古儿别速,问她:

"你不是说我们蒙古人有臭味吗? 如今怎么到这里来了?"并把她纳为妃妾。在战斗中,拙赤哈撒儿抓住了塔塔统阿。《元史》上的记载如下:

塔塔统阿,畏兀人也。性聪慧,善言论,深通本国文字。乃蛮大敭可汗尊之为傅,掌其金印及钱谷。太祖西征,乃蛮国亡,塔塔统阿怀印逃去,俄就擒。帝诘之曰:"大敭人民疆土,悉归于我矣,汝负印何之?"对曰:"臣职也,将以死守,欲求故主授之耳。安敢有他!"帝曰:"忠孝人也!"问是印何用,对曰:"出纳钱谷,委任人才,一切事皆用之,以为信验耳。"帝善之,命居左右。是后凡有制旨,始用印章,仍命掌之。帝曰:"汝深知本国文字乎?"

塔塔统阿悉以所蕴对,称旨,遂命教太子诸王以畏兀字书国言。

太宗即位,命司内府玉玺金帛。命其妻吾和利氏为皇子哈喇察儿乳母,时加赐予。塔塔统阿召诸子谕之曰:"上以汝母鞠育太子,赐予甚厚,汝等岂宜有之,当先供太子用,有余则可分受。"帝闻之,顾侍臣曰:"塔塔统阿以朕所赐先供太子,其廉介可知矣。"由是数加礼遇。以疾卒。塔塔统阿在铁木真手下效力。

如此看来,蒙古族传统的维吾尔津文字是从奈曼部传进来的。

太阳罕的儿子古出鲁克奔往北奈曼,依其叔叔不亦鲁黑汗。南奈曼被蒙古军全部占领。

公元1206年,蒙古军又向不欲鲁黑罕驻地兀鲁黑塔克山进发,当时不欲鲁黑罕正在莎合水(今蒙古科布多河上游索果克河)附近围猎,仓促应战,兵败被俘。依附于不欲鲁黑罕的古出鲁克和篾儿乞惕部长脱黑脱阿(又作脱脱)逃往也儿的石河(额尔齐斯河)流域。蒙古军从阿来岭(今蒙古赛留格木岭乌兰达巴山口)越过阿尔泰山,在不黑都儿麻河(今俄罗斯哈萨克额尔齐斯河支流布赫塔尔马河)击溃奈曼和篾儿乞惕军,脱黑脱阿被射死,古出鲁克逃往西辽。

古出鲁克被西辽皇帝直鲁古所接纳,娶直鲁古女为妻,并放弃聂斯托里教而改崇佛教,逐渐博得了直鲁古的信任。古出鲁克到叶密立、海押立和别失八里等地,收罗了许多逃亡的奈曼残部,自成一支势力,同花剌子模算端阿拉瓦丁·摩诃末等一起叛辽。

公元1211年秋,古出鲁克伏兵将直鲁古擒获,夺取了西辽帝位,尊直鲁古为太上皇。古出鲁克取得统治权后,对企图摆脱西辽压迫的属部加强镇压。他杀害了阿力麻里的首领斡匝儿汗,派兵进入可失哈耳和斡端等地,连年毁坏当地的庄稼,将士兵分驻居民家中,迫使人民放弃伊斯兰教改崇基督教和佛教。

公元1218年,成吉思汗派哲别征西辽,古出鲁克当时在可失哈耳,闻讯西逃至巴达哈伤的撒里客儿地区,被蒙古军擒斩于山谷中。奈曼部政权灭亡以后,人民被分配给蒙古诸王和那颜,部分人逃往中原,参加了完颜义陈和尚的忠孝军,与攻金的蒙古军作战,"每战则先登陷阵,疾若风雨",十分勇敢。

公元1225年,成吉思汗将新疆西北部额敏河流域的广大地区封给其三子窝阔台。公元1309年,窝阔台可汗国被元朝合并。

古出鲁克的后人被称为答鲁·奈曼氏。因为蒙古语"古出古惕"是古出鲁克家族的姓氏,他们为了忌讳自己的祖先"古出鲁克"的名字,并认为"古出"——力气存在于人们的脊梁部位。脊梁,蒙古语称之为"答鲁",因此,把部落称为"答鲁·奈曼氏"。

有关奈曼部的历史,《元史》卷六十三《地理·六》有一段有趣的记载称:"吉利吉思者,初以汉地女四十人,与乌斯之男结婚,取此义以名其地。南去大都万有余里。相传乃满部始居此,及元朝析其民委九千户。其境长一千四百里,广半之,谦河经其中,西北流。又西南有水曰阿浦,东北有水曰玉须,皆巨浸也,会于谦,而注于昂克剌河,北入于海。俗与诸国异。其语言则与畏吾儿同。庐帐而居,逐水草畜牧,颇知田作,遇雪则跨木马逐猎。土产名马、白黑海东青。昂克剌者,因水为名,附庸于吉利吉思,去大都二万五千余里。其语言与吉利吉思特异。昼长夜短,日没时炙羊肋熟,东方已曙矣,即《唐史》所载骨利幹国也。乌斯亦因水位名,在吉利吉思东,谦河之北。其俗每岁六月上旬,刑白马牛羊,洒马湩,咸就乌斯沐涟以祭河神,谓其始祖所从出故也。撼合纳犹言布囊也,盖口小腹巨,地形类此,因以为名。在乌斯东,谦河之源所从出也。其境上唯有二山口可出入,山水林樾,险阻为甚,野兽多而畜字少。贫民无恒产者,皆以桦皮作庐帐,以白鹿负其行囊,取鹿乳,采松实,苟药等根为食。冬月亦乘木马出猎。谦州亦以河为名,去大都九千里,在吉利吉思东南,谦河西南,唐麓岭之北。居民数千家,悉蒙古、回纥人。有工匠数局,盖国初所徙汉人也。地沃衍宜稼,夏种秋收,不烦耘籽。或云汪罕始居此地,益兰者,蛇之称也。初,州境山中居人,见一巨蛇,长数十步,从穴中出饮河水,腥闻数里,因以名州。至元七年,诏遣刘好礼为吉利吉思撼合纳谦州益兰州等处断事官,即于此州修库廪,置传舍,以为治所。先是,数部民俗,皆以杞柳为杯皿,刳木为槽以济水,不解铸作农器,好礼闻诸朝,乃遣工匠,教为陶冶舟楫,土人便之。"这里提到的诸部,其语言均属阿尔泰语系。他们的生产生活方式基本相同。另外,这里的记载,尤其是关于乃满部(奈曼部)的故乡,从传说到现实,比较详细。

奈曼部中一支后人在元朝做官。从后来的历史看出,奈曼这个文明开化的部落,在元朝时期也非常受尊重,很多人在中央主要部门任职。蒙古帝国时期划入益兰州。

第四节　蒙古察哈尔部的历史

有关察哈尔部名称来源的争论一直不断,目前较有说服力的是伯希和的观点。他认为"察哈尔"一词来源于波斯语,意为"家长"或者"臣仆"。隋唐时期突厥汗国军队中的精兵被称作"柘羯","柘羯"就是"察哈尔"一词最早的汉译形式,传入蒙古后音变为"jaqar"。国内几位学者利用古汉语音韵学试读"柘羯"古音,肯定了伯希和的观点。尽管如此,察哈尔名称的含意却仍然是个谜。

中国社会科学院民族学与人类学研究所的斯钦朝克图研究员对此提出了自己的观点。他认为,察哈尔部是15世纪以后才形成的一个较大部落。该部落成员都是在可汗和王公周围环绕居住的牧人、兵丁、随从等。同时该部落与中央政权保持紧密联系,其架构就像一个圆圈。所以,察哈尔的名称与蒙古族悠久的库伦文化及圆形文化有关。当然,不管察哈尔究竟是什么意思,它在蒙古史上的地位都是无法代替的。

关于察哈尔所指地区,专家学者们看法一致的是:察哈尔地区是指清代察哈尔八旗四牧游牧之所在。当时南临长城,北接锡林郭勒盟,西面与归化城土默特旗接壤,东与卓索图盟和昭乌达盟毗邻,西北与乌兰察布盟四子部落旗相接,大致相当于今天的乌兰察布市大部、锡林郭勒盟南部以及河北省西部。1928年,中华民国政府将察哈尔划为行省,省会是张家口市。1952年,察哈尔省撤销,主要部分划归内蒙古自治区乌兰察布盟(今乌兰察布市），部分地区划入北京市和河北省。察哈尔这个名词随历史的进程逐渐演化成为地域概念。

关于察哈尔部的起源、形成，大致有以下两种看法：一种认为察哈尔是"可汗宫殿之卫士"，即可汗护卫军的意思；一种认为在明朝嘉靖三十五年，达赉逊库登可汗率部徙牧于辽东边外，因近边故称所部为察哈尔。据多种史料记载，前一种解释近乎历史真实。根据《蒙古族简史》记载，察哈尔部的形成早于达赉逊库登可汗的东迁时间，在达延可汗时期已经出现，故察哈尔因为东迁近边而得名的说法缺少依据。据史料记载，自达延可汗驻帐察哈尔开始，到林丹可汗抗清失败，察哈尔归附清朝，一共经历了六主可汗，均是蒙古北元可汗。多年以来，察哈尔都以黄金家族自居。所谓黄金家族是以蒙古可汗为首，包括诸王、贵戚等贵族，后驻于内蒙古草原的察哈尔与三阿巴嘎，即哈撒儿后裔科尔沁，别勒古台后裔阿巴嘎、阿巴哈纳尔，哈赤温后裔翁牛特。由于历史的特殊原因，贴睦格斡惕赤斤后裔乌济业特没有称为黄金家族。

察哈尔部族成员的姓氏比较复杂，察哈尔部的部长属元朝皇帝之后裔，是成吉思汗黄金家族孛儿只斤氏传衍下来的嫡系。成吉思汗建国后，在原有少数护卫军的基础上，扩编了一支由万人组成的常备武装力量，称为怯薛。这支武装力量直接为可汗所指挥，平时承担保卫可汗的金帐和分管汗庭事务。战时为可汗亲自统领作战的部队。可汗的怯薛是蒙古民族的精华所聚，是按照可汗的旨意，从万户长、千户长、百户长和白身人的子弟中挑选出的品行端正、武艺高强、相貌端庄的人组成的。怯薛是没有封地的可汗亲军的代称。而察哈尔虽然是蒙古可汗的护卫军，但是和怯薛还是有区别的，可以说，怯薛是察哈尔的前身。在蒙古文《成吉思汗箴言》和《青年婚礼的皇臣史源》中，曾经将察哈尔赞喻为可汗的护身宝剑和盔甲。《蒙古黄史》中写道："为利剑之锋刃，为盔甲之侧面，乃察哈尔万户是也。"察哈尔是作为具有军事、行政、生产三方面职能的一个万户的称谓，在北元时期一直居于宗主部的地位。

中国社会科学院民族学与人类学研究所的照那斯图研究员认为，1984

年在乌兰察布市发现的两方元国书官印"管女直侍卫亲军万户府印"和"淮海等处义兵千户所之印",前者是在乌兰察布市察哈尔右翼前旗小淖乡发现的。这些都说明了察哈尔是万户的称谓,而不是怯薛。之后,布尔尼、罗卜藏于康熙十四年三月起兵反清,布尔尼阵亡,罗卜藏率领 16840 名兵丁二次降清,朝廷将其部众分置各处,又从伊犁、呼伦贝尔、科尔沁、昭乌达等地迁来蒙古部众插入察哈尔八旗,变察哈尔为 8 个行政旗,取消王公世袭制,改为朝廷委派制,以加强管理。

在首届察哈尔文化研讨会上,内蒙古大学蒙古史研究所的宝音初古拉博士指出,据日本学者初步考证,阿富汗的察哈尔部落先民为旭烈兀儿子时期西迁的拖雷家族的领户。

根据罗桑丹津《黄金史》中记载的关于察哈尔的起源,有这样一个动人的传说:窝阔台可汗和拖雷同时病倒,而且两个人病情都很严重。当时蒙古人都深信萨满教,按照萨满教的解释方法,碰上这种情况,其中只有一个人作出牺牲,另一个人才有生还的余地。这个难题摆在了拖雷年轻的夫人唆儿忽黑塔尼别吉的面前。

唆儿忽黑塔尼别吉是客列亦惕部王罕弟扎合敢不之女,1203 年成吉思汗灭客列亦惕部后,把她赐给拖雷为妻。王罕是蒙古兴起前漠北最强大的游牧部族领袖,成吉思汗曾经附庸于他,称之为父。客列亦惕部的文明程度也比当时的蒙古部高,从 11 世纪起就信奉基督教聂思脱里派。因此,唆儿忽黑塔尼别吉可以说是出身于当时最显赫的草原贵族家庭。

《史集》称颂她坚定、谦逊、贞洁、聪明、有才能,善于抚育子女、统御部众,蒙古人称她为"赛因额客"。大量的史料证明,蒙古族在当时有幼子守产的习俗。按蒙古人的家产继承法,父亲在世时,大儿子们就各自分配一份家产(属民、奴婢、牲畜等)分立家业,余下的全归长妻所生幼子继承,这就是所谓幼子守产。成吉思汗的幼子拖雷没有另外的份地,他继承成吉思汗统领的大片地方。

据《史集》记载,成吉思汗给 3 个儿子术赤、察合台和窝阔台各分配蒙古军民 4 千户,而其亲自统领的左翼 62 千户,右翼 38 千户和御前 1 千户,以及他的诸斡耳朵和财产,均属拖雷统领。可以说,成吉思汗的最贵重的财物,所统领的各个部落,全国的大部分军队,都留给了拖雷。其中,察哈尔作为拖雷家族的领户之一部分,世代继承下来。

面临抉择的唆儿忽黑塔尼别吉明白,如果拖雷死了,守寡的只是她自己,成为孤儿的是他们的几个年幼的孩子,如果窝阔台可汗驾崩,那将是国丧,涉及到国家的安危。她毅然选择了拖雷的死,天天为窝阔台可汗的健康祈祷。后来拖雷死了,窝阔台可汗安然无恙。窝阔台可汗知道此事后很感动,破格从自己的直属万户中分拨一部分民众赐给这位忠厚贤惠的弟媳妇。

成吉思汗留给拖雷的包括察哈尔在内的领户也顺其自然属于唆儿忽黑塔尼别吉。之后,唆儿忽黑塔尼别吉以及拖雷家族的主妇们一直掌握着这部分察哈尔的所有权,形成了一项永远不能更改的规定。

阿富汗察哈尔是唆儿忽黑塔尼别吉临死前分给儿媳妇旭烈兀夫人的一部分察哈尔的后裔。日本学者冈田英弘发现,察哈尔部供奉额始哈屯的灵位。据他考证,额始哈屯就是唆儿忽黑塔尼别吉。所以《黄金史》的记载并不是"后人的臆作",察哈尔与成吉思汗、窝阔台可汗、唆儿忽黑塔尼别吉有割不断的历史渊源。

参会的学者专家们认为,察哈尔部的衰败是历史造成的。北元初年,蒙古各部纷争不断,战乱不止,可汗大权旁落,蒙古经济、社会都处于动荡之中。

达延可汗主政之后,打击权臣,统一蒙古各部,调整封建秩序,巩固可汗位,分封诸子,在蒙古历史上被称为中兴之主。达延可汗实行了万户制,将以前的小领地合并为6万户,分左、右两翼,察哈尔为左翼3万户之一,可汗驻察哈尔万户境内,是北元王朝政治中心,是大元可汗的正统后裔直接率领的蒙古中央部落、皇权势力的象征。

据文献记载,明朝时期,察哈尔本部由8个鄂托克(蒙古语中把官户的人口、马牛等组成的资产叫鄂托克,一个鄂托克中包含着1~3个氏族)组成,统称察哈尔八部。按《蒙古源流》出现的顺序排列为:察哈尔呼拉巴特鄂托克、察哈尔克什克腾鄂托克、察哈尔浩齐(浩齐特)鄂托克、察哈尔敖罕(敖汉)鄂托克、察哈尔察罕塔塔尔、察哈尔奈曼鄂托克、察哈尔扎固特(纠特)鄂托克和察哈尔克木齐古特。这里没有提到乌珠穆沁、苏尼特二部。而出现了"呼拉巴特鄂托克"、"察哈尔察罕塔塔尔"、"克木齐古特"等部。而达延可汗去世后,在土默特万户阿拉坦汗邀请下,前来传播宗教的三世达赖喇嘛索南嘉措,为迅速传播自己的宗教,赐封蒙古各个万户不同的"可汗"号。结果,蒙古北元境内出现了相对独立的 6 个万户,相互掠夺,经常发生战争。林丹可汗即位后,立志要统一北元蒙古各部,重新建立了统一的蒙古帝国,并且于公元 1615 年 8 月分 3 次举兵进攻明朝。此时,东北地区的女真人正在渐渐地强盛起来,其首领努尔哈赤统一女真各部,建立了爱新国。公元 1634 年,林丹可汗抗清失败,病逝于青海撒拉裕固草原。

公元 1635 年,林丹可汗的两个哈屯(皇后)——苏台哈屯和囊囊哈屯在奉丧归途中,率领察哈尔部余众行至阿尔坦额莫勒之地驻下,次日两个哈屯商定,把察哈尔部剩余兵丁分成两部分,一部分由苏台哈屯和其子孔果尔额哲、阿卜乃率领归清,一部分由囊囊哈屯率领,屯兵在甘肃夏勒塔拉等地,听候消息。如果苏台哈屯归清后遭到镇压,囊囊哈屯便带兵去支援,两兵会合继续抗清。苏台哈屯带领其子孔果尔额哲、阿卜乃到清廷后将传国玉玺和嘛哈噶啦佛献给满清皇帝皇太极,清廷为之庆贺。

太宗皇帝命建黄寺于盛京,佛仍东向供奉,封孔果尔额哲为亲王,位高于内蒙古其他四十九旗上,并且将清太宗皇太极二女儿温庄长公主下嫁给孔果尔额哲,将原察哈尔部编为 8 个行政旗安置于义州边外,在改编时将一部划为几个旗,或者将其拆散,把部众分别并入他旗,予以分割。

清朝皇帝唯恐察哈尔部东山再起,又将察哈尔部蒙古族以分散驻防等形式,迁居于蒙古各地。因此,蒙古各部以及兴安岭至天山的四十九旗,都有察哈尔部蒙古族。

孔果尔额哲归清后被封为亲王,囊囊哈屯获悉后放弃东进,带领她的部分察哈尔兵丁,西进新疆的西北部驻牧,成为德额得蒙古(现在新疆维吾尔自治区博尔塔垃蒙古自治州)。

林丹可汗逝世,其妻子和儿子归降清朝,察哈尔部随之被瓦解、分割,元朝最精锐的部队就这样悲情落幕了。历史的车轮依然缓缓地向前行进,察哈尔留给我们的不仅是一段光辉的历史,还有灿烂的文化。在激烈的讨论中,专家学者们都表现出对察哈尔的极大热情。内蒙古社科院的研究员潘照东用他的诗表达了对察哈尔的热爱。诗中写道:

"阳光下闪耀的大纛/心灵中燃烧的圣火/在蓝天震撼的雷霆/在大地疾驰的劲风/飘逝在远方的流霞/滑落在露珠的晨星……

啊,察哈尔——祖先的英灵指引后代的征程/啊,察哈尔——远古的呼唤激荡今天的回声!"

第五节　察哈尔蒙古的风俗习惯

如果您到察哈尔蒙古人家里做客,会受到盛情款待。在善良好客的蒙古人心目中,各民族都是一家人。蒙古族十分注重礼貌,待人接物皆彬彬有礼,温良恭俭让,令外来游客感到亲密无间。蒙古人迎接贵宾、婚丧嫁娶、逢年过节、敬神祭祖,最隆重的礼节就是用布胡力(全羊)待客。蒙古人认为:"没有羽毛,有多大的翅膀也不能飞翔;没有礼貌,再好看的容貌也被耻笑。"献布胡力的过程是:献哈达,喝奶茶,尝鲜奶,摆布胡力,敬美酒。

献哈达。蒙古族视哈达为吉祥物,迎来送往、拜见尊长、觐见佛像、婚丧喜庆都要献哈达。献哈达是一种对客人最普通又最尊贵的礼节。向客人、长辈献哈达时,要把双手举过头,身体略向前倾;对平辈或下属,则要求用双手献放在对方的脖颈上。献赠哈达的长短,要依接受哈达人的社会地位来决定。哈达一般是白色,因为白色象征纯洁、吉利,也有蓝色和黄色的。哈达的质料,有的是丝织品,有的是棉纱织品。

喝奶茶。客人被邀请进蒙古包,主人先在红漆小桌上摆上黄澄澄的酥油、珊瑚状的奶酪、似饼薄厚的奶皮子,以及炒米、红糖、油炸食品。然后就拿着瓷质精细、图案艳丽的小碗,用小木勺舀进少量炒米,沏上滚烫喷香的奶茶,敬让客人畅饮。蒙古人用砖茶、牛奶或羊奶、食盐熬制的奶茶咸香可口,初次品尝它的人,也都会感到满意。

尝鲜奶。尝鲜奶是必不可少的礼节。主人把洁白的鲜奶倒入银碗中,用双手递给客人后,客人即用右手无名指伸到银碗里蘸三次。第一次,弹向天空,以示敬上天;第二次,弹到地上,以示敬大地;第三次则点在桌面上,以示敬祖先。之后,尝鲜奶表达了蒙古人祈求平安,祝愿牧业兴旺的心愿。

摆布胡力。摆布胡力是最隆重,最讲究,最壮观的礼节。布胡力是蒙古族的"餐中之尊"。它是由羊头、羊身、肩骨、四条腿拼凑在一起,并按照一定的规格,摆放在长方形的木制红漆托盘里。进餐时,人人手持蒙古刀,把整块肉切成小块,用手拿着吃,这就是"手把肉"。草原羊肉肥嫩,肉鲜味美。

敬美酒。当布胡力摆上餐桌后,主人先从长辈或岁数大的人开始依次敬酒,以表示对客人的欢迎和尊重。斟酒时,有时斟一银碗酒,有时不使用银碗,而用酒盅。客人即用右手无名指伸到银碗里蘸三次。第一次,弹向天空,以示敬上天;第二次,弹到地上,以示敬大地;第三次则点在桌面上,以示敬祖先。但是,均要求客人一饮而尽。喝酒时,主人还要为客人唱祝颂歌。有多少酒,便有多少歌。酒歌既是一种劝酒活动,又是对待客人的一种盛情。将煮熟的布胡力放入大盘子里,尾巴朝外,羊头上要刻有象征吉祥如意的"十"上桌。食用时主人要请客人切羊荐骨,或由长者先动刀切割,然后大家才同吃。姑娘在出嫁之前,娘家人须煮羊胸脯肉给姑娘吃,以此表示送别。烤全羊过去多用来进行祭典或祭敖包时才用,现在已成为盛大节庆或迎接贵宾用的一种特殊菜肴。酒足饭饱,客人临别时,主人还要用歌声祝福客人吉祥如意、一路顺风,请别忘记以后再到察哈尔做客。

察哈尔蒙古族把互换鼻烟壶看成是崇高礼节之一。鼻烟壶是蒙古族爱不释手的一种器物。客人走进蒙古包,殷勤的主人就会热情地用双手向客人递鼻烟壶,以表示敬意和友好。客人用右手接过鼻烟壶,应放到鼻下闻一闻,然后如礼以答。这样做能使双方的感情得到及时交流,很快消除彼此间的生疏冷漠之感。递鼻烟壶时,还有一些讲究,同辈见面要用右手递壶,并互相交换;长辈与晚辈相见,长辈只欠一下身子用右手递给对方即可,晚辈则需跪下用双手把鼻烟壶接到手中。蒙古人视鼻烟壶为珍宝,常作为收藏品妥善保存。其珍贵之处在于制作鼻烟壶的原料选用的是金、银、铜、琥珀、玛瑙、翡翠、青花瓷等。鼻烟壶上的图案有的在外面,有的在里边,图案均绚丽多彩、意境高雅、气韵生动、浑厚质朴、神形兼备、气魄宏大,其刻划的画面有飞龙奔马、千鸟百兽、摔跤射箭、山水风景、松鹤猴鹿等。

察哈尔蒙古族与火。谈到火,便使我们想到蒙古人昔日的生活方式:严寒的冬季,蒙古人三三两两结伴狩猎,他们喜悦地把猎获物放到林间空地上或草原上,很快弄来树枝、树叶,拢一堆火,把猎获物烤得半生不熟,一边美滋滋地吃着,一边取暖驱寒。火显得多么重要啊!人间万物的循环运转,处处离不开火。蒙古人视火为生命,以火为家族的象征。火还是沟通人们心灵、增进民族之间友谊的桥梁。

喷香的奶茶,名目繁多的民族食品……哪样离开了火也是不行的。严冬寒流,只要有了火,就能驱寒取暖,振奋人们的精神。居住在草原上的牧民,受交通条件的限制,他们是找不到煤炭的。于是,他们便就地取材,把牲畜粪便和柳条、沙蒿等灌木枝叶当作燃料。蒙古包前堆放着似山如塔的牛粪、马粪和羊粪,或者横七竖八地垒堆着沙蒿、柳条、白刺等植物枯死的枝干,犹如一幅幅优美的风俗画,点缀在千里草原上。晒干后的畜粪,易燃、火苗旺,没有异味。用羊粪当作燃料,互不粘连。沙区生长的灌木,有油性、坚硬、火劲大、耐烧。显然,就是在深冬腊月、寒冰凝霜的季节里游人到蒙古包住宿,也会感到温暖如春。随着科学技术的进步,虽然有的牧民已用电或太阳能为他们的生活服务,但他们对火的崇拜仍不减当年,年年岁岁都有敬火、祭火的习惯。腊月二十三日(小年)的祭火最讲究、最隆重。夜幕降临,参加祭火的男主人和男孩,穿着整洁的衣服,先绕行蒙古包一周,一同来到燃烧着的火撑子前,点燃一柱香,再分别从左、右绕火撑子祭三匝,把香插在火撑子内,祭火便开始了。这时火撑子旁边的小桌子上,已摆了很多供品:哈达、酒、炒米、红枣、酥油、砖茶、羊肉等。一直到大年初一以前,他们还要往火撑子里投祭品。并吟诵祭词,其大意是:"祈求火神恩赐:孝顺的儿子、贤惠的媳妇、温顺的姑娘、善良的女婿……呼来!呼来!呼来!"全家人还要吃用清水煮的肉和用肉汤煮的饺子。

察哈尔蒙古族与白色。蒙古族崇尚白色,他们认为白色象征着纯洁、吉祥。因而把农历的一年的头一个月,称之为"白月"。逢遇喜事,他们总喜欢穿白色蒙古袍、吃"白食"——奶食的蒙语称呼:既有用洁白的奶汁制做的食品,像白油、奶酪等,又有用羊油炸的馃子。白色在蒙古族的礼仪中,显得十分重要:迎接尊贵的客人,首先献上一条雪白的哈达,随后递给客人的是一种洁白的精制奶食;亲人远行、惜别贵客,他们还要抛洒乳汁祈求平安;住的是雪白的蒙古包,铺的是雪白的毡子,蓝天白云下放牧白色的羊群。"从文学作品和蒙古口语来考察,白色也成为蒙古语中用于正面肯定事物性质的标志。"例如蒙古语中的"大恩大德"、"崇高事业"、"纯洁心灵"、"正大光明"、"无邪思想"等语汇中均有白色一语做词根,以象征人类社会生活中的真实、正直和美好。白色还代表一帆风顺,他们称善良的人为"心灵洁白"的人,并用"白"来祝福家族的健康与兴旺。

察哈尔蒙古族与马。每当在电视屏幕上看到万马奔腾、骏马飞奔、群马驰骋时,无疑就会联想到"逐水草而居"的蒙古族。自蒙古族作为游牧民族出现以后,便与马结下了不解之缘。马是蒙古民族游牧生活和生产中的得力助手,是民族生命力的代表。因此,一个好的驯马手,是众人景仰的英雄,牧民有匹好马比什么都重要。

察哈尔历史悠久,自然也是马的故乡。如果有机会到绿茸茸的草原上瞧一瞧,一群一群的骏马,像团团移动的彩云贴地而奔,枣红、绛紫、雪青、虎黄、斑玉、海栗各色马匹,有的昂首苍空,啸啸欢鸣;有的养精蓄锐,在湖边觅食青草;有的狂奔乱跑。人们不仅看到马的骏美,更领略到马背上的民族咤叱风云的雄风。蒙古民族生活在这样沸腾的生活中,怎能不被人们赞美与歌唱!马勇敢、柔顺、善解人意,接受人对它的驾驭,从不欺侮弱小的动物;合群,热爱集体生活。由于蒙古人年年岁岁同马在一起,才锻炼出蒙古民族这种粗犷豪放的性格,敦厚质朴的感情,机敏果敢的气质。蒙古人喜爱马,在他们生活中的每一个领域,都可以看到他们对马的无尚崇敬:蒙古包前矗立的两根旗杆——"玛尼宏",旗杆与旗杆之间拴着一根细羊毛绳,绳子上系着蓝色、黄色、绿色、白色、红色五面小旗。蓝色小旗象征纯洁无瑕的蓝天,黄色小旗象征地肥草茂的土地,绿色小旗象征鲜花竞放的草原,白色小旗象征财源滚滚的畜群,红色小旗象征生活幸福、国泰民安。各色小旗上都绘着九匹昂首嘶鸣、扬蹄奔腾的骏马,骏马与骏马之间的空白处,还用蒙、藏两种文字写着:"希望之马奔腾飞跃,愿我们的民族繁荣吉祥。"蒙古包门的上方,绘着一匹奔驰的禄马,腾空飞驰,用来表示他们对幸福的向往。此外,他们穿的坎肩叫马褂,穿的靴子叫马靴,拉的乐器叫马头琴,喝的佳酿叫马奶酒。放牧、出门远行,参加"那达慕",他们都要挑选精良的马匹乘骑。而且,鞍具、笼头都有一定的讲究。金银雕花鞍、景泰蓝鞍、鲨鱼皮鞍价格不菲,质量上乘。串拴在一起的五色布和攀胸铃在笼头上戴着。大批文人学士纷纷编故事、写赞词、唱赞歌,为马歌功颂德。每年农历三月二十一日,祭奠成吉思汗时,均是以鲜马奶的祭酒而拉开序幕的。祭奠时,还有一匹白色的骏马格外受到蒙古人的尊崇。据说,它是受过成吉思汗禅封的神马,并是玉皇大帝天马神骏萨尔勒的化身,牧民常把它作为偶像供奉着。据资料介绍,挑选白马时的标准是眼睛乌亮,蹄子漆黑,全身毛色纯白,不能有一绺杂毛,还要带一点粉白、闪光,各个器官不能有伤痕疮疤。轩辕皇帝坐彤车,战胜蚩尤乘驾的就是"白马"。此外,在牧民的住地,还挂着任其飘扬的禄马旗,上面刻印着马的形象。蒙古人把它视为是兴旺发达的象征。何谓禄马旗:"就是成吉思伊金(君主成吉思汗)和全体蒙古人崇奉的白色神马与银合八骏马的马桩。"此外,杭锦旗伊克乌素有用马命名的白龙马泉、红枣骝马泉。每逢草肥马壮时,牧民都要举办马奶节、打马鬃节、赛马节。马是蒙古族的第二生命。一匹马每年能提供不少马乳。马乳是良好的营养品,含糖量比牛奶还要高。马奶酒或酸马奶,对肺结核、气管炎、贫血、消化不良等疾病,疗效甚好。特别是马肉,瘦、脂肪少、热量大,能够抵御寒冷和防治心脏疾病。

察哈尔蒙古族的牧羊犬。牧民把狗当作亲密的伙伴由来已久。狗聪明伶俐,它是最通人性、最有感情的动物。狗的嗅觉极其灵敏,比人灵敏400万倍,而且警戒性强,驰骋力好,矫健凶悍。它在帮助人进行侦缉、鉴别、搜索和跟踪等方面都能大显身手。牧民居住在没有屏障的茫茫大草原上,经常遇到狼群和其它野兽的袭击,他们为了自己的安全,便开始养狗。牧民的生活处处都离不开狗。夜间,只要狗在门外守候,牧民就可以免除或减少被猛兽袭击的危险。打猎时,牧民常把狗带在身边,狗还能协助牧民寻找野味,捕捉野兽。放牧时,牧民身边如果有忠心耿耿的狗陪伴,就会感到一种莫大的安慰和幸福。傍晚,千百只羊群卧圈之后,狗便替牧民进行照料。据说,狼的行踪极为巧妙:狼第一次进羊圈时,先不吃羊,而是转一圈就出来,看看有没有逃路。如果没有逃路,它宁肯在羊圈里卧一夜,也绝不叼羊。狗发现后,汪汪狂叫,狼便逃之夭夭。牧民对狗非常疼爱,凡是人吃的食物,都有狗的份。年节时分,主人还要特意给狗吃些好饭。因此,牧民养的狗,个个都是毛色光滑,讲究卫生。狗对主人忠贞不二,绝不会见利忘义,抛弃主人。如果主人外出时遇到意外而倒在路上,狗就寸步不离地守护着主人。热爱生命,保护动物,是蒙古人的美德。倘若谁要虐待狗,牧民是绝对不能允许的。

察哈尔蒙古族住所。察哈尔蒙古族逐水草而居的游牧生活已逐渐被定居轮牧所替代,基本都住上了砖木结构或土木结构的房屋。但为了适应游牧时的生活环境,他们放牧时,仍须住在蒙古包里。蒙古包为圆形,一般高七八尺,直径丈余,四周用条木结成网状圆壁,屋顶用椽木组成伞骨形圆顶,周围和顶上覆以白色的防寒毡。冬天,毡子厚,有两三层;夏天,只有薄薄一层。毡面用毛绳从外面勒紧。壁上留有木框门,门大都朝南,也有朝东南的,借以避开凛冽的西北风。顶的中央留有圆形的天窗,用来通风排烟和吸收阳光。室内的中间部位有炉灶;门的右边,放置炊具,常置一张宽1.2米,长1.8米的矮床。油漆小木柜上放着被褥和毯子,地面上铺着厚厚的毛毡。一个蒙古包重约100公斤,两匹骆驼或一辆牛车就能运走,一个小时就可以搭好使用。由于北方气候寒冷,冬季风雪大,蒙古包的结构非常科学:圆形,遇到大风雪阻力小;顶尖,下雨时不存水;门小而连地,雪不易堆积。蒙古包伴随着世世代代的牧民,已走过了漫长的岁月,其结构仍保留着原始独特的风格,但包内的陈设已逐渐向现代化发展了。

察哈尔蒙古族服饰。蒙古族的服饰艳丽美观,别具一格。头饰、长袍、腰带、蒙古靴是蒙古族服饰的四个主要部分。头饰是蒙古族妇女逢年过节、喜庆宴会、探亲访友时用于头上的装饰。经济条件好一些的,是用珍贵的玛瑙、珍珠、宝石、金银等材料制成,长50厘米左右,从头顶一直垂到双肩,重1~2公斤。此外,还要佩戴耳环、项链、手镯、戒指等。平时,牧区妇女大都用红色或绿色的长绸子缠在头上。牧区的男子冬季喜戴皮帽,夏季则戴前进帽。在牧区,不论男女都喜爱穿身宽袖长的长袍。长袍肥大,乘骑放牧时可以护膝防寒;袖子宽大,便于持马缰。长袍较长,直至脚面。长袍镶着美丽的花边,袍子下面左右不开岔,领子比较高,钮扣在右侧。男、女牧民还喜在腰间束布或丝绸腰带。牧民系上腰带骑马,可以保持腰和肋骨的稳定与垂直,冬天还可保暖。此外,男子在腰带的右侧挂一柄小长刀,刀鞘上还有一个小口袋,里面装筷子,刀鞘上坠有银或金的链子,左侧的小链,拴着打火用的燧石,还挂着烟盒。"其脚上穿的蒙古靴好穿耐磨,鞋帮子上配有各种精美的图案。靴子里有的衬着皮子,有的垫着毡子。蒙古靴有单的、有棉的,青年人特别爱穿。蒙古靴尖端向上翘着,这是为适应骑马的需要而设计的。

察哈尔蒙古人的宗教。蒙古族的宗教信仰主要是信奉喇嘛教。蒙古族信奉喇嘛教始于元朝。北元时期,喇嘛教在漠南蒙古地区的传播,得到蒙古上层的鼓励、扶持。清代,在漠南新建了许多寺庙,僧人剧增。这样,蒙古族地区的宗教活动中心便成了各地的喇嘛寺院。他们的宗教生活,除了在家中敬佛、礼佛外,每逢庙会,必定参加。届时,还将举行隆重的跳查玛活动。

祭敖包庙会也是蒙古族每年重要的宗教活动。蒙古族人民对敖包的崇拜,是古老的字额教遗留现象。蒙古人对祭敖包,唯诚唯敬。并有专门的组织机构进行筹备,邀请喇嘛到敖包处,或吹喇叭,或打大鼓,并要诵经。喇嘛教系藏传佛教的一支,起源于西藏,其领袖人物为宗喀巴。僧人戴黄色僧帽。

　　察哈尔蒙古族节日。蒙古民族的节日,是蒙古民族风俗习惯的一项重要内容。那达慕大会,常在水草丰茂、畜群肥壮的盛夏或秋季举行。大会期间,除开展赛马、摔跤、射箭比赛外,还要进行大规模的祭祀。祭祀时喇嘛们还要焚香点灯,念诵佛经。祈祷神灵保佑,祝愿人畜两旺。除白天举办歌舞表演外,夜幕降临,人们便在辽阔的草原上围着篝火,伴随着悠扬激昂的马头琴的节拍,通宵达旦、彻夜不停地、欢快地歌唱,尽情地跳舞。祭敖包也是一项重要的节日活动。每到这天,牧民们便成群结队地前往敖包祭祀。他们在敖包上安放佛像,竖立经幡,并将牛、羊肉,奶食品等一起供奉在敖包前。然后,喇嘛们焚香燃灯,诵经念咒,乞求神灵保佑,群众则从左向右围着敖包转三圈,希望迎来牧业丰收年。

　　蒙古族过年,有小年和大年之分。每年农历腊月二十三日为小年,这天是送火神爷的"年火之日"。除清扫环境外,还要合家团聚,燃放鞭炮,喝好酒,吃好饭,并把牛羊肉、糖块、面饼、奶食品供奉在神龛前,向灶神焚香叩拜,热闹非凡。大年,也就是春节。蒙古族取奶食洁白无垢之意,称春节为"白节"。除夕,晚辈要向长辈敬"辞岁酒",围着火塘吃饺子。饭罢,还要下棋,玩"嘎拉哈"(羊膝骨),在马头琴的伴奏下,通宵达旦地唱歌、玩耍。次日拂晓,男女老幼便穿上崭新的民族服装,由长辈带着全家人祭天,并在堆积的"敖包"前向西南方向叩拜。接着,开始拜年。由晚辈向长辈叩头敬酒、献哈达,祝愿老人健康长寿,一生平安。初一到初四,他们一般不远行。初五以后,他们才骑着骏马,带着礼物到亲友家拜年,共进全羊酒宴。每逢节日期间,草原上到处都充满了欢歌笑语,各族群众沉浸在节日的幸福之中。

　　察哈尔蒙古族禁忌。尊重各民族的风俗习惯,是中华民族的传统美德,这对增进民族间的相互了解、加深友谊,是必不可少的。蒙古民族的禁忌也是他们的风俗习惯之一。那么,蒙古族的禁忌主要有哪些呢?进入蒙古包时,不能踩门槛。进包后坐在火撑子右边。离包时走原路。告别主人时,等主人返回蒙古包后,再上车或上马。主人献茶,客人应欠身用双手去接。睡觉时,脚不能伸向西北方。如包里有病人,门外右侧则缚一条绳子,绳子的一头埋在地下,表示主人不能待客。不能用烟袋或手指指人;不能在火盆上烤脚;蒙古族忌讳坐在蒙古包的西北角。蒙古族妇女坐月子,满月前不能进其家串门,他们在门口做的标记是:生男孩的,门的右边挂着由哈达或棉布包裹的树枝或弓箭模型;倘是女孩,门的左边挂的是红布。严禁客人打骂狗。对拴有红布的牲畜,绝对禁止使用。参观宗教仪式时应注意,不要鲁莽介入;参观时不妄加评论,不喧哗,不模仿,不吸烟,不走动。

蒙古族善于歌舞,民歌分长短调两种。主要乐器是马头琴或四胡。平时生活中喜爱摔跤运动。蒙古包和勒勒车是他们游牧生活的伴侣。蒙古族人民的衣、食、住、行以及家庭、婚姻、丧葬、社交等都有自己的特点。

居住方面,牧区多住容易拆搭、便于搬运的蒙古包。这是长期适应草原游牧生活而形成的,蒙古包以圆形围壁和伞状顶架组成,外部覆以毛毡,通常为高约七八尺,直径丈余的住室。在定居的地区,部分牧区和半农半牧区出现了外形与蒙古包相似的土木结构住屋;农区则多已住汉式平房,并且聚为村落。男女老幼都善于乘骑,出行不论远近,均以马代步。

蒙古族的家庭一般由夫妻和未成年子女组成。儿子结婚后分居,另立门户。父母所住的蒙古包及附属什物,习惯上由幼子继承。婚姻为一夫一妻制,同姓不婚。过去,子女婚事多由父母包办,婚姻重彩礼,尚保存有妻兄弟婚习俗。妇女在家庭中的地位低于男子。现在,蒙古族的婚姻已由父母包办变为男女自由的选择配偶,严格实行一夫一妻制。妇女在政治、经济上得到解放,在家庭中享有与男子同等的地位。

蒙古族的礼节。蒙古族的丧葬,一般有土葬、火葬和野葬。

见面要互致问候,即便是陌生人也要问好。平辈、熟人相见,一般问:"赛拜努"(你好),若是遇见长者或初次见面的人,则要问:"他赛拜努"(您好)。款待行路人(不论认识与否),是蒙古族的传统美德,但到蒙古族人家里做客必须敬重主人。

蒙古人起名习俗。随着社会经济、文化的繁荣发展,蒙古人越来越清楚地认识到名字的符号作用。其男子起名的特点之一,按民族心理习惯起名,如帖木儿、格斯儿、巴特尔等;二,按长辈的期望起名,如:吉雅赛音(好运)、巴雅尔(喜悦)、白音(富足)、吉日格勒(幸福)等;三,按婴儿出生时长辈的年龄起名,如:塔宾泰、吉仁泰、达楞泰等;四,以勇猛的禽兽名称起名,如:少布(飞禽)、巴拉(虎)、赤那(狼)、阿尔斯郎(狮子)、布日固德(鹰)等;五,按自然万物名称起名,如:朝鲁(石头)、阿古拉(山)、牧仁(河)、塔拉(原野)等。女子:一,以明亮的星辰为名,如:娜仁(太阳)、萨仁(月亮)、敖敦(星辰)、娜仁高娃(太阳般美丽)、萨仁高娃(月亮般美丽)等;二,以美丽的花草树木为名,如:萨日朗花(山丹花)、其其格(花儿)、娜布其(叶子)、海棠等;三,以珠宝玉器为名,如:哈斯(玉)、塔娜(珍珠)、阿拉坦高娃(金子般美丽)等;四,以理想为名,如:斯琴(聪颖)、乌云(智慧)、高娃(美丽)、斯琴高娃(美丽聪颖)等。按此方法,蒙古女子的名字,还可以分出很多种。现代蒙古人的名字,最大特点是不带名字前缀,因而它只是名字,不应理解成姓名。有极个别带姓氏前缀的,如:著名作家纳·赛音朝克图等等。

第六节 察哈尔万户中的奈曼部

察哈尔起源于遥远的大蒙古国初期,被成吉思汗当作永久的纪念赐给拖雷家族的主妇,因而形成了这一蒙古社会拖雷家族主妇名下的特殊"领户"。因为成吉思汗的大扎撒是任何人都不得违背和变更的天条,所以从唆儿忽黑塔尼别乞开始,察哈尔人就毫无异议地被拖雷家族的后妃所有。自元伊始他们就是可汗斡耳朵主人——诸后妃的私人属民,负责侍奉各斡耳朵的日常生活。

随着北元汗廷回到漠北草原,察哈尔人的职责也变得日益重要。尤其怯薛军逐渐失去昔日禁卫军的职责后,各斡耳朵察哈尔人承担起护卫和侍奉可汗的重任。当时的察哈尔万户是以苏尼特、乌珠穆沁、浩齐特、敖汉、奈曼、克什克腾、乣特八部。由于历史的原因,对此八部有不同的叙述,但大多数记载同一于这些部落。这八个部落的成分是很值得注意的。苏尼特是唐朝末期称雄于漠北的"薛延陀";乌珠穆沁为匈奴时代崭露头角的"郁犍日逐";浩齐特为古老的蒙古部;敖汉为东胡之贵族"乌桓";奈曼为古老的"吉尔吉斯"人的分支;克什克腾为蒙古汗国忠诚卫士之后裔;纠特为契丹人组成的军队演变而来的部落。可以说,这是蒙古人中的精锐部分。

15世纪中后期,元太祖成吉思汗第15世嫡孙巴图孟克在其满都海彻辰哈屯的有力扶持下,再次统一了蒙古诸部,结束了100多年的封建割据局面,于公元1480年继蒙古北元可汗大位,史称"达延彻辰可汗"。达延可汗为巩固自己的可汗地位,把自己统辖下的蒙古各部划分为6个万户。分左右两翼各3万户,左翼3万户为察哈尔万户、哈拉哈万户、乌梁海万户;右翼3万户为鄂尔多斯万户、土默特万户、永谢布万户。达延可汗自己驻帐于察哈尔万户,直接指挥左翼3万户,统辖全体6万户。派其三子巴日思博罗特驻帐于鄂尔多斯万户,称吉囊,指挥右翼3万户,受可汗统辖。

阿拉坦汗请黄教进入蒙古,蒙古北元社会出现了奉佛教的激烈竞争,达延可汗巴图孟克所设的左右六万户封建主们纷纷皈依佛教。三世达赖喇嘛索南嘉措为了在蒙古迅速传播自己的宗教,得到英勇善战的蒙古人之保护,迎合这些人好高骛远的虚荣心,授予他们各种不同的"可汗"号。这样,蒙古社会失去了往日的向心力,政治上出现了各自为政,社会四分五裂、皇权旁落、动荡不安。

在这个时期,因为察哈尔万户属于蒙古北元可汗大帐所在部,三世达赖喇嘛赐封的"可汗"称号不敢有所抬头,从而保持了内部的统一,确实是可汗身边最忠诚的奴仆和保护伞。所谓"战刀之锋刃,盔甲之表面,这是你的察哈尔万户。"就是蒙古皇帝危机四伏时期的真实写照。从此,默默无闻的汗斡耳朵之"怯怜口",便时来运转,有了大显身手,发展壮大的机会。

在明朝时期,明朝史臣称帖睦格斡惕赤斤后裔的属民乌济业特部为乌梁海三卫。因此,从西拉木伦河和辽河以南,东起开原,西近宣府的长城边外,都属于帖睦格斡惕赤斤后裔的世袭领地——乌梁海地区。他们因领地的广阔和属民的众多,在大元忽必烈汗时期举行过一次以那颜为首的反叛,吃了败仗。

公元 1329 年,上都与大都两都战争中,帖睦格斡惕赤斤后裔辽王脱脱支持上都丞相倒喇沙扶持的幼帝阿速吉八,哈撒儿后裔齐王月鲁帖木儿支持大都文宗图帖睦尔。结果,齐王月鲁帖木儿杀死辽王脱脱,以大都的胜利而告终。

达延可汗时期,以满都海彻辰哈屯所属察哈尔(好陈察哈尔)为基础,以拖雷家族传统领户为主体的察哈尔万户群体已经形成。它是以察哈尔的名称命名的可汗直属万户。

在这个时期,帖睦格斡惕赤斤后裔以乌梁海名义又举行了反叛。达延可汗在右翼 3 万户和科尔沁部的协助下镇压了乌梁海反叛。这是公元 1495 年以后的事。达延可汗为奖赏这次镇反的功劳,将西拉木伦流域赐给了科尔沁部。

达延可汗之后,其长子图鲁博罗特之长子博迪阿拉克(汉文史籍称卜赤)于公元 1544 年继承蒙古北元可汗大位。到公元 1548 年,由博迪阿拉克之子达赖孙库登继承北元可汗大位。

达赖孙库登可汗时期,北元蒙古诸部重新出现割据趋势。右翼 3 万户中土默特万户之主阿拉坦,汉文史籍称"俺答汗"。在博迪阿拉克可汗时期,要挟可汗争得了"辅助可汗之苏图小汗"之号,始称"阿拉坦汗"。之后,他霸占右翼吉囊的地位,控制了右翼 3 万户。1548 年,左翼 3 万户之一被称为乌梁海万户的乌济业特部反叛。博迪阿拉克汗无力征服他们,有一次借助右翼和科尔沁部的支持,经七次战斗,镇压了乌梁海部的反叛,将其属民分隶各个万户。从此,被称为乌梁海万户的乌济业特部消失。阿拉坦汗凯旋而归,把自己的孙子温布洪台吉留在了北元可汗的游牧场地——可可迭儿思一带。这就是当今辽宁省北票市和朝阳市一带,被称为左翼土默特或东土默特。当时的达赖孙库登可汗想与之计较却又不能,一是因其是请来的客人,碍于面子;二是怕阿拉坦汗的势力。他只能忍气吞声,举部北迁,经过如今的库伦、奈曼境,到达了科尔沁部的领地。

乌梁海部被分给其他五个万户和科尔沁部。科尔沁部进驻嫩江地区是这个时期的事情。这正是蒙古北元可汗的游牧地界,这位叔父辈的阿拉坦汗占据了他的游牧地,做为北元可汗的博迪阿拉克这时候的实力也不如阿拉坦汗,所以,只能以"让"的形式回避他的实力。博迪阿拉克汗举自己的察哈尔部北迁,进入达延可汗时期赐给科尔沁部的领地。科尔沁部在其首领奎猛克塔斯哈喇的带领下东迁,进驻嫩江地区。"嫩科尔沁"之名由此而产生。西拉木伦地区有一部分科尔沁没有迁徙,他们就是当今的"阿鲁科尔沁"部。

到林丹可汗,察哈尔万户经过较大的变迁。从好陈察哈尔演变的可汗斡耳朵直属察哈尔本部却一直保持平稳的发展。林丹可汗在位的最后 10 年,以兼并的手段,使察哈尔本部迅速膨胀起来。察哈尔本部,从土蛮可汗时期的 5 万骑到林丹可汗西迁时的控弦 10 万骑,林丹可汗就是利用这一股力量控制了已经分离出去的蒙古右翼三万之后,又数次远征漠北。

1634 年,林丹可汗率领察哈尔本部,准备与青海、西藏的蒙藏首领联手而远征,却在途中病故。察哈尔部众群龙无首,加之在满洲人与黄教的政治宗教联合攻势之下,大多数人向往安居乐业,成群结队来归附爱新国,导致了北元政权灭亡。

15 世纪以后,黠戛斯人被准噶尔人驱逐出七河流域(巴尔喀什湖以东,伊犁河等七条河流域),迁到前苏联中亚费尔干纳一带。

清代随着准噶尔人的叫法称吉尔吉斯为布鲁特。

蒙古北元时期,奈曼部隶属于蒙古可汗卫队。达延可汗巴图孟克将奈曼部分封给其长子的后裔,史称"察哈尔八鄂托克"之一。

在这里,把 18 世纪漠南蒙古地区被称为"睿智学者"的答里麻固始喇嘛所著《金轮千辐》中有关奈曼属辖的部分摘录如下:

唯独赛音达延可汗(达延可汗巴图孟克的异称)执掌各万户的九个儿子源流分出的各省那颜,受承佛祖与上天之命降生的圣主太祖太宗可汗(这里指的不是成吉思汗和窝阔台可汗,而是指清太祖努尔哈赤和清太宗皇太极)的恩惠,福禄旺盛,扶正政教,顺应天意,将国号称"大清",并先后归附大清,其子孙均被封名号和爵位,世袭罔替。

自满洲皇帝承制一统天下,安抚四海之内,崇奉无上的佛教。蒙古各贵族顺从了朝廷,安详平和地生活在政教合一的盛世。在各自所分封的领地上,遵循可汗的制度,享受优厚的待遇,安乐幸福。概述他们的分支情况如下:

赛音达延可汗(巴图孟克达延可汗的异称)的长子名叫图鲁孛罗特,掌八鄂托克察哈尔兀鲁思;如今他的后裔是分布在察哈尔两个苏尼特、两个乌珠穆沁、两个浩齐特、敖汉、奈曼等9个旗的王公诸那颜。他们的后裔分支为:

呼图克图可汗的儿子额哲孔果尔额驸和阿布乃亲王二位。额哲孔果尔率领察哈尔兀鲁思归顺太宗皇帝,因此,赐给了固伦公主,无嗣。他逝世后,阿布乃亲王继婚公主。其子有布尔尼亲王和一等台吉罗布桑二位。阿布乃亲王被革职软禁。布尔尼继承亲王爵位后,不顾他人旭日之灿烂光辉,不觉自己是被云雾遮住的夕阳,随着命中注定的厄运,逆着圣主浩荡的洪福,不享受安乐幸福,不安心统驭臣下,于25岁辛卯年(公元1651年)起兵反叛,被蹂躏于大军脚下。其弟罗布桑在其大舅哥科尔沁土谢图亲王沙津手中丧命,无嗣。所有臣下蹒跚而行,万绪基业均成为泡影。

长子茂奇塔特台吉之子土勒吉·安班实兀什台、阿术台吉二人。他们的后裔今在镶黄旗。与其为主体的察哈尔兀鲁思,如今成为内八旗属辖。将浩齐特部的那颜忠图都剌勒一支也在其中。

博迪阿拉克可汗的次子占据两个苏尼特旗的库克齐台玛尔萨墨尔根,他的儿子布尔海楚琥尔、布延那颜、察鲁岱三人。布尔海的儿子塔巴海和硕齐,塔巴海之子腾极思玛尔萨王、腾极思台卫征达古里斯呼王、珲塔尔齐沁、别乞巴图尔四人。玛尔萨王之子萨玛迪王,萨玛迪王之子官色棱王,其子达木琳王,其子垂吉王,其子旺楚克王,其子斯尔古楞王,其子阿尔塔什第王。

达古里斯呼王之子博木布贝勒,博木布贝勒之子索岱贝勒,索岱之子西哩贝勒,西哩之子甘珠尔贝勒、珲塔尔齐沁,其子额璘臣台吉。

别乞巴图尔之子博木布什(他们是布尔海的后裔,是东苏尼特的诸那颜)。

布延那颜之子叟塞杜棱郡王,其子窝格岱杜棱郡王,其子阿玉什杜棱郡王,其子达尔扎布王,其子车凌多尔济郡王,其子车凌衮布王(他们是布延彻辰的后裔,为右翼苏尼特的领主)。统计其分支较难,故略。

博迪阿拉克可汗的三子翁衮都喇勒那颜,掌两个乌珠穆沁、鄂尔济古特、骡斯沁等部。翁衮都喇勒有六子:伊勒琥巴图尔、巴克塞冰图、拜斯噶勒额尔德尼、纳延泰伊勒登、章京达尔罕、多尔济彻辰济农等。

伊勒琥巴图尔有色棱额尔德尼贝勒、乌勒吉图墨尔根岱青、恩克岱巴图尔、额尔克隆台吉、苏凌那颜、萨本那颜六人。

色棱额尔德尼贝勒之子额尔克奇塔特贝勒,其子茂里海贝勒兄弟 8 人。

茂里海贝勒之子博木布贝勒、博木布贝勒之子车布登贝勒兄弟 3 人。

车布登贝勒之子衮布贝勒,有嗣。

乌勒吉图墨尔根的儿子名衮楚克,其子达瓦,其子乌巴什、罗布桑 2 人。

恩克岱的儿子伊斯格布墨尔根、都斯噶尔、敦多克、噶尔玛扎布、噶尔玛 5 人。

伊斯格布之子尹湛纳、迪鲁、布察克、博罗、伊克萨纳、巴噶萨纳、巴棱、萨尔塔琥 8 人。

尹湛纳的儿子布尔尼,迪鲁的儿子布特克赉梅林等。

伊勒琥巴图尔的后裔是掌管乌珠穆沁左旗的诸那颜。

拜塞冰图的后裔掌管乌珠穆沁右旗二骡斯沁的诸那颜。

纳延泰伊勒登的后裔是萨尔扈特的诸那颜。

章京达尔罕的后裔是土蕃的诸那颜。

六子多尔济彻辰济农和硕亲王的儿子色布腾罕、墨尔根楚琥琥尔、垂兴格、阿齐图洪台吉、崇忽台吉、彻根台吉 5 人。

阿齐图洪台的儿子察罕巴拜彻辰亲王。

巴拜王之子忽勒图台吉、素达尼彻辰亲王、素玛迪、索布迪无嗣,乌达里公、阿达里 6 人。

素达尼王之子色布腾栋鲁普、哈旺扎木素公、德凌朋素克 3 人;色布腾栋鲁普王之子喇布坦彻辰亲王,其子喇布坦纳木扎勒,其子朋素克喇布坦彻辰亲王,其子玛哈素克。

哈旺扎木素的儿子朋素克公、索特纳木公 2 人。

五弟乌达里公之子进入内地曾任蒙藏学校首席安班的谔素台吉和通晓 4 种语言的固穆扎布。

德凌旺楚克公之子车凌公、额德拜什、多尔济彻辰济农等人,他们的后裔是乌珠穆沁右翼的诸那颜。

阿剌黑可汗的诺木图、贡图二人的后裔分管迭良古斯、锡布沁二部。岱总库登可汗(打来逊库登的异写)的次子是分管两个浩齐特的忠图都喇勒,其子塔奇里额尔德尼;其子扎罕杜棱、孛罗特额尔德尼王、必瑞土谢图 3 人。

扎罕杜棱有噶尔玛王,其子阿喇布坦王,其子车布登王,其子巴扎尔王,其子丹津王,其子喇什喇布坦王。

扎罕杜棱的这些儿子是右浩齐特的诸那颜。

孛罗特额尔德尼王之子赍充王,其子达尔玛吉哩第王,其子恩克尼斯克王,其子额尔德尼王和车布登巴勒珠尔,其子额尔德尼绰色棱王。

孛罗特额尔德尼王的这些后裔是左浩齐特部的诸那颜。其支系详情不详。

达赖逊忽丹(打来逊库登的异写)可汗的三子巴克达尔罕的儿子喇什台吉,其子纳木扎布额尔克那颜,其子纳木扎勒额尔德尼、厄鲁特、德勒登、罗卜藏等。他们是察哈尔部的那颜(有的书称巴克达尔罕、岱青兄弟二人。他们的后裔掌左翼五鄂托克,其详情不详)。

图鲁孛罗特的次子博第阿剌黑可汗的弟弟纳密克那颜掌敖汉、奈曼二鄂托克。纳密克的儿子贝玛,其子图青都喇勒、额森卫征二人。

图青都喇勒的儿子岱青杜棱,其子索诺木杜棱、色棱都喇勒二人。索诺木都喇勒的儿子玛齐王、布达王、额璘臣台吉 3 人。玛齐王的儿子诺尔布无嗣。布达王的儿子萨木丕勒王无嗣,还有额尔德尼、萨仁、绰克图三子。额尔德尼的儿子乌勒吉图王等兄弟9人。

乌勒吉图王的儿子铁木儿郡王。他们是敖汉右翼的诸那颜。

色棱杜棱的儿子公主额驸班第王,其子墨尔根王、齐拉衮巴图尔、乌其尔、安达阿玉什4人。

墨尔根王的儿子扎木素王,其子垂木丕勒大王、金巴喇什二人。

垂木丕勒大王的儿子垂济喇什王。

垂济喇什王的儿子巴达玛喇什郡王。巴特玛喇什王的儿子巴勒丹王。

齐拉衮巴图尔的儿子固穆。

固穆有5子,其中老三为额驸贝子罗卜藏,在丹津属下鄂托克做了上都台吉。

鄂齐尔的儿子丹津、诺门桑、特古斯、达赉额尔德尼、毕里衮等人。

阿玉什的儿子扎木素额驸、毕里衮达赉、阿穆祜朗、朝克图罗卜藏、图萨拉克齐垂扎木素等。

扎木素额驸的儿子多尔济喇什额驸、齐达萨(彻达萨——译者)额驸等。

毕里衮达赉的儿子苏玛迪,其子丹达里阿穆祜朗,其子喇什垂木丕勒、固什多尔济二人。

绰克图的儿子忒总、伊达木扎布忽鲁噶尔、温都尔、多尔济、乌兰巴图尔5人。

罗卜藏的儿子多尔济、敦多布、旺舒克3人。

图萨拉克齐垂扎木苏的儿子布延图图萨拉克齐、额驸德木楚克,其子额驸玛楚特多尔济。

图青都喇勒的后裔是敖汉的诸那颜。

贝玛的次子掌管奈曼的额森卫征,其子衮济斯达尔罕王,其子巴达礼额驸、阿罕王、扎木萨王、乌勒姆济贝子4人。

班第额驸的儿子鄂齐尔达尔罕王,其子班第王、图萨拉克齐喇什二人。班第王的儿子吹忠王,后来被革职,有其弟接任。还有阿齐拉王和高什噶·纳木忠等。

阿罕王和扎木萨王与布尔尼亲王一同造反之故,失去了王位。由乌勒姆吉贝子接任王位,不久又被革职。阿罕王的幼子班第(其他人后裔情况不详)

17世纪,留在原籍的奈曼人,受到准噶尔汗国蒙古人和俄罗斯人的排挤,渐渐迁移到天山北麓的伊塞克湖一带,即今日吉尔吉斯共和国之地。后来融入了哈萨克族中。哈萨克族分为大、中、小三帐。

18世纪中叶,清朝占领准噶尔,部分被称为黠戛斯人的奈曼人,返回七河流域故居。成为今柯尔克孜族和吉尔吉斯的先民。

第七节　《蒙古诸王朝史纲》中有关奈曼史料

在这里简要介绍一下阿巴拉嘎兹巴特尔可汗用突厥文写成,策登道尔吉译成蒙文的《蒙古诸王朝史纲》中有关奈曼渊源的章节:

奈曼是个古老的部落之一,他们是人口众多、牛羊丰富的鄂托克。关于他们的祖先,不太清楚。据听说原来他们有个名叫卡尔嘎斯(吉尔吉斯的异音)的首领。他死后,将其儿子亦难达举为首领。在成吉思汗时代,他们的首领叫太阳罕。他有一个儿子叫古出鲁克。奈曼人的遗址在蒙古领地上的哈拉和林一带。他们不种地。

奈曼部的太阳罕派遣使臣,对汪古惕部的阿剌忽石的吉惕忽里说:"成吉思汗将不听话的人全部杀死了,慰抚了软弱者。客列亦惕本是个大部落,(成吉思汗)屠杀了他们的可汗和大臣们。其余的小部落因为害怕,都纷纷前来臣服了他。古代智者言:'十个甸赤(聪明人)能挤在一张毡子上,而二位首领不能同存于一个世界上。'当今轮到我们和他们了。当他还没来得及向我们出兵之机,我们俩联手征讨成吉思汗吧!"阿剌忽石的吉惕忽里听到他的话,便派遣一位心腹向成吉思汗报告此事。成吉思汗听到这话,立即召集别乞们商量怎么办。多数别乞说:"如今我们的马匹消瘦了,等马匹抓肥以后,征伐奈曼不迟!"成吉思汗父亲的弟弟答里台叔父说:"不要以马瘦做借口！把事情推后,什么也办不成。你们的马瘦,可我的马肥。你们骑我的马吧!"这样,于伊斯兰教史600年鼠儿年启程,直指太阳罕而去。命术赤那颜当前哨。汇报说:"太阳罕在阿勒泰河边驻营。除了奈曼军队,还有斡亦剌惕、篾儿乞惕、乜特等部聚集到一起,欲偷袭成吉思汗而来!"这时候太阳罕也听到成吉思汗前来的消息,迎上前来,两军相遇。成吉思汗布置战阵,命弟弟术赤哈撒儿为右翼,命长子术赤汗为左翼,自己指挥主军。激战从早持续到傍晚。太阳罕负了重伤,奈曼军队败逃。那可儿们把太阳罕护持到山顶上,问他怎么办,他没能答复。看到太阳罕这样,诸别乞们商量:"死别首领,失去祖国,受别人的指使,不如死了的好!"之后,奋勇下山,重新进入了激战。看到奈曼人急减的惨状,成吉思汗对他们大声喊话:"你们的英勇行为值得夸奖,我不记仇,宽恕你们的热血! 放下武器来跟着我吧!"接连喊了五六次,但他们没有接纳,战斗到了最后。看到这些,太阳罕身边的人们把太阳罕驮到马上,逃跑了。太阳罕名叫古出鲁克的儿子从战场上杀了出去,投奔其父亲的兄长不亦鲁黑汗去了。

(成吉思汗)从唐兀惕回到家过了冬寒。见春暖便直奔不亦鲁黑汗而来。这时候不亦鲁黑汗还不知道成吉思汗的到来,带领少数人出去打猎。无意中碰上了成吉思汗的军队,成吉思汗抓住他,砍下了他的头颅。这次,古出鲁克和篾儿乞惕首领脱黑托阿别乞二人因为听到儿女们的哭喊声,没有跟随不亦鲁黑汗出猎。正当不亦鲁黑汗被成吉思汗杀死之际,有一个人潜逃回来,向他们汇报了情况。古出鲁克和脱黑托阿别乞二人逆额尔齐斯河躲避而去。成吉思汗占领了不亦鲁黑汗的家园,之后又回到了家。

(成吉思汗)过冬后,趁春暖追踪古出鲁克,逆额尔齐斯河出征。在额尔齐斯河附近,遇见了斡亦剌惕和哈尔鲁克部。当时,斡亦剌惕部的别乞为洪哈(忽秃合别乞之误),哈尔鲁克部的汗为阿尔斯兰。他们自愿前来接受了成吉思汗的抚慰。成吉思汗在额尔齐斯河岸边,找到了古出鲁克和脱黑托阿别乞二人。他们二人知道战不过成吉思汗,又逃跑了。成吉思汗赶上了他们,并杀死了脱黑托阿别乞。古出鲁克逃到突厥斯坦地方的喀喇契丹古尔汗处。古尔汗把女儿嫁给了他。成吉思汗回到了大本营。

太阳罕之子古出鲁克逃到喀喇契丹的古尔汗处,保住了活命。不久,他与古尔汗有了矛盾,并把古尔汗的部分势力占为己有。他又召集欲与成吉思汗作对的部分鞑靼人。听到这个消息,成吉思汗命术赤那颜率领大军去征讨。大军到达之后,粉碎了古出鲁克的军队,俘虏其属民及家属作了奴婢。古出鲁克带少数人逃了出去。几天后,大军赶上了他们,消灭了那可儿等。古出鲁克又带着三个人逃出去奔巴塔哈上之地。术赤那颜追踪而来,见到一个人,问:"见到如此如此的人物了没有?"那个人说:"那样的三个人朝那边去了!"术赤颜疾奔前去,抓住了础鲁克,把他的头颅砍下来,送给了成吉思汗。成吉思汗赐给术赤大量的宝物,赞许了他。

第八节　奈曼部曾经的信仰

奈曼部起初也和其他蒙古部一样,信仰原始宗教——孛额教(俗称萨满教)。随着社会的进化,改信基督教的一个分支——聂斯托里教。聂斯托里教,在大元时期称"也里克温"教。吉尔吉斯人信仰伊斯兰教的时候,奈曼人已经离开了吉尔吉斯。

一、孛额教

孛额教是蒙古利亚种族古代所崇拜的原始宗教。"孛额"一词初次出现在《蒙古秘史》上,是指专职祭天、祭地、祭祖先的宗教人士。之前,在北方民族中履行此职的有伯克或称伯(匈奴至突厥)的人。学术界一般称其为"萨满教"。其实,萨满与孛额不是一回事。

"萨满"是满洲通古斯语族所崇拜的原始宗教。名称源自阿尔泰语系通古斯语"saman",意思是跳跃不稳定的人。清朝是由通古斯语族中的满洲人所建立的国家,所以,学术界采纳了他们的说法称之为"萨满教"。奈曼人在接受聂斯托里教之前,也是崇拜孛额教。

孛额教属于原始的多神教,提倡"宇宙间万物皆有灵"的思想。它把宇宙分作三层:"天界"为上界,是世界上诸神所栖息之处;"大地"为中界,为人类生产生活地处;"下界"为冥界,是魑魅和灵魂所居之处。孛额们把人类所栖身的"大地"又分成"此界"和"彼界",人们生产生活的是"此界"——现实界;死后的灵魂要去的是"彼界",为虚幻界。孛额教没有三生轮回之说。孛额"驱邪治病"的手段是神祇附身之后,跳起孛额舞蹈,口念咒语,要过九道难关。以此来治病。在蒙古汗国时期,孛额教为蒙古汗国的国教。他们的长老为"别乞"。身穿白色衣服,骑乘白色骏马,与可汗同座饮酒用餐,挑选吉日忌辰为可汗当参谋。

孛额教是狩猎和游牧生产生活的产物,所以,它始终保持着狩猎和游牧的特点。他们没有寺庙,也没有经书,只有一些简陋粗糙的偶像供祭拜。其偶像多用毡、布、木、植物根、青铜制作,并有简单的人形、动物、飞禽形状。

他们是以叔侄或舅甥关系承袭,或者以师徒关系维袭本教的沿袭。因为没有经书,主要以口授方式传授教义和教训。大有密宗之特点。

他们崇拜的神祇为"翁衮",男的叫孛额,女的叫"额秃根"、"伊都干"、"兀都根"等。他们崇拜的对象有上天、太阳、月亮、星辰、山川、河流、火、水、雷电、动物、植物、祖先等多种。其中,最高神灵是上天——"腾格里"。因为狩猎和游牧民族注重的是"平衡",所以,他们把平衡之神——腾格里看成高于一切的神。

自从佛教进入蒙古以来,在政教双重压迫下,孛额教不得已往佛教势力比较薄弱的东部转移,到了科尔沁地区赖以生存。在这个生与死的较量中,孛额教内部产生了"黑"与"白"的派别。黑派为原始的,没有向佛教妥协的一派。白派为向佛教妥协的新派。还有"灰色"、"浑丹"、"额烈"、"赖青"、"古日塔穆"等很多分支。

二、聂斯托里教

聂斯托里教是中世纪基督教的一个分支,盛行于蒙古人和蒙古化的各族中,特别是客列亦惕部、奈曼部和汪古惕部等突厥人中。

忽必烈对佛教的偏爱丝毫没有妨碍他对聂斯托里教的崇仰。在基督教的重大庆祝会上,像他的前辈们一样,他让隶属于他斡耳朵的聂斯托里教牧师把福音书放在他面前,他敬香供奉,并虔诚地吻之。"公元1289年,他甚至建立专门机构,即崇福司,管领全国的基督教事务。"他的谕旨,像窝阔台和蒙哥一样,使基督教牧师如同佛教徒、道教道士和伊斯兰教教士们一样,享受免税权和获得其他种种特权。在此可以回顾一下,蒙古人沿用叙利亚语,称基督教徒为"迭屑"(汉译名是也里可温),而教士和僧侣被称为列班·也里可温,主教被称为马儿·哈昔。在蒙古人和蒙古化的各族中,聂斯托里教徒占有相当大的比例,特别是在客列亦惕部、奈曼部和汪古惕部等突厥蒙古人中。汪古惕部突厥人占据着长城以北,今山西边境一带原沙陀突厥人之地,他们使用的命名法揭示了他们是聂斯托里教徒,尽管这些名字的汉译名已掩盖了该名的实质。聂斯托里教徒常用的名字有:西蒙,阔里吉思(乔治),保鲁斯(保罗),约南(约翰),雅各(詹姆斯),腆合,伊索(耶稣),鲁合(路加)。

汪古惕部人中的大多数居住在今天称为绥远的地区,即今托克托县或归化城境内,该地区在蒙古统治时期称为东胜。伯希和认为该名来自"科尚城"一名,在马·雅巴拉哈三世和列班·扫马传记中,就是以科尚城来称呼这一地区。马可波罗给同一地区的称呼是Tanduc,根据伯希和的看法,Tanduc起源于唐代通用的古名天德(古音为Thian-tak)。这是汪古惕部王朝的实际所在地,王室家族是一些极倾向聂斯托里教,同时又与成吉思汗家族有密切联系的突厥王公们。成吉思汗家族显然从未忘记过对这些聂斯托里教王公们所欠之情。汪古惕部首领阿剌忽失的斤曾经在关键时刻,即在被邀加入由奈曼人形成的反蒙联盟时,他反其道而行,坚定地站在成吉思汗一边。他以生命表达了他的忠诚;因为当他在与奈曼人打完仗之后返回家园时,他的部落中一些赞成与奈曼人联合的部民暗杀了他和他的长子布颜昔班。他的妻子携带次子波姚河逃到郓城。当成吉思汗以金朝征服者的身份进入郓城时,他的至诚愿望是恢复这个忠臣家族对汪古惕部地区的统治地位。年轻的波姚河随他出征花剌子模,战后回归,成吉思汗把女儿阿剌该别吉嫁给了他。波姚河死后,阿剌该别吉作为成吉思汗亲生女,对汪古惕部进行了强有力的统治。她没有亲生儿女,便把她丈夫与另一个妾生的三个儿子——孔不花、爱不花和绰里吉不花视为亲生儿子。孔不花和爱不花先后娶成吉思汗家族的公主们为妻:孔不花娶贵由可汗之女叶儿迷失;爱不花娶忽必烈之女玉刺克。爱不花之子阔里吉思(乔治)先与忽必烈之子真金的女儿忽塔德迷失公主结婚,后又与铁穆耳可汗的女儿阿牙迷失公主结婚。前面已经提到过,他在铁穆耳手下供职时于公元1298年被杀的情况。

这个聂斯托里教王室家族如何紧密地与蒙古王朝联姻便一目了然。在蒙古人宗教宽容的限度内,该家族成功地利用它受到优待的地位去保护基督教。马·雅巴拉哈三世和列班·扫马的传记表明,在他们动身前往耶路撒冷时,孔不花和爱不花向他们表示祝愿和送给他们礼物。"乔治"王子确实是在暮年时,由方济各会传教士约翰·孟德科维诺施洗礼,皈依了天主教。

马·雅巴拉哈三世和列班·扫马传记清楚地表明,元朝中国北方边境的聂斯托里教并不限于汪古惕部境,因为在他们前往西方时,他们在唐兀惕境内(即甘肃)受到基督教徒最热烈的欢迎,特别是在"唐兀惕城"(即宁夏)。聂斯托里教会确实遍布其境,宁夏、西宁、甘州、肃州和敦煌都有。马可波罗提到,仅宁夏就有三座聂斯托里教教堂。

无疑,这些聂斯托里教徒自唐朝以来就默默地居住在原中国边境以外的这些地区,但是,他们并非一直局限在这些地区内。由于成吉思汗后裔的征服,现在中国内地也向他们敞开了。人们甚至可以说,在唐朝灭亡后已经被逐出境的聂斯托里教,随着蒙古人又进入了中国。公元1275年报达(巴格达)的聂斯托里教主教在北京创建主教区。尾随蒙古人,聂斯托里教甚至渗入长江下游地区。公元1278年,忽必烈委托一个名叫马薛里吉思(汉译名,原名 MarSargis)的人管理在今江苏省内的镇江。按其名推断,马薛里吉思是一个聂斯托里教徒,不久(公元1281年),他很快在镇江建起一座教堂。在扬州和汉口又建了几个聂斯托里教教堂。

在叙利亚文的马·雅巴拉哈三世和列班·扫马传记中,有一段著名的记载可以证实蒙古的聂斯托里教信仰。列班·扫马(死于公元 1294 年)和他的朋友、未来的主教马·雅巴拉哈·麻古思(公元 1245～1317 年),两人都是聂斯托里教徒,至少后者是汪古惕部人。麻古思的父亲是汪古惕部科尚城的副主教,正如我们已经看到的,伯希和把科尚城看成是中世纪的东胜,今绥远和山西边境上的托克托。列班·扫马是汗八里(或北京)聂斯托里教教堂中一位巡察使的儿子。他是第一个信奉修道生活的人,曾在北京大主教马·基瓦古斯的主持下接受了削发仪式,后来他隐退到离城只有一天路程的山中修道院,在此结识了麻古思。在麻古思建议下,两人决定去耶路撒冷朝圣。在托克托附近,他们拜访了汪古惕部王孔不花和爱不花(他们也是聂斯托里教徒),并告知他们朝圣的计划,汪古惕部的这两个王子最热烈地接待了他们,并极力劝阻他们说:“我们正在费力地从西方招来主教和教士,你们为何要去那些地方呢?”但是,见两人主意已定,汪古惕部王子们为他们提供了马匹、钱财和到中亚的旅途所需的一切物品。

朝圣者们先经唐兀惕境,即今甘肃北部、宁夏附近,这儿的聂斯托里教教会星罗棋布。“男人、妇女和儿童都上街欢迎他们。因为唐儿惕地区居民的信仰非常强烈。”他们沿罗布泊和塔里木南缘小道而行,抵达了于阗和察合台汗的领地。当时察合台汗是都哇,因为据伯希和的估计此事是发生在公元 1275～1276 年间。当时,成吉思汗宗王之间的战争正在中亚进行,阻止了列班·扫马和麻古思直接从喀什噶尔到波斯的旅行。他们发现于阗正遭受饥荒,喀什因战争而人烟稀少,从喀什往西的路已不通畅。因此,他们转向北去怛逻斯(奥李阿塔,或今天的江布尔),窝阔台系海都汗在此扎营。他亲切地接见了两位聂斯托里教徒,并发给他们安全特许证,持此证,使他们得以通过作战军队的前哨,最后抵达波斯的蒙古汗国,当时波斯的统治者是阿八哈汗(公元 1265～1282 年在位)。

从叙利亚来的一位可能是说阿拉伯语的基督教徒,汉译名叫爱薛(即伊萨或耶稣,公元 1227～1308 年),在忽必烈统治时期,他身居重要位置。他懂多种语言,精通医药和天文,曾在贵由汗廷中供职。公元 1263 年,忽必烈任命他掌管星历司,他似乎是公元 1279 年法令的鼓动者之一,通过该法令,忽必烈企图制止伊斯兰教在中国的宣传。公元1284~1285年,蒙古高级官员孛罗丞相作为使臣前往波斯汗阿鲁浑处时,爱薛陪同前往。爱薛在返回中国后,于公元1291年被任命为掌管基督教的总监,公元1297年任政府大臣。其子也里牙、腆合、黑厮、阔里吉思和鲁合都像他一样是聂斯托里教徒,在北京宫廷中也起着重要作用。最后,忽必烈及其继承者们在北京的他们的亲卫军中有3万名信仰希腊正教的基督教阿速人,他们是在蒙哥时期从高加索来的。我们已经看到,公元1275年6月,阿速军在围攻长江下游北岸的镇巢时,遭到宋军狡诈的屠杀。后来,忽必烈把从镇巢得到的税收分给了遇害的阿速军的家属们。公元1336年7月11日,这些阿速军的后裔送一封表示归顺的信给教皇本尼狄克十二世。公元1338年带信给在阿维农的教皇的使团中,除了纳昔奥的安德鲁和威廉外,还有阿速人托盖。

此外,伯希和还提到了古代摩尼教在福建又活跃起来这一事实,在宋朝统治时期福建已有摩尼教复兴的兆头。

三、也里可温教

也里可温教,即元代对于基督教各派的总称。文字记录见于《元史》之中,为基督教第二次传入中国。第一次为唐代之景教。

也里可温一词的语源迄今无定说,比较流行的说法认为源自希腊语,即是指聂思脱里教及其信徒。基督教在唐代时就曾传入中国内地,被称为"波斯教",为基督教中聂思脱里派,唐代又称之为景教或波斯景教、大秦景教,一度在中原地区与长安城中盛行。公元845年唐武宗灭佛,所有西来的宗教都被禁止,景教遂趋绝灭,仅在西北民族中残存。

辽、金时期,它在中国西北和北方的一些游牧民如奈曼、客列亦惕、汪古惕等部中又颇为盛行。

蒙古几次西征中,大批西亚、东欧的基督教徒被裹胁或俘掠东来,充任官吏、军将、工匠或勒充驱奴,其中大多数随着元朝统一中原进入内地,分散居住在全国各地。

元代设有管领也里可温教门的政府机构,为崇福司。分布在全国各地的也里可温教司,一度曾达72所,据载元初仅大都地区就有聂思脱里派教徒三万多人。元朝基督教的信奉者主要是突厥及少数蒙古族人,其聚集地主要有唐兀惕、汪古惕、大都以及江南沿海地区。其中江南沿海地区为元灭南宋后传入,在杭州及泉州设有也里可温教堂。此外在押赤(今云南昆明)城,及辽东地区也是也里可温教徒的聚集地。但也里可温教在汉族人中却不盛行。

13世纪时,欧洲十字军东征,适逢蒙古大军西征中亚,在"敌人的敌人即是朋友"的想法下,加上唐代以来波斯景教流传下来的关于中国的资料的鼓励,远闻蒙古强大的罗马教廷遂于公元1245年至公元1253年间向蒙古派出多方济各会之宣教士作联络工作。公元1254年,方济各会宣教士吕柏克(鲁不鲁乞)到达上都和林向蒙哥进行宣教,但未能成功。

公元1266年,元世祖忽必烈派马可波罗之父及叔父返回欧洲,并向罗马教廷提议派遣100名宣教士前往中国,然而最后只有二人自愿前往,且皆在未抵达中国前折返。及至公元1289年,教廷再派方济各会宣教士孟德高维诺前往东方各汗廷。公元1293年,孟德高维诺到达元大都拜见忽必烈,并获准在大都宣教,由此开始了元代基督教在华传教之历史,当时与自唐代传入中国的景教被合称为也里可温教。公元1328年,孟德高维诺死于中国。

终元一代,方济各会之宣教士不断来华进行宣教活动,且得元朝政府之信任,然而其信徒仍主要以色目人为主,未能传于汉人。及至公元1368年,朱元璋建立明朝,由于缺乏汉人信徒,元代也里可温教亦随元朝退居漠北而终结在华之宣教事业。

明朝以后,基督教在华之传播几乎停止。直至明中叶,葡萄牙人登陆澳门,多明我会及方济各会随之而来,然亦未能重新开拓在华事工。重新开启基督教在华传教事业的,是16世纪之耶稣会士。

第二章　奈曼旗历史

第一节　奈曼旗地理位置及其变迁

一、历史地理演变

这里自夏、商、周各个时期乃至更早些时期，已经有了人类祖先活动的遗迹，并世代相传，繁衍生息。南部山区有战国时期的燕长城和秦汉时期的土城遗址。秦代为辽西郡北境，为匈奴左屠耆王游牧之地，俗称东胡地。

西汉初期为幽州刺史部辽西郡北境，为匈奴左屠耆王辖地。

东汉时期，东胡之乌桓属地。仍为辽西郡北境。

三国之魏时期为幽州昌黎郡北部，为鲜卑人游牧地。

东晋时期，成为由乌桓演变的宇文人与本地库貊奚人融合而成的契丹人领地。

南北朝时期为拓跋鲜卑所建的北魏辖地。

隋代为辽西郡北境。

唐初为河北道营州都督府辖地，后改属松漠都督府，后归奚（库貊奚）人所有。

五代十国为契丹龙化州属地。

契丹人建立辽朝后，为兴中府北境，隶属于上京道临潢府。

女真人的金朝时期，属北京临潢府路辖地。

公元1204年，孛儿只斤·铁木真将古老的乃蛮部统一到蒙古部的属辖，将其成为蒙古汗国的一员。后来，成吉思汗将此地分封给幼弟帖木格斡赤斤。

大元时期为帖木格斡赤斤后裔辽王领地，又属中书省宁昌路属区。

明代初，划为大宁都指挥使司大宁卫辖地。后被汉文史籍称为蒙古乌梁海三卫属地——实属帖木格斡剔赤斤后裔乌济业特部领地。

16 世纪中叶,北元王朝镇压乌梁海万户的反叛之后,被封为达延合汗巴图孟克嫡孙额森伟征领地,以其属民称之为"奈曼部",属察哈尔八鄂托克之一。

清崇德元年(公元 1636 年),本部被划为一旗,袭用原部落名称为"奈曼旗"。清廷封衮楚克为达尔罕多罗郡王,令其世袭罔替。奈曼部为一个旗,驻章古台。

道光二十七年(公元 1847 年),以寿安固伦公主指配奈曼郡王阿宛都瓦第扎布(又称阿旺都瓦底扎布)之子、头等台吉德木楚克扎布,授为固伦额驸。

光绪十七年(公元 1891 年),金丹道事变中奈曼旗被扰。共传 12 世、16 位王,近 300 年。奈曼旗隶属于昭乌达盟。

中华民国时期,奈曼旗隶属于热河省。

伪满洲国时期,奈曼旗归属兴安西省。

从 1946 年 4 月 29 日,奈曼旗划归哲里木省。1949 年 5 月 1 日,划归内蒙古自治区所属。1969 年 7 月 5 日,奈曼旗随哲里木盟划为吉林省。1979 年 5 月 30 日,仍以哲里木盟的一个旗,被划回内蒙古自治区。

二、奈曼旗地理位置

奈曼地区是欧亚大陆板块中的小小的一部分,但它的历史是和地球的演化一道,经历了冥古宙、太古宙、元古宙、显生宙等四大宙期。显生宙又经历了早古生代、晚古生代、中生代、新生代等四大生代。新生代又经历了早第三纪、晚第三纪、第四纪等三大纪。至今共经历了 46 亿年左右时间。

自从联合古陆解体开始(距今约 2.08 亿年),奈曼这块土地上的人类祖先同地球生物圈中的全体成员一起,经历了微生物、动植物的漫长演化期和适应期,进而同全体兄弟姐妹一样,进化成为今天的直立人、智能人。

从地层分析,这里的土质是在地质年龄的 1～165 万年,即在新生代的第四纪时逐渐固定的。

　　奈曼旗地处北纬 42°14′40″至 43°32′20″,东经 120°19′40″至 121°35′40″之间。地貌一般称为"南山、中沙、北河川,两山、六沙、三平原"。奈曼旗位于内蒙古自治区通辽市(原哲里木盟)西南部,科尔沁沙地南缘;北邻开鲁县;东靠科尔沁左翼后旗和库伦旗;南接辽宁省阜新市和北票市;西与赤峰市的敖汉旗和翁牛特旗为邻。旗境东西宽 68 公里,南北长 140 公里,总面积 8159 平方公里(1223.9 万亩)。旗人民政府驻在大沁他拉镇。

　　奈曼旗清代境域位于喜峰口东北 700 里,至京师 1110 里。东西距 95里,南北距 220 里。北极高 43°15′、京师偏东 5°。东至哈拉哈左旗界,西到敖汉界,南至(东)土默特界,北至翁牛特界。牧地:东至奎苏塔拉,40 里接科尔沁左翼前旗(宾图旗)界。旗东 50 里有察木哈克泉;南至大渡口敖包,120 里接土默特右旗界。旗南 55 里有塔奔陶鲁盖山,与土默特右翼及喀喇沁左翼之塔奔陶鲁盖山区别。120 里有玛尼喀喇山。旗南 55 里有图尔根河,亦名土河或称北土河。源出塔奔陶鲁盖山,南流入土默特右翼北境,经绰诺图山又南入大凌河;西至哈拉鄂罗爱,55 里接敖汉界。旗西 55 里有呼尔呼塔苏尔海岗;北至巴延皋特西喇木伦河渡口,100 里接翁牛特右翼及阿鲁科尔沁界。旗北 100 里有哈纳查干图;东南至查干河,120 里接哈拉哈左翼界。旗东南 50 里有固日班喇呼山。80 里有大黑山,蒙古名巴延喀喇。140 里有博罗辉博罗温都尔山,与土默特右翼之博罗辉博罗温都尔山(区)别。旗东南 60 里有查干泉;西南至皋勒图河,120 里接敖汉旗界。旗西南80 里有固日班和尔图泉,涌合而东南流,会图尔根河;东北至西喇木伦之努克图敖勒木,100 里接科尔沁左翼界。旗东北 85 里有哈纳岗;西北至坤都伦喀喇乌苏泉,120 里接敖汉界。

第二节　奈曼旗历代札萨克

一、清代前奈曼部

　　爱新天聪元年(公元 1627 年)二月,奈曼部首领衮楚克巴图鲁(额森伟征之子,封号洪台吉)派乌木萨特绰尔济喇嘛与爱新联络,欲与爱新和好。

三月,明朝派使臣劝诱衮楚克归顺明朝,被拒绝。

四月,衮楚克遣使致书,定与爱新讲和。皇太极回信,表示愿意讲和。

六月,敖汉、奈曼二部"举国归金"。衮楚克与敖汉部首领琐诺木杜棱二人先行前来拜见皇太极。

七月,皇太极渡辽河 10 里外,率众出营迎接前来归顺的衮楚克等蒙古诸台吉。当天双方祭天盟誓,以示和好。皇太极诏敖汉部索诺木杜棱居开原;衮楚克回旧牧地。

九月,衮楚克佺额齐尔率兵征察哈尔(蒙古北元)国。以其战功赐号"和硕齐",并赏甲一副。

北元林丹可汗二十五年(公元 1628 年)五月,衮楚克奉命随爱新兵出征,讨伐察哈尔(蒙古北元)及明朝胡泰塔布囊。六月凯旋,收取胡泰塔布囊属辖人口及牲畜而归。

八月,衮楚克率兵讨伐北元林丹可汗所属阿拉克绰特部得胜,斩其台吉嘎勒图,俘获其属民 700 人,献给爱新。皇太极以为国立功,封衮楚克"达尔罕"号。

九月,敖汉、奈曼二部兵与皇太极部会合,公征察哈尔(北元),攻克席尔哈、席伯图、英汤图等地。

十月,皇太极诏敖汉、奈曼、巴林、扎鲁特诸台吉,下令"不准劫杀来降者,违者必罚"。

爱新天聪三年(公元 1629 年)正月,遵皇太极命令,科尔沁、敖汉、奈曼、哈拉哈、喀喇沁五部落开始执行爱新朝政。

爱新天聪四年(公元 1630 年)正月,奈曼、敖汉、巴林、扎鲁特等部蒙古兵围攻昌黎县,未克而撤兵。

爱新天聪五年(公元 1631 年)八月,满洲诸贝勒及蒙古敖汉、奈曼等部落率兵夹攻大凌河城,克之。衮楚克又派属下扎丹随爱新兵征索伦,凯旋而归。

十一月,皇太极诏,自天命三年(公元 1618 年)起,逃入大凌河城之民,在敖汉、奈曼、喀喇沁等部落中有其亲戚者,皆回归其部落;其余统归满洲八旗分别安置。

北元林丹可汗二十九年(公元1632年),衮楚克率奈曼部兵,随爱新大军进攻大同、宣府等明朝边城。

爱新天聪七年(公元1633年),衮楚克复遣属下善丹、萨尔图随爱新军征明,由黄崖口入边,攻克蓟州,趋山东,占领兖州。

北元林丹可汗三十一年(公元1634年)五月,衮楚克率所部随爱新兵追击毛明安部,并遣属下参加远征朝鲜。

闰八月,奈曼部兵奉命从明朝得胜堡口进攻,由大同直趋朔州驻营。

十一月,皇太极分给两红旗与奈曼部的牧地以巴嘎阿尔合邵、巴嘎什鲁苏台为界,分给奈曼部1400户。

二、清代奈曼旗札萨克

奈曼旗第一任札萨克郡王衮楚克

孛儿只斤氏,元太祖成吉思合汗20世孙。清崇德元年(公元1636年)四月,皇太极分叙外藩蒙古诸台吉军功,封衮楚克为"奈曼旗札萨克多罗达尔罕郡王",诏世袭罔替。

奈曼旗第二任札萨克郡王阿汗

孛儿只斤氏,衮楚克次子。顺治十年(公元1653年),奈曼旗首任札萨克郡王衮楚克病逝,其次子阿汗袭札萨克郡王爵。

顺治十六年(公元1659年)十月,奈曼旗札萨克郡王阿汗以罪削爵,贬为庶人。

奈曼旗第三任札萨克郡王札木萨

孛儿只斤氏,衮楚克三子。顺治十七年(公元1660年),衮楚克第三子札木萨继任奈曼旗札萨克郡王爵。

奈曼旗第四任札萨克郡王鄂其尔

孛儿只斤氏,衮楚克长子和硕额驸巴达礼之子。康熙十四年(公元1675年),义州王布尔尼反清被平息。奈曼旗札萨克郡王札木萨以"助逆"

之罪被削职;衮楚克长子和硕额驸巴达礼之子鄂其尔承袭奈曼旗札萨克郡王。

康熙二十五年(公元 1686 年)四月,奈曼旗札萨克郡王鄂其尔,遵旨组阁旗札萨克衙门,并启用朝廷所赐"奈曼旗札萨克印"的官方印玺。

康熙二十六年(公元 1687 年),奈曼旗第四任札萨克郡王鄂其尔病故。

奈曼旗第五任札萨克郡王班第

孛儿只斤氏,鄂其尔第六子。康熙二十七年(公元 1688 年)继任奈曼旗札萨克郡王。

康熙三十二年(公元 1693 年)四月,奈曼旗最早的喇嘛庙之一的太宾庙(位于今苇莲苏乡五十家子嘎查境内)竣工。

康熙三十四年(公元 1695 年),奉朝廷命令,奈曼旗兵会同敖汉旗兵赴阿喇布坦。并命纳木达克、乌尔衮等驻防乌珠穆沁,以防额鲁特——准噶尔汗国噶尔丹博硕克图可汗的东进。

奈曼旗第六任札萨克郡王垂忠

孛儿只斤氏,班第之长子。康熙四十六年(公元 1707 年),奈曼旗札萨克郡王班第病逝。朝廷遣官致祭,并命其长子垂忠袭札萨克郡王爵。"垂忠",有写作"却经"、"确景"、"确经"。

奈曼旗第七任札萨克郡王阿萨拉

孛儿只斤氏,班第的三子。康熙五十九年(公元 1720 年),奈曼旗第六任札萨克郡王垂忠因罪被削去王爵。由第五任札萨克郡王班第的三子阿萨拉接任。

雍正九年(公元 1731 年),奈曼旗奉命出兵,随官军征剿准噶尔汗国可汗噶尔丹策凌。

乾隆五年(公元 1740 年)三月,奈曼旗和硕庙(经缘寺)建成。位于今章古台苏木境内。

乾隆十一年(公元 1746 年),清廷执行"借地养民"政策。提倡从关内移民,开垦蒙古地区。奈曼旗南部开始流入民人——汉族农民。

乾隆十七年(公元 1752 年),奈曼旗民人事务由塔子沟通判管辖。

奈曼旗第八任札萨克郡王拉旺喇布丹

孛儿只斤氏,为阿萨拉之长子。乾隆二十二年(公元 1757 年),奈曼旗札萨克郡王阿萨拉病故,其长子拉旺喇布丹继承奈曼旗札萨克郡王之位。拉旺喇布丹,有写成"拉旺拉布丹"。

乾隆三十九年(公元 1774 年),清廷设置三座塔厅,管理哈拉哈贝勒旗、奈曼郡王旗、土默特贝勒旗和库伦喇嘛旗蒙汉交涉事件,并兼管税务。

乾隆四十年(公元 1775 年),为了便于公务,三座塔厅在奈曼旗鄂尔吐板(今青龙山镇古庙子村境内)设置"巡检署",就近处理民人事务。

乾隆四十三年(公元 1778 年)三月,重建大沁庙竣工。位于今太山木头苏木境内。乾隆皇帝御笔题字"寿宁寺"匾额,赐予大沁庙。

是年,清廷设承德府,奈曼旗归其管辖。

嘉庆六年(公元 1801 年),朝阳县升为府,奈曼旗改隶朝阳府管辖。

奈曼旗第九任札萨克郡王巴喇楚克

孛儿只斤氏,拉旺喇布丹次子。嘉庆八年(公元 1803 年),札萨克郡王拉旺喇布丹病故,其次子巴喇楚克承袭札萨克郡王爵。

嘉庆十五年(公元 1810 年),承德府改置热河道督统,奈曼旗随昭乌达盟归热河道督统管辖。是年,巴喇楚克任昭乌达盟副盟长。

奈曼旗第十任札萨克郡王阿旺都瓦底扎布

孛儿只斤氏,为巴喇楚克长子。嘉庆二十四年(公元 1819 年),历任御前行走、昭乌达盟副盟长的奈曼旗札萨克郡王巴喇楚克病故。其长子阿旺都瓦底扎布继任札萨克郡王。

道光元年(公元 1821 年),奈曼旗札萨克郡王阿旺都瓦底扎布兼任昭乌达盟帮办盟务职。

道光七年(公元 1827 年),阿旺都瓦底扎布晋升昭乌达盟盟长。

道光十年(公元 1830 年),阿旺都瓦底扎布任御前行走。

道光十二年(公元 1832 年),阿旺都瓦底扎布长子德木楚克扎布入选进宫,始戴皇帝所赏花翎。

道光十九年(公元 1839 年),清廷在各盟始设"兵备札萨克"官职。阿旺都瓦底扎布兼任昭乌达盟兵备札萨克。

道光二十年(公元 1840 年),清廷任阿旺都瓦底扎布为散秩大臣。

道光二十一年(公元 1841 年)三月,德木楚克扎布任御前行走。九月,清廷赐德木楚克扎布戴宝石顶珠三眼花翎,赐穿御衣,与贝子同等待遇。十月,德木楚克扎布与道光皇帝的第四女儿、咸丰皇帝的胞妹寿安固伦公主成婚,成为固伦额驸。

奈曼旗第十一任札萨克郡王德木楚克扎布

孛儿只斤氏,阿旺都瓦底扎布之长子。道光二十八年(公元 1848 年)五月,阿旺都瓦底扎布病逝,其长子德木楚克扎布继任奈曼旗札萨克郡王。后人称其为"额驸王"。

咸丰元年(公元 1851 年)二月,德木楚克扎布任御前行走。此后,他历任朝廷管旗督统、镇抚北部大臣、管理火器营大臣、管理中正殿奉经事务大臣、管理步魁壮丁院大臣、押马大臣、内务大臣等军政要职。

咸丰四年(公元 1854 年),奈曼王向朝廷献银 7000 两,以补助国库。

咸丰七年(公元 1857 年),奈曼旗大旱,义隆永一带全年无雨。

咸丰九年(公元 1859 年)五月,奈曼旗辅国公、协理台吉色布登率本旗兵参加抗击英法联军进攻大沽口炮台的战斗。获胜后,与达尔罕旗那木斯来部奉命进驻通州。

咸丰十年(公元 1860 年)闰三月,德木楚克扎布福晋寿安固伦公主病逝于京师,年仅 35 岁。

同治二年(公元 1863 年),移建奈曼王府工程在大沁他拉破土动工。即现存的内蒙古自治区文物保护单位——清代奈曼王府。

同治四年(公元 1865 年)正月,时任正白旗领侍卫内大臣的德木楚克扎布请假治病,由正黄旗蒙古督统义道署正白旗领侍卫内大臣。

四月,科尔沁左翼后旗博多勒噶台亲王僧格林沁同捻军作战胜利,归途身亡。哲里木盟和昭乌达盟二盟蒙古兵撤回各旗。

六月,奈曼旗第十一任札萨克郡王、固伦额驸德木楚克扎布病逝。清廷追认其为"亲王",并以亲王例祭葬。又赐与固伦公主寿安福晋合葬。墓地择于京师东直门一带。因德木楚克扎布无嗣子,而在其继承者人选上发生一起争位风波。从旗、盟、督统衙门乃至理藩院、督察院都卷入了诉讼案件,历经年余才作出结论。

奈曼旗第十二任札萨克达尔罕郡王萨嘎拉

孛儿只斤氏,为第十任奈曼旗札萨克郡王阿旺都瓦底扎布二弟之嫡孙。于同治五年(公元1866年)十一月,经理藩院审议,以德木楚克扎布堂侄、前札萨克郡王阿旺都瓦底扎布二弟之嫡孙萨嘎拉继承王位。

奈曼旗第十三任札萨克多罗达尔罕郡王玛什巴图尔

孛儿只斤氏,为萨嘎拉次子。同治九年(公元1870年)九月,萨嘎拉病故。其次子玛什巴图尔袭奈曼旗札萨克多罗达尔罕郡王爵。

奈曼旗历代札萨克中,比较有名气的是第十三任郡王玛什巴图尔和第十四任郡王苏珠克巴图尔父子二人。玛什巴图尔原名叫拉布丹。他粗犷骠悍,精于骑射,枪法高明,百发百中。所以,人们称他为"玛什巴图尔"。"玛什"是蒙古语,意为枪栓,"巴图尔"有写成"巴图鲁"、"巴特尔",是蒙古语,意为英雄。很多人传颂这个名字,年代一久,原名拉布丹被遗忘,雅号成了他的真名。

光绪十八年(公元1880年)三月,清廷赏玛什巴图尔戴三眼花翎,封为御前行走大臣,长期住京当差,旗务交与护印协理阿尔塔希第办理。

光绪十一年(公元1885年)秋,奈曼旗遭受严重旱灾,民不聊生。旗札萨克玛什巴图尔向热河督统呈报,申请开垦空闲牧场,以得租赈济灾民。

十一月,热河督统谦禧所奏开垦奈曼旗空闲牧场,以期得租赈济的请示被朝廷批准。热河督统随即派前任理刑司司员、理藩院员外郎清祥前往奈曼旗勘丈放垦,遭到下等台吉却登、莫德格奇、额尔登包、希拉套劳盖等人自发组织"乌布格丁呼拉尔",意为"老头会"的反抗。因情况复杂,无法放垦而返回热河交差。

光绪十四年(公元1888年)春,热河督统决定将奈曼旗境内大沁他拉、塔奔陶鲁盖、厄本他拉、波罗汗吐等四处地亩全行开放。四处共开放上、中、下等地"一千三百四十一顷八十三亩"(合8945.5公顷)。"乌布格丁呼拉尔"20余人阻挡勘丈,双方发生了斗殴事件。旗民派员以"霸占牧场、烧毁邻村、枪杀人命"等词赴理藩院控告。理藩院遵御旨,委派高级官员,在光绪十一年(公元1885年),所告案件一并审理,并全部审结。

光绪十七年(公元1891年)十月,"金丹道"事变发生。"金丹道"俗名"学好队",又作"红帽子"。他们的口号是"反清复明",目的是"扫清灭胡"。是利用封建迷信和民族仇杀组织起来的汉族农民暴动。

十月九日,由教首杨悦春、李国珍率千余人在敖汉旗杨家湾子起事。教徒们都用红布包头,以仿元末红巾军。他们以反动邪教为宗,声称"念动咒语,刀枪不入"来蒙骗人们。他们首先攻下敖汉贝子府,杀死了世袭固山贝子、昭乌达盟盟长达克沁及其家属23人。并放火烧毁了贝子府所有的房屋财产和祠堂、陵寝,滥杀许多无辜的蒙古民众。因此,逃难的蒙古民众涌入喀喇沁、土默特、奈曼、翁牛特等卓索图、昭乌达、哲里木三盟各旗。

金丹道一路,由冯善珍、杨太平带领,声称"天降神兵,刀枪不入"来迷惑世人。沿途蒙古人听信其谣言,不敢反抗,闻风而逃。

金丹道打进奈曼旗,遭到福幸当街豪绅王臣的阻击。到十月十五日,教徒军兵分数路,四处进击。很快占领了大沁他拉,冲进衙门,将该旗备存仓粮、军械、财务抢掠一空,档案付之一炬。大沁庙及其他寺庙被烧毁,未及躲避的喇嘛和蒙古民众无一幸免,十室九空,蹂躏惨重。此时,奈曼旗札萨克郡王玛什巴图尔正在旗内。他召集旗属箭丁,鼓励他们:"刀枪不入?难道套马杆、布鲁还不好使吗?老天不会不救我们蒙古人!"奋起反击。他首先训斥那些"听天由命""在劫难逃"的宣扬者们,说:"与其束手待毙,不如决一死战。"他率领旗下官员、台吉和蒙古民众同敌人展开了激烈的肉搏战。在实际战斗中,看到那些"天降神兵"一个个被牧民的布鲁所击倒;套马杆一套其脖子,马上被拉倒在地,一命呜呼,众蒙古人这才知道受骗上当。莫德格奇率20余骑,杀出一条血路,救出了被围困的妇孺。有一员喇嘛赤膊上阵,手挥秤砣与教民拼杀,英勇战死。很多逃出旗境的台吉、箭丁等,听到玛什巴图尔王爷带领民众激战的消息,立即掉转马头,急速返旗投入护旗保家的战斗。全旗上下团结一致,同教民激战之际,一直观望的奉天提督左宝贵与副督统丰生阿等人,这才催促部队,在开太庙地方获胜后,挥师进军奈曼旗鄂尔吐板,由南向北讨伐。玛什巴图尔的兵丁在本旗哈他海庙附近,配合官军,消灭了最后一部"学好队",奈曼旗保住了自己的领土和人民,也保住了其北的各个蒙古旗。因此,后人传颂玛什巴图尔为博格达阿布,意为圣父。

光绪十八年(公元 1892 年)正月,清廷拨库帑 5 万两予热河,赈敖汉、奈曼两旗蒙古贫民。二月,札萨克郡王玛什巴图尔传令召回因骚乱而逃亡外地的旗民。整修王府、寺庙,重建家园,并将旗属牧地赏给抵抗教民骚乱有功人员和阵亡者遗属,免租耕种。十一月,朝廷以玛什巴图尔"平息骚乱,安抚地方有功"而晋升为和硕亲王衔。

光绪二十一年(公元 1895 年)十二月,御前行走、前引大臣玛什巴图尔因病辞职,从京师返回奈曼旗。

光绪二十五年(公元 1899 年),奈曼旗夏旱成灾,河川断流,草木皆枯。

光绪二十九年(公元 1903 年)四月,清廷责成理藩院"行催各盟赶紧开办垦务"。此后,山东、河北、山西一带汉族农民、手艺人、商人大批涌入奈曼旗境垦荒种地,居家立业。旗内农业、手工业和小商业有所发展。

清廷置阜新县,归朝阳府管辖。治所设于奈曼旗境内鄂尔吐板街。

奈曼旗第十四任札萨克郡王苏珠克巴图尔

孛儿只斤氏,为玛什巴图尔之次子。光绪三十一年(公元 1905 年)六月,奈曼旗札萨克郡王玛什巴图尔病故。玛什巴图尔死后,由其次子苏珠克巴图尔于七月袭爵。此人英俊潇洒,处事果断,受到全旗人民的拥戴。

光绪三十四年(公元 1908 年)二月,年仅 19 岁的多罗达尔罕郡王苏珠克巴图尔被朝廷封为御前行走。六月,赏戴三眼花翎。这样,他步入了坎坷不平的政治生涯。是月,清廷批准设立绥东县设治局,辖奈曼王旗、库伦喇嘛旗及哈拉哈左翼旗汉民行政事务。该县为三等县,隶于朝阳府,县公署设在库伦镇。

苏珠克巴图尔在北京当差期间,旗务主要由印务协理若拉玛扎布和梅林章京乌令安(又称乌凌嘎)等人处理。

宣统二年(公元1910年)二月,以库伦旗、奈曼旗拨隶绥东县而设于鄂尔吐板的阜新县治迁址水泉之地(今阜新市)。设于鄂尔吐板巡检兼阜新典史也随县治迁移。三月,乌令安、农乃等人欲驱逐哈拉哈部在奈曼旗谋生的游民,鼓动已停止活动的"乌布格丁呼拉尔",并组织300余人赴各苏木宣布驱逐决定。这样,造成了又一次的混乱。苏珠克巴图尔王知道此事后,立即取缔乌布格丁呼拉尔,制止这种不利安定的做法。八月,奈曼旗蒙古人开始使用汉文姓氏。

清代的奈曼旗,隶属于昭乌达盟。

昭乌达盟:"昭",蒙古语中有丘陵、庙宇、百数之意,这里是泛指复数而言。"乌达"即蒙古语柳树,昭乌达地方盛产柳树,周围草场肥美,芦荻丛生,灌木成荫,水流纵横,是一望无际的大草原。

爱新天聪到清康熙年间,陆续把归降的蒙古扎鲁特部、阿鲁科尔沁部、巴林部、克什克腾部、翁牛特部、敖汉部、奈曼部和喀尔喀左翼部编成11个扎萨克旗。会盟于翁牛特左旗境内的昭乌达,称昭乌达盟。清代内札萨克会盟,原定敖汉一旗(后分两旗:左翼旗,即札萨克王旗;右翼旗即海楞王旗);巴林二旗:左翼旗(即小巴林旗又称巴林贝子旗)、右翼旗(大巴林旗,又称巴林王旗);翁牛特二旗:左翼旗(东翁牛特旗)、右翼旗(西翁牛特旗);札鲁特二旗:左翼旗、右翼旗;阿鲁科尔沁一旗;喀尔喀左翼一旗;奈曼一旗;克什克腾一旗,共11旗于昭乌达地方会盟,故称昭乌达盟。也就是现在的内蒙古赤峰地区,1983年10月10日,经国务院批准,撤销昭乌达盟建制,设立赤峰市(地级)。

三、中华民国时期的奈曼旗札萨克

中华民国元年(公元1912年),绥东县设治局内设二科三所,即主管行政兼司法的第一科和主管财物的第二科及理财科、劝学科和警察所。

2月,清王朝封建统治被推翻,中华民国成立之初,哈拉哈部哲卜尊丹巴呼图克图称可汗独立。内蒙古东部呼伦贝尔额鲁特旗总管胜福、科尔沁右翼前旗札萨克郡王乌泰、科尔沁右翼后旗札萨克镇国公拉什敏珠尔、科尔沁十旗活佛六世格根为首,积极响应哲卜尊丹巴呼图克图的独立,掀起了一次"东蒙古独立"风波。在这次风波中,奈曼旗郡王苏珠克巴图尔表现出拥戴共和,反对独立的态度,8月,被晋升为和硕亲王,11月,被授予二等嘉禾章。

是年,大沁庙佛塔竣工。该塔集汉藏建筑艺术为一体,以其艺术精湛,造型壮观而闻名遐迩。该塔为奈曼旗历史上空前的藏式佛塔。于公元1947年秋的土地改革运动中被毁掉。

中华民国二年(公元1913年)10月,苏珠克巴图尔被任命为卓索图、昭乌达、哲里木、锡林郭勒四盟宣慰使。

中华民国三年(公元1914年),奈曼旗划归热河特别行政区。苏珠克巴图尔在热河督统的指示下,将全旗划分成5个汉人区和7个蒙古人区。汉人区由绥东县公署管辖,7个蒙古人区由奈曼王府管辖,形成了"旗县并存,蒙汉分治"的局面。

中华民国四年(公元1915年)1月,民国政府命奈曼旗札萨克亲王苏珠克巴图尔授用黄缰。2月,授一等嘉禾章。8月,奈曼旗亲王苏珠克巴图尔被任命为热河特别行政区昭乌达盟盟长。

10月,绥东县改组警察机构,县警察事务所驻县公署(库伦镇)。各区设警察事务分所。设于奈曼旗境内的鄂尔吐板、白音昌、下洼、大沁他拉和那力糘(今土城子)5处,各分所有马警40人,以20名驻所。

中华民国五年(公元1916年)2月,苏珠克巴图尔因镇抚巴布扎布风波有功,受到民国政府的特殊待遇,授予亲王双俸。6月,授予一等文虎勋章。12月,民国政府任命苏珠克巴图尔兼任昭乌达盟备兵札萨克。

中华民国六年(公元1917年)7月,苏珠克巴图尔当选为民国政府参议员。次年,以宣抚奉天、热河各省蒙旗之功,授予"遐威将军"称号。

是年,日本人大仓组以22万元的典价租押奈曼旗境内包日胡硕庙(今治安镇胜利庙)以东处女地200方(合7200公顷)。设华兴公司奈曼旗分公司,种植水稻、发展养殖业。分公司本部设于二号地向南方约3华里处(今治安镇二号村境)。

中华民国九年(公元 1920 年),奈曼王以 12 万元的典价,把面积约 4 平方公里(6000 亩)上好的草牧场——科尔沁宝隆甸子押给华兴公司。

中华民国十三年(公元 1924 年)3 月,民国政府在北京召开"蒙事会议"。苏珠克巴图尔以昭乌达盟盟长身份出席会议并担任提案审查员。他向议会递交的《收复外蒙建议案》、《向热河督统交涉免除蒙古亩捐并保留巡警管辖权》和《化除畛域,准蒙民在各旗境内自由居住谋生案》等提案全部予以通过。

8 月,苏珠克巴图尔赴林西会盟,被国民党政府推举为卓索图、昭乌达、哲里木、锡林郭勒四盟警备司令,敖汉旗郡王德色赖托布为副总司令。

10 月,民国政府撤销原卓索图、昭乌达、哲里木、锡林郭勒四盟警备司令部,免去苏珠克巴图尔、德色赖托布二人正、副总司令职务。

是月,奉军"黑马队"3000 余人进驻奈曼旗,欺压百姓。

12 月,昭乌达盟副盟长扎嘎尔指控盟长苏珠克巴图尔和帮办盟务德色赖托布等同僚"纵匪殃民"。27 日,民国政府临时执政指令免去苏珠克巴图尔的盟长职务和德色赖托布的帮办盟务职务。次年 1 月 8 日,以扎嘎尔、阿拉斯图呼分别接替苏珠克巴图尔、德色赖托布二人的职务。

是年,绥东县公署将所属理财所、劝学所和警察所改为财政局、教育局和警察局,并增设自治局和税务局,其中税务局由省直辖。

中华民国十四年(公元 1925 年),奈曼旗协理台吉都特乃那木吉拉因年迈辞职之后,由苏珠克巴图尔亲王五胞弟、二等台吉苏达那木达尔济补缺,为候补协理台吉。

是年,张作霖通过其属辖驻开鲁奉军旅长强制奈曼旗苏珠克巴图尔亲王出卖境内老哈河、教来河流域大片沃土,以付军资。对此,苏珠克巴图尔亲王坚决反对,软磨硬顶,始终未允。

是年,奈曼旗札萨克衙门笔帖式哈斯宝晋升为记名协理,以接替原协理台吉古纳麻迪之职务。

中华民国十五年(公元 1926 年)9 月,驻京奈曼旗札萨克亲王苏珠克巴图尔因拥护冯玉祥部于五原誓师,参加北伐而被张作霖"勒令出京"。

10月,苏珠克巴图尔亲王携家眷经奉天返回奈曼旗。于12月26日,病逝于包日胡硕庙,终年37岁。其灵柩安葬于塔日干淖尔南岸的奈曼王陵。

中华民国十六年(公元1927年)正月,在奈曼旗发生一起旷日持久的袭爵纷争。起因是苏珠克巴图尔亲王无嗣子袭爵,其继承者人选上出现分歧。直至民国十七年(公元1928年)7月,人选之争才告一段落。

是年,热河督统汤玉麟在绥东县设置垦务局。勘丈旗域西部从嘎什图(今先锋乡哈沙图村)起,东至包日胡硕庙,南至教来河,北至开鲁县城南门外哈达荒,总面积约25000顷,分方出挂。每方5顷40亩。按土质分上、中、下、沙4等。每亩价依次为2元、1.5元、1元、5角(当时币)。发给土地执照,以作凭证。奈曼旗教来河、老哈河流域,从此时起大量开垦。

奈曼旗第十五任札萨克亲王特古斯阿拉坦呼雅克

中华民国十七年(公元1928年)7月,热河特区政府下达"任命图古斯阿拉坦呼雅克为暂行代理奈曼旗札萨克亲王"的委任令,结束了札萨克王爵承袭之争。

中华民国十八年(公元1929年)10月,冯舜生接替前任县长刘荣庆,任绥东县县长视事。

中华民国十九年(公元1930年)6月,绥东县设治局从库伦迁址到奈曼旗八仙筒。

12月,辽宁庄河县人衣学让任绥东县县长。

是年,在八仙筒建立包括初、高级班的官办小学1所,有学生100余人,教师5名。

中华民国二十年(公元1931年)2月,绥东县境内常有阜新、建平窜来的匪绺"左四点"出没骚扰。为此,除官军外征调奈曼旗卫队50名和县保卫团练丁100名,编成两个大队,分区游击,协同追剿。

5月,"左四点"绺200余人窜入奈曼旗境内老哈河两岸附近。经驻开鲁县边防军十七旅司令部及绥东县保卫团在河南大德号(今明仁苏木境内)地方交战,匪徒不支,窜入建平属下洼地区。

10月,驻奈曼旗境内的华兴分公司原保安队长李明雅勾结土匪1000余人,攻占分公司。公司本部牛号、马号、羊号、粮仓、配种站等设施以及拖拉机、汽车都被烧毁,农工陆续东迁,分公司倒闭。

12月,奈曼旗代理札萨克亲王图古斯阿拉坦呼雅克呈请南京国民政府蒙藏委员会,准以记名协理哈斯宝为奈曼旗札萨克协理。

中华民国二十一年(公元1932年)6月,国民政府蒙藏委员会批准,任命哈斯宝为奈曼旗协理。后按民国政府《盟、部、旗组织法》第23条之规定,协理一职改为旗务委员。

10月,奈曼旗签署《奈曼旗公署请转呈任命图古斯阿拉坦呼雅克为正式札萨克由》之公文,上报蒙藏委员会转呈国民政府行政院。

是月,昭乌达盟盟长扎嘎尔向国民政府蒙藏委员会呈文,表示同意以苏达那木达尔济承袭奈曼旗札萨克。并请转呈国民政府颁发任命状。

是年,朝阳人王玉成继衣学让任绥东县长。

伪满洲国大同二年(公元1933年)1月,夏秉恒继王玉成任绥东县县长。

2月,于上年10月驻进奈曼旗境的吉林军冯占海部撤离奈曼旗。

四、《蒙古地志》中有关奈曼旗资料

自清朝末年实施"移民实边"以来,蒙古地区境界有了巨大的变化。为了弄清这一变化,在这里附录日本人柏原孝久、滨田纯一二位学者撰写的《蒙古地志》有关奈曼旗的部分。原书于1919年在日本山房出版。全书分上、中、下三卷本,共4547页。内容顺序为总论、史略、地理、行政、生产、交通、宗教、教育、风俗、各旗通志、城镇概况、结论等12篇。而且每篇分成许多章节。以下为部分引文:

(第三章)第七节奈曼部

第一 沿革

本旗古代为鲜卑之地;隋代属契丹;唐代隶营州都督府治;后归奚有;辽金时为兴中附北境;明初蒙古占据。

本旗原来以元的正宗后裔达延可汗长子图鲁博罗特之子纳察克为鼻

祖。至纳察克之孙额森伟征诺颜(敖汉旗祖岱青杜棱之弟)时,号其所部为奈曼,附属于本宗察哈尔。但因林丹可汗之不道,清初天聪元年,与其从子鄂齐尔等来归清太宗,而且献出明朝的劝降书。诏彼等回归牧地,赐号和硕齐。同二年从征察哈尔之俘斩之功,又赐号达尔汉(罕)。崇德元年,叙其前后之功,封札萨克多罗郡王世袭罔替,子孙相传至今。

第二　位置、旗界、幅员

本旗位于西喇木伦、老哈河合流的南岸,东至奎苏塔拉与哲里木盟科左前旗(宾图旗)为界,南至大渡口鄂博与土默特右旗交接,西至哈拉鄂罗爱及西北到坤都伦喀喇乌苏泉接敖汉界。北部隔巴延皋特的西喇木伦渡口与阿鲁科尔沁部及西翁牛特旗分界。东南至察罕河与哈拉哈左翼旗交界。西南至皋勒图河又连敖汉,东北以西喇木伦的努克图敖勒木与哲里木盟的科左中旗分界。幅员东西九十五华里,南北二百二十华里。

第三　地势

本旗地势,其东南部和东、西土默特旗接壤的地方与阴山支脉连亘成为大凌河上流一支蟒牛河河源地,从中部向西北阿鲁科尔沁、西扎鲁特,东北向科左中旗,东南向科左后旗及科左前旗界形成一大砂质地带,东西连亘的高低沙坨子断续起伏,沙坨子即所谓沙丘,是属于疏林矮小的杏树或山葡萄的地方,及一草不生一望无际的白沙地带,在东部的沙原中往往可见到湿润地方。

在王府西面自敖汉界流入的一小河流,积水形成连续延长的一个湖,称为哈鲁诺儿(供亲庙泡子),鱼类颇富。

王府西部全属沙质地带,沙丘东西向形成断续的大波状,在连河流域才成为草原地带。王府以北也属沙地,在白音塔拉附近处处生有榆树疏林,尤其北部的谢(拉)塔拉附近有东西向断续连亘的沙丘地带,期间草类茂盛。

其次,旗内河川,除划西北境的老哈河外,有教连河(教来河),发源于敖汉界,在本旗中部斜向东北流而没于沙地。在东北部沙质地带有蟒亘科左中旗界、扎鲁特界及本旗内的大榆树林。本旗主要山岳如下:

拉日斑拉火	旗东南
白音喀喇山（又名大黑山）	旗东南
博拉辉博洛温都尔山	旗东南
塔本西拉海山（汉名五凤山）	旗 南
玛呢喀喇山	旗 南
布火图山（汉名鹿兔山）	旗西南
五兰峰	旗东南

第四 住民

在本旗的移住民河北省人最多。旗下蒙古人在鄂尔土板及下洼附近和满、汉农民杂居从事半农半牧生产，在未开放地全以牧业为主。牧业为主者在王府以北，老哈河流域之间散居。而在开拓地方散居的蒙古人巧操汉语者汉化较深，而在牧业地方的牧民均住固定式蒙古包，衣食住、风俗、人情等未受汉化。

第五 札萨克旗官

本旗札萨克名叫苏珠克巴图尔。清光绪三十一年，袭札萨克多罗达尔罕郡王。民国成立后，因赞助共和制度，民国元年十月授二（等）嘉禾章，封和硕达尔罕郡王。同年授翊卫使，同时任昭乌达盟盟长。

王府在教连河流域西面十华里处的平原中，土壁院内虽有十数栋房屋，但规模不大。本旗札萨克因代代有驻京之职，有协理台吉署理旗务。王府位于无味寂寞的平原，附近只有一小块榆树林。

本旗世职官员有骑都尉加云骑尉一员、骑都尉一员、云骑尉十一员。

第六 寺庙

本旗喇嘛庙有大沁庙、漫布那噶庙、乌什金庙、图萨拉克齐庙、约尔尼庙、奈曼庙。

第七 产业

（甲） 农业

本旗南部地方的汉族移民约有 60 年的历史，旧阜新县治虽设在本旗南端的鄂尔土板，但后来移至东土默特现在县的所在地。光绪三十四年，因移住民的增加,便在小库伦设绥东县治,将本旗东南部归于该县管辖。

本旗开放地方的土质不佳,耕地只限于教连河流域、王府附近和敖汉旗交界的地方,现在耕种的熟地只不过一万垧内外而已。农作物有粟、高粱、荞麦、糜子为大宗。本旗一天(垧)地平均产量如下:

粟	1~5石	黍稷	1~1.5石
豆类	0.8~1石	荞麦	1~1.5石
高粱	1石	稷	2石

本旗开拓地中最肥沃的数(教)连河流域,每一天(垧)地收获高粱三石、粟四石。

本旗征租多以粮谷计算,上等一天(垧)地谷三教;中等地二斗;下等地一斗。

（乙）牧业

本旗牧业由在王府以北和未开放地的旗民经营,即茂库图以北老哈河以南,断续的沙丘间有广阔的草原,水草颇饶,蒙古人均住固定式蒙古包,散居为二三户或四五户的部落各自进行放牧。本旗也因未受兵害,牧业未受影响。

牧业以山羊为主,牛次之,马很少。虽有骆驼在放牧,但大多为王府所有。本旗牲畜数量大约如下:

马	约一万匹	牛	约五万头
羊	约七万只	骆驼	约百头

开拓地农民饲养骡、驴等情况与他旗同。

第八 商业

本旗商业无可记述之处。作为特产的皮毛类的集散颇少,这是由于将活牲畜直接向市场出售所致。天然特产有药材用甘草,产于东南部山峦地带,品质虽不甚佳,年产量尚达五六十万斤。主要经由下洼自西海口向山东输出。有在本旗王府以北沙地出产自野生杏树的杏仁。也有天然碱的出产,制成土碱出售于市场。本旗兴隆地还产硝石。

旗内移住的汉人商贾不少,鄂尔土板原为阜新县所在地,县治虽已迁移,仍不失为一小市场之势。

王府附近的兴隆地有兴隆泉烧锅,开业年限不短,除经营烧锅外,还经营杂货及杂粮的购销业务,也经营当地的特产物贸易。在本旗未开放地,大的商铺除烧锅以外,其他没有可屈指的店铺。

(这是一段阶段性的客观总结。可以称之为划时代的田野调查记录。这对我们的研究,能够提供可靠地依据——本书主编)

五、沦陷时期的奈曼旗

伪满洲国大同二年(公元1933年)3月,日本松室大佐部侵入奈曼境,奈曼旗沦陷。绥东县县长逃亡,县设治局解散。

是月,国民政府行政院92次会议任命苏达那木达尔济为昭乌达盟奈曼旗札萨克。其委任状因昭乌达盟沦陷,邮路不通而留存北平,没能到位。

伪满洲国当局决定,将奈曼旗境内西辽河北岸东西长80华里,南北宽5华里,面积为100平方公里的狭长地段划给开鲁县。

5月,日伪当局组建绥东县公署于八仙筒,任命何庆伦(又名何绪武)为代理县长。县公署下设第一、二两科和建设、教育、公安、财政4个科。

是年,奈曼旗保安队更名为奈曼旗保安总队。马全宝、苏达那木中乃任正、副总队长。下辖两个中队7个分队计210人。另有王府卫队100人归第一中队节制。

是年,章京乌令安之子卜和克什克从北平来到伪兴安西省任教育科科长。办起了蒙文学会附属的"蒙文、满文补习学校",奈曼旗部分学生在这里学习。

伪满洲国康德元年(公元1934年)1月,日军委任山守荣治为绥东县代理参事官。调整县公署所属机构为总务科、内务局、警备局和财务局。

3月至11月,架设开鲁——绥东县(八仙筒)——王府(大沁他拉)——兴隆地间电话线路;八仙筒郊外修成简易机场;在教来河、清河上架设木桥,修通了八仙筒——开鲁的干线公路。

12月,奈曼旗及翁牛特左旗一并由热河省划入伪兴安西省(省会在开鲁)管辖。

是年,伪满洲国在库伦镇和奈曼旗的鄂尔吐板、兴隆地、八仙筒、大段等地修建了牲畜屠宰场。

是年,解散绥东县职业自卫团,开始收缴民间枪支弹药。

伪满洲国康德二年(公元 1935 年)2 月,伪满政府撤销绥东县公署和奈曼旗札萨克王府,合二为一,成立伪奈曼旗公署。其公务人员由王府人员和县署人员以 6:4 的比例组成。旗公署驻八仙筒。

奈曼旗第十六任札萨克亲王、首任伪旗长苏达那木达尔济

3 月 23 日,新的奈曼旗公署正式成立。奈曼旗末任札萨克亲王苏达那木达尔济为旗公署旗长。山守荣治为代理参事官。旗公署下设总务科、内务科、警务科、财务科等 4 科 9 股建制的职能机构。

7 月 23 日,周荣久为首的"奈曼旗抗日救国军"收复伪奈曼旗公署所在地八仙筒。

8 月初,周荣久部撤出,八仙筒再度沦陷。

冬,伪奈曼旗公署从八仙筒迁到大沁他拉。

年末,日伪当局以涉嫌八仙筒事件为由,将奈曼旗旗长苏达那木达尔济等人扣押,其中龚子全、王宪中、马全宝被杀害;苏旗长及何文章(原名莽喀拉巴达拉)被押至新京(今长春),监押一年。

是年,日本人大仓组和前华兴分公司经理王子恒合作,重新建立了大仓农场。场部设于原六号地段。

伪满洲国康德三年(公元 1936 年)7 至 8 月,奈曼旗境内伏旱严重。

9 月,开鲁—大沁他拉—北票之干线公路竣工。

11 月 1 日,卜和克什克在开鲁创办的"蒙古民众讲习所"开始招生。奈曼旗部分学生在这里受到教育。

是年,奈曼旗伪公署参事官关口猛主持旗军政要务。

是年,在功成庙泡子(今塔日干淖尔)南岸修建简易机场 1 处。

是年年末,撤销苏达那木达尔济伪旗公署旗长职务,同何文章被释放回奈曼。

奈曼旗第二任伪旗长哈斯宝

伪满洲国康德四年(公元 1937 年),日伪当局任命旗公署内务科长哈斯宝为伪旗公署旗长。参事官为关口猛。

是年,施行"并户",推行保甲制度。将原区公所改为村公所。

是年,成立"奈曼旗协和会",各村公所也相应成立"协和分会"。

伪满洲国康德五年(公元 1938 年),小川宽继关口猛任奈曼旗公署参事官。

伪满洲国康德六年(公元 1939 年)4 月,在卜和克什克的努力下,兴安西省省立第一、第二国民高等学校在开鲁成立。奈曼旗蒙汉族部分青年在这里受到教育。

是年,伪满旗公署将全旗划分为 7 个村 1 个街。即扎格斯台、大段、浩沁苏木、五爷大沁、沙拉好来、衙门营子、博尔梯庙等 7 个村和大沁他拉街。

是年,成立"奈曼旗兴农合作社",布匹、粮食、食盐、火柴、火油等日用必需品统一由兴农合作社经营。

伪满洲国康德七年(公元 1940 年)1 月 19 日,旗境东北部奈林至呼和车勒一带发生 6 级地震,有少数房屋受到破坏,无人伤亡。

是年,据伪满洲国兴安局调查科统计,奈曼旗总面积为 9439 平方公里,总户数 26933,总人口 173081,其中蒙古族 8820 户,49497 人。

伪满洲国康德八年(公元 1941 年)7 月,旗南部山区暴发山洪。中部教来河洪水泛滥而河道由达吉营子(今浩特乡境内)改道下移。

8 月,伪满洲国政府颁布《国兵法》,规定年满 20 岁的男子应征服兵役 3 年。未被应征者,被称为"国兵漏子",抓去当劳工,以"勤劳奉仕"服劳役 3 年。从此,奈曼旗青壮年男子被迫参加国兵或被抓劳工。

是年,伪兴安西省政府移址巴林右旗大板。卜和克什克任省府实业厅厅长。

是年,岩渊满雄继小川宽任奈曼旗公署参事官。

伪满洲国康德九年(公元 1942 年),奈曼旗大旱。4 至 5 月仅降雨 16 毫米,8 月份降雨不足 15 毫米。

是年,旗下 7 村 1 街改为王府、八仙筒、沙拉好来、衙门营子、大代、扎格斯台、浩沁苏木、白音塔拉 8 个村。

伪满洲国康德十年(公元 1943 年)5 月,日本人须藤继岩渊满雄任奈曼旗公署参事官。

10 月,奈曼旗隶于伪兴安总省。

是年,奈曼旗大旱。塔日干淖尔水深仅有尺余。中部、南部大田几乎绝收。

是年,奈曼旗所辖 8 个村改划为 14 个村,即乌来苏、博尔梯、四福乐敖包、浩沁苏木、扎格斯台、和硕庙、大代、沙拉好来、衙门营子、豪塔、他拉盖、王府、白音塔拉、八仙筒。

伪满洲国康德十一年(公元 1944 年)2 月初,连降大雪,平地积雪 1 米,房屋被埋没。

8 月,教来河发水,冲毁不少村屯。从庙西荒到代筒长达 70 华里河槽改道。

是年,全旗从春到秋未降透雨,井水干枯。连续 3 年旱灾对民众生活造成极大困难。

是年,从奈曼旗北部平安地、北京铺子、乌兰章古一带到八仙筒、结尔都至哈日沙巴尔一带流行人间鼠疫,约有 2000 余人死亡。

是年,日本人增田章出任伪奈曼旗公署参事官。

伪满洲国康德十二年(公元 1945 年)8 月 14 日,驻奈曼旗境内的日本人在旗警备队护送下,携带家眷和大量公款逃往阜新。伪奈曼旗公署随之垮台。

六、奈曼旗的光复

9 月,苏联红军进入奈曼,略事休整,便陆续向阜新、北票一带进发。

是月,苏达那木达尔济主持成立"奈曼旗临时人民自卫委员会",自任会长。

10 月,又有苏联红军部队途经奈曼南下。

是月,旺楚克道尔吉同库伦旗代表赴王爷庙(今乌兰浩特)汇报奈曼旗情况,受到东蒙临时政府的重视。

11月,成立奈曼旗保安司令部,苏达那木达尔济任司令,梁洛布等任副司令,下辖参谋处、副官处、军需处和纠察队。

是月,苏达那木达尔济委派程子泉、江树藩二人将亲笔密件《热河省昭乌达盟奈曼旗报告书》送往北平蒙旗宣抚团,由负责人白云梯、吴鹤龄转呈国民政府蒙藏委员会。

是月,东蒙临时政府召集兴安南地区(后来的哲里木盟地区)青年开会。奈曼旗旺楚克道尔吉出席会议。会议结束后,立即返回本旗选举参加第一次东蒙人民代表大会代表。

12月,奈曼旗选派旺楚克道尔吉、那木云道尔吉等8人为代表,参加在王爷庙召开的东蒙自治政府成立大会。

1946年1月16日,代表大会完成预定议程,内蒙古东部地区自治政府宣告成立。

1946年1月,中国共产党热辽边21分区开辟奈曼旗西部邻界敖汉旗地区,建立了土城子区、西地区,归新东县领导。

2月下旬,驻开鲁县的国民党张念祖部1000余人占领奈曼旗大沁他拉,宣布恢复绥东县治。任命侯勋烈为县长,并着手筹建国民党县党部。

3月10日,中国共产党领导下的新四军三师独立旅两个营由蔡勇团长率领,宾图旗、库伦旗自治军部队由阿思根指挥,由集结于大沁庙的奈曼旗保安队接应,主力部队、地方部队通力合作,发起攻击,一举解放了大沁他拉。战斗结束后,将奈曼旗保安队整编为东蒙自治军二师九团。

3月16日,奈曼旗政府宣告成立。哈斯通力嘎任旗长,云戒三任副旗长。下设秘书科、民政科、财粮科和公安科。

是月,秘密成立中国共产党奈曼旗委员会。对外称民主运动工作部,简称民运部,隶于中国共产党辽西省五地委(亦称新民中心县委)领导。赵任远任旗委书记兼民运部长,张健民任组织部长,梁东明任宣传部长,王端任旗委秘书。

是月,成立奈曼旗旗大队,哈斯通力嘎兼大队长,赵任远任政委,罗云彪任副大队长。旗大队设3个连的建制。

4月,承德"4·3"会议之后,在奈曼旗整建的东蒙古自治军九团改编为内蒙古人民自卫军骑兵二师十五团。团长马占峰,副团长协尔巴拉。中国共产党辽西五地委派陈明山任政委,并选派中国共产党员任各连政治指导员。

4月29日,吕明仁传达中国共产党辽西省委指示:经内蒙古自治运动联合会东蒙古总分会委托,中国共产党西满分局决定,成立中国共产党哲里木省辖通辽、开鲁二县及科尔沁左翼前、中、后三旗和库伦旗、奈曼旗,共二县五旗。

是月,在王府、衙门营子(现青龙山)、八仙筒、白音塔拉等地区开展减租减息和清算斗争。

是月,中国共产党哲里木盟地委成立,对外称五分区。奈曼旗归其领导。

5月,中国共产党奈曼旗委派王端等人与北票县联系,将衙门营子区孙家湾、三家子等几个村子划归奈曼旗。

是月,中国共产党奈曼旗委召集20余名知识青年在大沁他拉成立"青年团",布和温都苏任书记。青年团成立后,请旗委书记赵任远,旗务委员、公安局长狄云献等上课,集中学习一段时间。

是月,旗委从青年团中选派敖力玛扎布、刘大模林扎布、道尔吉、嘎日达、沙力布等5人到辽吉军校学习。敖力玛扎布在校期间加入中国共产党,成为奈曼旗最早的蒙古族共产党员。

是月,奈曼旗选派旺楚克道尔吉、宋宝山等20余人为代表,前往王爷庙参加东蒙人民第二次代表大会。代表们到达通辽后得知郑家屯、四平被国民党军占领,火车停运而返回奈曼。

是月,中国共产党哲里木盟委派额尔德木图到奈曼旗传达东蒙人民第二次代表大会精神和毛泽东主席关于建立巩固的东北根据地的指示。

是月,副旗长云戒三调任黑(山)北(票)县委书记兼县长。赵任远兼任旗政府副旗长。

7月中旬，中国共产党哲里木盟地委召开旗县委书记会议，集中研究各阶级经济状况和党的政策、民族斗争与阶级斗争关系、蒙古族地区工作等问题。旗委书记赵任远出席会议。

是月，在中国共产党奈曼旗委领导下，成立内蒙古自治运动联合会哲里木盟分会奈曼旗支会，简称"旗支会"。奈曼旗青年团也并入旗支会。旗支会主任额尔德木图，副主任旺楚克道尔吉。旗支会内设组织部、青年部、妇女部、后勤部。

8月11日至18日，旗支会邀请全旗200多名青年，在大沁他拉召开大会，称青年大会。旗委书记赵任远作了形势报告。旗支会主任传达贯彻内蒙古自治运动联合会的性质、任务和工作。会后组成发动群众工作团，团长额尔德木图，副团长哈斯通力嘎，政委赵任远。下设4个工作队共100余人。深入到全旗9个努图克(区)，宣传中国共产党的方针、政策，开展减租减息、退租退息工作。

9月20日，内蒙古自卫军骑兵二师十五团三连、四连叛变。

22日，十五团叛变部队勾串阜新、库伦、科左后旗土匪武装和国民党七十一军一部约1600余人进攻八仙筒。梁东明、罗云彪、王克等率旗大队反击，激战中罗云彪等6人牺牲。突围人员向大沁他拉转移。

24日，旗大队配合辽吉一分区路西支队在章古台努图克额驸营子附近(今桥东、红星一带)击溃从八仙筒前来进犯大沁他拉的梁洛布等的降队。

26日，中国共产党中央东北局西满分局决定，将阜(新)彰(武)分委和哲里木地委所属的奈曼旗、库伦旗归辽吉一地委代管。

是月，云戒三调回，任奈曼旗副旗长。免去赵任远的副旗长职务。

10月，中国共产党辽吉一地委机关及所属各县委、一分区路东工作队、路西支队、各县大队约1.2万余人陆续撤退到大沁他拉集结，奈曼旗成为辽吉前线的后方根据地和指挥中心。

是月，旗委成立蒙古工作部，副旗长云戒三兼任部长。

11月初，中国共产党辽吉五地委及其所属阜新大队、蒙民大队等机关和部队先后撤到大沁他拉。大沁他拉镇军民人数已达 3 万余人。为保障供给，旗委成立后勤供给处和卫生部。

12 日，中国共产党辽吉省委书记、辽吉军区政委陶铸在大沁他拉主持召开辽吉一、五地委所属 8 个旗、县委书记会议。陶铸在讲话中分析革命斗争形势，提出斗争策略，强调"坚持奈曼地区，做好反攻准备"。并决定成立中国共产党哲里木盟办事处。又在大沁他拉召开的内蒙古青年座谈会上听取了与会人员的意见，作了《民主革命和党在少数民族地区的工作方针》的报告。阜新、库伦、宾图、博王、奈曼等旗蒙古族干部、青年出席会议。一地委书记、一分区政委吕明仁主持会议。

是月末，十五团副团长协尔巴拉率 1 个连、3 辆大马车随陶铸政委出发，在开鲁县西扎兰营子打败敌人的阻截，于 12 月初到达高体乾司令员五分区所在地鲁北。五分区后勤部按照陶铸的指示，拨给 500 套棉衣。满载棉衣的大车在五分区步兵护送下，安全通过开鲁敌占区，于 12 月中旬回到大沁他拉，解决了部队冬装问题。

12 月，十五团二连在旗大队有力配合下，在南部山区石匠沟围歼"仁义"、"路字"、"大庄稼人"等匪绺，击毙匪徒 30 余人。

是年，先后成立王府、沙拉好来、扎格斯台、衙门营子、白音塔拉、章古台、八仙筒、浩沁苏木等 8 个努图克(区)政府。

是年，武装部队和地方干部中发展了部分中国共产党员。截至年末，全旗共有 21 个党支部 139 名党员。

1947 年 1 月 20 日，中国共产党奈曼旗委委员、宣传部长梁东明率工作队到浩沁苏木区刘家茶馆村筹集物资时被土匪包围，在指挥突围中牺牲。

是月，国民党政府行政院正式任命苏达那木道尔济为昭乌达盟代理盟长。3 月，任盟长。

2 月，西地、土城子两个区从新东县划回奈曼后，两区开展土改试点工作。

是月，中国共产党奈曼旗委书记赵任远奉令调往阜新、黑山一带敌占区工作。薛光军接任旗委书记兼旗大队政委。田野农(邓野农)任旗委副书记兼组织部长。王枫(女)任民运部长兼宣传部长。

是月,旗委对政府工作人员进行整顿,将不适于政府机关工作的 15 名伪职人员解职,从旗支会中选拔 20 余名蒙古族干部到政府部门任职。

是月,成立奈曼旗"内蒙古青年团"组织,于宗海任书记。

3 月,旗政府旗长哈斯通力嘎调离。联合会哲里木盟分会主任李鸿范(协儒博僧格)和一地委蒙古工作部部长梁一鸣来奈曼指导蒙古族地区的发动群众、减租减息和支前扩军工作。李鸿范任奈曼旗代理旗长。

是月,额尔德木图调离奈曼旗,旺楚克道尔吉担任旗支会主任。

是月,成立大代努图克政府,至此全旗共有 11 个区政府。

4 月 12 日,一地委书记吕明仁从开鲁返回奈曼途中,在西辽河为抢救落水警卫员而不幸牺牲。

20 日,旗政府发布《奈曼旗(民国)三十六年度农业生产条令》,保障地权,规定生产措施,鼓励农民种粮种棉。完成播种面积 126.9 万亩。

23 日,内蒙古人民代表大会在王爷庙(今乌兰浩特)隆重开幕。以包忠爱为团长,刚嘎木仁为副团长的奈曼旗代表团一行 20 人出席大会。

七、奈曼旗的解放

5 月 10 日,旗政府发布布告,规定自 5 月 20 日起禁止使用伪满洲票、九省流通券。并于大沁他拉、八仙筒设立兑换所,兑换新旧货币。

是月,一地委蒙工部长梁一鸣、代理旗长李鸿范分别带队到沙拉好来、章古台等努图克开展土地改革。建立新的努图克(区)、嘎查(村)政权。

6 月,奈曼旗支会进行调整,阿斯冷任主任,云戒三任副主任,包忠爱等 9 人组成执委会。并深入蒙古地区,开展土改。

是月,李鸿范调离奈曼旗。包忠爱任代理旗长,9 月任旗长。

是月,为了筹集资金,中国共产党辽吉一地委和一分区在大沁他拉成立"大北公司",8 月,大北公司移至库伦。

7 月,历时 7 个月的"煮夹生饭"和土改试点工作告一段落,为全旗普遍开展土地改革打下了基础。

8月，全旗普遍掀起斗地主、分田地、闹翻身的土地改革运动。30%的蒙古族居住区也开展了土改。

是月，在八仙筒破获国民党绥东县地下县党部组织。

9月，为支援东北解放战争，成立奈曼旗战勤委员会。旗长包忠爱和副旗长云戒三出任正、副主任。委员会下设供给科、运输科、接待科、担架科和宣传科。

是月，奈曼旗人民为前方部队义务制鞋1550双，军袜2000双送往前线。

是月，全旗抽出88匹马和40副鞍具，支援路西分委武工队和十五团。

是月，中国共产党辽吉省一、五地委分开。奈曼旗隶属于新的五地委（阜新地委）、五专署领导。一、五地委机关陆续离开奈曼，10月全部转移。

是月，巩绍英任旗委副书记。

是月，奈曼旗浩沁苏木、章古台、王府等区所属村屯发生人间鼠疫。仅王府及浩沁苏木两个区发病827人，死亡619人，死亡率高达75%。旗政府立即组成防疫委员会，着手防疫工作。

是月，奈曼旗扩兵1000人入伍，旗大队两个连也转入主力部队。

是月，奈曼旗开办为期一个月的小学教师训练班，培训的88名教师分配到各区，成为奈曼旗首批人民教师。

是月，撤销扎格斯台努图克政府。

11月，奈曼旗土城子、西地、衙门营子、沙拉好来、大代、白音昌等7个努图克、区组成有600人、100副担架的战勤担架队。随东北人民解放军七纵二十师，活动于辽西地区，12月底奉命返回。

是月，旗战勤委组织35辆马车将旗内储存的公粮运往阜新莫古吐、平安地一带，支援军需。

12月，从10日起，先后举办两期妇女训练班，培训学员100余人。并发展了奈曼旗首批女党员。

是年，全旗各区都陆续建立党组织，部分村屯建立党支部或党小组，全旗党员发展到534名，党支部50个。

1948 年 1 月,狄云献任旗政府副旗长。

是月,奈曼旗组成 100 副担架、600 人的担架队,编入七纵二十师活动。他们参加了解放苏家屯战斗。3 月初参加解放四平战役立功。月底返回奈曼旗。

是月,奉五专署命令,全旗出动车辆,将 240 万斤公粮送往前方部队。

2 月,历时两个多月的复查运动结束。查阶级定成分,共划出 7 种成分,即雇农、贫农、中农(含下中农和富裕中农)、富农、地主、小商人和自由职业者。全旗有 15242 户 77548 人分到了土地和果实,确立了贫雇农的优势。

是月,薛光军调离,巩绍英任中国共产党奈曼旗委书记。

是月,旗委召开旗、区两级干部会议,历时 20 天,开展整编队伍、交权审干运动。全旗参加整编干部 286 人。运动过后,对区干部作了较大调整。

是月,全旗展开平分土地工作。政策是整光地主、平分富农,小富农不分底产,坚持团结中农,注意保护工商业者。

是月,撤销内蒙古自治运动联合会奈曼旗支会。

是月,旗委成立妇女工作委员会。

3 月,将原扎格斯台努图克 10 个嘎查 26 个自然屯划归库伦旗。

4 月,根据中国共产党中央东北局"要认真纠正土改中一些'左'的错误,对错划、错斗的中农和工商业者,死的要抚恤,错的要纠正,错分得要补偿"的指示,旗委结合平分土地,重点抓了"划、补"试点,每个区搞 3 至 4 个行政村。要求把打击面压缩到 10%。在土改中全旗打击面占总人口的 21.6%,斗争 20500 人,占 13.67%。在试点村按土改政策对 1945 年前 3 年剥削率在 25% 以下者过去被划为富农的均予以划回,并予以补偿,使打击面下降到 14%。

是月,蒙骑二师十五团取消番号,编入内蒙古人民解放军骑兵二师二十一、二十二、二十三、二十四团。

1949 年 6 月,二师正式编入中国人民解放军野战部队序列。

是月,为了保证军运畅通,奈曼旗动员民工修复了八仙筒至下洼干线公路,大沁他拉至五分区所在地福兴地干线和土城子至福兴地支线。

6月,根据辽北省五专署命令,奈曼旗组织大车400辆,将所储存公粮运至福兴地。

7月,召开奈曼旗劳模大会,表彰各条战线劳动模范105名。

是月,为了纪念"辽吉功臣"吕明仁烈士,奈曼旗北部析出一个区,命名为"明仁区"。

8月17日,中国共产党奈曼旗委归中国共产党辽北省第四地委——哲里木盟地委领导。巩绍英调离,边亭任旗委书记。

是月,中国共产党组织公开。党员进行重新登记。同时以"自愿报名,群众评议,支部讨论,区委批准"的程序发展新党员。全旗大部分嘎查、村都建立了党支部。农村牧区党员人数达1050名。

9月18日,根据辽北省第五行政督查专员公署通知精神,库伦旗、奈曼旗划归哲里木盟管辖。

是月,奈曼旗政府将所属王府、西地、土城子、衙门营子、沙拉好来、大代、章古台、白音塔拉、八仙筒、浩沁苏木等10个努图克、区依次改称一、二、三、四、五、六、七、八、九、十区,明仁区称谓不变。

10月15日,旗委提出查评土地,划分土地等级,定产量,定税收。

是月,奈曼旗三、四、五、六区组织担架100副、担架员600人,大车16辆,赴新民县东北人民解放军某部支援,积极备战。11月8日,辽沈战役胜利结束后奉命返回。

11月25日,奈曼旗人民法院成立。

12月,旗长包忠爱调盟政府工作,副旗长狄云献任旗政府旗长。

是年,在全旗进行"划补"工作。按上级规定,将中农和富农、富农和地主,根据剥削量重新划定,使全旗打击面缩小到10%左右。划、补工作于1月底(春节前)完成。

1949年1月,奈曼旗民主妇女联合会成立。

是月,边亭调离奈曼旗,王克继任旗委书记。

是月,旗委举办全旗区、村级干部发放土地执照训练班,为期5天,有92人参加培训。到2月底前普遍发照,确定地权。历时两年半的土地改革运动结束。

2月,旗长狄云献调离奈曼旗,敖力玛扎布任代理旗长,5月任旗长。

4月,敖力玛扎布兼任奈曼旗人民法院院长,周子阳任副院长。

是月,东北行政委员会决定,将哲里木盟从辽北省划归内蒙古自治区。奈曼旗随哲里木盟回归内蒙古自治区。

5月,高勇任副旗长。

7月,敖力玛扎布调离奈曼旗,高勇任旗长。

是月,成立中国新民主主义青年团奈曼旗委员会。

8月,旗境内西辽河、教来河、孟和河、杜贵河相继发生洪水,四区山洪暴发。水灾中死亡16人,冲毁房屋2396间。

9月30日,在大沁他拉完小内召开奈曼旗庆祝中华人民共和国成立大会。旗委书记王克、副书记布林巴雅尔先后发表讲话。

第三章 中华人民共和国成立后的奈曼旗

第一节 土地改革及大跃进时期的奈曼旗

1949年12月,全旗共建12个基层党委,176个党支部,中国共产党党员发展到1387名。

旗委书记王克、政府旗长高勇调离奈曼旗。

1950年1月,召开奈曼旗各界人民代表大会。出席代表224名。会议听取了旗政府关于1949年征粮工作总结和冬春副业生产安排报告,并通过了相应的决议。

2月,周子阳任政府副旗长,临时主持工作。

3月,奈曼旗政府改称奈曼旗人民政府。

4月,巴力吉尼玛任奈曼旗人民政府旗长。

5月,奈曼旗西辽河、教来河防洪工程完工。

11月,中国人民解放军奈曼旗武装部成立。

12月,全旗各级党组织为期3个月的整风运动结束。

1951年4月,巴力吉尼玛调离奈曼旗。

5月,周子阳任奈曼旗人民政府旗长。

7月,旗委、政府号召抗美援朝,捐献"奈曼爱国号"战斗机1架。并展开了拥军优属以及镇压反革命运动。

8月末,全旗捐献现款、粮食和牲畜,折款达17.75亿元(旧币)。

9月,奈曼旗选派47名代表,参加哲里木盟首届人民代表大会。

1952年3月,刘大模林扎布任奈曼旗人民政府代理旗长。

8月,旗直属机关进行近1年的反贪污、反浪费、反官僚主义的"三反"运动结束,所有党员均重新登记。

是月,旗人民政府在十区大台吉伯举行奈曼旗第一届那达慕大会。

10月,努图克(区)级"三反"与整党开始。

11月,嘎查(村)级整建工作亦开始。

1953年3月,全旗开展贯彻《婚姻法》运动。

是月,奈曼旗首次试办杨占元、辛世龙、苏清等3个农业生产合作社。

4月,新民主主义青年团奈曼旗首届代表大会召开。

7月,依据《选举法》,奈曼旗成立选举委员会,开展第一次基层选举。

8月,奈曼旗第一所中学——奈曼中学成立。

1954年2月至3月,奈曼旗开展第二次基层选举。两期共参加选民88245人,参选率达89%。由嘎查(村)级人代会选举产生了旗人大代表217名。

3月,召开奈曼旗首届一次人民代表大会。刘大模林扎布、额尔德尼仓当选为旗首届人民政府正、副旗长。

8月,西辽河、教来河发水,两岸受洪涝灾害耕地面积达16.4万亩。

是月,刘大模林扎布任旗委书记。

9月,旗境朝古台一带白露前降霜,农作物受灾。

11月,王和任奈曼旗人民政府旗长。

是年,位于教来河右岸大布改筒村修建的奈曼旗第一个灌区引水木制闸门投入使用。

1955年4月,国家颁布《兵役制》,奈曼旗开始实行义务兵役制。

5月,奈曼旗人民政府改称奈曼旗人民委员会,隶属关系不变。

6月,奈曼旗境内教来河流域哈图浩来滞洪区浩力硕工程竣工。洪水流量超过每秒1000立方米时,可将洪水导入滞洪区刹峰消洪,保护下游安全。

7月,奈曼旗人民检察院成立。

1956年1月,奈曼旗对资本主义工商业的社会主义改造工作开始。全旗4个镇的私营企业、饮食业、服务业改造为合营、合作或转为农业。

3月,奈曼旗成立了衙门营子、土城子两处水土保持站,开始进行水土流失治理。

4月,在旗直属机关开展"肃反"运动,对全旗所有干部全面审查。

5月,召开中国共产党奈曼旗第一次代表大会,出席代表261人。王和、马振海分别当选为中国共产党奈曼旗首届委员会书记、副书记。

7月,扩建教来河哈图浩来滞洪区。

8月,将全旗11个区的147个行政村划为50个嘎查(村)。

是年,在西辽河流域孟家段处引水,修建了明仁灌区。

1957年5月,中国新民主主义青年团改称中国共产主义青年团。

9月,全旗开展社会主义教育和大辩论运动。开展反右派斗争。

10月,召开奈曼旗工会联合会第一届代表大会,出席代表90人。

12月至1958年3月间,在大沁他拉集中小学教师,搞反右、肃反运动。

是年,奈曼旗民主妇女联合会改称奈曼旗妇女联合会。

1958年2月,奈曼旗将原来的48个嘎查(乡)和两个镇调整为35个嘎查(乡)和两个镇。

4月,西辽河孟家段大型水库工程开始施工。奈曼旗动用大批民工外,开鲁县也出动民工 1500 人支援。奋战 1 年,全部竣工。

10 月,奈曼旗撤乡划社,成立 15 个人民公社。

是月,奈曼旗组织"挖宝队",从老哈河、教来河挖出当年被洪水埋没的苏联红军 6 辆汽车,修配成 5 辆,组建奈曼旗工业汽车队。

是年,在"大跃进"的狂热中,奈曼旗"全民动员"大办钢铁。兴办了开采铁、铜、煤等 8 个矿,建立铁厂、酒厂、发电厂等 13 个工厂。

1959 年 3 月,召开全旗四级干部会议。出席 2228 人,会期 10 天。会议主要贯彻中国共产党中央八届三中全会《关于人民公社若干问题的决议》,俗称"十二条"。

9 月,成立哲里木盟政协奈曼旗工作组,隶属旗委领导。

11 月,成立奈曼旗总工会。

1960 年 1 月,奈曼旗各级干部 8000 多人全部参加了整风运动。

2 月,副旗长包阿尔斯郎率"哲里木盟水利远征军奈曼兵团"的民工,赴昭乌达盟参加红山水库工程建设。

1961 年 7 月,历时 5 个月的全旗整党整社运动结束。

1962 年 7 月 24 日至 26 日,教来河发大洪水,境内最大洪峰流量达每秒 4080 立方米,造成严重灾害。洪水冲地 29.7 万亩。内涝淹地 36.8 万亩,受淹草牧场 178 万亩,受灾人口达 13 万,24 人遇难,9 人受伤。冲毁和泡塌房屋 24832 间。红星桥、畅通桥及 12 座便桥全被冲毁,哈图浩来滞洪区被冲垮,通辽至奈曼公路被冲断 14 公里。

8 月,旗委召开会议,认真总结 1958 年"大跃进"和 1959 年"反右倾"的教训,进行了历时 9 个月的甄别平反工作。

12 月至年末,奈曼旗共精简职工 1336 人。

1963 年 4 月,开始建立贫下中农协会,首先在桥河公社刘家堡大队试点。

5 月,自治区水利厅主持召开哲里木盟、昭乌达盟水利会议,研究孟和河改道事项,经协商议定:利用奈曼旗舍力虎甸子作滞洪区;通过横河子引水入奈曼旗西湖;迁移 379 米高程线以下的居民点。

1964 年 3 月,内蒙古人民委员会裁定,敖汉旗与奈曼旗关于孟和河改道纠纷问题,决定修建舍力虎水库。

4 月,奈曼旗"农业学大寨"运动开始。

1965 年 1 月,召开奈曼旗贫下中农代表大会。出席代表 352 人。会议决定成立奈曼旗贫下中农协会。

3 月至 5 月,出现 8 级大风 29 次。

5 月,教来河防洪工程动工,奈曼旗负责畅通桥以上流域防洪工程建设。

8 月,舍力虎水库建成。

第二节　"文化大革命"中的奈曼旗

1966 年 8 月,中国共产党中央华北局驻哲里木盟工作组委任王占录为奈曼旗委副书记。

是月,奈曼旗"文化大革命"领导小组成立,旗委书记王和任组长,副书记常命、王占录任副组长。并向旗直单位派遣工作组,贯彻中国共产党中央《关于无产阶级文化大革命的决定》,俗称"十六条"。

9 月,旗直属中学全部停课,开展"文化大革命"。

12 月 30 日,成立奈曼旗军事管制委员会,开展"三支两军"活动。

1967 年 1 月,各机关团体、学校、企业、事业单位纷纷建立"战斗队"、"红卫兵"等群众组织,夺取单位权力。绝大多数领导干部被批斗或"靠边站",旗党政各级组织进入瘫痪状态。

是月,集分洪、蓄水、淤灌于一体的教来河奈曼旗道力歹枢纽工程开工。于 1968 年 6 月建成。

3 月,召开奈曼旗"抓革命、促生产"三级干部会议。造反派代表、社队"革命领导干部"和民兵干部 851 人参加。

7 月至 8 月,旗内两派群众组织斗争逐步升级,武斗现象时有发生。社会秩序出现无政府状态。

1968 年 1 月,经奈曼旗人民武装部批准,六号农场率先成立革命委员会。

19 日,号称"阜新毛泽东主义红卫兵"的一群人,于当日晚抢砸旗武装部,夺取枪支,并开枪打死 1 人。

4 月 30 日,召开奈曼旗革命委员会成立大会。旗武装部长王崇德任革命委员会主任,贾丑子、孙海山、齐占武为副主任。

5 月至 8 月,各公社、直属中学等陆续成立革命委员会。

是月,旗革命委员会成立"挖黑线、肃流毒"为职责的"挖肃办公室",开始"清理阶级队伍"。

8 月,经自治区革命委员会批准,成立奈曼旗革命委员会的核心小组。

9 月,以工人、贫下中农组成的"毛泽东思想宣传队"进驻全旗各中学和旗直文教卫生单位。

10 月,成立奈曼旗上山下乡知识青年安置办公室。并安置首批来自北京、天津和旗内知识青年 555 名,其中外地知识青年 531 人。

1969 年 1 月 12 日,旗革命委员会召开各公社深挖"内蒙古人民革命党",简称"内人党"及其变种组织的专案工作会议。并成立"第二专案办公室",专事挖"内人党"工作。

6 月,中国共产党中央"5·22"指示下达后,奈曼旗挖肃运动不宣而停。

7 月,奈曼旗随哲里木盟划归吉林省管辖。

是年,以舍力虎水库为水源的大沁他拉灌区建成,4 个公社 12 万亩农田可受益。同时,道力歹灌区工程也在年内竣工。

1970 年 6 月至 7 月,旗革命委员会首先对学习班上被误伤的 35 名干部和旗蒙医诊所等单位予以平反。

10 月,旗革命委员会制定奈曼旗发展国民经济第四个五年计划纲要。

1971 年 5 月,旗革命委员会核心小组发出《关于建立公社党委的意见》。至年底,奈曼旗 34 个基层党委和 524 个党支部全部建立。

1972 年 2 月,中国共产党奈曼旗第四次代表大会召开,出席代表 445

名。会议选举产生了中国共产党奈曼旗第四届委员会。旗革命委员会党的核心小组被撤销。

10 月,沙通(沙城到通辽)铁路奈曼段建设工程开始施工。

是年,建于白音昌公社境内的石碑(中型)水库当年竣工。

1973 年 1 月,衙门营子公社和得胜公社嘎查甸子大队在奈曼旗第一个被评为"农业学大寨"先进单位,受到中国共产党吉林省委、省革命委员会的表彰。

2 月,旗委、旗革命委员会召开有 2000 余人参加的"农业学大寨"四级干部会议。表彰了一批学大寨先进公社、大队和生产队。

5 月,撤销"奈曼旗军事管制委员会",武装部不再介入地方"文化大革命"。

6 月 1 日,青龙山到大沁他拉 60 千伏农电输变电工程竣工通电。

8 月,奈曼旗第七届那达慕大会在固力本花公社白音塔拉大队举行。

1974 年 7 月,奈曼旗在孟家段水库(上库)建成单机容量 2.6 千瓦小时的小水电站 1 处。

11 月,召开奈曼旗首次红卫兵代表大会,出席代表 301 人。

是年,旗委派出工作队,到农村牧区搞"党的基本路线"教育。

1975 年 10 月,召开全旗四级干部会议,听取旗委《奈曼旗农业学大寨十年总结》的报告。

1976 年 10 月,在"批林批孔"、"党的基本路线教育"、"反击右倾翻案风"等运动中,奈曼旗突击发展了一批党员,又突击提拔了一批干部。党员人数比 1965 年翻了一番还多。干部人数增长三分之一。

第三节　改革开放中的奈曼旗

1977 年 6 月,召开奈曼旗蒙古语文工作会议,150 人参加。会议传达贯彻党中央和吉林省委对民族工作的指示,部署全旗蒙古语文工作。

12 月,京通(北京至通辽)铁路全线通车。

1978 年 1 月,召开全旗牧工代表大会,510 人参加。会议总结草原建设、家畜改良、抗灾保畜、科学养畜等发展畜牧业的问题。

2 月,撤销奈曼旗贫下中农协会。

5 月,召开奈曼旗科学大会,300 人参加。

7 月至 8 月,旗委为"文化大革命"中受迫害致死、致残和被迫害的干部、中小学教师、文化卫生战线职工全部予以平反昭雪,恢复名誉。

9 月,撤销机关、学校、企事业单位革命委员会,恢复原名称。

11 月,哲里木盟草原打井队在奈曼旗沙拉好来公社贫水区打出 10 眼人畜饮水井,解决了 1800 人、3500 头(只)牲畜的饮水问题。

1979 年 1 月,旗委批准,对部分人的"右派"问题予以纠正,撤销原处分。

6 月,召开奈曼旗第七届人民代表大会第一次会议。

是年,奈曼旗随哲里木盟由吉林省划归内蒙古自治区。

1980 年 3 月,奈曼旗革命委员会称谓被撤销,改称奈曼旗人民政府。各公社(镇)恢复管理委员会,撤销公社、镇革命委员会。

4 月至 6 月,奈曼旗 8 级以上大风达 15 次之多,加之春旱,无从下种,致使 20 万亩大田变晚田。

9 月,以直接选举方式,全旗 97.3% 的选民(168550 人)投票选举公社人大代表 3402 名,旗人大代表 367 名。

12 月 6 日,召开政协奈曼旗首届委员会第一次会议。委员 61 人。孙海山当选为奈曼旗首届政协主席,涂振泉、刘琼、苏斯图为副主席。

12 月 7 日至 13 日,召开奈曼旗第八届人民代表大会第一次会议。出席代表 367 名。选举产生了奈曼旗第八届人大常务委员会,舍布扎布当选为主任,包拉力哈、张久、卜庆祥、晓声阿为副主任。

1981 年 4 月,从 1978 年开始的平反"文化大革命"以来冤、假、错案工作全部结束。全旗在运动中受触及的干部 764 人,农村基层干部 669 人。均由旗、社两级进行平反,对死者予以昭雪。对历次政治运动所涉及的案件,受理 89 件,纠正 51 件。

6月,大沁他拉举行隆重的"赛羊大会"。奈曼旗培育的"科尔沁细毛羊"羊毛质优、产量高,其绒毛被列为自治区优质畜产品。

7月,中国共产党哲里木盟委、盟行政公署领导来到全盟率先实行包干到户生产责任制的单位奈曼旗白音昌公社,检查生产责任制落实情况。

1982年3月,自治区水利厅批准,在奈曼旗南部山区建立一处水土保持实验站。

7月,奈曼旗第三次人口普查结果:总人口354757人,其中汉族262050人,蒙古族90680人。

是月,孟家段水库上库陡坡消能工程动工。11月27日竣工。

9月4日,南部山区5个公社110个生产队遭受严重冰雹,6.7万亩农田受灾。其中2万亩绝收,倒塌房屋207间,死伤大小牲畜3551头(只)。

1983年5月,奈曼旗将人民公社(镇)管理委员会改为乡(镇)人民政府。

7月,召开奈曼旗第一届个体劳动者代表大会,选举产生旗首届个体劳动者协会。

10月,中国共产党奈曼旗委纪律检查委员会提格为中国共产党奈曼旗纪律检查委员会,受旗委和盟纪委双重领导。王仕任书记,金元旦、张庆宗任副书记。

1984年8月10日,教来河上游普降大雨,致使河水大发。下洼水文站发生洪峰,每秒流量达3090立方米。旗境教来河流域受灾。

是月,奈曼旗第八届那达慕大会在大沁他拉举行。

是月,将奈曼旗所辖31个乡级行政机构改为5个建制镇、13个苏木和13个乡。

是年,章古台苏木伊和大沁嘎查被国务院授予"民族团结先进集体"称号。

1985年1月,奈曼旗与沈阳市于洪区达成协议,引进资金和技术,计划开发水稻。

6月,旗直属机关整党开始,10月份结束,苏木乡镇企事业单位于10

月开始,12月末结束。

9月10日,奈曼旗举办首届教师节庆祝活动。

12月,全旗行政事业单位工资改革和享受知识分子补贴复查工作结束。

是年,奈曼旗在盐碱地种水稻3200亩,首战告捷,总产达100万斤,最高亩产达1000斤。

1986年3月,大沁他拉镇、青龙山镇被评为全国计划生育工作先进集体。

是月,奈曼旗"三北"防护林建设一期工程受到自治区人民政府、国务院"三北"工程领导小组和国家林业部表彰奖励。

5月13日至15日,联合国亚太地区经济社会委员会环境协调处官员及阿富汗、印度、伊朗、马来西亚、孟加拉、尼泊尔、泰国、斯里兰卡等8国专家学者,在中科院兰州沙漠研究所负责人陪同下,来奈曼旗考察了大柳树治沙实验站、铁路固沙林场、黄花塔拉等地的治沙成果,并进行了技术交流。

16日,奈曼旗人民武装部由军队序列改为地方建制。

30日,先锋乡灰砂砖厂被自治区科委批准建立。年产3000万块。为哲里木盟唯一被列为"国家星火计划"的项目。

6月5日,自治区、盟、旗三级文博人员共同挖掘在青龙山镇大苹果基地发现的辽代古墓。

23日,自治区党委书记张曙光来奈曼旗视察工作。

8月9日,自治区科委主持召开的麦饭石鉴定会在北京举行。由国家一级教授秦含章等22名专家组成的鉴定委员会一致认定奈曼旗平顶山麦饭石质量上乘,并命名为"中华麦饭石"。

10月,自治区主席布赫来奈曼旗视察灾区生产生活情况。

1987年5月,6级以上大风发生8次,致使中部沙沼地带3.7万亩大田翻种。

是月,奈曼旗开始发放居民身份证。

9 月 10 日,日本国 4 位教授来奈曼旗进行沙漠化治理的研究。

1988 年 5 月,联合国经济开发署驻中国代表孔雷飒先生一行 3 人,对奈曼旗沙漠化治理进行考察。

是月,奈曼旗肉联厂职工吴淑兰被全国总工会授予"五一"劳动奖章,并于 10 月份出席中国工会第十一次全国代表大会。

6 月 25 日,成立奈曼旗"红十字会"。

1989 年 2 月,奈曼旗被国家教委列为全国 115 个农村教育综合改革实验县之一。

4 月,在中国科协第八次全国农村科普会议上,奈曼旗获得"全国科普先进旗"称号。

7 月 24 日至 25 日,自治区党委书记王群,党委常委、秘书长刘云山,自治区政府副主席阿拉坦敖其尔来奈曼旗视察。

9 月,奈曼旗八仙筒镇东方红小学校长海力布被国务院授予"全国先进工作者"称号,并出席国庆节期间的表彰大会。

12 月 26 日,苇莲苏乡通电。至此,奈曼旗苏木乡镇全部通电。

1990 年 1 月,奈曼旗八仙筒至大沁他拉 60 千伏送电线路工程竣工。

4 月,奈曼旗科委获得"全国农村科普工作先进集体"称号。

6 月 13 日,土城子、沙拉好来、青龙山、南湾子等苏木乡镇 28 个嘎查村遭到暴雨、冰雹、山洪袭击。

7 月,奈曼旗广播电台 300 瓦立体声广播开播,全旗实现广播联网。

9 月 10 日,大沁他拉镇地下排水工程竣工。

是月,第四次人口普查结果:奈曼旗总人口 392320 人,其中男 200851 人,女 191469 人。

11 月,奈曼旗教育局和旗民委主任金瑞清分别被评为全国民族团结进步先进集体和先进个人。

12 月,奈曼旗残疾人联合会成立。

是月,内蒙古大学蒙文系主任博·格日勒图教授为家乡赠送 400 册书籍。

是年,奈曼旗同沈阳市外贸部门合作,向日本、俄罗斯出口牛肉 570 吨。

1991 年 7 月 22 日,自治区党委副书记、政府主席布赫及有关方面负责人一行 7 人来奈曼旗视察。

1992 年 3 月,奈曼旗锅炉安装公司研制成功的 DRS,RSL 采暖炉获国家专利,同年 10 月获国家第三届民用炉具评选铜奖,为全区唯一获奖产品。

8 月,奈曼旗人民政府颁布《奈曼旗企业综合配套改革方案》。

9 月,自治区党委书记王群、政府副主席阿拉坦敖其尔一行到奈曼旗视察。

12 月 14 日,旗委副书记徐国文一行赴朝鲜考察。

是月,旗委书记希日布一行 4 人赴蒙古国考察。

是年,奈曼旗柳河流域水土保持综合治理成果通过国家验收。9 条小流域中有 5 条被评为自治区水利局优秀工程,4 条被评为良好工程。

是年,奈曼旗被国家体委授予"全国体育先进县"称号。

1993 年 1 月 1 日,由自治区政府主席布赫题写报名的中国共产党奈曼旗委机关报《奈曼报》(周报)创刊。

是月,奈曼旗牤牛河流域被列入全国水土保持重点治理区——大凌河中游治理区。

2 月,奈曼旗首家中外合资企业——内蒙古仙山矿泉饮料有限公司宣告成立。中方企业为奈曼旗乳品厂,外方企业为菲律宾集成贸易公司。产品以中华麦饭石矿泉水和菲律宾特产椰子、芒果为原料。

3 月 29 日,旗委、旗人民政府举行人民警察授衔仪式。

5 月,奈曼旗被国家农业部列为商品粮基地。

是月,奈曼旗章古台苏木海拉苏嘎查被国家林业部列为科尔沁沙地综合治理开发示范区建设基地。

7 月,奈曼旗玻璃制品厂 1 号熔窑改造工程竣工,投入生产。

8 月,教来河连续出现 9 次洪峰,总量达 1.2 亿立方米。致使奈曼旗 9

个苏木乡镇 45 个嘎查村遭受严重灾害。

由内蒙古电影制片厂执导拍摄的大型电视专题片《奈曼山水奈曼人》分两集在内蒙古电视台黄金时间播放。

9 月,奈曼旗被国家林业部列为"三北"防护林体系建设三期工程建设重点县。

是月,八仙筒至开鲁公路通车。

10 月,由国家旅游局举办的首届中国旅游名酒博览会上,奈曼旗制酒厂生产的"侯爵"牌白酒、"仙境"牌王府御酒双双荣获金奖。

11 月,由青龙山水土保持站规划测量队承担的奈曼旗 31 个苏木乡镇 65 条行政界线的测绘工作基本完成。

1994 年 2 月 26 日至 28 日,政协奈曼旗第五届委员会第一次会议召开,五届政协委员 16 个界别 115 名,常务委员 25 名。

3 月 1 日至 4 日,奈曼旗第十二届人民代表大会第一次会议在大沁他拉举行,本届代表 234 人。选举产生了新一届人大常委会、人民政府领导成员和法院、检察院首长。

3 月,奈曼旗八仙筒公安派出所所长张振清被国家公安部授予"全国百名特级民警"称号。

5 月 22 日,奈曼旗 4000 门程控电话一次割接成功,正式开通。

7 月 9 日至 10 日,自治区人民政府主席乌力吉一行来奈曼旗视察。

12 日,教来河洪水最大流量达每秒 1750 立方米。

26 日至 27 日,自治区副主席张廷武一行来奈曼旗视察灾情。

8 月初,盟委、盟行署决定,将奈曼旗遭受严重洪涝灾害的固日班华苏木所属 9 个嘎查整体搬迁到扎鲁特旗、通辽市、开鲁县等地国营农牧场以及奈曼旗部分苏木乡镇,搬迁户共 572 户 2956 人。其中迁往外地的 300 户 1477 人。9 月末开始搬迁,10 月末全部安置完毕。

是月,奈曼旗全盟实施行政机关、事业单位工资制度改革。

是月,由共青团中央、中国青少年发展基金会在哲里木盟筹建的第一所"希望小学"——奈曼旗固日班华苏木京石希望小学交付使用。

12 月,奈曼旗年产万吨能力的"中华麦饭石矿泉水保健啤酒厂"技术改造工程竣工。

1995 年 1 月 17 日,自治区党委书记刘明祖一行来奈曼旗视察。

8 月,奈曼旗人民政府、奈曼旗人大常委会被评为自治区蒙汉文并用标准单位。

30 日,塔里新毛都(太山木头)北部 3 个村遭受长达 20 分钟的龙卷风的袭击。同时,苇莲苏乡西部 5 个村遭受罕见的特大冰雹袭击,农田遭到严重损失,并有 31 人受伤。

9 月 4 日,全区农村牧区教育综合改革经验交流现场会议在奈曼旗召开。

13 日,奈曼旗发生罕见的早霜冻,百万亩作物受灾。

是月,北京市中小学教育工作者捐款投资 130 万元,旗内筹集 40 万元兴建的奈曼旗蒙古族实验小学教学楼交付使用。

10 月,自治区重点建设项目之一,投资 1600 万元,全程 187.7 公里的"通(辽)奈(曼)光缆"工程竣工。

是月,奈曼旗自来水公司铺设管道 25 万延长米,使旗政府所在地大沁他拉镇 5327 户居民全部用上了自来水。

12 月 11 日至 13 日,中国共产党奈曼旗第八次代表大会召开。代表总数 275 人。选举产生了第八届旗委委员 27 名,候补委员 4 名,常委 11 名;还选举产生了第八届纪律检查委员会委员 15 名,常委 8 名。

1996 年 1 月,奈曼旗得胜复合肥厂生产的"子育宝"牌玉米专用肥,开始投放市场。

4 月 20 日,以奈曼旗青龙山镇境内发现的辽代陈国公主墓出土文物精品为主,辅以北方草原青铜时代文物,一并在日本国京都展出。自治区政府副主席王占率团出席开幕仪式。

5 月,内蒙古自治区人民政府批准,奈曼旗八仙筒蒙古族职业高中改为奈曼旗八仙筒职业中专。

7 月 19 日,自治区党委书记刘明祖一行在盟委书记杨晶、盟长祝广岂等陪同下,来奈曼旗视察。

8月15日,奈曼旗青龙山国税所被共青团中央、国家税务总局命名为"青年文明号",为全区税务系统第一家。

11月1日至2日,以全国政协常委、原自治区人大主任巴图巴根为团长,以全国政协委员、原自治区副主席阿拉坦敖其尔为副团长的全国政协委员赴内蒙古东三盟视察团来奈曼旗视察贯彻落实中国共产党中央扶贫攻坚工作的情况。

12月,奈曼旗国家公务员制度推行工作基本完成,有937名行政机关工作人员过渡为首批国家公务员。其中旗直属机关575名,苏木乡镇362名。

是年,主体三层、局部四层,总面积3000平方米,总造价538万元的奈曼旗宾馆客房楼落成开业。

是年,奈曼旗被评为"全国文化工作先进县"。

1997年1月,经内蒙古自治区畜牧厅验收合格,奈曼旗种畜场定格为盟(地区)级种羊场。

2月25日,奈曼旗各族人民以沉痛的心情,有组织地收听收看邓小平同志追悼大会实况转播。

2月,经国务院批准,奈曼旗被列入对外国人开放地区。

4月1日,奈曼旗普降持续10小时大雪,降雪量达到17.1毫米。

4月12日,以县委书记李瑞和为团长的北京市通县党委代表团到达奈曼旗,开始对口帮扶工作。代表团重点考察了与该县张家湾镇、城关镇、马驹桥镇对口结对子的朝古台、固日班华、奈林3个贫困苏木。通县这次无偿捐助100万元、1辆北京1041载重汽车和6台链轨拖拉机。

8月,国家科委授予奈曼旗"全国科技工作先进县"称号。

10月31日,奈曼旗邮电局投资1439万元的工程项目——S1240型万门程控交换机一次性割接成功。

11月,总造价650万元,建筑面积6488平方米的两座教师安居工程大楼落成,有96户教师迁入新居。

12月8日至9日,奈曼旗第十二届人民代表大会第五次会议在大沁他拉举行。会议选出内蒙古自治区第九届人民代表8名。会议审议通过了《奈曼旗1998至2007年山沙两区建设规划纲要》。

是年,奈曼旗委政府被评为"全区民族团结进步先进集体"。

1998年2月5日,奈曼旗公安巡警大队正式上岗执勤,并开通110报警台,为社会服务。

4月1日,奈曼旗扶贫开发工作总结表彰暨扶贫联谊会在大沁他拉召开。北京市通州区(原通县)、通辽铁路局、哲里木盟扶贫开发办公室等单位领导应邀参加会议。

7月,经自治区档案管理考评组验收,旗委办公室、政府办公室、计委、检察院、工商局、大沁他拉派出所等6个单位被评为档案工作目标管理特级先进单位。

是月,奈曼旗义隆永乡引进澳大利亚油葵杂交种S31品种,种植400亩。

是月,奈曼旗大部分地区两降大雨,造成洪涝灾害,北部平安地、明仁、清河三乡尤为严重。

9月,奈曼旗人民医院引进美国匹克1200专家型全身扫描机(亦称电子计算机X线体层摄影技术诊断仪),投入临床使用。

10月18日,奈曼旗改革开放20年成就展览《大漠风采》,在王府博物馆展出。

11月10日,"奈曼旗高新技术开发总公司"成立。并以生产"西马泰"奶酒为首创项目,开始运营。

11月15日,由辽宁省工业安装公司道桥公司承建的总长9600延长米,面积148400平方米,造价1675万元的奈曼旗大沁他拉镇6条主要街路修筑工程历时7个月告竣。

是年,奈曼旗战胜大风、冰雹和洪涝灾害,获得1998年农业大丰收。全旗粮食总产量首次突破4亿公斤,达4.14亿公斤,创历史最高水平。

是年,奈曼旗被教育部评为"全国电化教育先进县",被国家体育总局命名为"全国田径之乡"。

是年,奈曼旗科技局获"全国科技系统先进单位"称号。

1999年1月12日,中国共产党奈曼旗第八届五次全委(扩大)会议在大沁他拉召开。旗委书记贾裕民在会上作题为《振奋精神,鼓足干劲,为全面完成跨世纪任务而努力奋斗》的报告。

1月16日至18日,奈曼旗第十三届人民代表大会第一次会议在大沁他拉镇召开。本届人大代表215名。此次会议选举旗十三届人大常委会主任、副主任;选举人大常委17人;选举第十三届旗人民政府旗长、副旗长;选举旗人民法院院长,旗人民检察院检察长。

1月17日,政协奈曼旗第六届委员会第一次会议在大沁他拉闭幕。该届政协由16个界别的123名委员组成。

5月16日,奈曼旗工商行政管理体制改革全面完成。旗工商局从即日起属于自治区垂直管理的机构。

8月8日至10日,召开奈曼旗第十三届人民代表大会第二次会议。会议选举产生地级通辽市(原哲里木盟)第一届人民代表大会奈曼旗代表49名。

9月17日,内蒙古自治区重鹤食品有限公司在奈曼旗成立,该公司具备年产2800吨肉食生产能力,是通辽地区第二大食品加工企业。

9月20日,巴嘎波日和苏木至苇莲苏乡全长50华里穿沙公路竣工通车。

是日,旗人民医院门诊大楼竣工并投入使用。大楼主体4层、局部5层,总面积3475平方米。

是月,奈曼旗东兴玻璃制品有限公司二号窑炉技术改造工程竣工点火。工程总投资360万元。技术改造后的窑炉综合能耗下降15%,寿命提高30%,在国内同行业中属领先水平。

10月,大阜公路二期工程东风桥至互利段竣工通车。大阜线奈曼旗境内62.5公里渣油路全线贯通。

是月,奈曼旗蒙医医院购进东大阿尔派NAS-100全数字彩色多普勒超声诊断仪(又名彩色 B 超诊断仪),并投入临床使用。

11 月 30 日,奈曼旗投资规模最大的防洪工程——道力歹水利枢纽改建工程全面完工,并通过自治区检查验收。

是年,奈曼旗分别被国家计委和环保局列为全国生态环境建设重点县和全国生态示范建设试点县。

是年,奈曼旗被国家林业总局评为"全国造林先进县"。

是年,奈曼旗人民检察院被内蒙古自治区人民检察院评为"五好检察院"。又被最高人民检察院授予"人民满意检察院"称号。

是年,奈曼旗人民政府被评为"全区尊师重教先进集体"。

第四节　奈曼旗地方行政结构现状

奈曼旗现辖 12 个镇,7 个苏木,2 个乡,929 个嘎查村民委员会,12 个居民委员会。旗委政府驻在大沁他拉镇。

大沁他拉镇

位于奈曼旗偏西南,坐落在教来河北岸 7 公里的平原上。原来此地是一片大草甸子,地势低洼,因此得"大沁他拉",蒙古语,意为潮湿地。清同治九年(公元 1870 年),奈曼旗第 13 任郡王玛什巴图尔将王府迁至此地。

解放初,隶属于奈曼旗一区。

1958 年属大沁他拉公社。

1964 年,与吕家屯、后仓两个自然屯合成大沁他拉镇。

2001 年与先锋镇、昂乃乡、挤河乡合并。辖 44 个嘎查,8 个居委会,总面积为 552 平方公里,2000 年有人口 7 万。

青龙山镇

位于大沁他拉镇东南 70 公里。镇政府驻青龙山村。

清朝光绪二十九年至宣统三年(公元 1903～1911 年),此地隶属于辽西省阜新县衙门所在地。故而得名衙门营子屯。

1948 年依其东山更名为青龙山村。解放初归奈曼旗四区。

1957 年成立青龙山乡。

1958 年改为青龙山人民公社。

1983 年改为青龙山镇。

2001 年与南湾子乡合并。辖 29 个村,总面积为 407 平方公里,2000 年有人口 2.8 万。属山区,以农林为主,多种经营。

八仙筒镇

位于大沁他拉镇东北 60 公里。镇政府驻八仙筒。

民国十九年(公元 1930 年)曾设过绥东县公署。

1935 年 7 月 23 日,周荣久的"抗日救国军"攻打八仙筒镇,打死日本参事官山守荣治和执导官中根长一,活捉了日本署官佐佐木正太郎、警长田金座和盐务局长穆村等 8 个人。

1946 年 9 月 21 日,伪警察佟森茂、塔青嘎等人会同国民党七十一团、七十七团,向中国共产党八仙筒办事处进攻。当时从辽宁黑山支队调到奈曼旗八仙筒北部办事处工作的罗云彪、梁东明、王克等人率众予以还击。经过两天的激战,罗云彪等 6 人光荣牺牲,其他人突围出去。

1946 年建立维持会和农会。

1947 年归奈曼旗九区管辖。

1950 年设八仙筒政府。

1958 年撤镇建人民公社。

1983 年重改为镇。八仙筒,是蒙古语百姓图的异音,意为有房子之地。

2001 年与图勒恩塔拉苏木、衙门营子苏木合并建镇。辖 30 个嘎查,24 个村。总面积为 454 平方公里,2000 年有人口 4.4 万,以农为主,多种经营。

治安镇

位于大沁他拉镇东北 120 公里。镇政府驻白家村。

该村建于民国三年(公元 1914 年),始以白、季两家合建此村而被称白季村,后来人们均称为白家。

1947 年归奈曼旗十区。

1956 年设治安乡。

1958 年成立治安人民公社。

1983 年建治安镇。辖 11 个嘎查,9 个村,总面积为 240.3 平方公里,2000 年有人口 1.4 万。以牧为主,农林牧结合。

沙拉浩来镇

位于大沁塔拉镇南 35 公里。苏木政府驻东沙拉浩来村。沙拉浩来,蒙古语,意为黄色峡谷,地多长黄花而得名。

1947 年归奈曼旗五区。

1957 年划沙拉浩来乡。

1958 年设沙拉浩来公社。

1983 年改称沙拉浩来苏木。辖 10 个嘎查,8 个村,总面积为 344.5 平方公里。有人口余 1.3 万。

2001 年改为镇。以农为主,农林牧结合。

黄花塔拉镇

位于奈曼旗政府所在地南 25 公里。1947 年归奈曼旗五区。

1957 年撤区划乡。

1958 年设人民公社。黄花塔拉,蒙古语"洪好日塔拉"的异音,意为洼地甸子。

1983 年改称黄花塔拉苏木。

2001 年与太山木头乡合并建镇。辖 45 个嘎查村,总面积为 416 平方公里。2000 年有人口 2.1 万。以农为主,农林牧结合。

朝古台苏木

位于大沁塔拉镇东南 37.5 公里。1830 年,有一位叫朝古台的人始建此屯,而以他的名字命名之。朝古台,是蒙古语,意为有朝气。

1931 年归大代村公所管辖。

1945 年归大代努图克所辖,后为奈曼旗六区。

1957 年设沙力干图乡和杜贵乡。

1958 年归新镇人民公社。

1962 年朝古台公社建立。

1983 年改称朝古台苏木。辖 6 个嘎查,8 个村,总面积为 299.7 平方公里。2000 年有人口 1.3 万。以农为主,农林牧结合。

章古台苏木

位于大沁他拉镇东 20 公里。章古台,是蒙古语,意为有长苍耳之地。

1947 年为奈曼旗七区。

1957 年设章古台乡。

1958 年建立章古台人民公社。

1983 年改称章古台苏木。辖 20 个嘎查,7 个村,总面积为 412.3 平方公里。2000 年有人口 1.4 万,以农为主,农牧林结合。

固日班华苏木

位于大沁他拉镇东,教来河南岸 50 公里。固日班华,蒙古语,意为三座土梁子。

元代此地有较发达的畜牧业。1949 年归奈曼旗七区。

1957 年将七区划为红星、章古台、察干朝鲁和固日班华 4 个乡。

1958 年把察干朝鲁乡和固日班华乡合并成固日班华人民公社。

1983 年改称固日班华苏木。苏木驻地在巴颜塔拉嘎查。辖 28 个嘎查,总面积为 540.8 平方公里,2000 年有 0.9 万余人口。以牧为主,农林牧结合。

白音塔拉苏木

位于大沁他拉镇东北 30 公里。白音塔拉,蒙古语,意为富饶的甸子。

元代此地已有人烟。1947 年归奈曼旗八区。

1957 年设白音塔拉乡。

1958 年设白音塔拉人民公社。

1983 年改称白音塔拉苏木。辖 16 个嘎查,13 个村。总面积为 500 平方公里,2000 年有 1.4 万余人口。以牧为主,农林牧结合。

巴嘎波日和苏木

位于大沁他拉镇北 12.5 公里。巴嘎波日和,蒙古语,意为小树林。

伪满时期隶属于苇连苏村公所。

1948 年属奈曼旗八区。

1957 年,设巴嘎波日和乡。

1958 年划归白音塔拉人民公社。

1962 年分设牧业为主的巴嘎波日和公社。

1983 年改为巴嘎波日和苏木。辖 14 个嘎查,总面积为 332.3 平方公里,2000 年有 0.36 万人口。以牧为主,农林结合。

奈林苏木

位于大沁他拉镇东 90 公里。奈林,蒙古语,意为狭窄,因其地形而命此名。

1947 年归奈曼旗十区。

1957 年设奈林乡。

1958 年归东明人民公社。

1963 年命名为奈林人民公社。

1983 年设奈林苏木。辖 9 个嘎查,5 个村,总面积为 309.4 平方公里,2000 年有 0.7 万人口。以牧为主,农林牧结合。

清河苏木

位于大沁他拉镇东北 87 公里。

伪满时期归大段警察所管辖。

1947 年后福兴、公益两个村为奈曼旗十一区管理,其余归十区管辖。

1957 年撤区,分别归兴隆、青河两个乡。

1958 年归明仁人民公社。

1983 年设青河苏木。辖 5 个嘎查,12 个村。总面积为 285.3 平方公里。2000 年有 1.4 万余人口。以农为主,农林牧结合。

明仁苏木

位于大沁他拉镇东北 70 公里。

元代以来,这里就有兴盛的牧业。

民国初年,汉民进入垦荒,村落逐增。

伪满洲国初,村公所建于曼楚庙。

1947 年 5 月 2 日,哲里木盟政府副主席吕明仁来奈曼部署工作,从此地渡河不幸牺牲。为纪念他,特命名此地为明仁村。

解放后,此地(原名敖包营子)分别归奈曼旗九区、十区所辖。

1948 年改为十一区,并改名明仁村。

1958 年设明仁区工委,当年秋建立明仁人民公社。

1983 年改称明仁苏木。辖 9 个嘎查,7 个村,总面积为 256.6 平方公里。以农为主,农林牧结合。

义隆永镇

位于大沁他拉镇西南 28 公里。原有一户姓雷的地主在此地开烧锅铺,后来又一批人来此经营商店做生意,遂称义隆永。

1947 年归奈曼旗二区。

1957 年设义隆永乡。

1958 年成立义隆永人民公社。

1983 年建义隆永乡。

2001 年与太和乡合并建镇。辖 33 个村,总面积为 335 平方公里。2000 年有人口 2.1 万。以农为主,多种经营。

土城子镇

位于大沁他拉镇南 60 公里。土城子,古代此地有一座土城子而得名,城址在村西南约 200 米处。据考证,此城是战国时期的燕国所建。城墙用土筑成,周长 2100 米,面积 150 亩。现有残墙高 8 米,宽 5 米。近些年来陆续发现古代兵器残件。

1947 年归奈曼旗三区。

1956 年建土城子乡和高和乡。

1958 年划归青龙山人民公社。

1961 年建土城子人民公社。

1983 年设土城子乡,后改为镇。辖 13 个村。总面积为 262.1 平方公里。2000 年有 1.4 万余人口。以农为主,农牧结合。

白音昌乡

位于大沁他拉镇东南68公里。白音昌为白音察干的谐音,系蒙古语,意为洁白富饶之地。

1949年分别归奈曼旗四区和六区。

1957年设白音昌乡。

1958年划归青龙山人民公社。

1962年建白音昌人民公社。

1983年设白音昌乡。辖20个村。总面积346.2平方公里。2000年有人口1.5万。以农为主,农林牧结合。

新镇

位于大沁他拉镇东50公里。驻地原名马家洼子,于1958年更名为新镇。其境内有国营新镇林场。民国期间形成村落。

伪满洲国时期设大代村公所。

1945年隶属于大代努图克。

1947年为奈曼旗六区。

1957年划为马家洼子乡、明寺营子乡、双山子乡。

1958年将3个乡合并成新镇人民公社。

1962年,朝古台、白音昌公社一部分从新镇公社划出。

1983年设新镇镇。

2001年与朝古台苏木合并建镇。辖10个嘎查,23个村,总面积为546平方公里。2000年有人口2.6万。以农为主,农林牧结合。

苇莲苏乡

位于大沁他拉镇北42公里老哈河南岸。乡政府驻卧凤甸子村,卧凤甸子,系蒙古语,意为有简易土房子的草原。

元朝前后此地有发达的畜牧业。

明末清初,始兴农业。

1945年属奈曼旗八区。

1956年设苇莲苏乡。

1958 年建苇莲苏人民公社。

1983 年改称苇莲苏乡。辖 2 个嘎查,11 个村,总面积为 414 平方公里。2000 年有 1.3 万余人口。以农为主,林牧农结合。苇莲苏系蒙古语,意为杨树。

得胜镇

位于大沁他拉镇东北 90 公里。乡政府驻嘎查甸子。嘎查,原系蒙古语,意为山水间的险处。嘎查甸子,为一边有山,一边有水的狭长草原之意。

1947 年为奈曼旗十区。

1957 年撤区划得胜乡。

1958 年划归东明人民公社。

1962 年单独建得胜公社。

1983 年设得胜乡。辖 3 个嘎查,10 个村,后改为镇。总面积为 196.8 平方公里,2000 年有 1.5 万余人口。以农为主,农林牧结合。

平安地镇

位于大沁他拉镇东北 50 公里。清朝至民国初形成村。

日伪时期设满楚克庙村公所。

1947 年划为奈曼旗十一区。

1957 年设平安地乡。

1958 年为明仁人民公社所辖。

1963 年建平安地人民公社。

1983 年设平安地乡。辖 3 个嘎查,9 个村。总面积为 160.4 平方公里。2000 年有 1 万人口。以农为主,农牧林结合。

在奈曼旗境内的企事业单位有:六号农场、农业良种场、旗种畜场、奈林治沙林场、新镇机械化林场、大柳树治沙林场、沙拉浩来机械林场、青龙山林场、八仙筒林场、兴隆沼机械化林场(森林面积 80 万亩,成为治理科尔沁沙地之典型)、沙漠研究所、平顶山麦饭石矿、青龙山水泥厂以及旗制酒厂、东兴玻璃制品有限公司、华鑫矽酸盐制品有限公司、植物油有限公司等。

第五节　奈曼名人录

一、奈曼旗首任札萨克达尔罕郡王衮楚克

全称衮楚克巴图鲁,孛儿只斤氏,成吉思汗 20 世孙,誉称巴图鲁洪台吉。

于爱新天聪元年(公元 1627 年),率部归附皇太极。

次年五月至六月,奉命随爱新兵出征,讨伐北元林丹可汗及明朝属辖顾特(亦称胡泰)塔布囊,俘获其人口及牲畜而归。八月,讨伐北元林丹可汗属辖阿拉克绰特部落得胜,以战功被封为"达尔罕"称号。九月,攻克席尔哈、席伯图、英汤图等地。

天聪三年(公元 1629 年)九月,占领遵化州。

天聪五年(公元 1631 年)八月,衮楚克率兵同满洲贝勒及敖汉等部齐进夹攻,攻克大凌河城。他又遣属下扎丹随爱新兵征索伦,凯旋而归。

天聪六年(公元 1632 年),随爱新兵攻打明朝大同、宣府等边城,攻略德宗营所。

次年,衮楚克复遣属下善丹、萨尔图随爱新兵征明朝蓟州,趋山东,攻克兖州。

天聪八年(公元 1634 年)五月,率所部随爱新兵追剿毛明安部,并遣属下随爱新兵远征朝鲜。

天聪九年(公元 1635 年),随爱新兵收回林丹可汗遗留下来的北元遗兵。

天聪十年(公元 1636 年)四月,爱新之主皇太极改爱新为大清,在盛京(今沈阳)大会内蒙古 16 部 49 位台吉,论功行赏。封衮楚克为"多罗达尔罕郡王"爵,令"世袭罔替"。奈曼部改称奈曼旗,衮楚克为奈曼旗第一任札萨克多罗达尔罕郡王。

崇德二年(公元 1637 年),奈曼旗兵随清军讨伐哈拉哈部札萨克图汗。

四月,讨伐明朝边城松山。六月,保卫明朝边城锦州。九月,攻略济南府。

顺治元年(公元 1644 年),奈曼旗兵随清军攻入山海关,占领通州,于五月抵达燕京城。十月,顺治皇帝登基,清朝定都燕京。

衮楚克亲率奈曼旗兵,随清军征战多年,为祖国的统一,立下了汗马功劳。于顺治十年(公元 1653 年)病逝。

二、德木楚克扎布

孛儿只斤氏,为奈曼旗第一任札萨克多罗达尔罕郡王衮楚克第七世孙,第十任札萨克多罗达尔罕郡王阿旺都瓦底扎布之长子,曾任昭乌达盟盟长兼备兵札萨克。

道光十二年(公元 1832 年),少年德木楚克扎布被选入宫,赏戴花翎。

道光二十一年(公元 1841 年)三月,在宫中学成名就的德木楚克扎布出任御前行走,步入官场。九月,清廷赏戴宝石顶珠三眼花翎,赐穿御衣,享受贝子(三品)待遇。十月,道光皇帝将第四女儿固伦公主寿安下嫁给德木楚克扎布。寿安公主是咸丰皇帝的胞姊。德木楚克扎布成为固伦额驸。十二月,赐紫金垂缰,准许在紫禁城内骑马。

道光二十八年(公元 1848 年),继父爵成为奈曼旗第十一任札萨克多罗达尔罕郡王,人称"额驸王"。

清咸丰元年(公元 1851 年)二月,德木楚克扎布任御前大臣。之后,历任管旗督统、镇抚北部大臣、火器营大臣、中正殿奉经事务大臣、步魁壮丁院大臣、正白旗领侍卫内大臣等诸多军政要职。

咸丰十年(公元 1860 年)闰三月,寿安公主病故于京师。

同治二年(公元 1863 年),德木楚克扎布将奈曼旗王府移至今大沁他拉修建。新王府以科尔沁左翼中旗卓里克图亲王王府之规格设计建造(此王府距今150 余年历史,现列为内蒙古自治区重点文物保护单

位)。

同治四年(公元 1865 年)六月,德木楚克扎布病逝。清廷追认其为和硕亲王爵,赐与其福晋寿安公主合葬。清廷拨内帑金白银 2000 两,以亲王例为德额驸举行葬礼。

三、优秀的蒙医药学家占布拉道尔吉

占布拉道尔吉(公元 1792～1855 年),系原昭乌达盟(现赤峰市)奈曼旗人,成吉思汗嫡系子孙,为奈曼旗第九任札萨克多罗达尔罕郡王巴喇楚克之子,其生母名巴拉姆,兄弟中老二。清代蒙医药学家、佛学大师。他是清朝奈曼旗宝日胡硕庙第四代活佛,当时不仅在宗教界里享有很高的声誉,而且对札萨克施政方面有一定的左右权。由于他学识渊博而成果累累,在蒙古王公贵族中享有较高地位和影响。佛教与医药知识均较丰富,精通蒙、藏、汉、满、梵 5 种语言文字。

乾隆五十七年(公元 1792 年),生于内蒙古昭乌达盟奈曼旗。

嘉庆三年(公元 1799 年),7 岁时,开始学习蒙、满文。

嘉庆十二年(公元 1807 年),他 16 岁时,在当地督统属下当差,后因一次围猎中受到赏识,提升为官吏。

嘉庆十五年(公元 1810 年),他 19 岁时,与喀喇沁王之女结婚,婚后有两个孩子。

嘉庆十九年(公元 1814 年),他 23 岁时,拜孜唐·堪布阿旺喜拉布为师,学习菩提道次论,并从内心虔诚地信仰了佛教。

嘉庆二十一年(公元 1816 年),25 岁时,看破红尘,信仰大乘佛教,在孜唐·堪布阿旺喜拉布尊前受居士戒。拜洛布桑色沸勒和果芒札仓堪布·图都布尼玛等为师,学习甘珠尔经及丹珠尔经等三百三十三函。

嘉庆二十三年(公元 1818 年),27 七岁时,第一次去西藏札什伦布寺,拜拉孜巴·益希丹森为师,受沙弥戒,正式出家。法名叶喜端如布丹毕扎拉赞。

嘉庆二十四年(公元 1819 年),28 岁时,在拉萨哲蚌寺进入果芒札仓,

学习《释量论》、《中观论》、《俱舍论》、《戒律》、《婆罗蜜多》等格鲁派格卜西必修的 5 部经典哲学著作。

道光元年(公元 1821 年),30 岁时,第七世班禅丹毕尼玛(公元 1872~1853 年)为其受比丘戒。

道光二年(公元 1822 年),31 岁后,师从贡唐丹毕卓美、水银喇嘛旺楚格却桑、色拉康巴·洛布桑丹僧等 150 多位上师研习大小五明,撰写了《蒙药正典》(或作《蒙药本草从新》)这部不朽的医学名著。

道光四年(公元 1824 年),33 岁时,他返回故乡。闭门修行一年后,前往五台山,修行大师大威德金刚。两年后,又返回奈曼旗拜巴拉芒·高思朝格扎拉赞(公元 1764~1853 年)等人为师,闻习密乘四续部经,受灌顶。当时他居住的故乡不太平,因此他再次去西藏。之后又去札什伦布寺、萨迦、夏鲁、堆龙(西藏自治区拉萨市西北堆龙河流域地区)、达隆(在西藏自治区浪卡子县中部)等地云游,传授《弟子问道语录》、《噶居》教言,并编写了《四续部之坛城仪轨如意宝珠》等上、下两部著作。

公元 1846~1852 年间,他在哲蚌寺、噶丹寺的黄教学徒中讲经说法,传授《十三金经》、《密咒道次注释》等。

咸丰三年(公元 1853 年),62 岁的占布拉道尔吉光临康巴地区,为札米扬土登尼玛讲经。

咸丰五年(公元 1855 年),在西藏拉萨圆寂,享年 64 岁。

2011 年,内蒙古评选蒙古族历史上十大杰出科学家,已经逝世 150 多年的占布拉道尔吉入选。

内蒙古大学的额尔敦白音博士到西藏考察时,偶然发现了他的自传性作品两篇,均是以佛教思想为载体,兼及叙述自己身世经历。

占布拉道尔吉传记名为《我主金刚持叶喜日东布丹毕贾拉赞自行注疏·唤醒今世长梦之如意摩尼》,此书是占布拉道尔吉于 1871 年由他本人以韵文体口述,其弟子札林央普日来于拉萨以北的一小佛洞中加注散文体详细阐述刻写的。主要谈他本人信仰佛教的历程。

《具德四续部之坛城仪轨·摩尼鬘》,主要谈在他一生中信仰佛教中的一些感悟。

其两卷藏文秘笈,汉文译为《曼荼罗德行如意念珠》,简称《如意珠》。该书成就于 1824 年后至 1846 年前这段时间。全书分为上、下两卷,上卷(第一卷)含 37 部著作共 424 张;下卷(第二卷)含有 41 部著作,计 360 张。

在占布拉道尔吉生活的时代,藏药和中药的有关著作已经在蒙古民族中流传开来,使得蒙医常用药物的种类增多,从而出现了藏、汉、蒙药名称混淆的现象。《蒙药正典》正是在这样的背景下产生的,占布拉道尔吉在该书的序言中写道:"当世的医学家们坚持各自的认药经验,对药物谬误解释,随意起名,混淆药物汉名……这些差错,是没有搞清药物名称的缘故。其大多数系坚持官布扎布公《药名》一书错误观点的缘故,以致以讹传讹。"为了纠正这些错误,占布拉道尔吉才撰写了这部书。

第一部汉译名曰《蒙药正典》或《蒙药本草从新》。1818 年占布拉道尔吉在赴北藏途中,于名寺拉卜楞寺、塔尔寺两寺门巴拉仓(寺院医学部之意)学藏医,首先掌握了识别和采集药材的知识,进而拜森巴额尔德尼为师,学习了准确无误地鉴别藏药材的本事。到西藏后,他理论联系实践,阅览藏医药书籍,不断提高知识水平的基础上,于 1821 年之后用藏文撰写了《蒙药正典》这一部不朽的医药学名著。该著作为 174 张 346 页,木刻版本。其突出的、占主要地位的内容就在于药物标本和医治方式两部分。书中将 610 种(内部又细分为 879 种)药材,以其药物属性和来源分为 8 个部,并附 576 种药材的图案解示。书中除并列蒙、藏、汉、满 4 种文字对照的药材名称及其别称外还记述了药材种类、生长环境、形状、味道、药性、功能、掌故(文献记载)、勘误评述、图案解示及药用部位等内容。有人把占布拉道尔吉的《蒙药正典》与 17 世纪蒙药方剂学家占布拉著的《方海》,18 世纪青海蒙古人伊希巴拉珠尔的五卷名著——《甘露之泉》、《白露医法从新》、《甘露点滴》、《甘露汇集》、《认药白晶宝鉴》同列为蒙医药三大经典代表作。

第二部汉译名曰《无误蒙药鉴》。写于 1819 年之后时期。在本书结束语中记有"黄冠宗教斋主、学者奈曼乌巴什占布拉道尔吉著"的署名文字。

据记载,《无误蒙药鉴》先于《蒙药正典》成书,两部名著都在道光年间问世。

四、杰出的蒙古族文学家史学家戈瓦

戈瓦(1922～1992 年),蒙古族,笔名道润梯步、甲乙木。内蒙古通辽市(原哲里木盟)奈曼旗啥日浩来苏木人。早年毕业于王爷庙(今乌兰浩特市)兴安学院,1942 年考入长春大学经济系,1964 年 1 月参加中国人民解放军。戈瓦精通蒙汉藏满文,蒙汉古典文学造诣尤深,是我区著名的蒙古族文学家、史学家,成果丰硕。

戈瓦先生是哲学社会科学界著名学者、蒙古学家、教育家、翻译家。历任内蒙古自治学院助教、教育科长、中学部主任,内蒙古行政干部学校教务主任,内蒙古师范学院院务委员、副院长,内蒙古教育厅党组副书记、副厅长,内蒙古语文工作委员会党组书记兼内蒙古哲学社会科学研究所所长,内蒙古社会科学院党组成员,副院长,内蒙古社联副书记,内蒙古自治区五届人大常委等职。

曾担任中国蒙古史学会副理事长,中国蒙古文学学会名誉理事,中国翻译工作者协会名誉理事,内蒙古历史学会名誉理事长,内蒙古蒙古文学学会名誉理事长,内蒙古教育学会名誉理事长,呼和浩特市蒙古语言文学历史学会名誉理事长等学术团体的领导职务。为发展哲学社会科学和民族教育事业,倾注了毕生的心血,做出了积极的贡献。

蒙汉文化交流的先行者

戈瓦先生是自治区和全国难得的一代才子,当之无愧的蒙古族文学家、史学家。更加难能可贵的是他一生致力于蒙汉古典文学的交融与继承发展。他先后将蒙古族文学和史学名著《一层楼》、《蒙古秘史》、《蒙古源流》、《卫拉特法典》等译成汉文。他的译著,在继承本民族文学的优秀传统和对本民族独特的艺术形式不懈追寻的同时,吸纳和学习汉文学的精粹,既促进了本民族文学事业的发展与繁荣,又融合了蒙汉文学精华,推动了蒙汉文化的交流。

尹湛纳希的蒙古族文学名著《一层楼》、《泣红亭》，是蒙古文学史上的一座丰碑，也是蒙汉传统文学交流融合的结晶。他在《青史演义》中写道："废寝忘食，夜以继日，竭尽愚才考究十部史书，寻来找去，几乎达到了神魂颠倒之地步。"《青史演义》是尹湛纳希一生的又一部心血结晶，是他倾注精力最多、耗时最久、也最为重视的一部文学历史巨著，是他的传世大作、成名代表作。戈瓦先生是以毕生精力将尹湛纳希的文学历史名著，介绍给汉族读者的第一人，是蒙汉文化交流的倡导者、先行者，在蒙汉文学史上留下了光彩的一页。

内蒙古民族教育体制的缔造者

上个世纪50～60年代，戈瓦先生先后任内蒙古师范学院副院长、自治区教育厅副厅长。当时，普教处长为龙干札布先生，而分管厅长正是戈瓦。60年代初期，三年困难时期刚过，适逢"改革调整"时期，自治区民族教育工作出现了迅速恢复发展的大好形势。戈瓦先生与普教处全体同仁投入了积极创新、促进民族教育发展的忘我工作。戈瓦亲自带队和处内同仁分赴赤峰等地蒙古族中小学实地调查研究，就建立双语教学和双轨直通崭新教学机制的情况进行了解，针对存在问题广泛听取征求意见，并提出改进意见。在每年召开的自治区教育工作会议上，戈瓦先生都要大声疾呼，要求各级教育行政部门重视民族教育工作，并就双语教学和双轨直通的机制提出具有建设性、指导性意见。在每年召开的中小学教学工作会议上，戈瓦先生也是必谈民族教育工作和"双语"教学。正是在戈瓦和普通教育处全体同仁的努力下，全区各级行政部门和从幼儿园到中小学乃至大学的所有教育工作者合力奋进，迎来了自治区民族教育工作繁荣发展的大好时期。可惜好景不长，之后的"十年浩劫"期间，戈瓦先生虽已调至自治区社科院语文工作委员会，但仍被批斗不止，其罪名之一是"乌兰夫、戈瓦、龙干民族教育分裂主义路线的缔造者和维行者"，虽是妄加之罪，但从反面说明了戈瓦先生在自治区民族教育工作中的创造性业绩和可贵贡献。

治学严谨品格高尚的师长学者

戈瓦先生给人的初次印象十分严肃，他身材魁梧，腰板笔直，经常披着一件黑色或灰色大衣或风衣,从政府大院后面的家属楼内步行上下班。他四方大脸,戴着一副黑边近视眼镜,两眼平视前方,口中念念有词,既有领导干部的威严做派,又具学者的儒雅风度。他讲起话来,既简洁明了,又妙趣横生,古典诗词名句格言不时流淌而来,特别具有文采,真可谓"听君一席话,胜读几天书"。一是戈瓦先生心中有数,提纲明确,要求具体;二是戈瓦先生要自行修改润色;三是讲话时经常脱离稿件即兴发挥。无须像其他领导,一字一句都需反复修定。戈瓦讲话语速适中,一字一板,字正腔圆,好记;经常另有插话,或引用古文诗词数句,或穿插典故趣闻一二,幽默有趣。戈瓦先生在教育界威望高,影响大,既是领导,又是学者、专家,特别受到尊重。后来,戈瓦先生调往社科院有关部门,专事研究写作译著,成就颇丰。"文革"中,他备受冲击、折磨,因伤致残。但依然谈笑风生,无怨无悔,表现了极大的理解、宽容和大度,并很快重新投入学术研究译著工作。1986年8月,在新疆博尔塔拉蒙古族自治州召开的"中国卫拉特历史研讨会"上,时任内蒙古社会科学院院长的戈瓦先生针对以往史学界对蒙古准噶尔历史的误解,义正严词地指出:"以往把准噶尔汗国噶尔丹可汗以及其继承人阿穆尔沙纳等人骂称'叛徒'、'卖国贼',是一种谬误观点! 他们一不是清朝的臣民,二不是从清朝领土上反叛出去的! 凭什么骂他们是'叛徒'、'卖国贼'? 我国历史学界专家学者云集,难道这点最起码的历史知识都弄不清吗? 为什么!"一席名正言顺的学术讲话,纠正了建国以来对准噶尔汗国人物的谬误评价。戈瓦先生对学术研究的专注执著和高度严谨认真的敬业精神,令人敬佩,而他崇高的政治品质乐观精神宽容风度更为后人敬仰。他的贡献在内蒙古文学和史学界、在内蒙古教育界,留下了精彩的一笔。

幽默风趣温和慈善的蒙古族老人

戈瓦先生不仅是一位满腹经纶的饱学之士,而且是一位具有幽默感、关心下属、谈笑风生的慈爱老人。

他对工作认真负责,一丝不苟。戈瓦先生审稿时,十分认真,一字一句甚至标点符号都要认真推敲。特别是涉及党的方针、路线和政策段落,更是字斟句酌。他在讲话中关键段落部分十分注意准确和分寸掌握,从未讲过出格的话语。但他的讲话又不是照本宣科,枯燥无味。在离开讲稿即兴发挥时,不乏幽默风趣,可谓字字珠玑,让听者获益匪浅,因而他的讲话受到与会者的欢迎。

戈瓦先生平时和人交谈,从不打断别人的谈话,而且两眼直视着对方,认真听对方把话讲完。他不喜欢跳当年流行的交谊舞,戏称那是"磨肚皮",不如看看书。"文革"中,他被打伤致残,牙齿脱落,半个脸有些低陷,他毫无怨言,而是开玩笑说:歪点人不敢惹呀!运动中他宁可个人受委屈,从不乱咬乱说;运动后宽容大度,从不怨天尤人。"文革"中,他从厅局长楼搬到政府大院东侧的一座简易楼房,二居室,他孩子多,全家挤在一起,一住就是好几年。他从不管钱财,每月工资留下自己抽烟的,其余全数交爱人掌管,过着克勤克俭的朴素生活。

他于1989年5月离职修养,1992年3月7日因心脏病猝发,在呼和浩特逝世,终年70岁。

五、民主革命文化的先驱卜和克什克

卜和克什克,为古代奈曼部太阳汗的后裔。他们姓库出兀惕,意为力气大,后改为"达鲁·奈曼氏"。到清末民初,蒙古人被迫取汉姓,就取姓为梁,是脊梁骨的梁。卜和克什克汉名梁玉岚,字萃轩。出生于光绪二十八年(公元1902年),其祖籍是奈曼旗太山木头苏木泊和乌苏嘎查。为清末民初奈曼旗札萨克的得力助手管旗章京乌凌嘎(用汉文写成乌令安,俗有"奈曼旗未坐殿的王爷"之称)之子。乌凌嘎虽然不是王爷,但王爷管辖的大小事,他都有权力管。乌凌嘎有8个儿子和8个姑娘,其第三子是蒙古族近现代文化巨人卜和克什克。

卜和克什克于本世纪20年代求学于北平,参加了先进党派,曾担任第三共产国际的情报员,并组织"蒙文学会",创刊《丙寅》杂志(1~3期),积

极投身到民族解放的第一线。毕业后,几经波折,最后来到刚刚沦陷的开鲁——伪满兴安西省任文教科长。他"身在曹营心在汉",时刻没有忘记祖国和民族。利用职务之便,开设多种学校,教育和培养了众多的热血青年;创办印刷厂,出版了诸多蒙古文化近代精萃著作;重新创立"蒙文学会",开展文化活动;继刊《丙寅》杂志(4~10 期)。承担这么多的事业,他依靠的并不是日伪政府提供的经费,而是用向广大蒙古农牧民和开明人士募捐得来的钱。他在伪兴安西省辛辛苦苦奋斗整 10 年,为祖国的解放和民族的开化,呕沁沥血,抗争到生命的最后一刻。

卜和克什克在北平学习期间,被当时的革命风暴所吸引,主动接近以李大钊为代表的中国共产党人和以徐谦先生为代表的国民党左派及以色音巴雅尔(汉名包悦卿)为代表的内蒙古人民革命党,参加民族民主运动,反对军阀统治。

色音巴雅尔是哲里木盟科左后旗人,他曾在奉天(沈阳)蒙旗师范读书。他从年轻时代就开始积极投身于民主革命,为蒙古族的解放奔走呐喊,是一位民族政治活动家。后来,到北平任蒙藏院驻北平办事处处长。他在北平期间,与第三国际进行联系,与中国共产党和国民党之间也建立了联系,积极参加创建内蒙古人民革命党的活动。1925 年 10 月,出席了内蒙古人民革命党首届代表大会,被选为党中央常务委员。

据卜和克什克的同窗好友王家禄先生的回忆:"卜和克什克和我同住一室,他经常数日不归,问他干什么去了,他也不告诉我实情。他早就结识科左后旗的蒙古人包悦卿。此人当时是蒙藏委员会驻北平办事处处长。据说,是中共地下党员。我后来听说,由包悦卿联系、经蒙藏专门学校教师汪子瑞介绍,卜和克什克秘密地加入了中国共产党,化名卜海涛。"王先生所提供的这条线索,因历史的原因,没法搞清楚了。他所说的包悦卿本人就不是中国共产党。王先生认为:"俄文大学校长徐谦是共产党人",这也是不确切的。因为,王先生当时可能是政治风云的局外人,所以,把所有参加民主革命的有志之士都认为是"中国共产党人"。此事说明,他所说的"卜和克什克加入中国共产党"之说法是不确切的。

据卜和克什克生前好友并同事达瓦敖斯尔先生所提供的证据：

"梁萃轩,蒙名卜和克什克,1925 年经包悦卿介绍参加 1925 年在张家口成立的老内人党。他又是第三国际情报员,是由包悦卿发展的,时间大概是 1929 年。

梁萃轩不是中共党员。

达瓦敖斯尔证明 1990.3.15"

达瓦敖斯尔先生于本世纪 30 年代初,在北平读书之时,经包悦卿介绍,认识了卜和克什克。他们当时的关系很密切,连各自的私信都互相公开。

卜和克什克身为一名进步党人,他还努力办过一些革命的事业。1927 年 4 月 28 日,伟大的共产主义战士李大钊在北平遇害,国民党反动政府对革命人士进行大屠杀,在这白色恐怖中,卜和克什克勇敢机智地保护已暴露身份的党友脱险,并为共产党第三国际传递情报。

公元 1926 年 1 月 23 日,就是农历丙寅年腊月二十日。在北平城宣武门内国策大街"大众"公寓 10 号房间里,卜和克什克、布和温都苏,玛哈什理、恩和宝老、吉格木德、拉希僧格、仁沁尔老等绥东县籍 7 名大学生集会,召开了《蒙文学会》成立的首届全体会议。王家禄虽然也参加了会议,但因不通蒙文蒙语,没有把他吸收为会员。在会上,讨论通过了《蒙文学会章程》。

《蒙文学会》的成立,在蒙古族现代文化史上是一件大事。它的成立,顺应了蒙古地区新民主主义革命的需要。而当时的北平,已成了全国新文化运动的策源地。因此,不但那里的革命风暴极为激烈,而且新文化、新民主、新科学技术革命的气候也非常浓烈。

《蒙文学会》首届全体会议,举行了两天,除讨论通过学会章程外,还履行了以上 7 名会员的入会议式,并选举卜和克什克为理事长,选举玛哈什理为副理事长。会上还商定,要创办《丙寅》(乌兰巴尔斯)杂志,暂定为不定期刊物。从 1927 年到 1932 年期间,在北平刊行《丙寅》杂志共三期。刊物封面上,把《蒙文学会》的名称用蒙古文字写成从悬崖上欲下跳的猛虎图样,把《丙寅》写成初升的太阳。第二封面上,把《蒙文学会》数字用蒙文篆写成大钟、解释谓"唤醒愚昧落后蒙古族"的警钟。

包尼雅巴斯尔是科左后旗人。三年后，也就是 1930 年从乌兰巴托带任务来北平与包悦卿接头。要在内蒙古开展建立内蒙古人民革命党的工作。包悦卿召集卜和克什克、阿木尔吉日嘎拉(汉名包肇蒙)和达瓦敖斯尔等三人到他家去开会。会上，包尼雅巴斯尔讲："蒙古人民革命党这次派我来，要在内蒙古重建内蒙古人民革命党。第一步在北平建立一个筹备小组，着手建党筹备工作。所以，我建议，由包悦卿担任这个小组的组长。"与会几个人都表示同意。包悦卿就担任了北平小组组长，卜和克什克、阿木尔吉日嘎拉和达瓦敖斯尔三人为组员。包尼雅巴斯尔也是领导人。后来，这位"特派员"包尼雅巴斯尔因意志消沉，恢复和重建内蒙古人民革命党的目的没有实现。

1932 年 3 月 8 日，在日本帝国主义的策划下伪满洲国成立，定都于新京，也就是如今的吉林省省府所在地长春市。在伪满蒙政部当科长的那木海扎布(汉名陈封)是北平学生，他在北平学习期间认识并结交了卜和克什克。他得知卜和克什克在北平的处境后，给他写信，邀他到东蒙工作。

卜和克什克应那木海扎布的邀请，来到伪满兴安西省担任文教科长，他从上任的第一天起就着手"蒙文学会"的活动。当时的文教科，下设文化教育和宗教事务两大部。这对卜和克什克的"文化救国"思想来说，真是"踏破铁靴无觅处，得来全不费工夫"的好机会。他不失时机地把握这个好机会，有力地利用这一合法地位，第一步就加强了文化教育事业。最初，在"蒙文学会"的名下，建立了"蒙文学会"附属补习蒙文、日文学校，该校是小学，在这个学校里，蒙生受到特殊照顾，尤其是补习蒙文班的学生，在《学校章程》第五条规定："一切愿意学习蒙文的，不管性别、姓氏、年龄之差别，都可自愿报名入学。"第十一条规定："除学蒙文的学生以外，其他学生每月交纳五毛钱的学费。"第十二条规定："蒙文教科书，由本会给配备，日文教科书，由学生自备。"

接着，又成立了"蒙文学会附设蒙古民众讲习所"。该所面向因家穷而没能入学的超龄青年以及寺庙里的年轻喇嘛。

到 1938 年春,在卜和克什克的努力下,在开鲁成立了"开鲁第一国民高等学校"。卜和克什克兼第一任校长。该校初建时,有 8 名教师,40 名学生。校址在开鲁城内白塔西侧。这个学校,在当时的东蒙来说是一所高等学校。所以,招生范围为伪满兴安四个分省、锦州省、吉林省和滨江省管辖的蒙古族国民优级学校或同等学校毕业的学生,均可报考,按成绩择优录取。

1939 年 4 月,在卜和克什克的努力下,在开鲁又成立了开鲁"第二国民高等学校"。该校以汉文授课为主,培养中级农业技术人员为目标。招生范围,主要是伪兴安西省和兴安南省。到 1945 年停办。

据有关资料,1939 年伪兴安西省的教育情况:国民高等学校蒙汉各一所;蒙文专业学校一所;培养初级教师的临时学校蒙文师范一所;国民优级学校蒙文 7 所,汉文 13 所;国民学校蒙文科 27 所,汉文科 61 所;国民学舍蒙文科 2 所,汉文科 163 所。这些学校大约招收适龄儿童的 25% 左右。在这么多各类各级学校的建立中,可以说都有卜和克什克的一份功劳。其中,为适应民族地区的实际情况的努力是一目了然,是比较突出的。

1935 年 4 月 25 日,卜和克什克从兴安西省省府开鲁启程,5 月 28 日归来,来回途经朝鲜。在这一个多月的旅程中,他们经朝鲜的釜山、平康、仓苹、清津、京城诸地,在日本去过新泻县、奈良县、东京都、大阪、名古屋、广岛、下关、宫岛、严岛、江之岛等地。

从日本归来后,卜和克什克一方面加快了办教育的步伐,另一方面,注重抓了出版事业。他在出版《蒙古源流》时写序言道:"首先出版这本《蒙古源流》一书,我觉得是一项重要的时务",因为"如今,英、法、德国以及俄国等诸国都把此书译成各自的语言出了书。可是这个蒙文书却在我们蒙古人中找不到,这是个极大的可耻"。他在出版《蒙古秘史》时,又写序道:"研究蒙古历史的世界各国,都翻译此书作为重要的依据。可是我们蒙古人中却没有蒙文的此书,对自己祖先的重要历史一无所知而又不注意了解。以此看来,被外异吞没,而民族灭亡就在眼前。这又能悔恨谁呢?"

《蒙古秘史》是世界民族文库里的一颗灿烂明珠,是蒙古族古代历史、文化、民俗、文学、语言、军事、思想、宗教诸研究领域里的最早的文字根据。

所以,《蒙古秘史》、《格萨尔传》、《江格尔》三部书为"蒙古族古代文学三大
高峰";《蒙古秘史》、《元史》、《史集》三部历史书为"蒙古族古代史三大要
籍"。又把《蒙古秘史》、《蒙古源流》、《黄金史纲》三部历史书作为"蒙古族
古代史三部蒙文要籍"。对于卜和克什克译注的《蒙古秘史》,世界著名的
蒙古学家、蒙古人民共和国的策·达森丁苏荣先生评价很高,他写道:"内
蒙古的知识界把《秘史》从汉语和汉音译成蒙文数次。如:贺什格巴图、卜
和克什克、阿拉坦敖其尔等人把《秘史》译成蒙文,于 1940 年前后分别出版
发行。其中最细腻而优异的是卜和克什克所译的《秘史》。其余的译文只
供欣赏者阅读,尚未成为科研成果。"布和克什克的《秘史》出版发行于
1938 年,所以,在时间顺序上也是占领先地位。

卜和克什克听说辽宁省北票县有尹湛纳希写的《青史演义》,就派希冷
阿先生去求。书主怕丢失,每次只借给一本。还上次借的,才借给下一本。
就用这样的顺序,把数百里的路程往返数十次,出版了《青史演义》69 卷。
蒙文学会先后印刷的有:《蒙古秘史》、《蒙古源流》、《青史演义》、《蒙古青
旗》、《一层楼》、《泣红亭》、《视察日本教育日记》、《视察日本宗教日记》、
《猫探》、《成吉思汗赞词》、《水浒传》、《保产大成》、《简明历书》、《蒙古今
古故事》、《新词典》和一些佛教蒙文经典。短短的几年,在一没有资金、二
没有足够人手的困难情况下,出版并发行如此数目众多而内容浩繁的书
籍,是一件非常了不起的大事。

"蒙文学会"的出版社,不但出版发行了上述名著,还出版发行了《丙
寅》杂志 4～10 期的 7 个合订本。卜和克什克认为,每一个要使自己民族
和国家强盛起来的人,必须首先发展自己的文化。要使自己的文化发展起
来,就必须广泛搜集古今中外博学之士的各类书籍,把它们译成各自的语
言文字。这样才能搭好通向发展文化的桥梁。因此,他在《丙寅》每期每号
上都要发表一定数量的新名词术语规范化翻译。在这项工作中,他充分发
动广大的蒙古族知识分子,群策群力,发扬民主,集思广益。做得井井有
条。仅在《丙寅》4、5、6 三期上,共发表一千多条新名词术语蒙汉日文规范
化翻译。这对于蒙古族近现代文化科学的发展,起到了巨大的推动作用。

同时,也为后人的翻译工作奠定了基础。

正如内蒙文化界老前辈特古斯同志在其《我们那一代青年——回忆东蒙古青年运动》一文中指出的那样,"知识,使东蒙古青年摆脱了世代相传的许多神秘观念和精神枷锁。从而,开阔了眼界,解放了思想,破除了迷信。这首先表现在对喇嘛教的鄙视,进而对整个封建制度产生不满。科学知识和民主思想是互为条件互相联系的。日本法西斯统治扼杀民主和自由,推行野蛮的法西斯教育制度,不能不引起青年学生的极大愤慨,而从各个方面唤醒起来的民族意识,直接面对的也正是日本侵略者。"所以,日本人对蒙古族的很多开明王公、上层人物及文人志士产生了怀疑,甚至采取了暗害的手段。卜和克什克的所作所为,都引起了日本人的极大怀疑,但从他身上找不出任何公开引为借口的行为而对其无可奈何而干着急。

1935年7月,在卜和克什克的家乡奈曼旗发生了周荣久领导的"抗日救国军"起义。23日,占领了本旗伪公署所在地八仙筒镇。在八仙筒镇守的日本人中,除一个人逃命外,其余全部被歼。对此事,日本人怀疑卜和克什克为"内线人物",百般刁难。

1939年5月,在满蒙边界处的喀儿喀河、诺门罕山一带,发生了"诺门罕山事变"。日本关东军、伪满兴安军和苏蒙红军之间,发生了多次大量的军事冲突。这次战争持续了135天。9月16日,以日伪军被歼5.4万多人而告结束。从这个战场上,一部分蒙古族军人反戈。此事又增加日本人对卜和克什克的怀疑。于1940年,日本关东军司令部传讯卜和克什克到新京,询问《丙寅》刊物的定名原由。结果,也没有找到任何可疑的把柄。为此,日本人更加怀恨。最后采取了"调虎离山"的诡计,以"提升"的名义,撤销卜和克什克的文教科长之职,改任伪满兴安西省实业厅厅长。这一招,对于提倡"文化救国"的卜和克什克来说,真是致命的打击。而他也非常清楚日本人的意图。所以他就采取了对新职的"消极"对待进行反抗。从此,他整天喝酒,迷迷糊糊,假装成不问世政的"酒客"。可是他对"蒙文学会"的工作,一点也没有放松,反而,更加细致,更加认真了。

1943年1月13日晚七点钟,蒙古文化的功臣卜和克什克告别了人世。

对于他的逝世,有两种说法。一是说病逝。因他致力的事业受到日本人的横加责难,没法继续下去而郁闷成疾,直至消沉而逝。另一说法是,是日本人用毒酒害死的。1 月 13 日,日本人请他赴宴,回家之后,口吐绿水而毙命。

"蒙文学会"的会员额尔德木特古斯先生在《丙寅》杂志上发表了《哀记卜和克什克老师的逝世日》的文章,在此文章的末尾,写了一首诗曰:

"众多蒙古中的明星,

智慧精神坚毅志士,

大家虽愿他长命百岁,

如今'老天'却不容……

诀别我们而走远了。

不分昼夜地奋斗,

心身过劳累过头,

命不该寿终啊,

可恨的'老天'抢夺了,

真是我们的命不好……

真是……"

卜和克什克逝世后,在兴安西省会所在地开鲁镇举行了盛大的追悼会,《丙寅》杂志上发表了"悼词"。

追悼会结束后,用专车送灵柩,到其故乡布和乌苏艾勒。64 人的大担架抬其灵柩到他家的坟茔地安葬。

今天,他的灵柩虽静静地被埋在既无灵牌,也无碑文的土坟中,但他那生命不止、奋斗不息的顽强精神鼓舞着千秋万代的人们去热爱祖国、振兴祖国。

卜和克什克把自己的毕生精力和所学到的全部知识、才能和智慧,甚至把自己的生命,全部无遗地献给了蒙古民族的文化之兴盛,为自己民族的光明出路而奋斗了一生。因此,当他逝世后,《丙寅》杂志上发表的悼词:"高尚的他在生前为祖国和民族奋斗的功劳与荣誉,留芳于人世千秋万代。"

在这里,特别要指出的是,卜和克什克的以民族振兴为目的的民族主义思想,不是那种排除异己的狭隘民族主义。在半封建半殖民地的黑暗世界,为自己民族的振兴而奋斗的行为是合理的,是爱国主义的重要组成部分。另一方面,振兴自己的民族,对反帝反封建为宗旨的新民主主义革命来说,是其主要精神之一,也就是时代的需要。

在日本帝国主义殖民地中逝世的卜和克什克的死因,也可以间接地说明这个道理。对此,德国蒙古学家瓦尔特·海西格在其《蒙古的历史和文化》一书中写道:"日本人对自己的权力和策略怀有反感的人,是毫不客气地采取任何措施。他们把蒙古民族的民族主义者看成是中国共产党领导下的八路军的同伙,类此事件发生过多次,日本人不但怀疑游击队的积极行动,而且更怀疑利用日本人的影响来达到自己民族目的蒙古民族主义者。蒙古民族出版事业的创始人卜和克什克突然被日本人软禁了起来。他是为保卫蒙古文化和民族,而利用日本人,在东蒙地区创办出版事业多年的人。可是如今,他受到日方的警告。理由是从民族主义出发,不欢迎日本人的策略等。1943 年,《蒙古日报》报道了蒙古文化的卫士卜和克什克的突然逝世之噩耗。据美国出版界的战后报道,才清楚日本人把卜和克什克判处死刑的消息。"这是卜和克什克死因官方报道。这件惨案可以证明,卜和克什克的民族主义是爱祖国、爱人民的,所以,侵略者对他下了毒手。据说,"蒙文学会"在开鲁的初期,会务所门两边挂蒙汉两个匾。日本人知道后,威逼卜和克什克要用日语写一匾也悬挂上去。对此,卜和克什克极为愤慨,他把汉文匾拿掉,反留下蒙文牌子,以示反抗。

哲里木盟运输公司经理,离休老干部张学勤回忆说:"伪满时期,我从我老家唐山逃兵来到兴安西省,由别人介绍,老卜收留了我。他时常对我说:'在我这里待着吧,没事。如果发生什么事,有我呢!我们总不能当亡国奴的,卜老师不摆架子,总喝酒。"

六、爱国主义战士周荣久

原名周荣,汉族。1894 年出生于奈曼旗青龙山镇河南杖子村一个普通农民家庭。从 19 岁开始给地主扛活。20 岁时，赶驴驮子跑阜新、清河门，靠微薄的收入维持生活。后到承德一带当土匪数月。他体壮力大，双手使枪，枪法过人，为匪众所折服，拥为司令。后来被东北军收编，历任排长、连长。部队改编后，任阜新县地方保安队大队长。日本侵占东北后，他离开东北军，弃甲还乡。周荣久目睹日军的侵略罪行，抗日情绪日益强烈。有一次，他亲手将 3 个正在行凶的日本人杀死在河南杖子南山沟里。

1935 年 5 月，为了动员民众参加抗日，他诈称奈曼旗南部山区出现了皇帝，遂打着保驾皇帝的旗号，拉起抗日队伍。周荣久联络黑成子一带的土匪头子裴玉卿和奈曼旗王府卫队营官马全宝等人，公开打出"抗日救国军"的旗号。颁布不许打骂百姓，不许调戏妇女，不许抢夺民财等项纪律。并作出攻打八仙筒，后向开鲁、通辽进军的计划。

1935 年 7 月 3 日清晨，"抗日救国军"和奈曼旗王府卫队派遣的分队秘密配合，将八仙筒镇团团围住。仅用 4 个小时就攻陷了八仙筒镇。日本参事官山守荣治和指导官中根专一被击毙，日本属官佐佐木正太郎、警长田金座和盐务局长木村被俘。周荣久召开群众控诉大会后，枪毙了 3 个日本侵略者。周荣久还下令打开监狱，释放被日伪关押的老百姓。"抗日救国军"在八仙筒休整期间，裴玉卿的两名部下严重违反纪律而被周荣久拉出去枪毙。因此，裴、周之间的关系出现了裂痕。周荣久权衡利弊，放弃攻打开鲁、通辽的计划，率自己的队伍向南奔黑山一带开展游击战争，并不断袭击日本侵略军，队伍也随之壮大到 1500 人。

1936 年秋，日军动用飞机、大炮追剿周荣久部队。周荣久率部进行顽强的抵抗。但因寡不敌众，全军覆没。周荣久自尽殉节，时年 42 岁。

七、把一切献给人类解放事业的梁东明

梁东明，男，汉族，祖籍广东省顺德县平步乡。1919 年 9 月出生于广州市一个职业教师家里。1932 年 7 月，毕业于广州市立第 24 小学，考入岭南大学附设实验中学，毕业后从事本校生物标本制作的助手工作。1937 年又考入知用中学高中部读书。梁东明读中学的几年，正是抗日救亡运动遍布

全国的时期。"七七"事变后,他坚决投身于伟大的抗日战争。

1938年夏,梁东明没有跟随疏散外地的父母到香港定居,而毅然北上,日夜兼程20余天,历尽艰辛,于7月23日到达陕北,就读于陕北公学分校。毕业后被分配到部队,在陕西关中一带任八路军某部特务连二排长。他机智勇敢,屡建战功,于1940年在陕北光荣地加入了中国共产党。

日本投降后,于1945年11月,梁东明夫妇从冀中到达阜新市后,被分配到热辽边地委所属的彰武县,任中国共产党彰武县委委员、宣传部长。

1946年初,彰武县党政机关北撤库伦、奈曼一带。3月,梁东明调任新组建的中国共产党奈曼旗旗委委员、宣传部长。9月22日,配合罗云彪指挥八仙筒突围战,表现出智勇双全的指挥才能。

是年秋,八仙筒附近的嘎斯拉、金宝昌、黄世忠、"野狼"以及梁洛布等约1500人等匪绺经常扰乱土地改革斗争。8月27日清晨,匪军从四面八方向镇民主政府围袭而来。旗大队只有130人左右,敌我力量十分悬殊,战斗异常激烈。副大队长罗云彪不幸牺牲。梁东明勇敢地担负起指挥重任,跳上炮楼,端起冲锋枪向敌人猛射。经一整天的战斗,到夜里,终于突围而出。不久解放了八仙筒镇。

1947年1月中旬(农历丁亥年腊月廿八日),梁东明带领旗大队53名干部和战士,到刘家茶馆调集支前物资。当天夜里,大地主李耀明派人给土匪头子梁洛布等送信。大部土匪围住了刘家茶馆。梁东明立即组织突围,经数次出击,均遭到猛烈阻击,突围失败。最后,梁东明和通讯员掩护其余同志撤离。战友们叫梁东明先走,但他下命令:"赶快走,别管我!"这是梁东明一贯的态度,他的心里总是有战友,有别人,而没有自己。匪徒们集中火力向梁东明射击,他不幸中弹落马,光荣牺牲,年仅27岁。

八、著名的蒙古民间艺术家宝石柱

宝石柱,男,著名蒙古族民间艺术家。1911年出生在卓索图盟土默特右旗(今辽宁省北票市)黑成子。1919年,随父亲来到奈曼旗白音敖包居住。

宝石柱自幼酷爱艺术,青年时代就显露出其艺术才能。他所捏的泥人,活灵活现、栩栩如生;剪窗花、刻"挂钱",想象别致,精巧细腻;挥笔作画形象生动。从 20 岁开始画匠生涯,以大沁庙为中心,走遍奈曼、库伦的绰尔济庙、双山子庙、包日胡硕庙奈曼王府等地从事绘画、雕塑手艺。

1931 年至 1945 年间,他先后塑造各类佛像数百尊、绘制王爷肖像和各类佛像、壁画上千幅。1945 年抗战胜利后,一度务农。

全国解放后,他为乡亲们欢庆新中国的诞生,扎旱船、画彩灯、画光荣匾等;春节期间无偿为乡亲们画年画,剪窗花。

1952 年,政府安排他到旗文化馆工作,专门从事艺术创作。从此,他开始了新的艺术生涯。他深入农村牧区、工矿、机关,创作了反映现实生活的作品近百件。其中 50 多件作品发表在各级报刊上。他画的《美帝国主义侵略史》、《范国贵翻身忘本记》、《王富家史》、《麦新村史》等连环画,配合形势教育,在全盟各地巡展。1956 年,他加入中国美术家协会内蒙古分会。1958 年被选为内蒙古自治区模范文化工作者。1959 年出席内蒙古宣传文教战线群英会。

"文化大革命"期间,宝石柱克服种种困难,仿制了大型泥塑《收租院》,受到各界参观者的普遍好评。现藏于奈曼旗博物馆。

1978 年以后,年近古稀的宝石柱在党的改革开放和繁荣文艺创作政策的鼓舞下,重新焕发创作热情。在两三年内,以自己 50 多年的积累和民族民间图案素材,创作了 140 多幅精美的民族艺术图案,被专家们称为国内外罕见的民间艺术珍宝,1981 年被《民族画报》、《内蒙古画报》等画刊选登。在此期间,他还创作了国画《小铁厂》、《考古》,木刻《回府》、《灯会》、《佛舞图》等,被吉林省博物馆和中国美术馆展出和收藏。1980 年,他加入了中国共产党,主动承担了内蒙古重点文物保护单位奈曼旗王府的修复绘画工作。

在内蒙古自治区第三次文联代表大会上,宝石柱被选为文联委员。1982 年,他以著名蒙古族民间艺术家的身份,被中国美术家协会吸收为会员。1989 年,因病逝世,终年 78 岁。

九、中国共产党优秀党员于德水

于德水,男,中国共产党员,河北省易县大龙华乡安格庄人。于1946年3月来到奈曼旗浩沁苏木区(今东明镇)任区委书记。5月份,开始了减租减息斗争。这一斗争,打击了地主、恶霸势力,从而引起了隐藏在区中队里的部分敌对分子的仇视。于德水等区委会得知此事后,马上与旗大队罗云彪研究,决定以整训的名义对区中队进行清理。

1946年8月26日,于德水等人在为参加整训人员作准备之际,曾当过伪警尉的赵玉山领头,有色冷、安学、代来等4人闯入办公室,杀害了于德水和中队长刘俊轩。于德水,这个工人阶级的忠诚战士,中国共产党的优秀党员,把满腔热血洒在了奈曼大地上,年仅32岁。

下篇 文化卷

第一章　奈曼旗历史文化

第一节　奈曼地区红山文化

一、红山文化

所谓的红山文化是距今五六千年间在燕山以北、大凌河与西辽河上游流域生产生活的部落集团特定文化。红山文化的遗迹最早发现于1921年。1935年对内蒙古昭乌达盟现赤峰一带红山后遗址进行了发掘,1954年提出了红山文化的命名。上世纪70年代末在辽西地区开展了大规模的调查,发现了近千处遗址,并对辽宁省喀喇沁左翼旗东山嘴、建平县牛河梁遗址群开展了大规模的发掘,使红山文化研究进入一个新的阶段。

红山,蒙语称乌兰哈达,意思是红色的山崖。它位于内蒙古自治区赤峰市东北郊的英金河畔。传说内蒙古赤峰市的红山,原名叫九女山。据传说,在远古时代,有9位仙女思凡下界,犯了天规,惹怒了西王母。九仙女知道后惊慌失措,不小心打翻了西王母的胭脂盒,洒在了山上,因而出现了9个红色的山峰。所以,后来称其为"红山"。公元20世纪初,中国处于军阀割据的年代,当地喀喇沁旗蒙古王公聘请了一位叫鸟居龙藏的日本学者来讲学。据日本的人回忆,当年他越过辽上京(今巴林左旗)来到了红山,在附近地面上发现了一些古代的陶片。1919年,来了一位法国人,他的名字叫桑芝华。他来到内蒙古林西县,无获而归。还有一位法国人名叫德日进,他在红山一带发现一些旧石器时代晚期的细石器。1930年冬,梁启超的儿子梁思永从哲理木盟来了。此人生于澳门,从美国留学归国后,开始研究考古学。他看到了鸟居龙藏的一些资料后,参加中国科学院考古组。他到过林西、沙拉海、图拉嘎山一带,仅发现一些陶片后,就回北京了。1933 年,日本帝国主义占领了当时热河省省会承德。随后来了一批所谓的日本考古工作团,叫满蒙考察团。有个叫滨田的人,是当年东京大学校长。他们来的动机是:欲征服中国,必先征服满蒙。想在内蒙古找出不属于中国历史文化的凭据。结果在红山 30 多处遗址发现一些陶器残片和几件青铜器都属于中国历史文物,可以说是枉费心机。

解放后,梁思永先生为中国考古所副所长。中国考古学家尹达先生出版《中国新石器文化》一书,梁先生作序。尹达先生认为:红山文化是北方细石器文化和仰韶文化的结合。两位学者论述了东北这一文化现象,属于长城南北接触产生的一种新文化现象,并提出定名为"红山文化"。

红山古玉的正式发现,是上世纪 70 年代。1971 年 5 月,内蒙古昭乌达盟翁牛特旗三星他拉村在北山植树时,意外掘出一件大型碧玉雕龙。从此,人们开始意识到,中国玉雕艺术的源头可能发生在红山文化时代的西辽河流域。其后不久,在内蒙古昭乌达盟敖汉旗轱辘板壕、克什克腾旗好鲁库石板山、阜新胡头沟等地红山文化遗存中,又陆续发现了数批玉雕龙、大型勾云佩等红山文化玉器。

1979 年 5 月,考古工作者又在辽宁省凌源县三官甸子城子山找到了具有科学地层依据的红山文化玉器墓葬,从而使红山文化确有玉器成为定论。

1981 年 12 月,在杭州举行的中国考古学会第二次年会上,辽宁省考古研究所孙守道先生等向大会提交论文:《辽河流域的原始文明与龙的起源》一文,又一次确认了上述发现均属"红山文化"。此后,一时造成了世界考古界的轰动。大批海内外学者纷至沓来东北考察。与此同时,已故中国考古大师苏秉琦先生对红山文化作了进一步的肯定。确认:东北地区的红山文化,是中国五千年前中华文明的曙光。

二、奈曼境内发现的红山文化遗址

柳树底遗址：位于义隆永乡大柳树底村南偏东4公里处，遗址为西北东南走向，西从大柳树底村东到谢家营子村东南。地表遗留了大量三足器和口沿、腹壁、石斧等，属于红山文化类型。

满得图遗址：遗址位于治安镇满得图村已经干涸的池沼边缘，沙丘地带的底部。遗址发现大量红色彩陶片（有的带黑道纹饰）和夹砂"之"字纹陶片。陶器有盘、瓮、罐，石器有斧、石镞、石磨盘，骨器有骨锥、骨刀数十种，还有一些较大型的生产工具。如此类红山文化遗址、遗迹，奈曼旗固日班华、章古台、图勒恩塔拉、巴嘎波日和、奈林、浩特、苇莲苏、平安地等苏木（乡）均有发现。

红山文化类型的陶器有大沁他拉镇北沙丘一带出土的陶纺轮、深腹罐等。典型的是治安镇满得图村出土的夹砂褐陶和泥质红陶。褐陶有瓮、罐、碗、带流器、善器，多以划压、椎刺和附加堆纹。红陶有罐、盆、碗和圈足器，多施黑色彩绘，有平行斜线纹，弧线三角纹，菱形纹，条叶纹等。彩陶的质地器形，彩绘布局，图案和风格，都与中原仰韶文化的彩陶别无二致。

三、奈曼旗红山文化玉器、陶器及青铜器

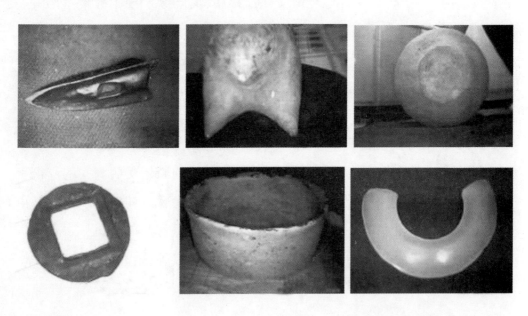

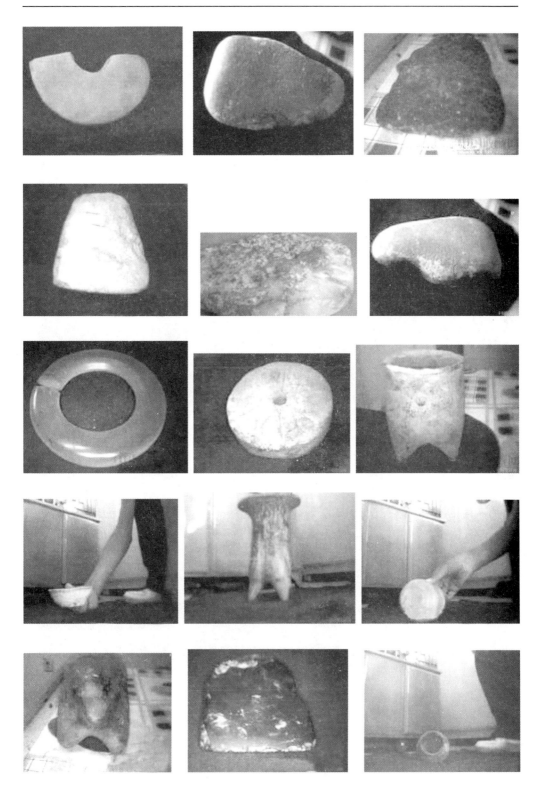

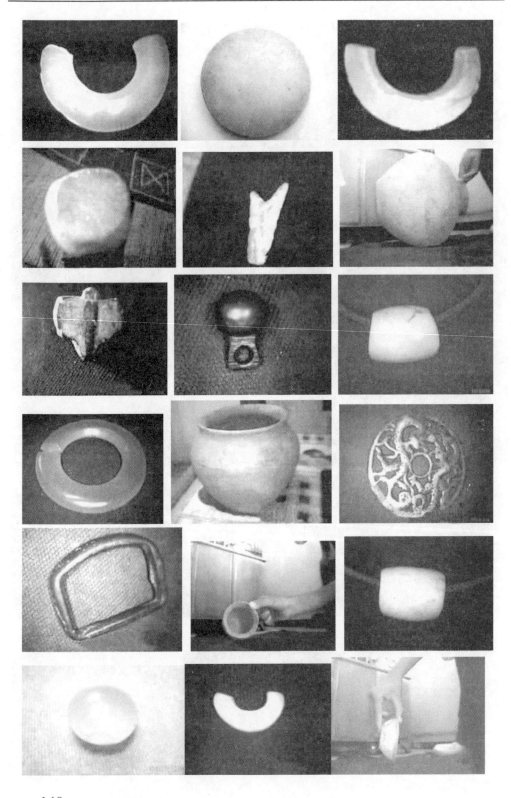

第二节 奈曼旗境内发现的夏家店下、上层文化遗址

一、夏家店下层文化

夏家店下层文化为中国重要文化遗址之一。该文化遗址因在内蒙古赤峰市夏家店发现,按照考古惯例,以发现处所为名。1959 年发现的遗迹,命名为"下层文化"。曾经被中国社会科学院评为"2006 年中国考古六大新发现之一"的赤峰三座店夏家店下层文化石城遗址,因为宏大的规模、保存完整的原始状态,尤其是与商王朝大体相当的时代,让中国乃至世界考古界为之震惊。

之所以命名为"下层文化",乃是为了与同样在夏家店垂直出现,年代稍晚的夏家店上层文化相区分。夏家店下层文化,是为公元前 22 世纪 ~公元前 11 世纪之青铜文化,分布地点为内蒙古辽河一带。在特征上,夏家店下层文化的陶器以青灰色为主,手制泥条组成,其烧制火候较高。另外,也有玉器。2005 年 11 月,该地点还发现下层文化已有专门制造陶器的窑。

判断考古文化的年代,对研究文化本身的内涵及与其他文化的关系是非常重要的。断定相对年代通常依据地层学和器物类型学的研究,而判断绝对年代在文献不可证的前提下,只能借助自然科学方法,对全新世以后的古遗存主要采用碳的放射性同位素年代测定法。在以上断代方法中,类型学难度大,内含的主观因素较多,在文化层清楚的情况下一般起辅助参考作用。

比较单纯的夏家店下层文化遗址是佟柱臣先生 1943 年春季发现的赤峰东八家石城,由于条件的限制,当时推定为新石器时代晚期的城址与居住地。1960 年发掘药王庙和夏家店遗址后,由于地层中发现了铜渣,从而肯定夏家店下层文化是青铜时代的一种文化,并推断其年代可能大体相当于殷商时期。以后随着文物考古工作的发展,断定其相对年代及绝对年代

的考古材料日趋丰富,不但能相对准确地确定其年代,也为初步分期创造了条件。

1963 年发掘的蜘蛛山遗址,发现了红山文化、夏家店下层文化、夏家店上层文化和战国——汉初四种文化的堆积层,明确了这四种文化的相对年代。

报告中提及 H42 开口层位早,有助于研究其上限年代。1974 年挖掘的小河洞的几处遗址中,在南台地夏家店下层文化房址(F3、F12)打破了小河沿文化地层,证明夏家店下层文化晚于小河沿文化。目前仅在克旗上店遗址中发现了红山文化与小河沿文化的层位关系,1992 年的简报中没有提供详细情况。根据现有资料,夏家店下层文化在西辽河流域晚于红山文化和小河沿文化,在燕北承德地区也是这样。燕山南部的京津唐地区,如唐山大城山遗址明确了龙山文化与夏家店下层文化的层位关系,证明夏家店下层文化晚于龙山文化,河北张家口地区也存在类似情况。从器物类型学的比较中也发现,夏家店下层文化同龙山文化的器物群有许多相似之处,亦有小河沿文化的因素,故其上限不会离龙山文化太远,是中国北方较早的青铜文化。

夏家店下层文化的下限比较复杂,在西辽河流域的许多遗址中,夏家店上层文化直接覆盖于下层之上,层次分明。关于夏家店上层文化的年代,目前较早的 C14 数据是 1989 年发掘的克旗龙头山遗址提供的,M1 棺木经 C14 测定并经树轮校正,距今 3240±150 年,相当于晚商或商周之际。在大小凌河流域,魏营子类型取代夏家店下层文化,层位关系比较明确的遗址是朝阳地区的南沟门遗址。阜新地区的平顶山石城址也有类似情况,但高台山文化墓葬亦打破了夏家店下层层位,这种现象亦可从另一个侧面说明夏家店下层文化下限。有的学者估计魏营子类型的年代相当于商末周初,而高台的两个年代数据新民高台山、彰武平安堡,表明其年代与商相当。在张家口地区夏家店下层文化的陶器同二里头时期或二里岗初期的器物同时出土,而京津唐地区夏家店下层文化遗址常与商末周初的青铜器一起出现。这种现象至少说明在燕山以南夏家店下层文化存在的时间更长一些。也可能是自北向南发展,越往南越晚。

夏家店下层文化上承新石器晚期文化,向下延伸到商周之际,有一千多年的发展过程。

夏家店下层文化属早期青铜器时期。此类文化基本分布于内蒙古赤峰地区,辽宁、河北等省也有发现。文化遗存以分布在丘陵山地的较大城寨或小城堡为代表,大多数都修筑有城墙,甚至多达三重。代表性的遗址有赤峰

夏家店下层文化—彩绘双耳盖罐

市松山区迟家营子村城堡、水地乡八家子北梁石城、大五十家子乡杨树湾石城、孤山子乡西的北城子山城堡、敖汉旗百塔子乡赵宝沟村的城堡群等。

经考古发掘发现,夏家店下层文化的房屋因时间先后有所区别。早期的多为筒形地穴式,中期为半地穴式,晚期则为地表建筑。使用的材料主要是土坯、石料,以及烧土和有草的泥土,亦见使用白灰面的情况。工具的种类也进入了石器为主并伴有青铜器的时代。这说明当时已经具备一定的冶炼技术。而石器之中的单、双面刃以及扁平有肩的石铲,断面呈三角菱形、刃背中部带有圆孔的石刀是有代表性的器物。青铜器主要有喇叭形浇口的椭圆形陶范、铜刀、铜屑、铜耳环、铜杖首、礼器、铜鼎、铜甗等。虽然当时冶炼和浇铸技术尚显粗糙,但合范浇铸技术的应用则说明其制造技术已达到一定的水平。

从出土的大批制作精细、纹饰考究、彩绘风格独特的陶器可知,制陶业在当时已经是一个具有较高技术水平和工艺水平的重要部门。在赤峰地区的遗址中发现的已经炭化的谷物籽粒,说明夏家店下层文化已经有令人瞩目的农业。而储藏粮食的窖穴以及牛、羊、猪、狗等遗骨则揭示了当时畜牧业、饲养业、狩猎业与农业并存的状况。夏家店下层文化不仅代表着内蒙古地区的古代文明,同时也是中国北方青铜文明较为典型的代表。这一重要的考古发现,也证明了中国古代青铜文明多元化的格局。

考古学文化通常认为是代表同一时代的、集中于一定地域内的、有一

定地方性特征的遗物和遗迹的共同体。事实上,具体的考古工作主要依据遗址的发现地点和出土的器物,判断文化归属。人类社会是不断发展的,在这个过程中相互间有对峙,也有融合,文化面貌自然也会有一定变化。注意到这一问题,我们把文化面貌与典型的夏家店下层文化大体相当的遗存划入同一范围考虑。

根据现有资料,内蒙古东南部和辽宁西部的西辽河流域是典型的夏家店下层文化分布区,这一地区调查的遗址数量最多,敖汉旗仅 3 个乡就发现遗址 380 多处,阴河——英金河两岸有 100 多处。做过发掘的有赤峰附近的药王庙、夏家店、蜘蛛山、新店、香炉山、西山根、四分地、西道、敖汉大甸子、小河沿、宁城南山根、小榆树林子,辽宁西部有北票丰下、喀左小转山子、阜新平顶山等遗址。具有相同文化因素,属夏家店下层文化遗址的分布区还包括河北省的承德地区、张家口地区,向南延伸到京津唐地区。承德地区调查的遗址主要有化营子、黑山口、茅兰沟、小东沟、于家沟、佟杖子等 10 余处。张家口地区主要在蔚县壶流河流域做了一些工作,主要遗址有三关、庄窠、筛子绫罗、四十里坡、前堡等。京津唐地区的遗址主要有大厂大坨头、唐山大城山、小官庄、卢龙双望、北京市昌平雪山、平谷刘家河、蓟县张家园等。

从地理范围上讲,夏家店下层文化的分布区域如果按水系划分包括西辽河流域、大凌河流域、滦河流域、海河北部;按地形划分包括辽西丘陵、热河山地、坝上高原、太行山区北部和京津平原的一部分。夏家店下层文化的遗址主要分布在河流两岸的近河台地上或坡地上。

夏家店下层文化虽然已进入青铜时代,但日常使用的器物仍旧以陶器、石器、骨器等为主。

陶器 夏家店下层文化陶器主要的制法是泥条盘筑,只在少数器皿的口、底部见有轮制痕迹,还发现有可充陶器内模的制陶工具。实用器大都青灰色,火候较高。外表多有绳纹。少数磨光陶器的表面往往有未被抹去的绳纹,由此可知绳纹是制造过程中留下的痕迹,器物磨光则是进一步加工取得的外貌。此外还有篮纹、划纹以及各种工具压印的纹饰,以细泥条做成链条形或小泥饼做成铆钉形的附加堆纹。随葬的陶器则火候较低,陶胎呈红色,表面黑色磨光。

夏家店下层文化的陶器类型比较丰富,有尊、鬲、南瓦、盆、罐、鼎、盘、豆、鬶、爵。其中的鼎腹多似罐、钵形器,深腹腔的筒状鬲、细腰袋足的南瓦及折腹尊是遗址中最常见的几种器型,盘、豆数量较少,鬶、爵仅局限于墓葬。

夏家店下层文化的陶器与赤峰地区新石器时代的考古文化相比较,最大的变化是在器型上以三足器为主体,特别是袋足三足器,制造工艺复杂,是三足器中的先进形态。这种现象值得深思。

夏家店下层文化墓葬中陶器的图案纹饰特色鲜明,使用红、白两色矿物颜料描绘成卷曲的线条,再构成连续的单元,类似青铜器上习见的云纹。大甸子还有少数纹饰是以动物面目为图案的主体,器物整体的画面分割及主辅纹饰的配合,与黄河流域年代较早的铜器纹饰风格很相似。

石器与骨器 夏家店下层文化分为磨制、打制和细石器三种。其中磨制石器数量最多,器形有刀、锄、铲、锛等,以刀和铲为典型。

石铲,有单面和双面刃两种,扁平有肩石铲最富有特色。双面刃石铲多用翻地、播种、挖坑、建房等;单面刃石铲,从使用的摩擦痕迹观察,刃边与两侧都有很重的擦痕,与刃边方向垂直,很少见强烈撞击剥落的疤痕,可能是松土工具。

石刀,是夏家店下层文化具有代表性的刈割工具,一律长边磨刃,靠近刃背边中间钻有圆孔;有的中部制成半圆形缺口,背面呈凹槽状。

打制石器的典型是器身厚重,制作粗糙的石锄,器身中部两侧有亚腰。其形状像锄,但其主要功用应该是捆缚上木柄,做劈砍树木等物品的工具。

细石器以刮削器为多,也有作为复合工具骨刀或木柄刀的石条和石镞。

在赤峰夏家店、药王庙、宁城南山根遗址中发现很多骨器,大量的是锥和镞,其中的镞都是圆锥形或棱锥形。在该文化遗址中或墓葬里,还经常发现骨针、骨刀、骨梳、骨环、骨珠、骨管等日用品和装饰品。在松山区水地乡香炉山遗址中,有一座房子中发现了 20 多片规格相同的骨料半成品。

夏家店下层文化骨器中还有一种特殊的器物——卜骨。一般是取骨密质厚的牛或鹿的肩胛骨,或是动物长骨做成长条形骨片,先钻后灼。这种做法同赤峰地区年代较早的富河文化,或年代较晚的夏家店上层文化的卜骨都不一样,那些都是有灼而无钻的。这种差异,除了经济生活不同之外,可能还有更深层次的社会意义。

夏家店下层文化的器物群中,除卜骨外,还有一种特殊的石器——石磬。其中,喀喇沁旗先后发现了 6 件,均出自此类遗址。这些石磬形制同中原发现的完全相同,最大的一件宽 57.5 厘米,高 34 厘米,厚 3.3 厘米,重达 12.5 公斤。近年来,随着西道等夏家店下层文化遗址中石磬的出土,这类具有"礼器"性质的乐器,越来越成为人们关注的目标。

青铜器 西辽河水域的夏家店下层文化的遗址和墓葬中不断有青铜物件出土。赤峰松山区四分地东山嘴遗址,曾出土 1 件喇叭形浇口的椭圆形陶范;宁城县小榆树林子遗址发现 1 件小铜刀;赤峰夏家店遗址发现 4 颗小铜屑;敖汉旗大甸子墓地出土有耳环、杖首。其中的杖首是合范铸造的青铜饰物,套在权杖头上,是威严的象征。

随着时间的推移和三座店水库工程的建设,这个距今约为 4000~3400 年的古文化遗址生存状况令人担忧。

洞子山——这座位于阴河岸边、承载着中华文明永恒记忆的小山丘,在三座店夏家店石城遗址没有发掘以前,是默默无闻的。2005 年下半年,为了配合三座店水库工程的建设,考古部门在这里开始了考古发掘工作,将这座面积约 9000 平方米的神秘古城呈现在世人面前,洞子山这座孕育了中华文明的小山坡,一下子像 4000 年前那样热闹起来,成为世人关注的焦点。

沿着 111 国道驱车出赤峰市区向西北约 40 公里,其间穿过初头朗镇,在三座店村北侧,远远地就能见到一座平缓的小山,山下是正在建设中的三座店水库工程工地和三座店水库管理部门的两座现代化办公楼。站在山下向西北眺望,洞子山南侧山坡上那经历了千百年风雨的石头古城就像一堆杂乱无章的石头,一条新开出的工程道路由山下直通半山腰西侧崖壁,电线杆和电缆铁架爬上了山顶,显得格外醒目。沿着这条工程道路,向山上走,沿途能看到,从山腰上修建下来的一条巨大的管道,将洞子山南坡下半部分一分为二。据一位当地村民介绍,三座店水库工程开工以后,就在南坡上开通了这条工程道路,施工车辆每天都要从这里通过,加上管道的挖掘和山顶上大坝的建设,让经历了几千年风雨的石头古城难以承受,墙体出现坍塌折叠。洞子山南坡紧贴着工程道路的是一道将古城遗址围在当中的铁丝网,由于挖掘道路的时候,挖掘机过于接近遗址,有的铁丝网的护桩紧贴着挖掘机挖过的深坑边缘。可能是长久没人管理的缘故,铁丝网的许多地方已经露出了大洞,失去了保护的基本功能,成为人们往来山顶工地和山下的通道口。

穿过铁丝网一处大洞,进入神秘的千年古城。沿着山坡,一座座圆形石头建筑基础看似无序地散落在这里,有的房屋遗址呈现出大圈石头基础套着小圈石头基础的样子,就像今天的房屋分里外间;有的是圆圈的石头基础外面半围着一堵石墙,又像今天房屋外面的走廊。在各个散落在山坡上的遗址之间,又通过石头街道连接在一起,相互连接,四通八达。有的石头墙体遗址经过几千年的风雨,竟然还有一米多高,让人叹为观止。据有关考古资料记载,整个遗址分为大城和小城两部分,大城的发掘面积约7500平方米,小城面积约1585平方米。有圆圈的65座、窑坑49座、夏家店上层文化积石台16座、不同时期的墓葬10座,还有岩画、石墙和积石台等。考古挖掘的时候,共清理出院落20余处,基本由单、双圈建筑基址及窑坑、石墙等设施构成。

走在大城的南、北走向的主干道上,由于堆砌墙体的石头是用泥土粘结的,挖掘出来以后没有得到有效保护,有些地方已经出现坍塌的迹象。在古石城遗址的每个“房屋”和“院落”里都长满了杂草,塑料袋等生活垃圾遍地都是。越接近山顶,越能感到脚下的颤动和剧烈的轰鸣声,登上山顶才发现,水库的大坝已经建设到了遗址的西侧,由于施工开凿,山顶西侧已经形成了一个断崖,很多遗址建筑用石头堆砌在断崖边。一台巨大的挖掘机正在遗址边上繁忙地施工。站在山顶，向南能够俯瞰到整个遗址的全貌，一圈圈的圆形建筑、一条条弯弯曲曲的街道，如同众星捧月一样由山下向山顶围拢，也许这里就是古城的中心，当年生活在这里的人们，会聚集在这里，欢庆丰收，祈求上苍保佑平安。

山顶已经被铁丝网一分为二，有些地方的铁丝网已经倒在了地上，距离遗址大概有十几米的地方，有一幢蓝顶白墙的漂亮房子，由于经常有人往来，从那座房子和西侧的工地通往古城遗址已经踩出了几条小路。

2007年，当赤峰三座店夏家店下层文化石城遗址经过近两年的挖掘，将一个古人类文明奇迹呈现在世人面前的时候，世界为之震惊。可时过境迁，当考古的人们散去，这里又恢复了寂静。现在的千年古城被人们从几千年前的地下请了出来，考古挖掘过后，它就赤裸裸地暴露在风雨中，坍塌的墙体随处可见。大自然的侵蚀和人为的影响，已经让这座为中华文明书写过光辉篇章的千年古城难以承受。

2008年5月19日，国家文物局曾经就自治区文物局上报的《关于赤峰市松山区三座店石城遗址保护规划立项的请示》作过批复，批复上说，三座店夏家店石城遗址具有重要的历史、科学和艺术价值，应加强保护并做好"四有"等基础工作，为申报全国重点文物保护单位做好相关的准备工作。建议自治区文物局指导地方人民政府，组织具有资质的规划编制单位和专业考古研究机构，在进一步加强考古研究和开展各项评估工作的基础上，按照《文物保护法》等有关法律法规，做好三座店夏家店石城遗址保护规划的编制工作，妥善处理遗址的保护与利用，确保遗址安全。

赤峰市文物管理所的李术学所长表示，他知道三座店夏家店石城遗址保护中存在的问题，由于经费和人手的限制，很难对该遗址实施有效保护。现在那里的状况有所好转，前两年建设高峰的时候，遗址的保护形势更加严峻，施工占用遗址土地，施工人员践踏遗址，甚至于使用遗址石头当做工程用料等情况时有发生。不过他们近期会到遗址实地考察，加强对遗址的保护管理工作。

二、奈曼旗境内发现的夏家店下层文化遗址

大营子遗址：位于义隆永乡大营子村西 1.5 公里的西梁。分布面积3000 平方米,地表采集的石器有石锄、石斧、夹砂褐陶残片,纹饰以压印"之"字纹为主,属兴隆洼文化类型。

上石碑村遗址：遗址位于白音昌乡上石碑村,采集的遗物有陶鬲、陶罍、陶罐,质地为夹砂褐陶,多为手制饰以绳纹或素面,同属于本地区夏家店下层文化。

位于新镇乡东北 12 公里处的后双山子墓群。1990 年秋,后双山子村村民修筑梯田埂时,发现人的骨骼和部分陶器。经文物部门清理,共发现100 多个墓,属于夏家店下层文化墓群。这是一处排列有序,聚族而葬的墓群。出土的陶器有陶鬲、陶罐、陶壶、陶豆等 300 余件。

经过多次文物普查,此类型文化遗址在奈曼义隆永乡、青龙山镇莫家湾子、牤牛河北岸、土城子杏树园子村和新镇乡均有大面积发现。

三、夏家店上层文化

夏家店上层文化为中国重要文化遗址之一。该文化遗址因在内蒙古赤峰市夏家店发现,按照考古惯例,以发现处所为名。另外,此于 1960 年发现的遗迹,之所以命名为"上层文化",乃是为了与同样在夏家店垂直出现,年代稍早的夏家店下层文化相区别。

夏家店上层文化：石雕人面夏家店上层文化,是为公元前 8 世纪～公元前 3 世纪之青铜文化,分布地点为内蒙古辽河一带。在特征上,夏家店上层文化的陶器技巧已经明显纯熟,随葬戈、矛、短剑、镞、饰牌青铜器常常于墓葬品中发现,因此视为青铜时代的晚期。

西周时期,燕山北麓到西辽河一带活跃着以夏家店上层文化为代表的

部落。从考古学材料分析，夏家店上层文化并不是从夏家店下层文化发展而成的，也就是说夏家店上层文化的直系远祖并非夏商时期当地氏族部落的后裔。他们之间无论从农业经济的发展程度还是手工业生产水平上看，都没有直接的、必然的联系。迹象表明，从下辽河北部地区向东南迁移的一支古老部落，征服并逐渐控制了西辽河流域至燕山一带，在春秋早期其势力已完全统治了燕山北麓。

夏家店上层文化诸部落，经济生产是以畜牧业为主的，农业生产和制陶技术都不如夏家店下层文化那样发达。在一些遗址里发现的用于农业生产的石质工具，仅见亦可用于采集野生植物果实的半月形双孔石刀，尚未发现当时的石制掘土工具。制陶技术方面与夏家店下层文化相比，差别更为显著。上层文化诸遗址的陶器大都是夹砂陶，质地疏松，制作亦显粗糙。各种器皿均为手制，不见轮旋整修的痕迹，器壁常常厚薄不匀，一些器物各部分的接合处易于断裂，都是氧化焰烧成，以红褐色为主。陶器的类型也比较少，一般为鼎、鬲、豆、罐、盆、钵数种。从制作工艺上看，陶坯的进一步加工只是粗略地打磨器表。除了主要起加固作用的附加堆纹和少量刻划纹外，几乎没有别的装饰。

石器除石刀外，还有少量与锤斧的形制相近的打制环状石器，也发现了一些骨镞和铜镞。骨镞的数量较多，断面呈三角形或菱形，尾部刮磨成楔形扁尖。这些器物显然主要用于狩猎和战争。

由于已经出现了阶级的分化，在上层武士和部落酋长中盛行使用铜质武器和工具的风气。许多遗址都发现了铜斧、铜刀、短剑、铜矛，也出土了一些铜锥、铜凿等。这些小型的铜器主要是在墓葬中发现的。

夏家店上层文化的遗址中往往都堆积着许多兽骨，经鉴定有牛、羊、猪、狗、马和鹿科动物。

目前发现的西周时期夏家店上层文化遗址主要有朝阳魏营子、赤峰夏家店上层和红山后、宁城南山根等。大、小凌河流域的这类遗存，其时代已延续到春秋时期了。

四、奈曼旗境内发现的夏家店上层文化遗址

扣根村遗址:位于新镇乡东南 2.5 公里处。遗址出土折腹罐、石斧、铜戈、青铜刀。出土文物表明,铜器虽然为数不多,但已有铜制武器。随着青铜器的出现,逐渐代替了石器,属于夏家店上层文化。

第三节　奈曼旗境内发现的古城遗址

土城子古城:古城位于土城子乡土城子村西南 0.5 公里处,城的东西多沟壑,南北多台地。古城近四方形,较为完整,周长 1419 米。城墙高度 4~6 米,底宽 10~14 米,均为夯土板筑,有南北两门。城内有大量战国和秦汉时代的陶片和建筑构件。据考证此城是汉代新安平县治所。

善宝营子古城:善宝营子古城位于奈曼旗南湾子乡善宝营子村东南 0.5公里处。北距燕长城 30 公里,牤牛河在古城西南西北向东南流过。古城近方形。四角正处东西南北方位线上,现存东北、东南、西北三面墙垣,墙残高 4 米,周长 1350 米。1973 年吉林省考古队对古城进行考古钻探和发掘,出土 2000 余件燕秦汉历史遗物,其中在一陶器上刻有秦始皇 26 年统一度量衡的诏书残部。据考证,此城是后汉废弃的辽西郡六县之一的文成县治所。

西孟家段古城:古城位于平安地乡西孟家段村北,距该村约 1 公里,城东北约 1.5 公里处,是老哈河与西拉木伦河汇合处。城址已被河水冲毁,轮廓不辨,只剩遍地残砖断瓦。据考证,此城是辽代龙化州故址。

五间房城堡:五间房城堡在土城子乡古城东南 4 公里处的一个四面环山的土岗上,东距五间房村约 250 米,城堡呈正方形,东西北三面为夯土板筑墙。南接烽燧。烽燧的南、东面临深谷,此遗址发现战国、秦、汉遗物很多。

奈曼旗经过多次文物普查,辽代古城还有白音昌乡酒局子古城址、南湾子乡半拉城子古遗址、太和乡舍力虎古城遗址、太和乡偏坡营子古城址。

第四节　奈曼旗境内发现的古墓葬遗址

一、辽代陈国公主夫妇墓葬

位于奈曼旗青龙山镇东北 10 公里处的斯布格图村西庙子山南坡上。墓主人陈国公主耶律氏为辽圣宗侄女,驸马萧绍矩为辽圣宗齐天皇后之兄,历任泰宁军节度使、检校太师。公主死于公元 1018 年,年仅 18 岁。

1986 年 6 月 6 日,由内蒙古考古所主持发掘,共用了 65 天,全墓由墓道、天井、前室、东西耳室、后室组成。墓穴南北全长 16.4 米,墓道斜长 6.5 米,前室南北 3.48 米。东西 1.93 米,高 2.65 米。主室椭圆形,东西径(短轴)4.38 米。壁画绘于墓道东西两侧、前室东西两壁及顶部。壁画内容有人物、马匹、仙鹤、支朵、日月、星辰等。后室有砖瓦尸床,公主与驸马尸体头东脚西、仰身直肢,头枕银枕,身着银丝网衣,戴金面具,着银靴,胸佩琥珀璎珞,束带。公主头戴琥珀头饰,颈戴琥珀珍珠项链,两腕各戴一双金镯,每个手指各戴金戒指一枚,身佩金荷包等物。随葬品共 3227 件(组),许多物品均为金、银、玉石、玛瑙、琥珀、珍珠等贵重材料制成,用金约 1700 克,用银约 1 万多克。墓中随葬品丰富多彩,而且保存完好,有些精品为首次发现。代表性的随葬品有鎏金银冠、金面具、银丝网衣、金花银靴、琥珀璎珞、玉柄银刀、金带挎、银挎蹀躞带、镂雕金荷包、缠枝花纹金镯、金花银枕、乳钉纹玻璃瓶、提炼水晶杯、胡人训狮琥珀瓶、琥珀鸳鸯、双鱼形玉佩、动物形玉佩、绿釉长颈瓶、花口白瓷碗、鎏金铁马镫、缀玉马胸带等。

辽代陈国公主驸马合葬墓的墓志铭置于墓的天井正中央,刻志文石料为绿色砂岩,志石志盖一合,呈正方形,边长 89 厘米,通高 28 厘米。盖顶中部高 16 厘米,志盖 4 个斜面上线刻十二生肖像,人物头顶为生肖,身着长袍,双手持笏板于胸前,而偏右侧身站立。四角各线刻一朵牡丹花,顶为平面正方形,边长 50 厘米,中央分三行阴刻篆书"陈国公主墓志铭"8 个大字。志石厚 12 厘米,志面四边线刻双栏,填几何纹,栏内刻有楷书汉字志文 27 行 513 字,字迹工整清晰。

墓中出土的 7 件精美的玻璃器皿均来自埃及、叙利亚和伊朗。大约都是 9～11 世纪的产品。所以,辽朝与其相邻的国家和部落,以及远在西域或中亚、西亚的一些国家都建立了贸易关系。这为研究伊斯兰世界的玻璃本身提供了可靠的证据。

辽代陈国公主与驸马合葬墓的发掘,不仅是内蒙古,就在全国也是影响巨大的文化大事。它被定为我国十项重大考古发现之一。

二、后双山子墓群

位于新镇乡东北 12 公里处。1990 年秋,后双山子村村民修筑梯田埂时,发现人骨胳和部分陶器,经文物部门清理,共发现 100 多个墓。属于夏家店下层墓群,这是一处排列有序,聚族而葬的墓地,出土的陶器有鬲、罐、壶、豆等 300 余件。

三、下地村古墓群

古墓群位于青龙山镇西北 7 公里下地村的台地上,墓为直身仰卧葬,墓四壁用石垒砌,上盖石板。殉葬品有陶鬲、陶、罍、陶罐,质地为夹砂泥质褐陶,饰以绳纹或素面。

四、杏树园子古墓群

古墓群位于土城子乡东北 10 公里处,杏树园子村北小山上,从墓出土陶鬲、陶豆、鬲足数件,陶片数件,质地为夹砂褐陶,多饰以绳纹。

五、酒局子古墓

辽代古墓,座落于白音昌乡酒局子村东北约 200 米处。1991 年秋,村民大修鱼鳞坑时,挖出此墓。早期被盗,墓内被土填满,所有墓内瓷器全部被破坏,经过认真复原后共计出土 40 余件文物。尤其是石棺的浮雕艺术和被破坏的定窑瓷可堪称辽代一绝。

六、奈曼王陵寝地

奈曼旗第十任札萨克多罗达尔罕郡王阿旺都瓦底扎布在其任期(公元1819～1848年)间,先后担任昭乌达盟帮办盟务、盟长兼昭乌达盟备兵札萨克(如同当今军分区司令员)之职。清廷还任命他为御前行走、散秩大臣。他又是道光皇帝的儿女亲家。

当时,奈曼王府设于教来河北岸王福堂一带。奈曼旗第十任札萨克郡王阿旺都瓦底扎布看中了离王府仅10华里,且水草丰美,景色宜人的塔日干淖尔一带地方,便将湖东南边的一块地方(位于今双合村西北)圈定为奈曼郡王陵寝地。并下禁令,今后在此处不得放牧、不得打猎、不得割草、不得砍柴。道光二十八年(公元1848年)五月,奈曼旗第十任札萨克郡王阿旺都瓦底扎布病故。将其遗体下葬于此处。

阿旺都瓦底扎布的长子、奈曼旗第十一任札萨克郡王、额驸德木楚克扎布于同治四年(公元1865年)六月病故于北京,因同治皇帝"赐与寿安公主合葬",而未在奈曼王茔安葬,与公主(额驸王福晋寿安公主病逝于1860年)合葬于北京东直门一带。

奈曼旗第十二任札萨克郡王嘎拉和其次子,第十三任札萨克郡王玛什巴图尔的遗体均安葬于该陵寝地。

奈曼旗第十四任札萨克郡王、昭乌达盟盟长兼备兵札萨克苏珠克巴图尔(玛什巴图尔次子),于中华民国十五年(公元1926年)十一月,于奈曼旗包日胡硕庙英年早逝。王府组织沿途各努图克民众,接力抬棺,日夜兼程,送到王爷陵安葬。当天,苏珠克巴图尔郡王一位汉族侧福晋刘氏,吞服大量鸦片,以身殉情。为表其贞节,把她的遗体也安葬于王爷陵寝地,并刻贞节碑一座,立于其墓前。

奈曼王陵寝地历时160余年,先后有4名札萨克郡王及其他们的福晋也在此建陵正寝。但由于大自然的无常变幻,孟和河洪水将奈曼王陵寝无情地吞没。仅有一座贞节碑幸存。今收藏于旗王府博物馆。

第五节 奈曼旗境内发现的燕长城、佛塔和王府

一、燕长城

奈曼旗境内段燕长城长约 125 公里。燕长城从赤峰敖汉旗宝国吐苏木荷叶花嘎查,延伸进入奈曼旗境内土城子乡的高和村西岗岗后,经塘坊、苇塘沟、七家子、杏树园子等村,直达牤牛河畔。后以河代城,沿河北溯 20 公里,又从牤牛河东岸的牤石沟起继续向东延伸,经蛤蟆山北麓,穿入新镇乡大榆树村,经扣根、哈日干图到朝阳沟,延伸进入库伦旗平安乡的西下洼。长城均以夯土板筑,现今底宽 6 米,残高 1～6 米,沿长城设有城堡、烽燧、关隘等。

二、和硕庙佛塔

位于章古台苏木所在地,建于清代中叶,为自治区重点保护文物。该塔由青砖砌筑,塔身通高约 13 米,底宽约 6 米,塔上圆下方,共分 5 阶。上两阶呈圆状,有铜顶籂、十三天、佛眼等。佛眼分东、西、南、北四向,内有四尊佛像,为首者是藏传佛教格鲁派鼻祖宗喀巴。下三阶呈方形,每阶有若干佛像浮雕,四面对应,工整美观。

三、奈曼旗王府

奈曼王府建于清同治二年(公元 1863 年)。奈曼王府的全部建筑有房屋 190 余间,为一方形大院。原占地面积约 2.25 万平方米,四周为夯土板筑梯形围墙,底宽 2 米,顶宽 1 米,高 4 米,四角建有角楼,大院显得非常威严。

院内双重建筑格局,形成院内有院的建筑结构。从总体看,为一封闭式台榭回廊、左右对称的四合院。分解来看,前后为三层套院,中间有一封闭式四合院,外边院墙高大又形成了一个大四合院。王府东侧为王府卫队住地,王府西北设置了王府办事机构——档事房,左武右文藩屏王府。 中

心四合院是天井回廊式建筑,墙体建筑全部使用白灰浆适量加入糯米浆、白撕缝而成。滴水瓦当,前有檐柱、内有金柱的明清建筑特点。整个建筑全部使用青砖青瓦,以便等级分明。这座王府在木结构建筑中使用了油漆彩画。一是为了装饰华丽及表示有关封建等级;二是为了建筑木材防腐防潮。这座王府则分为三类彩画,即和玺彩画、旋子彩画及苏式彩画,而且还适当采用了民族特点彩画。王府的主体建筑中轴线是王府正殿,面扩五间,东一间是郡王和福晋卧室,室内陈设华丽,各式家俱多用楠木制成,不施彩绘,保持本色。棱窗,隔扇都有万字、蝙蝠、卷草等深浮雕纹饰,做工玲珑纤巧,图案浮凸生动,是不可多得的艺术佳品。正厅是召见王府亲信官员议事之处,每日由拜生达(王府总管官员)向王爷汇禀情况,西一间为郡王书房和装饰品。

东西配殿各三间,一色的大屋脊青砖瓦房,兽头瓦当。叶脉纹滴水,檐下均为丹青彩绘。西配殿门上侧画山水、青竹、菊花,中间绘张衡、屈原、孔子、李时珍四大杰出人物。东配殿两翼为山水花草,中间绘的是《红楼梦》中的探春、林黛  玉、王熙凤、妙玉等。东配殿在第十三任郡王玛什巴图尔执政时,为侧福晋住室。当十四任郡王苏珠克图巴图尔执政时,因侧福晋暂住京城,所以此殿便改为王府官员秘密议事之所。西配殿为西侧福晋住处。当第十四任郡王苏珠克图巴图尔于民国十五年十月暴病死于波日和硕庙时,东西侧福晋听到噩讯后,二人悲痛欲绝,便在此殿饮用大量毒品,双双服毒,一侧福晋刘氏当即身亡。

王府二道串堂门,前廊后厦,大红明柱,丹青彩绘,雕梁画栋,龙头燕尾,木雕花墩,走过串堂门正面是富丽堂皇的两扇朱红大门,门镶金钉,轧铁角,门悬两珠(亦称垂珠门),珠子上方木雕四季花卉,中间木雕蝙蝠,口衔金钱,象征"福在眼前"。门上亮子绘"福、禄、寿"三星。内四合院右侧20米处,大屋脊青砖瓦房,矗立于半米高的台阶上,磨砖对缝,建筑细腻精巧,是王府佛堂。室内正中供奉高大的释迦牟尼贴金佛像,两侧有缘度母和黄教创始人宗喀巴。每逢祭日,郡王、福晋及眷属偕来佛堂祭祀。

奈曼王府的建筑,完美的展示出了清代北方草原独具特色的建筑风格和蒙古民族的聪明才智,是中华建筑的瑰宝。1982年,奈曼旗文物部门对王府大门、便门进行了重修,新建200余米王府围墙和一角楼,大门左右一对高大石狮子,衬托出王府宏伟和壮观。

第六节　奈曼旗名胜特色

一、奈曼旗麦饭石

通辽市奈曼旗充分利用中华麦饭石这一神奇资源,不断研发系列产品,经过20年的努力,奈曼旗已经成为全国最大的麦饭石系列产品加工基地,生产出的麦饭石产品走出国门远销20多个国家和地区。

麦饭石制作的瓜型杯

中华麦饭石是一种特殊的非金属矿产资源,即与饮食有关的药用赍石。麦饭石其形似斑状,或黄或白,颇似麦粒。我国明代

大医学家李时珍在《本草纲目》中记载:"状如握聚一团麦饭,有粒如豆如

米,其色黄白。""麦饭石气味甘温无毒,主治一切痈疽、发背。"麦饭石故此得名。

一座富含麦饭石的矿山

1983 年,沈阳地质矿产研究所的人员在内蒙古通辽市奈曼旗平顶山上发现了优质麦饭石,命名为中华麦饭石。科学家们分析测定,麦饭石是一种次火山岩矿石。含有铁、镁、钾、钠、钙、锰、钛、磷、硅、硫等 20 多种对人体健康有益无害的微量元素。用麦饭石浸泡过的水相当于矿泉水,对老年血管硬化症有一定疗效,并有利尿、健胃、保肝之功能,被称为保健药石。麦饭石还是优良的天然食品保鲜防腐剂和冷藏除臭剂。该矿石已被哲华麦饭石联合开发公司开发,黑龙江商学院食品工业经济系制成中华麦饭石系列食品,并通过鉴定,行销全国各地。

二、奈曼旗怪柳

奈曼旗怪柳,是因 1949 年和 1962 年教来河两次洪水而形成的。是奈曼旗境内独有的摄影资源。怪柳作为一种植物现象,它的成因有多种说法,树种自身特征,干旱气候影响,风沙侵蚀的作用和人为掠取等等,因其形态怪异,故有"沙

漠怪柳"之称,为科尔沁沙地一特有景观。怪柳的绿色,象征着生命,象征着繁荣。如果您乘坐列车踏上奈曼大地,首先映入您眼帘的,不是常青的松柏,也不是伟岸的白杨,而是一棵棵形状奇特的柳树。这,就是被当地人称作"柳树怪"的沙漠怪柳。

怪柳为落叶灌木或小乔木。树皮老枝呈灰褐色,嫩枝红褐色。小枝细弱常卜垂。冬季无芽小枝和叶一起脱落。叶卵状披针形。花陆续开放,花期长达 6 个月。花穗粉红色。萌果分裂,顶端具簇生毛。种子小,千粒重 15 毫克。怪柳萌芽力强,深埋茎基诱发新根能力强,耐修剪,寿命长。对环境适应性强,具有抗干旱、耐盐碱、耐贫瘠、耐水湿、抗风蚀沙埋等优良特性。

怪柳抗逆性强,对环境有广泛的适应性,尤其耐碱性极强,故能在各类碱地上繁衍生长,郁闭成林。萌芽力强,枝条细嫩柔软,易整形,耐修剪,实施园艺栽培管理。因能提高观赏价值,获得良好的园林艺术效果。

现代城乡建设把怪柳的园林应用推向日趋重要的地位。

第二章　奈曼旗游牧文化至农垦文化

奈曼地区自远古以来就是以游牧文化为基础,兼营狩猎和少量简陋农业为辅助的文化形态。

据《辽史》记载,在公元 10 世纪与辽代北宋时期,这里是"地沃易耕植,水草便畜牧"的肥沃地带。

17 世纪 30 年代开始,清廷在当地广设牧场。奈曼地区的先人们靠这广袤的天然草牧场,以游牧为主。

第一节　奈曼旗放垦始末

奈曼旗自建旗以来,是个游牧为主的地区。清朝康熙三十七年(公元1698年),康熙皇帝巡视塞外,看到敖汉、奈曼诸旗"田土甚佳,百谷可种",提出垦耕敖汉、奈曼地区的主张,但未及实施。半个世纪后,于乾隆十三年(公元1748年),清廷推行"借地养民"政策,实施局部放垦。特许关内移民来这里,开垦蒙旗牧场。从此,在奈曼旗南部出现了农田。但是,当时"禁止携带眷属出关",因此,开垦规模受到限制。

到清朝后期光绪年间,清朝推行"移民实边"政策,奈曼旗境内从部分放垦发展到全面放垦。到光绪十八年(公元1892年),在太和、下洼一带出现了大片农田。

中华民国四年(公元1915年),从全面放垦发展到奖励开垦,开垦范围逐渐从南部发展到北部。在八仙筒一带就开垦土地9000余顷。全旗耕地面积达13.5万亩。

中华民国六年(公元1917年),日本大仓组同华人冯万良、李玉和在贝林泰来(今通辽科尔沁区)设立了华兴公司,并在沈阳同奈曼郡王苏珠克巴图尔达成协议,以22万元的典价,租押了奈曼旗东部荒地200方(约合10万余亩)。并迁来大批朝鲜移民,利用当地丰富的水利资源,修渠打堰,种植水稻。华兴公司奈曼分公司将10万余亩土地中可耕地按每号200亩划分成块,共划出100号地。

为扩大耕地面积,华兴公司奈曼分公司还在波日胡硕庙前修筑了拦河大坝,迫使教来河改道向南,拐到窑营子村后才返回旧河道向东流去。中华民国九年(公元1920年),公司派蒙古人白子明出面和奈曼王协商,以12万元的典价,把约6000余亩的浩尔沁宝冷甸子押给了华兴公司。至中华民国十八年(公元1929年),奈曼旗已开垦耕地60万亩。

1931年"9·18"事变后,日伪当局对奈曼旗的一部分牧场进行了开垦。到1938年,开垦面积已延伸到了八仙筒以东地区。

1945 年光复后,实行土地保护利用政策。

1949 年到 1957 年,控制垦植,使生态得以保护和恢复。

20 世纪 50~60 年代中期,在"多种多收"与"高产多收"并重的口号下,教来河下游的草滩被开垦。

1960~1965 年之间,新开荒累计 97.1 万亩,拱沼坨 76.4 万亩。仅 1960 年一年垦荒 32 万亩,使耕地面积达 209.3 万亩,创奈曼旗垦荒最高纪录。

"文化大革命"期间,扩大沼坨轮耕地,破坏草场疏林植被。20 世纪 70 年代,强调"以粮为纲",追求粮食产量,大面积毁林开荒,加剧了土壤逆生发育。

自从改革开放以来,奈曼旗从实际出发,把保护资源、合理利用资源结合起来,大搞"二种三治"(种树种草,治山治沙治河),并提到各级领导工作重要议事日程。

第二节　绥东县

清光绪三十四年(公元 1908 年)二月,热河省都统设置绥东县,辖库伦喇嘛旗、奈曼郡王旗和哈拉哈左翼贝勒旗。治理汉民事务及蒙汉交涉事件。治所设于小库伦(今库伦镇)。首任知县黄某。

中华民国初期,县设置局内设主管行政兼管司法的第一科和主管财务征税的第二科及理财所、劝学所、警察所。

中华民国十三年(公元 1924 年),原一、二科照旧,原三个所改为财政局、教育局和警察局,并增设了自治局,而仅局长 1 人,未能开展业务。还有税务局,直辖于省政府。并建立商务会和农务会、粮栈会等事业部门。

中华民国十九年(公元 1930 年)6 月,绥东县设置局迁徙到赤峰——开鲁国道计划线上的八仙筒。

伪满洲国大同二年(公元 1933 年)3 月,日军占领八仙筒,绥东县设置局机构随之瓦解。4 月,日军委任何庆伦为绥东县代理县长,重组县公署机构。下设二科四局一处:一科、二科、公安局、建设局、财政局、教育局和承审处。

伪满洲国大同三年(公元 1934 年)一月,山守荣治任绥东县代理参事官后,将县公署机构改为总务科、内务局、警务局和财务局。至年末,绥东县治被撤销。

绥东县历时 27 年,先后有 14 人任知县或县长。首任知县黄某;二任知县为江苏人,晚清进士孙如错;三任知县为山东人王百川;四任知县为吉林人高鸿飞;五任知县为任良金;六任知县为吉林人(姓名不详);七任知县为辽宁人窦茂芳;八任知县为江西人刘修建;九任知县为北平人刘荣庆;十任知县为河北人冯舜生,在其任期间县治迁址。十一任知县为辽宁人衣学让;十二任知县为辽宁人王玉成;十三任知县为夏秉衡,未到职;十四任代理县长何庆伦。

第三节 鄂尔土板

"鄂尔土板"为蒙古语"Wureltbaixing"的汉语音译,意为有山丁子树的村庄。又简化叫"板街"。因其周围山上长满山丁子树而得名。位于奈曼旗南部,现青龙山镇古庙子村。

鄂尔土板在历史上不仅是库伦、奈曼等地通往朝阳、承德的交通要道,也是库伦、奈曼、阜新等地的政治、经济中心。

对鄂尔土板的记载,最早出现在《承德府志》上。《承德府志》谈及朝阳县时,有这样的记载:"乾隆三十九年,设三座塔厅捕盗把总一员;鄂尔土板外委把总一员,并隶督标管辖。专听热河道府等差遣侦捕。"

乾隆四十年(公元 1775 年),朝阳县三座塔厅又在鄂尔土板设立了巡检兼典史署。署内设巡检官一员,正九品级。皂隶两名,门子、马夫各一名,弓兵 60 名,铺司 12 名。

鄂尔土板第一任巡检名叫于世宁,巡检署由他经手建成。鄂尔土板巡检署基址于鄂尔土板街北,南北长 20 丈,东西宽 13 丈。建署后,巡检王缙修过一次。

光绪元年，秦炳月任巡检重修时，又扩建了巡检署。增建大堂三楹，花厅三楹，还有土地祠、马神祠等。巡检署的主要事务是调解处理附近地区的各种民事案件，收缴各种官税。有时也帮助旗札萨克催地租。还负有防匪防盗的任务。

嘉庆年间，在清朝廷"兴教建庙"风气的影响下，地方官吏与鄂尔土板巡检利用行政手段募集巨额资金，修建了工程庞大的庆安寺，当地人称"老爷庙"。

翻开大清帝国的地图，从中可以看到，在鄂尔土板地域上以显著笔墨注上的"阜新"二字。这就是历史上阜新县署所在地。取"物阜民丰，焕然一新"之意的"阜新"这个名字，就从这里开始使用了。

光绪二十九年（公元 1903 年）冬，朝阳府为管理北部汉民，决定设阜新县于鄂尔土板，县衙署设在原巡检署里，巡检署与县衙合并，知县兼司法。从此，库伦旗、哈拉哈旗、土默特左旗、奈曼旗等地的汉族居民一律由阜新县衙管理。各旗札萨克与汉民之间发生矛盾时，也由县衙予以调解。阜新县成为朝阳府管理北部蒙汉地区的重要行政机构。

阜新县的首任知县叫王维墉。光绪二十几年冬任。

光绪三十四年（公元 1908 年），朝阳府在库伦设立绥东县，管理库伦、奈曼两旗的汉民事务。

阜新县因设置过于偏北，于宣统三年（公元 1911 年）八月，移址于水泉，即现在的阜新蒙古族自治县所在地。

阜新县设置于鄂尔土板期间，是这里商业发展最兴盛时期。东西一里半长的界面上挤满了商铺、当铺和各种手工业坊。最热闹的南大门，集聚着大量的商家和大车店，还有一处私塾，设师授徒。当时较大的商号有福兴和、德发和、益尚兴、福德店等 30 余家。其中福兴和是当时板街最大的商号，老板王三老虎是下洼人，与方圆几百里的商贩和富户都有交往，资金也比较雄厚。不仅开当铺和商店，还开了两个烧锅。据说一个烧锅最少也得用七八十名劳力，两千多石粮食。德发和、益尚兴也是大买卖家，经营花旗布、大布、酱油、醋、盐、皮毛制革等日用百货和农用商品。比较出名的还有天德店、德兴泰、天德昌、三合板饭馆、王铧子炉、瓷器铺、木匠铺等。街面上的房子大多是前突两檩的建筑,因此,看上去十分整齐。小商贩们则在大买卖家的屋檐下叫卖叫买。大街上车水马龙,熙熙攘攘,热闹非凡。但也给鄂尔土板和全县人民带来了种种灾难。当时,虽然清政府规定,蒙汉分治,县管汉事,旗管蒙务。但实际上并不如此,常常是旗札萨克保土库催地租,头脚出门,随后就有县衙门的保甲跟进来要地饷。在这种双重盘剥下,贫苦农民逐渐破产,土地大部分集中在大买卖家和少数官吏、地主手里。普通百姓只能利用房前一二亩小园,种点旱烟或给人榜青扛活来维持生计。

阜新县衙搬到此地后,社会治安也未见好转。县衙兵丁只会敲诈民财,吃喝嫖赌,根本不去维护社会治安。人称"畅瞎子"的畅老爷任知县时,有一股较大的胡子队强占了鄂尔土板。胡子队里有一个叫温宝章的人,绰号叫"温皇上"。他看中了知县的小姐。畅老爷无法推脱,只好将女儿嫁给了他。三日后,温宝章上街,被仇人杀死。畅老爷无奈,只好逃回康平老家。平民百姓家就更是苦不堪言,若遇到砸明火的,只有家破人亡。兵灾匪患扰得民不聊生,群众形容当时的情况是:听不到狗叫算安宁,闻不到枪声是太平。

阜新县移址水泉后,鄂尔土板归绥东县管理,少部分买卖家也搬迁到水泉。但,鄂尔土板街里仍有 20 余户商号,人口千余。接福兴昌后兴起的保和永烧锅成了鄂尔土板街最大的商号。县里在街上设立了增税局,管理本地的商业。热河督统唐玉麟先后派大营、二连、十二连等部队在街内驻扎,维护本地的社会治安。

中华民国三年(公元 1914 年),绥东县设汉一区于鄂尔土板街,区办公地点就在原县衙署。

中华民国十九年(公元 1930 年),绥东县从库伦迁往八仙筒,县公署又在鄂尔土板街设立了警察署,管理本地区的一些事务。当时,也有一些商户移往八仙筒,鄂尔土板街剩了 10 来家商户,全街 258 户,857 口人。伪满洲国康德元年(公元1934年),县公署设立屠宰场于此地,鄂尔土板街仍是绥东县内比较大的集市。

原来鄂尔土板街很大,有东南西北四个大门。后来战乱不断发生,大门常常遭到破坏。重修一次,大门回缩一次,最后缩到东西街长一华里半,南北街宽半华里。

清光绪十七年(公元1891年)秋,朝阳等地的金丹道教民起事。十一月,金丹道教民的一个领袖王凤德率领几百人盘踞在鄂尔土板街,被清军尤德胜、张兆熊所包围,经过激烈拼杀,金丹道教民被平息。此后,北大门被堵死了。

中华民国二十年(公元1931年)农历九月,日本两架飞机对驻扎在鄂尔土板的热河部队十二连进行轰炸。当时,王连长命令士兵把马牵到屋里,日军只炸了拴马桩,军队并没有受损失。农历腊月二十八日,日军再次对鄂尔土板街进行轰炸。在警察署和驻军方向投了两枚炸弹,炸毁民房两处,炸死了王乃更和其侄子二人。此时,鄂尔土板街的买卖家因战乱无法开张,多数都移居他乡了。

伪满洲国大同二年(公元1933年)9月,日军两辆汽车、一个洋马队计80余人,从斯布格图方向来到鄂尔土板,把人马安置在老爷庙内。侵略者到处追捕百姓,砸门掠夺,见人就杀,找不到人就点火烧房子。昔日繁华的鄂尔土板街,一夜之间化为灰烬。这次日军杀害了赵海龙、张喜、王麻子、王崴轴子等5人,打伤了和尚庆元、柳三等多人。鄂尔土板街内只剩下厉家一处房子和马厩、东西厢房被烧掉的老爷庙。

伪满洲国康德元年(公元1934年)的端午节,鄂尔土板街附近来了3个日本人,窜入老百姓家里要吃要喝,抢劫财物,激起群众憎恨,人们操起棍棒追打,追到鄂尔土板街的"益尚兴"商号时,爱国志士周荣久闻讯赶到,当即开枪打死一名日本人,活捉两名,拉到河南杖子南村沟里处死。日军知道后,进行了疯狂报复。于本年6月,再次轰炸鄂尔土板,街内剩下的一处房子也被炸毁了,只剩下一座残缺不全的破庙。

伪满洲国康德三年(公元1936年)9月,周荣久抗战失败,在乌鲁木头山遇难,日军割下他的头,挂在鄂尔土板街庙外的树上,示众了7天。

从乾隆三十九年(公元 1774 年)到伪满洲国康德三年(公元 1936 年)的 160 年多年里,一度兴盛的鄂尔土板街,从此不复存在了。残存的老爷庙在"文革"期间被彻底拆毁,幸存下来的一对石狮子,移置在青龙山镇政府大楼前。庙前的几棵老松树还静静矗立在大庙遗址前,叙述着岁月的沧桑。正如庙中遗诗所赋:

> 冷冷清清几千冬。
>
> 庆安古寺一古松,
>
> 可叹古松今还在,
>
> 不见当年栽树翁。

第四节　汉族人的迁入

一、"借地养民"

清康熙末年(18 世纪前半叶),中原地区连年灾荒,土地撂荒。清廷施行"借地养民"政策,将山东、山西、河南、河北、陕西等地的大批汉民迁徙到塞北。从乾隆六年(公元 1741 年)起,奈曼旗境内流入的汉族农民在布洛斯格塔拉(今属敖汉旗)定居。他们起初以租垦蒙地,开始务农。

乾隆十七年(公元 1752 年)起,旗境内汉民事务由塔子沟通判(今辽宁省凌源市)管理。

乾隆三十九年(公元 1774 年),设三座塔厅(今辽宁省朝阳市),治理哈拉哈贝勒旗、奈曼郡王旗、土默特贝勒旗和库伦喇嘛旗"蒙古民人(汉族人)交涉事件,兼管税务"。次年,为便于公务,三座塔厅在奈曼旗鄂尔土板街(今青龙山镇古庙子村)设置其派出机构——巡检署,就近处理蒙旗汉民事务。

二、"移民实边"

光绪二十八年(公元 1902 年),清廷正式施行"移民实边"政策,内地汉民大批移居内蒙古地区。由于奈曼旗"借地养民"时进来的汉民繁衍生息，加上新迁入的汉民逐年增多，开始形成了蒙汉杂居的状态。

光绪二十九年(公元 1903 年)，在奈曼旗鄂尔土板街设阜新县治，又于光绪三十四年(公元 1908 年)，在小库伦街设绥东县治，管理居民于奈曼旗、库伦旗和哈拉哈左翼旗境内的汉民事务，协调旗县关系以及判处民事纠纷和刑事案件等。

1945 年光复时，奈曼旗汉族人口已达94757 人，占本旗总人口的73%。

第三章　奈曼旗姓氏文化

第一节　奈曼旗蒙古姓氏

奈曼旗蒙古族有世代相承的姓氏。清初，奈曼旗蒙古族土著成分中，有原乃蛮部 7 个姓氏。即伊和乃蛮、达勒、达尔沁、塔塔尔、侯布兀惕、蟒嘎惕(忙兀惕)、乌济业特(兀者)等。后经三个半世纪的变迁，发展到如今的46 个姓氏14 万人。

中华民国初，强令蒙古人取汉姓。蒙古人取汉姓有三种方式。一，以原蒙古部称的第一音谐音字为姓，如"孛儿只斤"为"包"、"宝"、"鲍"、"孛"；"乞彦"为"祁"、"齐"；"乌济业特"为"吴"、"武"、"伍"、"乌"等。"乌梁海"为"吴"、"武"、"伍"、"乌"、"欧阳"等。"巴耀特"、"巴阿邻"、"察哈沁"为"白"、"巴"；二，以蒙古部称的汉译词为姓，如"达勒"为"脊梁"的"梁"；"乌梁海"为"爬藤"的"藤"；"察哈沁"为"白"等；三，是随便取一个字做汉姓，如把"阿巴嘎"误以为是"阿巴哈"，而误译称"安"等等很多。

伊和乃蛮氏　又称"乌克乃蛮"。他们是成吉思汗时期乃蛮部太阳汗的后裔。太阳汗为古出鲁克氏，意思是"大力士"。蒙古人认为力量在人的脊梁部位，因此，初改称"达鲁氏"或"达鲁乃蛮氏"，以此取汉姓为"梁"。

他们遍布全旗各地。也有取汉姓为"白"的，因为，蒙古人把白色看成是纯洁、高尚的颜色。

达勒氏 也是乃蛮部古老的部落后裔，又称达鲁或达拉特。他们自己称成吉思汗大将札剌亦儿氏木华黎的后裔。他们取汉姓"梁"。

达尔沁氏 奈曼旗蒙古人最早的成员之一。"达尔沁"汉译为"沉"，今取汉姓"陈"。

塔塔尔氏 为古老的塔塔尔部后人。成吉思汗在公元1202年灭塔塔尔部的战斗中，将俘虏的塔塔尔人交给弟弟哈撒儿诛杀。哈撒儿暗中保留了500余名塔塔尔人。为此，成吉思汗震怒，成为惩罚哈撒儿的一个重要因素。他们取汉姓"戴"或"王"。

蟒嘎惕氏 为古老的奈曼蒙古人姓氏。原为《蒙古秘史》上出现的"忙兀惕"的谐音。他们取汉姓"马"。

侯布兀惕氏 有写作"侯孛亦惕"，元朝时期出现的"可邻口"的变音，为察哈尔部中军队之称。他们取汉姓"胡"、"侯"。

乌济业特氏 原为成吉思汗幼弟贴睦格斡惕赤斤的属民。其分封地以古老的"兀者"人为中心，加上贴睦格斡惕赤斤赡养母亲诃额伦兀真而取其"兀真"与"兀者"的谐音，而出现的部落称谓。达赖孙库登可汗于1548年镇压乌济业特反叛后，把他们分隶各部。他们取汉姓"吴"。

据说，以上7个姓为察哈尔万户乃蛮部中的土著成员。

20世纪末，奈曼旗蒙古族中他们仍占较大比重。奈曼旗蒙古人中还有以下姓氏。

孛儿只斤氏 有写成"博尔济吉特氏"。为成吉思汗黄金家族，本旗札萨克郡王后裔，取汉姓为"包"、"宝"、"鲍"、"孛"。

失把失兀惕氏 匈奴时代的"须卜"，元代的"席宝赤"。取汉姓为"席"或"谢"、"吴"。

客列亦惕氏 有写作"克列"。取汉姓为"何"。

巴牙兀惕氏、巴阿邻氏、敖汉氏、哈赤惕氏、撒儿塔兀乐氏、斡儿谷氏，这些蒙古姓均取汉姓"白"。

忙讷兀惕氏 本姓与"蟒嘎惕氏"原本一致,为《蒙古秘史》上出现的"忙兀惕"的谐音。他们取汉姓"马"。

郭儿赤惕氏、公谷儿氏还有郭尔罗斯、郭儿罗特均取汉姓"高"、"郭"、"胡"、"霍"。

失剌讷兀惕氏 取汉姓为"梁"。

协尔塔塔尔氏 取汉姓为"王"。

鄂尔多斯氏 取汉姓为"敖"、"金"、"白"。

哈阿剔氏 原为《蒙古秘史》上出现的"哈阿剔蔑儿乞"之后裔。他们取汉姓为"阚"。

舍金氏 取汉姓为"谢"。蒙古族孛儿只斤氏的分支"萨勒只兀惕氏",也取汉姓"谢"。

忽兀赤惕氏 取汉姓为"胡"。蒙古"浩赤惕氏"似乎与此相同,他们取汉姓"陈"。

帖良古思氏 取汉姓为"滕"。

客儿捏兀惕 取汉姓为"何"、"贺"。这是后史称"客列亦惕"的另一种写法。

阿喇黑赤兀惕氏 取汉姓为"薛"、"华"、"高"、"侯"。

另外,从外地迁徙到奈曼旗的蒙古人还有20余姓氏。其中,从辽宁省蒙古勒津搬迁过来的"辽东蒙古"有7姓。他们是:

他班昂氏 有写作"塔布囊"。他们取汉姓为"吴"、"武"、"伍"等。

泰亦赤兀惕氏 他们取汉姓为"泰"、"太"。

斡勒忽讷特氏 他们取汉姓为"敖"。

察哈尔兀特氏 他们取汉姓为"常"。

孛儿赤兀惕氏 为"孛儿只斤"的异写,他们取汉姓为"包"、"宝"、"鲍"。

哈喇特兀惕氏 他们取汉姓为"海";还有海勒图惕氏取汉姓为"海",他们也是从辽宁省搬迁过来的蒙古勒津人。

乌特尔氏 他们取汉姓为"吴"。

从东土默特旗(朝阳、北票一带)搬迁过来的有：

郭尔罗喇兀惕氏　取汉姓为"高"。

哈喇努兀惕氏　取汉姓为"韩"。另外,孛儿只斤氏的分支哈塔斤氏也取汉姓为"韩"。

楚勒台惕氏　取汉姓为"储"。

孛黑喇兀惕氏　取汉姓为"包"、"鲍"。"孛黑喇兀惕氏"是"孛儿只斤"的异写。

斡抹忽惕氏　取汉姓为"敖"。

札温斡鲁惕氏　取汉姓为"赵"。

失耶京古惕氏　取汉姓为"金"。

孛喇克赤兀惕氏　取汉姓为"佟"。

从喀喇沁三旗搬迁过来的有：

杭秃惕氏　取汉姓为"杭"、"康"。他们原本是与"韩"一致。

主儿乞惕氏　取汉姓为"辛"。他们不是女真人的"主儿乞惕",而是《蒙古秘史》上出现的"主儿乞惕"的后裔。

嘎勒赤兀剔氏　取汉姓为"霍"。

陶克木剔氏　取汉姓为"张"。

本旗境内还有乌珠穆沁部的斡鲁惕氏(敖),科尔沁部的篾儿乞惕氏(孟)、彻格尔氏(车)、木勒秃惕氏(莫)和克什克腾部的黑白塔塔尔氏(唐、戴、王)等。

奈曼旗蒙古人当中,也有清朝时期搬迁过来的汉族人和下嫁公主的随行汉族人和满洲人。他们在漫长的岁月里,已经演化成地地道道的蒙古人。其中有"王"、"金"、"郎"、"曹"等姓氏。

奈曼旗共有采用汉字的 116 个姓氏。分别为:安、敖、白、包、宝、鲍、暴、毕、蔡、曹、崔、常、陈、成、程、戴、邓、刁、丁、董、杜、方、冯、付、傅、高、龚、宫、韩、杭、海、何、贺、侯、洪、胡、黄、华、马、孟、穆、宁、牛、潘、庞、霍、纪、季、金、康、孔、赖、兰、雷、李、刘、梁、林、罗、娄、卢、鲁、陆、吕、齐、乔、钱、秦、邱、曲、任、荣、宋、孙、单、石、史、陶、唐、佟、田、万、王、魏、卫、温、乌、吴、伍、武、席、肖、谢、辛、徐、薛、叶、姚、杨、于、苑、岳、赵、张、甄、郑、周、朱、左、储、滕、郜、太、阚等。

第二节　奈曼旗蒙古人的分布

1986 年,奈曼旗蒙古族人口超过 5000 人的有:

黄花塔拉苏木、固日班花苏木、沙日浩来镇、章古台苏木、太山木头苏木、白音塔拉苏木、八仙筒镇、治安苏木和大沁他拉镇等 6 个苏木和 3 个镇。

3000 到 5000 人口的有:

新镇、朝古台、屠了恩塔拉、衙门营子、奈林、清河、明仁、巴嘎波日和、东明等 7 个苏木 1 个镇。

1000 到 3000 人口的有:

先锋、昂乃、浩特、得胜、平安地和苇莲苏等 6 个乡。

不到 1000 人的有:

桥河、太和、义隆永、青龙山、南湾子、土城子、白音昌和六号国营农场一场一镇。

蒙古族人口比例超过 90% 的有:

巴嘎波日和、固日班花、黄花塔拉和屠了恩塔拉等 4 个苏木,通称 4 个蒙古苏木,共有 83 个嘎查村。其中纯蒙古嘎查有 74 个,蒙汉杂居嘎查 9 个。

蒙古族人口比例超过 50% 的有:

治安、奈林、章古台、太山木头、沙日浩来、明仁等 6 个苏木镇,共 109 个嘎查村。其中纯蒙古嘎查 46 个,蒙汉杂居嘎查 19 个。

蒙古族人口占 1/3 的有:

衙门营子、清河、朝古台、白音塔拉、浩特、得胜、新镇、八仙筒等 8 个苏木新镇,共有 152 个嘎查村。其中纯蒙古嘎查 26 个,蒙汉杂居嘎查 19 个。

其余 13 个乡镇蒙古族人口所占比例均低于 20%。在其 182 个嘎查村中,纯蒙古族嘎查 6 个,蒙汉杂居嘎查 5 个。全旗 31 个苏木乡镇 529 个嘎查村中,纯蒙古嘎查 152 个,占 28.7%;蒙汉杂居嘎查 52 个,占 9.8%。至

1998 年末,上述分布情况和蒙古族所占比例都没有大的变化。

第三节　奈曼旗汉族姓氏

奈曼旗汉族人的进入情况,在《奈曼旗农垦文化》一节作介绍。所以,在这里介绍本旗境内汉族姓氏,共有 314 个。分别为:

艾、安、敖、巴、白、柏、暴、鲍、贲、毕、连、卞、邴、薄、卜、步、财、蔡、曹、丛、崔、查、柴、常、晁、车、陈、谌、成、程、池、迟、初、楚、代、戴、党、邓、东、董、窦、狄、邸、刁、丁、杜、段、樊、范、方、房、费、封、冯、伏、富、傅、付、高、甘、戈、盖、葛、耿、宫、龚、巩、勾、谷、顾、关、管、官、郭、国、郝、韩、杭、何、和、贺、赫、洪、侯、厚、胡、扈、华、宦、黄、霍、惠、贾、江、姜、蒋、稽、吉、计、纪、季、冀、蒯、简、焦、靳、经、荆、井、景、敬、鞠、阚、康、寇、孔、邝、匡、赖、劳、兰、郎、冷、雷、娄、楼、龙、隆、黎、李、历、栗、连、廉、廖、梁、林、蔺、凌、刘、柳、卢、鲁、陆、路、逯、罗、洛、栾、吕、麻、马、满、毛、梅、门、孟、莫、米、宓、苗、明、牟、木、慕、穆、年、聂、牛、宁、南、顾、潘、庞、裴、彭、皮、鄢、平、齐、祁、乔、钱、强、屈、曲、全、仇、邱、秦、冉、任、荣、茹、阮、桑、司、宋、苏、宿、粟、隋、索、孙、沙、单、邵、商、尚、佘、申、沈、绳、盛、师、施、石、时、史、舒、帅、邰、泰、陶、谭、汤、唐、滕、田、佟、屠、涂、万、汪、王、韦、卫、魏、温、文、闻、翁、乌、吴、伍、武、席、夏、咸、冼、肖、萧、鲜、谢、熊、辛、信、邢、修、徐、许、胥、薛、宣、荀、姚、严、阎、颜、晏、燕、杨、叶、伊、衣、阴、殷、尹、营、雍、尤、由、于、俞、虞、禹、郁、尉、袁、原、苑、岳、查、翟、詹、展、张、甄、郑、赵、周、钟、朱、祝、庄、訾、曾、邹、宗、祖、左;另外还有复姓黄甫、尉迟、钟离和上官等。

第四节　奈曼旗满洲人和其他少数民族

满洲族,简称满族。以往史学界基本认为他们是"女真人的后裔"。随着我国民族史研究的深入,很多学者对满洲人的族源提出了异议。其主要根据是清太宗皇帝皇太极于爱新国天聪九年(公元 1635 年)的一道御旨:

"我国原有满洲、哈达、乌拉、叶赫、辉发等名。向者无知之人,往往称为诸申,夫诸申之号乃席北超、默尔根之裔,实与我国无涉。我国建号满洲,统绪绵远,相传奕世。"而成书于1817年的《金鬘》一书中,作者纳塔称:"从此,……依据达赖喇嘛和班禅额尔德尼遣使所称:'满洲释礼大皇帝'之义,改其族名为'满洲'。"当时,正在笃信佛教的蒙古人,立即接纳了他的这种"解释",与其翌年三月,漠南蒙古16部49位台吉聚集盛京称:"大元蒙古可汗统由满洲可汗继承,满洲和蒙古统一了朝政。"并奉皇太极为"博格达彻辰可汗"。同年,皇太极把"爱新"国改称"大清",改元崇德。揭开了统治泱泱中华近300年的历史序幕。

奈曼旗自建旗以来,先后有3人曾为固伦额驸(驸马)或和硕额驸。建旗初,本旗首任札萨克郡王衮楚克长子、一等台吉巴达礼曾为和硕额驸。奈曼旗第六任札萨克郡王垂忠系康熙时期的和硕额驸。奈曼旗第十一任札萨克郡王德木楚克扎布于道光二十一年与道光皇帝的第四女寿安固伦格格成婚,堪称声名显赫的固伦额驸。

按清廷的惯例,固伦公主下嫁外藩蒙古王公时,须陪嫁"72行"工匠。其中汉族和满洲人居多。他们跟随公主到奈曼旗,在那里繁衍生息,成为本旗内满洲和汉族人的先人。此外,解放后,大批满洲人移居本旗。奈曼旗除汉族和蒙古族,人口较多的是满洲人。1990年,第四次人口普查中,满洲人共有6259名,占总人口的1.59%。1998年,旗内满洲人发展到6731名,占总人口的1.6%。他们使用汉、蒙古语言文字。他们取汉姓为张、王、岳、敖、关、金等字。

据1998年的人口普查:汉族270777人;蒙古族141648人;满洲族6731人;朝鲜族95人;回族164人;其他少数民族22人;总共419437人口。

第四章　奈曼旗宗教文化

奈曼人的原始宗教是蒙古族传统的孛额教。随着社会的演变,他们改信了基督教的分支聂斯托里派。聂斯托里派在大元时期被称为也里克温教。这个内容在上篇已经简单介绍。奈曼人从吉尔吉斯分别开来之后,留在原籍的吉尔吉斯人逐渐改信了伊斯兰教。而奈曼人则随着全体蒙古人崇奉了藏传佛教格鲁派。

第一节　藏传佛教

蒙古人首次接触佛教是在大元时代。元世祖忽必烈可汗出于新形势的需要,引进藏传佛教萨斯加派,俗称红教。但是,忽必烈可汗没有采取强制手段来传播萨斯加派。只是给了他们"帝师"和"国师"的崇高地位,把整个吐蕃地区的政教和统辖大元佛教的大权委付于他们。这次藏传佛教的传播是以蒙古上层权威部门为主。

藏传佛教的第二次传播是蒙古北元中后期。由右翼三万户之土默特万户之首阿拉坦汗请来喇嘛教的格鲁派,俗称黄教。阿拉坦汗请黄教进入右翼三万户的目的,就是要通过佛教,争得整个蒙古北元的可汗大权。因为他不是达延可汗巴图孟克的长子之裔,所以,没有继承可汗大位的天时。可是他的实力在达延可汗巴图孟克直系后裔六个万户当中是佼佼者。而且,他又有超人的能力和远大的志向不在人下。

他为了改变这个处境,扭转自己这种矛盾的状态,威胁和依靠明朝过皇帝。明朝皇帝没有给他所希望的结果。最后,由鄂尔多斯万户的吉囊呼图克台彻辰洪台吉提醒他:"向忽必烈彻辰可汗学习。"这样,阿拉坦汗开始了从青海请佛教格鲁派首领三世达赖喇嘛索南嘉措的举措。

公元 1578 年,阿拉坦汗与三世达赖喇嘛在青海察卜恰勒之地会面,召开了蒙藏 10 万人的大会。在会上,极力寻找外围势力支持的佛教格鲁派首领三世达赖喇嘛索南嘉措摸清土默特万户阿拉坦汗的企图,赐封他"转金千轮咱卡拉瓦尔第彻辰可汗"之号,这正是元初由八思巴喇嘛赐封忽必烈彻辰可汗的称号;阿拉坦汗赠送索南嘉措之号为"圣识一切瓦齐尔大喇达赖喇嘛";从此,藏传佛教有了"达赖喇嘛"这一尊号。索南嘉措本来就是首届"达赖喇嘛",可是,按佛教格鲁派的宗旨,追溯本派之前两位为"达赖喇嘛",认定一世和二世,把自己排在第三位。这样,"达赖喇嘛"一产生就成了"三世"。三世达赖喇嘛看准蒙古族上层好高骛远的欲望,前后赐封鄂尔多斯万户呼图克台彻辰洪台吉、永谢布万户巴亚思哈勒、哈拉哈万户阿巴夕嘎勒珠巴图尔、察哈尔万户阿睦歹彻辰、阿里科尔沁的彻根等各万户为不同的"可汗"称号。这些人回到各自的领地,为报答三世达赖喇嘛的法恩,掀起了崇奉佛教的竞争。

这次的竞争,最有结果的还是右翼三万户。

历来封建王朝的一切统治者们都是以"孤家寡人"自居,提倡"天上有唯一的太阳一样,地上也必须有唯一的可汗"来维护可汗权力的至高无上。可是,阿拉坦汗与索南嘉措二人这么一闹,蒙古北元出现了众多可汗并立,中央可汗权力旁落的局面。从此,各个可汗称自己的领地为"乌鲁斯",相对地称北元中央称为"察哈尔乌鲁斯"。在蒙古社会出现了无数的"太子"——台吉。

阿拉坦可汗擅自宣布蒙古族原始的孛额教为"非法",予以残酷镇压。这样,蒙古孛额教迅速地消失在右翼地区,往左翼避难。

在科尔沁、昭乌达、卓索图地区传播喇嘛教的人是内齐托音阿毕达。爱新国天聪初年,内齐托音应皇太极之邀,带领察罕佃齐呼图克图为首的众弟子,从呼和浩特出发,前往盛京拜见皇太极,归附爱新国。皇太极请他到哲里木盟、卓索图盟、昭乌达盟传教。内齐托音首先到达科尔沁图什业图旗,科尔沁图什业图汗王奥巴、札萨克图郡王布达齐等人在内齐托音的教化下阪依佛门,通令禁止孛额教。内齐托音转到科尔沁卓里克图亲王乌克善处。不久,科尔沁王公集于内齐托音居住地白音胡硕,建立黄教寺院遐福寺,俗称白音胡硕庙或称黑帝庙。白音胡硕是蒙古语,意为富硕的山嘴;"黑帝"也是蒙古语,意为大庙。他向属民们宣布:"为了抵制孛额,弘扬佛教,凡是能背诵'秘密经集'的赏马一匹;能背诵'阎罗德密咒'的,赏牛一头。"先学会的人果然得到马和牛,更多的人也都仿照学起来,喇嘛教于是得到了更为深入的广泛传播。内齐托音很快得到了科尔沁封建主以及广大牧民的欢迎和崇拜。内齐托音这次的传播佛教,与八思巴和索南嘉措两次的传播有性质上的不同,这次是下层路线传播。

后来,内齐托音到了昭乌达盟奈曼旗,去见衮楚克巴图鲁。这段神奇的传闻在奈曼民间故事得到了记述。奈曼郡王对内齐托音也和科尔沁诸王一样很冷淡,令他赶快出境。内齐托音到此时,对这种态度已经习以为常,他不慌不忙,托出宗喀巴佛金像说:"你不认识我,可这佛爷却认识我!"说话间,金佛果然向内齐托音微笑了。奈曼郡王大为吃惊,当即皈依了佛门,拜见喇嘛,笃信尤深。

清朝统治者在蒙古地区大量修建寺庙,并给予喇嘛优厚的待遇。穷苦的蒙古人民为祈求幸福,把子弟送进庙里当喇嘛,有的地方仅留长子在家接香火主持家务外,其余孩子全部出家当喇嘛。清康熙、乾隆、道光时期是喇嘛教全盛时期。在这时,蒙古族成年男子的 30% ~ 40% 均出家当了喇嘛。

据传,奈曼旗最早的喇嘛庙是德勒图如特庙,汉人称"奈曼庙"。庙址选在奈曼旗西南方向,因庙得名,其村亦称奈曼庙。今属土城子乡哈日干图村,建庙时间不详,应该为 17 世纪 40 年代。清朝康熙年间(公元 1662 ~ 1722 年),移址于今沙日浩来苏木半拉庙嘎查。从清朝初期到中华民国年间,奈曼旗共建喇嘛庙 24 座。其中早建的庙宇都有移址新建或就地重建的经历。而每建一座新庙,必须以奈曼首届德勒图如特庙的石头或砖为奠基石,以示佛光千秋照,信徒吉祥如意。奈曼旗先后所建 24 座庙中,舍唐庙和回思庙随其所在地划归库伦旗境内,其余 22 座庙址均在今奈曼旗境内。1934 年,奈曼旗有喇嘛庙 21 座,喇嘛 1668 名。

1938 年,日伪当局在大板(现内蒙古赤峰市巴林右旗)举行庙会,召集伪兴安西省的 700 余名喇嘛,举行第一次兴安西省全体喇嘛大会。讨论提高喇嘛素质,调查喇嘛实态,确立庙产配套,普及庙里附设蒙文学校蒙文教师等问题。1940 年,组建伪满洲国的喇嘛宗团,罕庙活佛任宗团团长。当时,伪满洲国兴安西省喇嘛庙共有 90 座,喇嘛 8012 名。其中,奈曼旗喇嘛庙 20 座,喇嘛 2142 名。沙必纳儿共 824 户,庙宇数占全省 22.2%,喇嘛数占全省 26.7%。

从第一世内齐托音阿毕达至公元 1945 年,共有 8 世博格达。第一世内齐托音阿毕达,明嘉靖三十五年(公元 1556 年),生于四卫拉特土尔扈特部阿尤西汗叔莫尔根塔巴那家。清顺治十年(公元 1653 年)圆寂,终年 97 岁。第二世内齐托音,清康熙十年(公元 1671 年),出生于茂明安旗台吉瓦齐尔家,康熙四十二年(公元 1703 年)冬圆寂,终年 32 岁。第三世博格达,生于乌拉特中旗台吉古努嘎家。坐床于康熙四十九年(公元 1710 年),乾隆三十一年(公元 1766 年)圆寂。第四世博格达,生于札萨克图旗第六代郡王纳旺色布腾家。乾隆三十七年(公元 1772 年)坐床,四十八年(公元 1783 年)圆寂。第五世博格达,生于图什业图旗台吉桑杰扎布家。乾隆五十五年(公元 1790 年)坐床,嘉庆十六年(公元 1811 年)圆寂。第六世博格达,生于乌拉特后旗台吉道尔吉家。清嘉庆二十三年(公元 1818 年)坐床,清光绪十一年(公元 1885 年)圆寂。第七世博格达,生于镇国公旗台吉图布苏拉图家,光绪十一年(公元 1885 年)坐床,光绪十五年(公元 1889 年)圆寂。第八世博格达麦拉然斤,俗名图门那苏图。民国三十二年(公元 1943 年),生于图什业图旗台吉玛拉哈家。1945 年 9 月 20 日坐床。1981 年圆寂,终年 38 岁。

第二节　奈曼旗寺庙遗址

杜贵苏莫

相传杜贵苏莫先后建了三次,其遗址位于朝古台苏木杜贵嘎查北 6 公里处。始建该庙的地方是一片圆形的甸子,名叫杜贵塔拉的地方。所以,以地形命名为杜贵苏莫。"杜贵"是蒙古语,指圆形或圆圈、圆盘之类。

据传说,此地是当年人们空中抛出"杜贵",练习布鲁或射箭打准的平坦场地,故称杜贵塔拉。

第一次建庙在杜贵塔拉的位置,相传就是在杜贵嘎查西边,东、西布日敦嘎查以东的地方。时过境迁,庙址遗迹已被流沙覆盖,不易辨认了。

第二次移址新建的地方,据说是杜贵嘎查村南,杜贵河北岸,杨柳树环抱的地方。两次所建的具体年代，没有资料考证，仅此传说而已。

第三次也就是在最后一次移址重建，是伪满洲国大同元年（公元1932年）春天。位置在杜贵嘎查原供销社房后。

光复后的1947年的"铲庙"运动中，其正殿有幸留存。

上世纪50年代初，在这里设立供销合作社时，其正殿房舍当做了储货仓。

1963年夏，杜贵河发洪水，冲毁了其正殿，遗迹依稀可见。

杜贵苏莫建于何年、何人所建？至今尚无文献考证。但始建杜贵苏莫的传说至今流传着。据传说，杜贵苏莫始建于大约清朝道光年间，也就是19世纪30年代。说主持建造杜贵苏莫的人是奈曼旗札萨克郡王的二弟，人们称他为"二爷"。他年轻时娶妻生子，后来出家当了托音喇嘛（托音是指贵族出身的喇嘛）。在他出家之前的某一年，数九隆冬的季节里，二爷外出归来时，目睹了一个"触犯法规"的下人，被捆绑在宫外马桩上，活活冻死的惨景。他怒不可遏地闯进札萨克王兄的宫中，斥责札萨克王兄草菅人命，存心造孽。哥儿俩你一言我一语，发生了口角，几乎到了动手的地步。事后不久，二爷毅然决然地抛弃了台吉贵族的荣华富贵，辞别贤妻爱子的温馨家庭，胸怀以佛祖教义感化富贵人家，拯救水深火热之中的黎民百姓之志，虔诚地皈依佛门，出家为僧，投奔西召（青藏一带）而去。他历尽艰辛，终于到了佛教圣地拉萨。在那里学到了不少的佛教知识，撰写了很多著作。据说，其中之一的藏文版《齐纳日勒》一书在青藏一带广为流传。

若干年后，他在返回奈曼途中，又滞留于五台山继续修炼。两年后回到奈曼。不久，便选中了杜贵塔拉之地，主持建造了这座杜贵苏莫。人们敬重这位德高望中的前辈，讳称其名号，叫他为"二爷托音"。新建的杜贵苏莫虽然规模不大，但是从西召修行回来的托音喇嘛知识渊博，才气过人。他自任主持达喇嘛，使杜贵苏莫名声大振，佛事兴隆了。

这时候，孤守空房，常住娘家的"二奶奶"——二爷福晋得知朝思暮想的丈夫回到故里的消息，急忙打点行装，直奔杜贵苏莫而来。二爷托音听到此讯非常着急，唯恐相见。他深知已受佛门戒律的喇嘛不能玷污神圣的律条。思来想去，便决心趁妻儿尚未到来之前，脱身离开为上策。这样，当她们到来的前一天，夜深人静之机，乘骑雪白的骏马，飞驰而去。白俊马深谙主意，腾空而起，如同流星划过天空，奔向西方。次日早晨，庙里的众喇嘛发现主持达喇嘛人走屋空，并发现庙殿前只留下白马的两个后蹄印。从此，二爷托音再没有回到杜贵苏莫，杳无音讯了。人们纷纷议论，二爷托音修行多年，已成正果，化为清风，回上西天了。

不久，虔诚的众喇嘛为祭祀二爷托音，以白马后蹄印为中心，重新修建了杜贵苏莫。并请画师敬绘乘骑白龙驹奔驰状的二爷托音，举行开光仪式，供奉在杜贵苏莫正殿。

在这一传说中的"二爷托音"，很有可能是奈曼旗第九任札萨克郡王巴喇楚克次子，著名的蒙医药学家"奈曼托音"占布拉道尔吉。因其生平事迹（见此书《奈曼旗名人》）与"二爷托音"的传说非常相似，也许以后会得到印证。

最后所建的杜贵苏莫是由家居五爷大沁（现章古台苏木伊和大沁嘎查）的王室后裔，人称"阿哥诺颜"的中乃那木吉拉的人，奉大沁庙活佛扎米扬曲多尔之命，出资所建。据说，奈曼旗第六任札萨克郡王确景（有写作垂忠、垂忠）、"二爷托音"等皆为其祖先。庙内供奉和硕额驸、札萨克郡王确景及其福晋和硕格格（爱新觉罗氏）夫妇的画像和"二爷托音"的画像等。

杜贵苏莫是1932年春天竣工。之后不久，还把确景郡王夫妇的坟茔迁到杜贵苏莫以北约2公里处，用青砖白灰圆坟。逢年过节还要诵经祭祀。到上世纪50~60年代，依然存在。后来，被流沙淹没。

伪满洲国康德七年（公元1940年）时，杜贵苏莫有喇嘛50人。其中获得"度牒"的24人，沙必纳儿18户。杜贵苏莫与敖来哈日盖拉庙是同会之庙。因杜贵苏莫获得的度牒喇嘛人数较少，而主办较大型的诵经会或跳"查玛"（俗称"喇嘛舞"）时，都要从敖来哈日盖拉庙请来喇嘛。不过，杜贵苏莫有个"固日图木"喇嘛。每月初二和十六日，这位固日图木喇嘛都要跳神。到时候，固日图木喇嘛的"神灵附身"，身穿数十斤重的铜盔铁甲，口念咒语，如旋风般旋转起来。偶尔往上跳，几乎头顶屋顶；还把三尺长剑，如同柳条般搣成铁环或拧成麻花状。使崇拜者和目睹者大开眼界,佩服的五体投地。固日图木如此做法,意在为施主驱魔消灾,治病救人。耐人寻味的是跳完神之后,他与普通喇嘛一样,与普通人无异,根本没有那么大的力气和速度。只是做法跳神时,非同一般,前后判若两人。

杜贵苏莫的固日图木喇嘛名叫席扎木萨。解放后居在老家固日班华苏木特莫图萨嘎查,参加劳动,自食其力也未还俗成家。到1989年,安然谢世。

孟根苏莫

奈曼旗第十三任札萨克郡王玛什巴图尔始建一座王陵庙,于光绪三年(公元1877年)四月竣工,称孟根苏莫,法名功成寺。蒙古语称"monghon"与"bonghon"为同义,其意为"陵寝"或"坟茔"。孟根苏莫位于塔日干淖尔南边,在王陵正西方向。

孟根苏莫正殿供奉释迦牟尼佛像。东西两偏殿供奉奈曼郡王列祖列宗画像。该庙的主要活动不外乎逢年过节为王室举办诵经法会,祭奠王室列祖列宗。在平日里,只是看护王爷坟茔。该庙在其末期,仍有喇嘛60人,沙必纳儿28户。孟根苏莫没有葛根呼图克图或呼毕勒罕尊号的主持喇嘛。所以,同本旗衙门庙、哈塔海庙、乌力吉芒石庙一并归胡硕庙"道格欣席热图"葛根管辖。平时由其达喇嘛主持。

孟根苏莫在1947年的土地改革运动中受到破坏。其遗址遭孟和河洪水吞没,现今荡然无存了。

赛罕苏莫

"巴嘎波日和"为蒙古语。"巴嘎"为小,"波日和"原意为艰难或艰险。以沙丘命名。这里原来是高丘深谷,乔灌葱茏,野兽出没,行走无路的原始沙地。蒙古语奈曼口语中,称较大面积内树木茂密的地方为"波日和"。巴嘎波日和苏木北部地带于19世纪之前是一片生态地区,被称为"固日班哈荣贵",意为三片黑树林。这样,据说风水变得更加凶暴,野兽猛禽经常出没,袭击人的事情时有不断。因此,居近的满楚克庙主持达喇嘛那木巴勒在这里兴建了寺庙,于清道光元年(公元1821年)三月竣工。蒙古语起名为"赛罕苏莫",汉名为成善寺。庙内供奉千手千眼观世音菩萨。针对原来的"固日班哈荣贵",兴建了"固日班赛罕"命名的寺庙,在人们的精神上予以了莫大的安慰。据说,从此以后,这里的生态变得和缓、和谐,以往的"波日和"已成了历史。

1928 年,由乡绅姜万春将赛罕庙刷浆修缮,并出新匾,使其焕然一新,从此被称为"新庙"。

据伪满洲国康德七年(公元 1940 年)的统计,该庙有 55 名喇嘛从事法事,还有沙比纳儿 16 户。

赛罕苏莫的始建,有个故事至今流传在奈曼大地上。据传说,奈曼旗第十任札萨克多罗达尔罕郡王阿旺都瓦迪扎布不但能骑善射,而且时常亲率旗下箭丁以围猎活动训练骑射。既获得可观的猎物,又训练了旗民,可谓两全其美。大约清嘉庆二十四年(公元 1819 年)秋末冬初,承袭奈曼旗札萨克多罗达尔罕郡王的阿旺都瓦迪扎布传令围猎,旗下各苏木箭丁由苏木章京和扎兰带队,前往指定地点集结。阿王带领王府卫队及侍从等,骑着骏马,牵着一群猎狗,浩浩荡荡向北边的大片草地,边打猎边行进。正当人马行进到现白音塔拉苏木以北大片沙地时,突然天气骤变,狂风四起,飞沙走石,天昏地暗,伸手不见五指。阿王随同人员一个个目瞪口呆,这前不着村,后无旅店的荒山野外,实在找不着避风处。正在人们束手无策时,有两名王府卫兵向王爷禀报,说距此处不足二里地的地方有一平坦之处,那里风弱无扬沙,且能见到阳光,我们是否到那里暂避一时。王爷遂名左右随两名卫兵向西南方向急驰而去。不一会儿,人马来到那片平地,情况果然如同卫兵所报,实是一个好去处。待回到王府后,阿王向福晋叙说了今天的遭遇。福晋说:"何不让喇嘛前去观察占卜一下呢?!"阿王便命令管家去安排。第二天,喇嘛回来向王爷禀报说:"吾王德高望重,旗民拥戴,各旗王爷无不佩服。昨日围猎,虽天有不测,但有土地相助,实乃王爷洪福。"阿王听到满心高兴,当即下令,在那里兴建寺庙,以示虔诚。并责令满楚克庙呼图克图葛根派遣达喇嘛设计监理,统管建庙工程。

阿王建庙竣工,真是时来运转,步步升高。道光元年(公元 1821 年),

阿王晋升为昭乌达盟帮办盟务;道光七年(公元 1827 年),任昭乌达盟备兵札萨克职,统理昭乌达盟军政公务。"备兵札萨克"一职的设立,是当时朝廷军事需要,传旨在内札萨克 6 盟均设一员统辖全盟蒙古兵,专理军务之职。两年后的道光二十一年(公元 1841 年)十月,阿王任御前行走,享受贝子待遇;同年,阿王长子德木楚克扎布与道光皇帝四女寿安固伦公主成婚,为固伦额驸。从此,阿王与道光皇帝成了儿女亲家。那个时代的皇亲国戚,可谓飞黄腾达,不可一世。道光二十八年(公元 1848 年),阿旺都瓦迪扎布病逝,遵其遗嘱,将其遗体安葬在他本人生前选好的坟茔地——塔日干淖尔附近,成为奈曼旗王府陵寝之地。

图萨拉克齐苏莫

"图萨拉克齐"为蒙古语,为旗札萨克协理官员。据说,奈曼旗第十任札萨克多罗达尔罕郡王阿旺都瓦迪扎布(有写作阿旺都瓦第扎布)的一位图萨拉克齐台吉(姓名不详),于道光二年(公元 1822 年)三月所建。故被称为"图萨拉克钦苏莫",意为协理之庙。

图萨拉克齐庙位于白音塔拉苏木政府驻地白音塔拉嘎查东北 7.5 公里处,国道 111 线北侧。现名为包屯艾勒,习惯称"庙屯"。

图萨拉克齐庙正殿供奉释迦牟尼佛像。伪满洲国康德二年(公元 1935 年),旗县合并后,新组建的奈曼旗公署将蒙五区警察局安排在图萨拉克齐庙,官兵 20 人。至解放前,图萨拉克齐庙尚有喇嘛 53 人,沙必纳儿 15 户。

衙门苏莫

"衙门苏莫"是满蒙合璧名词,"衙门"为满洲语,坟墓的意思。奈曼旗的衙门庙,可理解为陵寝庙或舍利庙。因为,在这庙里设有安葬奈曼旗首任札萨克达尔罕郡王衮楚克遗体的碧绿色舍利塔。并且供奉衮楚克郡王的画像,故命名为衙门庙。其原址在教来河南岸,伯和乌苏嘎查西南 7 华里处。时称衙门甸子,现名新发村。在 20 世纪 20 年代初,衙门庙被教来河冲毁。在选择何处重建衙门庙的决策上,奈曼旗扎赫拉克齐(管旗章京)乌凌嘎与王爷家族德木齐喇嘛布和二人意见不同而发生争执。乌凌嘎章京主张原址上重建,德木齐喇嘛主张移址新建。后来,德木齐喇嘛的主张得到通过——移址新建。经过多方选择,相中了现在的黄花塔拉苏木毛敦艾勒嘎查(原名迈吉嘎毛都)东边的叫"马敏额和因塔拉"的地方,便破土动工。于中华民国十五年(公元1926年)三月竣工。庙名仍称衙门庙,法名寿开寺。庙的正殿为3大间,供奉玛哈嘎拉佛的铜像;另建喇嘛禅房6间。正殿(坐北朝南)后面5丈远的地方建造了1.5丈(5米)高的护庙之神绿色舍利塔,内藏有洪巴图鲁达尔罕郡王衮楚克的骨灰。塔的两侧安葬了两位福晋的骨灰。且用白灰砂浆封闭。伪满洲国康德七年(公元1940年),衙门庙有喇嘛25人,沙必纳儿9户。该庙与乌力吉芒石庙为同一个庙会。

公元1947年,农历丁亥年秋,衙门庙举办例行诵经会。他们从奈曼王府的福田庙——大沁庙请来《甘珠尔》经卷(据说这部经卷是土默特右旗"忠信府",尹湛纳希家赠送给大沁庙的),如期举办了诵经会。就在此时,奈曼旗"铲庙"狂飙席卷而来,喇嘛被逐,经卷被焚,佛像被砸……,堂堂衙门庙,便这样"寿终正寝"了。

人间20年,弹指一挥间。"文革"的"造反派"们高喊"破四旧"的口号,冲向衙门庙的遗址。他们在残存的绿塔底部挖洞装药,引火爆炸,炸开了砖石结构的塔身。发现了蓝花瓷瓶和青铜佛像等。他们把瓷瓶中黄缎口袋里的骨灰"随风撒飞",把瓷瓶也扔在公社仓库一角,是"官窑"还是"民窑",产品无人问津。铜佛铜器卖到供销社,换了200元,为毛敦艾勒"文化革命宣传队"置办了幕布、服装和道具等。

胡硕苏莫

"胡硕苏莫"是蒙古语,汉译为旗庙。所谓的旗庙,顾名思义,就是奈曼旗札萨克达尔罕郡王府直接管理的重要寺庙。它是札萨克郡王亲自祭拜的佛门圣地。胡硕庙的法名叫经缘寺,兴建于清乾隆五年(公元1740年)三月。庙址在现章古台苏木包庭塔日雅嘎查境内。后来才移至今章古台嘎查。移建年份不详。胡硕庙辖旗内孟根庙(王爷陵寝庙)、衙门庙、哈塔海庙和乌力吉芒石庙。胡硕庙活佛的法号为"道格欣锡勒图葛根"。相传有阿旺莫洛木、衮楚克沙塔日布、益西宁布、仁钦宁布等四世活佛相继坐床,至伪满洲国康德七年(公元 1940 年),仍有 222 名喇嘛,90 户沙必纳儿的较大寺院。

现存青砖砌筑的胡硕庙佛塔一座。因呈白色,亦称胡硕庙白塔。该塔于 1937 年竣工。为移址重建之作。据传,始建之塔,竣工于清乾隆年间。随着胡硕庙的移址重建,才将白塔东迁至现在的胡硕庙朝克沁大经堂西侧偏北的位置。重建时,按原造型设计扩大一倍。该塔高 15.24 米,底宽 8 米,由台明、基座、三级塔身和覆钵式塔四部构成。塔体可分五阶,上两阶呈圆状,有铜锭箍、十三天、佛眼等。佛眼分东西南北四向,内有四尊佛像。该塔是供奉藏传佛教格鲁派(亦称黄教或喇嘛教)创始人宗喀巴大师的舍利塔;下三阶为方形,每阶有若干佛浮雕。塔表装有大、中、小型宗喀巴泥塑像 533 尊。四面对应,工整美观。

2006 年,胡硕庙白塔被修复一新,列为内蒙古自治区文物保护单位;继而在佛塔前面正在兴建沿用“经缘寺”之法名的庙堂佛殿。一座塔殿齐全的佛教寺院将在昔日的胡硕庙位置上再现乃是指日可待了。

绰尔济苏莫

“绰尔济苏莫”,有写成“朝吉庙”,全称应该为“绰尔济喇嘛苏莫”,民间简称“喇嘛庙”。蒙古人称“喇民苏莫”。法名叫光法寺。建庙于清乾隆二年(公元 1737 年)正月。位于今太山木头苏木西道劳代嘎查境内。光绪年间,逐渐形成村落。伪满洲国时期,习惯上不叫道劳代,而普遍称“喇民苏莫”。

绰尔济苏莫供奉释迦牟尼佛塑像,有活佛。活佛尊号为“查干葛根”。伪满洲国康德七年(公元 1940 年)时,仍拥有 151 名喇嘛,78 户沙必纳儿,为较大的寺庙。现已不复存在。

太宾苏莫

太宾苏莫,汉语称太宾庙。太宾苏莫是清康熙三十二年(公元 1693 年)四月,竣工于原苇莲苏乡太宾格日(五十家子)嘎查境内,叫赛沁花的地方。故命名为太宾苏莫。太宾格日为清朝初期兴建的驿站,单设一个苏木,直隶于王府扎兰。这座庙历经两个半世纪,几经修复,至今依然存在。

据伪满洲国康德七年(公元 1940 年)统计,当时庙中还有 31 名喇嘛、31 户沙必纳儿。可谓奈曼旗内历史较长的一座庙。

博勒梯苏莫

现明仁苏木西端,老哈河南岸,曾经是一片水草丰美的平坦地。据传说,当年有一位阔脸大眼珠子的蒙古族牧民最早来到这一带游牧。后来人们将这片大甸子称为"博勒特格尔因塔拉",简称"博勒梯塔拉",意为大眼睛的甸子。他死后,将遗体埋葬在这里,把他的坟墓称为"博勒梯忽日",意为大眼睛的坟墓。清乾隆年间,在此处修建了一座庙,依地名命名为"博勒梯苏莫"。

当年在庙址的选择上有这么一个传说。据说,首先看上的是百姓图(今八仙筒)以北有一个叫奈古勒吉的地方。不过有一位资深的喇嘛指示:如果在这里建庙,将来虽然能出人才,但施主贫困,从而没有相中。再往北走到奈古勒吉以北叫赛罕花的地方,相看时,这位喇嘛说:如果在这里建庙,将来虽然施主富裕,但难出人才,又没有相中。再往北踏查到博勒梯坟周围地,喇嘛指出:如果在此处坟上建庙,将来必能成为施主富庶,人才辈出的两全其美之地。依据喇嘛旨意,奈曼旗札萨克郡王立即下令,把庙建于博勒梯塔拉中博勒梯坟上,直接称"博勒梯苏莫"。后来在这里形成村庄,便以庙名命名为博勒梯艾勒。博勒梯庙竣工的准确时间为清乾隆十一年(公元 1746 年)八月。据伪满洲国康德七年(公元 1940 年)的统计,该庙当时仍拥有喇嘛 309 名,沙必纳儿 103 户。隶属于奈曼旗包日胡硕庙的直属,包日胡硕庙的葛根兼理该庙的大事务。

有关博勒梯庙,有这么一件事情记载于书籍,流传至今。说是博勒梯庙末代达喇嘛是奈曼旗管旗章京(扎赫拉克齐)达尔斋之弟,名叫诺拉玛。他从小剃发为僧,住在博勒梯庙。终于熬到该庙达喇嘛的职位。那时候,他的哥哥达尔斋扎赫拉克齐已有两个儿子。令长子留守家业,将次子海莫楚克送到其叔叔诺拉玛达喇嘛处,当了喇嘛。

诺拉玛达喇嘛因职位之便,财产日益富庶,且正当壮年不甘寂寞,就在其牧铺上"金屋藏娇",生了两个孩子。如此,来回奔波于牧铺与寺庙之间,尽情享受人间幸福。并且,害怕其侄儿发觉他的"美事",经常给侄儿安排些繁重而劳累的活儿来折磨他。

当海莫楚克二十几岁时,其父达尔斋扎赫拉克齐及其哥哥先后去世,不得不还俗娶妻,维持家业。不久,他进王府当上了梅林。每当想起在庙里所受的苦和累,就难耐心中的嫉恨。他认为,对践踏宗教戒律,暗中娶妻生子的叔叔喇嘛,应当严加惩处。某一天,海莫楚克梅林带上十几个卫队士兵,来到诺拉玛达喇嘛的牧铺,把叔父一家四口人捆绑起来,押解到王府监狱。并将其几千只牲畜的一半捐给博勒梯庙,一半留给了自己。

海莫楚克梅林"大义灭亲"的事情不翼而飞,远在数百里外东土默特右旗三座塔庙(朝阳佑顺寺)的达瓦喇嘛获悉后,便悄悄来到奈曼旗,给监狱长行贿,秘密释放了诺拉玛喇嘛。出得监狱,诺拉玛喇嘛逃到三座塔庙,向周昌喇嘛诉说自己的过去,要求与侄儿海莫楚克梅林平分家产。周昌喇嘛将此事呈报热河督统,并授命代理热河督统处受理此案。他命驻朝阳的士兵押送诺拉玛喇嘛到奈曼。周昌喇嘛一到奈曼,立即把海莫楚克梅林抓起来审问。王府知道后,为调解此事,委派王府拜山达(管家)调解双方矛盾。结果,叫海莫楚克梅林分给其叔叔喇嘛 2000 只牲畜和 2 万元大洋,并给周昌喇嘛以未办海莫楚克梅林之恩,送银元 1 万块。同时,释放了诺拉玛喇嘛的妻儿,使其团圆。至此叔侄纠纷案就此了结。

浩沁苏莫

现在的东明镇乃是昔日浩沁苏莫努图克。"浩沁苏莫"为蒙古语,旧庙之意,"努图克"为古老的蒙古语,初指同一祖源的群体为一个努图克,当今演化成区域之意。浩沁苏莫有一个传说。清乾隆年间,有一位乘白骆驼的资深喇嘛,从西召来到蒙古地区传经。有一天,来到现奈曼旗东明镇所属东塔村的北边一白沙坨子处。因旅途劳累,他想在这里休息。白骆驼也在其主人旁边趴下,微闭双眼,慢慢反刍倒嚼着。

此时是风和日丽的暖春季节,尽情享受着日光浴的喇嘛,躺在松软微热的沙土上,不一会儿便进入了梦乡。他梦见自己乘骑的白骆驼竟然开口跟他说话了:"今天我们已经来到目的地了,再不必启程了!请你在此处建一座庙,自任活佛,招徒传经,大慈大悲,终成正果! 此乃我佛祖之教诲也,切记!"说完,它口念六字符咒,便消失了。喇嘛大吃一惊,即刻醒了过来,方知是一场梦。喇嘛一眼看到白骆驼仍趴在原地。喇嘛走近一看,白骆驼已经死了。老喇嘛看到自己的"白龙马"已经死去,很是悲伤。他非常虔诚地把这峰神奇的骆驼就地掩埋。附近的人们知道此事后,为纪念这峰白骆驼,把这块沙坨子命名为"查干特门扎拉嘎",意为白骆驼山沟。从此,老喇嘛天天出去募捐,天长日久,集资一大笔钱,在附近信徒们的帮助下,就在这查干特门扎拉嘎兴建了一座庙,命名为"特门扎拉嘎苏莫"。供奉如来佛像,老喇嘛当上了首任活佛。后来,在该庙西南一块开阔平坦的地方,修建了一座佛塔,与庙对应,形成一体。人们将建塔的平原称之为"苏布日干塔拉",意为塔甸子。

20 世纪 30 年代初,大约 1923 ~ 1924 年间,开始开垦这块地,逐渐形成村落,即今天东明镇所属东塔、西塔、南塔、北塔 4 个村子。其位置分别以佛塔为中心,塔东、塔西、塔南、塔北而得名。据说这座佛塔在上世纪 70 年代被毁。现在其遗址仍依稀可见。至于那座庙,据说大约在清嘉庆年间,被教来河洪水冲毁。后于嘉庆十八年(公元 1813 年)四月,移址重建于包日胡硕(亦作波日胡硕、博尔胡硕,蒙古语,意为紫色山嘴子),以其地形命名为包日胡硕苏莫。现址在治安镇胜利庙嘎查。所以,后人将上述故事中的"特门扎拉嘎"苏莫认为是包日胡硕苏莫的前身,习惯称其为"浩沁苏莫",即旧庙。

到伪满洲国时期,将该地区划为一个村,称浩沁苏莫。光复后,于 1946 年设浩沁苏莫区;1958 年改为东明人民公社,从其东部划出治安人民公社;1983 年改为东明镇。浩沁苏莫之称逐渐被人们遗忘。

满楚克苏莫

"满楚克苏莫"为蒙古语。"满楚克"意为缨穗子;"苏莫"为蒙古语,意为庙,即缨穗子庙。又作"曼楚克庙"。满楚克苏莫位于老哈河南岸,距平安地乡政府驻地西北 3 公里处。据传说,康熙十四年(公元 1675 年)三月,义州王布尔尼和贝德尔梅林反叛清朝,被清军追杀到奈曼旗境内老哈河南岸一片开阔地。在混战中,布尔尼王的帽缨子(也有说马缨穗子)丢在这里。后人为纪念此事,将这片平坦地称为满楚克塔拉,意为缨穗子甸子。并在这里立了敖包,称满楚克敖包。清乾隆三年(公元1738年)二月,在满楚克塔拉兴建的一座喇嘛庙竣工,命名为满楚克庙。后来形成村落,取名为满楚克屯。

对于满楚克苏莫名称,有另一种解释。认为"满楚克"不是蒙古语,而是藏语,意为誓愿。

满楚克庙,法名为法禄寺。相传,其建造者是在西藏深造多年,获得喇哈然巴学位的资深喇嘛,名为衮楚克拉布丹。他在其妹夫洪亲王的支持和帮助下,通过旗札萨克王府,动员广大旗民集资,化缘和施舍相结合,兴建了这座奈曼、翁牛特、阿鲁科尔沁三旗交界处附近的喇嘛庙。正殿为62间砖木结构的藏式建筑,雄伟壮观。其左右两翼,各60间房舍的院落,为住庙喇嘛禅房和生活区。满楚克庙供奉"三世佛"塑像。其主持活佛尊号为"呼图克图葛根"。曾有五世葛根传承。首任葛根就是建庙设计师衮楚克拉布丹。他主持该庙宗教事务数十年,到80高龄圆寂。

衮楚克拉布丹圆寂后,奈曼旗札萨克王府的官员会同满楚克庙的达喇嘛(葛根的首席助理)等相关人员,遵照前任葛根的遗嘱,向北方向派人寻找转世灵童。终于在翁牛特旗境内找到了他(姓名不详)。他是出生在满楚克庙尚思达(喇嘛职衔)喇嘛胞兄家。后呈请北京雍和宫主持章嘉呼图克图认定为满楚克庙二世呼图克图葛根。二世葛根7岁进庙,19岁上赴甘肃拉布楞寺学经深造10余年。学成后,携带《甘珠尔》和《丹珠尔》经等黄教经典返回奈曼。他在满楚克庙正殿内塑高大的美达尔佛(如来佛)雕像,诵经开光,日夜供奉。还建造了活佛禅房——葛根仓,为修炼之所。二世活佛生卒年皆无考。据传,在40岁上圆寂。

满楚克庙三世葛根出生于卓索图盟喀喇沁左翼旗(今辽宁省喀喇沁左翼蒙古族自治县)札萨克王四弟家里。由北京雍和宫章嘉呼图克图绕勒必多尔济札萨克达喇嘛认定为奈曼旗满楚克庙第三世呼图克图葛根。喀喇沁左旗王弟虽然愿意儿子当活佛,但坚持聘礼不可太轻。必须送500头牛

和 500 匹马;另外往来路费、迎送活佛礼仪之费用等,折算又超过 1000 头
(只)以上牲畜。庙上负担不起如此多的聘礼,而向王爷禀报。王爷答应帮
助。为此,奈曼旗札萨克从民间摊派 1000 余头(只)牲畜作为聘礼,送往喀
喇沁左翼旗王四弟家,请回转世灵童。他 7 岁进庙,后被送往北京雍和宫,
拜章嘉呼图克图为师。学经数年,获"堪布"学位。回旗时,带回赐予满楚
克庙喇嘛们的 110 个度牒。并携由雍和宫派遣的活佛高赤克(侍从)12
名,达喇嘛 6 人,德木齐 3 人等返回满楚克庙。为满楚克庙喇嘛素质的提
高,起到了一定的作用。三世呼图克图葛根在任期内仿照京城雍和宫佛塔
形状,在满楚克庙建造了一座佛塔以及其他一些装饰建筑。但据传,他多
次往来北京与奈曼之间,各种消费颇多,过于铺张,使庙仓财产入不敷出,
几乎到了倾庙荡产的边缘。三世活佛 60 岁时,在其父母家病逝。

满楚克庙四世呼图克图葛根是奈曼旗第十一任札萨克郡王、固伦额驸
德木楚克扎布的亲信属下、时为扎兰章京哈布其克之子。哈布其克为达赖
叶赫氏(汉姓金)人。四世呼图克图葛根是由额驸王亲叔父、时为奈曼旗包
日胡硕庙查干葛根指示认准的。他也是 7 岁入庙。他虽没有远出学经,但
多次到北京雍和宫、多伦诺尔等地拜佛取经。他外出"考察"回来后,便着
手整饬法规,贯彻神圣的佛法戒律,要求 500 余名喇嘛自觉遵纪守律,使
"庙风"大为改观。同时在满楚克庙增设卓德巴拉桑(经学部)和曼染巴拉
桑(医学部)。绘制开光佛像 1000 余尊。并且雕塑高 21 尺的黄教始祖宗
喀巴塑像,四世呼图克图葛根 64 岁圆寂。

在满楚克庙第五世呼图克图葛根,也是该苏莫末代葛根的确认问题
上,旗内发生了争议。以奈曼旗扎兰章京达尔斋为首的一方坚持转世灵童
为阿鲁科尔沁旗人士斯迪达尔玛之子(姓名不详)之议。其理由是,该孩子
能够清楚地辨认四世葛根所用过的念珠、茶壶、经卷、袈裟等,且由"查干葛
根已经指认为转世灵童";另一方所认定的乃是巴林右旗王府官员根培勒
梅林之子洛布桑。他们认为四世葛根火化时,冒出的烟向西北方向飘去,
即说明逝者的英灵投向了西北方向。所以,不能从其他方向找,此为理由
之一;理由之二,洛布桑已经被甘肃拉卜楞寺主持扎米扬斯德巴呼图克图

指定为满楚克庙的五世葛根。如此双方各持己见,争论不休。在此争议中,阿鲁科尔沁旗的官员中也产生了两种意见:以旗札萨克为首的一方同意前者;以旗扎赫拉克齐(管旗章京)那德米德为首的一方支持后者,因为那德米德是根培勒梅林的内弟而全力支持外甥洛布桑这个人选。当时阿鲁科尔沁旗的札萨克王是昭乌达盟盟长——邱日干达。他为慎重处理认定转世灵童的争议案,特意举行了昭乌达盟所属包括奈曼旗在内的 11 个旗札萨克王公参加的邱日干大会。会上奈曼旗札萨克多罗达尔罕郡王玛什巴图尔报告了发生争议的来龙去脉。在摆出各种有力证据和理由的基础上,坦率地提出了与盟长意见相悖的议案,同意确认巴林右旗根培勒梅林之子洛布桑为转世灵童。经与会王公们的审议讨论,最后还是通过了此议。然而节外生枝,根培勒梅林之父布和扎布却不愿意自己的独生孙儿当什么葛根呼图克图,何况又是在争议迭出的情况下勉强确定的。所以,布和扎布拒不接受会盟决议,竟然上诉到热河督统衙门。当时,昭乌达盟归热河督统衙门管辖。奈曼旗玛什巴图尔郡王对布和扎布如此有令不行的行为甚为气愤,便亲自赴京拜托密友——雍和宫首席札萨克达喇嘛白某奏请皇上"恩准",饬令热河副督统遵命招办。并且,以拒不执行会盟决议之罪,对布和扎布处以罚牲畜 45 头的处分。至此,满楚克庙五世葛根的人选争议才算了结。

洛布桑 8 岁进庙坐床,不久到阿鲁科尔沁旗,在其亲舅舅,曾获"道然巴"学位的高僧嘎日玛喇嘛处学经。16 岁上赴甘肃拉卜楞寺深造,一走 18 年,34 岁才返回满楚克庙。

在五世葛根洛布桑在外驻拉卜楞寺期间的壬子年(公元 1912 年),发生了扎鲁特左右二旗联合抗垦,攻打开鲁的事件。扎鲁特二旗牧民的抗垦斗争被当局镇压后,据说开鲁县衙门以满楚克庙喇嘛也参与了抗垦事件为借口,驱逐了喇嘛焚烧了满楚克庙。

后来,五世葛根洛布桑呼图克图回旗,招回逃散的喇嘛 180 余人,并请示奈曼旗、翁牛特旗、阿鲁科尔沁旗的三位札萨克王爷,重建满楚克庙。在三旗王公和广大施主们的大力支持下,新建了 30 间佛殿,雕绘各种佛像数以百计,同时还修建了喇嘛禅房。新建的满楚克庙虽然不如从前的规模,但恢复了庙上的各种宗教活动,不失其二百来年的古庙特征。

满楚克庙的收入主要来自庙属土地和牲畜。葛根仓所属的牛、马250头(匹),羊500只;庙仓所属的牛、马140头(匹),羊200多只。由于没有全部垦种庙属土地而此项的收入甚微。但是,喇嘛们诵经做法事,治病疗伤以及看相占卜等活动,收到一些施舍贡献,也有一定的收入。在上世纪20年代,奉系军阀统治时期,大量开垦奈曼旗老哈河与教来河两河流域,开价出卖。满楚克庙亦随时势变化,买下了16块地。并无偿分得香火地和喇嘛坟茔地2块。至伪满洲国时期,当局责令满楚克庙以18块地亩数缴"公粮"。因庙上没有垦种那么多地而被逼无奈,只好到通辽等地买粮上缴。所以,每年的寺庙收入几乎都用在缴"公粮"上。据伪满洲国康德七年(公元1940年)的统计,满楚克庙尚有喇嘛99名,沙比纳儿43户,维持着庙上的正常宗教活动。

芒石苏莫

奈曼旗芒石苏莫是旗民共同集资,由舍力虎苏莫达喇嘛主持所建。于清光绪二十一年(公元1895年)三月竣工。位于原衙门营子苏木芒石庙嘎查境内。该庙供奉释迦牟尼佛泥塑像。据伪满洲国康德七年(公元1940年)的统计,芒石庙尚有喇嘛64名,沙比纳儿15户,该庙从属于胡硕庙。

奈曼苏莫(德勒图如特苏莫)

奈曼苏莫距原土城子镇政府驻地西北22公里处,隶属于哈日干图村。位于哈日干图村西南,接近奈曼、敖汉二旗边界。

奈曼苏莫,建庙时称"德勒图如特苏莫",为蒙古语,"德勒"为马鬃,一种丛草。"图如特"为山嘴,即多长马鬃草的地方。建庙之初,此地多长这种草而得名。后来称奈曼庙。

喇嘛教,亦称佛教格鲁宗或黄教,由青海安多人洛布桑扎布所创始。因其出生地叫宗卡,因此,俗称"宗喀巴"。黄教传入奈曼地区,始建喇嘛庙的时间为17世纪中叶前期,爱新国尚未改称大清朝的时候,也就是崇德元年(公元1636年)之前。这里有这么一个传说。第一个到蒙古东部科尔沁地区传播黄教的人是内齐托音大师。他出身于卫拉特部惠特氏贵族,俗名叫阿毕达。他的生活年代是公元1557年至1653年。他青年时代出家,进藏求学。学成后路过故乡,来到归化城(现在的呼和浩特)修炼。在爱新国天聪八年(公元1634年),年逾古稀的内齐托音大师带领察罕甸齐呼图克图等30名高徒来到盛京(今沈阳),谒见皇太极归附爱新国,并说明前往蒙古科尔沁部传教的愿望,得到皇太极的赞赏。他们师徒一行辗转来到图什业图汗奥巴的领地传教。后来,内齐托音转到奈曼部,拜见其首领衮楚克巴图鲁洪太吉。在这里发生了一件离奇的传说。

会见之初,衮楚克巴图鲁洪太吉对喇嘛教不屑一顾,而对内齐托音表示很冷淡,大有不欢迎之表示。甚至下令其尽快离境到别处活动。内齐托音不慌不忙,耐心解说自己的宗教。最后,他拿出宗喀巴镀金铜像放在衮楚克巴图鲁洪太吉面前说:"您不接受甚至不认识我都没关系,可这尊佛爷会承认我的真心诚意,也一定会保佑您的事业兴旺发达的!"很奇怪,那宗喀巴金像果然对内齐托音微笑了!衮楚克巴图鲁见状大吃一惊,目瞪口呆,真有百闻不如一见的感觉。从此,他心服口服,一步到位,当场皈依佛门,礼拜喇嘛,笃信无疑。

这段"金佛微笑"的传说纵然有迷信色彩,而没有宗教不利用迷信,没有迷信不依托宗教。而迷信不是宗教,宗教也不全是迷信。这里值得信赖的是黄教进入奈曼,正是这个时候。从此,整个清朝年代,包括奈曼旗在内的广大蒙古地区开始兴建喇嘛庙,大力弘扬佛教。从清朝初期到中华民国的300年间,奈曼旗境内共建喇嘛庙24所。其中不少寺庙都曾原址重建、扩建或移址新建。上述德勒图如特苏莫(奈曼庙)是奈曼地区兴建最早的喇嘛庙。据传,衮楚克巴图鲁皈依佛门便下令请来能工巧匠,第一个建造的就是这座庙。虽然建庙时间无考,但从当地流传的"先有奈曼庙,后有奈曼旗"之说来看,奈曼庙的竣工时间应该先于奈曼旗建制。也就是先于清崇德元年(公元1636年)。

奈曼庙的建筑,标志着喇嘛教在奈曼旗名正言顺地确立和发展。后来陆续兴建寺庙,必从奈曼首建的德勒图如特苏莫原址之条石、方砖作为吉祥物来作奠基石，以示佛光千秋，信男善女吉祥如意。此举已成定规，无一疏忽。经过数十年的光景，到康熙末年（18世纪初），将奈曼庙向北移址到现在的沙拉浩来镇西北部，巴嘎淖尔村半拉庙屯。再后来，在奈曼庙原址还是新建了一座庙，具体时间不详。

大沁苏莫

大沁苏莫在原太山木头苏木政府驻地东太山木头嘎查东南3公里、腰营子以东1.5公里、包格真东北1公里处。曾经有个大沁庙在这里，因以此命名村名。最早建的大沁庙遗址在今章古台苏木伊和大沁嘎查境内。

18世纪初，奈曼旗境内喇嘛庙和喇嘛人数不太多。据说有一天，自称是"西召喇嘛"，名曰尤格岱的托音喇嘛云游到这里，开始在当地居民中传经布道，传播黄教。此事被笃信佛教的奈曼旗第五任札萨克郡王班第得知后，下令为尤格岱喇嘛修建了3间禅房，并允许他招徒传经。不久，周边村屯蒙古族青年到他那里削发为僧，出家学经的人先后有30多名，在喇嘛禅房左右又建了几间房，为他们居住所用。因为，在这个地方有一眼饮牲口的土井，蒙古语称之为"大沁胡都嘎"，所以，把尤格岱喇嘛的庙称为"大沁庙"了。等尤格岱达喇嘛圆寂后，到西召学经的其徒弟嘎布楚喇嘛继承了师傅的衣钵，当上了大沁庙的主持。

清康熙四十九年（公元1710年），奈曼旗第六任札萨克郡王和硕额驸垂忠重建大沁庙于今伊和大沁嘎查东老榆树附近，为砖石结构青砖瓦房。

相传，大沁庙先后出了六世葛根主持庙务。首任葛根的确立是在康熙四十九年，重建庙竣工之前。以札萨克郡王垂忠为首的王公贵族、台吉名流联名呈请清廷，将诞生于西藏的葛根化身图布丹喇嘛请到大沁庙尊封为"博格达因扎日里克因葛根"坐床主持。康熙皇帝恩准所求之后，垂忠郡王等先把图布丹喇嘛请到北京的奈曼王府，待大沁庙工程竣工之后，择吉日把葛根请到庙上。大沁葛根的尊号"博格达因扎日里克因葛根"为蒙古语，意思是博格达所授命的葛根。从此，大沁庙葛根便拥有了对全旗其他寺庙发号施令的权力。诸如，哪个庙请呼图克图呼毕勒罕，或确立葛根、达喇嘛职务的晋升，举办大型寺庙活动等重要事情，都必须向大沁庙葛根呈请批准。

几十年后,奈曼旗第八任札萨克郡王拉旺拉布丹相中了王府以东约 3 公里处的"风水宝地",叫雅日奈花的地方,决定各方集资,大兴土木,构建了庙殿正堂、喇嘛禅房等。到乾隆四十三年(公元 1778 年)三月,建庙工程竣工。把大沁庙搬迁到这里,举行开光仪式。新庙址在原老庙西南约 30 公里处。其次年,乾隆皇帝御笔题词"寿宁寺",以此定为大沁庙法名。并有蒙古文书写的"乌力吉呼尔特克奇苏莫"的金匾赐予了大沁庙。同时,御旨加封"博格达因扎日里克因葛根"为"呼图克图葛根"双重尊号,且赐予了很多度牒。到嘉庆年间,大沁庙已发展到拥有 300 余名喇嘛的大庙。鉴于原寺庙已不适应新的发展规模,时任奈曼旗札萨克第九任郡王巴喇楚克,呈请朝廷批准,从北京请来各类能工巧匠,就地扩建了大沁庙。把正殿扩为 81 间大堂。到嘉庆二十三年(公元 1818 年)四月竣工。使大沁庙成了远近闻名的大寺院。

清光绪十七年(公元 1891 年)冬,在敖汉发生了"金丹道"骚乱,疯狂残忍的教民一路以"天降神兵,刀枪不入"的迷信口号蒙骗民众,抄斩和蹂躏各蒙古地区,闯入奈曼旗境内。王府被劫,大沁庙遭受毁灭性破坏。喇嘛非死即伤,四处逃散。庙内一切财务、贵重法器、抢劫一空。经堂庙仓、经卷佛像,付之一炬,统统焚毁。具有 200 多年历史的寺庙大院,遭到前所未有的人为破坏。

20 世纪初,又一次重建了大沁庙。是由西藏深造 18 年的大沁庙第六世,也是末代呼图克图葛根扎米扬曲格尔,亲自设计并主持建造了这次重建。首先设计佛塔平面图,并用白灰砖块塑造佛塔模型,向工匠们一一讲明工程技术与质量要求。

大沁庙佛塔的建筑工程,自清朝宣统二年(公元 1910 年)动工,至中华民国元年(公元 1912 年),历时两年多的时间建成。佛塔法名"巴拉丹毕尔帮"(藏语),塔身高 25 米,晴朗天气,从几十里外能看到。

辛亥革命推翻了清朝统治,建立了中华民国。由于正赶上一个特定历史时期,大塔建成后续建大沁庙的工程未能如期开工。但呼图克图葛根扎米扬曲格尔依然坚持建庙准备工作。筹建 10 年,终于于中华民国十一年(公元 1922 年)竣工。奈曼王府为此举办了大型庆典活动。此后陆续修建钟鼓楼各一座,德瓦占庙、赫依莫里庙、噶尔丹庙、五塔庙、寺院门楼、芒晋膳房等 8 座建筑,断断续续延续了 17 年,才全部建成。那时也就是伪满洲国康德六年(公元 1939 年)了。

这一建筑群对称坐落在中轴线两侧,各有各的特征。它是集汉、藏、蒙各民族建筑风格于一身的美丽壮观、富丽堂皇的一群古建筑。

1947 年秋,在奈曼旗普遍开展了土地改革运动。仅三天时间,就把大沁庙所有的雕塑佛像砸烂殆尽。画像及经卷被烧成灰烬。大佛塔也未能幸免,被尽情地砸烂后,付之一炬。沙比纳儿的耕地,被丈量后划分,牲畜亦分光。庙属众多房屋、贵重法器、珍稀物品,都被分割,乃至不翼而飞。凝聚着广大劳动人民心血和汗水、智慧和力量的古建筑就这样毁于一旦,可谓是一场悲剧!

现在,大沁庙建筑群已经成为历史,乃至其痕迹都被泯灭了。但是,为建庙付出心血的先人们应该永远值得纪念!其中值得记载的是:设计师兼总工程师扎米扬曲都尔葛根,砖瓦总管阿日毕吉胡达喇嘛,制砖技师桑布扎布喇嘛,木工技师照日格图喇嘛,瓦工技师兼铁工技师叶喜郝日劳喇嘛,雕塑美工、画师宝石柱。

包日胡硕苏莫 (胜利庙)

包日胡硕苏莫兴建于清嘉庆十三年(公元 1808 年)四月。该庙是从现在的东明镇境内迁址所建。到 19 世纪中叶,已成为本旗屈指可数的几座大庙之一。在兴盛时期,注册的喇嘛人数已达 700 余名。当时,奈曼旗境内的协唐庙、呼拉斯台庙、辉斯庙、博勒梯庙等寺庙均为该庙的属庙。据伪满洲国康德七年(公元 1940 年)的统计,有 305 名喇嘛,沙比纳儿 103 户。

据传,包日胡硕苏莫先后曾出呼毕勒罕葛根 5 人。其前三世呼毕勒罕的姓名、籍贯、生卒年代均无考。只知第四世葛根为奈曼旗第十二任札萨克郡王萨嘎拉的长子,名讳不详。他们皆圆寂于包日胡硕苏莫,且将他们的骨灰存放在该庙所属沙拉林苏莫(灵童庙)。在 1947 年秋的土地改革运动中被毁弃。包日胡硕苏莫的第五世灵童转世为奈曼旗第十三任札萨克郡王玛什巴图尔长子舍楞旺布,他继承其伯父第四世葛根的衣钵。舍楞旺布出生于清光绪十二年(公元1886年)。8岁时被请到庙上学藏文和蒙古文。后来,包日胡硕苏莫达喇嘛席京会同西宁塔尔寺斋巴葛根和五台山的章嘉葛根等,同赴西藏拉萨,向达赖喇嘛请示,批准舍楞旺布为包日胡硕庙第五世葛根。

舍楞旺布葛根一生潜心研究佛教经典,经40余年的勤学苦练,在其55岁时获得了藏传佛教高级学衔"道然巴"称号。期间他从15岁起就先后三次到绥远西700百里的巴达嘎尔召(现在的包头市西武当召)拜师学经,深造和传授佛经

上世纪30年代初,舍楞旺布葛根不畏艰险,长途跋涉,经青海塔尔寺、西藏拉萨,前往佛教发祥地印度"留学"5年。抗战前夕取道香港、北京,返回包日胡硕苏莫。

伪满洲国康德七年(公元1940年),舍楞旺布葛根到新京(今长春),以化名都楞召宝,充任伪满洲国喇嘛宗教团体教务部长。在阿鲁科尔沁旗汗苏莫办公,从事宗教活动。该职为轮职制,完成一轮职,于1944年,应伪兴安北省省长钦巴图之邀请,前去从事宗教活动,直到抗战胜利后回到奈曼。

解放战争时期,舍楞旺布随五弟苏达那木达尔济到阜新县陶斯营子潜住。1946年10月10日,国民党东北剿总司令杜聿明,对宗教界上层人士发出《归顺通知》,并委派吉日嘎拉"动员东蒙古全体喇嘛归顺国民党"。正当舍楞旺布犹豫不决之际,嘎拉僧葛根等前来动员他返回内蒙古地区,并传达了乌兰夫的邀请和中国共产党关于保护宗教界人士的指示。舍楞旺布经慎重考虑后,毅然决定,同追随国民党政府的五弟分道扬镳,接受乌兰夫的邀请,动员众多宗教界人士,于1947年4月,前去王爷庙(今乌兰浩特),参加了内蒙古自治政府大会。舍楞旺布向自治区政府赠送了200块大洋和一些珠宝,并献全鞍骏马一匹,以表示对内蒙古自治政府的拥护和祝贺之意。他积极参与自治区政府工作,历任政府顾问、参事等职。1954年,自治区人民政府迁到呼和浩特后,他出任中国佛教协会内蒙古分会副

会长,常住小召庙,继续从事宗教工作。1964 年,年近八旬的舍楞旺布当选为内蒙古自治区政协委员。"文化大革命"中,舍楞旺布身心遭受极度迫害,于 1968 年,在呼和浩特含冤去世,终年 82 岁。遗体火化后,骨灰由阿穆尔吉日嘎拉负责收藏。于 1972 年,海儒布喇嘛将骨灰安葬到舍楞旺布生前曾三次拜师修炼达 17 年的故地——包头市武当召,蒙古名为巴达嘎尔召。

呼拉斯台苏莫

呼拉斯台苏莫建于今治安镇所属东呼拉斯台嘎查境内。据传,当年在建庙处以东有一片湿地,盛长芦苇而得名。东呼拉斯台嘎查位于治安镇政府驻地东南 9 公里处。清光绪三年(公元 1877 年)建庙,供奉释迦牟尼佛像。解放前,该庙仍住有 14 名喇嘛,沙比纳儿 14 户。当时,呼拉斯台庙为包日胡硕苏莫所属。该庙也是于 1947 年秋土地改革运动中被毁。

哈塔海苏莫

"哈塔海"为藏语,意为盖天金刚,为庙主神之名。另一种解释为蒙古语"哈塔克泰"的汉译音译,意为夫人或太太之意。哈塔海苏莫的法名叫靖安寺。清乾隆十五年(公元 1750 年)四月建造。位于衙门营子苏木西荒村东哈塔海荒,以地名命名庙称。哈塔海庙的西边为庙属西荒,这里后来形成村落,清光绪十九年(公元 1893 年)后,命名庙西荒为西荒村。庙之东为庙属东荒,上世纪 60~70 年代,八仙筒人民公社在这里设立农场,即东荒农场。东荒村现为迈吉干筒村所属一个自然村。

哈塔海苏莫供奉高 5 尺的宗喀巴佛铜塑像。清光绪十七年(公元 1891 年),被"金丹道"教徒所破坏。曾有喇嘛 145 人,沙比纳儿 53 户之多。伪满洲国时期,哈塔海苏莫为胡硕苏莫(经缘寺)所属 4 庙之一。重大事情必须请示胡硕苏莫活佛道格欣席热图葛根定夺。

敖来哈日盖拉苏莫

"敖来"为山,"哈日盖拉"为杏树,"苏莫"为寺庙,即老山杏树庙。19 世纪末期,现瓦房、联合一带地势略高,且盛长大片山杏树,故在此建庙后,以其地形特点命名为此名。因为该庙的主持达喇嘛腿有点毛病,因此,附近的汉族农民为回避饶舌,将敖来哈日盖拉庙叫为"瘌喇嘛庙"。

据说敖来哈日盖拉庙的前身是今青龙山镇(当时称衙门营子)所建的一座庙。是奈曼旗某一札萨克郡王的图萨拉克齐台吉所建。此人的姓名乃至建庙时间均被遗忘。清光绪十七年(公元1891年),被金丹道教民焚毁。两年后,于光绪十九年(公元1893年)八月,奉旗札萨克郡王玛什巴图尔之命,旗民集资,将庙移址重建于今天朝古台苏木联合村处,赐法名为"法诚寺"。当时,奈曼王的一个兄弟住在这里建起了瓦房,而被称为瓦房屯。据说,此人名叫赛音敖日希胡,曾任扎兰章京,家境富裕,牲畜数以千计,其放牧场就是今新镇簸箕村一带(时称勃勒车尔,即牧场。汉译音失真,称簸箕至今),并在现朝古台苏木井子村一带先后掘井3眼,专用于饮牛羊马群。形成村落后称之为"扎兰井子"。1958年更名为"井子"至今。扎兰章京为重建敖来哈日盖拉苏莫,献出数百头只牲畜和钱财,以表对喇嘛教的虔诚之心。

为建庙,特别是筹措庙殿设施设备方面,还有一位做出贡献的喇嘛,便是人们称为"北京喇嘛"的乌力吉巴雅尔。乌力吉巴雅尔喇嘛的原籍不详,但他是光绪皇帝沐浴之执行喇嘛。后为"御前翁斯达",为皇帝诵经的领头喇嘛。并任京城雍和宫札萨克喇嘛之职。他与奈曼旗第十三任札萨克郡王玛什巴图尔关系密切,情谊深厚,成为了莫逆之交。他得知玛什巴图尔郡王对新建一座庙很是关注,遂为敖来哈日盖拉苏莫捐赠了五甲缎子料袈裟20件,精制大钹10副,庙用鼓若干。还有优质地毯、庙殿悬挂的彩带、杜瓦萨、嘎拉吉日等多项。特别是敬赠了匾额——光绪皇帝御笔所提"法诚寺",并有藏文译书"丹毕图登灵"(音译)和蒙古文译书"沙新依吴恩莫勒克齐"(音译)字样的三种文字的金匾,挂在了正殿正门上方。不仅如此,皇帝御旨:赐予奈曼旗敖来哈日盖拉苏莫度牒100伤。这些大事的筹措实施,无疑是这位"北京喇嘛"乌力吉巴雅尔的功劳。敖来哈日盖拉苏莫与其他一般喇嘛庙不同,其正殿供奉的是关羽的画像。蒙古人称关羽为"老爷包日汗"或"关博格达"。该庙与杜贵庙为一个庙会,而敖来哈日盖拉苏莫的达喇嘛(该庙没有葛根活佛,由达喇嘛主持)有权参与杜贵庙各项大型活动的决策。

在伪满洲国时期,敖来哈日盖拉苏莫同芒石苏莫、绰尔济苏莫、索布日干苏莫等寺庙都附建了蒙古族学校。当局规定,凡是庙里的青少年喇嘛及周边村屯的蒙古族少年儿童都要驻校读书。若住学校读书有困难,尤其是家境贫困的孩子念不起书时,明确规定,属于哪个嘎查村的就由哪个嘎查村的富裕户分头承担这些孩子全年的口粮、费用等,均无偿供给,不得有误。所以,附近村屯的蒙古族孩子很多人先后到该庙读书。

据伪满洲国康德七年(公元1940年)的统计,敖来哈日盖拉苏莫当年住有喇嘛100人,沙比纳儿29户。1947年秋,在全旗土地改革"铲庙"运动中,这座庙也未幸免被毁之命运。

舍力虎苏莫

原太和乡舍力虎村,位于太和乡政府驻地(新建居民点)东北7公里处,京通铁路舍力虎站东北3.5公里的教来河南岸。沿河上溯十几里地便是舍力虎水库。清代,在舍力虎一带曾经有一座庙,称舍力虎庙。至于舍力虎庙何人何时所建,尚无考证。从该庙里还供奉着奈曼旗早期几任札萨克郡王的画像和他们的遗体也埋葬在该庙附近的传说来看,舍力虎庙很有可能是王族成员所建。还有一种传说是道光二十一年(公元1841年)十月,道光皇帝将自己的爱女(皇四女)寿安固伦公主下嫁给奈曼旗第十任札萨克郡王阿旺都瓦迪扎布之子德木楚克扎布为福晋。寿安固伦公主病故于北京是咸丰十年(公元1860年)的闰三月的事。清同治四年(公元1865年)六月,额驸王德木楚克扎布也病故于北京。清廷追认其为"亲王",并以亲王例祭葬。又赐与固伦公主合葬于北京东直门一带。如此看来,"寿安公主遗体安葬于舍力虎"的传说与事实不符,而"修庙供奉"则是极有可能。因为寿安公主逝世后,其夫奈曼旗第十一任札萨克郡王德木楚克扎布向朝廷要求把福晋的遗体运回奈曼安葬。可是朝廷以"无以先例"为借口,不予批准。只好安葬在东直门一带。驸马王未能在奈曼大地上为其福晋修建公主陵,但为公主修建一座庙,供奉其画像,常年祭祀是顺理成章的事情。这样,建庙时间应该在寿安固伦公主逝世后,驸马王逝世前,即咸丰十年

（公元 1860 年）闰三月至同治四年（公元 1865 年）六月之间的可能性最大。后来，舍力虎庙被教来河洪水冲毁，其具体时间不得而知。

舍力虎这一地名，蒙古语称之为"夏日哈"或"夏日嘎"，"夏日哈"为伤或沙狐，"夏日嘎"为马的毛色浅黄。相传，义州王布尔尼的高级幕僚贝德尔梅林在此地与清军交战时，身负重伤，故称此地为"夏日哈因塔拉"，即受伤的甸子。

称此地为"夏日嘎"的传说称：成吉思汗的八骏（蒙古语称奈曼夏日嘎）之一，有一天闹了毛病，成吉思汗为此很是恼心。正在此时，有一士兵禀报说："黄骠马喝了这里布日都的水之后，已经与其他骏马一起，奔驰如飞，毫不逊色了！"听了禀报，成吉思汗高兴地说："好！今后把这个布日都叫'夏日嘎淖尔'！叫这片塔拉为'夏日嘎塔拉'！"这样，口口相传，夏日嘎之称几百年没有中断，一直流传至今。久而久之，"夏日哈"、"夏日嘎"的蒙古语被汉语错误地音译为"舍力虎"了。

章古台苏莫

章古台苏莫位于沙拉浩来镇金星嘎查章古台村境内。始建于清乾隆十一年（公元 1746 年）四月。法名寿经寺。庙内供奉释迦牟尼佛塑像。据伪满洲国时期的统计，至上世纪 40 年代，该庙有喇嘛 37 人，沙比纳儿 16 户。

伪满洲国初期，于今沙拉浩来镇金星嘎查章古台村，还矗立着奈曼旗首任札萨克多罗达尔罕郡王衮楚克洪巴图鲁的雕像，记录了奈曼王府的最早位置。历史文献也清楚地记录着"札萨克驻彰武台"。用汉语音译蒙古语时，"章古台"和"彰武台"是一致的。也就是说，当今彰武县的"彰武"，来源于蒙古语的"章古"。

固日班布拉格苏莫

固日班布拉格苏莫，汉名叫双山子庙。在古时候，在这修建一座庙的山坡下，曾有三眼清泉，因而被称为固日班布拉格这个名字。

庙的汉名是来源于建庙在两座山中间，而被称为双山子庙。庙的蒙汉两个名字，都体现了大自然的生态之美。这座庙的兴修年份不详。最早不过 16 世纪后半叶。至上世纪 50 年代,庙殿已破旧,据说曾有师徒二位喇嘛,住在庙里诵经修炼。周边村庄的人们为他们送米送衣,供其生活所需。后来,人走庙毁。其遗址也不复存在了。关于这座庙,有一段动人的传说。

相传,清朝末年,有一对姐妹能骑善射,功夫过人。她俩从遥远的北方追杀一只害人造孽的黑狐狸。她们吃尽苦头,拼命搏斗,终于在双山子这里将黑狐狸斩杀,为百姓剪除了祸害。但是,因姐妹俩伤势过重,而牺牲了。这里的百姓怀着沉痛心情,在双山子择地厚葬了姐妹二人。广大民众永远缅怀这一对英雄姐妹,在其坟墓附近集资建造了一座庙,正堂里悬挂她们俩的画像,诵经开光,燃灯上香,以虔诚的心情祭祀这二尊"玉很沙布达格"(蒙古语,意为山水女神)神像。祈求女神永保一方平安。据说,后人称双山子庙为"沙布达格因苏莫",即山神庙之说由此而来。

第三节　奈曼旗的汉传宗教

汉族的宗教,从严格意义上说只有道教。汉传佛教也是和藏传佛教一样,是外来宗教。有人称"儒家"为宗教,这个问题在学术界有争论。有专家称"神道设教"是汉族的宗教,说到底,道家的宗旨也就是"神道设教"。

一、奈曼地区的道教

清乾隆年间,汉族农民苦于生计,突破清廷所设置的封禁政策,流入昭乌达盟开荒垦种的人数日益增多,奈曼旗南部也进来了一些汉族农民。随着汉民的流入,道教也进入了奈曼地区。

乾隆六年(公元 1741 年),修建的吉祥寺为其代表。吉祥寺修建于今奈曼旗义隆永乡小东沟村。初为"娘娘庙",庙内供奉三宵娘娘的塑像。后来,该庙迁址到西梁岗,增修三间关帝庙,供奉关帝(关羽)像。这座庙一直留存到 1950 年。

光绪二十八年(公元 1902 年),清廷实行"移民实边"政策,辽宁、河北、山东等地汉族农民大量进入奈曼地区定居后,不少汉族聚居区相继修建了关帝庙、土地庙、娘娘庙等道教观庵。奈曼旗曾经建立过十余座道教观庵。其中,比较有名气的是庆安寺和吉祥寺。

道教大体上分为两大派,即全真派和正乙派。全真派出家,不食荤腥,不娶妻。正乙派在家,可以婚配,食荤腥。此二派在奈曼旗均有,而寄居于寺庙道观的全都是全真派。

道教有严明的道规和明确的宗旨。他们乐善好施,严守五戒,苦修苦练,也为临近人们办好事,扶危济贫,救死扶伤,广施善事。每逢庙会,盛况空前,搭台唱戏,物资交流,祈祷许愿者络绎不绝。

二、奈曼地区的道教寺庙

从严格意义上讲,道教不是寺庙,而是观庵。在与佛教长期相处的过程中,出现了协调性,把观庵称为寺庙了。

世界所有宗教都有其协调性。不同的两个宗教或教内不同的两个派别同处一个地区,起初都进行一段激烈竞争,乃至达到白热化的残酷斗争。后来,他们在斗争中相互吸纳,胜利者占有失利者的一些教义教规和宗教行为。蒙古族中的藏传佛教就是这样,祭敖包、祭尚西、祭火神、祭祖先等宗教仪式,过去都是孛额教的所为。后来,佛教战胜了孛额教之后,把这些宗教行为均占为己有。同样,宗教斗争中失利的孛额教,也分裂成黑白两派,白派吸纳了佛教的很多东西为己有,成了佛与孛额中间形态的宗教派别。

吉祥寺,庙址在今奈曼旗义隆永乡小东沟村。兴建于清乾隆六年(公元1741年)。初为娘娘庙。当地汉族人民为保佑地方公正公平地兴旺发达而建。庙内供奉《封神演义》中三宵娘娘的塑像。后来,僧人月林将庙址迁徙到西梁岗,又增建三间关帝庙,供奉关帝像。并建钟、鼓二楼,改称"吉祥寺"。吉祥寺几度盛衰,1950年以来,附近农民逐渐拆毁,只剩下片片瓦砾。

老爷庙——庆安寺,在鄂尔土板街,曾经有过建于清嘉庆年间(公元1796～1820年)的一座较大的寺庙,法名庆安寺,俗名老爷庙。因主供关羽佛像得名。老爷庙遗址在鄂尔土板街东(今下地村境,后人称下地庙),总面积为4亩地,是附近地区最大的汉式寺庙。正殿为老爷殿,殿内供奉关老爷,财神爷、药王爷的贴金坐式塑像。老爷殿西侧为文昌殿、鲁班殿,文昌殿内有文昌、岳飞、包公的泥塑坐像。鲁班殿内有鲁班像。老爷殿东侧是龙王殿、娘娘殿。龙王殿内有龙王、牛王、马王的泥塑像。娘娘殿内有三宵娘娘、眼光娘娘、耳光娘娘的鎏金坐像。除老爷殿内有4个泥塑站像外,其他每个殿内都有6个泥塑站像。所有殿堂都是雕梁画栋,彩绘满墙,古色古香,清新优雅。正殿的前面还有牌楼、马殿、钟楼,整个建筑成为一体,协调一致,甚为壮观。

老爷殿建成后,尽管住守和尚不多,却很有生气。每逢庙会,更是人声鼎沸,青烟缭绕。按习俗每年农历二月十九日为财神会;六月初六为虫王会;六月十三为龙王会。其中,药王会是规模最大的香火会,每逢四月二十八日,鄂尔土板街及其附近的民众、官吏、富户和商贩都来到庙上,上香还原、求佛赐福。同时也做些比较原始的以物产易物的买卖。此时,庙里的和尚们身披袈裟,手持斗升,帮助量米量面,以示公平交易。也从中收获些布施的钱粮。光绪年间,随着鄂尔土板街商业的发展,老爷庙的经济收入也日益增加。时任老爷庙主持(俗称当家的)和尚广村与其徒弟本慧在庙内办起了赁息铺,租借成套餐具,婚嫁用的禧衣禧裤等,并无偿为老百姓传书送信。广村圆寂后,本慧的徒弟本真和尚掌管庙务诸事。中华民国时期,本真还在庙中厢房办起了学堂,请来先生,收徒授课。老爷庙的主要经济来源有属土地收入,敛寿粮和举办庙会的宗教活动收入。据说,本真和尚住庙时,还带来了不少马匹和财物,献给庙仓,归为庙产。

1933年至1934年间,老爷庙几度遭到日本侵略者的轰炸和焚烧,寺庙被彻底摧毁。到"文化大革命"时期,被夷为平地,幸存下来的一对石狮子,现移置于青龙山镇政府的大门两旁,只有庙前的几棵松树,依然矗立在那里,昭示着附近曾经有过一座特殊的古庙。

第五章　奈曼旗教育

第一节　私塾

一、私塾的产生与发展

办私塾,在奈曼旗有了较长的历史。办学方式有家塾、学董和学馆。一是家塾,即办学者聘请先生教自己家的子弟或联系亲友家的子弟;二是学董,要以当地比较有影响的人物当学董,开办私塾,聘请先生执教,招收有能力供得起的人家子弟入学;三是学馆,比较富有的人家自设学馆,招收学童读书。

奈曼旗的教育,自清末开始到沦陷,都是私塾方式。

清光绪十六年(公元 1890 年),旗札萨克协理台吉图特乃那木吉拉在自己家(今先锋乡哈日沙巴尔、北老柜附近)办起蒙文私塾,教授自家子弟 2 人。光绪十九年(公元 1893 年),汉人秀才索溱在土城子地区岗岗屯开办汉文私塾馆,招收弟子多人读书识字。这是奈曼旗较早的两处私塾。

光绪末年和宣统年间,私塾有所发展。以秀才李梅在五家(今义隆永乡),宋国珍在大营子(今义隆永乡)开办汉文私塾馆。双合村(今先锋乡)席家、白音篙(今黄花塔拉苏木)程家请先生办私塾,学习蒙汉文,教授弟子数十人,很有影响。

到中华民国初年,本旗内私塾增加到 5 所,其中蒙文 2 所,汉文 2 所,蒙汉文兼授 1 所,先生 5 人,学生几十人,分布在今黄花塔拉、固日班花、义隆永、大沁他拉等地区。

中华民国三年(公元 1914 年)后,增加到 20 余所。

中华民国十六年(公元 1927 年),绥东县教育局整顿教育,将部分汉文私塾改成私立小学,并下令禁办私塾。但私塾仍然存在并有所发展。

中华民国二十二年(公元 1933 年)3 月,奈曼旗沦陷。当时旗内有蒙文私塾 6 所,汉文私塾 17 所。

伪满洲国康德七年(公元 1940 年)后,奈曼旗私塾有所减少。但私塾一直存在到 1949 年新中国成立。

二、私塾的教学形式

私塾馆有初级的"蒙馆",高级的"经馆"和初高级混合三种。

"蒙馆"对学生进行启蒙教育,入学开始读《百家姓》、《三字经》、《千字文》三本小书。之后读"四书"即《大学》、《中庸》、《论语》和《孟子》。也有读《庄农杂字》、《名贤集》、《千家诗》、《弟子规》,女生读《女儿经》、《妇女家训》等。

"经馆"教授"五经",即《诗》、《书》、《易》《礼记》和《春秋》。学写文章,准备应举考试。

"混合馆"则是从启蒙到高级连续教授。

私塾没有规定的学制年限。学生入馆不论年龄大小,同时读一本书。因接受能力的差异,教学进度各有先后,能者居先。教学方法采取单人教授的耳聆面授法,注重读、认、写,基本上是"填鸭式"。

私塾通常有严厉的学规,先生以打骂、体罚来管束学生,体现所谓的"师道尊严"。

第二节　幼儿教育

一、幼儿教育概况

奈曼旗幼儿教育即学前教育,从中华人民共和国建立之后开始。

农业合作化时期,农村牧区办起一些季节性托儿所。农忙时开办,农闲则散。有生产合作社派人管理,只是起到看护孩子们的作用。

1958 年的"大跃进"——人民公社化时期,各个村屯几乎全都办起了托儿所、幼儿班、幼儿园。村社管理,大多也是看护孩子,很少教授知识。随着农村大食堂的散伙,这些所、班、园也都先后停办。

1958年12月,旗妇联、文教科联合筹办在大沁他拉镇建立党政群幼儿园,附设托儿所,隶属于旗人民委员会办公室。有职工4名,入园儿童28名。以后逐年发展,增加经费改善条件,扩大规模,完善管理,已经步入正轨。除在"文化大革命"中被迫停办一段时间外,这所幼儿园一直发展壮大。

1972年,由教育局管理,成为教育局主办的幼儿园。这就是大沁他拉镇第一幼儿园。

1978年以后,奈曼旗幼儿教育事业步入新的发展时期。1980年,大沁他拉镇、八仙筒公社相继办起机关、工厂幼儿园或托儿所20余处,招收系统内部职工子女入园。农村牧区也先后办起各种形式的幼儿园或托儿所。

1981年,旗教育局要求各公社把幼儿学前教育纳入小学教育事业的规划中。各中心小学创造条件,优先办起学前班,招收6至7岁幼儿入班学习。到1982年,全旗农村牧区幼儿园、托儿所共353处,保教员374名,入托儿童7433名。

1982年,旗教育局在大沁他拉镇创办蒙古族幼儿园,附设托儿所。将其归属蒙古族实验小学统一管理。

1986年,全旗幼儿园19所,保育员89名,入园儿童805名。其中蒙古族幼儿园教职工15名,入园儿童174名。大沁他拉镇第一幼儿园教职工27名,入园儿童260余名。全旗附设学前班的小学有90所。其中蒙古族实验小学分开,成为一所独立的蒙古族幼儿园。

1990年以后,调动社会力量办学。教育事业主办的幼儿园发展很快,加之企业转制,企业办的幼儿园纷纷停办。全旗近20%的嘎查村在学校开办的幼儿班或学前班,在教学与管理方面,由教育局统一负责。至此,幼儿教育在管理标准和教学内容两个方面趋于规范。

1998年,全旗有各种规模的幼儿园(班)100多个。其中教办幼儿园(班)80多个,在园儿童近3900名,入园率为35%。

二、管理方式

教办直属幼儿园在初创时期,由旗人民委员会办公室领导。"文化大革命"中,有旗革命委员会政治部文卫组领导。1976 年到 1986 年,归文教科或教育局领导。园内行政业务工作实行党支部领导下的园长负责制。其他部门办的幼儿园,由主办单位领导。大沁他拉镇各小学的学前班属教育部门办,其他苏木乡镇小学的学前班属集体办学,其具体业务工作由附设学前班的学校统一管理。

教办幼儿园按幼儿年龄编小班—3 周岁至 4 周岁;中班—4 周岁至 5 周岁;大班—6 周岁;学前班也收 6 周岁的幼儿入学,开设语言、常识、计算、智能、美工、音乐、体育等 7 门课程。汉文幼儿园使用全国统一教材,蒙古族幼儿园根据内蒙古幼教纲要选择汉文教材。学习使用本民族语言。其他部门办或农村牧区幼儿园,一般混合编办,开设课程和使用教材也因时因地而有所不同。从实际出发,注重幼儿的早期智力开发。

三、直属幼儿园

建于 1958 年的奈曼旗直属幼儿园,在"文化大革命"中停办一年。中共十一届三中全会以后,在旗党政领导的重视和教育行政部门的直接领导下,健全领导班子,充实师资力量,建立各项规章制度。旗教育局每年拨出专项经费,翻修扩建房舍,增添设备。该园占地面积 1195 平方米,保教用房 282 平方米,办公用房 183 平方米。园内教学用具和活动玩具比较齐全。职工队伍素质较高,园长为大专毕业,保教人员中中师和幼师毕业生占 44.4%。园务管理水平逐年提高,经过上级有关部门检查验收已符合旗县级示范幼儿园的标准,是全旗规模较大,设备最全,管理最好的示范性幼儿园。1983~1998 年,连续多年被评为盟、旗级先进幼儿园。

上世纪 80 年代后期,进行小规模扩建,占地面积 1574 平方米。到 1998 年,有教室、卧室 15 间,办公室 7 间,食堂 2 间,总建筑面积 725 平方米。幼儿班 4 个,幼儿 110 名,教职工 23 名。园内设备大部分更新。主要开设语文、计算、常识、美工、音乐、畅游等课程。

建于 1988 年 9 月的奈曼旗蒙古族幼儿园,位于蒙古族实验小学院内。1996 年迁至新园址教学楼,兼招汉族幼儿,分班教学。园长负责全面工作。下设物资管理员、伙食管理员、教养员、保育员等。

教学方式主要以游戏为主,尽量采用直观教学形式,以增进幼儿兴趣。让幼儿在玩中学习。保教工作列为幼儿园的中心任务,按幼儿教学大纲开设课程。蒙文教材由幼儿园教师翻译或编写。1998 年,有教学班 7 个,教职工 32 名,幼儿 200 名。

第三节　小学教育

一、普通小学

中华民国三年(公元 1914 年),绥东县公署将大营子(今义隆永乡境内)李殿卿主办的私塾改成私立小学校。设初、高两级,学生 20 多名,教师 8 名。这是奈曼旗最早的汉文私立小学。中华民国七年(公元 1918 年),该校停办。

中华民国十一年(公元 1922 年),绥东县在大营子、七家子(今土城子乡)建立两所公立初级小学。这是奈曼旗最早的汉文公立小学。

中华民国十六年(公元 1927 年),按照热河省教育厅训令,绥东县教育局对所有私塾调查整顿,将全旗 20 所汉文私塾改为私立小学校,在校学生共 345 名。

中华民国十八年(公元 1929 年),在三岔沟(今土城子乡境内)增办公立小学一所。

中华民国十九年(公元 1930 年),在鄂尔土板、库利图、南梁、八仙筒等处建初级小学。6 月,绥东县公署迁至八仙筒后,在八仙筒建立初高级小学校,教师 7 名,学生 100 多名。

中华民国二十年(公元 1931 年)"9·18"事变前,奈曼旗共有公立初级小学校 17 所,学生 521 人;高级小学校 1 所,学生 54 人。

伪满洲国大同二年(公元 1933 年),日本军侵略奈曼旗境,原有各类各级学校全部停办。同年,日伪重组绥东县公署,设教育局。八仙筒初级小学恢复开学。并在八仙筒建立第一女子初级小学,该校于伪满洲国康德二年(公元 1935 年)与初高级小学合并。

伪满洲国康德元年(公元 1934 年),全旗有 12 所小学陆续恢复开学。次年,绥东县公署和原奈曼旗公署被解散,组建伪奈曼旗公署,由八仙筒迁至大沁他拉后,将王府档子房私塾改为第二十一旗立小学校,学生 39 名。至 9 月,全旗公立小学校 23 所,学生 901 名,教师 27 名。

伪满洲国康德三年(公元 1936 年),伪奈曼旗公署开办蒙汉合校一所。翌年,在芒石和朝吉庙增办喇嘛小学 2 处。全旗有初级小学 28 所,初高级小学 3 所。初级小学汉族教师 32 名,其中女教师 3 名。蒙古族教师 13 名。高级小学汉族教师 6 名,蒙古族教师 1 名。初级小学生 1358 名,其中蒙古族 432 名。高级小学学生 82 名,其中蒙古族 16 名。

伪满洲国康德五年(公元 1938 年),伪奈曼旗公署执行伪满洲国民生部教育局颁布的新学制,将八仙筒、沙日浩来、王府 3 所旗立初高级小学校改称国民优级学校,其余的学校定名为国民学校、国民学社、国民义塾。9 月,沙日浩来国民优级学校改为纯蒙古语授课的学校。

伪满洲国康德九年(公元 1942 年),奈曼旗共有国民优级学校 6 所,其中蒙古族学校 2 所。国民学校 36 所,其中蒙文 14 所,日文 1 所。国民学社 21 所,合计 63 所。教师 119 名,其中蒙古族 31 名,日本人 2 名;学生 4159 名,其中蒙古族 1013 名,日本人 5 名。

伪满洲国康德十二年(公元 1945 年),奈曼旗共有国民优级学校 7 所,学生 684 名,其中女生 212 名,国民学校 27 所,学生 3132 名,其中女生 1110 名。

1945 年 8 月,日本侵略者投降,奈曼旗随着沦陷区光复。伪满洲国时期的各类各级学校全部解散。冬季,由原王府国民优级学校校长牵头,在原校址办起一所小学,教师 3 人,学生几十人。

1946 年 3 月,奈曼旗政府成立后,此小学由王府区政府接管,并扩大规模,增设高小班。教师 4 人,学生 120 人。夏末秋始,旗委宣传部长梁东明在八仙筒发动群众,办起一所小学,教师 2 人,学生 40 多人。各地相继出现群众自发办学的热潮。年末,全旗各种形式的学校共有 326 所,学生13320 人,教师 411 名。

1947 年,各地学校由农会管理。全旗小学发展到 362 所,学生 14800人,教师 450 名。

1948 年 5 月,旗政府设立民教科,发出整顿与发展小学教育的指示。对学校的规模布局和教师的调动任免作出规定。11 月,各区成立中心学校,由旗政府任命中心校校长,一般由区党政领导兼任。领导学校行政和教学业务,推动学校教育向正规化迈进。

1949 年,中华人民共和国成立。贯彻执行改革旧教育,发展人民教育的方针。旗政府对全旗小学进行整顿,适当合并校点,整顿师资,初级小学减少到 219 所,学生 16088 人,教师 410 名;高小班有所增加,大沁他拉、八仙筒、浩沁苏莫(今东明镇)、义隆永、马家洼子(今新镇)等 5 处完全小学共 10 个班,学生 237 人。

1950 年,继续整顿学校,初级小学减少到 163 所,学生 16360 人,教师314 名。同时,增办五区沙日浩来、胜利(大沁庙,今太山木头苏木境)两所完全小学。增设四区衙门营子(今青龙山镇)中心校、明仁区平安地学校两个小校班,全旗高小班合计为 16 个。

1951～1952 年,贯彻巩固与提高的方针,巩固公办小学,鼓励民办小学,发展完全小学。全旗公办小学 200 所,民办小学 30 所。各区均有一所完全小学。15 所重点校增设高小班,全旗共有高小班 47 个,毕业生 911人。

1953～1954 年,调整学校网点,先后合并公办小学 13 所,发展高小班57 个,34 所小学隔年招生,部分重点校的高小学生集中到完全小学就读。

1958 年,开展教育大革命。普及小学教育。全旗有公办完全小学 14所,重点校 23 所,初级小学 229 所,学生 30284 人,教职员工 857 名,其中民办教师 283 人。适龄儿童入学率达到 96%。在以后的几年间,教育办学出现了大起大落现象。但总的趋向是有所发展和提高。到 1966 年的"文化大革命"开始时,奈曼旗有各类小学 536 所,教学班 1350 个,其中有高小班 276 个,在校学生 43703 人,教职工 1685 名。

"文化大革命"中,奈曼旗小学教育受到严重破坏。运动初期,受到"史无前例"的冲击,停课停学。到 1969 年"复课闹革命",徒有虚名的"复课",学生普遍没有学好基础课程。全旗 5079 名高小毕业生,大部分没有达到"扫盲"标准。

1970 年,课堂教学形式初步恢复,全旗有小学 481 所,在校生 47979 人。

1976 年,全旗有各类形式的小学 611 所,其中附设初中班的小学有 154 所,教学班 1843 个,在校生 57753 人,教职工 2493 名。

中共十一届三中全会以后,小学教育逐步走向正常健康发展的道路。1979 年,对小学教育管理体制进行调整:其核心内容是"三级办学"、"三级管理"。从此,31 个公社和六号农场都设立总校,由总校管理本公社各学校。总校受公社、大队和旗教育局双重领导。总校所属的教育经费、教师工资及人员使用与管理均由地方政府负责,教育局主管。奈曼旗直属实验小学和奈曼旗蒙古族实验小学,由教育局直接管理,经费由旗财政局直接拨发。

1986 年,全旗有各级各类小学校 520 所,教学班 2061 个,在校生 51730 人,教职工 3216 名,其中民办教师 1635 名。当时提出"控制初中,保证小学"的口号,小学附设初中班的学校由 1977 年的 156 所调整为 108 所。通过逐年过渡,充实小学师资力量,全旗小学适龄儿童入学率达 90% 以上。

1990 年,奈曼旗宣布实施普及五年义务教育。到 1997 年,全旗完成普及五年义务教育。至此,全旗小学入学率达到 100%。残疾儿童入学率为 96%。小学生毕业合格率为 97.5%。奈曼旗小学教育已由过去的"三尺讲台,一根粉笔"逐步向"三机一幕"——电视机、录音机、投影机即幻灯机、投影幕的教育方式转变。各学校陆续引进电化教学设备,开展电化教学。

1998年12月,国家教育部授予奈曼旗为"电化教学先进单位"。

1995~1998年,奈曼旗启动学校基础建设的"世界银行项目"和"义务教育工程扶贫项目"。1998年,完成世界银行项目130万美元(不含区、盟、旗、乡匹配资金),国家贫困地区义务教育工程项目2163万元。两个项目的启动和落实,使奈曼旗的校园建设大为改观,消灭了危房,校舍全部砖瓦化。到1998年底,全旗小学生人均校园占地面积85.48平方米,人均校舍建筑面积5.2平方米。教学仪器和实验室内部设备、音体美卫器材、电化教学设备、少先队活动器材均按自治区规定标准配备,配齐率达94.8%,小学分组实验开出率为95.3%,演示实验开出率为99.9%。全旗共建语音室11个,微机室32个,教育电视台2座,地面卫星接收站43个,固定放像点44个。小学生人均图书7.05册,教师用图书人均21.8册。随着全旗小学"五普"的完成和巩固,奈曼旗小学全部按自治区的教学大纲和教学计划,开齐课程,开足课时,随意增减课程和延长教学时间的问题得以纠正,各校都重视学生的全面发展,开设多样的活动课。德、智、体、美全面发展得到了落实。

1998年,奈曼旗各级各类小学校528所,含150个教学点。其中蒙古族小学校139所,教学班2071个,其中蒙语授课班545个。在校生46705人,其中蒙古族13338人。教职工5584名,其中蒙古族2363名。毕业生8912人,毕业合格率为97.45%。

二、蒙古族小学

新中国成立前,奈曼旗蒙古族教育十分落后,多数蒙古族儿童不能受到自己民族语言文字的教育。

伪满洲国康德三年(公元1936年),在沙日浩来建立蒙汉合校,汉文授课,初级班加设蒙古语文。

伪满洲国康德五年(公元1938年),沙日浩来国民优级学校改为蒙语文授课的纯蒙校。这是奈曼旗第一所蒙语文授课的高级小学,校长哈斯通力嘎。

伪满洲国康德七年(公元 1940 年)年,建立大沁他拉国民优级学校,用蒙语文授课。年末,全旗有蒙语文国民优级学校 2 所,学生 103 人,教师 6 名。国民学校 14 所,学生 910 人,教师 25 名。

1945 年光复时,奈曼旗共有蒙语授课小学 12 所,其中国民优级学校 3 所,国民学校 8 所,另一所不详。

中华人民共和国成立后,在党的民族政策感召下,蒙古族小学教育得到不断发展和提高。

1951 年 6 月,旗文教科召开会议,检查总结民族教育工作,要求对蒙古族学生加授汉语文课。一、二年级全用蒙语文授课,确定增设 2 所蒙汉合校的完全小学,增设 4 个蒙语文高小班,使纯蒙古族小学发展到 23 所,在校生 3431 人,占蒙古族人口的 8.6%。

1953 年,调整民族学校网点,实行蒙汉分班分校,当时有蒙古族公办小学 42 所,其中完全小学 2 所,民办小学 6 所,蒙汉合校 34 所。用蒙古语文授课的学生 2439 人,占蒙古族学生的 67.5%,蒙古语授课教师 99 名。

1958 年,蒙古族小学发展到 93 所。

1966 年,奈曼旗有蒙古族小学 148 所,在校生 9799 人,教师 336 名。

"文化大革命"中,民族教育遭到严重破坏,许多蒙汉合校的蒙文班改为汉文授课,有些纯蒙校也改教汉文。

1976 年 10 月,粉碎"四人帮"后,民族教育得到调整,强调蒙古族学生坚持学好蒙古语文。

1981 年,在巴嘎波日和苏木建立纯蒙古族"四为主"——公办为主、全日制为主、集中为主和住宿为主的小学。确定黄花塔拉蒙古族小学为旗重点小学。在大沁他拉镇新建一所旗直属蒙古族小学。1984 年改为蒙古族实验小学。到 1986 年,全旗有蒙古族小学 139 所,蒙汉合校 56 所,蒙古族学生 14163 人,其中蒙语文授课学生 9828 人,占蒙古族学生的 69.3%,教职工 752 名。

1986 年后,贯彻落实《中共中央关于教育体制改革的决定》,党的民族政策得到了落实,对民族教育的扶持本着"优先,重点"的原则,使民族小学的办学质量得到很大提高,经营管理及教学业务管理进一步规范。

上世纪 90 年代后,奈曼旗民族小学面临生源减少,办学规模缩小的严重问题。因此,旗政府决定调整民族小学和蒙古语授课班的布局。1998年,全旗蒙古语授课小学保留 161 所,其中含蒙汉合校。蒙授小学在校生7210 人。蒙语授课小学师资合格率为 93%。

大沁他拉蒙古族小学于 1981 年秋建校。列为旗直属小学。从大沁他拉镇第一小学分入汉语授课的 7 个蒙古中学生教学班 265 名学生,仍以汉语授课,加设蒙语文。从新招收的一年级学生起,用蒙古语授课。1984 年,改名为奈曼旗蒙古族实验小学。

1995 年 10 月,在北京市教委的支持下,旗蒙古族实验小学“希望工程”教学楼建成。1997 年,北京市教委捐助 25 万元的教学仪器和设备。

自建校至 1997 年,共毕业 17 届 29 个教学班,980 名学生。

1998 年,学校设有语音室、微机室、音乐教室,各班均配备了“三机一幕”。当时,有 9 个教学班 305 名学生,教职工 57 名。

三、直属小学

伪满洲国康德二年(公元 1935 年),奈曼旗开办第二十一旗立小学校。两年后改称奈曼旗王府初高级小学校。翌年,又改称奈曼旗国民优级学校,光复后停办。1946 年,由杨芬等人在原址恢复办学。

1947 年,旗政府接管。

1949 年,改称王府区大沁他拉中心小学。

1950 年,改为大沁他拉实验完全小学。

1953 年,改为大沁他拉实验小学。同年 10 月,又改为大沁他拉完全小学。

1954 年,改为大沁他拉中心小学。

1960 年,开始五年一贯制改革试验。

“文化大革命”前,该校是自治区首批重点小学之一。

1972 年,为大沁他拉镇第一小学。

1975年，开始"三算"教学试验，取得良好效果。

1978年，吉林省定为第一批办好的重点小学。

1979年，内蒙古自治区定为首批办好的重点小学。

1984年，为大沁他拉镇实验小学。后改称奈曼旗实验小学。

1995年，学校实施的《开发学生身心潜能，培养和提高学生的基本素质》的整体改革实验方案，被列为区级重点科研项目。其诸项子课题被国家教委基础教育发展中心确定为"九五"重点科研项目，并获得世界银行两次8000美元贷款资助。

1998年，学校实施《学生素质发展评价方案》，为培养有知识、有理想、全面发展，有一技之长的小学生，做出了有效尝试。

第四节　中学教育

一、普通中学

1953年，奈曼旗第一所初级中学成立，校名为奈曼中学。教学班4个，在校生225人，教职工12名。1958年，奈曼中学增设1个汉文高中班，成为完全中学。1961年，增设1个蒙文高中班。到1966年，有蒙汉文高中班6个，在校高中生270人。

1958年，建立八仙筒初级中学。

1960年，建立青龙山初级中学。

1961年，建立明仁和固日班花两所初级中学。固日班花中学始建于固力本花公社所在地。1964年8月，迁至新校址章古台公社伊和大沁生产队。1968年，更名为伊和大沁中学。这是奈曼旗第一所纯蒙语授课中学。

1963年，建立东明初级中学。

1966年前，全旗有普通初级中学6所，在校生2723人，教职工232名。初中毕业生4649名。

1968年，沙日浩来初级中学建成，招收蒙汉文班各1个。1969年，增设高中班 2 个,其中蒙文授课班 1 个。1969 年,在"初中不出队,高中不出社"的口号下,盲目发展中学教育。全旗各公社农业中学全部变为普通中学。并于 1975 年,普遍增设高中班。

1976 年,奈曼旗共有中学 42 所,附设初中班的小学 154 所。共有高中班 105 个,初中班 421 个,在校初高中学生 24533 人。

1978 年,贯彻"调整、改革、充实、提高"的方针,教办中学全部归教育局管理。小学一律不再开办初中班。大沁他拉一中、二中、八仙筒中学、青龙山中学、旗民族中学为完全中学。其他中学不再招收高中班。

1979 年,奈曼旗民族中学建成并招生。

1981 年,建立大沁他拉第三中学。

1983 年,八仙筒蒙古族中学成立。

1985 年,全旗有初中 33 所,328 个班,在校生 13539 人;高中 4 所,41 个班,在校生 2202 人。教职工 1303 名。其中高中专任教师 157 名,初中专任教师 747 名。

1988 年,对全旗普通中学进行了调整。奈曼一中取消了初中部,改为高级中学。

1989 年,奈曼二中停止招收高中生,改为纯初级中学。

1995 年,又一次调整布局,在农区撤并 5 所直属中学。到 1996 年,全旗有普通中学 36 所,其中初中 33 所,高中 1 所,完全中学 2 所。高中教学班 50 个,在校生 2610 人。初中教学班 328 个,在校生 15085 人。中学教职工 1663 名,其中蒙古族教师 486 人。同年,开始进行四年制初中试点——文化教育三年,职业教育一年,简称"3+1"试点。至 1998 年,共有四年制初中 4 所。1998 年 8 月,原先锋乡中学改为奈曼旗第四中学,是一所直属初中蒙汉合校。

1998 年底,奈曼旗共有初中 41 所,含完全中学初中部。普通高中 3 所,职业高中 2 所,初中在校生 19235 人,初中专任教师 1104 名。15 周岁初等教育完成率为 99.48%。高中在校生 2770 人,专任教师 202 名。

经过 1995~1998 年"世界银行项目"和"义教扶贫项目"的建设,全旗中学校园校舍建设取得显著成绩,各中学校舍全部砖瓦化。中学生人均校园面积 57.99 平方米,校舍建筑面积 5.32 平方米。

二、蒙古族中学

1953 年,奈曼中学成立,每年招收蒙语授课初中班 1 个,学生 45 人至 50 人。从 1958～1965 年,每年招收 2 个班,每班 50 人。

1958 年,八仙筒中学成立,招收蒙语授课初中班 1 个,学生 54 人。从 1960～1965 年,每年招收 2 个班,每班 40 余人。

1961 年,固日班花蒙古族初级中学成立,是奈曼旗第一所纯蒙语文授课中学,招收初中班 1 个,学生 56 人。从 1964～1965 年,每年招收 2 个班,每班 50 余人。

1961 年,大沁他拉中学——原奈曼中学增设蒙语文高中班 1 个,学生 20 人。此后,每年招收 1 个高中班。

1966 年,全旗有纯蒙古族初中 1 所,蒙汉合校初中 1 所,蒙汉合校完全中学 1 所。共有蒙语授课初中班 14 个,在校生 661 人;高中班 3 个,在校生 150 人;初中毕业生 1022 人,高中毕业生 65 人。

“文化大革命”中,大办初、高中。到 1978 年,有蒙汉文高中校点 15 处,班级 21 个;初中校点 43 处,班级 89 个。当时,只有数量没有质量,教育遭到严重破坏。

1978 年进行调整,全部撤掉小学附设初中班,保留 14 所蒙古族初级中学,其中公社中学 9 所,农村中学不再招生。逐步压缩。

1979 年,新建 3 所蒙古族中学,即奈曼旗蒙古族完全中学、黄花塔拉蒙古族初级中学和胜利蒙古族初级中学。

1983 年,八仙筒蒙古族完全中学成立。

1995 年,将原直属初中伊和大沁中学、黄花塔拉中学、胜利中学、沙日浩来中学、明仁中学等蒙古族初级中学归属所在苏木管理。

1998 年,奈曼旗有蒙古族中学 15 所,其中完全中学 2 所。教职工 611 名,在校生 6251 人。

三、重点中学

大沁他拉第一中学

1953 年,在大沁他拉成立第一所普通中学,时称奈曼中学。

1958 年,改称大沁他拉中学。

1974 年,改称大沁他拉第一中学。建校时教职工 12 名,招收初中班 3 个,学生 178 人;蒙语授课初中班 1 个,学生 47 人。

1958 年,增设高中班 1 个,学生 41 人,为完全中学。

1961 年,增设蒙语授课高中班 1 个,学生 20 人,当年汉语授课,次年单独编班,蒙语授课。

到 1965 年,有教学班 18 个,其中初中汉文班 7 个,蒙文班 5 个;高中汉文班 3 个,蒙文班 3 个。共有初、高中在校生 887 人,教职工 74 名,其中蒙语授课教师 21 名。学校建筑面积 2000 平方米,实验库室和仪器比较齐全,音体美教学设施完备,图书资料近 1 万册。1961～1965 年,为大专院校输送 91 名合格学生。

"文化大革命"开始,学校"停课闹革命"3 年之久。

1969 年秋复课,初高中学制均变为二年。教学工作脱离了正轨。

1978 年,被吉林省定为第一批重点中学。

1979 年秋,将 2 个蒙语授课班 124 名学生划归到新成立的奈曼旗民族中学。改大沁他拉一中为纯汉语授课学校,有教职工 77 名,教学班 19 个,其中初中班 7 个,学生 333 人;高中班 12 个,学生 600 人。

1980 年,被内蒙古自治区定为第二、三批三级管理重点中学。

1981 年高考,文科语文和理科日语成绩均列全盟第一名。

1982 年,重新招收三年制高中班。到 1986 年,有教职工 125 名,教学班 18 个,其中初中班 4 个,学生 274 人;高中班 14 个,学生 827 人。此后,不再招收初中班。

1984 年,本校实验室被自治区教育厅评为模范实验室。

1985 年高考,文科语文、外语、数学、地理、政治诸课成绩均列全盟第一名。

1988 年,改为纯高级中学。

1989 年,使用面积为 3804 平方米的教学楼竣工。有物理、化学实验室 6 个,受国家教委表彰,授予"中小学先进实验室"。图书馆阅览室各 1 个,藏书 3 万册,订阅报刊 120 余种。并自筹资金为全校 24 个班安装闭路电视,配备录像机。还购置了教学用 135 幻灯机、收录机各 26 台。电教设备总价值 62 万余元。

到 1998 年,大沁他拉一中为社会输送 2.18 万名初高中毕业生,其中 2130 余人考入大专院校,1570 余人考入中等专业学校。

奈曼旗蒙古族中学

1979 年成立奈曼旗民族中学。

1981 年,改为奈曼旗蒙古族中学,被定为盟、旗两级重点中学。学校成立当年,第一中学蒙文高中 2 个班 124 名学生转到本校。新招收高中 2 个班 102 名学生;初中 2 个班 85 名学生。以后,每年招收高中班 4 个,初中班 2 个,成为奈曼旗规模最大的蒙古族完全中学。相继配备理、化、生实验室、微机室、语音室、图书馆等。至 1998 年,有教学班 18 个,在校生 1400 余人。学校曾 4 次被评为内蒙古自治区学习使用蒙古语文先进集体。

第五节　中等专业教育及职业技术教育

一、中等专业教育

1956 年,奈曼旗招收 1 个蒙文师范班,1957 年毕业,分配任小学教师。到 1958 年,中小学教育迅速发展。为解决急需的师资问题,大沁他拉中学从在校生中挑选 30 余人组成 1 个汉语授课师范班,培训一年后,分配到中小学任教。

1959 年秋,又单编 1 个教学班为师范班,学生 55 人。

1960 年,在大沁他拉中学院内成立奈曼旗师范学校。当年招收 4 个班

200 名学生。中学办的原师范班也划归师范学校。

1961 年上半年,撤销师范学校,学生全部被劝送回家。

1965 年 8 月,奈曼旗人民委员会决定在大沁他拉镇建立耕读师范,培训耕读小学和农业中学的师资。先后举办 3 期小学教师短训班,结业 172 名学员,其中 40 名为"四清"借干人员,分配了工作。"文化大革命"中,学校无人管理。1968 年 4 月,撤销了耕读师范。

1970 年 12 月,借用旗繁殖场房舍举办了师范班,招收奈曼旗和开鲁县的学生共 70 名,其中奈曼旗 20 名。1971 年结业,分配到中小学任教。

1971 年下半年,在大沁他拉镇现教育局院内,筹建奈曼旗师范学校。1972 年上半年迁入新址后,举办两期公办小学教师培训班,学员 70 名。1974 年,奈曼旗师范学校正式招收学生 55 人,学制二年。1975 年,开办文理科各 1 个班,学生 100 人,学制二年。1976 年,招收 45 人,学制一年。1977 年,旗师范学校搬迁到桥河乡境内的新校址,学校占地总面积为 13.3 万平方米,其中校园面积 4.67 万平方米。招生由哲里木盟统一录取,开设普通师范课程,学制二年或三年,毕业生由哲里木盟统一安排。

1980 年 3 月,奈曼旗革命委员会决定成立奈曼旗教师进修学校,与师范学校合署办公。

1981 年,哲里木盟行署决定,于 1982 年将奈曼旗师范学校改为教师进修学校,如有招生任务,可办师范班。

1986 年,开办两期函授班,招收学员 1083 人,毕业 793 人。9 月,按自治区统一招生考试成绩,录取函授学员 24 人,学制四年,期满统一考试,成绩合格者发给中师毕业文凭。开办短期培训班 18 期,培训小学教师 1264 人,其中蒙语授课 426 人。举办长期培训班 2 个,学制二年,学员 81 人。

1987 年 9 月,奈曼旗师范学校经自治区教育厅审定,批准为全区备案的教师进修学校。1994 年,又被确定为全区首批办好的教师进修学校之一。1997 年 3 月,被自治区教育厅评为"建设达标学校"。从 1988～1991 年,该校陆续招收民办普师班 3 个,培训学员 121 人;中师离职进修班 4 个,培训学员 213 人。举办专业合格证考前辅导班 5 期,共计培训 1346 人次,

517 人获得中师毕业文凭。

1992～1998 年,奈曼旗教师进修学校共招收民办普师班 4 个,培训学员 159 人;中师函授班 1 个,培训学员 21 人;中师离职进修班 2 个,培训学员 89 人;岗前教师培训班 3 个,培训学员 105 人;小学英语教师培训班 3 个,培训学员 145 人。小学教师继续教育培训班 3 个,培训学员 168 人。中学校长培训班 1 个,培训校长 34 人;小学校长培训班 13 个,培训校长 565 人。协助内蒙古民族师范学院举办大专助考班 8 个,培训学员 440 人,237 人获得大专毕业文凭。

二、职业技术教育

1958 年,奈曼旗大办教育,共建立 12 所农业中学,有教育班 17 个,学生 809 人,教职工 22 人。1962 年撤销几处,1964 年进行整顿,出现以学为主,又抓生产劳动的好局面。1965 年,全旗农业中学 34 所,教学班 63 个,学生 2039 人,教职工 123 名。农业中学的办学资金由公社筹集,教育部门适当补助。农业中学都有一定数量的土地、耕畜、农具以及车辆等,供教学与生产劳动使用。"文化大革命"以后,农业中学改成普通中学。1975 年,全旗学校大搞开门办学,大办专业班。旗直属 8 所普通中学开办各种专业班 30 个。还有临时专业班 30 余个。

1975 年 2 月,有关行政部门集资办起奈曼旗"五七"大学。配备专业教职工 13 名,兼职教职工 21 名。采取长短班结合的办法,培训使用技术人才。共办长短班 10 期,培训拖拉机手 83 人,赤脚医生 103 人,蒙医 82 人,水利 76 人,林业 76 人,农机课师资 92 人,卫生 40 人,畜牧兽医 255 人,还有政治理论和文化补习,总数达 924 人。至 1978 年末,撤销。

1983 年 9 月,青龙山中学高中部改为职业高中,成立办学委员会,学制三年。在学习普通课的基础上,开设家用电器、木工、幼师专业课。1984 年有专业班 6 个,学生 268 人。

1984 年 3 月,八仙筒蒙古族中学高中班改为职业高中。开设兽医、治沙专业。

1984 年 8 月,成立奈曼旗中等教育机构改革领导小组,由旗人民政府和有关行政部门负责人组成,并在教育局内设立中等教育机构改革办公室,负责具体业务工作。

1985 年,创办奈曼旗职业教育培训中心,成立办学委员会。

1990 年以后,先后将 8 所普通中学改为"3+1"的四年制职业技术教育网络。1994 年后,调整为 3 所职业高中,即奈曼旗民族教育职业中等专业学校——原八仙筒蒙古族职业高中、青龙山职业高中、治安镇中学、太和乡中心、图勒恩塔拉苏木中学、白音塔拉苏木中学。

1998 年,回乡从事专业经营生产并有显著经济效益的近 400 人,为适应市场经济和为当地经济服务,职业高中又新增设会计电算化、市场营销、建筑、汽车驾驶与维修等专业。办学多样,长班和短班相结合,理论与实际相结合。

第六节　成人教育

一、农牧民业余教育

中华人民共和国成立之后,奈曼旗在农牧民当中广泛开展了扫盲活动。

1949 年冬,农村牧区以文盲和识字不多的干部、民兵、青年为主要对象,采取多种多样的学习班形式进行扫盲识字。

1950 年,各行政村普遍建立冬学委员会。12 月,举办第一期冬学师资训练班。学员 107 人,使用统一的扫盲课本。全旗办冬学 622 处,学员 18911 人,占全旗总人口的 12%。

1952 年,旗、区、村三级都建立识字运动委员会,举办第二期民师训练班,学习与推广速成识字法。受训民师 232 人。先以 19 个行政村为重点扫盲村,开办 39 个试验班,学员 1292 人。成功后随即逐步推广。共办速成识字班 120 个,学员达 5400 人。全旗 210 处条件较好的冬学转为常年民校。参加学习的农牧民达 7766 人。

1953 年,奈曼旗成立扫除文盲委员会。12 月,改称奈曼旗人民政府扫除文盲工作委员会。并举办第四期民师训练班,培训民师 98 人。全旗冬学 157 处,学员 4820 人,其中蒙语授课 1250 人,转为常年民校 81 处,其中蒙语授课 22 处,学员 2440 人,其中蒙语授课 670 人。举办两期扫盲速成班,共 22 个,学员 1433 人。

1956 年 2 月,成立扫除文盲协会,旗委宣传部长兼主任,撤销扫除文盲办公室,业务工作归教育科管理,设业余教育专职干部。

1958 年 4 月,旗委号召全党全民大动员,把扫除文盲工作推向新高潮。农牧民热烈响应,参加各种学习组织的人数达 53975 名,占青壮年总数的 94.5%。

1959 年,全旗 14~40 岁参加学习组织的人达 51755 名,占青壮年总数的 85%,其中扫盲班学员 20200 人。巩固班学员 58504 人,高小班学员 10805 人,初中班学员 2246 人。

1965 年,奈曼旗有民校 302 处,学员 8079 名,其中常年民校 132 处,学员 2700 名。

"文化大革命"中,成人教育无人过问。

1972 年,奈曼旗成立扫盲和业余教育领导小组,旗委副书记兼任组长,下设办公室,文教局副局长兼主任。

1978 年,旗委成立工农牧业业余教育委员会,旗委分管副书记为主任,下设办公室,在教育局办公。

1981 年,改为工农牧教育管理委员会,旗委书记兼主任,下设办公室,教育局由分管副局长兼主任。

1985~1986 年初,旗人民政府分期分片对全旗扫除青壮年文盲工作进行验收考核。全旗 31 个苏木、乡、镇有青壮年 171874 人,非文盲人数为 163917 人,脱盲率达 95.3%,未脱盲人数 7957 名,占总人数的 4.62%。

1986 年 4 月,哲里木盟行政公署验收小组代表自治区人民政府对奈曼旗扫除文盲工作进行检查验收。结果,脱盲率、入学率、巩固率均达到自治区规定的扫盲标准。

1989年,由旗教育局成人教育办公室牵头,各苏木、乡、镇专职副校长负责,全旗举办春季以农业生产使用技术为主要内容,冬季以学习文化扫盲为目的的教育活动。

在"八五"期间(1991~1995),奈曼旗被确定为全国农村教育综合改革实验县之一。1992年,八仙筒等苏木、乡、镇的11所农牧民文化技术学校通过达标验收。全旗31个苏木、乡、镇进行各类实用技术培训,每年达10万人次。其中3.46万人获得"绿色证书";扫除文盲1330人,青壮年非文盲率达到98%。1993年,巩固成果,又扫除剩余文盲1400人,非文盲率达到98.6%。全旗各苏木、乡、镇21所农校达标。1996年,奈曼旗被自治区人民政府验收为基本无文盲旗,非文盲率达到99.5%。

二、干部职工业余教育

区村干部扫盲培训

1948年,奈曼旗举办第一期区、村干部识字学文化动员训练班,学员184人。

1952年,奈曼旗选派38名区干部参加哲里木盟文教处开办的速成识字培训班,又抽调36名基层干部参加旗开办的速成识字法验收班。试验班获得成功后,在广大干部群众中大力推广速成识字法。1953年,旗政府在六区(新镇乡)举办村干部扫除文盲速成识字训练班,参加94人。到1956年,全旗共开办6期干部扫除文盲训练班,628名区、村干部脱离文盲结业。1953~1955年,在冬学和常年民校学习的村干部1933人。

干部职工文化补习

1950年,奈曼旗政府办公室在大沁他拉镇建立一所干部职工文化补习学校,简称机关校。有专职教师2人。凡不足高小文化程度的机关干部和企业事业干部单位职工均参加文化补习,学员170人。

1952年,在八仙筒建立一所机关校。两所机关校有6个班,其中1个蒙语文授课班。学员327人,其中蒙语授课73人。

1960年,旗机关校增设高中班。到1964年,机关校共有12个班,其中蒙语授课班1个;学员570人,其中蒙语授课53人。

1966年"文化大革命"开始,机关校停办。

职工"双补"教育

1978年后,职工业余教育得到恢复和加强,开展"双补"教育,即文化补习和技术补训。

1981年,在旗工农牧教育管理委员会指导下,旗直属以系统单位建立职工"双补"教育组织,专人分管本系统基层单位职工的"双补"教育。苏木、乡、镇所属企事业职工的"双补"教育由教育专职干部统一管理。"双补"对象为"文化大革命"中的初中、高中毕业以及没有毕业的在职职工。文化补习和技术补训的形式多种多样。

1984年,全旗各系统办职工"双补"学校19所,累计办班131个,乡、镇、苏木联合办班27个,参加文化补习3987人次。各系统举办各种技术培训班、专题讲座210期次。

1985年,全旗有3662人文化补习合格,占应补人数的91%。本年度,旗工农牧教育办公室被内蒙古自治区工农牧教育管理委员会评为职工教育先进单位。

1986年7月,哲里木盟职工"双补"验收组对奈曼旗职工"双补"工作进行检查验收,认定文化补习合格人数为3744名,合格率为93%,技术补训合格人数为3072名,合格率为82.4%。

职工自学考试

1984～1986年,每年都有一批职工参加考试,报考区内外大中专院校深造。

1984年,参加大专报考人数115名,录取51名,录取率44.3%。中专报考人数118名,录取39名,录取率33.1%。

1985年,参加大专报考人数118名,录取70名,录取率59.3%。中专报考人数160名,录取87名,录取率54.4%。

1986年,参加大专报考人数83名,录取51名,录取率61.4%。

中专报考人数 239 名,录取 175 名,录取率 73.2%。

参加自治区教育厅组织的中师自学验收考试,83 人合格。1988～1989 年,奈曼旗先后举办两期高中自学考试,参加 2000 余人。哲里木盟教育主管部门同时派驻巡视员监督指导自学考试工作。

1986～1999 年,奈曼旗报考成人高等教育自学考试人员达 1100 人。毕业后享受同等学力待遇。

函授教育

1980 年,旗教师进修学校开办函授班,招收不足中师毕业的中小学教师。数学、语文分科结业,每科学习期限 2 年。第一期开汉语文课,招收学员 890 名,1982 年结业,600 人合格。第二期从 1983 年开课,开设汉语文、蒙语文课,汉文班招收学员 300 人,蒙文班招收 193 人,1985 年结业,此后停办。

1984～1985 年,内蒙古民族师院分别录取 38 人和 31 人。

1986 年,中央民族学院录取 17 人。山西财经学院录取 1 人,内蒙古银行学校录取 25 人,哲里木盟师范学校录取 18 名。内蒙古自治区教育厅统一组织的中师函授验收考试中,1985 年有 60 人合格,1986 年有 271 人合格。

1986 年秋,奈曼旗委党校开办,党政干部职工自愿报名,单位批准,经统一考试,录取 55 人入学。1986 年以后,全旗各行各业鼓励并支持广大干部职工通过各种途径,各类方式不断提高自身的学历和文化水平。

1986～1999 年,全旗报考成人脱产学习和函授学习的人员共 3220 名,录取人数占报考人数的 35% 左右。

第七节　教师情况

一、小学教师

清代,奈曼旗的办学方式多为私塾,私塾先生有多少,不详。

　　中华民国初年,旗内有私塾 5 所,私塾先生 5 人。这个时期的办学方式出现了公立和私立小学校。

　　中华民国三十一年(公元 1942 年)末,全旗共有教员 118 人,其中教谕 29 人,教导员 25 名,辅导员 43 人,分别在国民优级学校、国民学校任教。有教师 21 人,在国民学社任教。

　　1946 年,有蒙汉语授课教师 371 人。

　　1947 年,有教师 450 人。

　　1948 年,有教师 501 人。

　　1950 年,旗人民政府对小学教师进行整顿,教师调动分配后,蒙汉文教师共 314 人。

　　1958 年,全旗小学教职工 857 人,其中蒙古族 244 人,是 1950 年的 2.7 倍。

　　1966 年,全旗小学教职工 1685 人,其中蒙古族 336 人,比 1958 年增加将近 1 倍。

　　1986 年,全旗小学教师 2986 人,其中蒙古族 936 人,比 1966 年增加了 77.2%。教师文化程度达到中师、高中毕业及以上学历的有 1662 人,其中蒙古族 417 人。学历合格率为 55.7%,其中蒙古族教师的学历合格率为 55.5%。

　　1989 年,全旗小学教职工 3232 人,其中女性 1123 人。专任教师 2987 人(其中蒙语授课 721 人,女教师 1098 人)。

　　1996 年,全旗小学教职工 3513 人,其中专任教师 3234 人(蒙语授课专任教师 832 人)。

　　1998 年,全旗小学教职工 3343 人,其中女性 1340 人。专任教师 3032 人(蒙语授课专任教师 1256 人),女性 1295 人。学历合格率达 99.8%。

二、中学教师

　　1953 年,奈曼中学成立,有教职工 12 人。

　　1958 年,八仙筒中学成立。全旗中学教职工 83 人。

1964年,全旗已有5所中学,共有教职工179人,其中女性16人,蒙古族40人。

1966年,有6所直属普通中学,共有教职工277人,其中蒙古族56人。公社农业中学教职工45人。

1986年,全旗普通中学教职工1360人,其中初中专任教师782人,蒙语授课201人;高中专任教师178人,其中蒙语授课41人,代课教师13人。

1989年,全旗中学教职工1810人,其中女性456人,专任教师1295人,其中蒙语授课教师337人,高中专任教师209人。

1997年,全旗普通中学专任教师1233人,其中蒙语授课教师344人,初中专任教师1026人,高中专任教师207人。

1998年,全旗普通中学专任教师1306人,其中蒙语授课教师429人,初中专任教师1104人,高中专任教师202人。

三、教师地位与待遇

私塾 私塾先生的年薪(束脩)多少,任教时间长短,都是办学人与先生按具体情况商量而定。

中华民国时期,公立和私立小学校长月薪大体上是35元,教师月薪为10元,初级小学教师月薪8元。

公办教师 中华人民共和国成立后,奈曼旗历届人民代表大会,都有教师代表。奈曼旗历届政协委员会都有教师委员。

1946年,奈曼旗解放以后,农会接管学校,教师工薪由农会筹集支付。每月原粮300斤至500斤。

1950年,改由旗粮食部门付给。

1951年,改为以实物计算的货币工资制,按粮、布、油、盐、煤5种实物价格折算为货币工资额,以工资分为单位。

1952年8月调整工资后,小学教职工每月工资最低为100分,最高为245分,平均为148分,每分分值在0.22元上下,合计32.60元。

1955年,执行货币工资标准,奈曼旗460人参加工资调整,149人提高工资级别。调整后平均月工资 35.20 元。

1956 年 8 月,重新评级调整工资,小学教师 502 人,调资前平均月工资 33.92 元;调资后平均月工资为 41.97 元。中学教师 53 人,调资前平均月工资为 47.95 元,调资后平均月工资为 53.02 元。扫盲干部 14 人,调资前平均月工资为 36.56 元,调资后平均月工资为 43.95 元。地方开支的民办教师 30 人,平均为 35.00 元。

1960 年,工资偏低的中小学教师又一次调资,调资面为 25%。

1963 年 8 月,再次调整中小学教师工资,升级 268 人,升级面为 54%;转正定级 36 人,提高过低工资标准 21 人。这次调资后,中学教师(包括领导干部)最低为十级,月工资 42.00 元,最高为四级,月工资 87.50 元;小学教师(包括领导干部)最低为十级,月工资 42.00 元,最高为四级,月工资 68.50 元。

"文化大革命"中没有调整工资。

中共十一届三中全会以后,拨乱反正,落实政策,对在"文化大革命"中涉及教职工的 332 起冤假错案全部平凡纠正;对在"反右"斗争中被错划为右派分子的教师也全部纠正,恢复公职,重新安排工作或做其他适当安排。

1977~1981 年间,四次调整教职工工资。

1984 年,奈曼旗小学教职工月平均工资为 45.20 元,中学教职工平均月工资为 53.40 元。

1985 年,改革普通中小学教职工工资制度,全旗小学教师 1506 人,每月基础职务工资和工龄津贴平均为 62.40 元;中学教职工 1188 人,每月基础职务工资和工龄津贴平均为 70.58 元。中小学职工平均每月增加工资 17.00 元上下。

1993 年 10 月 1 日起,实施中小学工作人员工资制度改革,重新理顺,调整工资。从现实结构工资向新工资制度过渡的套改办法,按照《国务院办公厅关于印发机关事业单位工资制度改革三个实施办法通知》【国办发(1993)85 号】的统一规定,并结合中小学的实际情况执行。在工资总量构成中,职务等级工资部分占 70%,津贴部分占 30%。中小学教师在这次工资套改后,职务等级工资标准提高 10%。受聘的中小学教职工,执行中小学教师职务等级工资标准。

中小学离退休人员待遇,原则上按国家统一规定执行。奈曼旗把中小学教师职务工资标准提高 10% 部分计入离退休费的基数。

工资套改后,在岗的中小学教职工平均年工资 3900 元。到 1998 年,年工资达 4900 元。

民办教师 1946 年,奈曼旗解放初期,群众自发办学,教师报酬由学生家长承担。

土地改革时期,农会接管学校,教师工资有农会筹集发放。

1958 年前,全旗 31 名教师由地方费用开支,称为"民办教师"。

1958 年,普及小学教育。奈曼旗出现大量的民办小学和民办教师。全旗 857 名蒙汉文小学教师中,有民办教师 282 名,其中 68 名蒙文授课教师,占 33%。28 名农业中学教师中就有民办教师 12 名,占 43%。

民办教师在普及小学教育中,发挥了重要作用。

"文化大革命"中,民办教师逐年增多。

1978 年,全旗小学教职工总数为 2629 人,其中民办教师 1604 人,占 61%。社办中学教职工 1246 人,其中民办教师 549 人,占 44%。

中共十一届三中全会以后,奈曼旗整顿民办教师队伍,通过考试,每年转正一部分民办教师。

1986~1987 年,3216 名小学教职工中有民办教师 1635 人,占 51%。苏木、乡、镇中学教师 622 人中有民办教师 110 人,占 18%。农村实行生产责任制以前,主要采取工分制。旗里要求工分报酬与生产大队干部同等对待,不低于当地同等劳动力水平,男女同工同酬,按教学贡献大小评定工分。

农村实行生产责任制以后,民办教师及其家属都分得了口粮田,国家每年给予一定的补贴,农区小学民办教师每人每年 220 元,中学民办教师每人每年 320 元;牧区小学民办教师每人每年 260 元,中学民办教师每人每年 360 元。从 1986 年开始,对 15 年以上教龄的民办教师每人每年增加

180 元。

1995 年,全盟民办教师统考。奈曼旗根据考试成绩,转正 100 名民办教师为公办教师。

1996 年,又转正民办教师 100 名。

1997 年,转正民办教师 108 名。

1998 年,民办教师全盟统考,根据成绩,奈曼旗转正 119 名。

第六章　奈曼旗地名文化

地名,是留在指定山川河流、村庄草场的历史活化石。它不但记录了该地历史的演变或文化的变迁,还记录了本地区土著民族的生存环境、生产生活方式、部族分布及游牧范围、思想内涵、宗教信仰变迁,与兄弟民族间文化交流等方面的历史信息。给后人留下了可追溯的历史事件和自然演化的依据。

第一节　以地形地貌命名的地名

一、以峻山巍岳命名的地名

草帽山

"草帽山"为汉语。以峻山巍岳命名的地名。是青龙山镇的一个行政村。该村附近有叫草帽山的大山,以此命名村名。下辖 4 个自然村,即于土子沟、上草帽山、下草帽山、南沙子梁。村委会驻地在草帽山屯。位于青龙山镇政府驻地西南 11 公里处。

东　山

"东山"为汉语。以峻山巍岳命名的地名。是原白音昌乡的一个自然村。位于青龙山镇政府驻地西北,隶属于前店村。

灌山原

"灌山原"为汉语。以峻山巍岳命名的地名。南湾子乡的一个自然村。

位于青龙山镇政府驻地东南,隶属于卧龙泉子村。

哈 达

"哈达"为蒙古语。意即岩峰。以峻山巍岳命名的地名。原土城子乡的一个自然村。位于沙拉浩来镇政府驻地南,隶属于糖房村。

平顶山

"平顶山"为汉语。以峻山巍岳命名的地名。原土城子乡的一个行政村。清朝中期,从山东省迁来一户姓关的人家,在这里发了大财,用杖子围住隶属于自己的农田,而被称为关家杖子。下辖9个自然村,即关家杖子、五间房、偏坡营子、邱家梁、平顶山、八王扣、炉家沟、郝家沟、刘家沟。位于青龙山镇政府驻地西南。

青龙山

"青龙山"为汉语。以峻山巍岳命名的地名。建村于清朝乾隆年间。1947年,隶属于奈曼旗第四区;1957年,以驻地更名为青龙山乡;1958年,改称青龙山人民公社;1983年,改为青龙山镇。位于奈曼旗的南部。南与辽宁省阜新县、北票市接壤;北与新镇和沙拉浩来镇毗邻。总面积558.24平方公里。下辖34个村、159个自然村。镇政府驻地在青龙山村。从清光绪二十九年(公元1904年)至清宣统三年(公元1911年)为热河省阜新县政府驻地。1968年,以驻地东边的山更名为青龙山村。下辖7个自然村,即青龙山、哈达山沟、小井、东梁、于家地、小窝铺、下洼。

山 嘴

"山嘴"为汉语。以峻山巍岳命名的地名。原白音昌乡的一个行政村。建村于中华民国七年(公元1918年)。由于村北有一座小黑石山嘴,被称为此名。下辖4个自然村,即西南洼、南山嘴、大椴木沟、小椴木沟。位于新镇乡政府驻地南。

双山子

"双山子"为汉语。以峻山巍岳命名的地名。有前双山子、后双山子、西双山子3个村。均以附近的双山子命名。是新镇乡的自然村。建村于清乾隆四十五年(公元1780年),下辖4个自然村,即后双山子、西双山子、大二道虎、小二道虎。位于新镇乡东北。前双山子隶属于双合兴村。

台力虎

"台力虎"为蒙古语"陶力忽"的谐音,意为围绕之意。是新镇乡的一个行政村。当雨水大的年份里,大水围绕此地而流。因此,被称为此名。台力虎是附近山岭中的一个制高点,是局部的分水岭。凡是雨水大的年份,以台力虎为界,南者向南流,北者向北流,是以地形特点称谓的名称。位于新镇乡政府驻地西北9公里处,隶属于毛仁沟梁村。

乌日勒图

"乌日勒图"为蒙古语。过去在古庙子所设的机构以及历史事件,都以"鄂尔图板"之名记载的。"鄂尔图板"就是蒙古语"乌日勒图百姓"的谐音。

鹦哥山

"鹦哥山"为汉语。以峻山巍岳命名的地名。是青龙山镇的一个行政村。以附近的鹦哥山命名的村名。村委会驻地在河南杖子村。下辖4个自然村,即杨树沟、河南杖子、小南沟、鹦哥山。位于青龙山镇政府驻地西5公里处。

二、以河流川地命名的地名

长风皋

"长风皋"是蒙古语,是"察木哈克因皋勒"的简称。其源头有察木哈克泉,有三大泉眼。"察木哈克"是蒙古语,意思是"灯塔",来自"指路标志"的引申义。"皋勒"是蒙古语,意思是"河流","因"为副词。连接起来就是"灯塔河"。古代的人们以此河流做寻找要去的地方,故被称为此名。该河发源于新镇簸箕、双山子一带,主流在新镇境内。经多年气候的变旱趋向,该河流逐渐变成了季节性河流。坐落在本河流域的村镇以河为名的多。如在长风皋嘎查中有大长风皋——过去称珠占艾勒(汉译称大营子)、腰长风皋——过去称罗信营子、北长风皋——过去称小喇嘛营子;这3个长风皋村从大长风皋起,南北方向相距4公里和2.5公里。大长风皋位于新镇政府驻地北 9 公里处,民间有"神河"之传说。

杜贵河

"杜贵河"为蒙汉合璧名称。"杜贵"为蒙古语,"河"为汉语。长风河流至长风皋嘎查后,下游被称为杜贵河——现在统称为杜贵皋勒。"杜贵皋勒"是蒙古语,意思是"圆圆的河"。据说是因该河的流向特点而得名。草原上的小河流一般是一路拐弯画一路圈。本河流域有一村叫杜贵嘎查,是因河名而得名。

二道河子

"二道河子"是汉语名称。其过去的名字叫什么?随着岁月的流逝,人们基本忘记了它的来源,无从得知。本在原土城子乡境内。现在河的规模很小,河道干涸,只有一个村落承载着二道河子这个名称,时刻诉说着当年水位和水源的欢快历史。

教来河

"教来河"为汉语名称。这个奇怪的名称,是与奈曼旗首任札萨克衮楚克郡王有关。传说这条河是由衮楚克郡王叫来的。为了叫来这条河,札萨克郡王还杀了人。有关传说很多,最多的传说名叫"借口气"。

王爷派人去看看河水来没来,因为河水还是没有来,所以,被派去的人们一个一个向王爷报告说:"河水还没有来!"说真实情况的一个一个都被王爷杀死了。最后,一个人被派去看河水,他想:"凡是说真话的都被王爷杀死了,索性不如撒个谎。"他回去向王爷撒谎说:"王爷!河水来了!"王爷非常高兴,亲自前去查看,果然,波涛滚滚的河水流进了奈曼旗境内。由此,给河流起名为"叫来河"。叫来河的原名叫"纳里德皋勒",或写成"那里丁皋勒"。"那里丁"或"纳里德"是蒙古语,意思是"很多细小的","皋勒"为"河"。其中包括海皋勒、岗岗皋勒、高力板皋勒、腾格里皋勒、察干苏布日嘎皋勒和克力代皋勒。北元时期的叫来河被称为"遥剌皋勒",是蒙古语,意思是"狗头鹏河"。因为,沿这条河有很多狗头鹏。有人说"遥剌"是蒙古语"厉害"的意思。清代开始叫纳拉特皋勒,纳拉特就是纳里德的谐音。历史上的叫来河,为奈曼旗创造了几十万亩良田沃土。奈曼旗的地形缩称"南山、中沙、北河川"的"中沙"地带的数十万亩良田,都是叫来河冲积所造就的细粘土。这是因为叫来河从敖汉旗山区流入奈曼旗境内,落差大,流势湍急,被山洪冲下来的细粘土全部送到奈曼旗境内。河流进入奈曼旗境内,开始变得平稳而泥沙渐沉。所以,在奈曼旗境内的叫来河基本上是清澈的缓流。"叫来河"又称"教来河"、"教连河"。这都是汉语名称。证明这个名称与奈曼旗农垦文化有关。

老哈河

老哈河,为蒙汉合璧名称。"老哈"为蒙古语,"河"为汉语。在历史记载中称"乌侯秦水"、"托绝臣水"、"吐护真水"、"陶畏思没里"(契丹称)、"老哈河"等不同名称。这些名称都与蒙古语有关。"乌侯秦水"之称出现在秦汉至魏晋之际。《晋书》卷三《段匹磾传》称:段匹磾东部鲜卑人,部众强盛,世为大人。其父亲段务勿臣,曾被晋朝封为辽西公。这里出现的"务勿臣"或"乌侯秦"是一意异写,都是蒙古语"乌和儿沁皋勒"的谐音,意思是"牧牛之人"。当时的鲜卑人分四大部,一为"拓跋部"——意思是"中心部";二为"宇文部"——历史上曾被称为乌桓——乌丸——宇文,意思是"长子之部";三为"段部"——意思是"中间部";四为"慕容部"——意思是沿江部。其中段部的务勿臣被晋朝封为辽西公。这是今天老哈河出现在历史记载上的第一次。"托绝臣水"和"吐护真水"之称是在隋唐时期出现的名称。据有关史籍记载"吐护真"、"托纣臣"、"土后"都是蒙古语"托古勒沁皋勒"的谐音。"陶畏思没里",《契丹国志·契丹国初兴本末》载:"其地有二水,一曰北也里没里,复名陶畏思没里,源出中京(今宁城)马盂山北流,华言所谓土河是也。"于公元907年所建契丹国直至其爱新、元、明朝,均称"土河",长达700多年之久。"土河"是上述"乌侯秦水"、"托绝臣水"、"吐护真水"、"陶畏思没里"等名称的简称,均为蒙古语。

"老哈河",这一名称出现于清代。指的是从敖汉至奈曼北部的这段河流。"老哈河"的"老哈",是蒙古语努哈或卢哈的音写,意思是"环边镶嵌"之意。老哈河源自河北省承德地区平泉县光头山麓,其上游称黄金河,流至赤峰北,先后纳入抬苏河、阴河、西路嘎河、半之箭河、锡伯河等5条河流,水势大增,继而东北流,并于敖汉旗小河沿村上下与崩河、关肠子河相会,始称老哈河。老哈河环敖汉旗西、北两面后,沿奈曼旗北面与西喇木伦河汇流开始称西辽河。该河在敖汉、奈曼两旗的西、北两面镶嵌了银色波纹滚滚向前。蒙古语称鼻烟壶盖下缘所镶嵌的异色金属垫为"努哈"或"卢哈"。眼睛分泌出的眵目糊也叫"努哈"。随着时代的变迁,鼻烟壶逐渐被蒙古人的生活所淘汰,而其一种装饰的"努哈"或"卢哈",也趋向于被遗忘。奈曼旗文化标志之一的民歌《诺恩吉雅》的首句是从"老哈河的岸上,拖着缰绳的马儿……"可见老哈河成了本地区人民文化思维的一种标志,一种闪光点。

老哈河为西边流域沉淀了大片良田和草牧场,养育着上百万人口和几百万牲畜。特别是在红山文化之乡修筑的红山水库,承担着百万人口存在的莫大载荷,为红山文化的历史功能增添着新的光环。

牤牛河

牤牛河,为蒙汉合璧名称。据考察,"牤牛"是奈曼地区土著部落"芒努特"的谐音,"河"为汉语。芒努特,古书音译做"忙忽惕"、"忙讷兀惕"。其本意是"众多崇拜蟒蛇者"。"牤"、"忙"、"芒"均没能准确地反映其意,只是音译而已。应该是"蟒努特"为接近其意。蟒蛇,是华夏民族最早的崇拜物,视其为图腾。它先于龙图腾,至少已有一万年的历史。龙图腾已有8000年的历史,龙图腾一出现不是取缔了蟒图腾,而是两个图腾并行了几千年。"真龙天子穿蟒袍",说明了龙蟒并存的事实。在古代,人名或部落名称以图腾命名的颇多。奈曼这一地带是蟒讷特部落居住地之一,他们分左右二翼。清末民初,蟒讷特人全部取姓为"马"。牤牛河的得名是因为该河两岸居住蟒讷特部。

牤牛河源自辽宁省,流经敖汉旗东南部,其两条主流流进奈曼旗。其一条横贯土城子乡,向南折经原土城子乡与青龙山镇、南湾子交界,在进入辽宁省后,注入大凌河。另一条在奈曼旗沙拉浩来苏木和原白音昌境内。是季节性河流。平时涓涓细流,雨季变成湍湍洪水。

牤牛河及其两岸地带是反映古地质层、古化石、古籍、古墓最多而又最具前沿的地方,华夏文明最早期的博物馆之一。从这里出土的大量文物和化石等说明了奈曼旗自然和社会文明史是从牤牛河畔开始的。

奈曼旗人如果用哪一条河形容"母亲河"为最合适的话,当之无愧的应该是牤牛河。

孟和河

"孟和河"为蒙汉合璧名称,"孟和"为蒙古语,意思是"永恒"。"河"为汉语。孟和河从敖汉旗南部山区发源,流经敖汉旗东北长胜乡向东流,进入奈曼旗的西湖。从西湖再向东穿越沙漠地段,流出奈曼旗境。它为奈曼旗北部的流沙带注入生命的源泉,培育万物。得到和缓而清澈的美称——清河。近年以来,大气候的规律使这条"永恒的河流"时时断流,众生之渴望落空,河也无奈,人也无奈。

莫户皋

"莫户皋"的"莫户"为蒙古语,是"终止"的或"到头"之意;"皋"为蒙古语"皋勒"的简称。意思是"流到头的河流"。也就是孟和河注入西湖之后,再从西湖向东南流出十几华里后,以地势原因,再不能前流而终止。因此,被称为"莫户皋"。其附近一座村庄亦称为"莫户皋艾力"。位于大沁他拉镇西南2公里。

昙恩皋勒

"昙恩皋勒"为蒙古语,"昙恩"是"珍珠母","皋勒"为"河",也就是"珍珠母之河"。在元代,此地草木茂盛,并有一条小河,河水清澈,到处都是鱼类贝壳。因此被称为此名。现在,在河岸上居住着100多户人家,以河名命名本村称"昙恩皋勒嘎查"。位于沙拉浩来苏木政府驻地偏东南8.5公里处。

清 河

"清河"为汉语。孟和河终端河流被称为清河。孟和河在奈曼境内流经100多华里,穿越沙漠缓缓流至旗政府东北地段时,河水变得清澈透明,因此被称为清河。伪满洲国康德四年(公元1937年),建村称"清河村";伪满洲国康德五年(公元1948年),改名为赐福乐村;1950年,恢复清河村之名。坐落在河畔的村落被组成苏木（乡）时，也以河名命名之。本苏木又建了水库，水库也以河名命名之。

查干浩来

"查干浩来"为蒙古语，"查干"是白色，"浩来"是川或峡谷。意思是"白土川"或"白沙口"。清朝末年建村。因村南有一条白沙口而得名。原属平安地乡，称查干浩来嘎查，位于八仙筒镇西北方向，原平安地乡政府驻地东南6公里处。

哈图浩来

"哈图浩来"为蒙古语，"哈图"为汉语"硬"；"浩来"为汉语川或峡谷。意思是"硬土川"或"硬地谷"。清雍正八年（公元1730年），教来河发洪水，洪水流过此地后，这里的土质变得非常硬，曾为教来河滞洪区，由此得名。现在是固日班华苏木的一个嘎查，下辖两个自然村，即哈图浩来、西毛瑞。位于固日班华苏木政府东北方向15公里处。

黄花筒

"黄话筒"为蒙古语，意思是峡谷森林。清光绪十八年（公元1892年）建村，衙门营子苏木的一个嘎查，位于八仙筒镇西南方向，原衙门营子苏木政府驻地西南2.5公里处。

奈林、奈林浩来

"奈林"为蒙古语，意思是狭窄；"奈林浩来"也是蒙古语，意思是狭窄的川地。"奈林"，是个苏木名称。清咸丰十年（公元1860年）左右，这里建村。20世纪80年代成为苏木政府所在地。本苏木中还有上奈林、东奈林等村。

原昂乃乡还有奈林塔拉嘎查，是以一个西北至东南走向的狭长甸子而得名。1949年建村，位于原昂乃乡政府西北7公里处。

黄花塔拉苏木还有西奈林塔拉和东奈林塔拉两个嘎查。于清道光六年（公元1826年）左右建村，位于苏木政府驻地南6公里处。

白音塔拉苏木也有奈林浩来、东奈林浩来两个村。中华民国十九年（公元1930年）左右建村。位于原白音塔拉苏木政府驻地东10公里左右。

诺门浩来

"诺门浩来"为蒙古语,"诺门"意思是弓,"浩来"意思是川或峡谷,此地为弓形狭长川地而得名,图勒恩塔拉苏木境内。现在无人居住,濒临遗弃。上世纪曾有一两户人家断断续续居住过。位于原图勒恩塔拉苏木驻地北2公里处。

包力皋

"包力皋"是蒙古语,意思是泉。原得胜乡有大、小两个包力皋村,位于治安镇政府以西偏南方向,原得胜乡政府驻地东6公里处。

大包力皋,因村南有一水泉而得名。中华民国九年(公元1920年)左右建村。

小包力皋,以村东的水泉得名。伪满洲国康德七年(公元1940年)建村,为区别于大包力皋,称本村为小包力皋。

卧龙泉子

"卧龙泉子"为蒙古语,原意为"鄂愣包力皋",意思是缓缓向上的水泉。因为水泉出口处靠地下水的压力,在一定距离内能缓缓向上流,由此得名。卧龙泉子村为原南湾子乡的一个行政村。清末建村,下辖7个自然村。即卧龙泉子、房身沟脑、唐家杖子、西水泉、半拉烧锅、龙尾巴沟、灌山。村委会在西水泉,位于青龙山镇以东方向。在原南湾子乡政府驻地东北10公里处。

西水泉村

"西水泉村"为汉语。是原南湾子乡的一个行政村,此地与库伦旗境内的南、北、东三个水泉村相对应,因而称为西水泉。位于原南湾子乡政府驻地东北10公里处。

水泉,青龙山镇和沙拉浩来镇各有一"水泉"。属于汉语。沙拉浩来镇水泉村的原名叫"额勒斯图如",是蒙古语,"额勒斯"意思是沙地,"图如"为前头。即该村坐落在沙地前面而得名。

本书载传略的杰出蒙古学家戈瓦先生就出生在这个额勒斯图如村。

诺尔图浩来

"诺尔图浩来"为蒙古语。"诺尔"为泡子或湖,"浩来"为川或峡谷,即有泡子的峡谷。建村于清道光十年(公元 1830 年)左右。原为先锋乡所辖。建村前,这里的人们曾住在此地东南方向叫雅日嘎代的地方。"雅日嘎代"是一种落叶灌木,木质很硬。现在该树已灭绝,只剩下其名字。雅日嘎代位于奈曼旗政府驻地大沁他拉镇西 10 公里处。

沙拉浩来

"沙拉浩来"为蒙古语。"沙拉"是黄色,"浩来"为川或峡谷,即黄色峡谷。是个东西走向的窄甸子,因多长黄花草而被称为黄色峡谷——沙拉浩来。从元代后期开始启用了这个名字。现在是沙拉浩来镇政府所在地。本镇还辖东沙拉浩来和西沙拉浩来两个嘎查。

八仙筒镇东北 8.5 公里处也有一个沙拉浩来嘎查,建村于清朝末年。

固日班华苏木东南 8 公里处还有一个沙拉浩来嘎查,建村于伪满洲国康德三年(公元 1936 年),到 1946 年已搬迁。

三、以湾子命名的地名

北湾子

"北湾子"为汉语,是原南湾子乡的一个居民点,是与南湾子相对而称谓。

大湾子

"大湾子"为汉语,是青龙山镇的一个自然村。

东湾子

"东湾子"为汉语,是义隆永镇政府东北 7 公里处的一个自然村。这个河湾子是教来河拐角处的一个湾子。曾经有奈曼旗一位扎兰(有写作甲喇)章京居住过此地,而被称为"扎兰套海"。于 1969 年,根据其所在方位改称东湾子。东湾子村下辖两个自然村,即东湾子、东甸子。位于义隆永镇东北。

沙拉浩来苏木东南 15 公里处也有一个东湾子。1958 年以前,本村叫芒石营子。芒石是人名,准确写法应该为蟒兀思。"蟒兀思"是蒙古人对大蟒蛇的称谓。在蒙古族英雄史诗里面,蟒兀思是一个反面形象,他与正面英雄作对,危害人畜等生灵。在故事的结局,蟒兀思被英雄打败。据文化人类学研究,"蟒兀思"是远古时期某部分人群的图腾崇拜物。蒙古人对自己比较珍爱的儿孙起名为"蟒兀思"——蟒古斯的多。

毛浩日萨拉

"毛浩日萨拉"是蒙古语,"毛浩日"为"到头","萨拉"为"岔"之义。意即某河流流到那里后,出个岔,便停止流动。毛浩日萨拉是沙拉浩来苏木的一个自然村。位于沙拉浩来镇以东 6 公里处。

毛浩日

"毛浩日"为蒙古语,意思是"到头"或"终极"。教来河流到此地后,被大沙漠顶住,再不能继续向东南方向流进,拐弯向东北流,由此得名"毛浩日"。清咸丰十年(公元 1860 年)后,从敖汉旗迁徙过来一部姓吴的人家居住此地,逐渐形成自然村。位于原太山木头苏木政府驻地东 11 公里处。

毛　瑞

"毛瑞"为蒙古语,意思是湾子或弯曲。毛瑞嘎查在一个弯形甸子建村而得名。分东毛瑞和西毛瑞两个嘎查。于伪满洲国康德三年(公元 1936年)并户建村。位于固日班华苏木政府驻地东北方向 10 公里和 14 公里处。

南湾子

"南湾子"为汉语。位于距奈曼旗政府所在地大沁他拉镇南 80 公里处。1983 年设南湾子乡,下辖 15 个村,51 个自然村,2300 多户。乡政府驻地在四一村。南湾子属于奈曼旗最古老的部落聚居地之一,2009 年划归青龙山镇。

山湾子

"山湾子"为汉语。属于新镇的一个村,根据所居地形之称谓。清道光三十年(公元1850年)左右建村。曾称"小呼钦苏莫",为蒙古语,意思是小旧庙。1949 年更名为山湾子。位于新镇北 5 公里处。

套海营子

"套海"为蒙古语,意思是河湾子。"营子"为汉语。伪满洲国大同元年(公元1932年),教来河洪水冲积成的一个河湾子。后来,这一积埌上有人来居住,逐渐建村。是八仙筒镇的一个村子,位于八仙筒镇东南2.5公里处。

小湾子

"小湾子"为汉语。原土城子乡的一个较小的自然村。位于沙拉浩来镇东南方向。

苏敏萨拉

"苏敏萨拉"为蒙古语,"苏敏"为庙的,"萨拉"为岔;是沙拉浩来镇的一个较小的自然村。即从寺庙开始出了岔的地段被称为苏敏萨拉。位于沙拉浩来镇政府东北8公里处。

四、以丘陵岗梁命名的地名

大　坝

"大坝"为蒙古语。意思是梁岗。以地形命名的村庄。原土城子乡的一个自然村。位于土城子乡政府驻地东北,隶属于七家子村。

白音花

"白音花"为蒙古语,意思是富饶的坡地。分前后白音花嘎查。为黄花塔拉苏木的两个嘎查。位于黄花塔拉苏木驻地东10公里处。建村于清道光十年(公元1830年),以地形命名。

北梁岗子

"北梁岗子"为汉语。位于奈曼旗政府驻地大沁他拉镇西北3公里处,以地形命名。于1983年,从原先锋大队分出成立了此村。

北　梁

"北梁"为汉语。原土城子乡的一个自然村。位于土城子东边。

查干大朗

"查干大朗"为蒙古语,"查干"是"白"色,"大朗"是"土岗"或"梁岗",

意思是白色梁岗。沙拉浩来镇的一个自然村。位于沙拉浩来镇政府驻地东南。

查干道布格

"查干道布格"为蒙古语。意思是白色土岗。分前后两个嘎查。隶属于黄花塔拉苏木,建村于清乾隆四十五年(公元 1780 年)。位于黄花塔拉苏木驻地东北 5 公里处。

查干达巴

"查干达巴"为蒙古语。意思是白沙梁。并户建村于伪满洲国康德三年(公元 1936 年)。位于固日班华苏木政府驻地西南 16.5 公里处。

大 坡

"大坡"为汉语。原为南湾子乡的一个自然村。位于青龙山镇政府驻地南。

东 梁

"东梁"为汉语。原白音昌乡的一个自然村。清康熙年间,有一户姓禅的人家从山东省迁到这里定居。因此,被称为禅家梁。1965 年改称东梁。位于新镇政府驻地西边,原白音昌乡驻地北 8.5 公里处。

岗 图

"岗图"为蒙古语。意思是断崖、深谷。岗图沟和新岗图都是新镇属下自然村。位于新镇政府驻地西 10 公里处。

固日班华

"固日班华"为蒙古语。意思是三座坡地。固日班华苏木是以其所属固日班华嘎查得名。苏木政府驻于白音塔拉嘎查。是奈曼旗东部占地面积较大的一个苏木。元和北元以来,这里的畜牧业得到了较快的发展。

清康熙十四年(公元 1675 年),义州王布尔尼反清。朝廷命令抚远大将军信郡王鄂札率师征讨。布尔尼王在清军的重兵追剿下,败退到奈曼旗固日班华苏木境内,发生了一场激烈的战斗,双方死伤惨重。仅此一战,为后人留下了许多有纪念意义的地名。

"敖兰陶鲁盖图"为蒙古语,"敖兰"是"多","陶鲁盖图"是"有头颅",

合起来是"有很多头颅"的意思。是在这次战斗中阵亡的人头遍地而被称为"敖兰陶鲁盖图"。后来,有人居住建村。位于固日班华苏木政府驻地东南 16 公里处。

"敖兰苏木图"为蒙古语,"敖兰"是"多","苏木图"是"有箭"。因为,交战双方射出的箭,集中落在了这个地方,故被称为"敖兰苏木图"。后来,有人居住建村。位于固日班华苏木政府驻地东南 15 公里处,现已搬迁。

"特莫图萨"为蒙古语,"特莫"是"骆驼","图萨"是"解救"。布尔尼王的败兵退到此地时,有一群骆驼受惊,不知方向地朝追兵奔去。清兵一时不知是什么来头,仓惶撤退。因此,后人称此地为"特莫图萨",即骆驼解救了布尔尼王之地。后有牧民居住此地,逐渐形成自然村。位于固日班华苏木政府驻地西南 15 公里处。

皋吉格尔花

"皋吉格尔花"为蒙古语,"皋吉格尔"是"隆起的","花"是"坡地",合起来是隆起的坡地之意。皋吉格尔花为新镇的一个嘎查。建村于清光绪六年(公元 1880 年)左右,下辖 3 个自然村。分别为前皋吉格尔花、后皋吉格尔花、前包特。位于新镇政府驻地西北 10.5 公里处。

哈日花

"哈日花"为蒙古语,"哈日"是"黑"色,"花"是"坡地",即黑色的坡地之意。这里曾有过大片山杏和榆树林,原属朝古台苏木的一个村。建村于中华民国二年(公元 1913 年),下辖 3 个自然村。分别为东哈日花、西哈日花、后包特。位于新镇政府驻地西北 16 公里处。

哈日道布格

"哈日道布格"为蒙古语,"哈日"是"黑"色,"道布格"是"土包",即黑土包的意思。原属太山木头苏木护桥村的一个自然村。18 世纪中期逐渐形成的村落。位于奈曼旗政府驻地大沁他拉镇东南,在太山木头苏木西北 6 公里处。

窖仁达朗(吉尔仁达朗)

"窖仁达朗"为蒙古语,"窖仁"是"菜窖","达朗"是"土梁"之意。旧时的农民到秋天打场,在野外找一块平阔地溜平之后,打下粮食不急着往家里搬运。就在野外找一处比较干燥的高土包,挖窖把粮食储存起来。等到次年春暖花开之前,把粮食取回家。原得胜乡的大小窖仁达朗就是当年储存粮食的土梁子。建村于伪满洲国大同二年(公元 1933 年),位于东明镇政府驻地东边,原得胜乡所在地西 9 公里处。

梁　顶

"梁顶"为汉语。青龙山镇的一个自然村,位于青龙山镇政府驻地东北 5 公里处,隶属于斯布格图村。

孟和杭沙尔

"孟和杭沙尔"为蒙古语。"孟和"是"恒"或"永久","杭沙尔"是"洪少尔"的谐音,意"山尖"或"三角形地",即永久的三角形地之意。是沙拉浩来镇的一个行政村,下辖 7 个自然村。分别为岗图、苏敏萨拉、南台子、腰台子、西台子、牛头沟、太力呼。村委会在腰台子屯。建村于 200 年前。位于沙拉浩来镇政府驻地东北 9.5 公里处。

南　梁

"南梁"为汉语。是义隆永镇的一个较大的行政村。因村前有一道大梁而得名。建村已有 200 来年。位于义隆永镇政府驻地西南 10 公里处。

沙子梁

"沙子梁"为汉语。是青龙山镇的一个行政村。沙子梁分南北两处,清朝乾隆年间建村。以所处沙子梁命名。位于镇政府驻地西 10 公里处。

沙拉达冷

"沙拉达冷"为蒙古语,"沙拉"是"黄"色,"达冷"与"达朗"一致,意思是"土梁"或"梁岗"。原朝古台苏木的一个村。建村于清道光十年(公元 1830 年)左右,以地形命名。下辖两个自然村,分别为沙拉达冷、腰长风皋。位于新镇北,原朝古台苏木政府驻地西 3 公里处。

三道梁子

"三道梁子"为汉语。原白音昌乡一个自然村,位于青龙山镇政府驻地偏东北,隶属于乔家杖子村。

温都日包日

"温都日包日"为蒙古语。"温都日"是"高","包日"是"紫褐"色,即紫色高地之意。原来是个植被茂密的土山包。是黄花塔拉苏木的一个嘎查。建村于清宣统二年(公元1910年),以附近地形命名。位于黄花塔拉苏木政府驻地东北8公里处。

乌兰额日格

"乌兰额日格"为蒙古语。"乌兰"是"红"色,"额日格"是"土坎"或"河岸"。即红土坎。奈曼旗境内称"乌兰额日格"的地方有4处。

原图勒恩塔拉苏木的乌兰额日格,分南、北两村。南村村委驻在苏金扎拉嘎村。"苏金"是蒙古语,意"胯骨";"扎拉嘎"是蒙古语,两山或两岗之间狭长的平地叫扎拉嘎。另一种解释:"扎拉"为沙包顶上长有许多柳条,如缨子。村民居住分散。建村于清朝中期。位于原图勒恩塔拉苏木政府驻地西11公里处。

黄花塔拉苏木前面的乌兰额日格嘎查,建村于清道光三十年(公元1850年)。位于原黄花塔拉苏木东6公里处。

原太山木头苏木后乌兰额日格,建村于清道光十年(公元1830年)。位于原太山木头苏木政府驻地东南4.5公里处。

西 梁

"西梁"为汉语,义隆永镇的一个村。以扎兰湾子定点,称其地为西梁。位于义隆永镇政府驻地偏东北3公里处。

西岗岗

"西岗岗"为汉语,原土城子乡的一个自然村。位于土城子西北方向,隶属于高和村。

小黑山

"小黑山"为汉语,原太山木头苏木的一个自然村。以附近的黑土包命名。位于奈曼旗政府驻地大沁他拉镇东南,原太山木头苏木政府驻地西北6公里处。

新岗图

"新岗图"为蒙古语,新镇的一个行政村。"新"为新旧的新,"岗图"是指有断崖或深谷地方。建村于清末年间,位于新镇以西9公里处。

龙尾巴沟

"龙尾巴沟"为汉语。原南湾子乡的一个自然村。位于青龙山镇东边儿,以附近地形命名。隶属于卧龙泉子村。

五、以沟堑洼地命名的地名

步步登高

"步步登高"本是蒙古语,"步步登"为指膝盖的"额布德克"之谐音,"高"为沟。即膝盖形状的山沟之意。是青龙山镇的一个行政村,建村于清末,下辖5个自然村。分别为大台子、大东北沟、小东北沟、杨家营子、步步登高。位于青龙山镇政府驻地西北5公里处。

长里沟

"长里沟"为汉语。原白音昌乡的一个行政村,下辖3个自然村。建村于清道光二十五年(公元1845年)。以村子驻地形状命名。位于新镇南,原白音昌乡政府驻地西北8公里处。

其近还有一处叫"长里沟脑"的地方,这里的"脑"是蒙古语"敖鲁木"的汉语东北口音"脑鲁木"的简称,意思是渡口或渡津。隶属于北大营子村。

朝阳沟

"朝阳沟"为汉语,新镇的一个自然村。位于新镇偏东南,隶属于双河兴村。

车头沟

"车头沟"为汉语,原土城子乡的一个自然村。位于土城子东北,隶属于土城子村。

大 洼

"大洼"为汉语,原土城子乡的一个自然村。位于土城子东北不远处,隶属于土城子村。

大 沟

"大沟"为汉语,原南湾子乡的一个行政村。过去称"张家营子"。下辖4个自然村。分别为广富营子、张家沟、大坡、张家沟门子。村委会驻张家沟村。清末年间,有一户姓张人居住此地而被称为此名。位于青龙山镇政府驻地南,原南湾子乡政府驻地西南6公里处。

大沟头

"大沟头"为汉语,原土城子乡的一个自然村。位于沙拉浩来镇政府驻地西南,隶属于哈日干图村。

大东沟

"大东沟"为汉语,义隆永镇的一个自然村。以村东北角的一条大沟命名。建村于清嘉庆五年(公元1800年)左右。位于义隆永镇政府驻地西南6.5公里处。

大东北沟

"大东北沟"为汉语,还有小东北沟,皆为青龙山镇的自然村。位于青龙山镇政府驻地北,隶属于步步登高村。

东大沟

"东大沟"为汉语,是义隆永镇的一个行政村。过去是敖汉旗下洼王姓富有人家的地铺,所以,以下洼为定点,称为"东大沟"。位于义隆永镇政府驻地东南5公里处。

洞子沟

"洞子沟"为汉语,原南湾子乡的一个自然村。位于青龙山镇政府南,隶属于平房村,原南湾子乡政府驻地西南8.5公里处。曾有煤矿企业。

东哈拉

"东哈拉"为蒙古语,"东"为蒙古语察哈尔方言中"同"的发音,"哈拉"为"黑"的意思。以村地形命名。建村于中华民国元年(公元1912年),是原巴嘎波日和苏木的一个行政村。位于原巴嘎波日和苏木政府驻地北7.5公里处。

东　洼

"东洼"为汉语,原白音昌乡的一个自然村。位于青龙山镇政府驻地东北,隶属于西洼村。

椵木沟

"椵木沟"为汉语,原白音昌乡的一个自然村。分大椵木沟和小椵木沟。以长椵木命名。位于新镇政府驻地南,隶属于山嘴村,白音昌乡政府驻地西南3公里处。

二道洼子

"二道洼子"为汉语,原朝古台苏木的一个自然村。以驻地地形命名。位于新镇东北,原朝古台苏木政府驻地南,白音昌乡西南3公里处。

岗图沟

"岗图沟"为蒙古语,"岗图"为深谷,"沟"为蒙古语"皋"的谐音,即有深谷的意思。新镇的一个村落。据说建村于1780年左右。位于新镇偏西南11.5公里处。

沟门子

"沟门子"为汉语,原白音昌乡的一个自然村。位于新镇西南,隶属于蟒石沟村。

国隆沟

"国隆沟"为蒙古语,"国隆"为"河的","沟"为蒙古语"皋"的谐音,即河沟的意思。原南湾子乡的一个自然村,位于青龙山镇政府驻地西南,隶属于三一村。

哈达山沟

"哈达山沟"为蒙汉合璧名词,以地形命名。"哈达"为岩石,"山沟"是汉语,即石头山沟之意。是青龙山镇的一个自然村。位于青龙山镇政府驻地东,隶属于青龙山村。

原土城子乡也有一处叫"哈达"的自然村,隶属于糖房村。

哈日干沟

"哈日干沟"为蒙古语,"哈日干"为杏树,"沟"为蒙古语"皋"的谐音,即杏树多的地方之意。原土城子乡的一个自然村。

后 洼

"后洼"为汉语,以地形命名。原土城子乡的一个自然村,位于土城子乡东南,隶属于化吉营子村。

后头沟

"后头沟"为蒙汉合璧名词。清朝末年有一位姓胡的人家来这里居住,被称为"胡头沟",意思是"胡老头"居住的"皋"之意。后来演化成了"后头沟"。原土城子乡的一个自然村。有上后头沟和下后头沟两个村。位于土城子北4公里处。

虎头营子

"虎头营子"为蒙汉合璧名词。"虎头"原意是蒙古语"好图古尔",即洼地之意,"虎头营子"即洼地之村。原白音昌乡的一个自然村。位于青龙山镇政府驻地东北,隶属于西洼村。

里羊角沟

"里羊角沟"为汉语,以地形命名。与外羊角沟很近,隶属于杏树园子村。

柳条沟

"柳条沟"为汉语,因驻地原来多长柳条而得名。原土城子乡的一个自然村。分前柳条沟和后柳条沟。位于土城子乡北,隶属于成山村。

小南沟

"小南沟"为汉语。以地形命名。位于青龙山镇的一个西边,隶属于鹦哥村。

牛头沟

"牛头沟"为汉语。以地形命名。沙拉浩来镇的一个自然村。位于沙拉浩来镇政府驻地东北,隶属于孟和杭沙尔村。

三叉沟

"三叉沟"为汉语,以地形命名。原土城子乡的一个自然村,位于沙拉浩来镇政府驻地西南,隶属于哈日干图村。

上横沟

"上横沟"为汉语,以地形命名。原土城子乡的一个自然村。位于土城子乡政府驻地偏东南,隶属于奈曼杖子村;下横沟子隶属于化吉营子村。

束龙沟

"束龙沟"为蒙古语,"束龙"是直,"沟"为蒙古语"皋"的谐音,即直直的沟之意。原土城子乡的一个行政村。下辖 3 个自然村,即小北梁、大束龙沟、小束龙沟。建村于清朝末年,位于土城子乡政府驻地东 3 公里处。

团山洼

"团山洼"为汉语,以地形命名。原太和乡的一个行政村。建村于1921 年,起初被称为陈家洼子。伪满洲国康德六年(公元 1939 年),以地形更名为团山洼子。位于义隆永镇西,原太和乡政府驻地南 11 公里处。

洼达沟

"洼达沟"为汉语,以地形命名。原土城子乡的一个自然村。位于土城子乡政府驻地偏东北,隶属于七家子村。

外羊角沟

"外羊角沟"为汉语,以地形命名。原土城子乡的一个自然村。位于土城子乡政府驻地东,隶属于杏树园子村。

苇塘沟

"苇塘沟"为汉语,以地形命名。原土城子乡的一个自然村。位于新镇东南,隶属于糖房村。

苇子沟

"苇子沟"为汉语,以地形命名。原白音昌乡的一个自然村。位于新镇政府驻地西南,隶属于薄等沟村。

西 沟

"西沟"为汉语,以地形命名。因位于青龙山镇政府驻地西南,而被称为此名。隶属于敖包后村。

西南沟

"西南沟"为汉语,以地形命名。因位于斯布格图村西南而被称为此名。是青龙山镇东北的一个自然村。

西南洼

"西南洼"为汉语,以地形命名。因位于白音昌乡政府驻地偏西南而被称为此名。隶属于白音昌乡。

西　洼

"西洼"为汉语,因位于东洼之西,当地人习惯称西洼。以地形命名。原白音昌乡的一个自然村,原名乾亨勇——向阳所堂号。1965年改称西洼,位于原白音昌乡政府驻地东南8.5公里处。

小北沟

"小北沟"为汉语,以地形命名。隶属于青龙山镇古庙子村。

小东沟

"小东沟"为汉语,以地形命名。义隆永镇的一个行政村,位于义隆永镇政府驻地西南方向。

新镇也有一个小东沟村,隶属于双河兴村。

杨树沟

"杨树沟"为汉语,以地形命名。原土城子乡的一个自然村。位于青龙山镇西南,隶属于奈曼杖子村。

沙拉浩来镇也有一个叫杨树沟的自然村,隶属于金星村。

砖头洼

"砖头洼"为汉语,因此地是一处古老的遗址,有很多砖头瓦砾碎片而被称为此名。以地形命名。建村于清末。位于新镇政府驻地南2公里处。

六、以坦地草原命名的地名

巴音塔拉

"巴音塔拉"为蒙古语,又作"白彦塔拉"。"巴音"是富饶,"塔拉"为平原或甸子,即富饶的平原。以地形命名。巴音塔拉苏木位于奈曼旗中部,为本旗核心地段。据考察,辽代的龙华州就设在这一带,元代开始人畜兴旺,清朝时期开始有了村屯居住。

固日班华苏木政府驻地也叫白音塔拉。这个白音塔拉过去叫"赫日毛日白音塔拉"。"赫日"指的是马的颜色,为"枣红色","毛日"为"马"。据说,这里曾有一匹远近闻名的枣红色骏马。伪满洲国康德三年(公元1936年)建村当时就被称为此名。到1947年,始称白音塔拉。

簸 箕

"簸箕"本为蒙古语"博力策日"的谐音,意为"放牧场"。以地形命名。是新镇的一个行政村。其内有簸箕、东簸箕、北簸箕之分。这里是清朝末期奈曼王府的牧场,由此命名。下辖东、西、北三个簸箕村。位于新镇政府驻地东北11.5公里处。

东北荒

"东北荒"为汉语,以地形命名。为青龙山镇的一个自然村。位于青龙山镇政府驻地西南,隶属于敖包后村。

东甸子

"东甸子"为汉语,以地形命名。为义隆永镇的一个自然村。位于义隆永镇东北,隶属于东湾子村。

东 荒

"东荒"为汉语,以地形命名。过去叫"庙东荒",是八仙筒镇的一个自然村。因其位置在哈塔海庙东,所以被称为此名。清乾隆十三年(公元1748年),在这里建一座庙,称哈塔海庙。"哈塔海"为藏语,意为"立幡祀神"。建村于1934年。位于八仙筒镇政府驻地西南,隶属于迈吉干简村。

呼和塔拉

"呼和塔拉"为蒙古语,"呼和"为"青色","塔拉"为"甸子"。以地形命名。现名"呼和",是沙拉浩来镇的一个行政村。下辖7个自然村;1958年前曾称台吉营子。1983年,设呼和塔拉嘎查。嘎查委员会在嘎力桑营子。清朝年间有一位叫嘎力桑的人来这里居住而得名。位于沙拉华里村政府驻地东南10公里处。

"台吉"是汉语"太子"的谐音。北元达延可汗巴图孟克把属民划成左右二翼6个万户。右翼为鄂尔多斯、土默特、永谢布3万户,由吉囊管理;

左翼为察哈尔、哈拉哈、乌梁海 3 万户,由可汗统辖。撤销原来的太师青桑之职,剥夺了异性权臣的领地权利。后来,土默特部阿拉坦汗请佛教格鲁宗索南嘉措互相赐封名号。索南嘉措赐封阿拉坦汗为"转金千轮咱卡拉瓦尔第彻辰可汗"之号;阿拉坦汗封索南嘉措为"圣识一切瓦齐尔大喇达赖喇嘛"称号。从此,蒙古北元六万户之主纷纷拜见三世达赖喇嘛索南嘉措,求得不同的"可汗"称号。蒙古北元王朝开始土崩瓦解,6 个万户形成了 6 个"小王国"。"可汗"的子孙后裔都称自己为"太子"——台吉了。"太子",在汉族社会指皇上传位的唯一人选。可是,到蒙古社会,这个"唯一"却失去了以往的"神圣"地位,凡是成吉思汗、哈撒儿、别勒古台、哈赤温的后裔"孛儿只斤"氏都成了"太子"——台吉。贴睦格斡惕赤斤的后裔——乌济业特部,因曾经反叛而没称为"孛儿只斤"氏。

嘎力桑,藏语称"格桑",意为"幸运者"。

黄花塔拉

"黄花塔拉"为蒙古语,"黄花"为凹下去的,"塔拉"是甸子或平地,即凹形甸子的意思。以地形命名。黄花塔拉苏木在奈曼旗南部,苏木政府驻地在伊拉麻图嘎查。黄花塔拉苏木有上黄花塔拉、中黄花塔拉、下黄花塔拉等村。这三个黄花塔拉嘎查位于苏木政府驻地东 8 公里处。伊拉麻图,为蒙古语,有桑树的地方之意。

奈林塔拉

"奈林塔拉"为蒙古语,"奈林"为"细"、"窄"的意思,即窄长的甸子。以地形命名。原奈林塔拉苏木是奈曼旗东部的一个苏木,政府设在奈林村。本苏木有上奈林村、东奈林村。

昂乃乡也有一个奈林塔拉嘎查。建村于 1949 年,位于乡政府西北 7 公里处。

黄花塔拉苏木下辖东西两个奈林塔拉嘎查,各辖一个自然村。位于苏木南和东南 6 公里处。

瑙根塔拉

"瑙根塔拉"为蒙古语,"瑙根"为绿色,即绿色甸子。以地形命名。原章古台苏木的一个自然村,原名"阿巴海"村。"阿巴海"为蒙古语"闺秀"之意。建村于清朝中期,"阿巴海"村名与清朝下嫁公主有关,见海拉苏嘎查的解释。位于奈曼旗政府驻地大沁他拉镇东,原章古台苏木驻地西南8公里处。

沙拉塔拉

"沙拉塔拉"为蒙古语,"沙拉"为黄色,即黄色甸子。以地形命名。原巴嘎波日和苏木的一个行政村。原名德勒特图,于伪满洲国康德九年(公元1942年)改称沙拉塔拉。位于奈曼旗政府驻地大沁他拉镇北,原巴嘎波日和苏木政府驻地东11公里处。

德勒特图为蒙古语,原作"德尔图"。"德勒特"为一种灌木,又叫"卫矛——鬼箭羽"。木质非常硬,做各式工具把柄是理想的材料。枝叶入药,有祛风散寒的功能。这种树在本地已经灭绝。

沙金塔拉

"沙金塔拉"为蒙古语,"沙金"原为梵语"沙希亚纳",蒙古语称"沙新",满洲语称"沙金",汉语称"宗教"。以人名命名。名叫沙金的人建村于1947年。位于奈曼旗政府驻地大沁他拉镇东北,在原昂乃乡政府驻地西10公里处。

赛罕塔拉

"赛罕塔拉"为蒙古语,"赛罕"为美丽,即美丽的甸子。以地形命名。原太山木头苏木的一个行政村。曾称白音塔拉,1982年改称赛罕塔拉嘎查。建村于清末。位于黄花塔拉苏木政府驻地东北,原太山木头苏木南7.5公里处。

沃风甸子

"沃风甸子"为蒙汉合璧名词。"沃风"指的是蒙古地区一种蒙古包式的简易房子。东部蒙古人居住的房子,曾经为邑楼(土穴)、穹庐(蒙古包)、窝棚(沃风)、茅房、板升(白兴)。其中窝棚(沃风)是用柳条编织而成的圆形房子,其顶棚也似蒙古包奥尼一样,圆而尖形盖。墙外部用泥土加固抹成,房盖一般用苇子笘成。沃风甸子建村于清朝初年。以住地特点命名。位于白音塔拉苏木政府驻地东北 3.5 公里处。

西 荒

"西荒"为汉语。俗称"庙西荒"。因位于哈塔海庙西边而得名。以地形命名。原衙门营子苏木一个行政村。建村于清光绪二十九年(公元 1893 年)。位于八仙筒镇西南,衙门营子南 5 公里处。

西甸子

"西甸子"为汉语。原太和乡的一个行政村。建村于清朝末年,时因位于衙门庙西北甸子而得名,以地形命名。1966 年更名为是名。位于奈曼旗政府驻地大沁他拉镇以南舍力虎附近,原太和乡政府驻地东 6 公里处。

伊和塔拉

"伊和塔拉"为蒙古语,即大甸子之意。以地形命名。原朝古台苏木的一个行政嘎查。原蒙古名字为"诺颜浩若",汉译称大官营子。建村于清道光二十年(公元 1840 年),下辖 5 个自然村,即东诺颜浩若(东大官营子)、西诺颜浩若(西大官营子)、章吉营子、东毛都、农牧场。嘎查驻地在西大官营子。位于朝古台苏木政府驻地东北 8 公里处。

扎哈塔拉

"扎哈塔拉"为蒙古语,"扎哈"为边缘,即边缘的甸子之意。是八仙筒镇的一个行政村。因其所处位置在八仙筒平原的北边靠沙漠而得名。以地形命名。建村于中华民国四年(公元 1915 年)。位于八仙筒镇政府驻地西北 6 公里处。

七、以湖泊湿地命名的地名

阿都乌苏

"阿都乌苏"为蒙古语。"阿都"为马群或马,"乌苏"为水,意饮马的水源。因此处有一眼饮马的水泡子,以水名命名。原得胜乡的一个行政村,建村于伪满洲国康德二年(公元 1935 年)。位于嘎查甸子北 8 公里处。

巴嘎淖尔

"巴嘎淖尔"为蒙古语。"巴嘎"为小,"淖尔"为泡子,意即小泡子。以湖泊命名。是沙拉浩来镇的一个行政村,清朝初年开始有人居住。因为村南有一眼小泡子而得名。下辖 3 个自然村,分别为西半拉庙、东半拉庙、巴嘎淖尔。位于沙拉浩来镇政府驻地西 6.5 公里处。

伯和乌苏

"伯和乌苏"为蒙古语。"伯和"为墨汁,古代写字用的墨汁。于清咸丰二年(公元 1852 年)有一位名叫梁迎恩的人在这里挖掘一口井,据说井水像墨汁一样黑,因而被称为此名。以水名命名。这是比较有影响的传说。还有一种说法是"伯和"是"布和"或"卜和"、"布赫"的谐音,意思是坚固或结实,为人名。这里一开始居住的人名叫"布和",因此得名。如果是这样,以主人名命名。是村为原太山木头苏木的一个行政村。位于黄花塔拉苏木政府驻地西北,太山木头苏木政府驻地西南 7.5 公里处。本村于上世纪出了一名蒙古文化巨人——卜和克什克。

查干诺尔

"查干淖尔"为蒙古语,"查干"为白色,"淖尔"为泡子或湖。即清澈的水泡子。过去在该村背后有 5 眼水泉,汇流成一个清澈的水泡子,以此命名。并以湖泊命名村庄。是治安镇的一个行政村。建村于中华民国年间。位于治安镇政府驻地南 11 公里处。

哈日淖尔

"哈日淖尔"为蒙古语,"哈日"为黑色,即黑色泡子。是固日班华苏木的一个行政村。以湖泊命名。下辖 2 个自然村,分别为老邦图和哈日淖尔。建村于伪满洲国康德三年(公元 1936 年)。位于固日班华苏木政府驻地正南 13.5 公里处。

原图勒恩塔拉苏木呼和车勒村西也有一处哈日淖尔,现在仍然为理想的水域。

原图勒恩塔拉苏木乌兰额日格嘎查境内还有一处哈日淖尔,现在虽已干涸,但仍以地名存在。

浩雅日淖尔

"浩雅日淖尔"为蒙古语,"浩雅日"为两个,即两眼泡子。浩雅日淖尔嘎查是以湖泊命名。是白音塔拉苏木的一个行政村。据说这里居住人家的历史,可以追溯到辽代。浩雅日淖尔分东、西两个嘎查。位于白音塔拉苏木政府驻地西北 10 公里处。

浩雅日乌苏

"浩雅日乌苏"为蒙古语。"浩雅日"为两个,"乌苏"为水域,即两个水域之意。以湖泊命名。是昂乃乡的一个行政村。建村于 1922 年。位于昂乃乡南 7 公里处,隶属于尧勒甸子村。

黑鱼泡子

"黑鱼泡子"为汉语。沙拉浩来镇的一个行政村。起初此地名为"哈日乌苏","哈日"为黑色,"乌苏"为水或泡子,即黑水或黑泡子。后来,改称黑鱼泡子。以湖泊命名。位于沙拉浩来镇政府驻地东 10 公里处。此地有很多神话传说。

呼和车勒

"呼和车勒"为蒙古语。"呼和"为蓝色或青色,"车勒"为深潭或深渊。即青潭或蓝色深渊。以湖泊命名。位于呼和车勒平原中心地带,是孟和河的拐弯处形成的深潭。边缘陡而深,曾被称无底深潭。传说中与《中乃甸子》的"呼日敦车勒"有关联。"呼日敦"为车轮子。传说中有一辆车掉进呼和车勒,第二天,从几十里外的呼日敦车勒浮上来,由此被称为"呼日敦车勒"——车轮潭。呼和车勒嘎查建村于伪满洲国康德四年(公元 1937年)。1962 年,清河发大水,该嘎查整体搬迁。位于孟家段水库下库南方向。

淖尔营子

"淖尔营子"为蒙汉合璧名词,"淖尔"为蒙古语,意为泡子或湖,"营子"为汉语,即泡子村之意。以湖泊命名。沙拉浩来镇的一个自然村。位于沙拉浩来镇政府驻地东南,隶属于三家子村。

淖尔台

"淖尔台"为蒙古语,"淖尔"为泡子或湖,"台"是蒙古语副词,表示"有"的意思。即有泡子的地方。以湖泊命名。原奈林苏木的一个行政村。

建村于清同治十一年(公元 1872 年)。因其东边有一眼泡子而被称为此名。位于原奈林苏木政府驻地东北 4 公里处。

泡　子

"泡子"为汉语。是原朝古台苏木的一个行政村。建村于清嘉庆五年(公元 1800 年),以附近有一大泡子而被称为此名。以湖泊命名。下辖 3 个自然村,分别为赖青塔拉、沙拉塔拉和泡子。位于新镇政府驻地偏东北方向,原朝古台苏木政府驻地东南 5 公里处。

清水塘

"清水塘"为汉语。原南湾子乡的一个行政村。以其附近的芦苇塘被称为此名,以湿地命名。于清朝末年,有一姓于人家从河北省顺天府迁入此地建村。下辖 3 个自然村。位于青龙山镇政府驻地西南,南湾子乡政府驻地西 4 公里处。

沙巴日淖尔

"沙巴日淖尔"为蒙古语,"沙巴日"为泥,"淖尔"为湖或泡子。即泥泡子之意。以湖泊命名。是治安镇的一个行政村。下辖 2 个自然村,分别为查干淖尔和沙巴日淖尔。位于治安镇政府驻地西南。

塔日干村

"塔日干"为蒙汉合璧古名词,"塔日干"意思是肥沃,"村"为汉语。奈曼旗著名的西湖,最早称"塔日干乌苏",即肥美的水域。西湖名称的演变为:塔日干乌苏——塔日干淖尔——功成庙泡子——西湖。现今将西湖沿边的柳树甸、新建二村合称塔日干村,以湖泊命名。清道光三十年(公元 1850 年)左右,奈曼郡王将此地指给福字号——即兴隆福、兴隆地的富户为牧场。这个牧场曾被称为塔日干牧场。是奈曼旗政府驻地大沁他拉镇的一个行政村。位于大沁他拉镇西 15 公里处。

塔日干淖尔——当今的奈曼西湖。元代已见史册,有 650 年的记载。北元时期称"察罕淖尔";清代称之为塔日干乌苏或塔日干淖尔。迷人的湖光水色,为历代王公达人所青睐。清宣宗道光二十八年(公元 1848 年),奈曼旗第十任札萨克郡王阿旺都瓦底扎布将湖东南一块地择为王爷茔地;清光绪三年(公元 1877 年)四月,又在附近建成了奈曼王爷的陵寝庙——孟根庙。因孟根庙法名"功成寺",故塔日干淖尔有时候被称为"功成庙泡子"。后来习惯地写成"工程庙泡子",也无人更正。

塔日干淖尔的水源是孟和河,孟和河在定床前,曾流经舍力虎甸子,造就了舍力虎泡子。每逢雨大之年,泡子蓄水过多,从东北边低洼处向北溢流决口,经过额尔顿甸子,流入功成寺西边的天然洼地,遂形成了工程庙泡子。

孟和河定河床之后,经敖汉旗的梧桐浩来、长胜甸子进入奈曼境内,流入工程庙泡子,使塔日干淖尔成了"有源之水"。1959 年,原内蒙古自治区党委书记胡昭衡来这里视察,见其美丽景色,改称为"奈曼西湖"。1960 年8 月 5 日,奈曼旗人民委员会以【(1960)旗办字第 38 号】文件,印发了《对启称原工程庙泡子命名为"奈曼西湖"的通知》。从此,工程庙泡子正式更名为"奈曼西湖",后来逐渐简称"西湖"。

奈曼西湖于 2001 年 5 月 17 日干涸。

塔日干淖尔位于奈曼旗政府驻地大沁他拉镇西北 4 公里处,原先锋乡境内。在清代,塔日干淖尔以其独特的魅力,吸引了奈曼王府于湖边先后修建王爷陵、孟根庙、夏营地、奶牛场等,甚是青睐至之。

王府奶牛场

清同治四年(公元 1865 年),额驸王德木楚克扎布堂侄萨嘎拉承袭王位。

萨嘎拉郡王嗜好乳食。为满足其食欲,上任不久,便筹划建立一个专供奶食品的基地。为此,他亲自周游王府附近的山野,见塔日干淖尔西南侧,湖水潾潾,绿草茵茵,地面宽阔,气候宜人。遂决定在这里建立奶食品加工厂。先是筹建一所规模不大的"珠四郎"(夏令营)地,又盖了乳品"加工厂"。一切就绪后,便下令全旗各努图克每年必须送一头膘肥体壮,且当年产犊的乳牛。之后,把乳牛集中到塔日干淖尔奶牛场,做为奶源之用。次年,又要送一头新产犊的乳牛,换回原来送的。如此新陈交替,年复一年。并且,从每年服徭役的蒙古族妇女中挑选十几个人,从事挤牛奶和奶食品加工,保证王室及王府官员们的各种奶食品的供应。自此形成了奈曼旗第一个王府奶牛场。每年夏季(一般从端午节开始),王爷携家眷,搬到"珠四郎",饱尝新鲜的奶食品,浏览大自然的美景,观光在自家的避暑山庄,情趣悠闲自在。

这般光景,后来被民间艺人编入蒙古民歌《奈曼大王》中,流传至今。其中唱道:

"在那塔日干淖尔岸上设有珠四郎,

从那五十个努图克送来的乳牛肥壮,

挤奶妇女们的达日嘎名叫香珠女,

咱们的奈曼大王呀,嗬咿……"

萨嘎拉郡王以其嗜好牛奶的特点,给奈曼民众留下了一句口头语,叫做"萨林德都勒台萨嘎拉王",意为"以奶食为嗜好的萨嘎拉王"。

乌丹淖尔

"乌丹淖尔"为蒙古语。"乌丹"为柳树,"淖尔"为泡子或湖,即柳树林中的水泡子。以湖泊命名。是原巴嘎波日和苏木的一个自然村。建村于清道光三十年(公元1850年)左右。位于奈曼旗政府驻地大沁他拉镇北,隶属于孟和嘎查。

西湖村

"西湖村"为汉语。以湖泊命名。是大沁他拉镇的一个行政村。过去曾命名为转心湖生产大队。该村所处的地方也曾称为乌尼格图。"乌尼格"为蒙古语,是指狐狸,"图"与"台"为蒙古语副词,表示"有"的意思。即多有狐狸的地方,是狩猎场地的专有名词。1961年定名为"西湖"。下辖两个自然村,分别为塔日干、先锋牧场。位于奈曼旗政府驻地大沁他拉镇西。

伊和乌苏

"伊和乌苏"为蒙古语,"伊和"为大,"乌苏"为水域,即大水域之意,以湖泊命名。是白音塔拉苏木的一个行政村,早年教来河发洪水,曾在此处积水,故被称为伊和乌苏嘎查。位于白音塔拉苏木政府驻地东北8公里处。

巴嘎大沁

"巴嘎大沁"为蒙古语,"巴嘎"为小,"大沁"为湿地或沼泽地。即小湿地之意。以湿地命名。是章古台苏木的一个自然村。建村于清朝中期。位于章古台苏木政府驻地东,隶属于伊和大沁嘎查。

布日敦

"布日敦"为蒙古语,即有水泡子的甸子、湿地或湿草地之意。以湿地命名。是原朝古台苏木的一个行政村。下辖3个自然村,分别为东布日敦、西布日敦、北长风皋。位于新镇北16公里处。

据传说,当年布尔尼王曾经在此地集合并清点失散的军队,以此命名。如果是这样,"布日敦"的意思是"全部报到"。

大沁他拉镇

"大沁他拉镇"为蒙汉合璧名词。"大沁"为湿地或沼泽地;"他拉"与"塔拉"一致,甸子之意。即平坦的湿地或湿地平原。"镇"为汉语。以湿地命名。奈曼旗政府驻地,是奈曼旗政治、经济、文化的中心和交通枢纽。总面积1385.67平方公里,下辖50个嘎查村、94个自然村、7个社区居委会。位于奈曼旗中部偏西南,坐落在教来河北岸7公里的平原上。19世纪中叶,这一带是一片大草甸子,地势低洼,潮湿泥泞。清同治九年(公元1870年),奈曼王府竣工于此地。1932年开始,商户猛增,形成了街集。

哈日沙巴尔

"哈日沙巴尔"为蒙古语,"哈日"与"哈喇"、"哈拉"一致,为黑色,"沙巴尔"为泥或泥塘。即黑泥或黑泥塘之意,以湿地命名。是大沁他拉镇的一个行政村。于清道光三十年(公元1850年),有姓吴的5户蒙古人来到这里为奈曼郡王看守坟茔,从此开始逐渐形成村落。位于大沁他拉镇西北,隶属于原先锋村。

伊和大沁

"伊和大沁"为蒙古语,"伊和"为大,"大沁"为湿地或沼泽地。即大湿地之意。以湿地命名。是原章古台苏木的一个行政村。清朝中期,奈曼郡王的五弟在这里定居,被称为"五爷大沁"。于 1965 年更名为伊和大沁,是与巴嘎大沁相对称呼。位于章古台苏木东北 11 公里处。

古达来

"古达来"为蒙古语,意思是容易陷进去的泥塘。以湿地命名。是原巴嘎波日和苏木的一个自然村。建村于清同治十六年(公元 1890 年)。位于奈曼旗政府驻地大沁他拉镇西北,隶属于花木代嘎查。

八、以台地沙丘命名的地名

北台子

"北台子"为汉语。以台地命名。原白音昌乡的一个自然村。位于青龙山镇东北方向。

大台子

"大台子"为汉语。以台地命名。是青龙山镇的一个自然村。位于青龙山镇北,隶属于步步登高村。

扽　吉

"扽吉"为蒙古语,意为台地。以台地命名。原奈林苏木的一个行政村。建村于 1948 年。位于东明镇东南,原奈林苏木政府驻地东南 2.5 公里处。

南台子

"南台子"为汉语。以台地命名。沙拉浩来镇的一个自然村。位于沙拉浩来镇东,隶属于孟和杭沙尔村。

三台衙门

"三台衙门"为汉语。以遗址命名。原太山木头护桥村的一个自然村。于清乾隆四十五年(公元 1780 年)左右,奈曼郡王在这里兴建衙门,后来遗弃而成了废墟,只剩下门前的三层台阶,故被称为此名。位于奈曼旗政府驻地大沁他拉镇东南。

西台子

"西台子"为汉语。以台地命名。沙拉浩来镇的一个自然村。现名叫孟和杭沙尔。位于沙拉浩来镇偏东北,隶属于孟和杭沙尔村。

腰台子

"腰台子"为汉语。以台地命名。沙拉浩来镇的一个自然村。位于沙拉浩来镇偏东北,隶属于孟和杭沙尔村。

巴嘎波日和

"巴嘎波日和"为蒙古语。"巴嘎"为小,"波日和"原意为艰难或艰险。以沙丘命名。这里原来是高丘深谷,乔灌葱茏,野兽出没,行走无路的原始沙地。蒙古语奈曼口语中,称较大面积内树木茂密的地方为"波日和"。巴嘎波日和苏木北部地带于19世纪之前是一片生态地区,被称为"固日班哈荣贵",意为三片黑树林。这样,据说风水变得更加凶暴,野兽猛禽经常出没,袭击人的事情时有不断。因此,居近的满楚庙达喇嘛主持,于清道光元年(公元1821年),在这里兴建了寺庙。蒙古语起名为"赛罕庙",汉名为成善寺。

原巴嘎波日和苏木政府设在西包日呼吉尔嘎查,也曾有一自然村称巴嘎波日和村,位于昂乃乡色金嘎查北边,现已无人居住。

茫哈营子

"茫哈营子"为蒙汉合璧名词。"茫哈"为蒙古语沙漠,"营子"是汉语。以沙丘命名。是治安镇的一个自然村。建村于中华民国年间。位于治安镇政府驻地南,隶属于西胡拉斯台嘎查。

偏坡营子

"偏坡营子"为汉语。以台地命名。原太和乡的一个行政村。分南北两个偏坡营子村。其中南偏坡营子建村较早,于清乾隆十一年(公元1746年)建村,当时叫上台子村。清乾隆六十年(公元1795年),根据其地形特点,更名为偏坡营子。北偏坡营子建村于1940年左右,也是以地形特点命名。两村相距很近,均位于太和乡附近。

乌兰茫哈

"乌兰茫哈"为蒙古语。"乌兰"为红,"茫哈"为沙漠或沙坨,即红沙坨。以沙地命名。是原土城子乡的一个自然村。位于土城子乡东,隶属于西铁匠沟村。

珠日很查干

"珠日很查干"为蒙古语。"珠日很"为心脏,"查干"为白,在这里是指白沙。即心脏形的白沙沱之意。以沙地命名。是八仙筒镇的一个自然村。建村于中华民国元年(公元1912年)。位于八仙筒镇东南,隶属于双兴村。

九、以地形特点渡津命名的地名

达 吉

"达吉"为蒙古语,意思是渡口。以地形渡津命名的村庄。是原浩特乡的一个行政村。位于教来河岸边。附近有渡口。伪满洲国康德元年(公元1934年)左右,来往行人都在此过河,而被称为此名。位于东明镇西南。

车圈子

"车圈子"为汉语。村西约一华里处有一片洼地,形似车轮,以此命名。是义隆永镇的一个自然村。以地形命名。19世纪初建村。位于义隆永镇偏西南1华里处,隶属于义隆永村。

杜 贵

"杜贵"为汉语。此处有杜贵河,流经此地时流出了形似圆圈的圆形河道,以此命名河道,村又以此命名,以地形命名。近处曾有杜贵苏莫。过去当地的蒙古人训练猎手打准儿用的靶子叫"杜贵"。用较好的树枝或柳条撖成圆圈,由两个人站在两端处,来回发放"杜贵",也计分评比。如此,"杜贵"也成了圆圈或紧密组合的代名词。杜贵嘎查是原朝古台苏木的一个行政村。建村于清朝中期。位于新镇政府驻地北17公里处。

图布日格

"图布日格"为蒙古语"图古日格"的谐音,意为圆形。以地形命名。图布日格嘎查分南、北两个嘎查,均为原章古台苏木的行政村。建村于伪满洲国康德九年(公元1942年)。南图布日格嘎查位于章古台苏木政府驻地东南7公里处;北图布日格嘎查位于章古台苏木政府驻地东北9公里处。隶属于富康村。

皋音敖勒木

"皋音敖勒木"为蒙古语。"皋音"为沟的,"敖勒木"为渡口,即过沟的渡口之意。地处教来河南岸渡口,以地形命名。是白音塔拉苏木的一个行政村。建村于清朝中期。位于白音塔拉苏木政府驻地东北 6.5 公里处,隶属于苏布日嘎村。

沟 脑

"沟脑"为蒙古语,是"皋恩敖勒木"的简称。"皋恩"为沟,"敖勒木"为渡口,即过沟的渡口之意。以地形命名。原白音昌乡的一个自然村,和长里沟脑邻近,隶属于东铁匠沟村。

长里沟脑

"长里沟脑"为蒙汉合璧名词,"长里"可能是汉语,"沟脑"是"皋恩敖勒木"的简称,即长里沟的渡口之意。以地形命名。原白音昌乡的一个自然村,位于新镇政府驻地南,隶属于北大营子村。

房身沟脑

"房身沟脑"为蒙汉合璧名词,"房身"可能是汉语,"沟脑"是"皋恩敖勒木"的简称,即房身附近的过沟渡口之意。以地形命名。原南湾子乡的一个行政村。位于青龙山镇东南,隶属于卧龙泉子村。

沙拉塘

"沙拉塘"为蒙古语,"沙拉"为黄色,"塘"为粘土或淤土,即黄色的粘土之意。以教来河淤泥之特点命名的村名。是奈曼旗政府驻地大沁他拉镇的一个行政村。建村于中华民国初年,位于大沁他拉镇东北 7 公里处。

朝 包

"朝包"为蒙古语,意思是羊肠小道。以地形命名。是沙拉浩来苏木的一个自然村。位于沙拉浩来镇政府驻地东,隶属于黑鱼泡子村。

尼勒其根

"尼勒其根"为蒙古语,意思是炽热。以地形命名。有一位奈曼王爷到这里打猎,热的满头大汗,便说:"尼勒其根哈伦!"以王爷的这句话,定了此地之名。也曾简化称"牛其根",地名普查之后,予以更正了。沙拉浩来镇有上、下两个叫尼勒其根的自然村。下尼勒其根为金星村委会驻地,位于沙拉浩来镇政府驻地东6.5公里处。

嘎查甸子

"嘎查甸子"为蒙汉合璧名词。"嘎查"为蒙古语,意为山水间的狭隘平地或指行政区"村","甸子"为汉语,即山水间的开阔地。以地形渡津命名的村庄。伪满洲国大同元年(公元1932年),实行努图克(区)建制,在这里开始设立嘎查(村),以此被称为此名。是原得胜乡的一个行政村,为乡政府所在地。

第二节　以土特产命名的地名

白石头

"白石头"为汉语。以矿物标记命名。青龙山镇的一个自然村。位于青龙山镇西,隶属于沙子梁村。

朝鲁吐

"朝鲁吐"为蒙古语。"朝鲁"、"楚鲁"为一致,音译时选字的差异,意为石头;"图"与"吐"为蒙古语副词"有"的意思,也是音译时选字差异,表示有。即有白石头的地方之意。以矿物标记命名。是固日班华苏木的一个行政村,分别有东查干朝鲁、中查干朝鲁、西查干朝鲁三个行政村。清朝初年,义州王布尔尼反清,败退到此地,为得到休整的机会,使用了疑兵之计,找来白色石头,摆出许多行军用的炉灶模样,并扔下很多捞饭的笊篱,欲迷惑追赶的清兵。从此以后,此地被称为笊篱查干朝鲁。逐渐把"笊篱"遗忘了,只剩下"查干朝鲁"这个名词。位于固日班华苏木政府驻地东南13公里处。

南呼吉尔图

"南呼吉尔图"为蒙汉合璧名词。"南"为汉语方位词,"呼吉尔"为蒙古语"碱"的意思,"图"为蒙古语副词"有"的意思,即位于南边有碱的地方之意。以矿物标记命名。是固日班华苏木的一个行政村。建村于伪满洲国康德三年(公元1936年)。位于固日班华苏木政府驻地东南4公里处。

敖包呼吉尔图

"敖包呼吉尔图"为蒙古语。"敖包"为蒙古人祭祀长生天的标志,多数用石头堆砌而成,也有用柳条聚的,还有芦苇束堆的。定期或不定期祭祀的固定地点叫敖包。敖包呼吉尔图为"敖包塔拉"和"呼吉尔图塔拉"两个部分的合称,所以,叫做"敖包呼吉尔图嘎查"。"呼吉尔"为碱,"图"为蒙古语副词有的意思,即有碱的地方。以矿物标记命名。以矿物标记命名。是固日班华苏木的一个行政村。伪满洲国大同元年(公元1932年)时,此地为西毛盖图村富户的牧铺。伪满洲国康德七年(公元1940年)形成自然村。位于固日班华苏木政府驻地东南16公里处。

西包日呼吉尔

"西包日呼吉尔"为蒙汉合璧名词。"西"为汉语方位词;"包日"为蒙古语紫色,"呼吉尔"为蒙古语碱。即位在西边有紫色碱的地方之意。以矿物标记命名。原巴嘎波日和苏木的一个行政村,并且是苏木政府驻地。建村于清嘉庆五年(公元1800年)。位于奈曼旗政府驻地大沁他拉镇西北方向。

东包日呼吉尔

"东包日呼吉尔"为蒙汉合璧名词。"东"为汉语方位词;"包日"为蒙古语紫色,"呼吉尔"为蒙古语碱。即位在东边有紫色碱的地方之意。以矿物标记命名。也是建村于清嘉庆五年(公元1800年)。位于奈曼旗政府驻地大沁他拉镇西北方向。

萨音呼吉尔

"萨音呼吉尔"为蒙古语,蒙古语"萨音"、"赛音"是一致的,只是音译选字差异,意思是好;"呼吉尔"为蒙古语碱,即好碱之意。以矿物标记命名。是原奈林苏木的一个行政村。于清宣统三年(公元1911年),有一姓张的人家在此地炼碱,土碱质量好,由此被称为"萨音呼吉尔"之名。位于东明镇南,隶属于大台吉白嘎查。

此外,还有一个呼吉尔甸子,被1958年修建的孟家段水库下库容所占。从此,这个名字被人们淡忘。

齐呼尔图

"齐呼尔图"有写作"其乎日图",为蒙古语。指的是蒙古族传统用具火镰用的"火石","图"为蒙古语副词有的意思。即有火石的地方。以矿物标记命名。北元与清代,这里盛产火石。有了火镰和火石、火绒这三件取火组合物,就能随时解决用火的需要。所以,火石在人们的心目中如此重要。是白音塔拉苏木的一个行政村。位于白音塔拉苏木政府驻地东南5.5公里处,隶属于哲日都村。

第三节　以动植物命名的地名

巴日嘎斯台

"巴日嘎斯台"为蒙古语,"巴日嘎斯"为柳条,蒙古语"台"、"图"、"吐"一致,为副词,表示有。即有柳条的或柳条多的地方之意。以植物命名。原章古台苏木的一个行政村。建村于清朝中期。位于固日班华苏木政府驻地西南。

明仁苏木还有一个叫巴日嘎斯台的行政村。以地形命名。下辖3个自然村。分别为东巴日嘎斯台、西巴日嘎斯台、巴日嘎斯台。位于明仁苏木政府驻地西南19公里处。

前包特

"前包特"为蒙汉合璧名词,"前"为汉语方位词,"包特"为蒙古语幼树丛。以植物命名。前包特嘎查是新镇的一个行政村。建村于清嘉庆五年(公元1810年),位于新镇政府驻地西北,隶属于皋吉格尔嘎查。

后包特

"后包特"为蒙汉合璧名词,"后"为汉语方位词,"包特"为蒙古语幼树丛。以植物命名。原朝古台苏木的一个自然村,与前包特相对应。位于新镇政府驻地西北,隶属于哈日花村。

包屯艾勒

"包屯艾勒"为蒙古语,"包屯"与"包特"同,幼树丛之意,"艾勒"为村。以植物命名。是白音塔拉苏木的一个行政村。其原名叫图萨拉克齐苏莫,叫白了称图萨拉克西庙。"图萨拉克齐"蒙古语,也写作"图萨拉克其",为清代蒙古王府(旗札萨克)的官员,汉语称"协理"或"协理台吉"。是协助札萨克处理旗务的首席官员。图萨拉克齐一般是由旗札萨克从本旗台吉(仅限于成吉思汗黄金家族——孛儿只斤氏)中选拔,报请盟长呈报理藩院批准后任职。任期不限,一般是终身制,但不得世袭。札萨克离开王府或札萨克缺席期间,由协理代理札萨克职务,全权处理军政要务。协理,一般设立印务协理和军务协理,也有设立管仓协理(管理经济、财务之类)的。其中掌印协理为首席协理。但对重大旗务,通常是共同议定。

在清代,奈曼郡王委派其图萨拉克齐(协理)在此建庙。1958年,根据村西的一片小榆树丛,命名此村为包屯艾勒。位于白音塔拉苏木政府驻地东北,隶属于伊和乌苏嘎查。

包德日干图

"包德日干图"为蒙古语,"包德日干"为一种草本植物,叫万年蒿,当地人称蚂蚱腿;"图"为蒙古语副词有的意思,即长有万年蒿的地方之意。以植物命名。包德日干图分别有东包德日干图和西包德日干图两个村,是明仁苏木的两个行政村。建村于伪满洲国康德三年(公元1936年)。位于明仁苏木政府驻地东4公里处。

大林子

"大林子"为汉语,以植物命名。原苇莲苏乡的一个行政村。建村于中华民国九年(公元1920年),当时只有20来户人家。后来驻开鲁县的崔兴武旅长招来大批农民来开垦,很快就发展成大屯子。当时的荒地长满了杨柳树,所以,被称为大林子。位于老哈河东岸白音塔拉苏木政府驻地西北,苇莲苏乡西4公里处。

大树营子

"大树营子"为汉语,以植物命名。原平安地乡的一个行政村。建村于中华民国初年,因当时在村东南有一棵大柳树而被称为此名。位于八仙筒镇政府驻地西北,平安地乡西南 6.5 公里处。

大柳树

"大柳树"为汉语,以植物命名。原昂乃乡的一个行政村。建村于清宣统二年(公元 1910 年)。当时村周围有很多老柳树,为此,被称为这个名字。位于奈曼旗政府驻地大沁他拉镇东北,隶属于古柳村。

大榆树

"大榆树"为汉语,以植物命名。新镇乡的一个行政村。清朝末年有一位姓曹的人家来这里居住,因而被称为"曹家洼子"。1958 年更名为大榆树。

德日斯

"德日斯"为蒙古语,是指多年生草,固沙耐碱,叫芨芨草。对人类生活用途较大,全草根、梗、叶都有用。有的地方叫"鲜卑芨芨草"或"羽茅"。过去人们称此地为"德日斯达朗",意为长芨芨草的梁岗;后来省去"梁岗",称"德日斯"嘎查。以植物命名。是新镇的一个行政村。建村于清光绪六年(公元 1880 年)左右。位于新镇西北方向,隶属于榆树屯。

哈拉盖图

"哈拉盖图"有写成"哈拉盖土",为蒙古语,"哈拉盖"为燉草、蝎子草、荨麻草等名称。以植物命名。本地生长的哈拉盖为药材,治疗风湿症和糖尿病处方中入药味。"图"为蒙古语副词有的意思,即有燉草之地的意思。在青龙山镇、义隆永镇、图勒恩塔拉等地都有哈拉盖图之地。隶属于方家营子村。

鄂日默图

"鄂日默图"为蒙古语,"鄂日默"为大头蒿,"图"为蒙古语副词有的意思,即长大头蒿的地方。原衙门营子苏木的一个行政村。建村于伪满洲国大同二年(公元 1933 年),位于八仙筒镇西,隶属于四林筒村。

哈日干图

"哈日干图"为蒙古语,"哈日干"为山沼地、沙漠地区生长的灌木,学名叫"锦鸡儿",俗称"老虎刺"。在科尔沁地区,称山杏树根为哈日干。"图"为蒙古语副词有的意思,即长有哈日干的地方。以植物命名。

土城子乡的哈日干图村,以植物命名。包括上、下两个村,村委会驻在上哈日干图村。这里的哈日干指的是锦鸡儿。下辖8个自然村。即上哈日干图、大头沟、下哈日干图、奈曼庙、三岔沟、东三家、西三家子、哈日干沟。建村于清朝末年。位于沙拉浩来镇政府驻地西南,原土城子乡西北22公里处。

新镇的哈日干图,指的是山杏树根,以植物命名。隶属于呼和格日村。

沙拉浩来镇的哈日干图,指的也是山杏树根,以植物命名。隶属于友爱村。

原昂乃乡的哈日干图,指的是锦鸡儿,即老虎刺。以植物命名。

原浩特乡的哈日干图,指的是锦鸡儿,即老虎刺。以植物命名。

哈日特斯格

"哈日特斯格"为蒙古语,"哈日"为黑,"特斯格"为优若藤,是灌木,多年生,抗旱耐寒。有白、灰色。灰色的一般被称为哈日特斯格。形状像哈日干,但没有刺儿。哈日特斯格嘎查是黄花塔拉苏木的一个行政村,以植物命名。建村于伪满洲国康德三年(公元1936年)。位于黄花塔拉苏木政府驻地东北5.5公里处。下辖4个自然村。即哈日特斯格、温都日包日、道伦胡都嘎、朝浩日图。

海拉苏

"海拉苏"为蒙古语,为榆树。以植物命名。原章古台苏木的一个行政村,过去称"格格衙门",是满洲语的格格,意为闺秀、小姐。"衙门"在满洲语,是坟茔之意。即闺秀的坟墓之意。与额驸营子相对。后来被人们误会为"格根衙门"。蒙古语"格根"为亮堂,汉语"衙门"为行政机关。这是长时间大范围的误解。为了纠正这种误解,改名为现名——海拉苏嘎查。建村于清咸丰十年(公元1860年)。位于原章古台苏木政府驻地西南7公里处。

呼拉斯台

"呼拉斯台"为蒙古语,"呼拉斯"为芦苇,"台"为蒙古语副词有的意思,即有芦苇的地方。以植物命名。奈曼旗共有 3 个呼拉斯台嘎查。

西呼拉斯台嘎查,是治安镇的一个行政村。建村于中华民国五年(公元 1916 年)。以附近的芦苇塘命名。位于治安镇政府驻地西南 11 公里处。

东呼拉斯台嘎查,是治安镇的一个行政村。建村于清乾隆十年(公元 1745 年),同年新建一座庙,以庙东芦苇塘命名为呼拉斯台庙。而后逐渐形成村落,也就承用了这个名字——东呼拉斯台村。位于治安镇政府驻地东南 9 公里处。

固日班华苏木的呼拉斯台嘎查,建村于伪满洲国康德三年(公元 1936 年),当时名为麻吉艾勒,意即种植芝麻的地方。1947 年改称呼拉斯台营子,以其附近的芦苇塘命名。位于固日班华苏木政府驻地南 12 公里处。

界哈日麻台

"界哈日麻台"为蒙古语,"界哈日麻"为"切哈日麻"的察哈尔音读,是指兰草,俗名马莲草。多年生草,本地盛产。以植物命名。是黄花塔拉苏木的两个行政村。建村于清末。分别为西界哈日麻台和东界哈日麻台。西界哈日麻台隶属于伊拉玛图嘎查;东界哈日麻台嘎查隶属于黄花塔拉苏木西南。

吉格斯台

"吉格斯台"为蒙古语,"吉格斯"为菖蒲,"台"为蒙古语副词有的意思,即有蒲草的地方。以植物命名。是原巴嘎波日和苏木的两个行政村。分大吉格斯台和小吉格斯台两个村。建村于中华民国十九年(公元 1930 年)。位于奈曼旗政府驻地大沁他拉镇西北,下辖大、小吉格斯台和舍金等 3 个自然村。

老邦图

"老邦图"为蒙古语,"老邦"为萝卜,"图"为蒙古语副词有的意思,即种植萝卜的地方。以植物命名。是固日班华苏木的一个行政村。建村于伪满洲国康德三年(公元 1936 年)。位于固日班华苏木政府驻地南 7 公里处。

迈吉干筒

"迈吉干筒"为蒙古语,"迈吉干"歪歪斜斜之意。"筒"为密林。满洲通古斯语中称"密林"为筒。即长得歪歪斜斜的密林。在《蒙古秘史》也称"土兀剌河的哈喇筒"。这里出现的"哈喇筒"就是"大密林"之意。当今科尔沁方言亦称"密林"为"筒"。以植物命名。迈吉干筒是八仙筒镇的一个行政村。建村于1922年。位于八仙筒镇政府驻地西南5公里处。

毛敦艾勒

"毛敦艾勒"为蒙古语,"毛敦"为树木,"艾勒"为村、屯、营子。过去曾叫该村为"迈吉嘎毛都",也是蒙古语,即歪斜的树。以村西北角有一棵大歪树命名本村之名。以植物命名。是黄花塔拉苏木的一个行政村。清代,在其附近新建一座庙,称衙门庙。建村于清乾隆四十五年(公元1780年)左右。位于黄花塔拉苏木政府驻地东北3公里处。

毛 都

"毛都"为蒙古语,即树木。原朝古台苏木的一个行政村。以植物命名。建村于中华民国八年(公元1919年),分西毛都、东毛都、腰毛都3个自然村。现在用西毛都为村名,东毛都归伊和塔拉。下辖3个自然村,即太平、西毛都、腰毛都。位于朝古台苏木政府驻地北4公里处。

沙力干图

"沙力干图"为蒙古语,"沙力干"为针茅,"图"为蒙古语副词有的意思,即多有针茅的地方。以植物命名。针茅系多年生草本,适应于干旱沙地上生长。沙力干图嘎查是原朝古台苏木的一个行政村。建村于清光绪十四年(公元1888年)。下辖2个自然村。即西沙力干图和东沙力干图。位于新镇政府驻地北7公里处。

沙拉包特

"沙拉包特"为蒙古语,"沙拉"为黄色,"包特"为榆树丛,即有黄色榆树丛的地方。以植物命名。建村于清朝末年。沙拉包特嘎查是原朝古台苏木的一个自然村。位于朝古台苏木政府驻地东北4公里处,隶属于富康村。

沙拉勒吉台

"沙拉勒吉台"为蒙古语,"沙拉勒吉"为黄蒿,"台"为蒙古语副词有的意思,即多有黄蒿的地方。以植物命名。是昂乃乡的一个行政村。建村于清朝末年。位于昂乃乡东北3公里处。

三棵树

"三棵树"为汉语。是明仁苏木的一个行政村。以植物命名。村北长有三棵古柳而被称为此名。据传,这三棵树是当年主人拴马桩子成活的。位于明仁苏木政府驻地东20公里处。

舍布日图

"舍布日图"为蒙古语,"舍布日"为花秸草,"图"为蒙古语副词有的意思,即长有花秸草的地方。以植物命名。原朝古台苏木的一个行政村。下辖2个自然村,即大舍布日图和小舍布日图。位于新镇东北,原朝古台苏木政府驻地西南2公里处。

苏 都

"苏都"为蒙古语,意为地榆。以植物命名。中医在止血药方中常用。平时可当茶叶煮着喝,凉性饮料。苏都嘎查是原奈林苏木的一个行政村。建村于中华民国初年。位于治安镇政府驻地西南,原奈林苏木政府驻地东6.5公里处。

太山木头

"太山木头"为蒙古语,为"太尔新木头"的谐音,即种植的树木。建村于清光绪十六年(公元1890年)。据说,该地葛根活佛原田里长成了一棵榆树,以此命名村庄。以植物命名。太山木头分东、西两个嘎查。东太山木头嘎查为原太山木头苏木政府驻地;西太山木头嘎查位于黄花塔拉苏木政府驻地北。

套力波

"套力波"为蒙古语。"套力"为蒙古语"淘来"的谐音,即兔子;"波"为蒙古语"波日"的简化,为肾。即兔子肾。是蒙古语对文冠果的俗称,根据文冠果的形状称的比喻名,称谓广泛。套力波村是原南湾子乡的一个行政村,以植物命名。下辖 3 个自然村,即大套力波、小套力波、南楼。位于青龙山镇政府驻地西南,原南湾子乡政府驻地西南 10 公里处。

图勒恩塔拉

"图勒恩塔拉"为蒙古语,"图勒恩"为柴禾,"塔拉"与"他拉"为一致,意为甸子,只是用汉语音译时选字不同。早年教来河发洪水带来的黑粘土沉积形成的一个碱性甸子。后来灌木丛生,其周围的人们从那里砍柴而得名。以植物命名。建村于伪满洲国康德四年(公元 1937 年),有南、北两个图勒恩塔拉。位于八仙筒镇政府驻地西北 10 公里处。

苇莲苏

"苇莲苏"为蒙古语,为"乌来苏"的谐音,意为杨树。当年以老哈河流域的大片杨树林得名,以植物命名。建村于中华民国九年(公元 1920 年)。位于奈曼旗政府驻地大沁他拉镇北。

苇来苏台

"苇来苏台"为蒙古语,"苇来苏"为杨树,"台"为蒙古语副词有的意思,即有杨树的地方。有人称其为"乌拉勒吉台"的谐音,"乌拉勒吉"为茅草,以植物命名。现在当地人称杨树为"浑达儿"的多,称"苇来苏"的日渐稀少,甚至有不少青少年不知道"苇来苏"就是杨树。一般情况下,"浑达儿"为科尔沁地区书面语,"苇来苏"为口头语。苇来苏台嘎查是八仙筒镇的一个自然村,建村于伪满洲国康德元年(公元 1934 年)。位于八仙筒镇西北 7 公里处,隶属于垦务局嘎查。

乌兰章古

"乌兰章古"为蒙古语,"乌兰"为红色,"章古"为刺果、蒺藜,即红刺果。当地生产红刺果而得名,以植物命名。分东、西两个村,均为八仙筒镇的行政村。建村于伪满洲国康德元年(公元 1934 年)。位于八仙筒镇政府驻地北 12.5 公里处。

乌龙台

"乌龙台"为蒙古语,"乌龙"的正音为"乌伦",是赖草,也称宽穗碱草,是较好的饲料,固沙能力较强。"台"为蒙古语副词有的意思,即有赖草。

原章古台苏木的一个行政村。以植物命名。位于固日班华苏木政府驻地西,原章古台苏木政府驻地北13公里处。

乌兰吉台

"乌兰吉台"为"乌拉勒吉台"的简称,即有茅草的地方。以植物命名。是八仙筒镇的一个自然村,为垦务局村所属。

新树林

"新树林"为汉语。原平安地乡的一个行政村。过去名为姜家伙房。中华民国初年,有一位名叫姜文池的人,买地设铺建伙房,而后逐渐形成自然村,取名姜家伙房。1965年,以村北新栽的500亩成林地,更名为新树林。以植物命名。位于八仙筒镇政府驻地西北,原平安地乡驻地西南2.5公里处。

杏树园子

"杏树园子"为汉语。原土城子乡的一个行政村。以植物命名。建村于清末。初有一姓李的人家定居此地,种植杏树而得名。下辖8个自然村。分别为库利图、南冷汤、靠山屯、里羊角沟、北杏树园子、南杏树园子、外羊角沟。位于土城子乡政府驻地东北9公里处,隶属于青龙山镇。

桠日嘎代

"桠日嘎代"为蒙古语,为一种灌木,木质很硬。以植物命名。桠日嘎代这种灌木在这里已经绝种。位于奈曼旗政府驻地大沁他拉镇西,淖尔图浩来村东南。现在已无人居,成为被遗弃的地名。

伊拉麻图

"伊拉麻图"为蒙古语,"伊拉麻"为桑李,"图"为蒙古语副词有的意思,即有桑李的地方。以植物命名。是黄花塔拉苏木的一个行政村,并且是黄花塔拉苏木政府驻地。建村于清乾隆三十五年(公元1770年)。

榆树屯

"榆树屯"为汉语,以植物命名。新镇乡的一个行政村。过去称朋斯克营子,清朝末年在这里有一座塔子庙,掌管寺庙的主持喇嘛名叫朋斯克,以主人名命名。位于新镇北8公里处。

索布日干苏莫

"索布日干苏莫"为蒙古语,"苏布日嘎"为塔,"苏莫"为庙,即塔子庙,法名尚经寺。清光绪二十六年(公元 1900 年)四月,旗民募捐共建。寺院里还建了一座佛塔,故称塔子庙。庙中供奉千手千眼观世音菩萨。伪满洲国后期,庙中尚有 48 名喇嘛,26 户沙必纳儿。据说,从中华民国初年起,该庙增设蒙文"小学",为少年喇嘛和俗人子弟教习蒙文。位于新镇乡榆树屯村境内,距新镇西北 8 公里。

塔子庙形成村落后,称索布日干苏莫或朋斯克营子。因该庙主持喇嘛名叫朋斯克,故以主人名字命名。1958 年更名为榆树屯。以植物命名。

榆树堡

"榆树堡"为汉语,原平安地乡的一个行政村。中华民国初年,热河省一位姓姜的厅长在此地设地铺,故被称为姜家地铺。1965 年,根据村西一棵大榆树,形如碉堡,故更名为榆树堡,以植物命名。位于八仙筒镇西北,原平安地乡政府驻地西南 4 公里处。

扎散包特

"扎散包特"为蒙汉合璧名词,"扎散"为汉语"杖子"的谐音;"包特"为榆树丛,即幼榆树丛杖子。以植物命名。建村于清朝末年,位于奈曼旗政府驻地大沁他拉镇东,隶属于富康村。

章古台

"章古台"为蒙古语,"章古"为苍耳,"台"蒙古语副词有的意思。即长有苍耳的地方。于清乾隆五年(公元 1740 年),从包庭塔日雅村前来胡硕庙,汉名经缘寺。饱经风霜的白塔,就是该庙的大塔。1947 年,以村东南的章古台甸子更名为章古台。以植物命名。1947 年后,曾为奈曼旗章古台努图克、第七区,而后为公社、苏木政府驻地。

樟木沟

"樟木沟"为汉语。以植物命名。原白音昌乡的一个行政村。原名张麻子沟,由姓张绰号为麻子的人在这里始建村庄而得名。1965 年更名为樟木沟。位于新镇政府驻地南,原白音昌乡政府驻地西南 8 公里处。

阿格特

"阿格特"为蒙古语,意思是骟马。以动物命名。是固日班华苏木的一个村子。在清朝时期,旗内各努图克按规定,每年向王爷缴纳好马进贡。有一匹特好的骟马被送到这里,突然病死了。为此,人们称此为"阿格特"艾勒。该嘎查位于固日班华苏木东南 13 公里处,隶属于巴雅吉勒嘎查。

后斑鸠沟

"后斑鸠沟"为汉语。以动物命名。原白音昌乡的一个行政村。斑鸠沟分后斑鸠沟、前斑鸠沟。前斑鸠沟又分前斑鸠沟上营子、前斑鸠沟腰营子、前斑鸠沟下营子,皆属北大营子村。建村于乾隆年间。由于沟深林密,斑鸠鸟在此地栖息,故被称为此名。下辖 2 个自然村,即后斑鸠沟和后斑鸠沟西沟。位于新镇政府驻地南,原白音昌乡政府驻地的西北 7.5 公里处。

包古图

"包古图"为蒙古语,"包古"为鹿,"图"是蒙古语副词有的意思,即有鹿的地方。以动物命名。在公社化年代里,此地为拉敏塔拉生产大队。1983 年,建包古图嘎查。是白音塔拉苏木的一个行政嘎查。包古图地处巴嘎波日和古生态区的东端,那里狍子、野猪、狼鹿……到处流窜。因此,以鹿命名村庄。建村于清朝末年。分南、北两个包古图村,皆属于包古图嘎查。位于白音塔拉苏木政府驻地西,嘎查政府驻南包古图。

包特高营子

"包特高营子"为蒙汉合璧名词。"包特高"为骆驼羔子,"营子"为汉语。是明仁苏木的一个行政嘎查。以动物命名。这个地方曾经是被骆驼选为产羔的地方,当时是称降包特高之地,后来简化成"包特高"了。此地形成自然村后,也沿用此名。建村于清末年间。位于明仁苏木政府驻地西南。

薄等沟

"薄等沟"为蒙古语,"博等"为"布日古等"的简化,意思是老雕,"沟"为蒙古语皋的谐音,即老雕栖息的沟。以动物命名。原白音昌乡的一个行政村。下辖 7 个自然村,分别为薄等沟、薄等沟南台、薄等沟北台、苇子沟、付家梁、东梁、东梁西沟。建村于清朝嘉庆年间。位于新镇东南,原白音昌乡政府驻地北 8 公里处。

朝恩花

"朝恩花"为蒙古语,"朝恩"是"朝嫩"的谐音,意思是狼;"花"为梁,即有狼出没的梁岗。以动物命名。是八仙筒镇东红升村的原名。该村是我国著名四胡专家公布斯冷(吴云龙)的家乡。

嘎海花

"嘎海花"为蒙古语,"嘎海"为猪,"花"为梁,即野猪出没的地方。以动物命名。原章古台苏木的一个行政村。建村于清朝末年。位于奈曼旗政府驻地大沁他拉镇东南。

古日古勒动台

"古日古勒台"为蒙古语,"古日古勒"为野鸡,"台"为蒙古语副词有的意思,即有野鸡的地方。以动物命名。此地为教来河冲积平原,原来是一片芦苇塘,以野鸡成群而得名。原衙门营子苏木的一个行政嘎查。建村于清光绪八年(公元 1882 年)。位于八仙筒镇西南。

合热营子

"合热营子"为蒙汉合璧名词。"合热"为乌鸦,"营子"是汉语。即乌鸦多的地方。以动物命名。是黄花塔拉苏木的一个行政村。嘎查所在地。建村于清光绪六年(公元 1880 年)。位于黄花塔拉苏木政府驻地东北 8 公里处。

洛僧筒

"洛僧筒"为蒙古语,"洛僧"为"鲁斯"的谐音,意思是众多龙;"筒"为密林,即众龙栖息的密林。以动物命名。100 多年前,此处有很多泉眼。蒙古人把水泉看成龙神栖息之处。"鲁斯"是龙王之称。加之此处的密林,更加神秘化了。合二而一,被称为"鲁斯筒"——"洛僧筒"。是明仁苏木的一个行政村。位于明仁苏木政府驻地西南方向。

毛盖图

"毛盖图"为蒙古语,"毛盖"、为蛇,"图"为蒙古语副词有的意思,即有蛇之地。以动物命名。据传说,清光绪六年(公元 1880 年)前后,此地经常有一条大蟒蛇盘卧在土梁上,以此命名为此名。毛盖图这个地名在奈曼旗很多,行政村就有 3 个。

原太山木头苏木有东、西两个毛盖图,毛盖图位于大沁他拉镇东南,西毛盖图在太山木头苏木政府驻地西北 5 公里处;东毛盖图位于太山木头苏木政府驻地北 4.5 公里处。

原衙门营子苏木的毛盖图村,建村于伪满洲国大同二年(公元 1933 年),以蛇多而命名。位于八仙筒镇西,衙门营子苏木政府驻地北 6.5 公里处。

毛仁沟

"毛仁沟"为蒙古语,"毛仁"为马,"沟"为蒙古语皋的谐音,即放马沟。以动物命名。是原土城子乡的一个自然村,位于沙拉浩来镇政府驻地南,隶属于土城子村。

毛仁沟梁

"毛仁沟梁"为蒙汉合璧名词,"毛仁沟"为蒙古语,意思是马沟,"梁"为汉语。以动物命名。在一次暴风雪中,有一批马冻死在这条沟中,以此命名。建村于清光绪三十三年(公元 1907 年)。下辖 2 个自然村,即岗图沟、台力虎。位于新镇西南 8 公里处。

明嘎斯台

"明嘎斯台"为蒙古语,"明嘎斯"为獾子,"台"为蒙古语副词有的意思,即多有獾子的地方。以动物命名。建村于伪满洲国康德二年(公元 1935 年),位于治安镇政府驻地西南方向。

尧勒甸子

"尧勒甸子"为蒙汉合璧名词,"尧勒"为蒙古语狗头鹛,"甸子"为汉语,即有狗头鹛的地方。以动物命名。建村于清末,下辖 2 个自然村,分别为浩雅日乌苏、尧勒甸子。位于大沁他拉镇政府驻地东南方向。

哲日都

"哲日都"为蒙古语,"哲日"为黄羊,"都"与"图"一样,为蒙古语副词有的意思,即早年在这里有黄羊栖息而命名。另有一说,"哲日都"为专指枣红马的毛色。以动物命名。是白音昌乡的一个行政村,建村于清朝年间。位于白音塔拉苏木政府驻地东。

化吉营子

"化吉营子"为汉语。原土城子乡的一个行政村。建村于清朝中期。村西有一座形似桃儿的山。蒙古人称其为"桃仁乌拉",意为桃儿山。山上花草茂盛,到桃花盛开的时候,桃儿山变成花儿山。因此,被称为"花仁艾勒",意即花儿村。以后,逐渐演化成"化吉营子",大有逢凶化吉之味道。下辖4个自然村,即北化吉营子、南化吉营子、下横沟子、后洼。位于青龙山镇政府驻地西南,土城子乡东南11公里处。

舍力虎

"舍力虎"为蒙古语。是"夏日哈"的谐音。舍力虎这一地名,蒙古语称之为"夏日哈"或"夏日嘎"。"夏日哈"为伤或沙狐。"夏日哈"为草原狐狸之一种,比一般狐狸略小,灰白色居多,毛质较粗,汉语称"沙狐"。过去此地沙狐多而被称为此名。以动植物命名的村庄。

相传,义州王布尔尼的高级幕僚贝德尔梅林在此地与清军交战时,身负重伤,故称此地为"夏日哈因塔拉",即受伤的甸子。

称此地为"夏日嘎"的传说称:成吉思汗的八骏(蒙古语称奈曼夏日嘎)之一,有一天闹了毛病,成吉思汗为此很是恼心。正在此时,有一士兵禀报说:"黄骠马喝了这里布日都的水之后,已经与其他骏马一起,奔驰如飞,毫不逊色了!"听了禀报,成吉思汗高兴地说:"好!今后把这个布日都叫'夏日嘎淖尔'!叫这片塔拉为'夏日嘎塔拉'!"这样,口口相传,夏日嘎之称几百年没有中断,一直流传至今。久而久之,"夏日哈"、"夏日嘎"的蒙古语被汉语错误地音记为"舍力虎"了。

另一种解释称"舍力虎"为梵语"沙粒勒"的失真,意为遗体,即舍利。清道光十六年(公元1836年),道光皇帝将女儿赐给奈曼旗第十一任札萨克郡王德木楚克扎布。公主死后葬于北京东直门一带,后在这里修庙供奉其画像而称此名。从舍力虎庙演化到舍力虎村,位于大沁他拉镇以南。

舍力虎水库

为教来河中游的大型旁侧水库。位于舍力虎村西边的舍力虎甸子。舍力虎甸子呈狭长形,东西长30公里,南北宽1~3公里。西端近孟和河,东端临教来河。1963年汛前,形成水库雏形;1964年3月,正式动工修库;1965年9月竣工。水库东西长25公里,南北宽2.5公里。水库原设计总库容为1.6亿立方米。后割走蓄水面积8平方公里,库容为4000万立方米的部分,划归赤峰市敖汉旗。敖汉旗在水库区内筑坝隔断了水面。现蓄水能力为1.18亿立方米,工程等级为Ⅰ等。该水库由主坝、泄洪坝、分水闸、滞洪库4部分组成。坝型为均质细沙坝。库区距大沁他拉镇城区10公里,影响下游420个村屯13万人口,54万亩农田。1998年有效灌溉面积22.44万亩,为设计面积的70%,水库在正常蓄水情况下,有养鱼面积3.75万亩,已全部利用。

舍力虎水库横跨赤峰、通辽二市,其规模在全国沙漠水库中居首位。也是理想的旅游胜地。旅游景点设施齐全,服务周到,前来旅游观光者络绎不绝。

第四节　与农垦文化关联的地名

一、以方位或数字命名的地名

阿仁艾勒

"阿仁艾勒"为蒙古语,"阿仁"为后或后边,"艾勒"为村或屯子,即后边的村子。因本村建在包日胡硕庙(现称胜利庙)后边儿得名。以方位命名。是治安镇的一个嘎查。建村于中华民国初年。位于治安镇政府驻地西北5公里处。

得力营子

"得力营子"为蒙汉合璧名词,"得力"为"德日"的谐音,意为上,"营子"为汉语,即上营子。以方位命名。因此村在衙门营子前面,从孙家湾看是在上位。是青龙山镇的一个行政村。位于青龙山镇政府驻地南3公里处。

东北户

"东北户"为汉语。是奈曼旗政府驻地大沁他拉镇沙拉塘村的一个自然村。以方位命名。因为此村住在大沁他拉镇的东北而得名。位于镇东北7公里处。

观山村

"观山村"为汉语。原白音昌乡的一个行政村,以所在位置与附近山的角度起名为观山村。以方位命名。建村于清道光年间。位于新镇东南,隶属于白音昌乡。

河　北

"河北"为汉语。是青龙山镇的一个自然村。以方位命名。位于青龙山镇政府驻地西南,隶属于敖包后村。

靠山屯

"靠山屯"为汉语。原土城子乡的一个自然村,以方位命名。位于土城子乡政府驻地北,隶属于杏树园子村。

连中甸子

"连中甸子"为汉语。八仙筒镇的一个自然村,因开发与中乃甸子相连而得名,以方位命名。中乃甸子原名为"董乃"甸子,"董乃"是人名,藏语,意思是下界。"中乃"也是藏语,意思是出处。当今的八仙筒农场驻地就是董乃甸子。位于八仙筒镇政府驻地东北。

柳树底下

"柳树底下"为汉语。义隆永镇的一个自然村。以方位命名。因建村时,村西1公里处有一片柳树林子而得名。位于义隆永镇政府驻地西南,隶属于谢举营子村。

前 店

"前店"为汉语。原白音昌乡的一个行政村。村委会驻地在下杨沟。清朝末年从上杨沟村迁来几户,定居成村,取名为下杨沟,与上杨沟相对而称,以方位命名。"前店"因为在白音昌乡政府驻地前边而得名,以方位命名。下辖 5 个自然村。即前薛家店、东山、上杨家沟、下杨家沟、杨家湾子。位于青龙山镇西北,原白音昌乡政府驻地西南 13 公里处。

桥 东

"桥东"为汉语。位于教来河红星桥以东而得名,以方位命名。原章古台苏木的一个行政村。原称西额驸营子。1965 年更名为桥东。"额驸"为满洲语驸马。位于大沁他拉镇政府驻地东南,章古台西南 14 公里处。

萨仁阿日

"萨仁阿日"为蒙古语。明仁苏木的一个行政村。"萨仁"为月亮,这里是人名。"萨仁阿日"之前叫"萨仁茫哈",意为萨仁住的沙坨子。后来这位萨仁住到那片沙坨子后边去了,人们称其新址地为"萨仁茫哈阿日",意思是萨仁沙坨子的后面。后来又把"茫哈"省略了,叫萨仁阿日。以方位命名。该地位于明仁苏木政府驻地东 13 公里处。

山 前

"山前"为汉语。原南湾子乡的一个自然村,因为位在青龙山前面,称其为山前。以方位命名。隶属于四一村。

乌丹苏

"乌丹苏"为蒙古语。"乌丹"为柳树,"苏"本意为"腋窝",指旁侧,即意为柳树林旁侧。以方位命名。这种用法在蒙古语中常见。位于八仙筒镇政府驻地南,隶属于迈吉干筒村。

下土窑子

"下土窑子"为汉语。新镇的一个自然村,以方位命名。位于新镇政府驻地东,隶属于双河兴村。

站前路

"站前路"为汉语。奈曼旗政府驻地大沁他拉镇火车站前的路名,现已更名为明仁路。

以数字标识的地名

奈曼旗政府驻地大沁他拉镇和八仙筒镇为中心。大沁他拉镇有一、二、三、四、五、六、七、八居委会和光明一、二、三、四、五村。八仙筒镇有一、二、三、四居委会。

八里屯

"八里屯"为汉语。以数字标识的地名。新镇的一个自然村。因距新镇政府驻地以西8华里处而得名。建村于清末。隶属于新岗图村,原名叫龚家洼子。

八　户

"八户"为汉语。开始建村时有八户人家居住而得名。以数字标识的地名。原南湾子乡的一个自然村。分东八户和西八户两个村。位于青龙山镇政府驻地南,隶属于四一村。

三家子

"三家子"为汉语。开始建村时,有三户人家居住而得名。以数字标识的地名。奈曼旗称三家子的地方共有7处,其中有1个行政村,6个自然村。

沙拉浩来镇的三家子村。于清光绪三十三年(公元1907年)有李、刘、杜三家人先住于此地而得名。1958年又将三家子(上三家子)、下三家子、淖尔营子3个自然村合并成一个三家子生产大队,队部和后来的村委会设在三家子。位于沙拉浩来镇政府驻地东南13公里处。

新镇三家子村。中华民国十七年(公元1928年),有3户人家先到此地开荒种地而得名。位于新镇以西方向,隶属于新岗图村。

原南湾子乡的大三家子村,又分大三家子和小三家子。两个村均位于青龙山镇政府驻地南,隶属于互利村。

土城子乡有东三家和西三家两个自然村,均位于沙拉浩来镇政府驻地西南,隶属于哈日干图村。

四家子

"四家子"为汉语。以数字标识的地名。青龙山镇的一个自然村。位于青龙山镇政府驻地西北,隶属于下地村。

道伦塔日雅

"道伦塔日雅"为蒙古语。"道伦"为七,"塔日雅"为农田或谷物,即七块农田。以数字标识的地名。是固日班华苏木的一个行政村。伪满洲国康德三年(公元1936年),始建村时取名为"哈日乌汗","哈日"为蒙古语黑色,"乌汗"为公山羊,即黑公山羊。以祭山神或祭上天放生的黑山羊命名之。1947年,更名为道伦塔日雅。1994年,整体搬迁。

道伦胡都嘎

"道伦胡都嘎"为蒙古语。"道伦"为七,"胡都嘎"为水井,即七口井。以数字标识的地名。是黄花塔拉苏木的一个自然村。建村于清光绪六年(公元1880年)。位于黄花塔拉苏木政府驻地东北,属于哈日特斯格嘎查。

道伦毛都

"道伦毛都"为蒙古语,"道伦"为七,"毛都"为树木,即七棵树。是白音塔拉苏木的一个行政村。分南道伦毛都和北道伦毛都。清朝初年建村时,南道伦毛都附近长有七棵大榆树,以此命名。以数字标识的地名。后在北道伦毛都嘎查的位置上建村时,也承用了道伦毛都这个名称。位于白音塔拉苏木政府驻地东北5.5公里处。

二十家子

"二十家子"为汉语。原苇莲苏乡的一个行政村。以数字标识的地名。分西二十家子和东二十家子嘎查。东二十家子先于西二十家子形成村落。中华民国初年在屯达端克加卜的主持下,把附近分散居住的牧民集中起来,共20户。当时起名为浩仁格日,蒙古语意思是二十家子。土地改革之后,为区别于同名村,改称为东二十家子。伪满洲国康德五年(公元1938年),在"王志伦的地盘"上有6户人家,称为小二十家子。土地改革后,称其为西二十家子。现在,两个二十家子均于白音塔拉苏木西北。

二道杖子

"二道杖子"为汉语。原南湾子乡的一个行政村。以数字标识的地名。建村于清末年代。当时称辍家杖子。中华民国初年,更名为梅林皋(梅林为清代官职,皋为沟)。1958年,因其所居位置在头道杖子村的下方,故更名为二道杖子。下辖5个自然村,即南湾子、北湾子、孙家围子、二道杖子、头道杖子。村委会驻孙家围子屯。位于义隆永镇西北方向。

二八地

"二八地"为汉语。原太和乡的一个行政村。1924年,朱家杖子村有位姓安的人在这里设窝铺。到秋后,耪青和地主对收获进行二八分成。由此得名为二八地。位于义隆永镇西北。

奈曼塔日雅

"奈曼塔日雅"为蒙古语。"奈曼"为八,"塔日雅"为农田或谷物,即八块农田。以数字标识的地名。原朝古台苏木的一个自然村。位于新镇北,隶属于楚鲁图嘎查。

七家子

"七家子"为汉语。原土城子乡的一个行政村。以数字标识的地名。下辖5个自然村。即洼达沟、平房、大坝、宿家杖子、七家子。村委会设在平房屯。清末,有一姓王的富户在这里盖了5间平房,由此被称为平房屯。位于土城子乡东北5公里处。

塔班乌苏

"塔班乌苏"为蒙古语。"塔班"为5,"乌苏"为水域,即5块水域。分前塔班乌苏和后塔班乌苏嘎查,是黄花塔拉苏木的两个行政村。分别建村于清朝中期和末期。位于黄花塔拉苏木政府驻地东北12公里处。

头道杖子

"头道杖子"为汉语。以数字标识的地名。原南湾子乡的一个自然村。位于青龙山镇东南。

五家子

"五家子"为汉语。以数字标识的地名。原白音昌乡的一个自然村。

有上五家子、下五家子两个五家子。位于新镇东南方向。隶属于烧锅底村。

沙拉浩来镇也有一个五家子村,位于沙拉浩来镇政府驻地南,隶属于呼和嘎查。

义隆永镇还有一个五家子,是义隆永镇的一个自然村。清朝乾隆年间,从山东省迁来张、邓、姜、张、杨五姓人家在这里定居而被称为五家子,以数字标识的地名。位于义隆永镇西南 10 公里处。

五十家子

"五十家子"为汉语。以数字标识的地名。原苇莲苏乡的一个行政村。清朝初年,在这里设立驿站,共安排了 50 户人家,150 名劳动力和 50 匹马,专门为传递信息用。往西负责送到敖汉五十家子;往东负责送到阿鲁科尔沁旗的五十家子。康熙年间,在这里设立乌拉太宾。乌拉是蒙古语,意思是轮役,太宾为蒙古语五十,即服轮役的五十家子之意。位于老哈河东岸,白音塔拉西北方向。

小三队

"小三队"为汉语。以数字标识的地名。是青龙山镇的一个自然村。位于青龙山镇政府驻地西北,隶属于下地村。

二号村

"二号村"为汉语。以数字标识的地名。是治安镇的一个行政村。中华民国十四年(公元 1925 年),日本人在这里兴建华兴公司,招来一批朝鲜人在这里种植水稻。当时,把这里的大片耕地分成 10 大块,每块都是 48 垧地,依次排序。此村坐落在二号地块,故称为此名。位于治安镇政府驻地东南 2.5 公里处。

三号村

"三号村"为汉语。以数字标识的地名。是治安镇的一个行政村。村名来历与二号村同。排序为三号村。位于治安镇政府驻地东 1.5 公里处。

六号村

"六号村"为汉语。以数字标识的地名。是治安镇的一个行政村。村名来历与二号村同。排序为六号村。位于治安镇政府驻地东 2 公里处。

七号村

"七号村"为汉语。以数字标识的地名。是治安镇的一个行政村。村名来历与二号村同。排序为七号村。位于治安镇政府驻地北 3 公里处。

四一村

"四一村"为汉语。以数字标识的地名。原南湾子乡政府所在地。1953 年,奈曼旗第四区第一个农业生产合作社(初级社)在这里成立。以此命名为四一社,即现在的四一村。

八　户

"八户"为汉语。以数字标识的地名。四一村东驻的一村叫八户,建村年代不详,初名"八福"。清代收地租改称"八富";伪满洲国时期改称"八户"。后分东、西两个八户。

三一村

"三一村"为汉语。以数字标识的地名。1953 年,为奈曼旗第三区第一个农业生产合作社,以此命名为三一村。原名刺达营子,中华民国初年建村;解放后更名为慈德营子。下辖国隆沟、慈德营子、善宝营子 3 个自然村。国隆沟为蒙古语,"国隆"为河,意思是河沟。位于南湾子乡政府所在地西南 9 公里处。

二、以农业名词命名的地名

包庭塔日雅

"包庭塔日雅"为蒙古语。"包庭"为有幼林的,"塔日雅"为农田,即幼树丛旁的农田。以农业生活命名的地名。原章古台苏木的一个行政村。由于农田周围长着许多榆树幼林,以此命名。建村于清朝中期。位于大沁他拉镇东南,原章古台政府驻地西南 5 公里处。

菜园子

"菜园子"为汉语。以农业生活命名的地名。原白音昌乡的一个自然村。位于新镇南,隶属于铁匠沟村。

四方地

"四方地"为汉语。以农业生活命名的地名。原清河苏木的一个行政村。建村于伪满洲国康德八年(公元 1941 年)。这个村子坐落于一块方形地盘上,由此被命名为此名。位于明仁苏木政府驻地以东方向。

塔日雅图

"塔日雅图"为蒙古语。"塔日雅"为农田,"图"为蒙古语副词有的意思,即农田或耕地。以农业生活命名的地名。八仙筒镇有一个塔日雅图村,固日班华苏木有两个塔日雅图嘎查。

八仙筒镇的塔日雅图村。中华民国四年(公元 1915 年),以孟根仓为首的两户人家在这里居住,当时在他们居住区附近有一棵大杨树,因此,称此村为大杨树。中华民国十四年(公元 1925 年),人烟渐多,形成了村庄。而耕地面积不断扩大,因而,更名为塔日雅图。位于八仙筒镇南 3 公里处。

固日班华苏木有西塔日雅图嘎查和东塔日雅图嘎查。1936 年并户时,形成东、西两个塔日雅图村。位于固日班华苏木政府驻地南,东塔日雅图村隶属于巴雅吉勒嘎查。西塔日雅图村已经搬迁。

东明镇有东塔日雅图村。于中华民国十四年(公元 1925 年)建村时,根据农田多的特点,称此地为塔日雅图村。位于东明镇西南 5 公里处。

乌呼仁塔日雅

"乌呼仁塔日雅"为蒙古语。"乌呼仁"为牛,"塔日雅"为农田或庄稼。即牛饲料地。以农业生活命名的地名。是白音塔拉苏木的两个自然村。分别为东乌呼仁塔日雅和腰乌呼仁塔日雅。隶属于乌呼仁塔日雅嘎查。清末年间,有一家富户在这里耕种饲料而得名。位于白音塔拉苏木北边。

西　地

"西地"为汉语。以农业生活命名的地名。义隆永镇的一个行政村。清嘉庆十五年(公元 1810 年),从山东省迁来两户姓田的人家,分东、西居住而被称为东地和西地。伪满洲国康德四年(公元 1937 年),东地住户全部并入西地成一个村。由此得名为西地村。位于义隆永镇政府驻地西南 8 公里处。

下 地

"下地"为汉语。以农业生活命名的地名。青龙山镇的一个行政村。清光绪二十九年(公元1903年)——清宣统三年(公元1911年)间,在此地曾设阜新县,县衙门原名鄂尔土板街。曾经有一座老爷庙。因该村坐落于山坡下的平地上,而得名为下地。位于青龙山镇政府驻地西北6.5公里处。

半拉石槽

"半拉石槽"为汉语。以农业生活命名的地名。青龙山镇斯布格图村的一个自然村。位于青龙山镇政府驻地东北方向。

乌兰包勒

"乌兰包勒"为蒙古语。"乌兰"为红色,"包勒"为碌碡,即红色的碌碡。元末,此地出土一个红色的碌碡,由此被称为此名。以农业生活命名的地名。是固日班华苏木的一个行政村。位于固日班华苏木政府驻地北,隶属于固日班华嘎查。

朝阳古鲁

"朝阳古鲁"为蒙古语。"朝阳"为蒙古语朝伦的谐音,意思是石头;"古鲁"为蒙古语乌古日,意思是舂米的臼;全称意思是舂米的石臼。以农业生活命名的地名。根据村南1公里处有过两个石臼而得名。建村于清朝末年。位于大沁他拉镇东南,原章古台苏木政府驻地西南11公里处。

当 海

"当海"为蒙古语。意为胶罐或鳔锅。以农业生活命名的地名。以一口锅的故事命名此村。原清河苏木的一个行政村。建村于清朝顺治年间。初称"当哈",后来叫成了"当海"。位于明仁苏木政府驻地东,原清河苏木东14公里处。

斯布格图

"斯布格图"为蒙古语。"斯布格"为柳条筐或囤子,"图"为蒙古语副词有的意思,即生产柳条筐子。建村于清末年间。位于青龙山镇政府驻地东北7公里处。

希勃图

"希勃图"为蒙古语。"希勃"有两种解释。一为柳条编成的栅栏。二为我国的一个少数民族——锡伯。据有关学者研究,东胡之一部鲜卑——室韦——锡伯为一字之异写。所以,"希勃图"可以解释为"有柳条栅栏的地方",也可以解释为"有锡伯人居住过的地方"。以农业生活命名的地名。是白音塔拉苏木的一个行政村,位于白音塔拉苏木南5公里处。

英　特

"英特"为蒙古语。"英"为碾子,"特"与"图"、"台"一样,蒙古语副词有的意思。即有碾子的地方。以农业生活命名的地名。原章古台苏木和浩特乡各有一个英特或英图行政村。

原章古台苏木的英特村,建村于清朝中期。位于奈曼旗政府所在地大沁他拉镇东,在原章古台苏木政府驻地西北4公里处。

原浩特乡的英图村,建村于中华民国初年。位于东明以南偏西方向,浩特乡政府以东4公里处。

麻拉图尔

"麻拉图尔"为蒙古语。意为搂柴笆子或土井。据传说,当年布尔尼王反清,被清兵打败,逃到这里,在此地使用疑兵之计,挖了很多土井,故得此名。以农业生活命名的地名。"麻拉图尔"为土井之意。麻拉图尔嘎查为固日班华苏木的一个行政村。位于固日班华苏木政府驻地东南19公里处。

马力图仁筒

"马力图仁筒"为蒙古语。"马力图仁"与"麻拉图尔"一致,意为搂柴笆子或土井。八仙筒镇的马力图仁筒,意为搂毛柴的密林。建村于中华民国初年,初称"马力图仁塔拉"。到伪满洲国康德十年(公元1943年),居民剧增,更名为"马力图仁筒",汉族人叫不出全称,简化称"马蹄筒"。位于八仙筒镇政府所在地西南2.5公里处。

第五节　与宗教信仰关联的地名

白庙子

"白庙子"为汉语。沙拉浩来镇的一个自然村。以附近的寺庙命名。位于沙拉浩来镇政府驻地南,隶属于宝贝河嘎查。

博勒梯

"博勒梯"为藏语。意为礼尚。是明仁苏木的一个行政村。以附近寺庙命名的地名。伪满洲国康德四年(公元1937年)并户成村。位于明仁苏木政府驻地西。

古庙子

"古庙子"为汉语。青龙山镇的一个行政村。以附近的寺庙命名。清光绪二十九年(公元1903年),在此地曾设阜新县衙门,原称鄂尔土板街。"鄂尔图"是蒙古语"乌日勒图"的简化,意思是山顶子,"板"意尖顶房子或板升(百姓)房子。1949年,以此处曾有过一座古庙而更名为古庙子镇。古庙子村下辖4个自然村,分别为小北沟、古庙子、富屯、东洼。位于青龙山镇政府驻地西北5公里处。

浩沁苏莫

"浩沁苏莫"为蒙古语。"浩沁"为旧,"苏莫"为寺庙,即旧庙。其遗址在东明镇境内。以附近的寺庙命名。浩沁苏莫是包日胡硕苏莫(胜利庙)的前身,因遭洪灾而迁徙的。现在在东明镇境内以方位词"东西南北"塔命名的村落是当年与浩沁苏莫相对应的表示,宝塔四方村落的所在位置。浩沁苏莫这一名称几乎被遗忘,在本书"奈曼旗寺庙与古遗址"的"浩沁苏莫"中加以解释。

满楚克苏莫

"满楚克苏莫"为蒙古语。"满楚克"意为缨穗子,"苏莫"为蒙古语,意为庙,即缨穗子庙。以附近的寺庙命名。平安地乡的一个行政村。位于老哈河东岸,八仙筒镇的西北方向。

芒石苏莫与芒石村

"芒石苏莫"为蒙藏合璧名词。"芒石"为藏语,意为基础或根本。"苏莫"为庙,即基础之庙。芒石庙与芒石村为原衙门营子苏木的两个行政村。芒石嘎查是在原芒石村基础上建起来的。清光绪八年(公元1882年),奈曼旗舍力虎庙主持在此地新建一座庙,取名为乌力吉芒石庙,后简称芒石庙。芒石村于清光绪十二年(公元1886年)所建,以村南的芒石庙命名。这两个村位于八仙筒镇西南,同属芒石嘎查。

赛罕苏莫

"赛罕苏莫"为蒙古语。"赛罕"为美好或美丽,"苏莫"为庙,即美丽的寺庙。汉译称"新庙"。位于奈曼旗苇莲苏乡政府驻地沃风甸子村西15公里处。以附近的寺庙命名。相传,建庙初称"宝门德日苏"。"宝门"为蒙古语,意为十万,"德日苏"为蒙古语,意为芨芨草,即指长满芨芨草的地方。赛罕苏莫又称"固日班赛罕"。

赛沁塔拉

"赛沁塔拉"为蒙古语,"赛沁"为土神庙或镇境庙,规模很小,也就是占地一立方米的面积,定时上供,位置在村南道东。"塔拉"与"他拉"同为甸子之意,即有土神庙的甸子。是原图勒恩塔拉苏木政府驻地。建村于清朝中期。位于八仙筒镇西北。

奈曼苏莫

"奈曼苏莫"为蒙古语。"奈曼"指的是奈曼旗,"苏莫"为寺庙,即奈曼旗的庙。以此地寺庙命名。在奈曼旗诸多寺庙中,最早建造的寺庙。现在是沙拉浩来镇的一个自然村。位于沙拉浩来镇政府驻地西南,隶属于哈日干图村。

瓦庙子

"瓦庙子"为汉语。青龙山镇的一个自然村。以此地寺庙命名。位于青龙山镇政府驻地西南,隶属于沙子梁村。

新　庙

"新庙"为汉语。蒙古名叫赛罕苏莫。原苇莲苏乡的一个行政村。以此地寺庙命名。清康熙年间,此地兴建一座庙。1928 年,有乡绅姜万春将庙刷浆并出新匾,从此叫"新庙"。位于原苇莲苏乡政府驻地西 14.5 公里处。

大沁苏莫

"大沁苏莫"为蒙古语。"大沁"为湿地或沼泽地。"苏莫"为庙,即湿地处的庙。以此地寺庙命名。大沁庙是最先建在原章古台苏木的伊和大沁嘎查境内。后移到原太山木头苏木的大沁庙位置上。本庙的迁徙和损毁,为上述两个苏木留下了以庙命名的地名各一处。

朝吉庙

"朝吉庙"是"绰尔济苏莫"演化,为蒙古语,"绰尔济"为喇嘛职衔,"苏莫"为庙,即绰尔济喇嘛的庙。以此地寺庙命名。朝吉庙建筑在原太山木头苏木道劳代村遗址上。

胜利庙

"胜利庙"为汉语。过去的包日胡硕庙,法名安乐寺。"包日"为蒙古语,紫色的意思,"胡硕"为山嘴子,即紫色的山嘴子。以此地寺庙命名。1948 年改称胜利庙。胜利庙嘎查是治安镇的一个行政村。位于治安镇政府驻地西南 6 公里处。

呼拉斯台苏莫

"呼拉斯台苏莫"为蒙古语。"呼拉斯"在北方为芦苇,在南方则为竹子,"台"为蒙古语副词有的意思,"苏莫"为庙,即周围有芦苇的庙。以此地寺庙命名。现有东西两个呼拉斯台嘎查,嘎查的名字不带庙字。但,这些地方最初还是因为庙的影响命名的。东呼拉斯台和西呼拉斯台嘎查都是治安镇的行政村。东呼拉斯台嘎查位于治安镇政府驻地东南;西呼拉斯台嘎查位于治安镇政府驻地南方向。

老爷庙(关公庙)

"老爷庙"为汉语。位于八仙筒镇和北八仙筒村中间位置,遗迹皆无,已成为即将被忘却的地名。以此地寺庙命名。

东塔、西塔、南塔、北塔

"东塔、西塔、南塔、北塔"皆为汉语。被称为东明镇的四塔,均为原浩沁苏莫遗留的地名。以此地寺庙命名。位于东明以东、以南方向。

塔,蒙古语称"苏布日嘎",梵语称"宰赌波",藏语称"朝敦";世界八大佛塔为:善逝塔、菩提塔、法轮塔、神变塔、天降塔、和好塔、尊圣塔、涅口塔。

苏布日嘎嘎查

"苏布日嘎嘎查"为蒙古语,节节高升的寓意,为塔,"嘎查"为蒙古语,指山水间,为嘎查,行政单位之名。苏布日嘎嘎查是白音塔拉苏木的一个行政村。以此地塔命名。在清朝年间,道义宁布的祖父在其祖坟前立一座塔而得名。位于白音塔拉苏木政府驻地东北9公里处。

苏布日干塔拉

"苏布日干塔拉"为蒙古语,"苏布日干"为塔,"塔拉"为甸子,即有塔的甸子。是固日班华苏木的一个行政村。清道光十年(公元1830年)前,奈曼王族的一个名叫埃德苏的人在此地建一座塔而得"埃德苏因苏布日嘎"之名。1947年,将"埃德苏因苏布日嘎"改为"苏布日干塔拉"。位于固日班华苏木政府驻地西北8公里处。

敖包梁

"敖包梁"为蒙汉合璧名词。"敖包"为蒙古语,为土堆或石堆。梁为汉语。敖包是蒙古族自然崇拜的象征。用石头、土块、柳条或草等物堆砌或竖拢起来的建筑物。采取圆形凸尖,高度一般在3米以内,直径没有统一要求。用草、木、土所建的敖包要经常修复。用石头所建的敖包,凡是去环绕示敬的人们都要往上添三块以上的石头。蒙古人把敖包当作神灵来祭祀的同时,也在这里完成了许愿、还原、求雨等信仰活动。敖包的数量和排列形式因地制宜,各式各样都有。信仰的敖包多数为13堆,有一字摆开的。有一个中心轴,四面铺开的。这样敖包的中心为太阳或年份的象征;其余12堆为月份象征。"敖包梁"即有敖包的梁岗。是青龙山镇的一个自然村。位于青龙山镇政府驻地西南,隶属于敖包后村。

敖包后

"敖包后"为蒙汉合璧名词。即位于敖包后边。青龙山镇的一个行政村。此地有一座山,形似敖包,被称为敖包山。本村位置在敖包山的北侧,因取名敖包后。以此地形命名。下辖 10 个自然村。即东北荒、敖包后、下伙房、北台、敖包梁、西沟、胡家楼、平房、河北、东北荒南队等。位于青龙山镇政府驻地西南 6 公里处。

沙拉浩来镇境内也有一个名叫敖包后的自然村,位于沙拉浩来镇政府驻地东南,隶属于黑鱼泡子村。

敖包图

"敖包图"为蒙古语,为有敖包的地方。以此地形命名。是原朝古台苏木的一个自然村。隶属于西布日敦村。

敖包筒

"敖包筒"为蒙古语。"敖包"为土堆或石头堆,"筒"为密林,即密林中敖包。是原衙门营子苏木的一个行政村。建村于 1933 年。位于八仙筒镇西南,衙门营子苏木西南 5 公里处。

敖包筒东边有东敖包筒,两个敖包筒为一个行政村。

敖包代

"敖包代"为蒙古语。"敖包"为土堆或石头堆,即有敖包的地方。是原巴嘎波日和苏木的一个行政村。建村于清光绪六年(公元 1880 年)。下辖 3 个屯,即海必日嘎、栋拉哈、敖包代。位于大沁他拉镇西北。

敖包呼吉尔图

"敖包呼吉尔图"为蒙古语。"敖包"为土堆或石头堆,"呼吉尔"为碱,"图"为蒙古语副词有的意思,即敖包附近的碱地。是固日班华苏木的一个行政村。伪满洲国大同元年(公元 1932 年)初为西毛盖图村富户的牧铺。建村于伪满洲国康德七年(公元 1940 年)。位于固日班华苏木政府驻地东南。

敖包鞥格日

"敖包鞥格日"为蒙古语。"敖包"为土堆或石头堆,"鞥格日"为仰面或南边,即敖包的南边之意。原为太山木头苏木的一个自然村。位于黄花塔拉苏木政府驻地北。

敖包塔日雅图

"敖包塔日雅图"为蒙古语。"敖包"为土堆或石头堆,"塔日雅图"为有农田的,即在敖包旁有农田的地方。建村于清末。位于东明镇政府驻地东南,隶属于小台吉白嘎查。

敖包围子

"敖包围子"为蒙汉合璧名词。"敖包"为土堆或石头堆,围子为汉语。即敖包附近有炮台的村庄。原苇莲苏乡的一个自然村。现名光辉村。

敖包营子

"敖包营子"为蒙汉合璧名词。"敖包"为土堆或石头堆,营子为汉语,即在敖包旁边的村庄。明仁嘎查的原名。中华民国初年,有一个名叫叁布拉敖日布的人住在这里,因此,被称为叁布拉敖日布营子。伪满洲国康德元年(公元1934年)在村西南建一座敖包。伪满洲国康德四年(公元1937年)并户时,以敖包取名为敖包营子。1948年更名为明仁村。

白音敖包

"白音敖包"为蒙古语。"白音"与"白音"一致,富饶之意,"敖包"为土堆或石头堆,即富饶的敖包。原太山木头苏木的一个行政村。于清崇德元年(公元1636年),奈曼旗首任札萨克多罗达尔罕郡王衮楚克,建府邸在沙拉浩来镇的章古台。后来,于康熙四十六年(公元1707年),奈曼旗第六任札萨克多罗达尔罕郡王垂忠,在今新镇乡呼和格日村仿照北京故宫兴建了规模较大极为豪华的新王府。被清廷发现,以"图谋不轨"之嫌,削去旗札萨克之职。康熙五十九年(公元1720年),第七任札萨克郡王阿萨拉将王府迁回到白音敖包,直至嘉庆八年(公元1803年)。为此,后人称白音敖包这个地方为"王因浩齐德",意为王爷的故居。有时也叫王府营子。位于黄花塔拉苏木政府驻地北。

多日本敖包

"多日本敖包"为蒙古语。"多日本"为4个,"敖包"为土堆或石头堆,即 4 个敖包。现白音塔拉苏木的一个行政村,在此曾有过 4 个敖包,以此命名为此名。位于白音塔拉苏木西北 14 公里处。

斯布呼勒敖包

"斯布呼勒敖包"为蒙古语。"斯布呼勒"为暂歇息为马消汗,"敖包"为土堆或石头堆。原清河苏木的一个行政村。相传康熙十四年(公元 1675 年),义州王布尔尼反清失败,逃到此地,歇鞍休息了一会儿。对此,当地牧民修了一座纪念敖包,称其为"斯布呼勒敖包",以后以此命名村名至今。位于明仁苏木政府驻地东南 8 公里处。

毛敦敖包

"毛敦敖包"为蒙古语。"毛敦"为树,"敖包"为土堆或石头堆。即树旁的敖包。相传,本村东南的一高地上曾有过一棵非常大的古榆树,一直活到上世纪 70 年代。据民间传说,康熙皇帝微服私访来到这里,在大树下乘凉休息过。为纪念此事,人们在此处堆砌一座敖包。后建村命名为毛敦敖包。位于原平安地乡政府驻地东 5 公里处。

第六节 以姓氏人名命名的地名

蟒石沟

"蟒石沟"为蒙古语,"蟒石"为"蟒古斯"的简化,是"蒙古族英雄史诗"中出现最多的反面形象,是代表自然界和人类社会上最反动、且凶恶的势力。书面名词"蟒古斯"为众多蟒蛇之意。"沟"为蒙古语皋的谐音。此处的"蟒石沟",是以人名命名的地名。蟒石是人名,过去在此地建村的人。而"蟒"是个原始时代的古老动物,是蟒讷特氏(忙忽惕)的图腾崇拜物。它先于龙图腾。后来有一个较大的蒙古部落认为自己是它的亲族或崇拜者,称蟒讷特部。现在这个部落取汉姓为"马"。他们分左翼和右翼,牤牛河流域为他们的主要活动园地。蟒石沟村是原白音昌乡的一个行政村,建村于清末。下辖 7 个自然村,分别为薛家店、沟门子、酒局子、北台子、河北、新窝铺、蟒石沟。位于新镇西北,原白音昌乡政府驻地西北 13 公里处。

道劳代

"道劳代"为蒙古语。"道劳"为七,"代"与"台"为蒙古语,古代标识男性姓氏的副词,"津"与"吉"为标识女性姓氏的副词。在古代,人家难养儿女时,给新生的儿子招七家干亲,起名为"道劳代",意思是七家的儿子。始建村时,以这里居住的人名命名之。原太山木头苏木的一个行政村。分东道劳代嘎查和西道劳代嘎查。1940年,从东道劳代迁出一部分人建西道劳代村。位于大沁他拉镇政府驻地以南方向。

塔布代

"塔布代"为蒙古语。塔布为五,"代"与"台"为蒙古语,古代标识男性姓氏的副词,"津"与"吉"为标识女性姓氏的副词。在古代,人家难养儿女时,给新生的儿子招七家或五家干亲,起名为"塔布代"或"道劳代",意思是五家或七家的儿子。原太山木头苏木的一个行政村。建村于中华民国十九年(公元1930年)。始建村时,名叫塔布代的人居住而得名。以人名命名之。下辖2个自然村,即敖包鞴格日、塔布代。位于黄花塔拉苏木政府驻地北偏东,太山木头苏木政府驻地东偏北6.5公里处。

八王扣

"八王扣"为汉语。以姓氏人名命名的村庄。原土城子乡的一个自然村。位于青龙山镇政府驻地西南,隶属于平顶山村。

百 家

"百家"为汉语。以姓氏人名命名的村庄。治安镇的一个行政村。为镇政府所在地。建村于中华民国二年(公元1913年)。当时,住的是百、季两姓人家而得名。习惯称百家为百家街。

宝贝河

"宝贝河"为汉语。姓宝的人家住的贝河之意。以姓氏人名命名的村庄。这里有一条河称宝贝河皋勒。"宝贝河皋勒"是蒙古语。不能混为一谈。是沙拉浩来镇的一个行政村,下辖4个自然村。即上宝贝河、下宝贝河、北台子、白庙子。位于沙拉浩来镇政府驻地西南6公里处。

车家杖子

"车家杖子"为汉语。以姓氏人名命名的村庄。原白音昌乡的一个自然村。位于青龙山镇政府驻地北,隶属于乔家杖子村。

成　山

"成山"为汉语。以姓氏人名命名的村庄。原土城子乡的一个行政村。原名为柳条沟,1961年,该生产大队党支部书记阎成山在修大队水库时不幸牺牲。为纪念阎成山,经奈曼旗人民委员会批准,将该村命名为成山大队。1983年改称成山村。下辖3个自然村,即前柳条沟、后柳条沟、二道河子。村委会驻在前柳条沟。建村于清末。位于沙拉浩来镇政府驻地南。

初家杖子

"初家杖子"为汉语。以姓氏人名命名的村庄。原土城子乡的一个自然村。位于青龙山镇西南,隶属于西铁匠沟村。

达木嘎筒

"达木嘎筒"为蒙古语。"达木嘎"为烟草,"筒"为密林,中华民国初年,有一位名叫席凤祥的人在这里种植烟草而地名。另有一种说法,"达木嘎筒"为蒙藏合璧名词。"大木嘎"为"达格巴"的谐音,而达格巴是藏语,人名。意思是殊荣或享誉者。"筒"为密林。以姓氏人名命名的村庄。建村于中华民国九年(公元1920年),下辖2个自然村,即东达木嘎筒和西达木嘎筒。位于东明镇西南7公里处。

达日钦

"达日钦"为蒙古语。以姓氏人名命名的村庄。位于沙拉浩来镇政府驻地西南10公里处,隶属于友爱村。

代　筒

"代筒"为蒙古语。以姓氏人名命名的村庄。"代"为蒙古塔塔尔部的汉姓;是塔塔尔氏至此地而得的地名。建村于中华民国二年(公元1913年)。位于东明镇西南3公里处。

代林筒

"代林筒"为"道乃筒"的谐音,是蒙古语。奈曼王爷的一位眷属叫道乃的人居住此地而得名。以姓氏人名命名的村庄。建村于1907年。位于八仙筒镇西南4公里处。

代林塔拉

"代林塔拉"为"达赖塔拉"的谐音,蒙古语。一个名叫达赖的人居住此地而得名。以姓氏人名命名的村庄。是沙拉浩来村的一个行政村。建村于清朝末年。位于沙拉浩来镇政府驻地西北,隶属于白音塔拉嘎查。

丹德卜

"丹德卜"为藏语,人名,意为真成功。原土城子乡的一个地名。因名叫丹德卜的人居住此地而得名。以姓氏人名命名的村庄。位于沙拉浩来镇政府驻地南,隶属于糖房村。

担支营子

"担支营子"为蒙藏合璧名词。"担支"为藏语人名,意思是持教者。因名叫担支的人居住此地而得名。以姓氏人名命名的村庄。位于青龙山镇政府驻地东南,隶属于小城子村。

当海尔

"当海尔"为蒙古语。"当海尔"是蒙古语形容词,意为昂首挺胸者,人名。以姓氏人名命名的村庄。是白音塔拉苏木的一个行政村。在清朝中期有一名叫当海尔的人在此处立敖包祭奠,由此被称为当海尔敖包。后传称当海尔嘎查。下辖3个自然村,即当海尔、东浩雅日淖尔、西浩雅日淖尔。原嘎查位于白音塔拉苏木政府驻地北5公里处。

道力钦

"道力钦"为蒙藏合璧名词。"道力钦"为蒙古人的藏语名字。意为大党者。以姓氏人名命名的村庄。原昂乃乡的两个自然村,即东道力钦和西道力钦。东道力钦建村于中华民国元年(公元1912年)。西道力钦从1958年开始入户,发展成村,现隶属于昂乃村。位于大沁他拉镇东北,东道力钦隶属于古柳村。

道贝尔筒

"道贝尔筒"为蒙古语人名,意为小不点。以姓氏人名命名的村庄。是八仙筒镇的一个行政村。建村于中华民国初年。伪满洲国康德八年(公元 1941 年),被洪水冲成南、北、西三个自然村。位于八仙筒镇南 7 公里处。

东 明

"东明"为汉语人名。以姓氏人名命名的村庄。东明镇政府所在地。此地过去名叫"浩沁苏莫",即旧庙。后改称刘家茶馆。1947 年 1 月 20 日,中国共产党奈曼旗委宣传部长梁东明率工作队到浩沁营子区筹集军需物资,被土匪包围,在突围中牺牲。为纪念烈士,1958 年以其名字更名为东明村。

窦家营子

"窦家营子"为汉语。以姓氏人名命名的村庄。义隆永镇的一个自然村。位于义隆永镇政府驻地东南,隶属于大营子村。

鄂尔敦甸子

"鄂尔敦甸子"为蒙汉合璧名词。"鄂尔敦"为蒙古语宝贝,"甸子"为汉语。以姓氏人名命名的村庄。原名哈图浩来,蒙古语,意思是风水硬的峡谷。据说,初居此地的人家遭受火灾家破人亡,为缓和人与自然的关系,于伪满洲国康德五年(公元 1938 年)并户时,请喇嘛改称鄂尔敦甸子。是大沁他拉镇的一个行政村。位于镇政府驻地以西方向。

二道虎

"二道虎"为蒙古语"敖特根"的谐音,意思是幼子。以姓氏人名命名的村庄。是新镇的一个行政村。村中有大二道虎和小二道虎之分。位于新镇东北,隶属于双山子村。

方家营子

"方家营子"为汉语。以姓氏人名命名的村庄。是义隆永镇的一个行政村。建村于清嘉庆十五年(公元 1810 年)。位于义隆永镇南 7 公里处。

付家梁

"付家梁"为汉语。以姓氏人名命名的村庄。原白音昌乡的一个自然村。位于新镇东南方向,隶属于薄等沟村。

嘎力桑营子

"嘎力桑营子"为汉藏合璧名词,"嘎力桑"为藏语名字,意思是好运者,是沙拉浩来镇的一个自然村。以姓氏人名命名的村庄。位于沙拉浩来镇政府驻地东南,属于呼和嘎查。

干 代

"干代"为藏语。意为佛语总集,即汇集一切佛经于一体。如藏、三法轮或八万四千法等。以姓氏人名命名的村庄。位于固日班华苏木政府驻地西。

干 苏

"干苏"为"甘珠尔"的谐音,为大藏经的梵语名。是以藏语人名命名之。建村于伪满洲国康德三年(公元 1936 年)。位于东明镇南 6 公里处。

原章古台苏木也有一个甘珠尔嘎查,是个行政村。清朝中期建村,位于章古台苏木西北 5 公里处。又据说,甘珠尔是寺庙金顶甘吉拉的谐音。

高 和

"高和"为汉语人名。以姓氏人名命名的村庄。原土城子乡的一个行政村。建村于清末年间。当时叫做窦家梁。1958 年,为纪念高和烈士,更名为高和村。下辖 4 个自然村。即高和、小湾子、西岗岗、南岗岗。村委会驻高和村,位于沙拉浩来镇政府驻地。

岗岗水库位于沙拉浩来镇高和村西南 3 公里处。建于 1976 年。该水库主要以防洪、灌溉为主,兼顾水产养殖等多种经营。岗岗水库为山区丘陵区中型水库。

宫家湾子

"宫家湾子"为汉语。以姓氏人名命名的村庄。是青龙山镇的一个自然村。位于青龙山镇政府驻地东,隶属于斯布格图村。

关家杖子

"关家杖子"为汉语。以姓氏人名命名的村庄。原土城子乡的一个自然村。位于青龙山镇政府驻地西南,隶属于平顶山村。

棍都沟

"棍都沟"为蒙古语。为"鸿图皋"的谐音,意思是有天鹅的沟。建村于清光绪三十四年(公元1908年)。下辖5个自然村,即南大湾子、棍都沟、小棍都沟、上新发、下新发。位于青龙山镇政府驻地西南12.5公里处。又有说,清光绪三十四年(公元1908年),有一位名叫棍都的人居住于此地而得名。

韩家杖子

"韩家杖子"为汉语。以姓氏人名命名的村庄。原南湾子乡的一个自然村。位于青龙山镇政府驻地西南,隶属于四一村。

郝家沟

"郝家沟"为汉语。以姓氏人名命名的村庄。原土城子乡的一个自然村。位于青龙山镇政府驻地西南,隶属于平顶山村。

侯家杖子

"侯家杖子"为汉语。以姓氏人名命名的村庄。原南湾子乡的一个自然村。位于青龙山镇政府驻地南,隶属于平房村。

胡家楼

"胡家楼"为汉语。以姓氏人名命名的村庄。是青龙山镇的一个自然村。位于青龙山镇政府驻地西南,隶属于敖包后村。

花木代

"花木代"为藏语。是"哈木代"的谐音,意思是身体健全。以姓氏人名命名的村庄。是原巴嘎波日和苏木的一个行政村。下辖2个自然村,即哈木代和古达来。位于大沁他拉镇政府驻地西北。

花家堡

"花家堡"为汉语。以姓氏人名命名的村庄。是东明镇的一个行政村。中华民国时期,叫花树海的一家人为八仙筒的佟茂生耪青种地。建村于伪满洲国康德十二年(公元1945年)。位于东明镇北6公里处,隶属于兴发村。

辣椒铺

"辣椒铺"为汉语。其正确读音为"拉扎布铺","拉扎布"为蒙古人的藏语名字,"拉扎布"为上天保佑,铺为汉语,意思是拉扎布的铺子。以姓氏人名命名的村庄。伪满洲国康德四年(公元 1937 年),从本旗沙拉浩来迁来一名叫拉扎布的人,到这里来建铺种地,遂称拉扎布铺。后来叫白了,成了辣椒铺。位于明仁苏木政府驻地东南,清河东南 13 公里处。

老宅甸子

"老宅甸子"为蒙汉合璧名词。"老宅"为蒙古人的藏语名字,意为智者或持智者,甸子为汉语,即名叫老宅的人住的甸子。以姓氏人名命名的村庄。伪满洲国康德三年(公元 1936 年),并户立屯时,取名为"路杰阿力嘎","路杰"即"老宅"的谐音,"阿力嘎"为手掌。意思是老宅的巴掌大的小平原之意。1947 年开始用老宅甸子至今。位于固日班华苏木政府驻地北 18 公里处,隶属于新星嘎查。

李家杖子

"李家杖子"为汉语。原白音昌乡的一个行政村。以姓氏人名命名的村庄。建村于清朝道光年间。下辖 7 个自然村,即英家杖子、荣家杖子、唐家杖子、大李家杖子、小李家杖子、尹家窝铺、罗家杖子。村委会驻在唐家杖子。位于新镇西南方向。

林家杖子

"林家杖子"为汉语。原太和乡的一个行政村。以姓氏人名命名的村庄。清朝末年有两户姓林的人家迁来居住此地,而被称为此名。位于原太和乡政府驻地南 11 公里处,隶属于三合村。

刘家堡

"刘家堡"为汉语。原桥河乡的一个行政村。以姓氏人名命名的村庄。清光绪年间,叫刘荣久的人在这里设窝铺而被称为刘家村之名。伪满洲国康德四年(公元 1937 年),该村用大土墙围了起来,被称为刘家堡。下辖 2 个自然村。即刘家堡和莫户皋。位于奈曼旗政府驻地大沁他拉镇西南 2.5 公里处。

刘家沟

"刘家沟"为汉语。原土城子乡的一个自然村。以姓氏人名命名的村庄。位于青龙山镇政府驻地西南,隶属于平顶山村。

炉家沟

"炉家沟"为汉语。原土城子乡的一个自然村。以姓氏人名命名的村庄。位于青龙山镇政府驻地西南,隶属于平顶山村。

罗家杖子

"罗家杖子"为汉语。原白音昌乡的一个自然村。以姓氏人名命名的村庄。位于新镇东北,隶属于李家杖子村。

马家屯

"马家屯"为汉语。是青龙山镇的一个自然村。以姓氏人名命名的村庄。位于青龙山镇政府驻地东北,隶属于斯布格图村。

门迪阿力嘎

"门迪阿力嘎"为蒙古语。"门迪"为蒙古语"门都"的谐音,为人名;"阿力嘎"为手掌,即门迪的手掌那么大的甸子之意。建村于清朝末年。清光绪十五年(公元1889年)开始形成村子。位于东明镇南。

孟家段

"孟家段"为汉语。分东、西两个孟家段,是平安地乡的两个行政村。以姓氏人名命名的村庄。中华民国十二年(公元1923年),承德一个姓孟的官员在这里买一段地,人们将其称为孟家段。后来,这个孟家段成了村名。1958年,在老哈河上修建水库叫孟家段水库。

孟家段水库

孟家段水库位于八仙筒镇,东、西孟家段以东6公里处。以姓氏人名命名的村庄。分上下两个水库,1958年建成。其主要功能为防洪、灌溉、养鱼、旅游和多种经营。孟家段水库为沙漠地区大型水库,工程等别为1等。该水库设计总库容为0.4993亿立方米,下库为0.4927亿立方米。水库工程由主坝、副坝、输水洞等组成。

明 仁

"明仁"为汉语。明仁苏木是过去的明仁区、明仁公社的改称。明仁是人名,以姓氏人名命名的村庄。吕明仁,原辽吉省一地委书记、哲里木盟政府副主席。1947年4月12日,吕明仁来奈曼旗部署工作。从此地渡老哈河时,为救落水警卫员而不幸牺牲。为纪念烈士,教育后人,将此地改称为明仁区——直至明仁苏木。

明仁嘎查是原明仁苏木驻地。过去称敖包营子。1948年更名为明仁嘎查,现明仁苏木驻地已迁到清河。

慕家屯

"慕家屯"为汉语。青龙山镇的一个自然村。以姓氏人名命名的村庄。位于青龙山镇东北,隶属于斯布格图村。

莫家湾子

"莫家湾子"为汉语。青龙山镇的一个行政村。以姓氏人名命名的村庄。下辖3个自然村,即东冷汤、大湾子、莫家湾子。位于青龙山镇政府驻地西北,13公里处。

那僧营子

"那僧营子"为蒙汉合璧名词。"那僧"为蒙古语"纳森"的谐音,意为岁数,这里是人名。营子为汉语,即纳森的村庄。以姓氏人名命名的村庄。建村于清朝末年。位于青龙山镇政府驻地南,隶属于平房村。

那木斯来甸子

"那木斯来甸子"为蒙汉合璧名词。"那木斯来"为蒙古人的藏语名字,"那木斯来"意为财神,甸子为汉语,即那木斯来住的甸子。以姓氏人名命名的村庄。是白音塔拉苏木的一个行政村。建村于中华民国初年。位于白音塔拉苏木政府驻地东2.5公里处。

朋僧沟

"朋僧沟"为蒙汉合璧名词。"朋僧"为蒙古人的藏语名字,"朋僧"为"朋斯克"的谐音。"朋斯克"为藏语,意为万全或俱足,"沟"为蒙古语"皋"的谐音。即朋斯克住的皋之意。以姓氏人名命名的村庄。隶属于寒山皋村。

乔家杖子

"乔家杖子"为汉语。以姓氏人名命名的村庄。原白音昌乡的一个行政村。清嘉庆十二年(公元 1812 年),从山东迁来一户姓乔的人家定居这里,故被称为乔家杖子。下辖 6 个自然村,即车家杖子、三道梁子、北乔家杖子、南乔家杖子、上瓦盆窑、下瓦盆窑。位于青龙山镇政府驻地北,白音昌乡东南 4 公里处。

邱家梁

"邱家梁"为汉语。以姓氏人名命名的村庄。原土城子乡的一个自然村。位于青龙山镇政府驻地南,隶属于平顶山村。

荣家杖子

"荣家杖子"为汉语。以姓氏人名命名的村庄。原白音昌乡的一个自然村。位于新镇南,隶属于李家杖子村。

沙 金

"沙金"为蒙古人的满洲语名字,意思是宗教,以姓氏人名命名的村庄。原昂乃乡的一个行政村。建村于 1947 年。位于奈曼旗政府所在地大沁他拉镇北,昂乃乡政府驻地西 10 公里处。

善宝营子

"善宝营子"为蒙藏合璧名词,"善宝"为藏语"善布拉"、"香巴拉"、"香格里拉"的谐音,意为净土或极乐世界。净土,佛教界认为是佛尊、菩萨栖息的地方,无污染的世界。在这里是蒙古人名,即善宝住的村庄。以姓氏人名命名的村庄。位于青龙山镇政府驻地南 15 公里处,隶属于三一村。

散 代

"散代"为蒙古人的藏语名字。意思是精进。以姓氏人名命名的村庄。是白音塔拉苏木的一个自然村,附近还有一个村叫南散代,均位于白音塔拉苏木政府驻地西。

三道古街

"三道古街"为汉藏合璧名词。以姓氏人名命名的村庄。是黄花塔拉苏木的一个自然村。三道古街是藏语"桑嘎尔斋"——"桑杰"的异读。建村于清光绪六年(公元 1880 年)左右。位于黄花塔拉苏木政府驻地西,隶属于伊拉玛图嘎查。

义隆永镇有西三道古街,建村于清光绪二十六年(公元 1900 年)。与东三道古街相对而得名。

慈德营子

"慈德营子"为汉藏合璧名词。原南湾子乡的一个自然村。"慈德"为藏语,意思是显赫、威严。这里是蒙古人的名字。以姓氏人名命名的村庄。位于青龙山镇政府驻地南,隶属于三一村。

孙家湾子

"孙家湾子"为汉语。原南湾子乡的一个自然村。以姓氏人名命名的村庄。位于青龙山镇政府驻地南,隶属于互利村。

孙家围子

"孙家围子"为汉语。原南湾子乡的一个自然村。位于青龙山镇政府驻地东南,隶属于二道杖子村。

太吉白

"太吉白"为蒙古语。正确读音为"太毕吉白",是蒙古人为其娇孩子起的辟邪名字,意思是放着或不要拿走。建村于清朝中期。当时,有一个叫太毕吉白的人居住在此地,故得此名。位于东明镇南;小太吉白村位于东明镇东南。

太吉村

"太吉村"为蒙汉合璧名词。"太吉"为"台吉"的异写。而"台吉"为汉语"太子"的谐音。北元中期,三世达赖喇嘛索南嘉措为更有利而迅速传播自己的教派,从阿拉坦汗开始,赐封蒙古各个万户之主为"可汗"以及"洪太吉"、"台吉"等称号。结果,蒙古北元失去了中央集权,蒙古汗廷失去了凝聚力,而导致了蒙古北元王朝的破灭。汉族历史上的"太子"是被指定为皇帝继承人的人选。可是到蒙古北元,由于黄教高僧的赐封,所有的孛儿只斤氏子孙全部成了"台吉"——太子。中华民国七年(公元 1918 年),在此地居住一个台吉,故得此名。以姓氏人名命名的村庄。位于东明镇政府驻地西南。

沙拉浩来镇也有一个太吉营子的自然村,位于沙拉浩来镇政府驻地东南,隶属于呼和嘎查。

唐家杖子

"唐家杖子"为汉语,以姓氏人名命名的村庄。是原白音昌乡的一个自然村。位于新镇西南,隶属于李家杖子村。

洼卜甸子

"洼卜甸子"为汉藏合璧名词。以姓氏人名命名的村庄。原平安地乡的一个自然村。"洼卜"为藏语,意为身材魁梧者,为蒙古人的藏语名字。建村于清朝末年。位于平安地乡东北 7 公里处。

王可沟

"王可沟"为蒙汉合璧名词。"王可"为蒙古语"恩克"的谐音,意为和平,"沟"为蒙古语皋。即恩克住的沟之意。以姓氏人名命名的村庄。原南湾子乡的一个自然村。位于青龙山镇政府驻地南,隶属于四一村。

温都日哈日

"温都日哈日"为蒙古语。"温都日"为高,"哈日"与"哈拉"、"哈喇"同,意思是黑,即黑脸高个子。以姓氏人名命名的村庄。是八仙筒镇的一个行政村。中华民国十年(公元 1921 年),有一位黑脸高个子货郎与当地一名寡妇结婚,居住此地而被称为此名。位于八仙筒镇东 2.5 公里处。

乌干沙拉

"乌干沙拉"为蒙古语。"乌干"为长子或老大,"沙拉"为黄色,即黄头发的老大。以姓氏人名命名的村庄。分东乌干沙拉嘎查和西乌干沙拉,是黄花塔拉苏木的两个行政村。建村于清嘉庆二十五年(公元 1820 年)。下辖 3 个自然村,即东乌干沙拉、西乌干沙拉、合作屯。位于黄花塔拉苏木东南 3 公里处。

新　丘

"新丘"为蒙古语。"新丘"是"新丘德"的简称,意即众多姓辛的人们。

以姓氏人名命名的村庄。是沙拉浩来镇的一个自然村。奈曼旗蒙古族中姓辛的都是珠日合德氏,即《蒙古秘史》上的"主儿勤"或"禹儿勤"部。他们的多数人家是早年从喀喇沁部迁来的。新丘是他们的聚居处。位于沙拉浩来镇政府驻地西南,隶属于友爱村。

徐家屯

"徐家屯"为汉语。以姓氏人名命名的村庄。原白音昌乡的自然村。位于新镇南,隶属于东铁匠沟村。

宿家杖子

"宿家杖子"为汉语。以姓氏人名命名的村庄。原土城子乡的一个自然村。位于土城子乡政府驻地东北方向,隶属于七家子村。

薛家店

"薛家店"为汉语。分前薛家店和后薛家店,都是原白音昌乡的自然村。位于新镇西南方向。后薛家店隶属于蟒石沟村,前薛家店隶属于前店村。

尧斯图

"尧斯图"为蒙古语。"尧斯"为"道理"或"礼貌","图"为蒙古语副词有的意思,即有礼貌的村庄。以姓氏人名命名的村庄。建村于清朝中期。位于白音塔拉苏木西4.5公里处,隶属于满都拉呼嘎查。

杨家营子

"杨家营子"为汉语。以姓氏人名命名的村庄。和青龙山镇步步登高村是一个行政村。为步步登高村的村委会驻地。建村于清朝末年。位于青龙山镇政府驻地北。

伊和陶鲁盖图

"伊和陶鲁盖图"为蒙古语。"伊和"为大,"陶鲁盖"为脑袋或头颅,"图"为蒙古语副词头的意思,即这里住的人名为伊和陶鲁盖图。以姓氏人名命名的村庄。是固日班华苏木的一个行政村。建村于清朝中期。位于固日班华苏木政府驻地北,隶属于赛罕塔拉嘎查。

尹家窝铺

"尹家窝铺"为汉语。以姓氏人名命名的村庄。原白音昌乡的一个自然村。位于新镇西南,隶属于李家杖子村。

杨家沟

"杨家沟"为汉语。原白音昌乡的自然村。以姓氏人名命名的村庄。分上下两个村。均位于青龙山镇政府驻地西北方向,皆隶属于前店村。

英家杖子

"英家杖子"为汉语。以姓氏人名命名的村庄。原白音昌乡的一个自然村。位于新镇南,隶属于李家杖子村。

土子沟

"土子沟"为汉语。是青龙山镇的一个自然村。隶属于草帽山村。

于家地

"于家地"为汉语。以姓氏人名命名的村庄。是青龙山镇的一个自然村。位于青龙山镇政府驻地东北,隶属于青龙山村。

张家沟和张家沟门子

"张家沟"和"张家沟门子"都是汉语。以姓氏人名命名的村庄。原南湾子乡的两个自然村。位于青龙山镇政府驻地南,隶属于大沟村。

朱家杖子

"朱家杖子"为汉语。以姓氏人名命名的村庄。原太和乡的一个行政村。建村于清朝末年。以朱家湾子村的朱乡长姓氏命名的村庄。位于义隆永镇西。

朱家湾子

"朱家湾子"为汉语。以姓氏人名命名的村庄。原太和乡的一个自然村。建村于乾隆年间。当时有姓朱的 3 家人从山东来到这里,因居住在河湾地而被命名为此名。隶属于三合村。

太 吉

"太吉"为蒙古语"台吉"的异写。"台吉"本是汉语"太子"的演化。"太子"是中国历史上由皇帝指定的唯一的皇位继承人。北元万户可汗二十二年(公元 1578 年),三世达赖喇嘛索南嘉措应土默特部阿拉坦汗之请,两人到青海察布奇雅勒庙(仰华寺)会见之后,达赖喇嘛封阿拉坦为"转金千轮杂卡拉瓦尔第彻辰可汗"之号,阿拉坦汗封三世达赖喇嘛为"圣识一切瓦齐尔大喇达赖喇嘛"之号。从此,拉开了蒙古北元各万户主之间的奉黄教竞争。结果,达延可汗巴图孟克分封的蒙古北元 6 万户之中,除了当时已被取消的乌梁海万户以外 5 个万户都从三世达赖喇嘛要了不同的"可汗"之号。这样,蒙古北元王朝很快失去了中央集权,出现了各自为政,各拉山头的混乱局面。随着"可汗"的增多,"太子"——"台吉"们也无止境地增多起来。凡是成吉思汗黄金家族后裔的孛儿只斤氏都成了"台吉"。中华民国七年(公元 1918 年),在此居住一户台吉人家,由此被称为此名。以姓氏人名命名的村庄。是原浩特乡的一个行政村。位于东明镇南。

大官营子

"大官营子"为汉语。以姓氏人名命名的村庄。分东大官营子和西大官营子。都是原朝古台苏木的自然村。现在更名为巴嘎塔拉和伊和塔拉。位于新镇北。

舍 金

据说"舍金"为蒙古姓,汉译为"谢"。据有关学者称,蒙古人的谢姓,来源于《蒙古秘史》的"撒勒只兀惕氏",与孛儿只斤同源。建村于清宣统二年(公元 1910 年)。当时有一位姓谢的蒙古人在这里居住,而被称为此名。是原巴嘎波日和苏木的一个自然村。隶属于吉格斯台嘎查。

塔布朗

"塔布朗"为蒙古语"塔布囊"的谐音,是"塔奔王"的简称。应为元朝时期 5 个有功之臣的部落,俗称"五投下"。即宏吉喇惕(翁吉喇惕)、亦乞列思、札剌亦儿、兀鲁兀惕、忙忽惕 5 部为 5 个王的部落——"塔奔王"——塔布囊。这 5 个功臣的直系后裔,可以与成吉思汗的黄金家族——孛儿只斤氏成婚。所以,元朝时期称"塔布囊"为阔列坚——女婿——驸马。在民间有"吴姓家族为塔布囊"的说法。清朝末年,在这里曾住吴姓蒙古人,由此被称为此名。以姓氏人名命名的村庄。位于东明镇东。

第七节　以工种技艺命名的地名

铁匠沟

"铁匠沟"为汉语。起初有一位铁匠来这里居住而得名。原白音昌乡和土城子乡各有一个铁匠沟村。白音昌乡的铁匠沟为东铁匠沟;东铁匠沟位于原白音昌乡政府驻地西北8公里处。1982年为调整同名村,称该村为东铁匠沟。1983年设村。是原白音昌乡的一个行政村。下辖6个自然村,即铁匠沟、沟门子、菜园子、北梁、沟脑、徐家屯。村委会设在徐家屯。清末,有一徐姓人家居住于此地而得名。西铁匠沟村,建村于清末。起初有一位山东省来的谢姓人家在这里居住,以打铁为生,以此得名。位于土城子乡政府驻地东南7公里处。

木匠沟

"木匠沟"为汉语。起初,有一位木匠来这里居住而得名。原南湾子乡的一个自然村。于1958年曾开过铜矿。位于青龙山镇政府驻地东南,隶属于小城子村。

铁匠沟沟门子

"铁匠沟沟门子"为汉语。以铁匠工种命名的村庄。原白音昌乡的一个自然村,位于新镇以南,隶属于东铁匠沟村。

图力格

"图力格"为蒙古语。意为卜卦,过去该村名为图力格沁,意为算卦者。后来,"沁"字被省略而称图力格。建村于伪满洲国康德四年(公元1937年)。下辖2个自然村,即图力格和南庆丰。位于清河村南。

嘎鲁尺

"嘎鲁尺"为蒙古语,"嘎鲁"为大雁,"尺"与"齐"一致为蒙古语副词有的意思,是善猎大雁的人。以姓氏人名命名的村庄。建村于清朝中期。位于固日班华苏木政府驻地西,章古台苏木北10公里处。

顾师喇嘛河湾子

"顾师喇嘛河湾子"是蒙汉合璧名词。"顾师喇嘛",一般指翻译喇嘛,实际上也是一个蒙汉合璧名词,"顾师"原为"国师"的谐音。元代国师都是从吐蕃来的高僧,他们一般都通蒙藏双语,因此,"顾师"一词代替了"翻译"之义。"河湾子"为汉语。"顾师喇嘛河湾子"是奈曼旗农垦文化的产物,起初应该为"顾师喇嘛套海"。此地位于大沁他拉镇东北5公里处,在大柳树林场正南面。清朝末年,有一位顾师喇嘛居住在这里,因此被称为此名。

谢举营子

"谢举营子"为汉语。以姓氏人名命名的村庄。早在清嘉庆五年(公元1800年),从山东省迁来刘和谢两姓人家定居此地。后来,姓谢人家出了一名举人,故本村被称为谢举营子。下辖2个自然村,即柳树底下和谢举营子。位于义隆永乡西南2公里处。

河南杖子

"河南杖子"为蒙汉合璧名词。"河南"为人名"赫连"的不规范异音,原称赫连杖子。以主人之名命名的村庄。是鹦哥山村村委会驻地。为抗日英雄周荣久的故乡。

石匠沟

"石匠沟"为汉语。以姓氏人名命名的村庄。是原白音昌乡的一个行政村。清朝嘉庆年间,有一户姓张的石匠定居于此地,而被称为石匠沟。位于新镇南,隶属于白音昌村。

第八节　以建筑形态命名的地名

八仙筒

"八仙筒"为蒙古语。为蒙古语"百姓图"的谐音,"百姓"为土平房或尖顶房,"筒"为蒙古语副词有或在的意思,即有土平房的地方。以建筑形态命名的村庄。据考察,蒙古人的居舍发展是有序又有规律的过程。最早是自然的洞穴;第二步是地窖子,史书音译称"邑楼",是蒙古语"eruhe"的音译。第三步是茅屋或可移动的帐房,称"穹庐",俗称"蒙古包"。第四步是"窝棚",用柳条编织的圆形墙壁和尖顶房盖。第五步是"布日格"格日,纯角四方墙,房顶是用粗柳条编制一体成梯形;第六步是百姓格日;第七步是现代的楼阁厅堂。百姓的特点是稳重四方型。是从19世纪后期开始兴起,20世纪得到了大发展。奈曼旗百姓命名的地方不下十个,有的已被遗弃。就现在所讲的八仙筒镇就是百姓图镇。中华民国九年(公元1920年)左右,有几家姓包的人家盖了几处土平房居住,有了此名。原得胜乡、奈林乡、固日班华苏木等地方都曾有过百姓图村。

八仙筒镇:是过去的第九区和八仙筒人民公社初建时的规模。该镇现辖2个居委会、44个嘎查村、69个自然村。总面积967.85平方公里。八仙筒镇区就是八仙筒镇政府驻地。中华民国十九年(公元1930年),在这里曾设过绥东县公署。公署设承审处、公安局、财政局、教育局等机构。伪满洲国康德二年(公元1935年)3月,又成为县合并的新的机构——奈曼旗公署所在地,使其一度成为奈曼旗政治、经济、文化的中心。

伪满洲国康德二年(公元1935年)7月23日,周荣久组建的奈曼旗"抗日救国军",攻打占领了当时被日本军占领并设伪奈曼旗公署所在地八仙筒镇,成为内蒙古东部历史上时间最早、影响较大的,震撼东北的"八仙筒抗日事件"。

1946年9月21日,在苏达那木达尔济和罗布(有写作洛不)等人的策划指挥下,土匪武装攻打中国共产党八仙筒办事处。导致七大队副大队长、老红军罗云彪牺牲。

新中国成立前,八仙筒的商业经济起落跌荡。据史料记载,中华民国初期,八仙筒镇已设立了第一家铺"广生和",为当时的小库伦(今库伦旗)某商号所设。中华民国十九年(公元1930年)绥东县迁址八仙筒后,为这里商业的发展创造了广阔的前景。到伪满洲国康德七年(公元1940年),商号逐渐发展到100余家。主要来自小库伦和下洼。八仙筒街东为小库伦帮,街西为下洼帮,形成了地域性派别。伪满洲国末期,随着日伪经济统治的加深,这里的商号已多数倒闭。据说,八仙筒最大商号"广生和",从业人员达 30 人之多。辽宁省义县人苗谋人东家,绰号"李老秀"的李秀荣任经理。该商号主营杂货,其交易所得用于购买牲畜,加上部分蒙古人直接用牲畜进行交易"以物易物",使该商号资本——牲畜存栏数已达牛 1000 头、马 1000 匹、羊不计其数,还有少量骆驼。牲畜遍布当时的奈曼旗、库伦、宾图(科左前旗)三旗四乡。年终结算时,三岁以下的牛、马不上账,可见其资本之巨。

伪满洲国初期,日本人对东北的经济主要侧重于产业,"七.七事变"以后,其经济垄断变本加厉,致使伪满洲国后期八仙筒的商号已多数倒闭,幸存者被组合到一起,勉强维持生计。

1946 年冬至 1947 年春,八路军相继在八仙筒建立了公营的"仁义"商店和大北公司。其中前者归辽吉一分区供给处经营,后者由辽吉一专员公署管理。皆以保障军需民用、稳定市场物价和回笼货币为目标。1947 年末二者合并,归辽西省企业管理处领导。当时的八仙筒已经解放,私商开始经营起商店、门市部和小摊床等。从此,该镇商业开始复兴,逐年发展,后来被誉为奈曼旗的"小上海"了。

原得胜乡的小百姓图。伪满洲国康德二年(公元 1935 年),奈曼旗公署的一户姓何的科长在这里开荒建地铺,被称为百姓图。伪满洲国康德四年(公元 1937 年)为区别于同名者,称小百姓图。位于治安镇以西偏北方向,被称为北小百姓图村。

原奈林苏木的南小百姓图。清光绪十四年(公元 1888 年),奈曼旗的一个扎兰章京在这里盖个小平房而得名。位于治安镇以南方向,隶属于查干嘎查。

固日班华苏木的朱日干百姓嘎查。"朱日干"为蒙古语,意为六。伪满洲国康德三年(公元 1936 年),在这里并户立屯时,盖起了 6 座土平房。由此得名。位于固日班华苏木政府驻地东北 9 公里处。

八仙筒镇的北百姓图村。伪满洲国康德元年(公元 1934 年)形成自然村。因在八仙筒镇北而得名,相距 1.5 公里。

半拉城子

"半拉城子"为汉语。以建筑形态命名的村庄。原白音昌乡的一个自然村。位于青龙山镇政府驻地东北,隶属于西洼村。

布日格图

"布日格图"为蒙古语。是蒙古族居室建筑史上的第五代建筑形式。中华民国十四年(公元1925年)开垦此地时,迁来几户人家,盖上布日格居住。由此被称为此名。以建筑形态命名的村庄。位于八仙筒镇西北4公里处。

查干百姓

"查干百姓"为蒙古语。"查干"为白,"百姓"为土平房,即白色土平房。以建筑形态命名的村庄。是衙门营子苏木的一个行政村。于清光绪八年(公元1882年),哈塔海庙的几户沙比纳儿来到这里居住。用当地的白土夯打墙壁,建造土平房,而被称为查干百姓嘎查。

多日奔百姓

"多日奔百姓"为蒙古语。"多日奔"为四,"百姓"为土平房,即四栋土平房。以建筑形态命名的村庄。是白音塔拉苏木的一个行政村。中华民国初期,有一个姓白的人在这里盖起4栋土平房,因此被称为此名。位于白音塔拉苏木东南,隶属于希勃图村。

房 身

"房身"为汉语。居民盖房子挖土时,挖出了石头狮子,为此,命名此房子为"狮子房身"。后来,简称为"房身"。以建筑形态命名的村庄。原南湾子乡的一个行政村。建村于清末年间。位于青龙山镇政府驻地东南,隶属于龙圈子村。

高 图

"高图"为蒙古语,意为壕沟。以建筑形态命名的村庄。是白音塔拉苏木的自然村。分大高图和小高图两个屯子。清朝年间,这里有一条护草垛的壕沟而被称为此名。伪满洲国时期形成两个高图村。位于白音塔拉苏木东北8.5公里处。

哈沙图

"哈沙图"为蒙古语。"哈沙"意为杖子或围墙,"图"为蒙古语副词有的意思,即有杖子之地。以建筑形态命名的村庄。原昂乃乡的哈沙图村。中华民国元年(公元1912年),有居民用柳条子立防风杖子挡沙而被称为此名。位于昂乃乡西南10公里处,称北哈沙图。

奈曼旗政府所在地大沁他拉镇的哈沙图村。分东西两个哈沙图村。清朝末年,有一个名叫岗阿木的人始居东、西两个哈沙图中间,用柳条子扎成杖子,以防风防盗而被称为此名。伪满洲国康德四年(公元1937年)并户立屯时,以当时甲长的姓氏称此地为田家围子。1949年恢复原名哈沙图。两个哈沙图均位于大沁他拉镇东北。

原南湾子乡的哈沙图村,下辖哈沙图、东沟、西沟、下哈沙图、上哈沙图5个自然村。建村于清朝末年。位于青龙山镇政府驻地东南方向。

原章古台苏木的哈沙图嘎查。清朝初年,奈曼王爷每年到这里来,立杖子射靶而被称为此名。位于大沁他拉镇东北,章古台苏木南2公里处。

寒山皋

"寒山皋"为蒙古语。是"哈山皋勒"的不规范简化。"哈山"为杖子或堤坝,"皋勒"为河,即有堤坝的河流。以建筑形态命名的村庄。是原南湾子乡的一个行政村。建村于清末年间。下辖4个自然村,即新营子、上寒山皋、下寒山皋、朋僧沟。位于青龙山镇南。

浩特乡

"浩特乡"为蒙汉合璧名词。"浩特"为蒙古语城邑,"乡"为汉语。以建筑形态命名的村庄。又有一种解释称"浩特"为藏语,意思是根子或基础,蒙古人的藏语名字,为初住者的名字。原浩特乡政府驻地是北奈林村。其原名叫敖包艾勒。1949年,教来河洪水将此地冲成两个村庄,即南奈林村和北奈林村。"奈林"原为蒙古语,是"艾勒"的异音,意思是村庄。原浩特乡下辖9个嘎查,共10自然村,现已归东明村管辖。南北两个奈林村均位于东明村西南。

浩特村位于原浩特乡政府驻地东南7.5公里处。中华民国六年(公元

1917年),有一位吴姓蒙古人在此定居,家院围起高墙而被称为此名。与达吉为一个行政村。

呼和格日

"呼和格日"为蒙古语。"呼和"为青或蓝色,"格日"为房子,即青房子。以建筑形态命名的村庄。18世纪初,奈曼旗第六任札萨克郡王垂忠(有写作却经、绰仲)在这里兴建王府,盖了很多青砖瓦房,而被称为此名。下辖3个自然村。即东呼和格日、西呼和格日、哈日干图。位于新镇东。

库利图

"库利图"为蒙古语。意为有围垣的地方。以建筑形态命名的村庄。位于土城子乡政府驻地东北,隶属于杏树院子村。

南　楼

"南楼"为汉语。原南湾子乡的一个自然村。以建筑形态命名的村庄。位于青龙山镇政府驻地南,隶属于套力波村。

平　房

"平房"为汉语。原南湾子乡的一个行政村。以建筑形态命名的村庄。建村于清末年间。下辖5个自然村。即上平房、下平房、洞子沟、那僧营子、侯家杖子。村委会驻地为下平房村。位于青龙山镇政府驻地南。

原桥河乡

"原桥河乡"为汉语。以建筑形态命名的村庄。下辖13个自然村。2700多户居民。乡政府驻地在兴隆地村,现归大沁他拉镇所辖。

原土城子乡

"原土城子乡"为汉语。以建筑形态命名的村庄。在土城村西南200米处有一座古代土城子遗迹而被称为此名。据考证,此城遗址是战国时期的燕国所属。城墙是土墙,周长2100米,面积150亩。现有残墙高8米,宽5米。近些年来陆续出土古兵器残件等文物。土城子与敖汉旗兴隆洼陶瓷龙的出土遗址相邻,位于边界线的左右两边。因此,土城子和善宝营子一样,都是奈曼地区文明史发源的前列。原乡辖13个行政村,61个自然村,2600多户居民。乡政府驻地在土城子村。现已归属沙拉浩来镇和青龙山镇。

瓦 房

"瓦房"是汉语。原朝古台苏木的一个自然村。以建筑形态命名的村庄。清代有一位奈曼旗札萨克官员在这里兴建砖瓦房而被称为此名。现为联合屯,位于新镇北,隶属于联合嘎查。

沙拉浩来镇也有一个自然村叫瓦房,位于沙拉浩来镇政府驻地南,隶属于伊马钦村。

五间房

"五间房"为汉语。以建筑形态命名的村庄。原土城子乡的一个自然村,位于青龙山镇政府驻地西南,隶属于平顶山村。

小城子

"小城子"原为蒙古语"乌兰和日木",意为红色的墙。以建筑形态命名的村庄。原南湾子乡的一个行政村。建村于清朝末年。居民在村庄四周打了围墙,形似小城,为此被称为此名。下辖 3 个自然村,即木匠沟、担支营子、小城子。村委会驻在小城子村。位于青龙山镇政府驻地东南,南湾子乡驻地东北 3 公里处。

小 井

"小井"为汉语。以建筑形态命名的村庄。是青龙山镇的一个自然村。位于青龙山镇政府驻地东,隶属于青龙山村。

小窝铺

"小窝铺"为汉语。是青龙山镇的一个自然村。以建筑形态命名的村庄。建村于清末年间。当时,有一户姓吕的人家来到这里落户,并开设一处小窝铺,供长工们食宿。因而被称为此名。位于青龙山镇政府驻地北,隶属于青龙山村。

新窝铺

"新窝铺"为汉语。是青龙山镇的一个自然村。以建筑形态命名的村庄。位于青龙山镇政府驻地西北,隶属于古庙子村。

原白音昌乡也有一个叫新窝铺的村庄。位于新镇西南,隶属于蟒石沟村。

腰营子

"腰营子"为汉语"窑营子"的谐音。是治安镇一个嘎查。以建筑形态命名的村庄。清乾隆十年(公元1745年),修建包日胡硕苏莫时,在这里先建砖瓦窑。后形成自然村而被称为窑营子。位于治安镇西南方向。

相传,在建庙时,来自四面八方的佛教信徒们怀着虔诚的心,一路纵队在从窑营子到包日胡硕苏莫的五华里远的工地上,将砖一块一块地传递,送往工地。如此,不知经过多长时间。因此,后人传说,包日胡硕苏莫是用施主们的虔诚信念所造就的。

原太山木头苏木窑营子村,建村于清朝中期。当时,在白音敖包建奈曼旗王府,特在此地建窑烧砖,故被称为窑营子。现写为腰营子。位于黄花塔拉苏木政府以北方向。

窑努呼

"窑努呼"为蒙汉合璧名词。"窑"为汉语,"努呼"为蒙古语,意思是坑,即烧窑的坑。以建筑形态命名的村庄。为原章古台苏木的一个行政村。清乾隆五年(公元1740年),为建胡硕庙,在此地砖窑取土。后再逐渐形成自然村,被称为窑努呼。位于固日班华苏木政府驻地西南方向,章古台东6公里处。

白家炉

"白家炉"为汉语。在此地,因白家建有烘炉而被称为此名。曾是鄂布根布隆村的一个自然村。原位置在鄂布根布隆村西头,现已在大沁他拉镇扩建中被纳入到其中。

半拉烧锅

"半拉烧锅"为汉语。以筑物企业命名的村庄。是原南湾子乡的一个自然村。位于青龙山镇政府驻地东,隶属于卧龙泉子村。

北京铺子

"北京铺子"为汉语。以筑物企业命名的村庄。是原平安地乡的一个行政村。中华民国二十年(公元1931年),从关里来了一位商贩,在这里开小铺子,经营北京杂货而被称为此名。下辖 2 个自然村,即北京铺子、毛敦敖包。位于八仙筒镇西北。

北老柜

"北老柜"为汉语。以筑物企业命名的村庄。大沁他拉镇的一个行政村。清嘉庆五年(公元 1800 年)左右,有一个叫王少阳的人在这里开设酒店,因酒店位于城北,而被称为此名。村名也由此而得。

酒局子

"酒局子"为汉语。以筑物企业命名的村庄。是原白音昌乡的一个自然村。从 17 世纪中叶开始,漠南地区同内地的工商往来空前发展。本地酿酒业从酿造奶酒发展到酿造粮酒。清同治元年(公元 1862 年),有一姓李的人家在这里开酒坊,因而被称为酒局子。位于新镇政府驻地西南,隶属于蟒石沟村。

烧锅地

"烧锅地"为汉语。以筑物企业命名的村庄。是原白音昌乡的一个行政村。清光绪八年(公元 1882 年),白音昌姓卜的人家在这里开烧锅,而被称为烧锅地。下辖 3 个自然村,即上五家子、下五家子、烧锅地。村委会驻地在烧锅地。位于新镇东南。

四林筒

"四林筒"为蒙藏合璧名词。"四林"为藏语"思内"的谐音,意思是商业交易处所之意,"筒"为蒙古语密林。即密林中的商业交易处所之意。以筑物企业命名的村庄。建芒石庙的当时,在这里曾经开办过商业点。清光绪八年(公元 1882 年)开始兴办,因当时清政府政策的种种限制,一直处以萧条状态。但"思内"这个名字作为地名固定下来,并且一直传到现在。下辖 2 个自然村,即四林筒和鄂日摩图。位于八仙筒镇以西方向。

石场洼

"石场洼"为汉语,也叫石场。以筑物企业命名的村庄。是原白音昌乡的一个自然村。这里是中华麦饭石的产地,因其内含有 20 多种人体所需的微量元素,具有独特的保健价值,被世人称之为"神石",其产品远销日本、韩国、蒙古、香港等世界各地。

糖 房

"糖房"为汉语。以筑物企业命名的村庄。是原土城子乡的一个行政村。清朝末年,有一姓刘的人家迁来此地,以熬汤为业,由此被称为糖房。下辖4个自然村,即糖房、哈达、苇塘沟、丹德卜。位于沙拉浩来镇政府驻地南,土城子北8.5公里处。

瓦盆窑

"瓦盆窑"为汉语。以筑物企业命名的村庄。是原白音昌乡的一个自然村。分上瓦盆窑和下瓦盆窑。位于青龙山镇政府驻地东北,隶属于乔家杖子村。

下烧锅

"下烧锅"为汉语。以筑物企业命名的村庄。是白音昌乡的一个自然村。位于青龙山镇政府驻地东北,隶属于向阳所村。

井 子

"井子"为汉译名词。以筑物企业命名的村庄。原称蒙古语"扎兰涅呼达根艾勒","扎兰涅"为扎兰的,"呼达根"为井,"艾勒"为村庄或家,即扎兰井子。是原朝古台苏木的一个行政村。此处曾有瓦房扎兰的饮畜井而被称为此名。1958年,更名为井子。下辖3个自然村,即东井子、西井子、二道洼子。位于新镇东北,朝古台东南6公里处。

王府街

"王府街"为汉语。以筑物企业命名的村庄。大沁他拉镇的一条主要街路之一。是从奈曼王府门前经过的东西街。

章吉营子

"章吉营子"为满汉合璧名词。"章吉"为满洲语,也写作"章京",清朝时期的官职名称,营子为汉语。是原朝古台苏木的一个自然村。以筑物企业命名的村庄。因为此地曾经是奈曼旗一名章京的领地而被称为此名。位于新镇北,朝古台东北9公里处,隶属于伊和塔拉嘎查。

鄂布根包冷

"鄂布根包冷"为蒙古语。"鄂布根"为老头,"包冷"为角落或旮旯,即老头们集聚的角落。是大沁他拉镇的一个行政村。以筑物企业命名的村庄。清光绪八年(公元1882年)开始,奈曼旗一些知名老者组织起一个组织。他们联合起来反对出卖和开垦牧场,维护牧民利益而展开多次反抗活动。他们的主要集会都在现在的鄂布根包冷这个地方,由此,被称为此名。下辖3个自然村,即鄂布根包冷、玉兴泉、白家炉。位于大沁他拉镇扩建城区内。

合作屯

"合作屯"为汉语。是黄花塔拉苏木的一个自然村。以筑物企业命名的村庄。位于黄花塔拉苏木政府驻地东南方向,隶属于乌干沙拉嘎查。

联 合

"联合"为汉语。是原朝古台苏木的一个行政村。以筑物企业命名的村庄。1947年前称为"瘌喇嘛庙"屯。也叫"敖来哈日盖拉"庙。"敖来"亦作"敖拉"或"乌拉",意为山。"哈日盖拉"为杏树,即杏树梁庙。于清光绪十九年(公元1893年),将在青龙山的庙移到这里重建。以当地杏树多的特点命名。1948年更名为联合村。下辖4个自然村,即保安、联合、新发、瓦房。位于新镇东北。

苏日格

"苏日格"为蒙古语。也作"苏鲁克",意为群。以筑物企业命名的村庄。这里是经济体制名称。有放苏日格和养苏日格之别。放苏日格是牧主将畜群租赁给牧民,工钱一般是以牧产品抵算,或将当年产仔畜以某种比例分成的办法经营。这种制度叫放苏日格。养苏日格是牧民方的称谓。这种经营制度运用的很广泛,它是充分体现劳资关系的一个承包制度。本村是以养苏日格之地命名的此名。建村于伪满洲国康德元年(公元1934年)。下辖2个自然村,即苏日格、苏日格北户。位于东明镇南4.5公里处。

伊马钦

"伊马钦"为蒙古语。"伊马"为山羊,"钦"与"沁"同,是蒙古语副词,指职业为名,即牧羊者。以筑物企业命名的村庄。是沙拉浩来镇的一个行政村。清嘉庆十五年(公元 1810 年)左右,有一牧羊户定居这里而被称为"伊马钦皋","皋"为蒙古语,意思是沟。后来,"皋"被省略,简称伊马钦了。下辖 3 个自然村,即上伊马钦、下伊马钦、瓦房。村委会设在下伊马钦村。位于沙拉浩来镇政府驻地东南 17 公里处。

护 桥

"护桥"为汉语。原太山木头苏木的一个行政村。原名叫三台衙门。以筑物企业命名的村庄。1958 年,奈曼旗在教来河上修建一座较有规模的桥梁——红星桥。护桥村正位于桥旁,他们承担了看护红星桥的义务,而被称为此名。村政府驻于三台衙门。下辖 3 个自然村,即护桥、小黑山、哈日道布格。位于大沁他拉镇东南。

垦务局

"垦务局"为汉语。八仙筒镇的一个行政村。以筑物企业命名的村庄。原名为西布日格图,是与东布日格图相对而称。中华民国十六年(公元 1927 年),奈曼旗札萨克被迫答应奉系军阀张作霖的威逼,以四六分成的条件同意出让土地。当年,奉系军热河督统唐玉麟部下石子林奉命前来奈曼,在今天垦务局村的位置上设立了垦务局,石子林自任局长,下设帮办、委员、勘丈员等职。他们的垦务范围是西至嘎什图、东至包日胡硕庙,南至教来河,北至开鲁县南门外哈达荒。方圆数百里的草场上进行开垦。一时间,很多军阀、贵族、官僚、商人蜂拥而至,大发横财。从那时起,人们开始把西布日格图称作垦务局,一直到今日。下辖 3 个自然村,即垦务局、乌拉吉台、胡斯图。位于八仙筒镇西北 4 公里处。

第九节 以时间境界命名的地名

新艾勒

"新艾勒"为蒙古语。"新"在蒙汉语中一个意思,"艾勒"为营子,即新营子或新村。以时间境界命名的村庄。原名代影,固日班华苏木的一个行政村。清朝中期,哈图浩来庙发生了传染病,死了很多喇嘛。人们为死者上坟,烧供物,进行祭奠。蒙古语称作"道影"、"朵颜",后来演化成了"代影"。伪满洲国康德五年(公元 1938 年)并户之时,以"代影"定名。1965年,更名为新艾勒。位于固日班华苏木政府驻地北 15 公里处。

新立户

"新立户"为汉语。以时间境界命名的村庄。是治安镇的一个行政村。1959 年建立新立户生产大队,1983 年称村。位于治安镇西北 6.5 公里处。

新立屯

"新立屯"为汉语。是明仁苏木新义村所属自然村。以时间境界命名的村庄。伪满洲国康德三年(公元 1936 年),在这里开荒时,搭建了许多马架子房,因此命名为马架营子。其次年(公元 1937 年),并户立村时,定名为新立屯。位于治安镇西。

新窝铺

"新窝铺"为汉语。原白音昌乡的一个自然村。以时间境界命名的村庄。位于新镇西南,隶属于蟒石沟村。

新营子

"新营子"为汉语。原南湾子乡的一个自然村。以时间境界命名的村庄。位于青龙山镇政府驻地西南,隶属于寒山皋村。

新 镇

"新镇"为汉语。中华民国初年形成村落,以时间境界命名的村庄。在这里设过大代村公所、大代努图克、第六区、马家洼子乡、新镇人民公社。中华民国十六年(公元 1927 年)有一户姓马的人家在这里种地,被称为马家洼子。1958 年,更名为新镇。位于奈曼旗东南,距旗政府所在地大沁他拉镇 50 公里,南与青龙山镇毗邻,东与库伦旗相连,北与固日班华苏木接壤,西与黄花塔拉苏木为邻。总面积 822.44 平方公里,下辖 37 个嘎查村,124 个自然村。新镇村下辖 3 个自然村,即大榆树、砖头洼、新镇。

白 图

"白图"为蒙古语。"白"为牌或表示边界的标杆,"图"为蒙古语副词有的意思。白图营子是治安镇的一个行政村。以时间境界命名的村庄。于中华民国年间形成的村落。位于治安镇政府驻地西北6公里处。

奈 曼

"奈曼"为蒙古语。本为数字八,在这里是指奈曼旗。以时间境界命名的村庄。分西奈曼营子和东奈曼营子村。都是原莘莲苏乡的行政村。以同翁牛特旗分清旗界的目的而称之。西奈曼营子于伪满洲国康德三年(公元1936年)并户成村,当时叫木头杖子。1947年以位于东奈曼营子西侧而更名为东奈曼营子。东奈曼营子也是伪满洲国康德三年(公元1936年)并户而成当时叫腰围子。因为其西有木头杖子,东有敖包围子,此地位于中间。1947年更名为东奈曼营子。东西两个奈曼营子,均位于老哈河东岸、大沁他拉镇西北。

奈曼杖子

"奈曼杖子"为蒙汉合璧名词。"奈曼"为数字八,在这里指的是奈曼旗。以时间境界命名的村庄。原土城子乡的一个行政村。建村于清朝末年。因地处奈曼旗所辖地的西南边界线上,故命名为奈曼杖子。下辖3个自然村,即杨树沟、奈曼杖子、上横沟子。位于青龙山镇政府驻地西南。

大 代

"大代"为蒙古人的藏语名字。新镇有大代、东大代、西大代和东北大代等4个命名为大代的村庄。"大代"为藏语,意为制作箭石的砮。以时间境界命名的村庄。

大代,建村于清朝末年。下辖2个自然村,即三义井、大代。位于新镇西北方向。

东北大代,建村于中华民国十一年(公元1922年)。因奈曼郡王的第六子在这里设点收粮,故称为"六爷仓"。伪满洲国大同元年(公元1932年),以位在大代屯东北方向而命名为东北大代。隶属于长风皋嘎查。

东西大代。1967年,原大代屯分为东西两屯,居西者被称为西大代,居东者被称为东大代。东西两个大代为一个行政村,为东大代村。位于新镇西北方向。

查干吉日莫

"查干吉日莫"为蒙古语。"查干"为白,"吉日莫"为马鞍吊带,意思是白色的马鞍吊带。原太山木头苏木的一个行政村。以时间境界命名的村庄。据说有一天,奈曼旗首任札萨克多罗达尔罕巴图鲁郡王衮楚克打猎来到这个地方,无意中他的马鞍吊带断了。后人以此事命名此地为查干吉日莫。

又有另一种传说,义州王布尔尼反清,被清军打败,逃到这里,看到这里的土是白色的,且有一名叫查干仓的人为他编织了一条吊带。布尔尼高兴地称此地为查干吉日莫。建村于清道光十年(公元1830年)。现在此处无人居住,已整体搬迁。

哈日阿图

"哈日阿图"为蒙古语。"哈日阿"为瞭望,"图"为蒙古语副词有的意思,即瞭望远处的地方。以时间境界命名的村庄。是固日班华苏木的三个自然村,即西哈日阿图、南哈日阿图、东哈日阿图。

据传说,清朝初年,义州王布尔尼反清,在库伦一带被清军打败,逃到这里,稍稍歇息,又怕清军追来,特派出很多哨兵瞭望。后人为纪念布尔尼王,将此地命名为此名。建村于伪满洲国康德三年(公元1936年)。下辖2个自然村,即西哈日阿图、东哈日阿图。位于固日班华苏木政府驻地东5公里处。南哈日阿图嘎查已经整体搬迁。

石 碑

"石碑"为蒙古语"锡伯"的谐音,是指我国56个兄弟民族之一的锡伯族。清朝初期,锡伯人大部分散居在嫩科尔沁部内。康熙皇帝把他们输出,单立了一个民族。在今科尔沁地区,把一种用木头扎的杖子称"锡伯",并解释称"这种杖子是锡伯人那里传来的技术"。这种杖子用来装牛粪。清同治三年(公元1864年),有一户姓刘的人家来到这里开店,被称为刘家店。后被改称石碑村。原白音昌乡的一个行政村。以时间境界命名的村庄。下辖3个自然村,即上石碑村、下石碑村、樟木沟。位于新镇南。

石碑水库

石碑水库位于新镇石碑村东北2公里处。1977年修建。该库主要任务是防洪、灌溉,兼顾水产养殖等多种经营。

石碑水库为山区丘陵区中型水库。工程等别为 3 等。设计总库容为 0.15 亿立方米。水库工程由拦河坝、溢洪闸、灌溉涵等组成。

昂 乃

"昂乃"为蒙古语,打猎的地方或围场。以时间境界命名的村庄。奈曼旗王爷和王室成员打猎的固定场所——围场。过去叫昂乃湾子。后来遗忘了"湾子",只剩下"昂乃"了。昂乃湾子和顾师喇嘛河湾合起来为打猎场地。伪满洲国康德七年(公元 1940 年)并户立村开始,在这里有了村庄。原昂乃乡政府驻地设在昂乃村。位于大沁他拉镇东北方向。

哈如拉甸子

"哈如拉甸子"为蒙汉合璧名词。"哈如拉"为哨所、放哨、看管或放牲畜等多种意思。以时间境界命名的村庄。清宣统元年(公元 1909 年),浩沁苏莫葛根仓(活佛的经济实体)的畜群在这里设哈布日架——春营地,在这甸子上放牧而被称为此名。以时间境界命名的村庄。位于东明镇东南方向。

浩瑙格图

"浩瑙格图"为蒙古语。意为寄宿之地。以时间境界命名的村庄。原衙门营子苏木的一个行政村。大元时代,这里曾是一片荒野,凶禽猛兽经常寄宿此地而被称为此名。位于八仙筒镇西南方向。

包门沙拉

"包门沙拉"为满藏合璧名词。"包门"与"衙莫"一样,是指高贵人士的坟墓;"沙拉"为梵语沙拉拉的简化,高贵者的遗体,即高贵者遗体的坟墓。以时间境界命名的村庄。过去,这里是普通百姓打猎的固定场所,很有影响。建村于清末年间。位于东明镇西南方向。

葛根衙莫

"葛根衙莫"为蒙满合璧名词。以时间境界命名的村庄。"葛根"为呼图克图葛根——活佛,"衙莫"为满洲语,高贵者的坟墓,即葛根呼图克图葛根的坟墓。章古台苏木海拉苏嘎查的原名。以时间境界命名的村庄。位于大沁他拉镇西南方向。

衙门营子

"衙门营子"为满汉合璧名词。"衙门"为满洲语,指高贵人士的坟墓。以时间境界命名的村庄。清光绪二年(公元1882年),从原章古台苏木的公主衙门村(现名为哈拉苏村)迁来一部分人家定居,而被称为此名。因为他们是从看守公主坟之地迁来的,所以,就依其原来的村屯名字命名为衙门营子。有东衙门营子和西衙门营子村,都是原衙门营子乡的行政村。原衙门营子乡下辖15个嘎查村,19个自然村。现归八仙筒镇所辖。

西衙门营子村和东衙门营子村相邻,均位于八仙筒镇西。

乌兰艾勒

"乌兰艾勒"为蒙古语。"乌兰"为红柳条的简称,"艾勒"为村庄,即多长红柳条的村庄。以时间境界命名的村庄。此地原名为"查布干钦乌兰"。"查布干钦"为尼姑、"乌兰"为红柳条的简称,即尼姑居住的红柳条甸子。原尼姑的坟墓也在附近。建村于清末年间。位于清河南4公里处。

赖青塔拉

"赖青塔拉"为蒙古语。"赖青"为蒙古李额教(俗称萨满教)的一种。汉文书籍称"跳大神"。以时间境界命名的村庄。原朝古台苏木的一个自然村。古时候曾经住过较为闻名的赖青而得名。位于新镇东北,朝古台苏木政府驻地东南6公里处。

包格真

"包格真"为蒙古语。"包格"为"还魂的尸体","真"为蒙古语表示名词的副词,即有"包格"的地方。以时间境界命名的村庄。据传说,此地曾出现过死人作祟闹邪的事件,为此命名。1964年更名为太平庄。1983年恢复原来的名称包格真。是原太山木头苏木的一个行政村。位于黄花塔拉苏木政府驻地东北,隶属于太平庄嘎查。

哈木台甸子

"哈木台甸子"为蒙汉合璧名词。"哈木台"为有疥癣的,即有疥癣病的地方。据说这里的牲畜曾经生疥癣病,传染面大,死亡率高。为了隔离被传染的牲畜,附近的人们把染病的牲畜都送到这里放生。其中活下来的都成了野生牲畜。以此命名为此名。以时间境界命名的村庄。是八仙筒镇的一个行政村。建村于清末年间。1967年曾经更名为新发大队;1968年再次更名为东方红大队;1983年,设哈木台嘎查。位于八仙筒镇东北18公里处。

大 段

"大段"为汉语。以时间境界命名的村庄。原清河苏木的一个行政村。中华民国十八年(公元1929年),有一位名叫王贵臣的人,在这里负责当时热河省督统唐玉麟的私人牧场。养马1000匹,骆驼50峰,占地面积25平方公里,起字号为"大段"。后来形成村庄,以此命名。位于清河苏木政府驻地东南2公里处。

大营子

"大营子"为汉语。是义隆永镇的一个行政村。清嘉庆五年(公元1800年)左右,从山东省迁来姓徐、张、王等几户人家,定居此地,逐渐形成村庄。当时,其周围没有多少村庄,一般都是游牧。因此,此地被称为大营子。以时间境界命名的村庄。下辖2个自然村,即大营子、窦家营子。位于义隆永镇南8公里处。

哈力哈

"哈力哈"为蒙古语"哈拉哈"的异音。原指蒙古族中一个部落,形成于15世纪后半叶。为达延可汗巴图孟克指定的北元六万户的左翼三万户之一,后演变成当今的蒙古国。伪满洲国时期的文件称"哈拉哈"。因为在日本语中没有"L"音,所以,以"r"代替而出现的误音。"哈拉哈"意思是屏障,是指哈拉哈部为祖国的屏障之意。清朝中期有当时的库伦旗南部的哈拉哈左翼旗(俗称唐古特哈拉哈)迁来一户人家定居于此地,而被称为此名。原章古台苏木的一个行政村。位于章古台苏木政府驻地西南4公里处,隶属于哈沙图嘎查。

第十节　以吉言利语命名的地名

白音路

"白音"为蒙古语。意为富饶。以吉言利语命名的地名。为奈曼旗政府驻地大沁他拉镇内的路。

白音查干

"白音查干"为蒙古语。"白音"意为富饶,"查干"为白色,这里是指沙坨,即富饶的沙坨。原平安地的一个行政村。以吉言利语命名的地名。清朝时期原名为那日达尔罕,"那日"为太阳,这里是指人名;"达尔罕"为元代以来被朝廷免除徭役赋税的人。即名叫那日的达尔罕住的地方。1965年改称白音查干。位于八仙筒镇政府驻地西北方向。

白音塔拉

"白音塔拉"为蒙古语。"白音"与"巴彦"同,富饶的意思;"塔拉"与"他拉"同,意为甸子,即富饶的甸子。以吉言利语命名的地名。清乾隆年间,奈曼旗王爷以此地草木茂盛,土地肥沃,定名为白音塔拉。位于奈曼旗政府驻地西北部老哈河南岸,总面积758.62平方公里,下辖20个嘎查村,36个自然村。苏木驻地在白音塔拉村。

白音昌

"白音昌"为蒙古语。"白音"为富饶,"昌"为蒙古语"查干"的变体,意思是白,而在这里是指沙坨,即富饶的沙坨。以吉言利语命名的地名。建村于清乾隆年间。1957年设乡;1963年设人民公社;1983年恢复乡,下辖66个自然村。乡政府驻地在白音昌村,现在已经撤销。分别归新镇和青龙山镇所辖。

白音花

"白音花"为蒙古语。"白音"为富饶,"花"为土岗子,即富饶的土岗子。以吉言利语命名的地名。分前白音花和后白音花嘎查,都是黄花塔拉苏木的行政村。后白音花建村于清嘉庆二十五年(公元1820年)。前白音花建村于清道光十年(公元 1830 年)。两个村均位于黄花塔拉苏木政府驻地东,隶属于白音花嘎查。

百 义

"百义"为蒙古语"白音"的谐音,意为富庶。以吉言利语命名的地名。是明仁苏木的一个行政村。1950 年与北村新立屯合并,建农业生产合作社时称百新社,后改为百义村。中华民国初年有一姓百的,名叫吉尔嘎拉,居住此地。当时被称为白凤祥营子。伪满洲国康德四年(公元 1937 年)并户立村时,取名为百义村。位于明仁苏木政府驻地西,隶属于新义村。

保 安

"保安"为汉语。明仁苏木的一个行政村。以吉言利语命名的地名。伪满洲国康德三年(公元 1936 年)前,此地被称为"史恩坡营子",是以人名命名。伪满洲国康德四年(公元 1937 年)并户立村时,取名为"保安屯"。1949 年,村子被洪水冲毁后南迁,仍叫保安。位于明仁苏木政府驻地西。

朝古台苏木也有一个叫保安的自然村。位于新镇东北,隶属于联合村。

常 胜

"常胜"为汉语"常冲"的异读。大沁他拉镇的一个行政村。位于孟和河岸,每当发洪水时,总是被冲成水泡子,因此,人们称其为"常冲泡子"。后来叫白了称"常胜泡子"。伪满洲国康德四年(公元 1937 年)并户立村时,用甲长陈善廷的名字称作常善村。1948 年区政府命名为常胜村至今。位于大沁他拉镇西 19 公里处。

朝古台苏木

"朝古台苏木"为蒙古语。"朝古台"为人名,意为有朝气,"苏木"为清代开始使用的行政单位名称。以吉言利语命名的地名。自从 1962 年单独成了苏木以来,一直为苏木级的现在单位。下辖 13 个嘎查、35 个自然村、2000 多户居民。现已归属新镇所辖。原苏木政府驻地在朝古台村。建村于清道光十年(公元 1930 年)。下辖 2 个自然村,即朝古台和查布干钦塔拉。

大德号

"大德号"为汉语。分南大德号嘎查和北大德号村。以吉言利语命名的地名。大德号嘎查于中华民国九年(公元 1920 年),被称为"敖其喇嘛营子",当时以当地富裕户人名命名。伪满洲国康德四年(公元 1937 年)并户立村取名时,用本村王义生的商号"大德号"定村名。1949 年,又因其所在地的方位叫南大德号。北大德号村在伪满洲国康德元年(公元 1934 年)时候,因有位陈氏寡妇在这里设地铺,被称为陈大娘们营子。伪满洲国康德四年(公元 1937 年)并户立村时,以商号命名为北大德号。此地名还有一个传说称:解放战争时期,这里曾发生一场激烈的战斗。战斗结束后,老百姓问一位解放军指挥官:"打得怎么样?"这位指挥官操一口南方口音,自豪地说:"打得好!"从此,该村以其谐音命名为"大德号"。

德隆地

"德隆地"为汉语。原桥河乡的一个行政村。以吉言利语命名的地名。清光绪二十六年(公元 1900 年)前,名叫程芝的人占居此地,立地号为德隆地。位于大沁他拉镇南。1956 年,成立前进农业生产合作社;1958 年,建立德隆地生产大队;1983 年,设德隆地村。

得胜乡

"得胜乡"为汉语。以吉言利语命名的地名。1957 年划为得胜乡;1962 年设得胜人民公社;1983 年改称得胜乡。原乡辖 13 个嘎查村,13 个自然村,2800 多户居民,乡政府驻在嘎查甸子。该乡撤销后现已归东明镇、治安镇所辖。

东　升

"东升"为汉语。以吉言利语命名的地名。东明镇的一个行政村。中华民国时期形成村庄。当时隶属于热河省督统唐玉麟部下崔兴武旅郭某三营十二连驻地,故被称为十二连。1965 年更名为东升。位于东明镇政府驻地东 3 公里处。

东方红

"东方红"为汉语。八仙筒镇的一个行政村。以吉言利语命名的地名。下辖 2 个自然村,即东方红和哈木台甸子。位于八仙筒镇政府驻地东北 18 公里处。

东 风

"东风"为汉语。原苇莲苏乡的一个行政村。以吉言利语命名的地名。伪满洲国康德五年(公元 1938 年),财主王三老虎在这里建地铺。以王三老虎的字号命名此地为福盛泉。1967 年更名为东风。位于白音塔拉苏木政府驻地西北,苇莲苏乡驻地东 16.5 公里。

东 兴

"东兴"为汉语。是东明镇的一个行政村。以吉言利语命名的地名。1962 年,原中乃甸子村遭受水灾后,其中一部分住户迁到此处定居,取名为东兴。位于东明镇西 4 公里处。

丰 胜

"丰胜"为汉语。原清河苏木的一个行政村。以吉言利语命名的地名。伪满洲国康德四年(公元 1937 年)并户立村时,以该村医生吴俊的姓氏取名为吴家屯。1962 年,更名为丰胜村。位于清河苏木政府驻地西南 2.5 公里处。

丰 收

"丰收"为汉语。原桥河乡的一个行政村。以吉言利语命名的地名。原名贝爷仓,即贝子爷的属辖。以中华民国初期奈曼旗贝子爷在这里经营土地而得名。1956 年,在这里成立丰收农业合作社。1983 年,设丰收村。位于大沁他拉镇东。

福盛泉

"福盛泉"为汉语。原苇莲苏乡的一个行政村。以吉言利语命名的地名。即东风村。

福 兴

"福兴"为汉语。原清河苏木的一个行政村。以吉言利语命名的地名。中华民国元年(公元 1912 年),有一位名叫博振芳的人在这里开店,而被称为博家店。1962 年更名为福兴地。位于清河苏木政府驻地西北 3 公里处。

福兴地

"福兴地"为汉语。原桥河乡的一个行政村。以吉言利语命名的地名。

过去有一户姓张名震的人家住这里,而被称为张震营子。伪满洲国开康德十二年(公元 1945 年),更名为福兴地。1956 年,曾经称为幸福农业合作社。1983 年,定名为福兴地村。位于大沁他拉镇东边。

富　屯

"富屯"为汉语。青龙山镇的一个自然村。以吉言利语命名的地名。位于青龙山镇政府驻地西北,隶属于古庙子村。

公　益

"公益"为汉语。原清河苏木的一个行政村。以吉言利语命名的地名。伪满洲国大同二年(公元 1933 年),有一位名叫杨振全的人任这里的百家长,而被称为杨百家长营子。伪满洲国康德四年(公元 1937 年),大段村公所兵役主任马恩波主张把村名改称公仪村。后写成"公益村"。下辖 2 个自然村,即公益、小公益。位于清河苏木政府驻地西。

光明路

"光明路"为汉语。以吉言利语命名的地名。大沁他拉镇旗地税局、蔬菜批发市场东南方向的路名。

光　辉

"光辉"原苇莲苏乡的一个行政村。以吉言利语命名的地名。清光绪年间立户,有当时的屯达(村长)主持下建起了高墙围子,村南还有一座敖包,故被称为敖包围子。1967 年,更名为光辉生产大队。1983 年,设光辉村。位于老哈河南岸,大沁他拉镇西北。

广富营子

"广富营子"为汉语。以吉言利语命名的地名。原南湾子乡的一个自然村。位于青龙山镇政府驻地南,隶属于大沟村。

和　平

"和平"为汉语。以吉言利语命名的地名。原桥河乡的一个行政村。清光绪十九年(公元 1893 年)前,有一位富户叫王殿臣的住在这里,改称王殿臣营子。1956 年改称和平。位于大沁他拉镇东。

红 升

"红升"为汉语。以吉言利语命名的地名。八仙筒镇的一个行政村。过去叫朝恩花屯。"朝恩"为蒙古语狼,"花"为蒙古语岗,意即狼栖息的梁岗。这是此地处于游牧状态时期的名称。1958年改称红升。为八仙筒镇政府驻地。

红 星

"红星"为汉语。以吉言利语命名的地名。原章古台苏木的一个行政村。原称东额驸营子。额驸为满洲语驸马,是指皇帝的女婿。与公主衙门相对。建村于清乾隆四十五年(公元1780年)。1956年改称红星农业合作社。1983年称红星村。位于大沁他拉镇东南。

金 星

"金星"为汉语。以吉言利语命名的地名。沙拉浩来镇的一个行政村。下辖5个自然村,即东章古台、西章古台、杨树沟、下尼勒其根、毛浩日萨拉。各村屯形成的年份不一,基本上是清朝中晚期。村委会驻于下尼勒其根。位于沙拉浩来镇政府驻地东6.5公里处。

解放街

"解放街"为汉语。以吉言利语命名的地名。是大沁他拉镇区一条街道曾用过的名称。位于第一中学和第一小学的后边,纪念碑前东西大街。

黎 明

"黎明"为汉语。是八仙筒镇的一个行政村。以吉言利语命名的地名。为八仙筒镇政府驻地西侧的一部分。1956年建黎明农业合作社;1983年称为黎明村。

立 新

"立新"为汉语。是八仙筒镇的一个行政村。以吉言利语命名的地名。建村于1968年。1969年命名为立新生产队;1983年改为立新村。位于八仙筒镇政府驻地东北,隶属于永兴甸子村。

满都拉呼

"满都拉呼"为蒙古语。"满都拉呼"为振兴或弘扬之意。以吉言利语命名的地名。白音塔拉苏木的一个行政村。原名白仁塔拉,1956年更名为满都拉呼。位于白音塔拉苏木西3.5公里处。

满都拉图

"满都拉图"为蒙古语。"满都拉图"为有振兴的或有弘扬的之意。以吉言利语命名的地名。是治安镇的一个行政村。建村于1946年。以村南的满都拉图沼泽地之名命名。位于治安镇政府驻地西南7公里处。

孟 和

"孟和"为蒙古语。"孟和"为永恒、长生。以吉言利语命名的地名。原巴嘎波日和苏木的一个行政村。建村之初,其周边长有很多叫做"额木根查干"的灌木。汉名叫做丝绵木,又称白杜。其根和皮为珍贵的药材,有清热解毒,祛风活血作用。主要功能是补肾。同时,又有很高的观赏价值。建村于清光绪二十六年(公元1900年),初取名额木根查干,后简称额木根。1964年更名为孟和。下辖3个自然村,即孟和、沙拉塔拉、吴丹淖尔。位于大沁他拉镇东北。

平安地

"平安地"为汉语。以吉言利语命名的地名。建村于清末民初。伪满洲国康德二年(公元1935年)左右,在这里曾设满楚克庙村公所。1947年,归明仁管辖。1963年设平安地人民公社。1983年设乡。原乡辖12个嘎查村,近1800户居民。乡政府驻地平安地村。现已归八仙筒镇管辖。

庆 丰

"庆丰"为汉语。以吉言利语命名的地名。原清河苏木的一个行政村。伪满洲国康德三年(公元1936年),以本地富户赵喜文的姓取名为赵家屯。1926年更名为庆丰。位于清河苏木政府驻地西北1.5公里处,隶属于清河村。

荣 生

"荣生"为汉语。以吉言利语命名的地名。原浩特乡的一个行政村。伪满洲国康德九年(公元1942年)前,这里居住一家姓白的人家。其父亲名叫白子荣,儿子白玉生。建村后,取其父亲名字之"荣"字,取其儿子名字之"生"字,合起来叫荣生。位于东明西南。

三合村

"三合村"为汉语。以吉言利语命名的地名。明仁苏木的一个行政村。1949 年,将临近的三个小村合并起来,命名为三合村。位于明仁苏木政府驻地西。

三义井

"三义井"为汉语。以吉言利语命名的地名。新镇乡的一个行政村。过去奈曼王爷的三儿子在这里挖一口井,人们称其为三爷井。后来演变成"三义井"。1983 年设三义井村。位于新镇乡西北,隶属于大代村。

胜 利

"胜利"为汉语。以吉言利语命名的地名。原桥河乡的一个行政村。清光绪二十六年(公元 1900 年),有一名叫王宽的富裕户占据此地,因此被称为王宽营子。1956 年更名为胜利农业合作社。其后,一直被称为胜利村。位于大沁他拉镇东南。

四 合

"四合"为汉语。以吉言利语命名的地名。原太和乡的一个行政村。中华民国十三年(公元 1924 年),有一个绰号叫范浪子的人迁居到这里。因此被称为范浪子甸子。1956 年,因将四周的农户并入此地而更名为四合。位于义隆永镇北。

四合福

"四合福"为汉语。以吉言利语命名的地名。伪满洲国康德八年(公元 1941 年),建村于西辽河夹心滩中,因四面环水而被称为四合福。位于清河苏木政府驻地东。

双 合

"双合"为汉语。以吉言利语命名的地名。原先锋乡的一个行政村。伪满洲国时期,在这里有龚子全和席品三两大户居住在村两头。伪满洲国康德四年(公元 1937 年)并户立村时,把附近的工程庙村和零散户聚拢到两大户之间,连成一村,取名为双合村。位于大沁他拉镇西。

双合兴

"双合兴"为汉语。以吉言利语命名的地名。原奈林苏木的一个行政村。中华民国十九年(公元 1930 年),开鲁县双合兴烧锅在这里开分号,以此命名村名。位于东明南。

新镇乡还有一个双合兴村。清朝末年,有人在这里挖窑洞居住,称上土窑子。清同治九年(公元 1870 年),因此地位于两条河并流处而被称为双合兴。下辖 5 个自然村,即双合兴、朝阳沟、下土窑子、前双山子、小东沟。位于新镇乡政府驻地东南 7.5 公里处。

太和乡

"太和乡"为汉语。以吉言利语命名的地名。1957 年成立二区所属太和乡;1958 年归义隆永人民公社;1962 年成立太和公社;1983 年设太和乡。乡政府驻地在新建居民点。原乡下辖 13 个自然村,近 1600 户人家,现已归义隆永镇所辖。

太和德

"太和德"为汉语。以吉言利语命名的地名。原太和乡的一个行政村。建村于清朝末年。原名扎兰湾子。"扎兰"为清朝的官衔名称。后来有一姓成的人家在这里开烧锅,烧锅字号为"太和德",以烧锅名命名此地。位于义隆永镇北。

太平屯

"太平屯"为汉语。原清河苏木的一个行政村。中华民国四年(公元 1915 年),依该村势力户胡家姓氏取名为胡家窑;伪满洲国康德八年(公元 1941 年),更名为太平村;1958 年建太平生产大队;1982 年地名普查时,为区别同名者,更名为太平屯生产大队;1983 年设太平屯村。位于清河苏木政府驻地东 7.5 公里处。

太 平

"太平"为汉语。以吉言利语命名的地名。原桥河乡的一个行政村。原名称额驸营子。额驸是满洲语,指驸马。1947 年,在这里开展土地改革运动时,本村地主主动献出土地和财产。使这里的土地改革工作和平进行。因而,当时的工作队队长梁庆平等人将村名改为太平村。位于大沁他拉镇东。

太平庄

"太平庄"为汉语。以吉言利语命名的地名。八仙筒镇的一个行政村。早年此地叫北马力图仁塔拉,意为搂柴禾甸子,北是相对于现在的马力图仁筒村而言。伪满洲国康德九年(公元 1942 年),该村的何文章任奈曼旗保安队长,在他的主张下,将此地更名为太平庄。位于八仙筒镇政府驻地西北,隶属于马力图仁筒村。

朝古台苏木也有一个太平。20 世纪 60 年代,原太平庄与原朝日宾浩特格尔屯合并为太平庄。后称太平,为西毛都图村的一个自然屯。位于新镇乡以北,朝古台苏木政府驻地北 3.5 公里处。

五福堂

"五福堂"为汉语。以吉言利语命名的地名。原桥河乡的一个行政村。清嘉庆九年(公元 1804 年)左右,奈曼旗第九任札萨克多罗达尔罕郡王巴喇楚克,将奈曼王府移建于五福堂一带。清同治二年(公元 1863 年),奈曼王府移址到现址。清光绪十九年(公元 1893 年),此地隶属于地主王五所有,字号五福堂,以此被命名为此名。位于大沁他拉镇南郊。

乌兰吉台

"乌兰吉台"为蒙古语。"乌兰吉"意为吉祥,元代初音写为"完泽","台"与"图"一样,为蒙古语副词有的意思,即有吉祥的。是固日班华苏木的一个行政村。以吉言利语命名的地名。1958 年归珠日干百姓生产大队;1985 年,设乌兰吉台嘎查;原名叫乌拉勒吉台,意为茅草多的地方。土地改革运动中,改称现名。位于固日班华苏木政府驻地北 7.5 公里处。

新 发

"新发"为汉语。以吉言利语命名的地名。原太山木头苏木的一个行政村。为看守和祭奠公主坟,此处曾建一座庙——衙门庙。中华民国十五年(公元 1926 年),遗址重建于今黄花塔拉苏木毛敦艾勒嘎查附近。"衙门"为满洲语,是坟墓的意思。衙门庙为护成家庙。由于这个衙门庙,该村被命名为衙门艾勒。1958 年设衙门甸子生产大队;1964 年更名为新发生产大队。位于黄花塔拉苏木西北。

青龙山镇有称上新发和下新发的地名,隶属于棍都沟村。

原朝古台苏木也有一处新发的地名,隶属于联合村。原名庙东洼子。

新安屯

"新安屯"为汉语。以吉言利语命名的地名。原苇莲苏乡的一个行政村。伪满洲国康德五年(公元 1938 年),八仙筒税务局稽查员张廷将此处土地租给 11 户人家耕种,故被称为张廷户。又因位于五十家子东边,被称为东五十家子。伪满洲国康德七年(公元 1940 年),更名为新安屯。位于老哈河南岸,白音塔拉苏木西北。

先锋乡

"先锋乡"为汉语。以吉言利语命名的地名。由此地在农业合作化运动中率先办起第一个农业生产合作社而被称为先锋社。1958 年设大沁他拉人民公社;1983 年设先锋乡;先锋乡期间辖 14 个村,18 个自然村,2600多户人家。现已归大沁他拉镇所辖。

向阳所

"向阳所"为汉语。以吉言利语命名的地名。青龙山镇第一个行政村。清乾隆年间,有一卜姓人家从山东省来这里居住,其房舍向阳,而被称为此名。下辖 3 个自然村,即下烧锅、南沟、向阳所。位于青龙山镇政府驻地东北 10 公里处。

兴安庄

"兴安庄"为汉语。以吉言利语命名的地名。原苇莲苏乡第一个行政村。中华民国十二年(公元 1923 年)并户称为新南屯。1947 年,更名为兴安庄。位于老哈河南岸,大沁他拉镇西北。

兴 隆

"兴隆"为汉语。以吉言利语命名的地名。原清河苏木第一个行政村。中华民国十年(公元 1921 年),因为该屯坐落于河心滩地中,故称为河夹心子。伪满洲国康德三年(公元 1936 年),更名为兴隆。1950 年,南兴隆村成立,原兴隆被改称为北兴隆村。位于清河苏木政府驻地东 13 公里处。

兴隆地

"兴隆地"为汉语。以吉言利语命名的地名。原桥河乡第一个行政村。清光绪二十六年(公元 1900 年)时,这里是地主王三老虎的领地,其字号为兴隆地。由此被称为此名。该村为原桥河乡政府所在地。位于大沁他拉镇南。

兴隆福

"兴隆福"为汉语。以吉言利语命名的地名。原先锋乡的一个行政村。是原大沁他拉人民公社和先锋乡的政府驻地。19 世纪 80 年代,当时的大地主王振来到这里招人垦荒,起堂号叫兴隆福。位于大沁他拉镇郊区南。

兴隆庄

"兴隆庄"为汉语。以吉言利语命名的地名。原桥河乡的一个行政村。清光绪二十六年(公元 1900 年)前,由地主张二、张三占据此地。取名为张二围子、张三围子。1948 年,更名为兴隆庄;1956 年,曾称"六一"农业生产合作社;1958 年,开始一直称兴隆庄。位于大沁他拉镇东南。

兴隆沼

"兴隆沼"为汉语。以吉言利语命名的地名。是一个区域范围的地名。这个名词是从 20 世纪 70 年代传开的。此前曾被称为"穷棒子梁"。这是民间称谓。时间一久就变成了定性的称谓了。其来历是,兴隆沼位于奈曼旗东北部,南至东明、得胜、八仙筒,北接清河、明仁两地,位在开鲁县正南方,总面积 80 万亩。19 世纪初,开鲁县建城,有了较繁华的商业。正好是奈曼旗东北部广大居民的商品供销集散地。当时,老哈河常年兴流,在开鲁县南,现在的四合福北边唯有一处安全渡津——艄口。因此,凡去开鲁做买卖的奈曼人,都必须经兴隆沼而奔艄口。在当时社会背景下,此地经常出现抢劫、砸杠子的土匪。由于匪灾日益严重,受害者们把这一带称谓穷棒子梁。其实这里的古老名字叫东部为"窝儿图沼",为蒙古语,意思是鸟窝多的地方;西部为"兔来图沼",为蒙古语,意思是兔子多的地方。由于土匪横行,这两个称谓均被"穷棒子梁"所代替。自 20 世纪 70 年代,党和政府抓紧治理兴隆沼,大兴林业建设,到 1995 年 9 月,兴隆沼建设 20 年成果鉴定会在兴隆沼林场召开。来自联合国粮农组织、国家林业部的几位专家学者对兴隆沼进行了全面检查测试,一致认为,兴隆沼 20 年建设成果处于国内领先地位。

幸福路

"幸福路"为汉语。以吉言利语命名的地名。是大沁他拉镇区、法院、工商银行、人民医院西边的南北路。

益合屯

"益合屯"为汉语。以吉言利语命名的地名。原图勒恩塔拉苏木的一个行政村。清朝末年叫"扎日台盖塔拉"。"扎日台盖"为蒙古语,意为经常闹流行病的地方。1949 年,更名为益合屯。位于八仙筒镇政府驻地西北。又称"吉日塔盖塔拉",为蒙古语,意思是无边无际的甸子。

义隆永乡

"义隆永乡"为汉语。以吉言利语命名的地名。1947 年归二区;1957年设义隆永乡;1958 年设义隆永人民公社;1983 年,再度设义隆永乡。当时辖 13 个自然村,有 2200 居民户。乡政府驻地在义隆永村。19 世纪末,有一户姓雷的地主在这里建地铺开烧锅,后来又有一批人来经商做生意,被称为义隆永。

永　安

"永安"为汉语。以吉言利语命名的地名。原清河苏木的一个行政村。过去本村有一个船匠叫杨宝山。因他非常胆大敢干,人们称其为"杨四愣"。伪满洲国康德四年(公元 1937 年)并户立村时,取名为杨四愣营子。伪满洲国康德八年(公元 1941 年),更名为永安。位于清河苏木政府驻地东 3.5 公里处。

永乐屯

"永乐屯"为汉语。以吉言利语命名的地名。治安镇的一个行政村。中华民国三年(公元 1914 年),该村居住有伯贝的人。以此人名命名该村为伯贝艾勒;1948 年更名为永乐屯。位于治安镇政府驻地西北 7 公里处。

永　胜

"永胜"为汉语。以吉言利语命名的地名。东明镇的一个行政村。伪满洲国康德六年(公元1939年),一位叫郭荣久的人在这里开办马车店,故被命名为郭家店。1948年改称永胜村。位于东明村东1.5公里处。

永兴甸子

"永兴甸子"为汉语。以吉言利语命名的地名。八仙筒镇的一个行政村。中华民国十四年(公元1925年)有一位叫东乃的人在这里居住,被称为东乃甸子村。东乃为蒙古人的藏语名字,意思是世界;后来人们误称中乃甸子,中乃也是藏语,意思是仓库或出处。建村于伪满洲国康德元年(公元1934年);1965年,改称永兴甸子。位于八仙筒镇政府驻地东北。

永兴农场,八仙筒镇的一个行政村。1958年,八仙筒人民公社从管辖内的各生产队调来十几户,在这里种水稻,称为稻田社。1961年,种植旱田后,改称永兴农场大队。1983年,设永兴农场村。位于八仙筒镇政府驻地东北16公里处。

友　爱

"友爱"为汉语。以吉言利语命名的地名。是沙拉浩来镇的一个行政村。1958年,将附近的达日钦、哈日干图、新丘三个自然村合为友爱生产大队;1983年,设友爱村。友爱村村委会驻地在达日钦。下辖3个自然村,即达日钦、哈日干图、新丘。位于沙拉浩来镇政府驻地西南10公里处。

玉兴泉

"玉兴泉"为汉语。以吉言利语命名的地名。是原先锋乡的一个自然村。位于大沁他拉镇东郊,隶属于鄂布根包冷村。

振兴街

"振兴街"为汉语。以吉言利语命名的地名。是大沁他拉镇区一条东西走向的大街。1978年,改革开放后形成并定名。人民银行、保险公司、奈曼蒙中的后街,旗政府、电力公司前街。

治安镇

"治安镇"为汉语。以吉言利语命名的地名。1947年,为奈曼旗十区;

1956 年,设第十区治安乡;1958 年,成立治安人民公社;1983 年,设治安镇。位于奈曼旗政府所在地大沁他拉镇东北方向,地处三旗一县交界处。东与开鲁县相邻,南与科尔沁左翼后旗、库伦旗接壤,西与东明镇毗邻。总面积396.22 平方公里,下辖 23 个嘎查村,28 个自然村。奈曼旗大量开发农业之前,这里是大草地、大平原。古名为茭廷塔拉,"茭"为蒙古语,为山葱,"廷"在这里是蒙古语附属格,即有山葱的地方。也称"唐土甸子",是与"茭廷塔拉"同义。

(撰写这部分时,主要参考了张斌、希儒博、度若编著的《奈曼旗地名典》内蒙古人民出版社 2008 年汉文版,作者在文字诸方面稍加了修改。)

第七章　奈曼旗民间文化

第一节　奈曼旗民间故事集锦

伯和乌苏的传说

伯和乌苏艾勒的传说有两种:

第一种说法是艾勒后边的哈拉道布克(蒙古语,意思是黑色的沙丘)丘顶与艾勒东侧古垒塔拉有联系。

据说,很久以前,伯和乌苏艾勒后边的哈拉道布丘顶上有一条巨大的蟒蛇。有一个羊倌每天都在这个哈拉道布上放羊。奇怪的是,羊倌每天到这个地方放羊,都有一种很神奇的感觉。就是像有一种魅力似的,总是感觉身体在轻飘飘地往上浮动。羊倌并没有觉察到这是蟒蛇为了吞食他,使劲吸着他。使这个羊倌内心里总是有着一种跟平常人不一样的幻想,他以为自己有了说不出的神威,很快就要当佛祖了。

后来奈曼旗第十三代札萨克郡王玛西巴特尔听到这个消息后,作了详细的调查,得知这是那条巨大的蟒蛇为了吞食这可怜的羊倌,天天在吸他。王爷悄悄地跟在羊倌后边,当大蟒蛇开始吸他的时候,札萨克郡王玛西巴特尔用神箭射死了那条蟒蛇。大蟒蛇临死时,从嘴里吐出墨汁般的黑水,吐出的黑水形成了一片小湖。因为它像墨汁一样黑,所以人们称它为"伯和乌苏",意思是"墨汁般的水"。蟒蛇死时往东摔倒的地方出现了一块儿草地,被人们称为"古垒塔拉"。

第二种说法是,跟艾勒前头的石头井有联系。伯和乌苏艾勒前头一里地左右的地方有一口石头井。现在那口井已经被沙子堵住了。但据年迈的人们说,在他们小的时候这口井还没有被堵死。很久以前,从这口井里喷出墨汁一样的黑水,并且不停地往外流。人们就用石头堵上了那口井。从此开始把这个艾勒叫做伯和乌苏艾勒。当地的老人们说,伯和乌苏艾勒这个地方早晚会出现一个大名鼎鼎的文人。

(达·乌力吉呼图克搜集整理,字儿只斤·额尔德木图汉译)

达鲁山的传说

达鲁山在奈曼旗六家子苏木东南方,它是如今库伦旗境内的一座山。而有关达鲁山的传说,却广泛传播于奈曼旗。

据说,很久以前,达鲁山的西边居住着一户人家。到了春天,在院子里种了一些黄瓜。奇怪的是一根藤上结了并蒂黄瓜。

夏季的一天,从南方来了一名陌生人到这户人家。他是南方来的南蛮子。南蛮子看见这户人家园子里的黄瓜藤上挂着并蒂黄瓜后,高兴地对主人说:

"到了秋天我再过来,那时才把这并蒂黄瓜摘下来,你必须要等我过来啊!那时会有好运等着你们。"这样特别嘱咐主人后,那个人走了。

到了秋天,南蛮子真的过来了。那并蒂黄瓜也长得又粗又长。南蛮子非常高兴,眼睛里流露出一种贪婪的目光。他对主人说:

"今晚我们俩拿这并蒂黄瓜上东山取财宝去!"

到了晚上,主人半信半疑地跟着南蛮子上了山。两个人到了达鲁山脚下,南蛮子把并蒂黄瓜的一根交给主人,他自己拿着另一根,对主人说:

"你在这里等我，我用这根神瓜敲开山上的密洞之门。进去后密洞的门会自然关闭。我什么时候从里边喊'开门！'时，你就用你那根神瓜敲打此山，山门就会开。"嘱咐完后，南蛮子用神瓜敲打了几下山，这时真的出现一处山门。从里边闪烁着五彩缤纷的光芒，附近的整个天在光芒中都亮了起来。

南蛮子迅速地钻进了洞门，洞门立即关了，达鲁山恢复了平静。

过了很久很久，从密洞里传出"赶紧开门！"的喊声。主人心里特别矛盾地想：

"我给他开门的话，这南蛮子会把达鲁山的风水全都拿走！达鲁山是我们家乡的神山。如果里边的风水全都被南蛮子拿走的话，家乡的神祇会生气。这样，家乡的神灵都会离开我们。"想到这些后，主人把手里的那根黄瓜撇在地上，往后看都没看一眼，转身回家了。

贪婪的南蛮子把白骨留在了密洞里。达鲁山的风水原封不动地保留了下来。一直到今天，达鲁山保留了原来的雄姿。这就是达鲁山的故事。

（奈曼旗八仙筒镇多内洞嘎查高·双喜叙述，杭图德·乌顺包都嘎、乃日萨克记录；孛儿只斤·额尔德木图汉译）

敖兰苏木图的传说

布尔尼王是蒙古国最后皇帝（北元王朝）林丹可汗的孙子。1675年，康熙皇帝派遣大军平定吴三桂之变。布尔尼王趁此机会，举起了反清大旗。

后来，布尔尼王的军队被清军打败，撤退到奈曼旗境内。布尔尼王是在当今的敖兰苏木图这个地方，跟清军大战一场，相互发射的箭覆盖了整个地面。后来把这个地方叫做"敖兰苏木图"，艾勒名为敖兰苏木图艾勒。这就是有关敖兰苏木的传说。

（拉卜坦叙述，赛音巴图、赛音必力格记录，乌顺包都嘎补充；孛儿只斤·额尔德木图汉译）

敖兰陶鲁盖图的传说

在清朝时期,布尔尼王的军队和清朝的军队在这个地方发起大战,双方死伤惨重。双方士兵的尸体布满了原野。因此,后来在这个地方出现了无数的死人头骨。所以,把这个地方称作"敖兰陶鲁盖图"。形成艾勒时,因地名而称"敖兰陶鲁盖图艾勒"。

(拉卜坦叙述,赛音巴图、赛音必力格记录;孛儿只斤·额尔德木图汉译)

塔塔勒嘎图芒哈、布里顿、杜贵艾勒的传说

据说,布尔尼王败退,往北逃走的时候,就是在当今的朝克台苏木布里顿艾勒西侧的塔塔勒嘎图沙漠里撤军。在布里顿艾勒附近把被打散的军队集合起来,做了整顿。之后,到杜贵艾勒那边的圆形草地上,以圆圈形式安营扎寨。

后人把他撤军的沙漠称作"塔塔勒嘎图芒哈";集中军队的地方称作"布里顿";圆圈形扎营的地方称作"杜贵";还有的人说,在这里他们做了射银圈训练,因此称作"杜贵"。

(忠奈叙述,达日玛记录;孛儿只斤·额尔德木图汉译)

色布虎林敖包、萨林阿鲁、满楚克庙的传说

奈曼旗第三代札萨克郡王爷扎木苏(有些书中说扎木咱或者历史材料中说扎木三),在哲别图沟里发射出无头的箭,救了布尔尼王的性命。从此以后,他们之间的交情更为深厚,相互有着秘密的来往。并且他们在暗地里秘密地商量有关反清计划。

这个事情泄露后,清政府立即派兵遣将追赶布尔尼王。被清军打败的布尔尼王带着军队往东北方向逃走。最后人马筋疲力尽,在一个沙丘上稍微休息了一会儿。后来,人们为纪念布尔尼王和他的军马稍微休息的地方,立起敖包,进行祭祀。并且把这个敖包起名为"色布虎林敖包",意思是

"稍微休息的地方"。

据老人们说,直到"文化大革命"时期,当地人们用铁锅盖着布尔尼王留下的马脚之印,为的是保留原来的样子,以示纪念。

布尔尼王稍微休息的一会儿,清军又追上来了。于是布尔尼王从这儿开始往西北方向逃走。不知走了多长时间,到了一个高地,人马停下来休息一会,往四面八方眺望了一番。后来在这个高地阳面居住了一个村庄。他们把这个高地称作"萨林阿鲁",意思是"用手搭檐眺望四方的地方"。

从那个高地上下来以后,布尔尼王一直往北方向走。走了很长的路程,不知什么时候把满楚克(蒙古语,意思是提胸)丢了。后来人们为了纪念布尔尼王,在他丢满楚克的地方建起寺庙,称之为满楚克庙。

(拉卜坦叙述,赛音巴图、赛音必力格记录;孛儿只斤·额尔德木图汉译)

特莫图萨的传说

布尔尼王的军队被清军打败,撤退逃跑时路过一个村庄。村边有一群骆驼在沙丘的阳面躺着。布尔尼王的军队把骆驼群哄了起来向清军赶。受惊的骆驼扬起红尘,向清军冲过去。清军的马从未见过骆驼,受惊吓的军马往四处逃窜。布尔尼王趁此机会,带着军队远远的逃了出去。如果没有这群骆驼,这次布尔尼王躲不过被清军消灭的劫难。后人把这个骆驼立功的地方称作"特莫图萨"。

关于"特莫图萨",还有一个传说。

布尔尼王困窘的时候,奈曼旗王爷在这个地方送给布尔尼王用一百峰骆驼载驮的军用物资。所以把这个地方称作"特莫图萨"。

(哈日巴拉叙述,赛音巴图、赛音必力格记录;孛儿只斤·额尔德木图汉译)

察干朝鲁的传说

布尔尼王逃出清军的包围圈后,到了一个村庄驻扎。布尔尼王命令部队每个人编三个笊篱。火头军整夜不合眼的忙碌着,利用白石立起三座火炉,把笊篱烤成灰色。清军看见火焰,想摸着火光前来歼灭布尔尼王军队,又怕有埋伏,因此等到天亮。其实在夜间布尔尼王带着军队已经往东北方向移动了。

第二天清军看见用白石立起的火炉和用完的笊篱,无法想象布尔尼王军队有多少。后来命令奈曼旗王爷阻击布尔尼王的部队。后人把这个地方称作"察干朝鲁"。察干朝鲁,是蒙古语,意思是白色的石头。

(拉卜坦叙述,赛音巴图、赛音必力格记录;孛儿只斤·额尔德木图汉译)

哲别图基拉嘎的传说

布尔尼王的军队突出清军的重围之后,清朝派遣奈曼旗王爷阻击布尔尼王的军队。奈曼旗王爷就是在当今的哲别图沟里阻击了布尔尼王的军队。

可是这两位王爷从来就交情深厚,所以奈曼王爷命令部队用无头的箭来射布尔尼王的军队。布尔尼王明白奈曼王爷的意思后,带着军队在无头箭中突围了出去。

奈曼王爷的军队扔掉的弓箭铺满了整个沟。所以有了"哲别图基拉嘎"这一名称。"哲别图基拉噶"是蒙古语,意思是"有箭的山沟"。

(拉卜坦叙述,赛音巴图、赛音必力格记录;孛儿只斤·额尔德木图汉译)

沙日哈淖尔的传说

沙日哈淖尔是奈曼旗有名的水库之一。很久以前,在沙日哈湖的附近布尔尼王和清军进行了一次大战。在这次战斗中,布尔尼王手下贝德尔梅林在敌人追兵的乱箭中受伤。因此后来人把这个地方称作"沙日哈淖尔"。

(扎拉散叙述,乌顺包都嘎、高·呼斯乐图记录;孛儿只斤·额尔德木图汉译)

白音塔拉、温达(温木达)的传说

布尔尼王在当今的白音塔拉这个地方把军队集合完毕后,已经是筋疲力尽,口渴难忍。正在这时,布尔尼王的面前出现了马鬃马尾上小鸟筑巢的枣红儿马。布尔尼王对手下士兵说:

"看来这匹儿马生活在这里,肯定有水。跟着这匹儿马走,一定能找到水。必须找到水的具体位置回来!"那位士兵慢慢地跟着儿马走,到当今的温达时,眼前出现了一口喷泉,枣红马正在那里饮水。士兵高兴得跳了起来,马上回来禀报布尔尼王。

布尔尼王高兴地喊道:

"啊!天助我也!把这个丰硕富裕的草原称作枣红马的白音塔拉吧!"从此以后,人们把这个地方称为枣红马的白音塔拉。把喷泉的地方称作"温木达"。"温木达"是蒙古语,意思是"饮料"。这个词在后来人们的实际应用当中,变成了当今的"温达"。

(扎拉散叙述,杭图德·乌顺包都嘎、高·呼斯乐图记录;孛儿只斤·额尔德木图汉译)

察干朝鲁、乌兰宝鲁、朝鲁图、讷林察干的传说

据说布尔尼王的军队被清军围困得即将全军覆没之时,突然卷起可怕的大风暴,双方的军队被刮得四散逃跑。大风暴覆盖了整个世界,白天变成了黑夜,伤害无数的士兵,双方遭受了巨大的损失。暴风中带来很多石头,有白色的、红色的和大量的沙子。白石飞来的地方称作"察干朝鲁";飞来碌碡那么大的红石头的地方称作"乌兰宝鲁";巨大石头飞来的地方称作"朝鲁图"。飞来的沙子的地方称作"讷林察干"。据传说在"讷林察干"下边压死了很多清兵。

(扎拉散叙述,乌顺包都嘎、孛儿只斤·斯日古楞记录;孛儿只斤·额

尔德木图汉译)

陶鲁盖图的传说

陶鲁盖图是固日班华苏木所属的地方。据说,布尔尼王军队跟清朝军队打仗的时候,在这个地方杀死了清军的一个大脑袋将军。因此,后来人们把这个地方称作"也和陶鲁盖图",意思是有大脑袋的地方。

(扎拉散叙述,杭图德·乌顺包都嘎、孛儿只斤·斯日古楞记录;孛儿只斤·额尔德木图汉译)

哈拉嘎齐(哈利雅图)的传说

据说这是布尔尼王为了瞭望清军动静而布置放哨的地方。也就是专门瞭望清军动静和通报消息的地方。所以,这个地方被称为"哈拉嘎齐",意思是瞭望者。后来哈拉嘎齐这个词出现了很多的谐音。当今人们统称为"哈利雅图"。

(扎拉散叙述,高·呼斯乐图记录;孛儿只斤·额尔德木图汉译)

满楚克庙的传说

布尔尼王的军队和清朝军队在这个地方打仗的时候,丢失了很多蹲鞴和攀胸的满楚克。后来奈曼王爷为了纪念布尔尼王,在这个地方立起一座庙,称作"满楚克庙"。

(扎拉散叙述,杭图德·乌顺包都嘎、高·呼斯乐图记录;孛儿只斤·额尔德木图汉译)

博勒梯庙的传说

奈曼王爷扎木苏是全心全意支持布尔尼王反清的人。奈曼王爷为了拜见当时正在被清军追击而逃跑的布尔尼王,来到了当今的博勒梯庙所在地,等待与布尔尼王相见。

据说,奈曼王爷在这个地方非常耐心的等待布尔尼王的到来。因此,后来人们为纪念这个地方建起寺庙,称为"博勒梯庙"。意思是瞪大眼睛(等待)。

(扎拉散叙述,杭图德·乌顺包都嘎、高·呼斯乐图记录;孛儿只斤·额尔德木图汉译)

塔安亭塔拉的传说

塔安亭塔拉(小野韭甸子)是由遍地长满小野韭和细野葱而得名的。这里有一段神奇的传说。

很早的时候丰美的小野韭甸子来了一个盲流户安家落户了。他们满心高兴地想在这里过上幸福美满的生活。但好景不长,遇到了怪异的事情。

新建的土屋子里刚住进的第一夜,盲流户与全家人刚入睡不久,"吱儿"一响,板门自行敞开,进来了一个手持灯笼,身穿红兜兜的小孩子。

盲流户又惊奇又害怕地缩进被窝里一动不动。不大一会儿,那小孩子转身就出去,板门又自行关上了。这样盲流户忐忑不安的睡了一宿。第二天一大早一看,本来睡在炕上的全家人已经都睡在地下了。

这会成了怪事,怎么办?盲流户着急的什么法子都想不起来了。那个手持灯笼小孩子照样天天晚上都进来。第二天一大早,本来睡在炕上的全家人还是都睡在了地下。这事情越想越可怕。

第四天晚上,盲流户的妻子说:

"今晚我们全家人都不要睡觉!看那个小鬼仔能把我们怎么样?"

但那天晚上手持灯笼的小孩子没出现。

夜深人静的时候,外边传来"出呼,出呼"的声音。盲流户心里想"是否从蒙古草原上用砖茶、绸缎换来的牛被偷了呢?"他跑出去一看,有一位像烟筒那么高的黑乎乎的人,正在赶着他的牛群。盲流户吓得像木头人一样,站在那里一动不动。原来,他看见一个大烟囱般的大黑高个子在驱赶着他们家的牛群。

次日早晨一看,四处跑散的牛群一个也不少,感到很幸运。

这样,那个高个子人天天晚上闹腾,把个盲流户的妻子吓得快要疯了。

盲流户找来了 30 里外的南蛮子朋友,一一诉说怪事的全部经过,求他:

"怎么办?"那个南蛮子想了半天,告诉他:

"你养一条白狗吧!这样会辟邪!"

这样,盲流户买回了一条白狗。

那天晚上那个高个子人又来驱赶牛群。盲流户牵出白狗,放狗咬那个高个子。白狗像疯了一样,追上去咬那个高个子的腿。那个烟囱般的人低声呻吟了一下,消失在夜幕中。

从此以后,那个高个子和小孩子再也没有出现过。

没过多久,盲流户的牛群中传染了疫病,全死光了。

这样,这个盲流户无法生活在这个可怕的住处,无可奈何地搬迁到别的地方去了。

原来,这个穿红色兜兜手持灯笼的小孩子是人参。

塔安亭塔拉还有个真实的故事。

日本人占领东北后,在塔安亭塔拉钻探石油或其他别的矿产的时候,说是从钻井里冒出了红红的血。

(奈曼旗得胜镇阿敦乌苏·嘎查乌台叙述,杭图德·乌顺包都嘎记录;孛儿只斤·额尔德木图汉译)

甘珠尔图的传说

固日班华苏木有个叫甘珠尔图的嘎查。这个嘎查的名字有这样的传说:

上世纪中期,这里居住着一个名叫赛音必力格的富裕人家。这个人有很多的牛羊和属于自己的几顷耕地。赛音必力格想"不能只顾自己富裕。想要消除贫困的根源,必须信奉佛教三宝,多行善事"。

这样,赛音必力格变卖了牛羊和耕地。进北京到雍和宫,请了《甘珠尔经》献给大沁庙。

这样,为了纪念赛音必力格的善举,命名此地为"甘珠尔图",意思是有甘珠尔经的地方。

(章古台·庙乃丹·喇嘛拉西宁布口述,浩特老记录;孛儿只斤·额尔德木图汉译)

阿敦乌苏的传说

宝日胡硕庙是清光绪年间建立的较大的寺庙。本寺庙的马群总是赶到塔安亭塔拉湖里饮水。之所以人们称此地为"阿敦乌苏"。意思是饮马群的水。

(奈曼旗得胜镇阿敦乌苏·嘎查乌台口述,乌顺包都嘎记录;孛尔只斤·额尔德木图汉译)

固日班布拉格的神祇

《奈曼大王赞词》里称:

"固日班布拉格山上有神祇的庙,神祇庙里……有苍天巴布道尔吉的神威,我奈曼大王爷哪嘿!"的唱词。对此,老人们中有着美妙的历史传说。

秋季的一天,打猎上瘾的阿鲁科尔沁旗王爷巴布道尔吉连日打猎,来到奈曼旗北部的"固日班哈拉"附近的"宝门德日素",发现了一只黑狐狸。王爷瞄准这个黑狐狸射了一箭。可惜没射中,反而狐狸高跳一下,咬住箭就逃跑。

大王大怒,喊道:

"本来猎获不佳,更加这畜生叼着箭就逃跑,真是成精了!"说完,快马加鞭追了过去。

大王在激怒之下,追狐狸穿过奈曼丛林到固日班布拉格山上。

巴布道尔吉王爷想,"这畜牲如果穿越山沟就能逃脱了,怎么办?"便加快速度又射了一箭。这个成精的老狐狸虽然白了尾巴尖,这回可没能逃脱王爷的神箭,中箭倒下。昼夜没吃没喝没有休息地追赶狐狸,加上秋天的寒冷天气,筋疲力尽的巴布道尔吉王爷也制止不住猛跑的骏马,连人带马一起掉进那个山沟里,一命呜呼了。

阿鲁科尔沁旗的人们在狩猎中走丢了王爷,全旗轰动,四处寻找着王爷。王爷妹妹巴拉毛素听到王爷不幸的消息,立刻骑马追寻过来。

巴拉毛素从固日班布拉格山沟里找到了其哥哥已经僵硬的遗体,痛哭不已,断绝了呼吸。

大沁塔拉东南百余里的固日班布拉格山被丛林覆盖着。从山北面的坡下涌出三眼泉。这就是被称为查敏河或察干河的源头。

美丽神气的固日班布拉格山上转悠着夭折的巴布道尔吉、巴拉毛素兄妹的幽灵。

被邀请到东乌珠穆沁旗念经的大沁庙葛根喇嘛路过固日班布拉格山时,灵眼看见了拦路叩拜的兄妹两个人的幽灵。葛根喇嘛问兄妹两个人的究竟后,对他们说:

"我封你们兄妹二人为从狐狸起跑的地点到此山这一地段的山水之神祇。"并且在此地修建三间寺庙,塑造了巴布道尔吉、巴拉毛素二人的画像供奉起来。

日月穿梭,到了清朝嘉庆年间。刚继承奈曼王位的王阿格旺都瓦迪扎布与阿鲁科尔沁旗王爷在两个旗的交界处举行了联合围猎。

狩猎正在火热季节,老天爷突然下起了血红的雪。两个旗联合举行的围猎,因为下这场大雪的缘故,宣告暂停。

奈曼王爷把此事禀报给诰命葛根。诰命葛根问:"什么地方?"

王爷回答:"固日班哈林波日合。"

诰命葛根用慧眼观察此地,发现了从"固日班哈林波日合"到固日班布拉格的这段山水的神祇——巴布道尔吉凶恶脸庞和巴拉毛素慈祥的面孔。

兄妹两个神祇看见了所属地盘的生灵被围猎的情景之后,一怒之下下起了血红的雪。诰命葛根把事情的来龙去脉解释给王爷:

"在'固日班哈林波日合'的万丛草甸子上修建名字叫'固日班塞汗'的寺庙,并时常诵经念佛为好!"

奈曼旗王爷在满楚克庙那木巴拉达喇嘛的相助之下,于清道光元年(公元1821年)春末修建了"固日班塞汗"庙。

这个庙里供奉了"千手观音"佛。因念经行善缘故,"固日班哈日"消失得无影无踪。出现了受佛经魅力的狼和狐狸在寺院到处贪睡的情景。远近施主们供奉的牛羊马群满山遍野,在"固日班塞汗"的丛林绿草间自由地生息繁衍。

(胡儿齐·扎拉散叙述,浩特老记录;孛儿只斤·额尔德木图汉译)

衙门庙的传说

"衙门"是满洲语,意思是"坟墓"、"陵寝"等。供奉和祭祀洪巴特尔王爷——奈曼旗首任札萨克衮楚克王爷灵柩的庙,被称为"衙门庙"。原位于纳里德河南,伯和乌苏艾勒西南七里处。

此庙在20世纪30年代,被纳里德河洪水冲毁了。对重建此庙一事,当时的管旗章京乌凌嘎认为,原地重建比较合适。可是札萨克王爷的亲属布赫德木齐喇嘛认为异地重建为好。为此,双方发生了争议。谁也不同意对方的建议,所以,开始告状。

居住在古雷甸子的管旗章京宅地是凤凰栖息的吉祥之地。凤凰右翼是"衙门庙",其左翼是"大沁庙"。因此,章京认为移建"衙门庙"会损害凤凰右翼,影响风水,不吉利等理由不同意对方的建议。最后的结果是布赫德木齐赢了状,决定把"衙门庙"移建到原来的衙门艾勒往东20里地的毛都艾勒东侧"喇嘛母亲甸子"。榆树成荫的甸子北部修建了三间杜刚的六间庙,命名为"乌力吉德利格日格其苏莫"(汉文叫"寿开寺"),把此匾挂在主庙正门上方。

"乌力吉德利格日格其苏莫"里供奉着玛哈嘎拉佛铜象和寺庙守护神——洪巴特尔王爷灵柩的绿塔。寺庙后面五丈远处,修建一丈半高的绿塔,里面供奉洪巴特尔王爷的骨灰。并且在绿塔的左右双方修建了他两个夫人的陵墓。

丁亥年(公元1947年)的甘珠尔庙会上,按老规矩从奈曼王爷庙——"乌力吉德利格日格其苏莫"请了《甘珠尔经》,并举行了经斋。据传说,这部《甘珠尔经》是从东土默特右旗中兴府,即尹湛纳希家里奉献给大沁庙的。

经斋刚要结束之际,奈曼旗发生了"铲除寺庙"运动。一瞬间"乌力吉德利格日格其苏莫"被毁,喇嘛被赶走,烧毁了佛经等法器。

转眼间20年过去了。"造反派"们找到了"乌力吉德利格日格其苏莫"的原基后惊呆了,此绿塔虽掉漆依然耸立在原地。

乌济业特或乌梁海的赫姆尔力克、毛都艾勒的扎巴为首的20多个"挖肃英雄"们把绿塔给挖空了。并在其孔里装进土火箭,点燃后"轰"的一声巨响,塔身成为了满地碎片。塔基里出土了青花瓷瓶、铜铸佛象等。顺风飘撒了瓷瓶中装黄袋子里的骨灰,把瓷瓶扔在生产队的西仓房里。该瓷瓶是"官窑"还是"民窑",谁也没有注意过。一斤以一元或五角的价格,把铜佛象卖给了供销社,换了200多元。并用这些钱给毛都艾勒的文工团买了服装等演出用品。

后来乌济业特的赫姆尔力克、拖力台死于大车店,扎巴失踪。

(毛都·艾勒西拉卜道尔吉,阿力坦巴干等叙述,浩特老记录;孛儿只斤·额尔德木图汉译)

蛮子哈屯的故事

故事之一

奈曼王爷进京轮值时,偶尔潇洒光顾著名的硕嘎(妓院)消遣。

有一次在"金变色龙"妓院里邂逅看中了名妓刘、姜氏姐妹。后来以高价为她们赎身,在王府附近西子牌楼的史老娘胡同里奉养为二房,为贴身伺候自己。轮值一结束,王爷携带两个蛮子二房回到老家。在王府里过安详的日子。

有一次衙门庙举行经会,念诵《甘珠尔》经。请柬送到了王府。

得知庙会的两位蛮子二房高兴极了,向王爷请求参观庙会,去农村野外观光,开开眼界。王爷允准了她俩的请求。

衙门庙不过是一所有三间杜刚,30来个喇嘛的小寺庙而已。但是此庙里存放着开光而有名声的首任奈曼旗棍楚克洪巴特尔王爷灵柩的绿塔,再加上每年从奈曼旗大沁庙主持这里的《甘珠庙》经会。

该庙达喇嘛达木林乃丹是个蒙古塔塔尔氏人。他精通《甘珠尔》、《丹珠尔》等佛经,知识渊博,五官端正,年近40的人。

两个蛮子二房因为听不懂佛经,不到两刻就先后回到了住处。回到住处的两个二房能闲待着吗?! 她们看中了达木林达喇嘛,并商议要找机会跟达木林喇嘛见面的事情。

经会按顺序进行着。两位蛮子二房找不到适当的机会,过了好几天。《甘珠尔》经会后达木林乃丹还有单独念经的项目。中午念《喇嘛朝杜卜》,晚上还要举行《色木踏》仓,没有闲暇时间。两位蛮子二房看此景又生气,又嫉妒。眼看过了半个月,王爷府里传来了回府的命令。

未得手的两个蛮子二房并没有因此灰心,连哄带骗命令达木林达喇嘛,要他亲自陪送到旗王府。

到王府不到半天的路程。中午到达王府,见了王爷。请安后达木林乃丹达喇嘛说:

"扔下经卷,持鞭赶车,还是把您两个放松了的给送来了!"把两位哈屯交给王爷,转身回庙去了。

故事之二

旗民众当中,相传内容相同,版本不同的故事。

那时,两个蛮子二房跟大沁庙的浩日老喇嘛厮混后,不愿意回王府了。

但受到王爷的传令后,没法子,只能让浩日老喇嘛赶车回大沁塔拉。太山木头艾勒西边碰见熟人问喇嘛,"去哪里?"

喇嘛回答说:

"经轮好日老正转,经人好日老我逆转了!拿了鞭子忘了经文,拉着两个放松了的赶路呢不是?"

故事之三

二位蛮子二房的故事在民间广泛流传,夸夸其谈的更多了。说她们"不愿意吃牛羊肉,依原习惯吃蛇肉";"晚上,寝室的灯光忽明忽暗是因为吃蛇肉的魅力";甚至"大二房已经逃走";"小二房与特木尔台秘密厮守"等闲话流传于民间。

小蛮子二房愿意养猫,住处内外大小各种猫来回窜跃。大概没事可做的缘故吧。

特木尔台是传说中将军一样的硬汉子。他居住在王府西则,偶尔应一些个小差使,因此有机会跟小二房见面。

王爷事多,外出的次数更多。所以相亲相爱的人们总是有机会可乘。享受是年轻人乐趣,更何况以此为业者有甚可说的?小二房用蒙汉杂语说特木尔台的命根子叫做"三把掌,四指庹,萨日摆榔头亦在外"等。特木尔台做那个事情的时候,一般情况下套三个环。但小二房拿掉那些环后,还一再喊:

"使劲!使劲!再使劲!"地催促他。

王爷出王府的消息,特木尔台自身打探以外,小二房派名叫翁忽尔的丫鬟传信告知特木尔台。

小二房的头发长而漂亮,披向肩后如瀑布,梳三辫后像蟒蛇蠕动。如此漂亮的头发,小二房珍惜得不得了。蛮子二房的头发料理之事由翁忽尔丫鬟来承担。有一天,料理头发的时候不小心弄掉了一根头发。蛮子二房当即发现了,大声责骂她:

"想男人的母狗崽子,已经到了薅我头发的程度?"往她的裤子里放进小猫,绑紧裤腿,扎紧裤腰带。之后,用细柳条抽打小猫。疼痛难忍的小猫使劲抓挠她的下身。这样狠狠地惩罚了她。

翁忽尔姑娘也不是简单的人物。她家乡在南朝霍尔图,祖先是德木楚克扎布王爷夫人安寿固伦格格的随从。翁忽尔姑娘为了报复,寻找机会,时刻准备着下手。嗜好肉腥的猫能等到明天吗?蛮子小二房叫翁忽尔姑娘传递约特木尔台的密信。于是,寻找机会的翁忽尔姑娘把约定的密信传给特木尔台后,回信没传给南蛮子二房,却送给了王爷。

王爷得知真相后,大脑里闪出男人的征服欲,握住手枪潜伏在蛮子小二房的屋外,等待特木尔台的出现。约定好的时刻一到,特木尔台越过王府西墙时,发现了手持手枪的王爷,往后飞一般的跑掉了。王爷一气之下,想到了命令小队护卫。但是王爷毕竟是王爷,不比一般人。王爷把翁忽尔姑娘秘密的送回了老家。巧妙的隐瞒了家丑。这样避免了一场乱世中不必要的麻烦。

1946 年初,八路军黄水分队经过奈曼旗,向北挺进时,五爷王、梁老布敦、何文章等人在小西梁子阻击了八路军。战斗中五爷的"旗保安队"被摧毁,何文章被打死,梁道布敦受伤,五爷逃跑。

西梁子战斗的第二天早晨,居住在苏日土博日和的王府宾客杨达克老头门口来了一个骑骡子的"小脚乡巴佬"。王府随从王楚克认出她是王爷的"二房"。原来蛮子二房发现昨天战斗中被打败的王府荒芜一人的情况后,找到了随从王楚克后,骑他饲养的骡子准备逃亡北京的途中,来到杨达克家。见此情景后,杨达克老头遵循蛮子二房的指令,让她填饱肚子后,说要送到火车站,牵着骡子奔彰武火车站去。

一路非常顺利,杨达克老头把蛮子小二房送上了往北京去的火车后,回到了自己的家。

回到北京的蛮子小二房过了安详美好的日子。这是民间传言而已。

(布和、扎拉散、西拉卜道尔吉叙述,阿里满记录;孛儿只斤·额尔德木图汉译)

乃吉(内齐)托音在奈曼旗的传说

早在16世纪末,土默特部阿拉坦汗请佛教格鲁派进入蒙古西部,奉为"国教"。

在蒙古东部传播佛教的人是卫拉特部乃吉(内齐)托音。他的原名叫做阿毕达,他的父亲是额鲁特土尔扈特部阿尤西汗的叔父莫日根特波讷。

其父亲给阿毕达娶了媳妇,生了一个儿子。可是,阿毕达仍然没有放弃出家当喇嘛的愿望。有一天,阿毕达坐在外头,正在读《食膳正谱》的时候,忽然吹来一阵风,刮走了他的书。他追赶书而摆脱了父亲布置的岗哨,走上了自己理想的宗教之路。

阿毕达走到吐蕃地区,从班禅博格达受了戒,班禅博格达赐给他"阿润沙格沙卜惕"之号。之后,他先后到卫拉特、外蒙古和内蒙古各地传播宗教。曾经在阿巴嘎哈拉山、沙拉麻辣该阿贵等地艰苦修行了35年。

爱新天聪八年(公元1634年),他带领察干迪彦齐呼图克图等徒弟到盛京,拜见皇太极,得到了皇太极的支持。之后,到科尔沁、卓索图等蒙古东部地区传播佛教。他先后规劝图什业图汗和卓里克图亲王放弃了萨满,信奉黄教。

乃吉托音来到奈曼旗,拜见了洪巴特尔衮楚克王爷。当时,洪巴特尔王爷不想见乃吉托音,下令叫他离开本地。可是,乃吉托音不顾王爷的"逐客令",从怀里拿出宗喀巴的塑像,放到衮楚克巴特尔王爷面前说:

"王爷不认识我这个穷喇嘛没关系。可是,这位佛爷的金像会认识我!"

果然,宗喀巴的金像朝乃吉托音慈祥地笑了。

见此情景,衮楚克巴特尔王爷非常吃惊,下令在奈曼旗崇奉黄教。

(西拉布老师叙述,浩特老记录;孛儿只斤·额尔德木图汉译)

孟和艾勒的传说

孟和嘎查一直以来就有祭祀敖包,举行那达慕的历史。据老年人的回忆,早在清朝末期,艾勒西南曾经有过"宝门敖包"。据说,这个"宝门敖包"是由一位名叫孟和敖其尔的喇嘛念经立起来的。宝门敖包还有一段传说。

如今,孟和艾勒正西方有一个名叫"色拉西旧址"的遗址。

当年,色拉西白音的牛马已经超过了十万之数。蒙古语称十万为"宝门"。色拉西白音为纪念这个吉祥之数,立起敖包,进行了祭祀。因此,这个敖包被称为"宝门敖包"。因为,色拉西白音的牛马已经超过了十万之数。色拉西白音派人到京师,向皇上报告此事,想领取"宝门塔玛嘎"。"宝门塔玛嘎"是蒙古语,意思是"证明十万的印章"。

皇上问:

"你们的马群中有没有绿色的骏马?"那个差使想"不能撒谎!"回答说:

"没有绿色的骏马!"因此,皇上没有赐予"宝门塔玛嘎"。

当差使回来的时候,马群里确实生了一头绿色的马驹。可不久就死了。如果他说"有绿色的马驹!"那就能得到"宝门塔玛嘎"的同时,绿色马驹也不会死。所以,年年祭祀的"宝门敖包"不久也被孟滚河洪水冲垮了。

解放前夕,在孟和艾勒东头,图拉钦艾勒西边的塔尔瓜甸子西高地上曾经立过一个敖包。立这个敖包是图拉钦艾勒的胡察干巴拉、李道尔吉、王双喜等三户蒙古人联合操作,并由年轻塔日玛诺敏故如图的喇嘛念经开光。

解放后,这个敖包被划入孟和艾勒的地面。所以,当时有些外来户称孟和艾勒为"敖包艾勒"。

"文化大革命"中,把敖包说成是"四旧",摧毁柳条敖包,禁绝了各种祭祀,取消了有关那达慕等。

上世纪90年代,孟和艾勒孛儿只斤达木林扎布、孛儿只斤赛纳、乌济业特阿拉坦巴干等三户联合,从奈曼旗王府庙请喇嘛,在本屯西南沙坨子上立起柳条敖包。连续三年举行了祭祀。不久,柳条敖包被风刮倒了。

所谓的"孟和",原先位于巴嘎波日和苏木东北,如今位于大沁塔拉镇北面。古代称其为"额莫根"。据老年人解释说,当时有一位独身老太婆生活在这里,所以,被称为此名。还有的解释说,原先在这里多有名叫"额莫根察干"的树,因此而得名。据我看,前一种说法比较可信。因为,杨柳、沙柳、杏树等各种树木至今虽然幸存的少数,可没有绝种。如果曾经有过这种"额莫根察干"的树,怎么也不会绝种的。

解放初期,这里居住的只有几个姓的少数人家。他们完成了合作化、公社化的道路,在共同富裕的道路上迈开强劲步伐。在这期间,先后有图古日格、布尔噶素太、阿曼乌苏、海肃等地的人们接连搬到这里。团结一心,共同创造自己的幸福生活。结果,他们的牛羊繁殖,树木成林,粮食丰收,人人有了自己的储蓄。文化教育卫生事业蒸蒸日上。他们的事迹远近闻名,各地前来参观访问的人们络绎不绝。

正是"十年动乱"前夕,这里党支部书记特木尔博罗特提议,将"额莫根"之名改称"孟和艾勒"。向东方奔流不息的孟滚河水在这个村子当中流过。因此,称本村为"孟和艾勒"。汉文音写成"孟和"。这是旗政府当时的定名文字,而且代表着"孟滚河"的意思。

（奈曼旗大沁塔拉镇孟和嘎查大喜老人叙述,李·宝音出古拉记录;孛儿只斤·额尔德木图汉译）

窖林达楞的传说

在今阿敦乌苏艾勒北边有个叫窖林达楞的地方。这里是包日胡硕葛根储存稷子的所在。首先挖好窖,里边铺好炕席,再把稷子装进去盖好。用这种方法储存粮食,一般不会变坏。年代久一些的话,有点苦涩味。因而,人们称此地为"窖林达楞",意思是"储存粮食的地窖"。

（奈曼旗得胜镇阿敦乌苏·嘎查乌台叙述,杭图德·乌顺包都嘎、阿穆尔吉尔嘎拉记录;孛儿只斤·额尔德木图汉译）

修建奈曼王府的传说

奈曼旗上代王爷们住的是呼和格日。

据说,清朝皇帝把公主嫁给奈曼王爷,用轿子把公主送到呼和格日。在送亲的途中,折了轿子的抬杆。陪嫁公主的王木匠修好了抬杆。公主很高兴,赏赐给他两口描金花的瓷瓶。

公主来到奈曼旗以前,把她的宫殿已经修好了。修建这座宫殿时,请一位阴阳先生测了风水。可是,这位先生不知为什么有点不满意或怀恨在心,挑选的地方是个两头牤牛顶角的凶险之地。因此,公主下嫁到这里的当天晚上就夭折了。厚葬公主之后,奈曼王爷在这里也待不下去了。

王爷请别的阴阳先生测了一下此地的风水。先生告诉王爷说:

"此地是个两头牤牛顶角的凶险之地。所以,公主一到这里便驾崩了。必须从呼和格日迁徙出去,这是一个不祥之地。"

果然,后来在这里的王爷血脉中断,从放羊的孛儿只斤氏挑选一个人,承袭了王位。这就是后人常谈起的"霍尼沁王爷",意思是"羊倌王爷"。

这位阴阳先生选中了白音敖包。陪嫁公主的王木匠主管工程,修建新王府。霍尼沁王爷就是在这新王府承袭了王位。

很久以后,依奈曼旗诰命葛根的旨意,把王府迁徙到大沁塔拉。

(奈曼旗固日班华苏木吉日干百姓嘎查胡尔齐·扎拉散叙述,杭图德·乌顺包都嘎、岜·乌云必里格记录;孛儿只斤·额尔德木图汉译)

昂乃的传说

原来奈曼旗曾有一个叫昂乃的苏木。如今,把这个苏木合并到大沁塔拉镇。

关于昂乃这个地名,有这样一段传说。

在古代,奈曼王爷总是在这里举行狩猎。因此,人们称此地为"昂金嘎扎尔",意思是"狩猎之地"。久而久之,简称为"昂乃",省略了"嘎扎尔"。

(奈曼旗职业中学李·巴拉叙述,杭图德·乌顺包都嘎记录;孛尔只斤·额尔德木图汉译)

图萨拉克齐庙的传说

南方闹起了"学好队"。一般军队都打不过他们。清朝皇帝从各蒙古旗抽调了军队。

奈曼王爷派遣图萨拉克齐出征。图萨拉克齐带上两把"海姆勒布鲁",率领军队出发了。原来,这"学好队"的首领是个兔子精,特怕布鲁。所以,图萨拉克齐打败了"学好队"。

为纪念图萨拉克齐的这次战功,奈曼王爷给他修了这座庙。命名为"图萨拉克齐庙"。

(奈曼旗白音塔拉·苏木杜日奔敖包·嘎查确吉好日老叙述,杭图德·乌顺包都嘎、高·呼斯乐图记录,孛儿只斤·额尔德木图汉译)

大榆树的传说

王府庙(如今位于章古台,蒙古名字叫"纳木别林勒杜鲁克齐苏莫")附近矗立着一棵老榆树。这棵大榆树形状像迎接四方来的施主。所以,人们称它为"迎客榆"。

据传说,有一天,奈曼旗第六任郡王和硕额附确忠(有写成崔忠、却经)的福晋和硕格格要洗澡,把皇上父亲赏赐给她的黄金佛像从脖子上摘下来,放到旁边。和硕格格洗完澡,想戴佛像时,一看原处,佛像不见了。和硕格格的金佛像失踪,这是举世轰动的大事。于是,审问和搜遍了王府里所有奴婢,找遍了王府各个角落,始终没有行踪。

和硕格格生有5个王子。哈屯母亲的金佛失踪后,从王府里没有找到。所以,5位王子各自骑马出去,到处打听金佛的下落。

有一天,他们在一片森林中迷失了方向。他们非常着急,寻找出路之际,在他们的眼前有一种东西在闪闪发光。他们奔过去一看,原来是母亲的金佛挂在一颗大榆树上。他们高兴极了,在这颗大榆树上留下记号,收起金佛,找到大路回到了王府,向父王禀报这件事情。札萨克郡王说:

"金佛与此地有缘!"下令在这颗大榆树旁修建一座小庙。后来,把这座小庙扩大成王府庙。

把那棵挂和硕格格金佛的大榆树看成是有神祇的树,大家给它挂上吉祥结,用各种绸缎装饰,保护起来。无论谁都不敢去损坏它,每逢干旱就向它求雨,患上疑难病症者向它祷告……

在土地改革时期和"文化大革命"动乱中,王府庙院里的很多稀奇的树木均遭毁灭,但这棵"神奇的大榆树"巍然屹立在原处,成了人间风雨的见证。

2006年7月,通辽市人民政府对此树进行鉴定,认定此树最起码有210岁;此树直径有118.8厘米,高9.50米。定为国家级保护的稀奇古榆树。

(梁梅叙述,孛儿只斤·朝格珠整理,孛儿只斤·额尔德木图汉译)

大王山的传说

据传说,很久以前在这座山上有一个女大王,带着几百名小喽啰打家劫舍为生。

清朝顺治八年(公元1652年),清军从这里路过时,女大王没有举行迎接之礼。因此,清军将领很生气,欲纵火焚烧山寨。女大王依仗本山的险峻,率兵迎击清军的围攻,打败了他们。因此巩固了自己大王的地位。从此,该山被命名为大王山。

(王瑞林叙述,赛音巴图、赛音必力格记录,孛儿只斤·额尔德木图汉译)

观山的传说

奈曼旗额驸王确忠在呼和格日(今新镇乡)修建王府时,计划要整天观望美好的山河。王府建成后,王爷整天观望王府前面草木丰盛的一座雄伟的大山,聊以自慰。后人依此用汉语命名该山为"观山"。

(西拉布叙述,赛音巴图记录,孛儿只斤·额尔德木图汉译)

纳里德河的传说(一)

奈曼旗第三任札萨克王爷扎木苏的时代,来了一位阴阳先生。他观察王府好久,对王爷说:

"如果在王府前面流一条河,那就会更加兴旺发达!"王爷听到如此说法,很高兴。决定引来流在王府西南方向被敖汉旗舍利沙坨子堵塞的大水。

有一天,奈曼王爷在险峻的山上架起帐篷,并且在附近立起敖包祭祀。想要用万匹马奔腾的震动来震决舍利沙坨子,把大水引流到自己王府前面。一群马呼啸着跑过王府前面。王爷问马倌:

"河水来了吗?"马倌回答说:

"回复王爷的话,河水没有来!"王爷生气地下令:

"把他给杀了!"

又有一群马奔腾着跑过王府前面。王爷问马倌:

"河水来了吗?"马倌和以前一样回答了;王爷又把他给杀了。

如此连砍99个马倌,他们的头颅在王爷帐篷前堆成了堆。

轮到第100个人。他赶着一群马,飞跃般地来到王爷帐篷前。王爷问他:

"河水来了吗?"马倌心里想:

"说实话逃不脱被杀的命运,干脆说谎看看!死就死吧!"就回答说:

"禀报王爷,河水来了!河水来了!波浪滚滚,奔腾而来!"王爷:

"啊！河水来了?"用手搭檐望去,只见随着马群的奔跑,舍利沙坨子决了个口子,大水翻滚着,奔腾而来。

在万马践踏下,沙坨子出现了一道豁口。大水顺着豁口,白茫茫冲刺过来。王爷急了,说:

"纳里德！纳里德!"这是蒙古语,意思是"细一点！再细一点!"大水渐渐细流,翻滚着流向东北而去。因此,这条河被命名为"纳里德河"。

纳里德河的传说(二)

在奈曼旗境内从西南往东北流经一条激流的小河。这就是纳里德河。这条河流过奈曼旗境就变得清澈起来。对此,很多人感到奇怪。有人认为这是给奈曼旗送来优质土地的缘故。

清朝初期,清廷把长城以外各蒙古旗王公贵族请到北京,给他们封爵、分赐封地。以此抚慰他们,叫他们顺从自己。

察哈尔部的附属奈曼的衮楚克巴特尔诺颜这次迟到了。因此,只剩下了瘠薄的沙坨子。提前到达的公差们将此事禀报给诺颜时,衮楚克巴特尔诺颜说:

"可以了！瘠薄的沙坨子人烟稀少,一般的战争打不到这里!"这样,接受了奈曼旗。

于是,衮楚克巴特尔诺颜从察哈尔率领一批部下,来到奈曼旗境内。在沙尔哈附近修建王府,成为奈曼旗首任札萨克。奈曼的人们把这位首任札萨克称为"洪巴特尔王爷"。

有一次,洪巴特尔王爷要去北京。王爷的车驾慢慢行进到喀喇沁旗境内叫波黑尔哈达的地方。王爷欣赏那里美丽山河的景观和肥沃土地的丰盛之际,正好碰见了一位有一只眼睛的人。在闲聊之间,那位得知洪巴特尔王爷欣赏这里肥沃土地的心情的同时,还知道奈曼旗是个土地贫瘠的所在。他对王爷说:

"王爷如果想得到这样土地的话,我可以给您送过去!"王爷奇怪地问:

"您是哪里人士? 干什么的?"那位回答说:

"我是这里波黑尔哈达的人。我另一个住处是王爷您那里的达尔罕察干(奈曼旗一块沙地)"。

王爷对自己领地的一切了如指掌。明明知道在达尔罕察干没有人居住,更何况从来没有见过他这个人。但,听到他要送去肥沃的土地,就没有细细盘查,谈好了交接事宜。

有一年夏天,洪巴特尔王爷想要打猎。率领王府属下和旗属兵丁以及普通百姓等出发了。连日打猎,一天走到敖汉旗与奈曼旗交界处的绰日黑勒华的东北,选择一块开阔地驻下了。酷热的夏天行猎远程,人们口渴难忍。可是其附近没有水源,大家非常着急。

口渴难忍的王爷不知想到了什么,叫一个手下:

"你去那边绰日黑勒华看看,河水是否来了?"那个人骑马走到绰日黑勒华上头,瞭望了好久,别说河水,连其他什么也没有看见。无奈地回到王爷身边,告诉王爷说:

"没有看见流来的河水!"王爷听到这话,暴跳如雷,立即下令将他处死。旁边的人们怎么劝阻也不济于事,处死了那个人。王爷叫另一个人:

"现在你去看看,从西南是否有河水流过来?"那个人无奈,也走到绰日黑勒花上头,瞭望了好久,还是不见河水流过来。他不知所措,想:

"说河水来了吧? 因为撒谎而躲不过杀头之罪。说河水没有来吧? 也和刚才的伙伴一样,难逃一死。怎么的也被杀死,还是说实话吧!"他想到这里,回到王爷身边说:

"没有看见河水流过来!"王爷下令把他也给处死了。

接着,王爷叫一个秃头部下说:

"你去看看,回来报告!"秃头部下走到绰日黑勒花上头,瞭望了半天,什么也没有看见。俗话说"十个秃子九个精",秃子一般都精的多。他想:

"怎么也是个死,就说'河水来了!'兴许留下我的一条命。"他紧了紧马肚带,骑上马,往下榻处飞奔而来。高兴地大声喊着:

"河水来了! 河水来了! 河水翻滚着,奔腾而来!"只见一条河跟随他的马尾巴,翻滚而来。

王爷满心高兴,命名这条河为"纳里德河"。并发誓说:

"因为砍了俩人的头颅,才请来了这条河。所以,每年以 1000 只羊来祭祀您!"

如此,纳里德河用肥沃的良质土灌满了奈曼旗险峻的沟坎,到一块沙坨西边,被堵塞了。因此,人们称此地为"木胡尔",意思是"无处可去的地方"。此地在铁日新毛都(太山木头)苏木境内。后来,河床北移,顺奈曼旗中央流去,又到一个地方被阻住而干涸了。人们称此地为"哈塔胡浩赖",意思是干涸的河沟。此地位于当今固日班华苏木,称为"哈图浩赖"。后来,河床又一次迁徙,从西南往东北穿过奈曼旗,用优质土灌满很多地方,合流于西拉木伦河。

这就是洪巴特尔王爷在去北京的途中,于喀喇沁旗境内波黑尔哈达处遇见的独目人,依王爷的旨意送过来的优质肥沃的土地。据传说,他就是奈曼旗山水的神祇——独目龙王。

(诺敏叙述,仁钦舍鲁布整理,孛儿只斤·额尔德木图汉译)

老哈河的传说

据传说,辽朝建立之前,有一头牤牛从上天下凡到沙尔哈河。因此,被命名为老哈河。

"老哈",是契丹语,意思是"铁"。契丹部于 907 年建国,为了使自己的国家坚如铁铸,命名为老哈(辽)朝。

19 世纪成书的《哭喜传》一书称老哈河为"铁牛河"。

(阿拉坦锡忽儿叙述,赛音巴图记录,孛儿只斤·额尔德木图汉译)

洪巴特尔王爷的传说

洪巴特尔王爷经常在首都北京轮值,有时觐见皇上,与皇上闲聊,为皇上解闷。

可是，皇上一见到洪巴特尔王爷，就不由自主地起身于龙坛。为此，皇上的近臣们提醒皇上：

"皇上为什么一见到洪巴特尔就要起身？"皇上不相信他们的话，说：

"没有吧？不可能啊！"近臣们说：

"皇上如果不相信我们，下次见洪巴特尔的时候，把两枚金球放在怀里，不就知道了吗？"其后，皇上和洪巴特尔见面谈话完毕，洪巴特尔告辞。皇上想起两枚金球，一看，两枚金球在地下呢。不知什么时候掉下去的。为此，皇上非常惊讶，问：

"这是为什么？"近臣们回答说：

"这个洪巴特尔王爷不知哪一天，肯定有觊觎皇位的时候。如果趁早不清除他，还有可能他来取而代之呢！"

其中一个人更进一步说：

"马上不清除他，后患无穷啊！"

皇上着急地说：

"那怎么办？"刚才说话的那个人接着说：

"这不难。可以轻而易举地解决。皇上您不是有祖传下来的一把锡铁大弓吗？哪一天以试看他的力气为名，让他拉开这个大弓。这样可以轻而易举地消除他。因为，您那把锡铁大弓本身就有剧毒，一旦拉开它，一定被它的剧毒毒死。这样做，无论谁都不会怀疑。"皇上很高兴，准备按这位近臣的建议做了。

洪巴特尔接到皇上的命令，已经知道他的恶毒用心。但是，自古以来皇上的话是"金口玉牙"，谁人也不得违背。因此，他只能履行了。他来到皇上身边，把锡铁大弓拉得似十五的月亮，之后轻松地放到原处。皇上假装高兴地说：

"洪巴特尔不愧为巴特尔！"洪巴特尔明知皇上这个嘉奖是阴谋，毫不理睬。向皇上告假，赴自己的家乡奈曼旗。在归来途中，剧毒大弓的毒性发作，身体眼看就要支撑不住了。洪巴特尔对近侍们再三嘱咐说：

"我的身子已被大弓的剧毒所害，看来是待不长时间了。等我死后，把我身上的衣物全部脱光，一丝不挂地装殓，把棺材拿到纳里德河岸上安葬！无论如何，必须遵行我的遗言！"

洪巴特尔逝世后，其手下人按他的遗嘱刚刚装殓完毕。王爷的妹妹正好回娘家。她叫人打开王爷的棺材一看，大发雷霆说：

"连属民都没有这样光腚子装殓的道理，何况我的哥哥是个札萨克王爷，怎么能够这样呢？"说啥也不让。王爷手下的人们解释说：

"这不是我们的意图，是王爷的命令。"最后，双方妥协，给王爷的下身穿上绸缎短裤，装殓之后，安葬在纳里德河岸上。

因为洪巴特尔王爷被剧毒大弓的毒致伤而死，所以，人们称此地为"沙尔哈塔拉"，意思是有伤的甸子，如今在舍力虎水库附近。直到土地改革，这里存有沙尔哈庙、衙门庙、博格达衙门等寺庙。衙门，是满洲通古斯语言里是坟墓的意思。写的时候，按习惯写成"衙门"，而其含义则是坟墓。如蒙古地方有格格衙门、博格达衙门、公主衙门等，指的是安葬这些人的坟墓。衙门庙是专供洪巴特尔王爷的庙。在这个庙里，供奉着洪巴特尔王爷的画像。一定数量的喇嘛住在这里，按时供奉洪巴特尔王爷的灵位。这个寺庙于辛卯（1891）年"学好队"事件中已被烧毁。

把洪巴特尔王爷的遗体安葬在纳里德河岸之后八九十天的时候，首都北京太师院学者们向皇上禀报：

"洪巴特尔王的坟墓里生成了金龙，而且很快就要升天了。在100天之内不把他清除，则社稷朝廷有转移的危险。"皇上听了非常着急，立即召集诸大臣，商讨对策。最后，派遣部分军队，到纳里德河岸边发掘洪巴特尔王爷的坟墓。墓穴中王爷的遗体已经化作金龙，想进水冬眠到河里。结果，其后两条腿两只爪子被缠在绸缎内裤上，还没有来得及进去。凶狠的皇上所派遣的那些催命鬼们轻易地抓住可怜的金龙，扔进火里烧掉了。因此，洪巴特尔王爷的灵魂没能变成金龙而腾空，却变成了神祇，保护着自己的家乡万民。为此，奈曼旗黎民百姓把洪巴特尔王爷的画像供奉到寺庙里，进行祭拜。他们先后建立了沙尔哈庙、衙门庙、博格达衙门等处，祭祀洪巴特尔王爷。

在沙尔哈庙安排了数名喇嘛,每月初二、十六诵经念佛,祭祀这位洪巴特尔王博格达。后来在奈曼旗出现了叫古尔屯巴(是喇嘛教与蒙古族传统的萨满教调和的产物)的专门人员,也是在每月初二和十六日,他们穿上古代将军穿戴的盔甲等护身衣物,手舞足蹈,拿弓箭、剑、戟,往四面八方出击。说是为民消灾解难。

(奈曼旗原图连塔拉苏木北图连塔拉嘎查道义宁布叙述,乌顺包都嘎记录;李儿只斤·额尔德木图汉译)

都日本敖包屯的传说

在清朝末年,这里曾经居住过一个牲畜以百万计的大富翁。

有一年春天,在他的畜群中传染瘟疫,一夜之间死去了大多数牛羊,大富翁的畜群几乎灭绝。从此,他的生活紧蹙起来。

大富翁跑到旗庙向葛根活佛祈祷,请求救护。葛根活佛说:"你回去在你家四周百步远的地方堆砌四个四方敖包,之后,向上天和佛祖祈祷吧!"

大富翁回到家,按葛根活佛的旨意砌起四个四方敖包。每年的阴历五月初五、八月十五日祭祀敖包。从此,他的生活恢复了元气,蒸蒸日上。因此,这个屯子被称为"都日本敖包"屯。

(嘎拉桑叙述,赛音毕力格记录,李儿只斤·额尔德木图汉译)

鲁森筒(龙王林)的传说

一百年前的时候,承受不住土豪劣绅欺压的部分扎鲁特旗穷苦牧民,在名叫哈拉特木勒的人的率领下举行了起义。他们把土豪劣绅赶出了本旗的南界。正值阴历十月的严寒,土豪劣绅们被老哈河挡住了去路。

在这个生死攸关的时候,老天忽然降温,老哈河水一夜之间封了冻。

无路可走的土豪劣绅们顺着刚刚封冻的河面冰层滑了过去。

把土豪劣绅赶出旗境的哈拉特木勒也放心地领着牧民返回了家乡。

侥幸逃命的土豪劣绅们一直逃到了一个背靠泉水,面向森林的安静地方住了下来。

他们把此地看成是有风水的吉祥所在,起名为"鲁森筒",意思是龙王栖息的林子。

(拉卜坦叙述,赛音巴图、赛音毕力格记录;孛儿只斤·额尔德木图汉译)

库伦沙拉扎玛(库伦黄道)的传说

奈曼旗境内尼楚滚河岸边有一条绕行的羊肠小道。奈曼人称这条羊肠小道为"库伦沙拉扎玛",意思是"库伦黄道"。

这条小道有这样一段传说。

据说是当年,清朝的康熙皇帝顺这条小道从奈曼走到库伦旗。

蒙古语"黄"色是指佛教颜色的同时,还特指皇上的御用物件。所以,称这条小道为"库伦沙拉扎玛"。

这条小道紧靠河岸绕过。

据说,皇上走过的路不可断。因此,无论多大的洪水都冲不垮这段河岸。

(田小叙述,达尔玛记录;孛儿只斤·额尔德木图汉译)

博格达屯的传说(一)

从前,奈曼旗白音塔拉苏木包格图嘎查居住过本旗王爷的亲戚红顶子诺颜。他有很多的牛羊牲畜,以富庶闻名本旗。因此,当时的人们不直接称呼他的名讳,也不打听他的官衔,只称他为"诺颜"。

这位诺颜特别嗜好打猎,是个瞄准眼睛肯定不失鼻子的神枪手。

有一次打猎,遇见一只横空飞过的鹰雕。他非常自信地挽弓搭箭,瞄准鹰雕的左眼射了过去,没有打中。他再次瞄鹰雕的右眼射过去,只打下了一支羽毛。从此,本诺颜患了不治之症,不久死去。他的老婆孩子以为不祥的吉兆,抛弃家业,迁徙到异地他乡谋生。

诺颜的躯壳在空房子里无主地待了数日之后,忽然变成了厉鬼。每天黄昏时节,他就赶着车辆来回行走。因此,附近的人们白天也不敢接近他的家乡了。后来,请寺庙的葛根活佛进行七七四十九天的镇魔经会,才把这个厉鬼镇灭。从此,因为博格达葛根镇灭了厉鬼,人们为纪念博格达葛根的恩德,称此地为"博格达"屯。在"阶级斗争为纲"的年代,为进行"阶级教育",把此地改称为"包格图"屯,意思是有厉鬼的艾勒。

(赛音毕力格、赛音巴图整理;孛儿只斤·额尔德木图汉译)

南包古图的传说(二)

相传在很久以前,在现在的奈曼旗巴音塔拉苏木南包古图嘎查有个叫"波日和诺颜"(意为大漠里的官)的人。"波日和诺颜"没有儿子,有三个闺女,而且大闺女嫁到了遥远的扎赉特旗。

传说这"波日和诺颜"是个很霸道的人。而且这人的霸道简直比皇上老子都过分,比如说,……他家有死牲口的时候,这死的牲口头冲谁家他就逼着谁家赔给自己。有一次,这个"波日和诺颜"找到一位"乌者其"(算卦先生)想要搬到一处好地方去建房立院。而当"乌者其"提出看风水得要先给银子做打点时,"波日和诺颜"马上翻脸把这位"乌者其"一顿暴打后逼着人家看了风水。怀恨在心的"乌者其"当然不会给"波日和诺颜"指什么风水宝地,而是指给了他一处"青牤角"的凶地。

"波日和诺颜"在"乌者其"指定的地界盖上青砖红瓦的家院后,家道立时败落下来。先是牛羊五畜日渐病死,再后来是他老婆和定居在附近的闺女女婿接连抱病而死,最后只剩自己的"波日和诺颜"也是害了恶病死了。下人们把"波日和诺颜"的尸体葬到他老婆的坟墓旁后,人们把那地方叫成"本巴塔拉"(坟甸子)了。

远嫁到扎赉特旗的大闺女听到阿爸的死讯,急忙套上孝车赶回来,在父母坟前哭得天昏地暗,尽了儿女之孝。可不曾想到的是,大闺女在返回的路上,被变成厉鬼的她阿爸拦了路,马车受惊翻了个底儿朝天,大闺女也急奔了黄泉路。这样,"波日和诺颜"也就算绝后了。

从那以后,变成厉鬼的"波日和诺颜"一到天黑就跑出来抽鞭子、赶空车、闹马铃,搅得附近人家的狗整夜乱叫。而且,快到天亮的时候,这个"波日和诺颜"厉鬼也就折腾够了睡不着觉的邻里了似的消停下来。担惊受怕的邻里们只好求到新庙里的大喇嘛来镇魔。大喇嘛在"本巴塔拉"立起经幡镇住了厉鬼。后来,人们一提到"本巴塔拉"就会想起那个生前恶霸一方的"波日和诺颜"。

也有人说那厉鬼其实就是一股"脏旋风",人畜一旦被这"脏旋风"刮到后,就会怪病缠身很快死去。而从新庙请来的大喇嘛,只不过是在那旋风的风路选好位立了个障,刺瞎了风眼罢了。

邻里们因为忌讳又害怕,没人敢动那青砖红瓦房里的物件。可在卯年的"学好队"叛乱中逃难出来的一些人到这里后,看着这大宅院没人住就壮起胆子住了下来。一直到这时候,"波日和诺颜"的这座宅子还是完好无损地荒着的。再后来,那些避难的人走了以后,没人住没人管的这座老宅经不起多年的风吹雨淋,开始掉砖落瓦、梁弯檩断。再后来雷劈了几次,没几年这座"豪宅"就坍成了一堆瓦砾。

据邻里们相传,"波日和诺颜"的那座宅子前后挨了7次雷劈。虽说这黑心肠的诺彦活着的时候是恶霸,死了以后成了厉鬼,但这世上总归是有降它之物。后来的人们为了纪念这个邪不压正的故事,就把这地方称之为"包古图"(鬼方)了。

(杭杜特·乌顺包都嘎整理,孛儿只斤·额尔德木图修改)

北包古图的传说(二)

北包古图村原来的村名叫"固日班赛罕"。不过在被叫成"固日班赛罕"之前,还被叫做过"固日班哈仍贵"(三荫地)呢。其实,这"三荫"是指

"固日班乌苏"、"赛罕波日和"、"哈日苏"三地而说的。

　　有一年的四月,奈曼汗王(奈曼旗第一任王爷贡楚格巴特尔)来到"固日班赛罕"打猎了。当王爷一行人赶到"固日班哈仍贵"(当时的地名)的时候,晴好的天突然阴了下来,不一会儿就下起了鹅毛大雪。汗王心里不禁犯疑琢磨道,这都四月了下什么雪呀。汗王心里这么犯着嘀咕抬头四下一望,就发现前面的高台地上现出了一个手立三叉戟的红脸大汉来。以为是见到此处山水神了的汗王想了想说道:"擅闯宝地猎取兽禽惹恼山水大神了!哎……我以后就把这宝地改称'固日班赛罕',给大神站的这高地上立个大敖包,选到好址给大神建座庙,四季给大神上烛敬香吧!"汗王这般许下诺言,就见那纷纷扬扬的大雪立时止住,云散日出又是艳阳天了。

　　王爷回到府上后,立即吩咐手下按自己的诺言,在那高地上立起敖包,在如今的北包古图建起土地庙,并指派奈曼旗各庙的喇嘛轮流到那里去值庙。从那以后,邻里们也就把原来的"固日班哈仍贵"改称"固日班赛罕"了。

　　那座山水庙其实并不大,后来有一个来值庙的喇嘛嫌如此值庙很是麻烦就请求道:"这般轮值甚是麻烦,我当想在此庙终老,我圆寂后便可另请我佛中人来。"就这样,喇嘛长住在了那庙里。最后,当这位喇嘛圆寂时,一位自称是"固日班赛罕"土地化身的"毛都图浩来"(地名)的一个年轻尼姑来到庙上待了三年。当时的人们习惯地称她是"地仙姑"。不过老喇嘛在圆寂之前是不承认这位"地仙姑"的。"女子驻庙乃是败教之兆也!"老喇嘛生前坚持着这样的宗旨,一直没同意过众人举荐的这位"地仙姑"进到庙里来。

　　土地改革时,"固日班赛罕"的敖包被放火烧掉,土地庙也被拆成了瓦砾堆。庙被拆后,那位"地仙姑"也就远走到阿鲁科尔沁旗还俗为村人之媳了。

　　就这样,如今的人们已经把从"三荫地"演变过来的"三好地"改称为"北包古图"了。

　　(根据南包古图村谢孙全老人、阿拉坦沙老人和北包古图村的斯日吉古珠布老人所述记写。席·照日格图译)

响鼓坨

相传,在包古图村北的大沙坨子里有一座叫"响鼓坨"的大沙梁。据乡里的老人们讲,在他们小时候找牛羊找到那里,就会听到有打鼓声嗡嗡地传来,而且是有人在沙梁西面时鼓声便从东面传过来,等走到东面去后又从西面传过来的。所以,深感好奇的人们就给这座大沙梁起了个好听的名字"响鼓坨"。

(根据南包古图村谢孙全老人、阿拉坦沙老人和北包古图村的斯日吉古珠布老人所述记写。席·照日格图译)

固日班赛罕的传说

每逢(阴历)五月初五,奈曼旗多克伸王爷(奈曼旗第三任札萨克王爷扎木苏)都要举行围猎。

有一年,王爷在名叫"固日班哈荣贵"(意思是三座黑暗)的地方行猎。正当午时,忽然从西北方向乌云密布,狂风大作,在王爷身旁一阵旋风旋转而过。旋风过后,立即飘起红色的鹅毛大雪。参加围猎的数百名猎手们在大雪中飞马扬鞭,靠拢到王爷身旁,谁也不敢说什么,寂静地立马待在王爷周围。王爷在心中也非常奇怪,但他没有说什么,用马鞭指向南方,率领众猎手回到了宫中。

多克伸王爷将红色鹅毛大雪的事情禀报给旗庙葛根活佛。

旗庙葛根活佛问:"此地叫什么名字?"

王爷回答:"叫做固日班哈荣贵。"

葛根活佛说:"一个'哈荣贵'都这么可怕,三个'哈荣贵'那怎么办?改三个'哈荣贵'为三个'赛罕'吧!并且在那里立一座寺庙为好。"

翌年,多克伸王爷又到"固日班哈荣贵"围猎,并下令说:"固日班赛罕!这里野兽更加丰富吧!"数百名猎手在这里举行围猎,满载而归。

当年,固日班赛罕苏莫——奈曼旗第24座庙竣工。

(格勒格叙述,赛音巴图、赛音毕力格纪录;孛儿只斤·额尔德木图汉译)

包日胡硕庙的传说

奈曼王爷的哥哥是包日胡硕庙的葛根活佛。他在建设包日胡硕庙之前,勘查地形,知道此地是个施主富庶,信徒众多,依靠牢固的地方。

施主富庶,是因为本寺附近的水草丰美,牧民的生活富裕成为了自然的条件。

信徒众多,是因为本寺附近人民聚集,道路四通八达,交通方便。

依靠牢固,是因为本寺西北有一条比较高的连绵沙丘。沙漠地带,春季风刮不走这种沙丘,冬季成为人们避风的暖和处。

建起这座庙的时候,在现在的窑屯烧砖。四周的信徒们排列成长长的一排,一个接一个,用手传递砖块到苗基地。所以,称此庙为用施主们虔诚信仰建立起来的寺庙。

(乌日根吉勒图叙述,赛音毕力格记录;孛儿只斤·额尔德木图汉译)

博勒梯庙的传说

从前,在盖起博勒梯庙之前,喇嘛们想在拜兴图(八仙筒)盖一座庙。拜兴图背后有一个名叫乃古勒吉的地方。

有一位德行较高的喇嘛预言说:"在这里盖庙,会出很多德行较高的喇嘛。但是,施主们贫穷。乃古勒吉背后有叫塞汗华的地方,在那里盖庙的话,施主们较富庶。可是,难出德行高的喇嘛。"

再往北走一段路,到一个名叫博勒梯坟的地方。勘查此地,施主富庶而且会出很多德行高的喇嘛。就这样,在博勒梯坟地上盖起了寺庙,被称为博勒梯庙。后来,有人居住在这里,成立了屯村,以庙名称此屯为博勒梯屯。

(拉卜坦叙述,赛音巴图、赛音毕力格纪录;孛儿只斤·额尔德木图汉译)

红尾巴鲤鱼精的传说

从前,有一个南蛮子周游世界,来到奈曼旗塔尔根淖尔湖岸边。他勘测到这里有一个红尾巴鲤鱼精。这个红尾巴鲤鱼精的两只眼睛是举世罕见的夜明珠。

贪婪的南蛮子立即做起得到两颗夜明珠的盘算。

一个夏天的日子里,南蛮子和他的一个朋友来到塔尔根淖尔岸边,准备把红尾巴鲤鱼的两只眼睛弄到手。

南蛮子下水之前,把准备好的斧头、剪刀、绳子三个交给朋友,交待了一番,脱个精光,跳进水里。

待了好长时间,南蛮子的手出现在水面上,朋友把斧头扔给他。瞬间,平静的湖水出现了汹涌的波涛。

接着,南蛮子的手第二次出现在水面上。他的手大如簸箕,朋友有些吃惊。赶紧把剪刀扔给他。

不久,湖水中间出现泛血带,大半个湖水变成了血色。

南蛮子的手第三次出现在水面上。他的手大如几间房子,胆小而好事的朋友吓破了胆,没有把绳子扔给他,掉头就往后跑。

朋友跑出很远的地方,回头一看,湖水西南角出现一根金色的擎天水柱,闪闪发光。

原来,南蛮子下水之后,用斧头砍昏了红尾巴鲤鱼,用剪刀挖出了他的一只眼睛。可是,事先商量用绳子把鱼眼睛一一拉上岸的朋友,没有把绳子扔给他,却自己逃命去了。

在这期间,红尾巴鲤鱼精苏醒了。他用大尾巴摔打南蛮子几次,把他送上了天。失去一只眼睛的红尾巴鲤鱼精变做一条金色的光芒,逃向北京城去了。

好多年之后,奈曼王爷的福晋患了一种怪病。请好多名医都没有治好她的病。只好从北京请了一位姓李的郎中,治好了福晋的病。

在闲聊之间,郎中说:"我们本来是同乡。你们回去时给我父母稍一封信,他们住在塔尔根淖尔岸边。"

王爷的福晋满口答应郎中的嘱托,和陪同人员一起回到了奈曼。在中途派人把郎中的信件送往其父母。

被派遣的官差马不停蹄地疾驶到塔尔根淖尔湖岸边,远远望见果然有一个村庄。到村子里,打听到姓李的人家,把信件递给了主人。李老头高兴地说:"可怜我那失去一只眼睛的儿子,到北京成了一名好医生。"

老夫妻俩衷心挽留王爷福晋派来的官差,叫他吃了饭再走。官差盛情难却,等吃完饭天已经黑了。老头子热情地说:"儿子,天已经黑了,在这里住一宿,明天再走吧!"一路奔波疲倦的官差,看到果然伸手不见五指的黑夜,决定住下来。

第二天早晨,官差感到很冷,翻身起来一看,老夫妻二人踪影全无,只有自己一人,在野外过了一宿。

(王丽芸叙述,高振清记录,乌顺包都嘎蒙译;孛儿只斤·额尔德木图汉译)

塔尔根淖尔湖的传说

因为人类对大自然的原因,塔尔根淖尔湖已经干涸。但她的传说与世长存。

传说之一

很早以前,在塔尔根淖尔湖附近人烟稀少,只有在湖东南岸上有一座洁白的蒙古包。有一位慈祥的老妈妈在其中生活,看守着塔尔根淖尔湖。当时的塔尔根淖尔湖鱼虾丰富,鸭鹅栖息。时值寒冬腊月,湖岸上仍然绿草芳香;每当黎明时节,到太阳从地平线升起的时候,湖岸上出现金马驹,欢快地奔跑跳跃。

后来,从异地来了一个贪婪的富翁。他为了独占塔尔根淖尔湖,想要杀害年迈的老妈妈。老妈妈知道后,非常生气,与那个贪婪的家伙激战七天七宿,终于镇压了他。可是,在战斗中,老妈妈的一只眼睛受重伤,最后彻底失明了。她为了过一个安定的生活,离开了这个是非之地。从此,塔尔根淖尔湖岸上的草木日渐稀少,飞禽走兽越来越少了。

传说之二

很早以前,因为连年的干旱,塔尔根淖尔湖干涸,连一滴水都没有了。

有一天,有一位苍白老人领着一个窈窕淑女来到湖边,他们饥渴难忍,向居住在岸边人家请求,得到一口甘甜的湖水解解渴。那户人家可怜这个老头和姑娘,把自己家里仅留的一碗水献给了父女俩。二人接过水,老头子皱起了眉头,姑娘也摇了摇头。户主无可奈何地对他们说:"哎,实在没有办法呀!因为干旱,晶莹的湖水干涸了,我们只好饮用这样的泥水呢。"

听到这么一说,老头子和姑娘走到湖边一看,满地是烂鱼臭虾、干瘪的青蛙、干枯的水草,其他什么也没有了。老头子看到这种情景,沉默良久之后,面向太阳,开始祈祷。

从那天晚上起,出现三个泉眼,潺潺清水喷发出清澈的气味,湖水盈满,宁静的塔尔根淖尔湖得到了新生。

传说之三

遥远的古代,大自然每年都向塔尔根淖尔湖进行袭击,造成各种自然灾害。

有一天,有一位穿黑色衣服的老妈妈携带一位穿红色衣裳的姑娘来到湖边。老妈妈从篮子里拿出三颗金质白菜苗,栽到了湖岸上的烂泥里。一会儿,乌云密布,下起了倾盆甘雨。雨停了,湖水满盈,却不见了那位老妈妈。那位穿红衣的姑娘变成了一头红尾巴鲤鱼仙子。据说,塔尔根淖尔湖著名的红尾巴鲤鱼是这位姑娘的子孙。

三颗金质白菜的根子深深地扎在地心深处的金泥之中。所以,湖边长年风调雨顺,草地绿荫,湖水一般不干涸。

传说之四

很早以前一个干旱的夏天,塔尔根淖尔湖干涸了。湖边生活的人们连一碗水都喝不上,挣扎在生死的边缘上。

有一天,有一位勤劳肯干的年轻小媳妇习惯地来到湖边,费了好大力气挖坑,得到一点点水。她叹了一口气自言自语地说:"什么时候能喝到清洁的湖水呢?"她刚一说完,来了一位走路蹒跚,骨瘦如柴的老婆婆。她用沙哑的声音说:"请你可怜可怜我吧!赐给我一口水喝!"小媳妇应声看看那位婆婆,毫不犹豫地将自己吃力得来的一点水送给了她。老婆婆接过水,一饮而尽,连声说:"好水!真是甘甜啊!"说完,从篮子里拿出一颗白菜递给小媳妇说:"请你把这个白菜栽到湖中心去。那么,不久就会湖水盈满的!"小媳妇接过白菜,还没来得及问清原由,老婆婆不见踪影了。

小媳妇按婆婆的嘱咐,把白菜栽到了湖中心。瞬间,电闪雷鸣,下起了倾盆大雨。塔尔根淖尔湖水在风雨中荡漾。

(奈曼旗原巴嘎波日和苏木孟和嘎查李·宝音楚古拉叙述,杭图德·乌顺包都嘎记录;李儿只斤·额尔德木图汉译)

乌云高娃的传说

一则叫做《乌云高娃》的民歌在奈曼旗广为流传。歌中主人翁乌云高娃是奈曼王府北边的哈拉沙巴尔(蒙古语,意思是黑色的泥土)屯乌图萨拉克齐的姑娘。传说她是一个白色刺猬精灵的转世。

乌图萨拉克齐有每天要煮吃一支刺猬的习惯。其手下人来不及杀刺猬的话,他自己跑出去打刺猬。有一天,乌图萨拉克齐在野外行猎刺猬时,见到一只白色刺猬在路旁像滚球一样逃跑。乌图萨拉克齐非常高兴,把这只赛鲁尔般大的白色刺猬抓住,装进口袋里,继续往前走。又遇见四五只普通刺猬,乌图萨拉克齐高兴地一一装进口袋,背回了家。

乌图萨拉克齐把装进口袋的刺猬放在外屋,自己进里屋刚刚坐下,听到外屋有人说:"乌图萨拉克齐诺颜,请求您放了我吧!我要为您保驾三代!"乌图萨拉克齐奇怪地问:

"谁在那里说话呢?"那边说:

"口袋里的白色刺猬在说话。"乌图萨拉克齐很惊讶,跑到外屋一看,是白色刺猬露出脑袋,重复着说刚才的话。乌图萨拉克齐万分惊奇,连连答应说：

"行,行！要放！要放!"把所有的刺猬都放走了。

不久,乌图萨拉克齐的哈屯生下了一个姑娘,起名为乌云高娃。乌云高娃便是这支白刺猬精灵的转世。

乌云高娃长大了,越发亭亭玉立,如花似玉,美不可言。因为是出类拔萃,与朝鲁图屯已有家室的达里扎卜图萨拉克齐有了感情。而最后,放弃了这段感情,嫁给了克什克腾旗司首图萨拉克齐。

(奈曼旗固日班华苏木巨日干拜兴嘎查胡尔齐扎拉散叙述,杭图德·乌顺包都嘎记录;孛儿只斤·额尔德木图汉译)

章古台察干苏布日嘎的传说

盖起章古台察干苏布日嘎时,由奈曼旗诰命葛根勘查了地形。诰命葛根预言说:"最后唯独这座察干苏布日嘎度过时代的风暴,挺立于原处。"

后来,果然很多寺庙被毁,王府被砸。唯独这座察干苏布日嘎虽然是满身伤痕,却巍然屹立在原处。

盖起这座察干苏布日嘎时,用的是以察干湖水和泥烧的砖。如今被称为"窑坑"的地方,就是那时候起土留下的土坑。

盖起白塔时,诰命葛根下令说:"运砖时不得用车。施主们用手传递。"所以,每隔五尺远,站一个人,用手传递10多里远的距离。

诰命葛根还嘱咐说:"立起察干苏布日嘎时,白龙要显身。任何人不得侵犯它!"

在这13层白塔里面,塑造了10万个向对面的菩萨像。

有一天,从西北方向升起乌云,下起了倾盆大雨。雨停后,各类匠人出去看雨后景象时,见有一条白蛇在塔上滑行。

当时,察干苏布日嘎只盖起四五层高。匠人中间淘气鬼不缺。有一个淘气鬼拿起石块,照准白蛇打去。石块正中白蛇的头,白蛇弯曲着身子掉了下来。

当晚,大暴雨掺杂着冰雹,冲走了所有的菩萨像。察干苏布日嘎也被冲垮了。

把这情况汇报给诰命葛根,葛根说:"我曾嘱咐过,不得侵犯现身的白龙。……怎么样?毁了就毁了吧!重新盖吧。"

诰命葛根重新勘查地形,在原来位置的东南边用拐杖画地说:"在这里盖,而把菩萨像背对背,脸朝外塑。龙神还会出现,是黑花龙。你们谁也不得侵犯它。"

接着,按葛根的指示,重新盖起察干苏布日嘎。有一条黑花蛇从塔底爬到塔顶,又爬到塔底,谁也没有侵犯它。因为再侵犯它的话,怕建筑还要受到干扰,大家还要白费力气。

从北京雍和宫请来察干苏布日嘎的甘吉拉。接近察干苏布日嘎,锯倒挡路的榆树,把甘吉拉拉到来察干苏布日嘎旁边。

甘吉拉八面备有铃铛,每一个铃铛都有自己的特殊功能。比如,具有预告冰雹、下雪、刮风,哪个方向的喇嘛患病、从哪个方向来客人等的神通。也就是如果西北方向的铃铛响了,住在本庙的某一位喇嘛患病;正东方向的铃铛响了,是在预告尊贵的客人即将来到;正北方向的铃铛响了,是在预告刮大风;正南方向的铃铛响了,是在预告马上下雨。

在这个青铜制作的甘吉拉上,刻有资助本庙建筑的施主名单。

甘吉拉每一个铃铛上都有佛像和佛名,每个佛像都有咒语密符,每一个咒语密符都有神祇。

(胡尔齐扎拉散叙述,杭图德·乌顺包都嘎整理;孛儿只斤·额尔德木图汉译)

阿齐图苏布日嘎的传说

奈曼旗固日班华苏木塔甸子屯的原名叫做阿齐图苏布日嘎。

阿齐图生前是奈曼王爷著名的搏克(摔跤手)。他喜欢穿用马鬃编制的照杜克(摔跤时穿的特制坎肩),是个出类拔萃的20多岁的搏克。

有一次,阿齐图跟随奈曼王爷到宾图(科尔沁左翼前)旗,与那里的博克们竞赛。阿齐图将要摔倒宾图王爷的博克时,宾图王爷的手下宣布暂时休息。在这期间,宾图王爷通过奈曼王爷通知阿齐图,必须向宾图王爷的博克投降。

阿齐图本来能得冠军,所以,不想昧着良心向对手投降。他就没有理睬奈曼王爷的命令,把宾图王爷的博克狠狠地摔倒在地。这是犯下了逆天大罪,阿齐图急忙跪倒在宾图王爷博克的前面认罪。宾图王爷的博克趁这个机会,用靴底里加钢刀的靴子踢向阿齐图的胸口,结束了他年轻的生命。

奈曼王爷把阿齐图的尸体从宾图旗拉到奈曼旗固日班华塔甸子附近,立起三层塔,安葬起来。在塔的顶层刻画了阿齐图摔跤的情节,底层刻写了奈曼王爷和诰命葛根的铭文。从此,本地人称此地为阿齐图塔。后来,务农的汉族人进驻这里,改称塔甸子。

阿齐图塔大约在土地改革时期被毁。

(奈曼旗固日班华苏木胡尔齐扎拉散叙述,杭图德·乌顺包都嘎、浩特拉整理;孛儿只斤·额尔德木图汉译)

包日胡硕庙三世葛根的传说

据苗仓里的达笔帖师浩日老仁钦喇嘛所叙述,包日胡硕庙先后共有三世葛根。其第一世名字叫和尚。

他在西藏学透了佛教经文,回来时乘骑带银质鼻勒的白骆驼,驮起穿戴以及食物等一应什物,赶起了路。

和尚所骑的白骆驼来到奈曼旗东部一块水草丰美的林子里,卧倒在地,再也不走了。怎么打也不起来。和尚观察周围的自然景象,加上白骆驼预示的征兆,在这里立起一座塔。这就是当今位于东明镇南边的塔甸子屯。后来,和尚根据塔甸子地处偏僻,交通不便的情况,在当今东明镇附近盖起简陋的两座寺庙,称为"旧庙"。

第一世葛根把建寺庙之事汇报给彰嘉葛根。彰嘉葛根为他算卦。结果,卦象说:新建寺庙之地虽然交通方便,能出德行较高的徒弟。但其地势硬绝,对徒弟们的寿命不利。因此,一世葛根根据彰嘉葛根的指示,把寺庙迁徙到密林环绕,各种鸟雀鸣唱的包日胡硕庙里。从此,这里散发檀香的青烟,各种木匠、泥匠、瓦匠喧闹。以往寂静的原野上车水马龙,运石搬砖,熙熙攘攘。

第二世葛根出生在一个贫穷牧民家里。请到庙里之后,手下俎甘迪会员不愿听从他的指令,出现了矛盾。

有一天,二世葛根把一个比较和得来的喇嘛叫到自己的宫殿,畅谈起来。葛根:"我们的寺庙本来具有上世葛根传下来的法律法令,可为什么难以施行,而出现倒行逆施的行为?"朋友喇嘛微笑着说:"有德行的学者出现,只有学识还不够,还需要根基啊!"

葛根郑重地说:"释迦牟尼佛爷出身于平民家庭(释迦牟尼本名悉达多,刹帝利种姓,公元前565年出生为古印度释迦族净饭王的太子。所以,在这里所说的'平民家庭'是错误),后来精心修炼,达到了菩提境界。他弘扬黄教(黄教是14世纪宗喀巴所创立,释迦牟尼创立的是整个佛教),厌弃财富,怜悯一切有生之物,普渡苦难而宣教。正因为这样,为什么还需要什么根基?"朋友喇嘛不慌不忙,屈指说出如下道理:"不是这样。释迦牟尼出生在远古时代。如今我们中国人为了利益而争斗,为了利益毁掉一生。所以,没有根基就等于没有利益,没有利益,说话不通。"从那天起,二世葛根身体不适。不久涅磐了。

三世葛根转世在奈曼王爷家里,为奈曼王爷的长子。奈曼王爷看到自己的儿子格外清净,聪明伶俐,智商过人。而且,一会说话就预示了葛根的征兆。所以,把他从小送给德高望重的老师那里学习。长大后,又把他送到拉萨、塔尔寺学习佛教经典。学成后,荣获皇上特赐的珍珠数珠。

三世葛根坐床之后,从王府财政、仓库拿出很多金银财宝和钱物,修缮和扩建了包日胡硕庙。四面八方的著名富户、虔诚信徒、平民施主们把成群的牛羊奉献给庙仓和各根仓,真是财源滚滚。

从此,包日胡硕庙成了本旗宗教、经济、文化各方面的中心。从内地来的汉商和蒙古本地土产在这里进行交换。砖茶、鼻咽、绸缎、布匹、酒类、烟叶在这里成了抢手货。

更值得一提的是,包日胡硕庙三世葛根在奈曼旗的庶务中,帮助札萨克王弟弟,为他出谋划策,引导他利用地方优势,建设本旗方面费尽了心血。

清朝政府向日本帝国主义无耻地屈膝投降,导致了蒙旗上层的极度分裂。日本帝国主义者妄图侵占达尔汗(科尔沁左翼中)旗领地。并且也利用女色与贿赂的手段,特请奈曼王爷两次到丰田(如今的沈阳)做客。包日胡硕庙三世葛根对弟弟嘱咐说:"王爷,是本旗的家长;人民,是王爷的子弟。宁可担待危险于自己,不可对不起人民!……土地不可让给他人。"胆大心细的奈曼王爷与日本军界头目作了好几天的激烈舌战,粉粹了日本的如意计划。俗话说"狗急跳墙",日本人在奈曼王爷启程回旗之时,暗中下毒于其马鞍子上。奈曼王爷回到包日胡硕庙不久,与世长辞了(这是奈曼旗末代王爷索德纳穆道尔吉的故事。据可靠记载,他死在北京,而不是在包日胡硕庙)。

(奈曼旗治安镇韩宝力高叙述,杭图德·乌顺包都嘎纪录;孛儿只斤·额尔德木图汉译)

白音察干山的传说

洪巴特尔王爷嗜好打猎。每当行猎,他对参加打猎的骑兵下达:"把眼睛闭上!"的严厉命令之后,一阵风驰电掣般的奔跑,到达目的地。

人们服从王爷的命令,睁开眼睛一看,已经到了鸟语花香,飞禽走兽穿梭的原始森林。

打猎的骑兵中有一位像小孩般的淘气而胆大的青年,名叫白音察干。在一次行猎结束时,他想知道回归的路径,没有按王爷的命令行事,睁着眼睛催马奔去。

可是,那些听从命令的人们呼啸一下,一瞬间撇下白音察干,无影无踪了。

完了！忤逆王爷的命令，真是后悔莫及！可是，白音察干已经来不及了。

他恨自己，要在这个不知去向的荒郊野地里将成为狼食。他无精打采地任由坐骑往前行。忽然在他的眼前出现了一个熙熙攘攘的屯村，好像用温暖的青烟召唤着他。

白音察干高兴极了。他在这个富庶的地方打短工维持生活的同时，时刻等待着从遥远的故乡传来喜讯。

他如此艰难度过岁月之际，在他放牧的马群里一头骨瘦如柴的小马驹，连续三夜托梦给他说："你的故乡在东南方向，请你不要小看我，给我备上鞍具，一口有漏洞的钱褡子里装上沙子驮在我身上，于3月3日启程的话，我把你送到你的故乡。"

白音察干向主人说明自己的意图，把那匹小马算作数年的工钱。主人很高兴，把小马给了他。白音察干给小马备上鞍具，骑上它。一开始摇摇摆摆，似乎要摔倒的模样。逐渐奔驰起来，钱褡子里的沙子漏完的时候，它已经绕马群三圈，直奔东南飞跃而去。

白音察干听从王爷的命令，紧闭眼睛，任马飞奔。大概已经到达目的地，他睁开眼睛一看，洪巴特尔王爷亲自指挥规模宏大的迎接队伍，等待着他。

大王爷说："我们山阳地区骏马总不如哈拉哈地区的骏马。如今白音察干给我们带来了优良的马种，果真迎合了我的梦兆。"于是摆下了盛大的宴会，把那座山命名为"白音察干山"。并下达封山之令："无论何人，不得在这座山上拉屎撒尿！不得毁坏花草树木！不得擒杀飞禽走兽！"给予白音察干丰厚的赏赐。

白音察干山的名称来源是这样。

（杭图德·乌顺包都嘎记录；孛儿只斤·额尔德木图汉译）

扎米扬恚达尔葛根的传说

大沁庙六世葛根扎米扬恚达尔是奈曼旗札萨克王爷的福田。他所主持的大沁庙是奈曼旗24所寺庙的第一大寺。扎米扬恚达尔葛根并且是扩建大沁庙和建修巴拉丹巴日蚌塔工程的总工程师兼总指挥官。他是几千名喇嘛忽巴拉嘎以及数以万计旗民的福田和呼图克图博格达。

在这里,不想叙述他对佛教及其五部刺桑经咒的修炼,只是搜集了该葛根在社会上广为流传的传说之一二。

(之一) 神奇的袈裟

据说扎米扬恚达尔葛根有一件神奇的袈裟。

葛根在西方宝刹学习佛教经典18年,领悟菩提境界回归的路上发生的故事。

扎米扬恚达尔葛根来到汹涌澎湃的黄河西岸。因为水势大涨,所有船筏都停止运行。葛根有些惊讶,可是他不慌不忙地揭开身上所披的绸缎袈裟,扔向滚滚的河水。袈裟在水面上铺开,葛根轻步其上,如腾云行空般地奔向东岸。

他端坐在袈裟上,行到黄河中间,在他的眼睛里出现了海市蜃楼。宽阔的河面上霞光万道,彩云千朵,有一座金质塔和金顶宝刹对映在其上,令人生畏。

葛根默念"唵、嘛、呢、叭、咪、哄"6字真言,欣赏海市蜃楼,不觉已到了彼岸。葛根越看越高兴,从那里看到了自己将来主持的大沁庙的意境。

据说还有一次,扎米扬恚达尔葛根的袈裟发挥了异常的功能。

《七七》事变后的几年里,日寇曾两次派遣其日本喇嘛到大沁庙表示"关心"的同时,又再三聘请扎米扬恚达尔葛根到日本进行"视察"。葛根拗不过,只好赴日本进行"视察"。日方准备将葛根"视察团"用敞篷车送到阜新,再用火车送到沈阳。从沈阳用飞机送到日本东京。

到预定的时间,葛根对日本官员说:"我要启程了!"把袈裟铺开,自己端坐其上,飘飘然飞向东海。

当日本官员和葛根的随从人员到达日本时,葛根已经到日本休息两天了。

(之二)精巧设计建寺庙

扎米扬恚达尔葛根在渡过黄河时,从海市蜃楼得到灵感,开始酝酿建寺庙的计划。

葛根回到故乡,做了长期的准备。

大沁庙是在乾隆四十年(公元1778年)得到皇上御赐"乌力吉忽日特格齐苏莫"金字牌匾的奈曼旗上等寺庙。公元1891年,敖汗旗杨家湾子发生的"金丹道"事变,把大沁庙烧得面目全非。扎米扬恚达尔葛根铭记灵感,为维修寺庙立下了百折不回的决心。

开工时,葛根亲自率领建筑工、木匠以及各类工程人员,来到博格金甸子广袤地带。

他按着在渡过黄河时看到的海市蜃楼的模样,用和稀的石灰泥划出母型图,交给了施工人员。

呼图克图的指示就是神圣的通告,上天的命令。尤其是这幅规划图,设计独特,占据广袤甸子的中央,精巧玲珑,令人欣赏不已。建筑人员、木匠、技术员、各种巧匠、喇嘛托音、信徒和施主大家一齐动手,在扎米扬恚达尔葛根的规划下,开始动工了。

巴拉丹巴日蚌塔于宣统二年(公元1910年)动工,中华民国元年(公元1912年)竣工。塔身4层,高25米。石板、水泥、砖与石灰、木料结构,里边转弯型楼梯,直通塔顶。底部叫"邵图"的层里塑造了宗喀巴像;叫"巴拉古尔"的第二层里面塑造了麻哈嘎拉佛像;叫"琼松"的第三层里面塑造了本巴——东忽尔佛像。

大沁庙的修缮工程于公元1922年动工。主厅是南北方向七丈余长,二层楼形状。共63间。左右18间加上钟楼,一共81间,被称为"苏格亲杜岗"。除此主体庙之外,还有德八占庙、黑幕里庙、嘎拉丹庙、五塔寺庙、芒占察巴屋和门房等附属建筑,用了17年的工程,到伪满洲国康德六年(公元1939年)竣工。

这些建筑整齐地排列在一条线上,显现出蒙古、图博特、满洲、奇塔特诸民族的建筑艺术的古代工程。

这个立体建筑不但是扎米扬恝达尔葛根高超智慧的结晶,而且也是当时蒙古人民辛勤劳动的结果。

(之三) 葛根的预言

在建塔修庙的日子里,扎米扬恝达尔葛根像一位周游世界的仙人或告老还乡的高官,经常到工地与那些工匠们畅谈。一来二去,他们与他混得像老熟人,无话不说。

有一次,葛根到工地,与大家闲谈之间了解了建筑的有关情况,谈起建塔修庙的公德时说:"传播佛教,普渡众生,消除愚昧,解脱黑暗,托佛、经、喇嘛三宝之威力,达到涅磐境界。"又说:"如今修建寺庙,将来还被毁坏。但是,修缮者得到福缘;毁坏者承受孽缘。这是逃不脱的轮回之理。"他观察四周说:"你们相信吗? 将来哪一天,纳里德河发洪水要从这里流过。"

是巧遇? 还是定数? 或者这位呼图克图对自己的故乡了如指掌? 扎米扬恝达尔葛根预言的一切事情不到半个世纪全都应验了。

大沁庙于丁亥年(公元 1947 年)被毁。仅仅三天时间,塔毁庙灭,佛像被砸,经典被烧。这些广大人民大众的血汗和智慧的结晶,扎米扬恝达尔葛根的显著贡献,全都成了美丽的传说。

20 世纪 60 年代,纳里德河洪水开始往东流过大沁庙所在地额尔德尼华,河畔的庙基地成了平地。

扎米扬恝达尔葛根建塔修庙不久,于民国三十三年(公元 1944 年)逝世。时值甲申春二月,从初一到初九的整整九天,鹅毛大雪一直不停地飘落。

笑星(绍格沁)嘎日布

春去夏到,从旧年的陈草下露出青翠的嫩芽。青青嫩草日渐长大,立在套马杆不见梢子的绿荫中,五畜尽情地享受。

大沁庙第六世诰命葛根扎米扬恝达尔下了经座,在门徒的陪伴下绕着高绕路,解乏闲逛。

在那灶和沁艾勒的东南边,有一个少年在放牧一群发情号叫的毛驴子。葛根看到这些,好像想起了什么,走近少年身边,微笑着问:"孩子,你在放几头毛驴?"这个孩子名叫嘎日布,是东穆胡尔屯保格鲁特氏僧格的爱子。这孩子从小就是出了名的伶俐鬼,他听到葛根的问话,笑眯眯地回答说:"我在看一群(苏鲁克)毛驴,没有数具体几个。"他把"苏鲁克"一词说得特别有力。诰命葛根"哈哈哈……"地大笑着说:"看看这个达米西格(带有爱惜之意的谩骂词),反过来占了我的便宜。"

原来这位葛根出生在苏鲁克旗(当今的辽宁省彰武县)。葛根喇嘛想要叫嘎日布说出"奈曼"(八个)之数,来嘲笑这位奈曼籍的孩子。结果,被孩子嘲笑了一番。因此,对他产生了好感,最后聘请他做了本庙的绍格沁。

良狗的"叫声"

诰命葛根宠爱的"绍格沁"嘎日布,曾经三番五次地嘲笑葛根。而葛根每当被嘲笑,都以"达米西格,又占了我的便宜"来结束。葛根越被嘲笑,越加宠爱这位聪明伶俐,智慧过人的"绍格沁"。

有一天,绍格沁嘎日布在搂青们住的草房里有声有色地描绘如何嘲笑诰命葛根的过程,使他们捧腹大笑。其中有一个忍着笑说:"你真有那样本事的话,就叫诰命葛根学狗叫一下呗!"

嘎日布打赌说:"如果我真的让葛根学狗叫得话,你必须准备五斤坛酒招待我们大家!"那位也满口答应了。

嘎日布来到葛根仓,推门进去。众搂青也悄悄地紧跟其后,以亲身作证。

绍格沁嘎日布以正经面孔走进葛根的房间,葛根想:"这达米西格,又要来占便宜是吗?"葛根问:"有什么事吗?"嘎日布说:"没什么事,只是搂青们想领养一条良狗,来守护大院。保格金艾勒巴达拉的母狗养了崽子。"葛根不假思索地说:"可以。"嘎日布说:"良狗具备什么特点?请葛根赐教!"葛根没有提防这位绍格沁的勾当,说:"毛驴的好坏,要看它的号叫;良狗的特点,表现在它的叫声。"接着说:"良狗崽子的叫声是'旺！旺！',这样比较浑厚。"葛根刚一说完,嘎日布为首的众捞青们抑制不住情绪,嘻嘻哈哈地笑着跑了。

诰命葛根这才醒悟,拍着脑壳说:"又被达米西格占了便宜！"

捞青们把嘎日布请到中间,干起坛酒,庆祝了"胜利"。

(奈曼旗黄花塔拉苏木北乌兰额日格嘎查宫金珠叙述,浩特拉记录;孛儿只斤·额尔德木图汉译)

"神偷"萨仁格日勒

纳里德河南岸上有一个村子叫衙门营子。19世纪末20世纪初,这里出生了一位名叫萨仁格日勒的人,被称为"神偷",远近闻名。关于他传奇式的传说广泛流传在人们中间。

萨仁格日勒的生活比较困顿。其父母给他起名为萨仁格日勒这个名字,就好像赐予了"神偷"的雅号。他吃糠咽菜活到了10岁。后来开始偷那些富庶人家的财产来维持生活。长大了,已成为敢赶成群的牛马,上百的羊群来接济穷苦兄弟的好汉。

(之一) 被称为"神偷"

有一次,萨仁格日勒因为某种罪名,被奈曼王爷抓住了。衙门的衙役们遵王爷的命令,摁倒萨仁格日勒,用大板子抽打他的屁股,逼他招供。衙役们几经轮回,怎么打也没能逼他说出半句话。

一看他躺在地上,若无其事地在地上画画呢。衙役们大声吼叫着,气急败坏地举起大板子将继续抽打的时候,萨仁格日勒用手指着自己的屁股说:"你们不是跟它纠缠呢吗？让它招供就是了！"无可奈何的衙役们把这些情况如实禀报给王爷。王爷听了,也哭笑不得,准备亲自过堂。

王爷大声责问:

"你偷的人家牛马究竟有多少？"萨仁格日勒好像挺尊重王爷,低声回答说:

"不曾细数过,看中了就赶了回来!"王爷追问:

"你偷的是哪里谁家的牛马?"萨仁格日勒很自然地回答说:

"都是旗境以外的富户豪家从人民手中骗剥所得的牛马。"王爷听了此话,好像想到了什么,顿了一顿问:

"萨仁格日勒你说的都是实话?"萨仁格日勒骄傲地回答说:

"全都是实话实事,我虽然是'神偷',从来不说谎话!"王爷抑制不住,差点笑出声来。整整嗓子,用商量的口气说:

"萨仁格日勒,你能为我办一件事吗?"萨仁格日勒问:

"什么事?"王爷压低声音说:

"马,骏马!"萨仁格日勒有些不相信自己的耳朵,低声嘀咕说:

"王爷还想偷马?"王爷大声笑"哈!哈!哈!"下了座位,走近萨仁格日勒说:

"萨仁格日勒,那匹马不能和其他马相比!和古代枭雄罗成所乘骑的白龙驹一样。"王爷进一步说:

"萨仁格日勒!你是个好汉!如果你能把那匹马弄来给我的话,我封你为'王爷的神偷'!"

(之二)"神偷"萨仁格日勒偷得白龙驹

阿鲁科尔沁旗有一位牛羊以数千计,金银以成箱装的富翁。他的牛羊、金银之多不在话下。只是因为他具有"阿吉奈四骥"的四匹骏马,所以,闻名于远近广大地区。

"阿吉奈四骥"是两匹白马和两峰白骆驼。这四匹良骥个个都能日行千里。跋山涉水,渡过沙川如行平地。老富翁把这四骥看成是掌上明珠,珍爱如自己的命根子。

一天夜里,富翁坐在蒙古包上首,数着念珠,刚刚进入梦乡。忽然听到几声狗叫。富翁警觉,出外仔细检查"四骥"厩棚,没有发现什么异常,这才放心地回到包里准备睡觉。

富翁的睡眠好像被那些狗吃了似的,翻来覆去睡不着。他索性坐了起来,盛一碗凉茶,慢慢喝的同时,注意听着外面的动静。

这个时候,萨仁格日勒已经到达富翁的艾勒附近,被那看家狗挡住了去路,正在寻找机会呢。他忽然看到牛粪堆上的阿鲁克(拾粪筐),麻利地把它扣在自己的身上,蹲下身,一步一步地接近马厩。这样瞒过了看家狗的大关。到马厩一看,整个马具齐备在马厩旁的架子上。萨仁格日勒暗自庆幸:"上天在保佑我!"把马具齐全地备在一头白马身上,牵着白马走出了马厩。看家狗们成群上前,挡住了他的路。接着,老富翁也掀门出来。萨仁格日勒登鞍上马,加鞭疾驶。当人们得知怎么回事的时候,萨仁格日勒已经划破深夜的黑暗,如闪电般地消失在远方的草原。

老富翁失去一匹白骏马,能袖手不管吗?他命令著名的阿鲁科尔沁二男一女三大高手,叫他们骑上剩余的"三骥",追赶窃马贼。

黎明时分,萨仁格日勒来到一个比较富裕的艾勒下马。他所骑来的是大白马。此时,他已经听到从后边追来的马蹄声。他把马拴在柱子上,拿起扫帚扫起了当院。

一会儿,追赶的三人来到门口下马。问他:

"请问看见刚才骑马来的人没有?"萨仁格日勒假装扫地,低着头,哈着腰说:

"刚才进屋里,正在喝茶呢!"趁三个人走进屋的机会,萨仁格日勒骑上小白马,疾驶而去。进屋里的三个人醒悟过来,赶忙跑出来的时候,萨仁格日勒留下一路尘土,已经消失在远方。三人立即上马,跟踪追赶萨仁格日勒。

小白马正值年轻力壮之际,不多时便越过了两旗边界,进入老哈河流域。

太阳升起,家家户户放出牛羊骆驼,千万头牲畜的足迹泯灭了小白马的脚印。追踪的三位不知所措地焦躁起来。正在此时,人喊马嘶,混杂着偶尔的枪声,二三十个骑士大喊:"抓贼!"飞奔而过。不一会儿,又出现四五十个骑士,高喊:"捉贼寇!"喧嚣而过。在这种情况下,别说三个稿什嘎,来30个兵丁也无济于事。最后,三人无可奈何,回到家乡,向老富翁交差去了。

旭日升出一丈高的时候,萨仁格日勒来到奈曼王府门口下马。他把小白马拴在王府门前的狮子柱上,唱着《奈曼王爷颂》,连头也不回地快步走向大沁塔拉草原。

(之三) 赛风的哲尔德(红色)马

萨仁格日勒有一匹叫做"赛风哲尔德"的好马,它的跑步赛过疾风,黑夜行路如白天。

爱好骏马的很多人都企图将它占为己有,但最后一样逃不脱"得而复失"的命运。因为谁想得到这匹马,萨仁格日勒毫不吝啬地给他。得到它的人能够顺利地骑上它,到达目的地下马时,往往被它摔倒在地,徒步归来。这也是个很难堪的事情。赛风哲尔德最晓得自己主人的意图。

这匹赛风哲尔德怎么成了萨仁格日勒的坐骑? 这里还有一段故事。

在奈曼旗西部有一个姓庞的富户。他为了炫耀自己的富有,聘请萨仁格日勒为他驯服一匹骏马。萨仁格日勒快乐地接受他的请求,仅用三天时间,把二岁子哲尔德马驯服好,交给了他。姓庞的富户为哲尔德马备好从多伦县买来的绸缎垫子,从锦州城买来的马鞍,乘骑出去,威风凛凛,好痛快! 可是,一到目的地,逃不脱被摔下来的命运。这样,富翁吃了几次亏之后,才发觉"这匹马不适合我老头子乘骑",赠送给了萨仁格日勒。

萨仁格日勒得到这匹哲尔德马,高兴得跳了起来。他使尽自己所有技能,把它调教起来。不久,这匹马学会了从遥远地方不误地找回自己的家乡;听到主人的呼啸声或得到特殊信号之后,跑过来、跳过去、趴下去、爬过来……真是随心应手。主人骑上它,奔驰在广袤草原上,如天马行空,风驰电掣。

萨仁格日勒将赛风哲尔德驯服成左边骑、右边下的"秘密"习惯。所以,其他人能骑而不能下。"神偷"萨仁格日勒骑上赛风哲尔德,真是锡林好汉长上了双翼。

(之四) 锡林好汉

奈曼旗乌凌嘎章京富有牛羊财物。所以,经常害怕萨仁格日勒哪天把他的牛羊财物全部偷走。

有一天,章京和萨仁格日勒正好碰见了。章京从来不认识萨仁格日勒,所以问他:

"你是谁?"萨仁格日勒早就听说乌凌嘎章京常常怀疑他,就故意大声说:

"我是神偷萨仁格日勒!"乌凌嘎章京几乎要逃走,嘴里喃喃地说:

"萨仁格日勒,萨仁格日勒,神偷杂种……"

萨仁格日勒也知道乌凌嘎章京"对札萨克事情一点不含糊的好汉!"而羡慕他,看到他有些心神不安的表情说:

"萨仁格日勒虽然是个小偷,但也深知'兔子不吃窝边草'的道理!"说完便走。

听到他的话,老章京责怪自己说:

"兔子不吃窝边草,我为什么要怀疑萨仁格日勒呢?萨仁格日勒,萨仁格日勒'神偷',锡林好汉!"再三叨咕这些话。

从此,萨仁格日勒"锡林好汉"的绰号传遍了草原。

(之五)"教训"弟弟

萨仁格日勒的"锡林好汉"美名远扬。对此,他的同胞弟弟瓦奇尔格日勒嫉妒又羡慕,坐立不安。于是,他找哥哥,催促要当他的"徒弟"。

当哥哥的心软,还是答应收他为徒弟。

萨仁格日勒给高兴得快要跳起来的弟弟骑上一头不弱于赛风哲尔德的好马,趁黄昏出发了。凡是小偷都习惯于夜间行动。

他们兄弟俩不知跑了多长的路,大约后半夜到达了目的地。萨仁格日勒叫弟弟去偷一只羯绵羊来。瓦奇尔格日勒也摸透了哥哥的心思,想让他"看看",跑到羊群里偷来了一只又肥又大的羯绵羊。

兄弟二人用不大工夫,把羊收拾利落,烧熟羊肉,大口大口地吃着,还拿出拴在稍绳上的烧酒喝起来。吃喝完毕,想要睡一觉。"他们这一家人都出门了?我这个哥哥真是个机灵鬼!……"想着想着,瓦奇尔格日勒熟睡过去了。

瓦奇尔格日勒忽然觉得屁股上有人用柳条抽打着,惊叫一声跳了起来。揉揉眼睛一看,是舅老爷正拿柳条抽打他呢。瓦奇尔格日勒急忙逃出舅老爷的柳条下,夺门而出。原来东方已经发白,黎明的鸟雀叽叽喳喳地叫着。定睛细瞧,昨天夜里拴在柱子上的马见了主子刨地作鼻响。离柱子不远处张开着昨夜里杀的羊皮。

仔细观察一下才知道,原来是前两年曾经玩耍的舅老爷的夏令地。唉,真是的!一开张就"吃了"自己的舅老爷?!

"真是磕碜死了!"瓦奇尔格日勒骑上马,没头没脑的奔驰起来。心想:"我这个'小偷',离成功早呢!"

从此,他就"金盆洗手",不干了。

(之六)萨仁格日勒当了"牛倌"

20世纪50年代,萨仁格日勒已经成了衙门营子的牛倌。时代的变迁使传说中的英雄萨仁格日勒不是"神偷",而成了"社员"。可是人们总是称他为"牛倌"或"神偷萨仁格日勒",这样才感到亲切。对于他来说,怎么称呼无所谓。但是,说起自己"神偷"的历史,他就兴致勃发,口若悬河。

伯和乌苏艾勒与衙门营子毗邻,伯和乌苏艾勒有著名的胡尔齐18名。他们中间的彭斯克胡尔齐与萨仁格日勒是好朋友。萨仁格日勒所感到自豪的往昔,成了他们二人友谊的桥梁。

彭斯克扶犁杖种地,萨仁格日勒放牛在田间空隙里,他们俩的"故事会"便开始。休息时没有讲完的故事,扶犁杖种地时还要继续。他二人津津乐道的情形,真是无与伦比。

萨仁格日勒说他的名字是"月亮光"的意思,可是他的职业不用月光。为了提高技术,夜晚他到麻子地里捡回别人事先插在地里的筷子。他叹息着说:"当小偷是那么轻松的吗?"

上个世纪60年代,谁也没有听说过萨仁格日勒偷了人家什么的消息。

(奈曼旗黄花塔拉苏木彭斯克、布赫叙述,浩特拉记录;孛儿只斤·额尔德木图汉译)

宾图喇嘛的故事

从前,奈曼旗曾经有一个绰号叫"宾图"的喇嘛。宾图喇嘛因为擅长治病,每到一村都要受到主人的热情招待。

有一年冬天,一个艾勒请宾图喇嘛吃饭。这家婆媳俩特别勤快。尤其是因为宾图喇嘛驾到,满桌子摆上奶豆腐、奶皮子、黄油、乌如莫,在火盆上煮羊肉,里里外外忙乎起来。

宾图喇嘛坐在土炕上,正喝热茶之际,婆婆进来尝了一下羊肉汤:"我这个媳妇忘了搁盐!"说着拿起一把盐,搁了进去。

婆婆出去不久,勤快的媳妇进来,连尝都没尝羊肉汤,拿起一把盐加在锅里。宾图喇嘛看到这些,来了他的"蚌劲",跳下炕来,把整筒盐都加进羊肉汤里说:

"婆婆的一份,媳妇的一份,坐在这里的喇嘛还有一份!"说完,连饭都没吃,生气地走了。

还有一次,宾图喇嘛来到一个懒媳妇家里。这艾勒看家的黑狗非常凶狠地撕咬宾图喇嘛。宾图喇嘛用柳条拐杖挡住黑狗,连声大喊:"看狗! 看狗!"喊了半天,躺在炕上的主妇才推门出来。宾图·喇嘛看到头发蓬松的主妇,马上就地坐下说:

"喊了半天才听到开门声,

咬就咬吧!

撕拔肋条也来得及,

咬断大腿也赶得上。

喊哑了喉咙才见到其懒主,

啃就啃吧!

撕拔肩胛也来得及,

咬断大腿也赶得上。

可别吃了我的屁股肉,

我可不是抬不起屁股的懒宾图!"像念经那样一股脑儿说着,连家门都没进就回去了。

（奈曼旗原图连塔拉苏木色乾塔拉嘎查宝颜图老人叙述,杭图德·乌顺包都嘎记录;孛儿只斤·额尔德木图汉译）

察干吉利莫传说

17世纪中叶,察哈尔部林丹可汗的孙子义州王布尔尼举行了反清起义。布尔尼的起义军来到奈曼旗,受到了呼和格日王爷的热情招待。

布尔尼王清楚地知道,清朝派遣新郡王鄂扎追杀他,并且命令蒙古各旗王公进行围追堵截。起义军虽然危机四伏,可是来到奈曼旗的山山水水,布尔尼王好像摆脱了战争的困境,精神上轻松了许多。

在水草丰美的广袤草原上,布尔尼王的军队打灶做饭时,地皮下面出现了厚厚洁白的松土。他们感到惊讶,环顾这一切,看到的是一座座用白色毡子做外罩的圆顶蒙古包。仔细一看,发现它们并不是毡子外罩,而是用本地白色泥土做成的"蒙古包"。

这时,布尔尼王想到自己的马鞍扯肚带已经坏了,走到近处一个白屋。在屋里有一个白净的小伙子在整皮条忙碌着。那个孩子听到布尔尼王的来意,自我介绍说:"我是奈曼王爷的属民,名叫察干桑。"他一边说着,一边给布尔尼王编制了一条新的扯肚带子。

布尔尼王对自己的军队介绍说:"白色土地上的孩子察干桑给编制的扯肚带子。"从此,这个地方被称为"察干吉利莫"。意思是"白色的扯肚带子"。

（奈曼旗原塔里西木头苏木察干吉利莫嘎查阿敏都楞叙述,浩特拉记录;孛儿只斤·额尔德木图汉译）

尚史(树)的神祇

奈曼旗头等寺庙大沁庙东10华里远的地方,有一个村庄名叫察干吉利莫。村东南坡地上矗立着一棵两人合抱那么粗，五丈高的大榆树尚史。本村老人谁也不知道这棵尚史树的寿命有多长，但都相信这棵尚史树有神祇。传说在干旱之年祭祀它，马上会下雨。

据说这棵尚史树的神祇是本地土地老的幼子，栖息在察干吉利莫村西北巴润木胡尔的六爷托音官邸的北边林子里。他是一个出了名的淘气鬼。从巴润木胡尔到尚史树的路叫"贵业齐"，意思是跑道。谁要是在这段路上盖房子的话，就会听到"挡住了路，走开！"的斥责声。每当艾勒人们祭尚史树的时候，他都赶来。而且挑唆人们吵架，他看热闹。所以，每次祭尚史树之前，老人们一再提醒青少年："小心，不要吵闹！"

那年祭尚史树的时候，特木尔宝鲁德和胡亚格二人果真吵架了。可是，老人们没有责备他们，而说他们"使尚史树的神祇高兴了"。

据说尚史树底下的"哈拉察干额布根"的黑白两块石头也不是平常石头，而是有神奇的功能。本村一个名叫青玉的姑娘，捡特闷呼呼的时候不小心碰了一下那块石头。结果，当晚姑娘做了噩梦，梦中出现黑白两个老头子，赶着姑娘"要抓住她"。惊醒之后，一夜没有睡好觉。第二天，妈妈领她去向尚史树磕头"认错"，才得到安宁。

（奈曼旗原察干吉利莫嘎查阿敏都楞老人叙述，浩特拉记录；孛尔只斤·额尔德木图汉译）

诰命葛根的传说

洪巴特尔（衮楚克巴特尔）袭札萨克王位已经 10 年了。他想，在本旗领地上有一条河的话，牧场会更好。因此，他对图萨拉克齐等官员们吩咐引进河流。洪巴特尔的母亲嘱托：

"光想不行，履行信仰。"洪巴特尔总是不能产生信仰。母亲说：

"没有信仰的话，河水就引不进来！"

有一次，洪巴特尔出去打猎。指定地点在固日班拉克山。

在这期间，王宫里来了一位行脚僧（要饭的喇嘛）。王爷的福晋对他说：

"您赶紧走吧！我们的王爷最讨厌喇嘛，一见到喇嘛就把他赶出旗界。"可是这个喇嘛吃了饭还是不走。福晋太太把喇嘛推出了门，他还是逗留在门口不走。正在这时，王爷从猎场狩猎回来了。

洪巴特尔王爷看到逗留在门口的喇嘛，问：

"他是什么人？"迎接出来的福晋哈屯答：

"是个行脚僧。"洪巴特尔王爷命令侍卫将军确吉扎拉森说：

"你去把那个喇嘛赶出旗界！"确吉扎拉森赶他，他也不走，还是逗留在附近。将军把这个情况禀报给王爷。王爷生气地说：

"什么疯喇嘛？！"亲自乘马出来赶他。喇嘛在前面走，王爷在后面追。直到北京还赶不上他。王爷起初有些纳闷，渐渐佩服他的神通。回到王府，对母亲说了。母亲对他说：

"作孽呀，作孽！我曾经对你说过'不要歧视喇嘛！'你就是不听话。这回又赶走了呼图克图，作孽了不是？"

洪巴特尔说："那怎么办？"

母亲说："你去拜见阿鲁博格达，阿鲁博格达会为你指路的。"

洪巴特尔带领侍卫将军确吉扎拉森和50名卫队，赴哈拉哈去拜见阿鲁博格达。

阿鲁博格达：

"你是奈曼旗的王爷，是吗？你做了大孽。你不是打算在领地上引进河流吗？人家为了给你引进河流而来了，你却把他赶走了。"洪巴特尔王爷感到惊讶，他怎么知道这些呢？

"你知道去你府上的那个人吗？"阿鲁博格达问。

"我怎么知道他是什么人呢？把他赶到了北京！"王爷回答。

"他是巴塔齐山的真人仙师。为了对人间传播福音事业而下的山！"阿鲁博格达解释。

"是那么大的神仙？"奈曼旗王爷惊奇地问。

阿鲁博格达见奈曼旗王爷产生了虔诚的信仰，说：

"那么，你休息三天吧。之后，我陪你到你们奈曼旗去。"

洪巴特尔王爷把阿鲁博格达请到奈曼旗。当时,奈曼王府在呼和格尔之地。王爷的母亲非常高兴。

阿鲁博格达在奈曼旗诵读了《董科尔经》15天。

四面八方的信徒们聚集在奈曼旗。

奈曼王爷想把阿鲁博格达挽留在奈曼旗,阿鲁博格达告诉他说:

"有人要来呢,所以我不能留在这里。等待天时,那个人会诰命而来的!"

"那么,怎样请来那位葛根呢?"阿鲁博格达说:

"我可以跟他商量商量。"阿鲁博格达诵读了三天经之后,告诉他:

"诰命葛根要在一个农户转世。有福气的人往往转世于穷苦人家里。他的父亲名叫阿穆尔萨那,母亲名字叫乌云必里格。"

阿鲁博格达回去后不久,葛根在木胡尔屯转世。

葛根已经20多岁了,还没请到寺庙里。种地时,犁身断了,葛根点燃乌拉草,"噗"的一口气,断处复合。绳子断了或牛绊子折了,葛根吹一口气便恢复原状。

后来,请他到庙里,可是不久双目失了明。但他能预言过去和未来。把自己前世说的活灵活现;把自己用过的什物一摸就知道。

瞽目葛根被请到盖在龙王脐儿上的大沁庙里。因为他的眼睛看不见,徒弟们歧视他;不听他的约束,随便进出;有的还暗中搞买卖;有的杀害生灵;有的相互打架,打破脑袋的不少。葛根发狠地说:

"不用忙,将来好好整整你们!"

其徒弟当中有一个名叫珠勒扎噶的木匠。他具有特殊的好奇心。师傅给他讲前世的因缘,他特别感兴趣;给他讲宇宙的事情,他也非常爱听。最后,瞽目葛根对他说:

"来世由你去请我!"

一个夏天的日子,80过头的瞽目葛根涅槃了。徒弟们怕他的遗体等不到时间腐烂了,用咸盐水腌了。有人骂他们:

"腌葛根的人们来世不得好死!"

木匠珠勒扎噶有妻子,而没有孩子。忽然,雷击其家,发生火灾。加上牛羊畜群染上瘟疫,成了一穷二白。

夫妻二人乞讨了很多年。他们乞讨到奈曼、库伦以及苏鲁克旗。有一天在苏鲁克旗地界见到一个放牛犊的孩子。问他:

"你好?"

"好!好!你们奈曼旗全旗安康吧?各寺庙安乐吧?"那个孩子回问。

"你怎么问起寺庙来了?"问那孩子。

"你不是珠勒扎噶吗?你大概不认识我。今天早晨我告诉我家里的人们,今天来客人。你们奔那个家去吧,我的父母会隆重招待你们的!"

珠勒扎噶喇嘛非常惊讶。这个孩子怎么这么聪明呢?怎么知道我要来的?……很多问号中到了他家。老两口在门口迎接了他们。

他们隆重招待了珠勒扎噶喇嘛。珠勒扎噶喇嘛问:"你们为什么这么隆重招待我们啊?"

老妈妈说:

"我们的孩子自小就非常聪明。他说今天辰时与午时之间要来尊贵的客人。这不,你们来了不是?"

珠勒扎噶喇嘛更加惊讶。

此时,放牛犊的孩子回来了。他一进门就像大人一样说:

"我的前世是瞀目葛根。你是我最好的徒弟。你服侍我最周到。"珠勒扎噶喇嘛一下子跪倒在地,说:

"瞀目葛根曾经对我说:'来世由你去请我!'当时我半信半疑。看来是真的了!"

下午放牛犊的时间到了,父亲对他说:

"锡忽儿,别多说了,该放牛犊去了!"可是,这孩子说起前世的经文在哪里,念珠在哪里,在前世如何如何的,说个不停。没办法,老头子只好自己出去放牛犊了。

珠勒扎噶夫妻俩路过库伦旗回到奈曼,向大沁庙达喇嘛和奈曼王爷禀报此事。奈曼王爷高兴地问:

"葛根转世在苏鲁克旗,已经 8 岁了?"

奈曼王爷准备了九九八十一大礼,带领达喇嘛、呼必勒干、道拉玛、塔拉玛一行人,来到苏鲁克旗。

葛根的父母为了让这个独生子继承本家的香火,不愿放走。过了好些日子。去请他的人们问他:

"怎样才能请您过去呢?"葛根说:

"让父母过分地伤心不好,想一定要请我过去的话,你们可以请我的舅舅来。他在索拉毛都屯。让我舅舅说话可能有路子。"

葛根的舅舅来说了,也不顶事。其父母坚持要给他"娶媳妇结婚,传宗接代"。最后,其父亲要婉言赶走奈曼王爷。葛根也无可奈何地说:

"那你们就等我来世的 13 岁吧!"

他舅舅焦急地说:

"你们说不让他走,看吧! 这就是说马上转世了!"

其父母怕孩子转世——死了,只好答应他走。九九八十一个礼物,其后还跟着以五畜为首的九九八十一个礼物。事情还是比较顺利的。

大宴三天之后,请葛根坐上黄盖子大车,奔奈曼旗启程了。从苏鲁克旗到奈曼旗朝克台附近的山谷休息时,葛根大声哭了起来。问他:

"为什么哭了?"

他说:"想家了!"

奈曼王说:"那么,把您的父母也请到奈曼来,行不?"葛根答应了。从此,人称这个山谷为"葛根哭的山谷"。从那里来到大沁庙。

葛根在大沁庙住了一年。这一年里,修缮寺庙,整顿了喇嘛职衔。第二年,到呼和格尔诵经 100 天。

有一天,葛根说:

"我要到塔尔寺学习经文,不学习不行了,因为奈曼旗现有的经文不够用。"他带一个名叫照日格图的徒弟启程了。徒步走了两年。

有一天在行程中,忽然天地发暗,白日变成了黑夜。葛根睡着了。徒弟想要推醒他,他没有醒过来。睡了一天一宿,醒过来问:

"这是什么地方?"

徒弟照日格图说："我也不知道,是个奇怪的地方。"葛根恍然大悟,说:
"对了,这是曾经摆下万仙阵的地方。通天教主阿鲁博格达、老子天尊达赖博格达、元始天尊班禅额尔德尼和我真褆道人一起,把万仙阵修在此地。来到此地,我感到非常困,你把烟给我抽一下,好吗?"

照日格图给葛根抽了烟。葛根一边抽烟,一边诵经,一会儿工夫,黑雾消失,放晴了。照日格图问:

"葛根还可以抽烟,是吗?"

"说什么呢? 我是为了清除这个黑雾而抽的烟。用污垢解清洁,用污垢镇污垢,是这个道理"。

葛根通过黑雾,排除万难,终于到达了塔尔寺。没去过塔尔寺的人不知道路途之遥远,没尝过苦难的官不知道人民的痛苦。在塔尔寺,葛根有专门的座位。葛根的职衔虽高,但经文学的不够。为了掌握更多的学问,葛根在塔尔寺住了9年。9年的每天早晨,他都要绕稿褥路锻炼。

每绕稿褥路一圈,都要遇见一个骑17叉鹿的老婆子,怎么追也追不上她。有一天,葛根绕稿褥反方向,正好碰见了她。问她:

"您是什么神仙? 为什么总是追不上您?"老婆子骑在鹿上,笑了笑说:

"真褆道人首先给我敬礼,然后我告诉你! 我比你高一辈。燕国不有一个燕丹公主吗? 我就是。我是白色亚门达克。我不骑这头鹿,就赶不上时间。我每天早晨都要去南海,取来观音菩萨三滴奶,是给一千个呼巴拉克喝的早茶点奶呢。"

葛根羡慕她在造福于人。于是向他表示要请亚门达克佛到奈曼来。亚门达克佛说:

"您也该回奈曼了。建巴拉丹巴尔蚌塔时,我不去不行。我不去的话,甘吉拉上不去。到那时候我去帮你的忙。"

葛根跋涉千山万水,回到了奈曼。在这期间,他的徒弟名叫古如巴斯儿的六爷喇嘛娶了一个名叫椰头的姑娘为妻。葛根下令说:

"淫荡的东西你要建81间杜刚,而且还要黎民百姓出力气。你这不是因为贫穷而讨饭,而且不要以百元为多,也不要以一分为少。必须走遍嫩科尔沁10旗、卓索图丘日干等蒙古地方。"

为了建81间杜刚,运来了12车石头和木材。在其途中出现海市蜃楼,人们看见了铁青色的公牛。

吴管家在看见铁青色公牛处将建材全部卸了下来。他清楚地知道,看见铁青色公牛的地方将来牛羊牲畜会兴旺发达。

说谗言的人什么时候也不会少。有一个人把这件事情报告葛根说:

"管事的人将12车建材卸在被称为有盘龙风水之地。说是他自己建造宫殿。"葛根笑着说:

"卸就卸吧!就算发财,也不过是一代而已!"

后来,在那里建造宫殿,吴管家的牛羊牲畜真的很兴旺。可后来吴管家与其管事的人闹了别扭。这位管事的有一个南蛮子朋友,南蛮子俗称是阴阳先生。据说这种人直到8岁不见太阳,直到16岁不见其兄弟姐妹,专门演习阴阳之术。所以,他们具有连地皮都能看穿的本领。

南蛮子在锅底上用四条黑狗的血写了密咒,在吴管家房屋四角100步远的地方埋下了密咒。并告诉其朋友说:

"100日内这家人畜要死光!"

果然不到100日,吴管家的牲畜传染疫病,父母病死,老婆夭折,子女也开始死了。南蛮子说,不能把事情做得太绝,收回了密咒。吴管家的亲戚把他们家的一个婴儿接了出去。这个亲戚住在达赖塔拉屯,也就是在当今的沙拉好来屯,吴管家的后人在那里。

大杜刚竣工于庚午年。当时念诵了《董科尔王》的经文。聘请了大雅葛根、察干葛根、诰命葛根三位葛根。葛根对六爷喇嘛说:

"你已经赎罪了,将来叫你任巴塔齐庙的呼必勒干吧!"

附录:

《诰命葛根之歌》是由葛根的外甥名叫乌力吉的人在本旗扎萨克办公室写的。葛根生前曾经咏唱过。诰命葛根看到新建的杜刚说:

"建吧!建吧!将来在这根柱子上把人吊起来打;在这里开大会;这座寺庙也被毁!"

看到香炉说：

"结实点,结实点,将来会变成喂马的槽子!"

百姓听了,说：

"这个葛根不行了,糊涂了!"

土默特一个姓包的人夸奖这座寺庙"美丽,漂亮"时,葛根说：

"唉! 这座寺庙将来被毁在你们土默特姓包的手里。"

"明知将来被毁,何必还要建造呢?"土默特人问。

葛根说：

"建造的要享受建造之福,毁坏的要受到毁坏之孽! 建吧! 建吧! 都是上天的定数。"固日班拉克山的神祇要来到固日班赛罕山居住。奈曼王爷在这里行猎时,下了红色的雪。王爷将此事禀报给葛根,葛根说：

"在固日班赛罕建造寺庙,供奉巴布道尔吉佛! 不然的话,你的家乡不吉利!"

葛根还嘱咐,在敖包山阳处建造敖包。这个敖包的神祇是手挎竹篮的婆婆。

布里顿敖包是东海的肚脐。所以,不会干涸。葛根每当路过这里,都要在这里诵经。

葛根每到杜贵庙(其供的佛爷是白龙神),都在湖边休息。

葛根涅槃之际,嘱咐说：

"以后不要找我的灵童,我再也不会转世了。当今是王爷要降格,干风要乱刮的时候了。黄教要衰败,寺庙要被毁。"

葛根真的没有再转世。他把自己宠爱的徒弟都拿到西天,升为佛爷呼必勒干了。

引进河流时,葛根到敖汉与奈曼两旗的边界,勘查地形,分析水势之后,立起帐篷,念诵《龙王心经》。不久,眼看着乌云密布。第六天,王爷叫手下人去问：

"河水来了吗?"回答说：

"没有!"

王爷下令：

"杀!"连续杀了第二、第三……第六个人也被杀了。

轮到名叫布特格齐的人。布特格齐想：

"说实话也被杀头，撒个谎看看!"主意已定，他说：

"来了! 来了!"

"来的气势怎样?"

"气势汹汹，势不可挡!"

果然，河水随着他的马尾巴，气势汹汹地流了过来。河水流到一个地方停止前进。后人称此地为"木胡尔"，意思是河水停止流动的地方。汹汹流水拐弯的地方，被称为"乌兰额日格"。到奈曼边界，布特格齐的马累趴下了，布特格齐回来了。王爷赏赐给他黄金和杏黄旗。因为引进河流时借了他的口气，由阿鲁博格达给他的杏黄旗开了光。据说这杏黄旗具有能满足一切欲望的神力。

后来，布特格齐和别人斗殴，就拿杏黄旗擂击对方。有一次，他欲跟东屋借大酱吃，东屋的没有给他，他就擂击酱缸。因此，有人告到奈曼王爷，奈曼王爷收回了杏黄旗。

谢吉纳尔布特格齐的祖坟上栖息了鳄鱼(意思是有了厉鬼)。布特格齐是姓谢，人称他为谢吉纳尔。后人称谢吉纳尔为"好的是黄金，坏的是鳄鱼"。

(奈曼旗固日班华苏木交干拜兴嘎查胡尔齐·扎拉散叙述，杭图德·乌顺包都嘎记录；孛儿只斤·额尔德木图汉译)

尼楚棍的传说

康熙皇帝骑毛驴周游世界。他走遍了蒙古真、土默特……连佘公旗都没留，全走遍了。有一天，康熙皇帝骑着毛驴来到奈曼旗沙拉好来。在一个叫尼勒其格莫的泉边饮了毛驴，自己也喝了水。感慨地说："这水真是尼勒其格莫(意思是热乎)!"从此，这个泉水被称为"尼勒其格莫"泉。后来，人们误称为"尼楚棍"泉。

（胡尔齐扎拉散叙述，杭图德·乌顺包都嘎记录；孛儿只斤·额尔德木图汉译）

古都赖的传说

有一天，康熙皇帝骑着毛驴来到奈曼旗巴嘎波日和屯。他看见塔尔根淖尔湖，一下子惊呆了。他不顾沼泽，观赏着塔尔根淖尔湖，拼命地催促毛驴往前赶。

望着巴嘎波日和，在沼泽中骑毛驴往北赶。一会儿，毛驴陷在泥里头，无法前进。后人因此而称此地为"古都赖"，意思是陷泥之地。

（胡尔齐扎拉散叙述，杭图德·乌顺包都嘎记录；孛儿只斤·额尔德木图汉译）

袤楚克巴特尔停止打猎

袤楚克巴特尔继承奈曼旗札萨克王爷的第二年夏天。他骑着鹿斑花马，率领侍卫和属民，按习惯出去打猎。猎手们聚集的地方是离王府不远的名叫固日班哈林波日和的哈拉淖尔，具有森林和草木，飞禽走兽丰富，一切狩猎均在此地聚集的地方。

他们直到中午连一只鹌鹑都没有打着，正在着急之时，忽然从林子里迎面出来一群鹿。王爷刚把弓箭拿到手，他的乘骑鹿斑花马就地转悠，跳跃不停。趁这个机会，那群鹿接近了王爷，它们的耳朵在直立着，眼巴巴地望着王爷。为首的鹿到王爷面前，用两只后腿直立起来，把头摇了几下，领着鹿群向森林跳跃而去了。

大家正在惊异之际，忽然从天边升起黄色的云彩和红色风暴，下起掺杂着红色冰雹的倾盆大雨。大家更加吃惊，不知所措的时候，王爷下令：

"赶紧回王府！"打猎队伍原道返回。

王爷首先到旗庙向葛根禀报今天的遭遇,问吉凶。葛根喇嘛听到"固日班哈拉"(三个黑的意思)之名称,说:

"俺、嘛、呢、叭、咪、哄,此名称凶!孽缘深啊!……"说着,掐指一算:

"如果王爷不忌讳的话,我就直言了!"

王爷说:

"没有什么!尽管说吧!"葛根喇嘛说:

"今天是阴历五月初五,王爷您从今天开始禁猎,停止杀生的话,来年您的福晋哈屯要生皇上的额驸。不然的话……"

王爷追问:

"不然的话怎么样?"

葛根喇嘛不慌不忙地数着念珠,回答说:

"不然的话从今年开始经常下血雨,刮腥风,庄稼难长,生物死灭,黎民百姓受苦受难。如果将'固日班哈拉'改称'固日班赛罕',建造寺庙,传播宗教的话,万物太平,荣结朝廷的姻亲。"

王爷再三追问,葛根喇嘛再也不吱声了。

王爷只好回到自己的府里,唤来图萨拉克齐、扎赫拉克齐、扎兰、章京等官员吩咐说:

"马上颁布将'固日班哈拉'改称'固日班赛罕';禁止在那里打猎;旗札萨克出资,建造寺庙与佛塔,传播宗教。"

于次年,王爷的福晋哈屯果然生了一个胖娃娃。向旗庙葛根索名字,赐名为"宝彦巴达拉"。这就是衮楚克巴特尔王爷的长子,史称巴达拉王爷。后来成了皇帝的驸马。衮楚克巴特尔被封为洪巴特尔。

(库伦旗茫汗苏木扎素艾勒阿格东嘎、布棍沙嘎叙述,额·达木林扎布记录;孛儿只斤·额尔德木图汉译)

额驸巴达拉的传说

额驸巴达拉有叫瓦奇尔、格日勒的两个儿子。巴达拉额驸临终前叫两

个儿子到自己跟前,留下临终遗言:

"我死后,把我的遗体脱光了,扔到纳里德河里。不得让属民们知道。"可是,他的两个儿子怕有损于面子,只好忤逆父亲的临终遗言,给他穿好绸缎衣服,装殓到油松棺材里,和几个心腹下人把父亲的遗体抬到纳里德河边,悄悄地推进河里。奇怪!棺材逆水浮出水面三次,忽然跳了起来,盖板离开棺材,从棺材里发出一道黄色的光芒,棺材里灌满了水,沉了下去。

据本地老乡陈述,如果按王爷的吩咐将遗体脱光了扔进河里,那么,王爷将化成金龙,成为可汗,振兴蒙古。其棺材逆水浮出水面三次,是在预示蒙古人的时代在 300 年后复兴。

(库伦旗茫汗苏木扎素艾勒阿格东嘎、布棍沙嘎叙述,额·达木林扎布记录;孛儿只斤·额尔德木图汉译)

借驴还马的故事

据民间传说,奈曼旗曾经有一位札萨克王爷,绰号叫"骚客图王爷",意思是醉王爷。

他无论什么时候也不洗脸不洗手,蓬头垢面。头发中的虱子顺其长辫子往下跑。他每次用手挠头发,总是抓住几个虱子,放到嘴里咬死之后,吐到地上。他整天像个疯子,走遍自己的奈曼旗的各个角落。不分贫富,轮到谁就在他们家里睡觉;见到什么饭就吃什么饭。能够填饱肚子就行。

这样徒步行走,累了,就向老百姓借头毛驴骑着回府。之后,还给一匹马。因此,在民间传开了骚客图王爷"借驴还马"的故事。

尤其是在这位骚客图王爷的时代,奈曼旗风调雨顺,牛羊繁荣,庄稼丰收,人民生活富余,充满幸福。

(奈曼旗原图连塔拉苏木北图连塔拉嘎查道义宁布叙述,杭图德·乌顺包都嘎、确吉记录;孛儿只斤·额尔德木图汉译)

叫来的纳里德河

奈曼旗洪巴特尔王爷与喀喇沁王爷是姻亲。所以,有一次到喀喇沁王爷府上,喝酒完毕,在吃饭期间对喀喇沁王爷说:

"奈曼旗这个属于我的领地,黑土地少,沙漠占优势。从您领地匀给我一些黑土地,我将不胜感激。"

喀喇沁王爷大声笑着说:

"如果您能够拿去,拿多少给您多少!"于是,洪巴特尔王爷叫一位手下人去装了一钱搭子黑土。

洪巴特尔王爷对喀喇沁王爷深表谢意,把装黑土的钱搭子拴在马上,回到府上立即开始叫河水。并且对一位官员说:

"你看看河水往这里流来没有?"那位官员出去看了又看,河水的影子都没有。所以,回禀札萨克王爷说:

"河水连影子都没有!"札萨克王爷暴跳如雷,马上下令杀掉了这位官员。

札萨克王爷又叫一位官员出去看看河水来了没有。这位官员想:

"撒谎也是死,不撒谎更得死。反正一死,撒谎看看。"之后到王爷身边说:

"河水气势汹汹地往这里冲过来了。"说时迟,那时快,气势汹汹的河水已经流到了王爷所乘骑的马脚下。王爷赦免了刚才撒谎的官员,把从喀喇沁旗带回来的沙子倒进河水里:

"在我的奈曼旗随便流吧!"这条叫来河在奈曼旗领地上汹涌激荡,所到之处都运送黑土地。可是,这条河一旦跨出奈曼旗的边界,就变成一条细细的小溪水。如流进达尔罕旗,就变成一条小溪水。

(奈曼旗原图连塔拉苏木北图连塔拉嘎查道义宁布叙述;确吉、杭图德·乌顺包都嘎记录;孛儿只斤·额尔德木图汉译)

羊倌王爷的传说

这位羊倌王爷有一座金质塔、有一座银质塔,还有一座旃丹塔。羊倌王爷死后,他的三个儿子每人分得一座塔,作为家产。

后来,大沁庙诰命葛根追索这三座塔,直到在衙门庙用那座旃丹塔做押宝,建起了一座绿塔,而在土地改革运动中被毁掉。用那座银质塔做押宝,建起旗庙(如今的章古台)时,建立了一只封闭的塔。该塔至今矗立在原位。

另一座金质塔也被做为押宝,在芒石庙建起一座四方塔。在这座塔四个方面各镶嵌 1000 个脸朝外的阿尤西佛像。这座金质塔是有一尺多高的紫金塔。

在芒石庙上建起来的这座四方塔,据说这座塔在土地改革以后仍然完整无缺,后来在"文化大革命"时期被毁。

芒石庙席勒喇嘛在世时,曾经招集一些高龄喇嘛,让他们看看这座塔之后说:

"这是一座真正的紫金塔,是装殓五世达赖喇嘛舍利的宝塔。"

(奈曼旗原图连塔拉苏木北图连塔拉嘎查道义宁布叙述,确吉、杭图德·乌顺包都嘎记录;孛儿只斤·额尔德木图汉译)

布尔尼王的传说

清朝时期,东部 24 旗义州九门城之地,有一位叫布尔尼的王爷。布尔尼王是林丹呼图克图可汗的孙子,也是娶满清国公主的驸马。

布尔尼王手下有一千名蒙古骑兵。还有叫贝达尔的精明梅林和著名将军嘎勒珠嘎日玛。嘎勒珠嘎日玛有两个儿子,大的叫阿日轮沙嘎,小的叫阿木日灵贵;还有一个女儿。

布尔尼王手下还有名叫达日玛、莽萨等好汉。

又一次,布尔尼王在各旗散发了进行围猎的通知。他们聚集在腾格里山,进行了7天的围猎。阿鲁科尔沁旗的珠勒扎噶王爷没有报道。布尔尼王亲自到阿鲁科尔沁旗王府,问珠勒扎噶王爷的罪,责打一千鞭子,还往他的嘴里塞了马粪。

珠勒扎噶王爷怀恨在心。

年月如穿梭。

布尔尼王有一个顾师巴格西喇嘛。他有预知明暗一切的功力。并且有他自己的宫殿。布尔尼王有一天到巴格西喇嘛家里,巴格西喇嘛对他说:

"你在这里看守我的家,我有事要出去一次。记住,千万不要动我的经典。记住了吗?"说完,便启程走了。

布尔尼王闲待着无聊,想看看巴格西喇嘛的经典。心想,巴格西喇嘛为什么嘱咐我千万不要动经典呢?动一动看看,能怎么样呢?他就去翻开巴格西喇嘛的经典了。首页上出现了7个字。这7个字是《心经》。

布尔尼王把7个字一读,他的面前出现一个有角的人,向他问好。

"你是什么人?"布尔尼王问。

"我是哈拉亚曼达克佛。"那个人回答。

"大佛爷为什么光临这里?"布尔尼王问。

"您的老师崇奉我三世,念诵我的心经三世。但我的心一次都没有疼痛过。可是您今天只读一次,我的心就疼痛难忍,所以,我前来拜见您。您与我有缘,您想在什么地方用我?"

布尔尼王心想你让我用?!那好,我就试试看。说:

"那么,请您把此房背后的树移到房前,把此房前边的水井移到房后吧!"

亚曼达克佛嘴里念动真言,说:

"请您出去看看。"出去一看,果然把房前的水井移到了房后,房后的树木移到了房前。

"王爷今天叫我来,还有什么吩咐?"布尔尼王心想,阴阳先生勘查之后,说我的王府风水没能居中。于是,对佛说:

"那么,请您把王府的风水给我居中一下,好吗?"

亚曼达克佛念动真言,把王府往西挪动了100步。马上,王府显得郁郁葱葱,增添了威风。

"还有什么吩咐?"亚曼达克佛问。

"没有什么事了!"布尔尼王回答。

亚曼达克佛说:

"那么,我要走了!什么时候遇到困难,就什么时候念动我的心经吧!可是,不要在一般事情上叫我,好吗?"说完,亚曼达克佛走了。

亚曼达克佛刚走,王爷的老师就回来了。他看到水井、树木、王府的变化,问王爷怎么回事?布尔尼王毫无隐瞒地给他叙述了一遍。老师伸出大拇指说:

"是吗?好!好!我曾经念诵哈拉亚曼达克佛心经三世,而没能见到他;今天,你一次念诵他的心经,马上就见到了,你和他真是有缘啊!亚曼达克佛是好事一千佛之一啊!好!好!你就把他作为你的福田崇奉起来吧!"

有一天,布尔尼王召集众臣,坐到自己的座位上,在他的眼中出现了四海。往南看是南海;往北看是北冰洋;往西看是大西洋;往东看是太平洋。

问众臣,都说是好事,但猜不透是什么好事。

之后,布尔尼王每当坐到座位上,四海总是出现在他的眼里。

贝达尔梅林说:

"王爷可以到吉鲁巴尔召去问问。那里是五部拉桑齐全的所在。那里的葛根会告诉您真相的。"

布尔尼王爷带领军队和官员出发了。

巴林旗章京王爷得知布尔尼王爷的到来,在自己旗的边界上迎接了布尔尼王爷。并且,亲自引路,来到吉鲁巴尔召,向那里的葛根报告此事。葛根说:

"我这个寺庙中,能预知此事的人没有啊!去根本——西召(塔尔寺),向那里的葛根禀报此事,可能会知道!"

布尔尼王爷在这里休息一天,由巴林章京王陪同,奔赴塔尔寺——根本召。

拜见葛根,报告了来意。

根本召葛根说:

"你是一个虔诚的信徒。从您眼中出现四海一事看,您有坐镇国朝的福分。明知天时而不帮助,必遭天谴!"

他赐给布尔尼王一个金质匣子,说:

"早晚有一天,本金匣子里出现一个手拿银枪的玉质孩儿,那时便是你们蒙古人的时机。您可以追随您的祖先成吉思汗,去征服世界!时机一到,箱子会自己开。您把它拿去,天天祭拜。不得别人去碰他,尤其注意,不得玷污!"

布尔尼王答应说:"嗝!"用双手接过来,保护着金匣子,与章京王爷一同从根本召启程回旗。他把金匣子供起来,用很多喇嘛天天诵经。

不久,很多旗札萨克都听到了这个消息。珠勒扎噶王也听到了。他心想:这是怎么回事?布尔尼王究竟想干什么呢?去看看……如果传闻是事实,我要把这个坏种告到朝廷去,以报我没去参加腾格里山围猎而受罚的仇恨。他前去看布尔尼王。

布尔尼王见老朋友很高兴,以为他不计前仇而隆重招待。酒桌上珠勒扎噶王问:

"听说您去塔尔寺——根本召了,是吗?"

布尔尼王回答说:

"是的!"接着把一切事情都告诉了他。

"那您的金匣子在哪儿呀?"珠勒扎噶王问。

"不可以随便放的,供在佛寺里!"布尔尼王回答。

"那个金匣子有什么用?"珠勒扎噶王又问。

"据根本葛根预言,金匣子一旦开启,从里边出现一个手拿银枪的玉石将军。他帮助我镇服敌人,辅助我占领四海!据说是我们蒙古人重新征服世界的时机快要到来了……"

珠勒扎噶王故意劝酒，致使布尔尼王酩酊大醉。

等布尔尼王熟睡之后，珠勒扎噶王到布尔尼王的佛寺门口，对祭祀喇嘛说：

"我要拜佛!"自从供起金匣子以来，一般人是进不得这个佛寺。可是，这位珠勒扎噶王爷是布尔尼王的贵客，所以，应该例外，让他进了佛寺。

佛寺里供着很多佛像。珠勒扎噶王爷拜了佛。供在释迦牟尼佛前的金匣子闪闪发光。金匣子已经开了四指宽的口子，有一位玉石将军右手拿银枪，脚蹬金马镫子，左手攥紧缰绳，正准备着上马。珠勒扎噶王惊喜又害怕，悄悄走近金匣子，用右手碰了一下，发出"咔嚓"一声，金匣子变成了一块锡铁。

佛寺喇嘛惊恐万分，立即向布尔尼王禀报事实。

布尔尼王跳了起来，惹事延误了天时而责打珠勒扎噶王 100 鞭子，舀起刚刚撒的马尿三碗，灌珠勒扎噶王的嘴里，赶走了他。这个珠勒扎噶王真是"杀他吧，过分;打他吧，太轻"的人。

珠勒扎噶王发狠地想，如果将此事上告康熙皇帝，一则能够报仇，二则可以得到用不完的金钱和享不尽的荣华富贵。

他首先上告理藩院，最后告到康熙皇帝。他向康熙皇帝告状说：

"布尔尼王要造反了，正在招兵买马准备夺取清朝政权!"

康熙皇帝：

"什么? 我看他为三代红门大臣，钱粮俸禄从来没有短缺过。难道他还心怀不轨?"马上派遣了检查大臣。

检查大臣看了看金匣子，回去了。接着，来信叫布尔尼王去北京。布尔尼王知道是珠勒扎噶王因为被打而怀恨在心，告发了他。贝达尔梅林劝阻说：

"好事变成了坏事。王爷您不可去皇宫，一去肯定被逮捕。您平时的可口饮食成了剧毒，可爱朋友成了敌人。"

于是，布尔尼王在原有的 1000 名蒙古骑兵上增招了 2000 名骑兵，派遣嘎勒珠嘎日玛与阿日轮沙嘎、阿木日灵贵二位儿子带领 500 名军士到盛京去铸造兵器。

清朝政府已经侦知此事,往盛京下达秘密命令:

"延缓铸造兵器的时间,给他们铸造假兵器!"

清廷大将军以及名叫朱广思的人,率领10万大军来到义州王府附近扎营。

遂派遣使臣警告说:

"如果布尔尼王知罪,把自己交给天朝则可以不动干戈。如果把自己微妙的势力看成巨大,以卵击石则天朝绝不姑息养奸!"

布尔尼王回信说:

"因为我有虔诚的信仰,前去根本召拜见了葛根,葛根赏赐给我金匣子而已。我们蒙古人具有虔诚的信仰。康熙皇帝您的父皇顺治皇帝也曾经信佛,亲自到五台山拜佛。我们为什么不可以信仰宗教?我犯有什么罪?如果你们不讲道理,强攻我的义州王城的话,我的兵器也不会留什么情面!"

清廷将军看到信之后,回话说:

"把金匣子交上来,我要查看!"

布尔尼王也回话说:

"金匣子是根本葛根赐给我的,不是给你们的。所以,我不会上交的!"遂放炮邀战。

布尔尼王全身披挂,乘骑他的铁青骏马,冲上阵来。清军出阵的是朱广思。各为其主,二人对话间动起兵器,交战起来。

朱广思激战百回,始终没能打败布尔尼王。

布尔尼王心想:

"他们的头领都这点本事,其余也就是没有什么……"就这样,交战了100多天。

嘎勒珠嘎日玛没有消息。

原来,嘎勒珠嘎日玛从盛京取回兵器,在回归的途中,中了清兵的埋伏。

清廷吕胜、马贵二位将军在盛京这边截住嘎勒珠嘎日玛,交战了100多天。嘎日玛这个人是个勇猛的好汉,在战场上碰到盔甲,就是"呼哧"一声;碰到脑袋,就是"噗哧"一声。谁也打不过嘎勒珠嘎日玛。论力气,要是山有把的话,他会提着走;要是水有柄的话,他就会拎着走。要是天有稍的话,他会拽下来。

清军知道用力气打不过他,就暗地里挖了个大坑,坑上面备下了"绊马索"。之后,照常出来邀战嘎勒珠嘎日玛。嘎勒珠嘎日玛不知他们的诡计,激战中误入阵地,陷进大坑里,被抓住了。

清军把嘎勒珠嘎日玛押送到北京,交给康熙皇帝。

康熙皇帝定睛一看,这个嘎勒珠嘎日玛身高九尺八寸,脸发红光。因为他始终不投降,就动了重刑。嘎勒珠嘎日玛熬不过,说要投降。于是,嫁给他三个哈屯。这三个哈屯是满洲、蒙古、汉族。她们都是皇上的干女儿。嘎勒珠嘎日玛成了皇上的驸马。摆下隆重的宴席,怕他逃走,给带上了手铐和脚镣。

嘎勒珠嘎日玛和三个哈屯睡觉的时候,往自己的阳具套上牛膀胱。意思是不给她们留下自己的种子。康熙皇帝想,虎生虎,好汉生好汉。想方设法留住嘎勒珠嘎日玛的种子。可是,嘎勒珠嘎日玛一心想着布尔尼王,所以,才这么做的。

过了三天,嘎勒珠嘎日玛拿起兵器就从东门逃出去。战斗又开始了。激战一天一宿。到夜间,清兵又用挖坑的方式,抓住了嘎勒珠嘎日玛。嘎勒珠嘎日玛虽然力气大,可是他的计谋总是缺一些。康熙皇帝骂他:

"不知轻重的笨蒙古!"可没有杀死他,还想叫他投降。吩咐拆开七套马车的轮辐,把嘎勒珠嘎日玛的头夹到轮辐之间,重新安装了车轮。

夜深人静,万籁无音之时,嘎勒珠嘎日玛拽折轮辐,拆掉车轮。找到了所乘之骑,可没有找到兵器。他拿起一条车辕子,往城东方向大踏步走去。原来,嘎勒珠嘎日玛使用的是棍棒。他饿极了,走进一个饭馆子。掌柜的一看他的模样,非常惊奇,问:

"要吃什么?"

嘎勒珠嘎日玛说：

"有肉就行！"

饭馆子里的伙计们力气大的挑水，手脚灵活的拿菜刀，大家忙活了一阵，煮熟了肉，送到客人面前。煮的肉不够了，再煮。八成熟就送上来。嘎勒珠嘎日玛吃了一头牛的肉，喝了 13 碗烈性白酒，大摇大摆地走出饭馆子时，掌柜的大声喊："饭钱?"

嘎勒珠嘎日玛生气了，反问：

"饭钱?"一巴掌削了过去，掌柜的脑袋搬了家。其余人员都逃命去了。

这时候，守候他的军人也醒了过来，急急忙忙向上司报告。马上下令四门封闭。全军搜捕，汹涌而来。嘎勒珠嘎日玛想，三十六计走为上，现在不是恋战的时候。他杀出了九道包围圈，终于来到了义州王城。

可惜，义州王城已经变成了一片瓦砾。嘎勒珠嘎日玛看着已经破损不堪的城市，悲凉极了。心爱的义州王和战友们哪里去了呢? 他边走边打听。

这时，布尔尼王正进行嘎海山大战。想要阻击的地方长出了嘎海山，想要隐蔽的地方长出了达鲁山，饥渴难的地方出现了翁滚水井。可是有一天，运粮的车辕子折了。当今蒙古真的"阿日勒"之地名，是由此而来。正在这个紧急关头，嘎勒珠嘎日玛赶到，救出布尔尼王于水火。

在嘎海山上隐蔽了三个月之后，他们从奈曼旗东南角越过了旗境。

清廷下令调动楚忽尔阿拉克(哈拉哈)王、唐古特阿拉克(哈拉哈)王、博王旗(当时的科尔沁左翼后旗还没得博王旗之称谓)的王爷等诸多王爷的军队，并通告各旗：

"抓住布尔尼王的话，量他的肉奖励文印，量他的骨头奖励黄金，赐封世袭郡王或双亲王。"听到这么优厚的条件，历来与布尔尼王深厚交情的奈曼王难以下手。不动手吧，皇上的金口玉牙不得忤逆! 没有办法的办法，给本旗的军队发下了用铅铸造的箭。自古道"要紧的言语不可在公众面前说"，对一些领头的官员吩咐了秘密命令。

在奈曼旗东南边界上堵截布尔尼王的时候，奈曼王的军队使用用铅铸的箭来射布尔尼王。布尔尼王的军队毫无损伤地穿过了枪林箭雨。清廷尾追的军队看到奈曼旗军队堵截了布尔尼王的军队,并且耗费了大量的箭。因为射出去的箭已成了堆,后人称此地为"奥兰苏木图",意思是有很多箭的地方。

当布尔尼王突围到奈曼旗境内,清廷军队赶来包围了布尔尼王。在这场战争中,布尔尼王的军队和奈曼王的军队合伙,砍下了清兵很多人的头颅。因此,后人称此地为"奥兰陶鲁盖图",意思是有很多头颅的地方。

从那里西进,军队休息时安排了放哨。后人称此地为"哈拉嘎齐",意思是放哨之地。

有一天,布尔尼王的军马口渴难忍,又找不到水源。走到一个萨日朗花盛开的草原上,见到一头尾巴上芦苇鸟做窝的、留有翁滚鬃的枣骝儿马。布尔尼王对手下卫兵说:

"从这个牲口生活在这里来看,附近肯定有湖泊。你就跟上这头儿马,探探哪里有水源!"侍卫跟上那头翁滚儿马往南走去,走到如今名叫"温达"的地方,见一口喷泉,翁滚儿马在那里喝足了水。等翁滚儿马喝足之后,口渴难忍的侍卫也前去喝足了水。之后,他顺原路跑回来禀报布尔尼王。布尔尼王高兴地说:

"这真是上天的恩赐。应该把这个丰硕的草原命名为'枣骝马的白音塔拉'为好。"从此以后,人们称此地为"枣骝马的白音塔拉"。把那口喷泉称为"温木达",后来谐音称"温达"。他们从"温达"奔西南而去。

奈曼王知道布尔尼王的军队非常困乏,悄悄地送给他用100头骆驼驮载的粮草和军需品。事前,奈曼王使人告知布尔尼王"接住骆驼!"用蒙古语说"特莫图萨"。因此,后人称此地为"特莫图萨"。

布尔尼王收到奈曼王的粮草军需之援助后,非常高兴,命令休整军队。这时,清军已经撤退。在休整期间,布尔尼王叫军队扔圈子打靶演习。后人将此地称为"杜贵",意思是圈子。

刚休息一天,清兵又追了上来。从东北嘎海山方向追踪而来的军队加上从西南方向追踪嘎勒珠嘎日玛的军队,统共10余万人,从四面八方围追堵截而来。

布尔尼王看此情景,认为这是一场决定性的大战。他念动了《亚曼达克心经》。忽然间天昏地暗,飞沙走石,使人睁不开眼。对面的两个人互相听不见说话,双方军队四分五裂,旌旗破损,不少人丧命于风沙。风沙中飞来了不少的各色石头。后人把白色石头飞落的地方称为"察干朝鲁",如碌碡般的石头飞落的地方称之为"乌兰布罗",把最大的石头块飞落的地方称之为"朝鲁图"。还有的地方飞落了一望无际的沙漠,后人称其为"讷雷诺察干"。据说在这块"讷雷诺察干"压死了很多清兵和军需品。

布尔尼王的军队也被打的四处分散,主力军到固日班宝力格之地才立住了脚。清军撤往喀喇沁五旗准备粮草,并且上告奈曼王在支援布尔尼王的事情。

布尔尼王四处派遣谍报,命令自己被打散的军队急速聚集到如今名叫"布日顿"的地方。"布日顿"是蒙古语,意思是聚全。在这里,后人堆起敖包,年年祭祀。当今的敖包图、敖包恩格尔等地名是由此而来。还有一部分人聚集在朝鲁图,另一部分聚集在讷雷诺察干。他们合并一处,往西北方向出发。

布尔尼王到大沁庙拜佛。清军赶到塔尔根淖尔南岸上,又进行了一次激战。在这次战斗中,贝达尔梅林的左肩受了重伤。后人因为有福之人受伤而称此地为"哈日哈"。

在图萨拉克齐艾勒,苏莫艾勒的名叫讷莫忽的大夫给贝达尔梅林治伤,7天后基本痊愈。为了更好的治愈他的伤,把他留在此地。

布尔尼王从那里进入敖汉旗东部山区隐蔽起来。当时,清军的尾追也离他们不远。

布尔尼王在这山里叫军队挖了100个灶坑,栽了100棵柳树。这是误导尾追清军的策略。他们见到100个灶坑,以为布尔尼王又增加了手下人;见到新栽的100棵柳树已经成活,尾追者以为他们离开这里很久了。清军真的被误导,为首的官员们相互说:

"反正一时追不上,不如休整军队!"这样,休整了军队。后人称此地为

"昭乌达"，意思是 100 棵柳树。

布尔尼王以为这时贝达尔梅林的伤势已经完全康复，为了大家一起早日离开清朝的版图，他们奔图萨拉克齐庙来携带贝达尔梅林。

在行军途中，无意碰上了清军的主力，又是一次激战。因为杀死了清军的大脑袋将军，后人称此地为"陶鲁盖图"，意思是有大脑袋的地方。

布尔尼王的军队与清军打了多次的遭遇战，受到了很大的损失。

布尔尼王来到纳里德河北岸，想到一个妙计，向奈曼王请求要了 1000 头牤牛。

牤牛弄到手之后，用草捆扎成 1000 个清兵模样的草人，在其肚腹中藏起粮食。把这些草人拿到纳里德河的冰上，冻立起来。

牤牛受惊而用犄角去顶草人，草人肚腹里的粮食漏了出来，牤牛吃那些粮食，草人全部被毁掉。布尔尼王的军队重新捆扎草人，并把牤牛空腹三天，放出去。牤牛照样去顶草人，草人的肚腹露出粮食，牤牛又得到粮食吃。1000 头牤牛已经训练有素了。

正在此时，清朝大军渡河而来。其一半刚刚渡河，迎面出现了布尔尼王所训练的 1000 头牤牛。这些牤牛以为这些清兵也是草人，疯狂地奔去，猛顶猛冲。牤牛本来很结实，一般的砍或扎是杀不到它们。有的牤牛受伤流了血，一见血，它们更加疯狂。在冰河上，只见牤牛顶死清军的场面，格外惨烈。

清军被杀死 5 万多人，布尔尼王只损失了几百头牤牛。

朱广思想："蒙古人的牲口都是那么可怕！可能是老天在帮忙！"感叹着，连连撤退。

就这样，在这冬春之间，布尔尼王用牤牛阵消灭清朝 10 万大军的一半。

朱广思向朝廷发出求援信。

布尔尼王看到结冻的冰河快要化解，准备往北突围。他们刚刚越过奈曼旗固日班赛罕的险峻处，尾追的清军赶到，又发生了一场恶战。布尔尼王马鞍的提胸被打掉。后来奈曼王在此地立庙，称为"满楚克庙"。

　　布尔尼王带领少数人往东北方向逃去，到一个小山包，稍微休息。后人在这里堆起敖包，称为"色布虎林敖包"，意思是稍微休息乘骑的地方。在这里，用铁锅扣留布尔尼王乘骑的脚印，以示纪念。后来，在"文化大革命"中被毁掉。

　　当他们稍休息期间，清军又赶来了。布尔尼王逃往西北一个险峻的山上，迷了路。找到一个较高的山上，眺望四处。后来此山阳处居住了一个村子，命名为"萨林阿如"。

　　清军瞪大眼睛看的地方，后来形成了一个村子，命名为"博勒梯艾勒"。后来在这里立起"博勒梯庙"。

　　布尔尼王在奈曼旗打了半年之久的游击战。

　　从那里转移到扎鲁特旗东南部。

　　他们到洛布桑台吉家里。洛布桑台吉早就听说布尔尼王，非常羡慕他。今天见他光临，喜出望外，说："人之所想，老天撮合。"答应他们休整人马，并设宴招待他们。

　　开始时的 2000 人，如今只剩 1000 来人。自古道"手腕拧不过大腿"，虽说是好汉，也抵不住一个大朝廷的力量。如果不是老天一再佑护，奈曼王一再支援的话，到如今还不知什么样的结果……

　　60 多岁的洛布桑台吉听到这些，禁不住激动，答应给他们调换军马，叫他们从自己的 1000 匹马中随便挑选。

　　布尔尼王不想换掉自己双翼铁青马，说借用他的马。

　　决定调换实在再无法支撑的军马。洛布桑台吉说：

　　"没关系，多带走数十匹战马无妨！"数日养活千十来号人不容易。俗话说：

　　"不吝啬的给予不在于贫穷

　　不分离的义胆不在于男女

　　不悔倦的学习不在于老幼

　　不回头的仁义不在于远近。"洛布桑台吉的仁义之心真是令人钦佩。他整整养活了布尔尼王的人马三天。

布尔尼王：

"我想要你的到9岁尚未下驹的枣骝骒马！将来还给你！好吗？"

"有什么不可的！不必还！我有这么多的马群,不缺一头骒马！"洛布桑台吉说。

两人谈好了。洛布桑台吉杀了70头牛,把肉装进牛胃中,给他们带上。把一头牛的肉晒干了碾成粉末,可以装进一个牛膀胱里带走。人马粮草也都得到了补充。

到佘公旗,布尔尼王见一颗粗大的榆树说：

"当你长到七围粗的时候,我会回来的。"

布尔尼王再从一个敖包南边牵马而过。后人称此地为"忽图林敖包",这一代的人们画布尔尼王的像,供起来。

有一天,布尔尼王带着人马,来到长白山的一个叫"其忽日察干哈达"的地方。换句话说,他们到了北部五十七旗之地。

一天,洛布桑台吉的骒马回到了家。在马尾巴上拴着一封黄包书。书上写道：

"尊敬的台吉兄：

把您的马放了回去,布尔尼王、贝达尔梅林以及众臣下兵丁已经来到长白山隐蔽于其忽日察干哈达,等待天时的来临！等到将来天时属我,定会报答您的恩情！"（原文把"其忽日查干哈达"称"西河日察干哈达",根据蒙古字额的唱词更正——译者）

附录：

巴林旗章京王爷的母亲病了。对儿子说：

"章京啊,我于×年××月×日×时停止呼吸。把我脱光了安葬在和卜特山的背后。"

章京王爷："母亲净说些什么？"可心里想：

"我母亲平时绝对是明白人。可是,明白到连生死都能预知？"有些不相信。逐渐忘掉了。

可是,其母亲果真到那个时候逝世了。章京王回忆起母亲的话,大吃一惊。"我母亲真是个明白人!"他把母亲的遗体留住三天,请喇嘛念经做了佛事。在此期间,他给那些贫穷人给予施舍;在那些河流上搭桥;给自己的祖先烧香。

到了第四天,他想起母亲"把我脱光了安葬在和卜特山背后"的遗言,有些为难了。

章京王最后还是放不下心,把母亲的下半身用绿色绸缎裹上,之后安葬在和卜特山的背后。

当天晚上,章京王做了梦:

母亲遗憾地对章京说:

"章京啊! 我叫你把我脱光了安葬,可你不听话。这回怎么办? 绿龙缠住我的双腿,不让我走啦。我是想往佛爷的宫殿——长白山其忽日察干哈达去找布尔尼王和贝达尔梅林的,现在走不动了!"

章京王连续三天做了如此的梦。

章京王到吉鲁巴尔召,向葛根问起这件事,葛根没有给予答复。

章京王转到奈曼旗大沁庙向诰命葛根询问此事。并且到呼和格日见奈曼王,谈论布尔尼王的事情。当时,奈曼旗扎木素王爷因为支援布尔尼王而得罪清廷,被削职。由他的侄子承袭了王位。

诰命葛根听完章京王的叙述,说:

"王爷您的母亲将要成佛。长白山上的其忽日察干哈达不是一般人能去的地方。您应该按您母亲的遗嘱安葬她老人家才对。原来有一种障碍,这也是您和我见面的缘分。算啦! 没办法,我把缠住您母亲的绿龙去掉吧!"

诰命葛根静坐三天念经之后,交给章京王一块金砖说:

"您拿着这块金砖去见阿鲁博格达,我是受他的教旨来到此地的,我们是同门弟子。您在去阿鲁博格达的路上会见到您的母亲。"

章京王有些不相信。

章京王骑上枣骝马,背上弓箭,通过佘公旗进入了北部五十七旗的边界。

一天晚上,人烟稀少的地方寻找灯光的时候,远远地发现一个灯光。走到近处一看,蒙古包里有两位戴套古润帽子的喇嘛对坐着下棋呢。

章京王向他们问安,决定在此处过夜,并禀告自己母亲的事情。他说:

"奈曼旗诰命葛根告诉我,在去拜见阿鲁博格达的路上你会见到母亲的。而至今还没有见到我母亲。诰命葛根说我的母亲在长白山其忽日察干哈达,可我不知道这个地方在哪儿?"

两位喇嘛给他一钵水,是阿日山水。章京王喝完水,马上感到困,因为没有枕头,他枕着金砖睡着了。

一觉醒来,太阳高升,晴空万里。蒙古包不见了,下棋的两位喇嘛也不见了,似乎一场梦。

他怀疑自己已经来到佛境,望四方磕了头,继续赶路。

见到赶着白鹿的一群骑马的人,从东北向西南飞奔而来。

三四十个人的箭射不中白鹿,他们对章京王喊:

"喂!截住白鹿!"

章京王拿下背负的弓箭,瞄准白鹿的头射出了一箭。

箭呼啸而去的刹那间,白鹿忽然停住脚步,"咔嚓"一声,把箭给咬住了。

哇!这是一头什么样的神奇之物?章京王的头发都竖立起来。

章京王为了要回射出去的箭,急催枣骝马,紧紧追赶。白鹿穿越高山峻岭,飘忽不定,怎么也赶不上。

白鹿消失了,出现在章京王眼前的是洁白的山岭。乳白色的玉石岩挡住了他的去路。九色彩云飘绕在山崖间。原来这就是长白山。

忽然一位老妈妈出现在章京王的面前:

"章京啊!过来,把你的箭拿去!"

章京王的妈妈左手顶礼于额前,右手数着玛尼,站在他的眼前。

章京王跪倒在母亲脚下:

"妈妈!……"

妈妈对他说:

"刚才的白鹿就是我。这是长白山的其忽日察干哈达。你到奈曼旗诰命葛根那里,奈曼旗诰命葛根念了三天的经,为你妈妈解下了缠绕两腿的绿龙。"

"奈曼葛根的神通真是广大,他让我见到了已经谢世的母亲!"章京王激动地说。母亲对她说:

"你在路上见到的两位喇嘛,一个是布尔尼王,另一个是贝达尔梅林。我曾说过'要去布尔尼王和贝达尔梅林那里',你妈已经成了佛! 你见到妈妈了,再别去见阿鲁博格达了。原道返回,坚守职责,谨行王业,遵循奈曼旗诰命葛根的教诲,遵从佛道。"

章京王:

"嗒,嗒! 我已经出来这么远,想见一见阿鲁博格达,圆了我的心愿,好吗?"

母亲:"行,我儿可以圆了心意。把你的箭拿去!"母亲接着说:

"你妈已经和布尔尼王、贝达尔梅林一样是成了佛的人。你怀念妈妈,就谨守诰命葛根的教诲。将来,布尔尼王、贝达尔梅林主持世界的时候,你妈也去帮助他们为民众消灾除难。如今,妈妈给你阿日山水。"

远道的奔波中累疲了的章京王枕着妈妈的腿,听着神话般的故事,渐渐入睡了。

一觉醒来,太阳已经升起。妈妈不见了。只有长白山上的其忽日察干哈达在眼前。

章京王去拜见了阿鲁博格达。见到了哲卜尊丹巴葛根。阿鲁博格达见到金砖,知道了一切。为章京王摸顶赐福,祝他好运。

阿鲁博格达:

"嗒,回去吧! 去见奈曼旗诰命葛根。诰命葛根会为你指明幸福之路的!"

章京王回到故乡,没有回到王府,先去拜见了奈曼旗诰命葛根。

诰命葛根询问完毕,说:

"每年的正月初一,我骑上我的牡牛,给阿鲁博格达送早茶时,都要在其忽日察干哈达歇一次脚。你妈到那里,也和布尔尼王、贝达尔梅林一样成了佛。那里就是佛境。嗯,你也应该从王位告老谢职,追求佛道。王位越坐积孽越深!"

章京王回到巴林王府,召集所有官员,一切事情交代清楚之后,把王位传给自己的儿子,自己遁入了空门。

(胡尔齐·扎拉散叙述,杭图德·乌顺包都嘎记录;孛儿只斤·额尔德木图汉译)

杭图德姓的传说

杭图德姓的祖先德力格尔,年轻的时候是个宫廷乐师。

那个时候,人们不知道当朝皇上是什么名字,只知道皇后的名字叫斡嫩高娃,长的是羞花闭月,美丽无比。

斡嫩高娃皇后和杭图德·德力格尔从小青梅竹马,随着年龄的增长,两人越发相互爱慕,发誓长大成人之后,成家立业偕首到老。但是命运不随人意,到了成年后,斡嫩高娃成了皇后,杭图德·德力格尔却成了宫廷乐师。

杭图德·德力格尔吹一口好笛子。已经贵为皇后的斡嫩高娃每每听到曾经相爱过的恋人杭图德·德力格尔的笛声,心中又是激动又是伤感,总是沉浸在过去的美好回忆之中。这一点,只有皇上、杭图德·德力格尔和黑脸黄胡子大臣知道。黑脸黄胡子非常嫉妒杭图德·德力格尔过人的才智和英俊的相貌,总想找个机会,置他于死地。

有一天,他真的找到了这么一个绝妙的机会。

那天,皇宫在举行一个盛大的宴会。用红色和紫色的绸缎装点得富丽堂皇、宽敞明亮的宫殿上,文武百官排列在两旁,上面端坐着皇上和皇后。皇后的身后整齐地站着 4 名宫女。众人面前摆放着图案的紫檀木桌子上面摆满了白、红、黄、紫色的各种美食。

悠扬的琴声引来了千万只蝴蝶,愉悦着倾听者的身心。厅中铺展的红色地毯上,打扮得一模一样的 16 名宫女翩翩起舞。

皇上,在金杯里斟满了美酒,然后向众臣子举杯道:

"为了举国的幸福和安康干一杯!"然后一仰头喝了下去。皇上的脸上洋溢着只有天子才有的神气的笑容。

斡嫩高娃皇后在酒里沾了一下嘴唇,又放下金杯。她美丽的眼睛虽然紧盯着翩翩起舞的宫女,心却被笛声紧紧地抓住。无奈乐师们都在屏风后面坐着,她看不到心上人。

杭图德·德力格尔从小会吹笛子,他的启蒙老师是他的爷爷。爷爷经常教导杭图德·德力格尔说,吹笛子的时候,你自己在心里跟着唱,要不你吹的曲子无论如何也感动不了听曲者的心。由于牢记爷爷的教诲,杭图德·德力格尔的笛声有一股慑人心魄的魔力。年轻的斡嫩高娃最爱听的曲子总是从杭图德·德力格尔的笛子里源源不断地流淌开来。

有一回,小斡嫩高娃在野地里迷了路。她的家人找遍了附近连影子都没看到。天渐渐地黑了。听到斡嫩高娃迷路的消息,杭图德·德力格尔揣着笛子就到深山去找她。又饥又渴,担惊受怕的斡嫩高娃,疲惫地坐在一颗柳树下哭泣。突然,她的泪眼朦胧中出现了 20 几匹恶狼向她围了过来,眼睛里射出可怕的绿光。幼小的斡嫩高娃吓得连叫喊的力气都没有了,只是一个劲地往后退着,恶狼越来越近。……就在这关键时刻响起了悠扬的《漠北之月》。真是奇怪,听到笛声的群狼的眼神不再那么可怕了,变得柔和了,它们慢慢的围过来舔舔斡嫩高娃的衣袖,然后迅速地跑开了……

斡嫩高娃正沉浸在美好的回忆时,宫外忽然响起震耳的呼啸声,悠扬的笛声变得忽隐忽现。

过了一会儿,一股黑旋风旋进了宫中。跳舞的宫女们哇哇叫着跑开了,众臣们瞪着大眼还没反应过来怎么回事呢,那股黑旋风简直到斡嫩高娃皇后跟前,一把卷起皇后就旋了出去。斡嫩高娃皇后吓得连喊都没敢喊一声。大家只听到黑旋风的呼啸声,哪有皇后的叫喊声呀?爱妃被旋风卷走了,皇上急得眼睛瞪得灯笼那么大,攥着拳头,用颤抖的声音说:

"快,快,皇后,皇后……"别的什么都说不出来了。

众臣这才反应过来，拿起武器，追到宫外。这时，连皇后和黑旋风的影子都没了。

刹那间，美丽的皇后失踪的消息传遍了宫廷内外。

皇上请来了孛额，问是怎么回事，孛额闭上眼睛想了想，说道：

"离这百里之外，有座狮子山，山上盘踞着13头颅的恶魔蟒古斯，蟒古斯变成黑旋风，卷走了皇后。"

皇上的心猛地一震，脸变得煞白。他带着哭腔喊道：

"那怎么办？怎么办？"

众臣一听是狮子山13头颅的恶魔蟒古斯，吓得魂飞魄散，连鼻子都不敢出气了。平民面前耀武扬威的众臣的头颅，这时都差一点缩到裤裆里去了。看看众臣狼狈的样子，皇上气得火冒三丈：

"喝酒作乐的时候，你们一个一个竞相卖弄。现在眼看大难临头，你们怎么都哑巴了？"

沉默。

过了几个时辰。

这时，黑脸黄胡子走到大众面前，扯着嗓子道：

"请皇上听微臣说。听说，那狮子山上13头颅的恶魔蟒古斯，掠去喜欢的姑娘之后，不是逼迫她马上占有她，而是自己变成美男子，用甜言蜜语骗取姑娘的芳心，让姑娘自愿跟自己好上。很多姑娘都被她哄骗之后过不了多久，都会跟他同床共枕。只是，蟒古斯到不了一个月就会喜新厌旧，把姑娘当作礼物送给手下的妖怪们，在那里当奴隶。然后他再物色新的目标。我看我们的皇后不会那么快动心。我们赶紧把皇后救出来不就行了嘛？"

皇上觉得有了希望："那你说，派谁去救皇后呢？"

黑脸黄胡子两眼滴溜溜地转了一下，上前去，在皇上的耳边嘀嘀咕咕说了什么。

皇上有点担心的看着黑脸黄胡子，沉思了半天：

"能行吗？"

黑脸黄胡子:"成不成,试试才知道。"

皇上道:"如果不行,拿你脑袋是问,赶快执行。"

他虽然有点后怕,但是皇命不可违,只好接受。不过万一事情搞砸了,他早就想好了怎么对付。

初秋阳光明媚的一天,骑着马的汉子疾驰在山路上。他随马还挎着一匹枣红母马。看他的装束打扮就猜到此人不是等闲之辈。他头戴圆顶帽,身穿蓝色绸缎长袍,鹅黄的绸缎腰带里插着一只黄色的竹笛子。原来此人就是宫廷乐师杭图德·德力格尔。他这是为了救出被蟒古斯抢去的斡嫩高娃,朝着狮子山飞奔而来。

黑脸黄胡子对皇上的悄悄话不是为了真心救出斡嫩高娃皇后,而是为了除掉眼中钉肉中刺的杭图德·德力格尔所出的主意。他给皇上的耳边嘀咕:"想要救出皇后,只有一个人能行,这个人就是杭图德·德力格尔。因为我听说,狮子山十三头颅的恶魔蟒古斯只要听到《地狱之路》这首曲子,头疼得昏倒在地就像是得了重病,好几个月不见好转。趁那时,杭图德·德力格尔完全可以救出皇后,逃回来。我们给他选好两匹好马。皇后逃回来之后,我们把皇后藏在密室里,如果蟒古斯再追过来,我们就说杭图德·德力格尔带着皇后逃走了。只要杭图德·德力格尔接回皇后以后,皇上赐他一个扎兰,随便派到一个地方。如此一来,蟒古斯不得不相信我们的话。黑脸黄胡子给杭图德·德力格尔挑选两岁种马和枣红母马也有他的打算。他早就听说,杭图德·德力格尔和斡嫩高娃皇后有旧情。只是迟迟没有抓到把柄。这一次他想,你准逃不出我的掌心,并且专等杭图德·德力格尔给他送来"好消息"。这一切,杭图德·德力格尔哪能想得到呢?

杭图德·德力格尔除了一把笛子,没有任何武器。他自己也明白就算是带上再好的武器,他也斗不过蟒古斯。他不相信自己的笛子有那么大的魔力,天知道。不管怎样,皇命不可违,剩下的就交给命运之神吧。

想到自己冒着生命危险去见心爱的人,杭图德·德力格尔激动万分。斡嫩高娃虽然贵为皇后,但是每次偶然相见时,他都能读懂斡嫩高娃的眼睛在说,她还在爱着自己。他想,只要看到斡嫩高娃,就算是死也是值得的。

百里之外,不是一两天就能到的。一口气跑了五六十里地之后,他勒马慢慢走了一会儿,然后跳下马背,整理马鞍子。

两岁种马似乎舒服了一点,摇晃着头,围着杭图德·德力格尔的身体又是转圈又是嘶鸣,那架势好像在说"我就是马中之王",而且不失时机地闻了闻枣红母马的脖颈。看到这个情景,杭图德·德力格尔的心咯噔一下,那黑脸黄胡子让自己骑种马,牵上母马不就是为了关键时刻耽误赶路吗?这个该死的黑脸黄胡子,等救下皇后活着回来之后再和你理论。他在心里念叨:就看两岁种马、枣红母马和斡嫩高娃我们4个的造化了。他无暇顾及头顶上的骄阳和林间的鸟鸣声,疾驰而去。远去的身影慢慢消失在湛蓝色的天空中,只有马蹄留下的灰尘一路升腾。

阳光照样晒着,鸟儿依旧鸣唱。

太阳快要落山的时候,杭图德·德力格尔来到了蟒古斯村。蟒古斯村里住着蟒古斯手下的小妖们和给他们提供吃喝穿戴的佣人等百十来户。

早就断粮断水的杭图德·德力格尔疲惫到了极点。又饥又渴的杭图德·德力格尔不顾生命安危,牵着两匹汗淋淋的马走进了村东头的两间土房。

这间房子的房主不是普通的仆人,是蟒古斯的走狗毛沙拉(蒙古语,意思是黄癞子)的家。此时毛沙拉不在家,只有他的老婆一个人在围着锅台忙乎着做饭。杭图德·德力格尔哪里知道这是毛沙拉的家呀,当他直接推开半开着的板门走进屋时,饭菜的香味扑鼻而来,他禁不住咽了口水。毛沙拉漂亮的老婆看到一个陌生的男人,吓了一跳,往后退了几步。之后细细打量了一番推门进来的男人。此人跟自己的妖怪老公相比英俊潇洒得简直跟画中人似的,她的心不禁怦然一动,眼睛流露出爱慕的神情。她憋红了脸,不知说什么才好了。

杭图德·德力格尔没有想到,这么破旧的土坯房里藏着这么漂亮的姑娘。一时忘了小米饭的香味。过了一会儿,他吞吞吐吐地打招呼说:

"您好!"那个姑娘尽量掩饰刚才的失态,郑重地说道:

"你好,从哪里来?"杭图德·德力格尔猜出姑娘不是坏人,边说道:

"我从紫禁城来,前些日子,蟒古斯把我们的皇后抢来了,我到这里来是为了救出我们的皇后。"姑娘的脸上露出了惊恐的神色:

"你赤手空拳怎么能让蟒古斯吐出口中食?我看还是原路返回为好。我家主人要是回来了,他会把你交给蟒古斯的。"

"你家主人叫什么名字?"

"蟒古斯的走狗毛沙拉。我原来是阿拉坦皇上的爱妃,人们叫我乌伦高娃皇后。蟒古斯把我抢来之后玩了一个月然后赏给了毛沙拉。只要落到了它们的手里,谁也休想逃走"。

"是吗?那你知道十三头颅的恶魔蟒古斯听到什么曲子会几个月起不来吗?"

"是啊,有一回我好像听到毛沙拉喝醉了酒之后说起过。"

"那是什么曲子?"

"什么?还有点忘了……好好想想。"

乌伦高娃皇后紧锁柳叶眉,用花朵般柔软而纤细的手抚摸着长长的头发,回想了半天,突然眼睛一亮,兴奋地说道:

"哦,想起来了,好像是听到《天堂的桃》这首笛声之后会是那样的。"说着,她看到了杭图德·德力格尔别在腰带里的笛子期待地问道:

"你会吹吗?"杭图德·德力格尔很是兴奋,他点了点头,同时想起,黑脸黄胡子故意给他说出《地狱之路》的事情,心里说不出的恨。

乌伦高娃的脸上露出灿烂的笑容,说:

"如果蟒古斯倒下之后会变成 13 头颅的大蟒蛇,那就是蟒古斯的原形。这时你若抓来 13 只刺猬吃掉蟒古斯的 13 只头颅,它会马上死掉。这个秘密我以前跟蟒古斯好的时候知道的,只是我没有找到机会。一旦蟒古斯死掉之后,他的那些走狗小妖怪们都会弃暗投明,走上阳光大道的。那时,你不但可以救下你们的皇后,也会给像我这样不幸的几十名女人一条自由幸福的活路。"当意识到肚子在咕咕叫时杭图德·德力格尔对美丽的乌伦高娃说:

"不管怎样，你首先给我弄点吃的吧！等吃饱喝足了，请你给我带路，去镇压那个蟒古斯去。"他把如此重大的事情说得那么轻松。

杭图德·德力格尔想到一直暗恋的斡嫩高娃，忘掉了所有的疲倦。

果然不出乌伦高娃所说，《天堂的桃》声把恶魔蟒古斯引向了死亡之路。13只刺猬吃掉了有气无力地倒在那里的恶魔蟒古斯的头颅之后，杭图德·德力格尔停止了吹笛。他没有想到，再强大的敌人也有他致命的弱点，只要抓住并利用这些弱点，他也会被你降服的。祖祖辈辈流传下来的天堂的桃笛，今天却成了降服妖魔的法宝。站在后面，惊恐地看完恶魔蟒古斯的13个头颅被13只刺猬撕咬、吃掉的可怕情景之后，乌伦高娃的脸上终于露出了胜利的笑容，她挥舞着美丽的手臂喊着：

"我们胜利了，我们胜利了！"喊声响彻在恶魔用金银、水晶装点得金碧辉煌的魔殿。杭图德·德力格尔把笛子插到腰带里，以只有真正的男子汉才特有的明亮而清澈的眼睛望着乌伦高娃焦急地问到：

"斡嫩高娃皇后在哪里？快告诉我。"乌伦高娃急切地望着杭图德·德力格尔，从他的眼神得知了什么似的：

"肯定是被圈在九十九仗深的地狱里面！请跟我来吧！"说着，在他的前边婀娜多姿地移开脚步。乌伦高娃凭着只有女人特有的那种直觉得知"他这个人和将要救出的哈屯一定有与众不同的关系"之后，好像失掉了一个心爱的东西于她人之手那样，产生了极度的失落感。原来，乌伦高娃对以前的丈夫和如今的妖精都没有诚挚的感情。今天，幸会了这位英俊潇洒的年轻人，而看到他的感情另有所属的情况，不由的遗憾起来。初次见面就暗自产生了与这位年轻人共同度过一辈子的希望，真的要落空了吗？

果然在九十九仗深的地狱之底看到了有气无力躺着的斡嫩高娃哈屯。走到她身边叫她，没有回音。连呼吸的声音都没有。杭图德·德力格尔跪在地下，抱住斡嫩高娃哈屯，使劲摇动着她的身子，喊：

"斡嫩高娃！斡嫩高娃！是我呀！我是德力格尔！是你的德力格尔呀！"眼泪滴落在斡嫩高娃的脸上。

刚才的直觉被证实了。杭图德·德力格尔滴落的眼泪！依恋之情完全失落的乌伦高娃不觉双眼布满了泪水。但是,作为一个心情明朗的女性,对一个刚刚相识的男人怀有如此的依恋和遗憾"真是不像话!"乌伦高娃自责地想。她整了整嗓子说:

"蟒古斯可能因为得不到哈屯的芳心而怕她自杀,使用邪术关闭了她的呼吸。您不要摇动哈屯的身子,那样会把她弄死的。这北边有一座黑色的山头,山阳处有一个白门。白门深处是山洞,山洞里面供着一尊佛像。佛像前面点着长明灯,还有盛在金瓶里的阿日山水。把那个阿日山水滴在死人的嘴里,死人就会复生。"

杭图德·德力格尔听到乌伦高娃的话,高兴得好像自己得到了起死回生的机会,把斡嫩高娃哈屯依旧地放回原处,对乌伦高娃说:

"请您守护着哈屯,我去把阿日山水取来。"说完,飞奔而去。

金瓶里的阿日山水滴进斡嫩高娃哈屯的嘴里三滴,哈屯开始有了呼吸。杭图德·德力格尔将金瓶搁到一旁,目不转睛地凝视着心爱的人从煞白渐渐红润的脸蛋。斡嫩高娃哈屯清秀的眉毛渐渐地蠕动了一下,晶莹的双眼慢慢睁开。她有些不相信眼前展现的一切,吃力地盯着杭图德·德力格尔问:

"你是谁?"原来,蟒古斯具有能照任何人的长相变化的神通。所以,斡嫩高娃以为蟒古斯照杭图德·德力格尔的相貌变化过来,在欺骗自己。

杭图德·德力格尔抓住斡嫩高娃嫩白的手说:

"我是德力格尔!"斡嫩高娃冷冷的说:

"你在欺骗我,你不是德力格尔! 是蟒古斯!"站在杭图德·德力格尔背后的乌伦高娃用温柔的声音接过去告诉她:

"这个人真是从博罗浩特过来的! 他消灭了蟒古斯,拯救了你!"斡嫩高娃看看乌伦高娃,对这位从未见过的陌生人还是不放心,摇了摇头说:

"不是,不是! 你们在骗我。你们走吧! 走吧!"她用嘶哑的声音说着,从德力格尔手中抽回了自己的手。杭图德·德力格尔万分焦急,忽然从自己的腰带间抽出笛子,吹起斡嫩高娃哈屯从小就最爱听的《漠北之月》的曲子。

　　她似乎看到了茫茫的北川,似乎看到了一泻千里的清澈月光。还有那和杭图德·德力格尔一起追逐嬉戏花丛草地间的童年。甚至听到了被狼群围困的时候突然响起的悠扬笛声,看到了群狼围过来舔自己的衣襟之后又跑开的情景,还有被父王逼着嫁给皇上的早晨母亲失声痛哭的揪心的场面,送亲的车队后面久久回响的《漠北之月》,重新又在耳边响起,后来成为宫廷乐师的杭图德·德力格尔说:

　　"我是为了你,只是为了天天能够看到可爱的你才到这里来的。……"

　　斡嫩高娃喊了一声:

　　"德力格尔哥哥……"一下子扑到杭图德·德力格尔的怀抱里。刹那间斡嫩高娃的眼泪像是撒落的珍珠簌簌地掉了下来。

　　茫茫的草原望不到边际……

　　杭图德·德力格尔后面紧紧跟着骑着枣红母马的斡嫩高娃。他们骑马奔跑了几天几夜,相互诉说着各自的经历。突然,杭图德·德力格尔勒起缰绳跳下了马背,然后卸下马鞍,让马休息。这时,斡嫩高娃也跳下了马背,杭图德·德力格尔,帮乌嫩卸下马鞍之后,让枣红马吃草。

　　杭图德·德力格尔枕着马鞍子,躺在齐膝的草地上,两眼呆呆地望着天空。他多么希望带着亲爱的斡嫩高娃飞到谁也找不到的地方,生个孩子,那该是多么美好多么幸福啊,和斡嫩高娃一起,白头到老啊!?……

　　想象是美好的,事实上救出斡嫩高娃是奉皇帝的死命而来的,想到这里胸口一阵痉挛。

　　这时,斡嫩高娃采来一束鲜花,轻轻地放到杭图德的脸上:

　　"真香!"杭图德·德力格尔把目光移到美丽可爱的斡嫩高娃的脸庞,高兴地说。

　　斡嫩高娃好像变回了个小姑娘,撒娇地说:

　　"哥哥,你再给我吹一遍《漠北之月》好不好?"杭图德·德力格尔笑着说:

　　"我懒得吹,难道你没有听腻吗?"

　　"不会,永远都不会腻的,我要你不停地吹。"

"那我一直吹到死,你也要一直听下去好吗?"

"不许你说这么不吉利的话,我们不会死的,我们会长生不老!"

"但愿如此吧!"杭图德·德力格尔起身吹起了《漠北之月》。斡嫩高娃不由自主地在花丛中翩翩起舞。笛声越吹越动听,斡嫩高娃越跳越动人。这时传来了枣红马兴奋而愉悦的嘶鸣声。杭图德·德力格尔的笛声戛然而止。他把笛子抛到草丛中,奔到斡嫩高娃旁边,一把抱住她,然后俩人淹没在草丛中……不知过了几个时辰,人生最大的幸福,就像洪水一样奔流而来,又像潮水一样退去。斡嫩高娃用衣服掩着雪白的胸脯,依偎在杭图德·德力格尔的怀抱喃喃地说:

"我们走吧!"杭图德·德力格尔的眼睛里露出了犹豫的神色。

斡嫩高娃静静地望着天空:

"回到了紫禁城,我还是皇后,你还是乐师。我不喜欢宫里的生活,更不愿意和一个自己不喜欢的人过一辈子。不管他是皇上,还是有多爱我,我都不喜欢。我们到一个谁也找不到的地方,安安静静的过日子,好不好?你答应我!"杭图德长长地叹了口气,说:

"我是在皇上面前发过誓言的,只要把你救出一定要送到紫禁城的,我是个男人,怎么能出尔反尔呢?"斡嫩高娃用布满泪水的眼睛望着杭图德·德力格尔说:

"那你是说不带我走了?"

"我是多么希望带着你远走高飞! 只是如果我们走了,我们的家人有可能被满门抄斩。自古有情人不能成眷属。再说,如果我们真的生活在了一起,随着生活琐碎的事情,我们的爱情必然失去光辉,还不如像现在这样,远远地望着彼此,偶尔见见面才是最美好完美的爱情。"杭图德·德力格尔的话,跟刚才判若两人,现实跟理想是有距离的,这一点杭图德·德力格尔是再清楚不过了。

显然,这些话伤了斡嫩高娃的心,她的的眼泪夺眶而出,一把推开杭图德·德力格尔,一边整理衣着,一边向马跑去。她不顾杭图德·德力格尔的叫喊,抓住缰绳骑上马背就向天边飞奔而去。

　　表面上看,生活依然如故,只是少了歌舞升平。恶魔那里逃出来的斡嫩高娃皇后一病不起,很多天躺在床上,有很多次发高烧,睡梦中喊着杭图德·德力格尔的名子之后惊醒。待在旁边的皇上看到这个情景,不禁怒火中烧,他原本准备了金银财宝奖赏杭图德·德力格尔的,现在一心等着皇后的病恢复健康之后审问所有的事情。

　　过了两个月,皇后的病有所好转,她可以起身活动了。但是却又出现了另一重"病"状,皇后不时的呕吐。御医虽然早就发现了苗头,没敢禀报皇上。纸里包不住火,如果再拖延下去,很可能殃及自己的头上。所以御医把自己知道的一五一十的报告给了皇上。

　　听到皇后已有身孕,皇上感到晴天霹雳。是不是恶魔欺辱了皇后,还是那个奴才杭图德·德力格尔在半路中诱骗了皇后? 想到皇后骑马飞奔而来的样子,就像是被人惊吓的。再说了,皇后在梦里多次呼喊过杭图德·德力格尔的名字,这里面肯定有原因。想到这里,一个皇上,甚至是一个男人的自尊使他暴跳如雷,立即下令召杭图德·德力格尔进宫受审。

　　皇上冷冷地看着行礼之后站在那里的杭图德·德力格尔,慢条斯理地问道:"你知罪吗?"

　　对自己的罪行杭图德·德力格尔是再清楚不过了。但他他装出一副无辜的样子说道:

　　"奴才奉皇帝之命,打败恶魔,救出了皇后不知我犯了什么罪?"他边说边想,斡嫩高娃是否向皇上坦白了自己的事情? 要不然皇上怎么会知道呢? 皇上轻蔑地"哼"了一声问杭图德·德力格尔:

　　"那皇后怎么会有身孕了呢?"听到皇后有了身孕,杭图德·德力格尔真是又惊又喜。他没想到跟心爱的人仅仅一次的恩爱,就有了孩子,跟自己相爱的人有了爱情的果实,这该是多么幸福的事情啊,只是她是个皇后。这好比老虎嘴里抢夺食物一样,太可怕了。他高兴之余又害怕之极。最后禁不住"咚"的一声,跪倒在地:

　　"奴才有罪,奴才该死!"他虽然嘴上这么说,那语气分明是死而无憾的意思。皇上怒发冲冠:

"把这个找死的奴才,扔进枯井饿死他!"

站在右翼的黑脸黄胡子大臣的脸上露出了一副满足的笑容。

杭图德·德力格尔没有求饶,他一边被士兵拖着双手,一边哈哈大笑着,去承受皇上最严厉的惩罚。他的笑声震撼皇宫,笑声里包含着喜悦、仇恨、轻蔑、自豪,还有冤屈、悔恨和怨恨……石井底下到处都是骷髅,臭气熏天,没有水,而且很湿。杭图德·德力格尔被扔到这里,只好饿着肚子,等待阎王爷过来取他性命。他做梦都没有想到镇压恶魔救出皇后,会得到如此下场。在茫茫草原上和斡嫩高娃享受人间的极乐时谁能想到此时此刻的如此情景呢?

石井的口被巨石压得死死的,井底很黑。杭图德·德力格尔咬牙闭眼站了很久。一切感到那么渺茫,活生生的人被压在井底等死是件多么可怕的事情啊?!还不如一头撞向井壁,早了此一生痛快呢!但是,谁会愿意死呢?

过了一会儿,杭图德·德力格尔睁开眼睛,看了看周围。井底好像不那么黑了。他看清了井底的骷髅和腰腿骨,还看到井壁不是那么光滑,有凹凸。

杭图德·德力格尔摸了摸井壁,踩着棱角往上爬的话,可以爬到顶。只是,井口压着几个汉子都抬不动的巨石,就算爬到顶也出不去呀……虽然明知只有死路而眼前发黑,杭图德·德力格尔还是挺着没有坐在满是骷髅的湿漉漉的地上……不知过了多长时间,大概是到了半夜。井口的巨石突然有了动静。

谁?以为就这么死去的杭图德·德力格尔,挪开发麻的腿,抬头望着巨石,该不是神仙来救我的吧?

巨石挪动一半,他看见了月牙般弧形的夜空。上边有个人说道:

"德力格尔君,请往西挪开一点!"接着,德力格尔看到了几个人影。

他挪了挪,从上边掉来了一包黑影,正好落在脚下,毛茸茸的牛皮。接着用绳子系着一个水斗子慢慢放下来。上面人说道:

"快接着,里面有食物和笛子。"杭图德·德力格尔接住装在水斗子里的食物和笛子时,刺鼻的香味扑向他的脸。

"你们是谁? 你们为什么要救我?"水斗马上拽了回去。杭图德·德力格尔喊:

"喂! 你们救救我吧!"他们好像没听见,一声不吭地照旧盖上井盖,走了。

不一会儿,井口又被压得死死的。井口没被完全压以前又喊了一声,没人理会。

杭图德·德力格尔把牛皮铺在井底,坐在上面,抱着大碗吃起来。到底是谁呢? 想来想去,除了斡嫩高娃还能有谁呢? 想到这里,他的心激动得嘭嘭跳。是啊,这个笛子肯定是斡嫩高娃送给自己的。他似乎听见斡嫩高娃的耳语:"悠扬的笛声会让你忘掉所有的烦恼,让笛子伴你度过这个黑暗寂寞的时光,我在想办法呢!"想到这里,他真的忘掉了所有的烦恼,在黑暗的井底吹起了悠扬的音乐……

过了 7 天,皇上对黑脸黄胡子大臣说道:

"你去看看犯人德力格尔死没死? 不确定他的死活,我就不舒服,你快去。"

黑脸黄胡子大臣带几名士兵,来到被层层紫金墙包围着的石井旁命令道:"赶紧挪开巨石。"

听到这位皇上面前哈巴狗,士兵面前皇上一样要威风的命令,8 个士兵勉强地挪动了巨石。

这时,从井底传来了悠扬的笛声。

这个混蛋还没死呢? 把他投进井以前不是把他的笛子踩碎了吗? 又是哪来的笛子? 想到这里,黑脸黄胡子吓的脸都白了,他哆哆索索地望着井底,威胁地说道:

"喂,先不要吹了,如果是活人,应一声'啊'! 如果是鬼魂,就应一声'哦'! 听到了吗?"

凡人被压 7 天之后不是饿死就是病死。这一点他是再了解不过了。他以为杭图德·德力格尔在死亡的边缘上不知掏出哪里藏着的笛子吹着呢,可从井底传来了"哦"的应声。听到这个"哦"的一声,黑脸黄胡子脸色变成了土色,他叫住两个士兵赶紧下去看看。

井底不时地传出《漠北之月》。

士兵们颤颤抖抖地爬到井口,看到了坐在厚厚的牛皮上悠然的吹着笛子的德力格尔:"活……活着!"

"还……还没死呢!"

"真的……活着!"只要不是鬼魂就行,大臣偷偷地祈祷。然后一下子忘掉了刚才的狼狈相,望着井底冷笑着说道:

"真是赖人命大,我看你还能再熬几个7天?"杭图德·德力格尔哈哈大笑,轻蔑地说到:

"我俩打赌吗,你再压我七七四十九天,老子还是没事。"黑脸黄胡子心里一惊,命人速速盖上井盖之后,回去报告皇上。

皇上听到他还没死,似乎不太相信。而且听到杭图德·德力格尔说:"再压他个七七四十九天"之后,又是怀疑,又有点敬畏。说:"先吧他从井里拿出来,关进大牢。"

把杭图德从井里拿出来之后,士兵们发现了铺在井底的一受潮湿漉漉的七张牛皮。那是有人连同食物给他扔下去的。杭图德吃饱食物,睡在牛皮上,虽过了7天却安然无恙。

士兵们把潮湿的牛皮晒太阳时,有股尿味。有个爱吹牛的士兵开玩笑说:

"噗,这个姓杭图德的真有尿,把7张牛皮都给尿透了!"别的士兵们也跟着起哄,说:"有尿的杭图德!……有尿的杭图德!……"

从此,人们都说"泄仍杭图德的",意思是"有尿的杭图德"。

皇上又重新审讯杭图德,问:"7张牛皮是哪来的?"杭图德·德力格尔心想:

"说实话是死,编假话也是死,反正横竖都是死,还不如吓唬吓唬你!"就说道:

"头一天晚上,我在井底站着睡觉时,做了个梦,梦里出现了观音菩萨,问我,为什么被关在井里?我把事情的经过讲了一遍,观音菩萨说我根本就没有罪,就算是有罪,也应该以功补过,将功抵罪,你在这里等待机会,我来帮助你。给我送来一张牛皮和食物,说完留下一道长长的白光走了。然后每夜都从顶上落下食物和一张牛皮。"

杭图德·德力格尔把斡嫩高娃隐喻成观音菩萨。

皇上听了杭图德·德力格尔的话,又想起皇后任性的对他说过的话:"杭图德·德力格尔没有罪。没有他,我是不可能回到你身边,就算杭图德·德力格尔有罪,也能将功抵罪,你若真的要杀,就杀了我吧!"观音菩萨说的有些话跟自己爱妃的话是相吻合的,仔细一想,她们的话也不无道理,杀又不行,更不愿留,怎么办呢?皇上不知如何是好了。

猜到了皇上的心思,黑脸黄胡子在皇上的耳边又嘀咕了几句。皇上点点头,对杭图德·德力格尔说道:

"德力格尔你听着,我免去你的死罪。把你发配到遥远的东土默特旗库卜图寺去当喇嘛。你带你的全家人及其亲戚一起去。"

杭图德·德力格尔听到"去当喇嘛"的命令,虽然有些吃惊。但是,皇命不可违,并且觉得有了生命便什么都有了。

杭图德·德力格尔来到东土默特之后,跟父母商量,让自己的大哥当了席勒喇嘛。

乌伦高娃打听到杭图德·德力格尔的遭遇,找到土默特旗。

德力格尔与乌伦高娃成婚,居住于库卜图村。

杭图德·德力格尔经常吹笛子,笛声又是那么令人伤感。那是因为他一刻都没有忘记自己心爱的斡嫩高娃。他临死,手里紧紧握住斡嫩高娃送给他的笛子,留下遗言说:"把笛子和他葬在一起。"

听说,斡嫩高娃和杭图德·德力格尔生的儿子长大以后,跟另一个国家的公主结婚,成了驸马。

(原奈曼旗朝克台苏木北察敏皋勒嘎查老人沃德勒胡叙述,杭图德·乌顺包都嘎记录,孛儿只斤·额尔德木图汉译)

呼布德姓的传说

上个世纪初期,呼布德姓有一位叫布仁满都胡的名人。他有一次进乌日勒图县衙,汉族县官问他:"姓什么?"

他想,我们这个姓可能与边缘有关,就用生硬的汉话回答说"天边儿"。

实际上"呼布德"不是与"边缘"有关,而是与"儿子"有关。所以,蒙古人启用汉姓的时候,把"呼布德"音写成"侯"姓。

这是奈曼旗蒙古人启用汉姓初期的传说。

(摘自原奈曼达日玛《关于奈曼旗蒙古姓氏》一书,孛儿只斤·额尔德木图汉译)

第二节　奈曼旗民歌选

奈曼旗民歌渊源流长,流传甚广。从其历史看,具有蒙古西部(吉尔吉斯)古老民歌的遗留影响,又有大元宫廷音乐的洪亮和科尔沁民歌的悠扬气派。

蒙古民歌以其粗犷、洪亮、辽阔的气派与明快的节奏,流畅的旋律,体现其富有的变化。在形式上,长短调兼备,单一曲式和二部、三部曲式并存。主要有游牧生产歌、神话传说歌、生活传统歌、思乡曲、赞美爱情歌和风俗仪式歌等多项内容。如热爱家乡、怀念故土、赞美父母恩情的《诺恩吉雅》、《人生靠山》;憎恨恶势力、控诉剥削压迫的《冬梅》、《罗梅》;反映劳动人民聪明才智的《女婿之歌》、《赖青之歌》;歌颂纯真爱情的《图布希都尔古》、《乌云塔娜》等。

奈曼旗蒙古民歌,其歌词易记易唱,曲调演唱动听悦耳,扣人心弦,引人入胜。还巧妙地运用"比兴"、对仗、设问、夸张、排比、拟人等艺术手法,淋漓尽致地表达赞美沙漠草原,怀念故土,思念亲人,歌唱爱情,褒扬人生的真、善、美;贬斥讽刺社会的假、恶、丑的主题。

人生靠山 (阿如德勒黑)

黄金般的世界呦
恰似锦缎一样啊嘿
阿爸阿妈俩啊哈嘿
恰似活佛无疑啊嘿。

眼前这个世界呦
恰似绸缎一般啊嘿
阿妈阿爸俩啊哈嘿
胜似活佛无疑啊嘿。

金卷甘珠尔经呦

观音菩萨教诲啊嘿

阿爸阿妈教诲啊嘿

胜过金卷甘珠尔啊嘿。

北边山山岭岭呦

我牛羊的牧场啊嘿

阿爸阿妈恩情啊嘿

高过山岭的高峰啊嘿。

雄伟的高山峻岭呦

我牛羊的牧场啊嘿

阿爸阿妈恩情啊哈嘿

高过高山峻岭啊嘿。

山后畅流的泉水呦

供我畜群饮用啊嘿

我们这些儿女啊哈嘿

阿爸阿妈的宝贝啊嘿。

山前畅流的泉水呦

供我牛羊饮用啊嘿

我们这些子孙啊哈嘿

阿妈阿爸的宝贝啊嘿。

(阿布日拉演唱,乌顺包都嘎、斯琴整理,孛儿只斤·额尔德木图汉译)

罗　梅

九音齐全的百灵鸟
用美妙音曲唱不停，
刚刚九岁的小罗梅
思念父母在哭泣。

十音齐全的百灵鸟
空中吟唱不间歇，
刚刚十岁的小罗梅
思念父母哭不止。

王八生来水中啊嘿
小罗梅一生在王爷府，
虾米生在泥中啊嘿
小罗梅一生在诺颜府。

在阿妈的身边时
兄弟姐妹五六个，

被迫离开父母啊

皮肉整天受折磨。

在阿爸的身边啊

姐妹兄弟六七个，

来到王爷府里啊

皮肉整天受折磨。

（乌顺包都嘎、斯琴整理，孛儿只斤·额尔德木图汉译）

冬　梅

说起出生的地方冬梅嘿

美丽的八仙筒村里啊嘿

谈起你出嫁的地方啊嘿

遥远的满都鲁克齐村啊嘿。

说起饮水的地方冬梅啊嘿
前边流去的教来河啊嘿
谈起你结婚的地方啊嘿
遥远的满都鲁克齐艾勒啊嘿。

嫁到阿鲁科尔沁的冬梅啊嘿
十年没有一点探亲礼物啊
不是贪心吃点礼物啊嘿
只是思念我父母二老啊嘿。

嫁到阿鲁科尔沁之后啊嘿
九年没有一点探亲礼物啊嘿
不是想吃那点礼物啊嘿
只是想见我父母二老啊嘿。

东南方吹起微微暖风啊嘿
九叔爷八叔爷来探视啊嘿
左右双眼跳得频繁啊嘿
舅舅舅妈过来迎接吧啊嘿。

南方吹起微微旬风啊嘿
八叔爷九叔爷来探视啊嘿
左右双眼跳得频繁啊嘿
故乡八仙筒来人吧啊嘿。

在草原上踱步冬梅啊嘿
守着牛羊畜群冬梅啊嘿
想念生长的家乡冬梅啊嘿

心扉动脉疼痛啊冬梅啊嘿。

在草原上踱步冬梅啊嘿
守着牛马畜群冬梅啊嘿
自小玩耍的九月荷叶啊嘿
胸中动脉疼痛啊冬梅啊嘿。

山岭上眺望远方冬梅啊嘿
父母故乡奈曼旗就在眼下啊嘿
山岭上往回走时冬梅啊嘿
双眼热泪盈眶啊冬梅啊嘿。

登上山岭上啊冬梅啊嘿
故乡八仙筒在眼下啊嘿
峻岭上往回走时冬梅啊嘿
双眼热泪汪汪冬梅啊嘿。

（于富演唱，乌顺包都嘎，斯琴整理，孛儿只斤·额尔德木图汉译）

乌云高娃龙棠

大沁下来的达力扎布协理啊嘿
大门上迎接的乌云高娃龙棠啊嘿
从宫殿来的达力扎布协理啊嘿
门口迎上的是乌云高娃龙棠啊嘿。

从远方听说您啊我的诺颜
是已掉了臼牙的老头啊嘿
只要见到你啊我的诺颜
十八岁年轻人不及你啊嘿。

从别处听说您啊我的诺颜
是已掉了门牙的老头啊嘿
只要见到乌云高娃龙棠我
二十五岁年轻人不及你啊嘿。

您的家乡伊拉麻图艾勒
安好吗？我的诺颜啊嘿
您结发妻子喜梅哈屯
没发脾气吗？我的诺颜。

您的故乡伊拉麻图艾勒
平安吗？我的诺颜啊嘿
您的正室妻子喜梅哈屯
不曾问起吗？我的诺颜。

我的家乡伊拉麻图艾勒
安好啊！我的妹妹啊嘿
我用巧言哄骗喜梅哈屯
而来到了你的身旁啊嘿。

我的故乡伊拉麻图艾勒
平安啊！我的妹妹啊嘿
我用美语哄骗喜梅哈屯
而来到了你的身旁啊嘿。

看来,这个乌云高娃龙棠是个非常狠毒的女人,她语言刺激诺颜唱道:

您的骏马性子烈啊诺颜
可以用皮鞭教训它啊嘿
您结发妻子闹得凶的话诺颜
可以折磨她的皮肉说话啊嘿。

您的乘骑性子烈的话诺颜

可以绊其脚来教训它啊嘿

您的妻子闹得凶的话诺颜

可以揪其头发抽打她啊嘿。

红缎子做的荷包我的诺颜

用我巧手缝制的礼物啊嘿

听说您臭脾气的喜梅哈屯

已经把它撕毁了我的诺颜。

绿缎子做的荷包我的诺毅

藏着掖着给你缝制的啊嘿

听说您母狗般的喜梅哈屯

已经把它撕碎了我的诺颜。

邻里年轻人们知道乌云高娃龙棠的狠毒,蔑视地唱道:

十八崽子的花斑母猪

生来就是吃糠的命啊嘿

美丽漂亮的乌云高娃龙棠

生来就为众人所享用啊嘿。

九个崽子的花斑母猪

生来就是吃糠的命啊嘿

温柔体贴的乌云高娃龙棠

生来就为诺颜们所享用啊嘿。

最后,乌云高娃龙棠心想事成,与达力扎布图萨拉克齐过上了幸福生活。

(于富演唱,乌顺包都嘎、斯琴整理,孛儿只斤·额尔德木图汉译)

额尔德尼公(一)

额尔德尼公曾生活在和格日毛仁白音塔拉艾勒。"和格日毛仁白音塔拉"为蒙古语,"和格日"为马的毛色枣骝,"毛仁"为马,"白音塔拉"为富饶的甸子,即盛产枣骝马的白音塔拉村之意。额尔德尼公是因牵连被一桩命案而逃奔哈拉哈蒙古的。

在甘岱有一个叫毛伊很阿哥的人。他是王爷家族的人,非常贪婪。附近的牲畜如果进其牧地,一旦被他抓住,他就在该牲畜身上烙上印,占为己有。因为他是王爷家族的人,任谁也不敢惹。额尔德尼公看不下他的这种霸道行为,就上告库伦县(绥东县),砍了毛伊很阿哥的头。

有一天,额尔德尼公从野外放牧回到家,进佛屋祭拜铁佛。一看,铁佛嘴里冒着白沫。他感到奇怪,急忙骑上骏马,赶往大沁苏莫扎日里克因葛根。"扎日里克因葛根"是蒙古语,意为"诰命活佛"。扎日里克因葛根看相后,惊讶地告诉额尔德尼公赶紧离开家室,逃到远方避难,要不有血光之灾! 听到这话,额尔德尼公首先想到把铁佛献给扎日里克因葛根。他回到家把铁佛揣进怀抱,又赶往葛根处。

正在这时候,毛伊很阿哥的喇嘛哥哥为弟弟复仇,领两个枪手奔额尔德尼公的家而来。他们问其家人,得知额尔德尼公往扎日里克因葛根去的消息,立马追了上去。额尔德尼公把铁佛献给扎日里克因葛根后,回到毛浩日甸子东北迈吉干大坝(大坝为蒙古语,意为岭),正好遇见了毛伊很阿哥的喇嘛哥哥和两名枪手,因他早有戒备,认出了他们,立即避开他们,逃走了。

喇嘛与两位枪手奔大沁庙疾驰,到毛浩日甸子。其中一个枪手问喇嘛:"我们为什么这么疾驰呢? 有什么好处?"喇嘛回答说:"如果见到额尔德尼公,当即杀死他!"两位枪手:"射杀一个人不是一件简单的事啊! 如果喇嘛哥哥没有命令,我们怎敢下手呢? 要不,刚才在迈吉干大坝上我们不是遇见了额尔德尼公吗?"

哥哥喇嘛知道额尔德尼公回到家的消息,紧追而来。额尔德尼公对大老婆说:"哥哥喇嘛为了复仇,快追上我了! 求你用酒色绊住他的脚! 我要带小老婆翁根其其格走!"说罢,急忙逃走。

不一会儿,哥哥喇嘛与两位枪手来到他们家。额尔德尼公的大老婆按其丈夫的指意,满脸堆笑,备菜热酒,绊住了他们的脚。趁此机会,额尔德尼公逃到了哈拉哈蒙古。如此,产生了额尔德尼公思念家乡的歌。

> 登上北山上啊额尔德尼公
> 故乡奈曼旗似乎在眼下嘿
> 从北山走下来额尔德尼公
> 抑制不住双眼的泪水啊嘿。
>
> 登上高山上啊额尔德尼公
> 故乡奈曼旗似乎在脚下嘿
> 从高山走下来额尔德尼公
> 抑制不住双眼的热泪啊嘿。
>
> 说起其出生的地方啊哈嘿
> 美丽的和日毛仁白音塔拉嘿
> 任职的地方啊额尔德尼公
> 闻名的哈拉哈部军队啊嘿。

谈起其饮水的地方啊哈嘿

北面流去的教来河的水嘿

任职的地方啊额尔德尼公

闻名的阿鲁博格达军队啊嘿。

我心爱的骏马啊啊哈嘿

我父辈驯养的马群啊嘿

我心爱的骏马我俩啊嘿

想回到故乡难上难啊哈嘿。

我心爱的乘骑啊啊哈嘿

我父辈驯养的马群啊嘿

我心爱的乘骑我俩啊嘿

想回到故乡是难上难啊嘿。

奈曼旗是我故乡啊哈嘿

温柔体贴的翁根其其格，

漂亮的翁根其其格我俩啊嘿

回到故乡却是难上难啊哈嘿。

和日毛仁白音塔拉我故乡

美丽姑娘翁根其其格啊哈嘿

漂亮姑娘翁根其其格我俩

回到故乡是难上难啊哈嘿。

陷进泥土的扁扁石头嘿

变成岩石难上难啊哈嘿

服役远方的额尔德尼公

回到故乡是难上难啊哈嘿。

扔水里的红小球啊哈嘿

变成山石难上难啊哈嘿

参军远方的额尔德尼公啊

回到家乡是难上难啊哈嘿。

北方来的小鸿雁啊哈嘿

是否飞过我故乡奈曼旗？

能鸿雁般的飞翔啊哈嘿

就回到和日毛仁白音塔拉。

南方来的小鸿雁啊哈嘿

是否飞过我家乡奈曼旗？

能鸿雁般地飞翔啊哈嘿

就能回到家乡奈曼旗啊嘿。

哥哥喇嘛没能抓住额尔德尼公，就向奈曼王爷告了状。奈曼王爷知道毛伊很阿哥因自己的豪富而目中无人，横行乡里，残酷剥削和压迫广大民众的实事，认为他罪有应得，驳回了他的上诉。如此，额尔德尼公被平反昭赵雪，回到自己的家乡和格日毛仁白音塔拉了。

（阿布拉勒演唱，乌顺包都嘎、斯琴整理，孛儿只斤·额尔德木图汉译）

额尔德尼公(二)

　　奈曼王爷的叔父毛伊很,对老百姓恶霸歹毒,横行霸道。额尔德尼公实在看不惯他的这种行为,就向库伦县(绥东县)名叫高嘉牒的官员告状,砍下了他的头。奈曼王爷手下人们将这件大事立即向住在北京的王爷报告了。奈曼王爷秘密传递消息,想要逮捕额尔德尼公。额尔德尼公得到消息后,立即带领人马,逃奔北边的哈拉哈部而去。

　　　　　玉石是宝贝啊哈嘿

　　　　　粉碎之后是废物啊

　　　　　额尔德尼公是好汉啊哈嘿

　　　　　离开家乡就似孤儿啊。

　　　　　玉石本是宝贝啊哈嘿

　　　　　废弃之后是石头啊

　　　　　额尔德尼公有能力啊哈嘿

　　　　　离开故乡就似孤儿啊。

　　　　　奔走山梁的牡马啊哈嘿

　　　　　离开驹子就嘶鸣啊

　　　　　闻名的额尔德尼公啊哈嘿

离开家乡而心碎啊。

奔驰原野的骏马啊哈嘿

离开牧场就嘶鸣啊

英勇顽强的额尔德尼公啊哈嘿

离开了沙原就悲凉啊。

(载自《奈曼民歌》,杭图德·乌顺包都嘎编著,字儿只斤·额尔德木图汉译)

奈曼明月(一)

奈玛奈玛本是数字的一个嘿

奈曼大王是十一旗之首啊嘿

被奈曼王抓获挨八十棍啊嘿

没想到还能见到我明月啊嘿。

为庆贺活着见面的大喜啊嘿

向前面的老爷庙烧香还愿啊嘿。

金钱本是好东西啊嘿

赵连成是百人长啊嘿

被赵连成抓获挨一百棍啊嘿

没想到还能见到我明月啊嘿。

为庆贺我们见面的大喜啊嘿

向大沁苏莫烧香还愿啊嘿。

烟袋棍里旱烟明月嘿

到大代甸子不断地吸明月嘿

大坝上回首看我明月啊嘿

在大门口还在抽泣明月啊嘿。

为哥哥看到这些哇西大明月嘿

大坝边大树上想吊死了啊嘿。

装满烟袋的旱烟啊明月嘿

到绍布图大坝不断地吸明月嘿

大坝上回首看我的明月啊嘿

小门口还在抽泣呢明月啊嘿。

哥哥看到这些哇西大明月嘿

绍布图大坝大树上想吊死了啊嘿。

骑上我骏马要渡过松花江嘿

蚂蚁和蚯蚓说着悄悄话啊嘿

我听到那些话哇西大明月嘿
想跳进松花江明月啊嘿。
为庆贺不曾死的大喜啊嘿
找上寺庙烧香还愿啊嘿。

骑上走马要渡乌力吉木仁嘿
龟鱼与草鱼说着悄悄话啊嘿
好奇地仔细聆听他们的话啊嘿
正在谈论我俩那件事啊嘿。
我听到那些话哇西大明月嘿
想跳进乌力吉木仁啊明月嘿。

骑上黄骠马要渡西喇木伦嘿
蝌蚪与虾米说着悄悄话啊嘿
屏住呼吸聆听他们的话啊嘿
正在谈论我俩那件事啊嘿。
哥哥听那些话哇西大明月嘿
想跳进西喇木伦河啊明月嘿。

骑上凛凛的骏马要渡西海嘿
蚊子和苍蝇在说着悄悄话啊嘿
侧耳倾听他们的悄悄话啊嘿
正在谈论你我的那件事啊嘿。
哥哥听到这些话哇西大明月嘿
想要跳进西海淹死了啊明月啊嘿。
为庆贺不曾死的大喜啊嘿
去西边大召还愿啊明月嘿。

骑上快马要去渡长江啊嘿

瞎虻和土蜂在谈论我俩啊嘿

屏住呼吸听他们的谈论啊嘿

正在谈论我俩的坏话明月嘿。

哥哥听到这些话哇西大明月嘿

想要跳进长江淹死了啊明月嘿。

为了庆贺不曾死的大喜啊嘿

我俩去忽鲁克庙烧香还愿吧嘿。

（胡日齐扎拉散演唱，乌顺包都嘎整理，孛儿只斤·额尔德木图汉译）

奈曼明月（二）

荷包里装满旱烟啊啊明月
直到绍布图大坝抽个不停
绍布图大坝上回首看啊嘿
蹲在小门前正在抽泣啊嘿。
情哥看到啊嘿怎么办！啊哈嘿
想吊死在绍布图大坝大树上啊嘿。

装满烟袋棍的旱烟啊明月嘿
情哥走到大坝抽个不停啊嘿
大坝顶上回头看啊哈嘿明月
站在大门口还在抽泣小明月啊嘿。
情哥看到这啊嘿怎么办！啊哈嘿
想吊死在大坝上的歪脖树上啊嘿。

钱啊钱啊明月是人都喜欢啊
赵连成这个人是百人长啊嘿
被赵连成抓获挨一百棍啊嘿
没想到还能见到我明月啊嘿。
为庆贺见面的这个缘分啊
大沁苏莫点佛灯还愿啊嘿。

奈玛奈玛本是数字的一个嘿
奈曼大王是十一王之首啊嘿
被奈曼王抓获挨八十棍啊嘿
没想到还能见到我明月啊嘿。
为庆贺活着见面的大喜啊嘿
东面的寺庙点佛灯还愿啊嘿。

骑上黄骠马到西喇木伦啊嘿

蝌蚪与虾米说着悄悄话啊嘿

屏住呼吸聆听那悄悄话啊嘿

正在嘲笑我俩的那件事啊嘿。

哥哥听那些话怎么办啊明月

想跳进西喇木伦河啊明月嘿。

骑上驯马到北面河岸上啊嘿

龟鱼草鱼嘲笑我俩的话啊嘿

我仔细聆听他们说的话啊嘿

在谈论明月我俩那件事啊嘿。

哥哥听到那些话怎么办啊明月

想跳进北面大河啊明月嘿!

(载自《奈曼民歌》杭图德·乌顺包都嘎编著,孛儿只斤·额尔德木图
汉译)

永僧嘎梅林

永僧嘎梅林出生在呼和车勒之地。"呼和车勒"为蒙古语,为青色的深
水。他的妻子名叫香柚。有一天,其妻子患上了病。请北屯的大夫没能治

好。忽然从阿鲁科尔沁来了一个名叫巴雅尔的行医。就请巴雅尔大夫诊断病情。巴雅尔唱道：

> 请问你细腰和肋骨
> 是否阵阵痛啊香柚？
> 诺日布炖汤舒骨丸
> 分三副的包给你嘿！

> 这个药的药引子啊
> 仔细听着啊香柚！
> 井水泉水河水啊嘿
> 是这药的引子嘿！

> 请问你的全身筋骨
> 阵阵刺痛吗香柚？
> 诺尔布炖汤舒骨丸
> 分三副地包给你嘿。

> 这个药的药引子啊
> 仔细听着啊香柚！
> 井水泉水河水
> 是这药的引子嘿！

这样,给她开了 7 天的药。巴雅尔大夫不是给香柚一个人看病的,所以,还要去别的地方看病。吃了巴雅尔开的 7 天药,香柚的病情大有好转。正在这时,王府来人叫永僧嘎梅林过去。当永僧嘎梅林不在家的时候,巴雅尔大夫来了。他给香柚号脉诊病。巴雅尔唱道：

> 你患病受折磨时啊香柚
> 遥远的地方来了我巴雅尔！
> 这回痊愈远离病痛啊香柚

是哥哥永僧嘎的好处香柚。

当你患病难受的时啊香柚
从遥远的地方来了我巴雅尔！
治好病痛远离折磨啊香柚
是哥哥永僧嘎的好处啊香柚。

话里掺杂了点调唆淫荡的意思。正在这时，永僧嘎梅林进屋里来了。他看到当时情景，产生怀疑。巴雅尔大夫也觉得尴尬，开完药就告辞了。香柚问丈夫王府有什么事情的时候，永僧嘎梅林沉着脸不吭声。接着，永僧嘎梅林唱道：

父辈积攒的财产富庶啊香柚
牛羊的牧场肥沃啊香柚
父辈财产变成苍蝇时啊香柚
阿鲁科尔沁巴雅尔欺负我吗啊香柚？

祖先积攒的财产富有啊香柚
牛马的牧场肥沃啊香柚
祖先财产变成苍蝇时啊香柚
异旗的巴雅尔欺负我啊香柚？

（由乌兰额尔格嘎查金珠老人演唱，乌顺包都嘎、斯琴整理，孛儿只斤·额尔德木图汉译）

吉 米 思

问起她出生的地方

端庄的奈曼大段村啊嘿

昏昏暗暗跟着的人是呦

亲舅舅一样的嘎巴舅舅我俩。

问起她饮水的地方

清澈的老哈河水啊嘿

浑浑噩噩跟着走的人是呦

亲舅舅一样的嘎巴舅舅我俩。

听说其黄狗爱咬人

是用羊肉喂惯了啊

听说吉米思性子倔

哄她抽哈德门好上了。

听说其青狗爱咬人

时常用羊肉喂惯了

听说吉米思性子倔

哄她抽哈德门好上了。

不识铁的铁匠啊羔子

不识外甥的嘎巴杂种啊

不识金子的金匠啊羔子

不识女儿的嘎巴杂种啊。

遮遮掩掩露骨了吉米思

大段艾勒里里外外通晓了

隐隐藏藏显露了吉米思

老哈皋勒前前后后公开了。

（治安镇胜利嘎查包音德喜乐胡演唱，乌顺包都嘎、斯琴整理，孛儿只斤·额尔德木图汉译）

塔庆嘎光棍

乌鸦与喜鹊俩

唧唧喳喳叫不停啊嘿来了嘿

正在眼馋我

挂着的羊肉吧啊哈嘿？

塔本乌孙的塔庆嘎

再三再四来得勤啊嘿老婆嘿
是在贪痴我
可爱的其木格吧啊哈嘿？

喜鹊和乌鸦俩
唧唧喳喳地叫不停啊哈嘿
正在眼馋我
装筐里挂着的羊肉吧啊哈嘿？

塔奔乌苏的塔庆嘎
来来往往走的勤啊嘿老婆嘿
是在迷情我
美丽的其木格吧啊哈嘿？

向上天祈求
子孙福缘的时啊嘿照格苏勒嘿
宝贝其木格
降生到我们家啊哈嘿！

一到十八岁
她的性情变异了啊嘿老婆嘿
用谆谆教诲
把她教育过来吧啊哈嘿！

向上天祈求
儿女福缘的时啊嘿照格苏勒嘿
漂亮的其木格
投生到我们家啊哈嘿！

一旦长大了

她心情变异了啊嘿照格苏勒嘿

用真情实意来

把她教育过来啊哈嘿！

舍登、照格苏勒俩是北塔奔乌苏村的人，他们的女儿名叫其木格。老汉舍登是个老实巴交的庄稼人。可他的老婆照格苏勒是个远近闻名的泼妇。

她的食指似枪刺，利目像狂风。今天她叉着腰，厉声嚷嚷着说："教育姑娘我知道，教导男孩是其父亲的事。我的一半个技艺都没教给女儿呢！你知道什么！出去！"舍登老汉哆嗦着，没有出去。照格苏勒在唱：

喜鹊和乌鸦俩

咋叫就咋叫去吧当家的啊哈嘿

装在筐里的羊肉

放到仓房里喜鹊怎么吃我看看！

塔奔乌孙的塔庆嘎

再三再四地来就来吧啊哈嘿当家的

拿起五斤大斧头

能够对付他塔庆嘎啊嘿！

乌鸦和喜鹊俩

怎么叫就叫去吧啊哈嘿当家的

我把挂着的羊肉

搬进了窝棚里乌鸦怎么吃我看看！

塔奔乌孙的塔庆嘎

来就来吧啊哈嘿老头子嘿

拿起五斤半的大斧头

正好能对付他塔庆嘎嘿!

（由固日班华苏木于富演唱,乌顺包都嘎、斯琴整理,亨儿只斤·额尔德木图汉译)

高　双

说起出生的地方啊哈嘿高双啊嘿

奈曼白音查干艾勒啊

出嫁所配的地方啊哈嘿高双啊嘿

奈曼北疆茫西筒艾勒啊。

说起饮水的地方啊哈嘿高双啊嘿

前边流过的白音查干河啊嘿

出嫁所配的地方啊哈嘿高双啊嘿

乌力吉茫西筒啊嘿。

登上前边的高处瞭望啊哈嘿高双啊嘿
父亲的故乡就在眼下啊嘿
从前边的高处走下来啊哈嘿高双啊嘿
泪水盈满双眼啊嘿。

登上北边的高处瞭望啊哈嘿高双啊嘿
阿爸的故乡就在眼下啊嘿
从北边的高处走下来啊哈嘿高双啊嘿
泪水盈满双眼啊嘿。

出嫁已经十年了啊哈嘿高双啊嘿
连面糠窝窝头的礼物都没有啊嘿
想的不是面糠窝窝头啊哈嘿高双啊嘿
而是实戚亲人啊哈嘿。

嫁到异乡已九年啊嘿高双啊哈嘿
连半拉窝窝头的礼物都没有啊嘿
想的不是半拉窝窝头啊哈嘿高双啊嘿
而是父母乡亲啊哈嘿。

麻绳相接再多啊哈嘿高双啊嘿
也够不着上天啊哈嘿高双啊嘿
虽然思绪万千啊嘿高双啊哈嘿
从这里回家那是难啊嘿。

铁丝绳相接万千啊嘿高双啊哈嘿
也够不着上天啊嘿高双啊哈嘿

虽有千丝万缕啊嘿高双啊哈嘿

回娘家那是没有的事啊嘿。

（固日班华苏木陈福演唱，乌顺包都嘎、斯琴整理，字儿只斤·额尔德木图汉译）

双 月

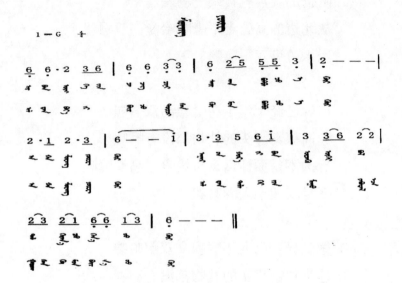

有一天，贾子来局子的局长德胜哥哥对心爱的人双月说着掏心窝子的话：

百花争艳虽然很美啊哈嘿双月啊嘿

不下甘露雨怎么能盛开啊哈嘿

虽然贵为金子般的人啊嘿双月啊哈嘿

不做尘世丑事哪有可能吗？

万花夺艳虽然好美啊哈嘿双月啊嘿

不下及时雨怎能盛开啊哈嘿

生在尘世的这一辈子啊嘿双月啊哈嘿

不做人间丑事哪有可能吗？

山顶子树虽然很远啊嘿双月啊哈嘿

比园子里的檀香树不逊色啊嘿

美丽漂亮的双月妹啊嘿双月啊哈嘿

比我南园的檀香树美得多啊嘿。

温柔的双月妹虽然有隙啊嘿双月啊哈嘿

爱得比自己的老婆不逊色啊哈嘿。

（固日班华苏木陈福演唱，乌顺包都嘎、斯琴整理，孛儿只斤·额尔德木图汉译）

水 香 昂 嘎

说起出生的地方啊

端庄美丽的筒艾勒嘿

　　　　出嫁配偶的人是啊

　　　　又聋又闷的扎米扬嘿。

　　　　说起饮水的地方啊

　　　　前边流过的教来河嘿

　　　　出嫁配偶的地方啊

　　　　出了名的苏布日干塔拉嘿。

　　漂亮的姑娘水香,本想和心上的人嘎日布哥哥做结发夫妻,恩爱渡过此生。她俩隐瞒双方父母,暗自定下了终身大事。不久,嘎日布哥哥要告别去办公务。水香姑娘把自己亲手缝制的烟荷包给嘎日布哥哥带上,说着心里话,唱道:

　　　　栽下了果树啊

　　　　结不结果由自己!

　　　　心中的知心话给哥哥说了

　　　　成不成啊哥哥自己知道!

　　　　栽下了檀香树啊

　　　　长不长枝杈权由自己!

　　　　藏在心中的话给哥哥说了

　　　　想不想啊哥哥自己知道!

　　她俩如此迷恋且不说,邻里乡亲间闲话繁杂,传言频频。嘎日布哥哥赴公务的事,一传十,十传百,已经传开了。水香在这里心情沉重地等待着嘎日布哥哥,不时地往外张望,唱道:

　　　　说好八月里来嘿

　　　　我已望眼欲穿啊

　　　　煮好了小米饭在候

　　　　炒好了八个菜在等。

说好十月里来嘿

我已望眼欲穿啊

煮好了好吃的在候

炒好了十个菜在等。

忽然有一天,嘎日布哥哥来到了。水香妹再问他:"哥哥怎么这么长时间消声匿迹了? 是不是痴情已淡?"嘎日布哥哥:"不! 哥哥对你说实话"唱道:

月十的月亮再暗淡

还是超过月初的亮

我心中自然很悲凉

是不如小时候聪明。

北村的扎米扬哥哥

来回走得很勤奋嘿

是不是对你水香妹

抱着格外的痴情啦?

月廿的月亮再暗淡

还是胜过月末的亮

我心中自然很悲伤

是不如小时候聪明。

北村的扎米扬哥哥

不时地常来你家呢

是不是把你水香妹

试着把你聘过去?

哎呀,消失这么些日子,原来是这样! 水香在发誓:"没关系的哥哥!

海枯石烂水香不会变心的!"她回到家才知道,她年迈的二老不知女儿内情,正在与皇亲国戚扎米扬暗中谈婚论嫁呢。于是,水香对父母表白唱道:

> 我不想穿黑缎绸长袍啊嬷嬷
> 我不愿嫁可汗家族的扎米扬啊嬷嬷
> 求您把我嫁给心爱的人嘎日布哥哥
> 选好早晨卯时送出去我吧啊嬷嬷。

> 我不想穿花斑长袍啊嬷嬷
> 我不愿嫁可汗家族的扎米扬啊嬷嬷
> 求您把我嫁给心爱的人嘎日布哥哥
> 选好良辰吉日将我送出吧啊嬷嬷。

扎米扬道:"水香你听我说":

> 嫁娶本是自古以来的定律啊,
> 不听父母旨意是不对啊水香!
> 想一想父母抚养长大的恩情,
> 自作主张说嫁就嫁是不行的!

> 娶嫁本是朝廷定下的制度啊,
> 不听父母之意是不对啊水香!
> 想一想把你养到十八岁的恩情,
> 自作主张选配偶是不对啊水香!

水香对嘎日布说:"哥哥你听我说! 果真不出你所说,我待在家里不知情,但是,没事。一言既出,驷马难追! 哥哥你听我说。"唱道:

> 要想从南山采石用啊
> 请个有技术的石匠来啊!
> 要想娶到我小水香啊
> 就请个能说会道的媒人来!

要想从北山采石用啊

请个有技术的石匠来啊!

要想娶到我小水香啊

就请个能言善辩的媒人来!

（固日班华苏木陈福演唱,乌顺包都嘎、斯琴整理,孛儿只斤·额尔德木图汉译)

白　糖

说起出生的地方啊哈嘿

端庄的迈吉嘎毛敦艾勒嘿

出嫁配偶的地方啊哈嘿

沙拉浩来下宝力高艾勒嘿。

说起饮水的河流啊哈嘿

前边流过的乌干沙拉河啊嘿

出嫁配偶的地方啊哈嘿

沙拉浩来下宝力高艾勒嘿。

叫榔头是狗的称呼啊哈嘿白糖嘿

叫拉扎布是喇嘛庙的习惯啊哈嘿

想见你拉扎布哥哥啊哈嘿白糖嘿

请来做客喇嘛庙的局子上吧啊嘿。

起雾本是下雨的征兆啊哈嘿

不忘地思念会得相思病啊哈嘿

只要有铭记的情谊啊哈嘿哥哥

趁喇嘛庙局子去看看你啊哈嘿。

雾霾便会布云啊哈嘿哥哥嘿

过分思念会生病啊哈嘿哥哥

真情相爱忘不掉啊哈嘿哥哥嘿

趁喇嘛庙局子去看看你啊哈嘿。

（固日班华苏木陈福演唱，乌顺包都嘎、斯琴整理，孛儿只斤·额尔德木图汉语）

通 拉 嘎

说起出生的地方啊

奈曼旗大沁艾勒嘿

出嫁配偶的人是啊

上方村庄的矮子嘿。

说起饮水的地方啊

前边流过的纳里德河

出嫁配偶的人是啊

前村的乌忽纳桑矮子。

骑白马的天良哥哥,一来二去,和通拉嘎小妹有了事了。此事不久传开了。对此,通拉嘎的妈妈在教训女儿,唱道:

喜鹊和乌鸦唧唧喳喳叫不停

是在眼馋老黄母鸡吧啊哈嘿
不是东西的天良来往很勤啊
千万别跟着他走了邪路啊嘿。

老鹰和乌鸦旋转的奇怪啊嘿
是在眼馋老花母鸡吧啊哈嘿
那村的天良滑头来往勤啊嘿
别玷污了祖先留下的好名声。

年轻时代是危险境界通拉嘎嘿
经常不注意就有下道的危险啊
要谨防那过路的天良啊通拉嘎嘿
千万不要贪杂货郎的钱啊女儿!

青春时代是危险境界通拉嘎嘿
时常不注意就可能危机四伏啊
要谨防前村的天良啊通拉嘎嘿
千万不要贪他的肮脏钱啊女儿!

通拉嘎对妈妈说:"妈妈您听我说两句"。唱道:

因为他来得勤我相中了啊嬷嬷
实在是从心里看上了帅哥天良
每天夜里数他给我的钱啊嘿
装满了裤兜还有剩余啊嘿。

来来往往已经混熟了啊嬷嬷
和过路的人天良好上了啊嘿

数他给的洋钱和大洋啊嬷嬷

装满兜兜还有剩余了啊嬷嬷。

　妈妈:"你看你看……我天天唠叨还没来得及! 我的女儿! 唉……"唱道:

骑白马的天良是杂种又杂半啊

祖孙几代均有风流淫荡坏名声

跟着他走上了邪路我的女儿啊

玷污了清白之身啊我的女儿啊。

生来洁净的我女儿通拉嘎啊

和大众混在一起坏了我的儿

虽说万事可以对付通拉嘎啊

鼓出来大肚子妈妈我怎么办啊……

(固日班华苏木陈福演唱,乌顺包都嘎、斯琴整理,孛儿只斤·额尔德木图汉译)

嘎　斯　拉

说起出生的地方啊嘿
坐落整齐的萨仁阿日啊嘿
被抓获受困的地方啊嘿
大沁他拉的公司呀嘿。

说起饮水的地方啊嘿
前边流过的老哈河嘿
被抓获受困的地方啊
大沁他拉的公司呀嘿。

我十垧地庄稼啊嘿
留在背后撂荒了嘿
结发妻子吉米思啊
成了无人照顾的寡妇呀嘿。

我九垧地庄稼啊嘿
留在背后撂荒了嘿
心爱的妻子吉米思啊
成了无人寻觅的寡妇呀嘿。

眼前婆娑似影的啊
果园里的山顶子树啊
昼夜栖息心扉里的啊
我心爱两个孩子啊嘿。

眼前蓬松似影的啊
果园里的果树啊嘿

永远栖息心扉里的啊

我心爱的妻子吉米思嘿。

（固日班华苏木陈福演唱，乌顺包都嘎、斯琴整理，宰儿只斤·额尔德木图汉译）

奈曼大王

有宽广敞亮的属辖领地

扬崇高声誉于十一属旗

在内外各旗有姻戚亲眷

我们的奈曼大王爷呐嘿。

在清朝朝廷有头等功劳

在四十九旗有崇高声誉

为大众百姓的得力靠山

我们的奈曼大王爷呐嘿。

在昭乌达盟里英名四播
所属辖领地为山岳沙丘
对大众百姓有恩惠博爱
我们的奈曼大王爷呐嘿。

有满地宝藏的属辖领地
为国家朝廷有功勋卓著
在土默特蒙古贞有姻戚
我们的奈曼大王爷呐嘿。

王衔下有王属阿达玛勒
有红顶兰顶的协理台吉
料理事务的有计划梅林
我们的奈曼大王爷呐嘿。

解决政务的有印务梅林
王府财务的有瑟务梅林
参与旗务的有三位协理
我们的奈曼大王爷呐嘿。

有清朝朝廷赐予的铁靴
军政要务的有章京诺颜
有正职满楚克德定拉勒木
我们的奈曼大王爷呐嘿。

奈曼旗里有纳里德皋勒

精致美丽的八十间王府
有施政认真的协理官员
我们的奈曼大王爷呐嘿。

纳里德河套里有喇嘛庙
有明辩显密的查干葛根
脱离尘世的白莲花喇嘛
我们的奈曼大王爷呐嘿。

有三宝法号的和硕苏莫
精致壮观的八十丈正殿
能避三孽缘的葛根活佛
我们的奈曼大王爷呐嘿。

北边河岸上有满楚克庙
有能知未来的葛根活佛
有镇妖辟邪的拉拉木喇嘛
我们的奈曼大王爷呐嘿。

专理佛事的包日胡硕庙
菩萨般的包日胡硕葛根
镇妖辟邪的正职拉拉木
我们的奈曼大王爷呐嘿。

大坝南边有大沁苏莫
有郑重请来的诰命葛根
有明辩显密的单门确景
我们的奈曼大王爷呐嘿。

固日班宝力高有山神庙
有专管祭祀的玛尼喇嘛
有天神巴布多吉的煞神
我们的奈曼大王爷呐嘿。

德日苏花上有祖先古迹
有德木楚克桑岱诸先王
有镇压反叛的卓著功勋
我们的奈曼大王爷呐嘿。

有镇压长毛贼的大功勋
有先锋将军色布登协理
大将衔的吉尔迪克英雄
我们的奈曼大王爷呐嘿。

巍巍雄观的白音查干山
红宝石顶戴的本家台吉
有英勇善战的梅林诺颜
我们的奈曼大王爷呐嘿。

矗立一方的乌日勒图山
有能力超群的众多哈旺
有甄辩真假的管家梅林
我们的奈曼大王爷呐嘿。

北边花上有阿哥公诺颜
有清正廉洁的诸多哈旺

有勤劳能干的众多庶民
我们的奈曼大王爷呐嘿。

有青砖瓦明格窗的王府
美丽漂亮的诸格格公主
龚梅林、色梅林等诸能臣
我们的奈曼大王爷呐嘿。

奇观美景固日班波日和
有景观齐全的大小大沁
本家有甘岱诺颜亲弟弟
我们的奈曼大王爷呐嘿。

有塔日干、哈屯、杜贵淖尔
还有鸡鸭鱼类丰富出产
更有五畜特产著称内外
我们的奈曼大王爷呐嘿。

套海艾勒有达日结管家
十一个旗里放有苏鲁克
无数畜群的贲八阁梅林
我们的奈曼大王爷呐嘿。

塔日干淖尔岸上夏令营
五十苏木积聚的萨利群
专管萨利的还有桑根达
我们的奈曼大王爷呐嘿。

北边波日和里有大马群
管马群的阿木古朗包一达
保卫治安的有小队子军人
我们的奈曼大王爷呐嘿。

有满山遍野的成群五畜
奶类丰盛白食样样齐全
五谷丰登生活富裕完满
我们的奈曼大王爷呐嘿。

旗北界境流有老哈河水
老哈河岸上有当海塔拉
盐碱地有斯布呼勒甸子
我们的奈曼大王爷呐嘿。

有波涛滚滚的查玛河水
有查干、度日牽肥沃土地
有遵行规章的贤明助手
我们的奈曼大王爷呐嘿。

温都日花住的全宝营官
身高肩宽的乌恩杰格拉
明辨是非的乌灵嘎章京
我们的奈曼大王爷呐嘿。

毛盖图塔拉上有密林筒
专管筒林的有格格太太
明辨好坏的蒙古勒巴达拉

我们的奈曼大王爷呐嘿。

潺潺流去的是盂和河水
雄伟壮观的乌日勒图山
还有威风凛凛的守护兵
我们的奈曼大王爷呐嘿。

保护旗城的有旗卫队营
指挥旗兵的有武将梅林
围剿匪徒的有伯勒勤军
我们的奈曼大王爷呐嘿。

萨仁阿日、鲁斯筒有本营
保卫领土的有伯勒勤军
统领军队的吉日格勒梅林
我们的奈曼大王爷呐嘿。

有呼和车勒、呼日敦车勒湖库
还有肥沃的浩沁苏莫甸子
诗人、歌手、好来宝齐等
我们的奈曼大王爷呐嘿。

执掌教育的文化扎黑日嘎
专门研究的有蒙汉满专家
战胜文盲的有思考专家嘿
我们的奈曼大王爷呐嘿。

广大领土上有诸多草药

还有蒙藏中医诸多神医

人众拥戴的有胡碧图、那木吉拉

我们的奈曼大王爷呐嘿。

邱日干胡硕的大众当中

传扬佩服的有搏克巨人

他们是楚仑巴特尔、确道尔吉

我们的奈曼大王爷呐嘿。

宽敞的领土有高山旷野

诸多兄弟民族和睦团结

博爱所有的牧民和农民

我们的奈曼大王爷呐嘿。

(载自《奈曼民歌》,杭图德·乌顺包都嘎编著,孛儿只斤·额尔德木图汉译)

图卜西都日古

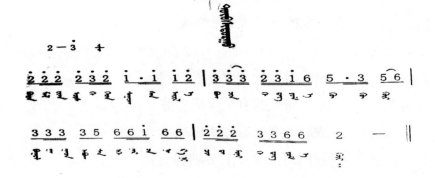

饲养畜群的人家

居住宝格金艾勒

他结发的妻子

名叫琴达穆尼。

他们生活的村叫

宝格金艾勒

朴素的妻子叫

琴达穆尼。

圆圆无缺的是

天上的红日

铁木真后裔叫

图卜西都日古。

普照大地的是

天上的红日

成吉思汗后裔叫

图卜西都日古。

　　图卜西都日古和他的妻子琴达穆尼在宝格金甸子上,饲养畜群、种植庄稼,过着正直美好的日子。

　　妻子琴达穆尼对佛教有虔诚的信仰。今天正值胡硕庙的夏季诵经会,她就约好姐妹们一起去烧香还愿。经会上,嘎鲁齐村的大爷诺颜也来了。他的一只眼是瞎子,所以,人们称其为独眼大爷诺颜。他在来集会的众多姑娘媳妇中,东窜西荡,来到姿色漂亮的琴达穆尼身边,愣住了。哇!这个女孩太漂亮了!他就献殷勤地问这问那,无话找话,询问她的姓名、住处、娘家,连其丈夫姓名都问的仔细。得知其丈夫也是成吉思汗黄金家族的孛儿只斤氏,排行与独眼大爷诺颜同辈,属他的"弟弟"。于是,就一个劲地促诱琴达穆尼到他家,说是把亲戚朋友介绍给她认识认识。琴达穆尼在大庭广众当中,忌讳跟他拉拉扯扯,只好答应了。

一回到家,独眼大爷诺颜原形毕露,堵住了门,动手动脚,开始调戏。琴达穆尼奋力抵抗,唱道:

> 珍珠和玉石
> 自然会发光嘿
> 教养好的姑娘
> 不会淫荡啊嘿。

> 珠宝和玛瑙
> 自然有光泽嘿
> 具有德行的我
> 不会走邪路啊嘿。

在这期间,琴达穆尼的姐妹们回村,向图卜西都日古叙述了琴达穆尼的遭遇。早知独眼诺颜品行的图卜西都日古,立即骑上马,直奔嘎鲁齐村。唱道:

> 嘎鲁齐的道上
> 疾驰而来嘿
> 独眼大爷诺颜
> 不是个东西啊嘿。

> 想起苦难中的
> 琴达穆尼啊
> 心急火燎
> 救出火坑啊嘿。

> 乌图嘎图路上
> 加快奔去嘿

咬牙切齿

翻掉独眼啊嘿。

想起折磨中的

琴达穆尼啊

拿起尖刀

杀死独眼啊嘿。

　　图卜西都日古来到独眼大爷诺颜家,几次叫狗(蒙古地方到人家门口的人,首先叫"瑙海号日哦",意思是关狗),被守门的拒之门外。图卜西都日古立即调转马头,奔王府札萨克去告状。唱道:

种植的白菜

被猪啃了嘿

遇到困难啊

没人帮助啊哈嘿。

种植的蔬菜

被虫子吃了嘿

被关的妻子啊

怒火中烧啊哈嘿。

　　到王府向王爷告状时,王爷说"身子不舒服"而不见。图卜西都日古没办法,稍稍等待。到厨房,拿起伙夫挂在墙上的四胡,拉起来唱道:

万花当中

梅花最美嘿

众多妇女中啊

我的琴达穆尼最美。

众花当中

馒头花最美

诸多妇女中啊

我的琴达穆尼最美。

不识铁的人

能当铁匠吗？嘿

不分本家的人

能管理民众吗？啊哈嘿。

不识金子的人

能当金匠吗？嘿

不分自家的人

能管理民众吗？啊哈嘿

牲畜般的独眼诺颜

欺压百姓啊嘿

设法关起我的妻子

不让回归自己的家嘿。

奸猾的独眼诺颜

欺压百姓啊嘿

骗我贞节妻子啊

淫荡成性关在家啊哈嘿。

用我砂枪射死他

只想我家族的名声

又想自杀而死啊

舍不得幼小的孩子啊哈嘿。

　　　　　用我快抢杀死他

　　　　　只想自己的名声嘿

　　　　　又想毒死自己啊

　　　　　舍不得留下的孩子啊哈嘿。

　　　　　牲畜般的独眼诺颜

　　　　　强占了我的妻子

　　　　　欲想状告王爷啊

　　　　　从远处来到这里啊哈嘿。

　　王爷听到图卜西都日古的哀歌，命手下人把他叫到身边。图卜西都日古在王爷面前唱道：

　　　　　老实小民图卜西都日古

　　　　　这下跪拜王爷啊

　　　　　低头问安王爷后

　　　　　立起身来叙冤情啊哈嘿。

　　　　　孝道的图卜西都日古

　　　　　站在您的面前啊

　　　　　无法忍受的冤情啊

　　　　　只能向您陈述王爷啊哈嘿。

　　王爷听完图卜西都日古的状告，知道了大爷诺颜在社会上横行霸道的事情，大为震怒："你的冤情一定给予追查，几天后听信吧！"图卜西都日古在回家的路上唱道：

　　　　　人穿的漂亮

　　　　　说的话也不一样嘿

　　　　　心怀恶意的人

　　　　　行走神态都不一样啊哈嘿。

　　穿长袍的人

　　行走方式也不一样嘿

　　心怀奸计的人

　　脸上表情都不一样啊哈嘿。

　　图卜西都日古边走边唱,回到了家。王爷知道大爷诺颜的淫威,大为不满,写了一封信,交给手下二人,传递给大爷诺颜。王爷的二位使差来到大爷诺颜嘎鲁齐家里,宣读王爷的书信:

　　自从祖先以来

　　统驭民众的诺颜

　　你的恶霸行为

　　已经震撼了本王爷啊哈嘿。

　　图卜西都日古的妻子

　　琴达穆尼在你手里

　　如果不立即释放

　　撤销你的官职啊哈嘿。

　　自从父辈以来

　　有权势家族嘿

　　你抢男霸女的勾当

　　本王爷都听到了啊哈嘿。

　　不放走本家族

　　图卜西都日古的妻子

　　按朝廷律法

　　处以你极刑啊哈嘿。

　　独眼诺颜听完王爷的书信,全身哆嗦,语无伦次,立即释放了琴达穆尼。琴达穆尼往自己家走的路上,喜怒交加,唱道:

埋在沙里的玉石

光泽如初嘿

被仇人困禁的我

思想如初整齐啊哈嘿。

陷在污泥中的玉石

光泽如初嘿

被奸人圈禁的我

回家途中高兴啊哈嘿。

图卜西都日古在家里心神不宁,到野外高处瞭望之际,妻子琴达穆尼从远处急急走来。图卜西都日古迎了上去,夫妻俩拥抱在一起,琴达穆尼唱道:

为还愿去佛会

被诺颜骗了去

淫荡诺颜施计策

我的贞操无损耗啊哈嘿。

终于见到了

勇敢无畏的你

被困当中的一切

尽行叙述给你啊哈嘿。

为烧香赴庙会

被诺颜骗了去

奋力反抗其淫威

使其贪痴落了空啊哈嘿。

图卜西都日古佩服自己妻子的刚烈性格的同时,向她叙述自己赴王府告状的全部过程,唱道:

听到你被骗的消息

差点被怒火烧死嘿

风尘仆仆去王府

状告恶霸大爷诺颜啊哈嘿

听到你被奸诈诺颜

哄骗的消息啊嘿

前去找王爷

陈述理由告了状啊哈嘿。

因反抗阴险狡诈的独眼诺颜,并全身而归的夫妻俩,庆贺胜利,欢欣同唱:

万万没想到啊

如此平平安安地见面嘿

心心相爱的心情

比山盟海誓更坚固啊哈嘿。

做梦也没想到啊

如此缘分圆满地见面啊

积攒多年的爱情

保证今后的幸福生活啊哈嘿。

蓝蓝的天清爽的风

杜鹃鸟尽情歌唱嘿

脱离苦海的二人

日久天长情意绵绵啊哈嘿。

及时雨滋润

万物更加旺盛嘿

脱离陷阱的二人

幸福完满情谊更笃啊哈嘿。

（载自《奈曼民歌》，杭图德·乌顺包都嘎编著，孛儿只斤·额尔德木图汉译）

塔兴嘎梅林

从王府下来
是家乡诺颜浩若喂
结发妻子维棠
迎上前来问话呢喂。

维棠在唱：
去王府的梅林
办事是不是顺利喂？
王爷下达的命令
有什么好转的迹象喂？

梅林回唱：

王爷的命令

赋税更加繁多了喂！

接下来要执行啊

民众生活更艰难喂！

召集众多公差

传达刚才的事情

唤来诸多兄弟

讨论当前形势。

想要拯救民众

现实势力不够喂！

想要独挡一面

威力财力不够喂！

梅林问起聚集来的各位家境如何，唱道：

家境和生活

比起原来怎么样喂？

牲畜和庄稼

发展状况怎么样喂？

吃的粮食不够啊

从我家里来拿喂！

拯救不了民众啊

先把公差满足了喂！

听到梅林说的话，维棠激动地唱起来：

您的美名传四方
流芳身后数十代喂！
宽厚仁慈热心肠
民众传颂永不忘喂！

生在眢步玲的人
都想成为神仙喂！
想的做的不合就
就被眢步玲吹灭喂！

生在宇宙间的人
谁都想成神仙喂！
如果言行不一啊
就被宇宙之风吹灭喂！

（载自《奈曼民歌》,杭图德·乌顺包都嘎编著,孛儿只斤·额尔德木图汉译）

喇嘛达尔罕

过去,在奈曼旗北部博勒梯庙与老哈河附近长满大树的叫喇嘛达尔罕的肥沃地带。旗札萨克把这块地卖给内地,开垦的过来开荒时,生活在这里多年的民众痛惜喇嘛达尔罕而唱道:

老哈河岸上
雄伟的尚师树
在三个旗之间
翠绿的达尔罕。

在水边长的
美丽的尚师树
民众喜爱的
绿色喇嘛达尔罕。

自从祖先时代
代代传的风水地
上辈喇嘛遗体
安葬的宝地。

自从父辈时代
栖息喇嘛达尔罕
叔父喇嘛遗体
安葬的风水地。

在高坡地带
建起了县衙
县衙里的官员
丈量了土地。

在台地上面
建起了札萨克
札萨克的官员
丈量了故乡。

因为桌腿断了
饭菜撒了一地
梁岗风水降了
流行了口蹄疫。

车辕子断了
柴禾丢了一半
祖辈福缘灭了
流行了传染病。

年迈的老者
提携少儿们
赶着畜群啊
避到沙坨里。

苍老的父辈
领着子孙们
赶着牛和羊
躲到北沙坨。

不服的好汉
袭击了县衙
要夺回祖籍

奋起了争斗。

气盛的人们
打击了县衙
要夺回故乡
掀起了风暴。

墙上的公告
撕毁的无影
军贴的告示
撕下来粉碎。

定下的楔子
薅出来扔了
军贴的告示
撕下来毁啦。

祖先的领土
摊上了危机
所有蒙古人
策划了计谋。

父辈的故乡
陷入了困境
所有蒙古人
谋划了计策。

(载自《奈曼民歌》,杭图德·乌顺包都嘎编著,孛儿只斤·额尔德木图汉译)

七　勋

大沁他拉本是

挺大的甸子嘿

大沁他拉中间

有大王的府邸嘿。

奈曼王的王府

著名的地方嘿

三不管的王海

碌碌无用的人嘿。

甲嘎孙塔拉

是美丽地方嘿

吉日格勒勋总

是个狡猾管家嘿。

长众多大树的

布日格图的筒嘿
布仁满都胡勋总
是个大能人啊嘿。

五谷丰登的
塔奔乌孙甸子嘿
赛音余热勒图勋总
和睦的人少啊嘿。

敖干沙拉召
历来美丽地方嘿
额尔很巴图连长
是个智谋多的人嘿。

喇嘛庙的局子
驻多兵的地方嘿
指挥官布和师长
是个容量大的人啊嘿。

所谓的瓦房召
景观美的地方嘿
额勒布格桑勋总
是个威武的长官啊嘿。

沙拉好来的召
肥沃的地方嘿
管理的戈伯勋总
是个不痛快的人啊嘿。

点数起七勋啊

好的东西不多嘿

他们的上司军务长

是个活佛再生啊嘿。

（载自《奈曼民歌》，杭图德·乌顺包都嘎编著，孛儿只斤·额尔德木图汉译）

诰命葛根赞

十方诸菩萨

安身的大沁庙

闻名四方的

救世主博格达。

游历到西召
请巴拉登宝塔
为了照亮蒙昧
建筑在家乡。

大清朝领土上
双层阁大沁庙
大王爷拜佛的
师傅主庙福田。

诸艺匠的首领
众信徒的福田
文殊菩萨化身
普渡众生活佛。

游历印藏诸处
请来显密各宗
普渡今世众生
镇压所有淫秽。

闻名于昭乌达
昭方的道润巴
卓索图达喇嘛
众生的救世主。

正月里有庙茶
戒律严的佛主
敌对者的神佛

叩拜沙戈达尔。

为了普渡众生
二月里美当颂
受到众生信仰
无漏惠顾众生。

指示色空之本
三月丁和尔舞
救助所有悲哀
普渡三种孽缘。

四方揭谛神灵
世道和睦为本
四月董继德会
撒奠道荤裆部。

传播经典为由
六月颂祝大会
添增喜乐无边
叩拜诰命葛根。

中兴宗教为由
七月董继确景
博爱慈悲徒弟
叩拜多吉仓神。

清除奈曼病痛

八月跳神查玛
天下全体民众
虔诚信仰叩拜。

引导六部生灵
到达极乐世界
九月亚曼达克
叩拜轮值主神。

十月时轮大会
差事喇嘛拢齐
翁思德有静读
有博格达葛根。

普惠救助信徒
雄伟壮观庙宇
惠顾诸多徒弟
精神信仰重地。

平缓的台地上
建起了德瓦金
普渡人间众生
上等康乐所在。

为了救助众生
塑造了救世主
大慈大悲为怀
创建极乐世界。

为了增添福禄
创建了禄马祠
永世不忘其志
谨慎崇仰叩拜。

为了普渡众生
创建了双层阁
增添你我福缘
叩拜诸多施主。

为保证长寿缘
小生温都苏著
敬献诸位师承
衷心呈献此赞。

（载自《奈曼民歌》，杭图德·乌顺包都嘎编著，孛儿只斤·额尔德木图
汉译）

搏 克 颂

啊嗨,啊哈嘿!
犹如两山的猛虎
一对一对峙着,
啊嗨,啊哈嘿!
大众聚集的喜庆
各显其能! 显其能!
出搏克!
出搏克!
出来! 出来! 出来!

啊嗨,啊哈嘿!

犹如高山的猛虎

面对面地对峙着,

啊嗨,啊哈嘿!

吉祥盛宴的喜庆

显出神力! 显神力!

出搏克!

出搏克!

出来! 出来! 出来!

啊嗨,啊哈嘿!

犹如须弥山的猛虎

威风凛凛对峙着,

啊嗨,啊哈嘿!

撒奠祭祀的喜庆

各显胆识! 显胆识!

出搏克!

出搏克!

出来! 出来! 出来!

(载自《奈曼民歌》,杭图德·乌顺包都嘎编著,孛儿只斤·额尔德木图汉译)

女 婿 歌

蓝蓝的天啊嗨

远际有云嘛嘿

作为女婿啊嗨

是蒙古的习惯嘛嘿。

蔚蓝的天啊嗨

那边有云嘛嘿

正月查玛啊嗨

释迦摩尼指示嘛嘿。

紫蓝的天啊嗨

下际有云嘛嘿

异地成婚啊嗨

是蒙古的习惯嘛嘿。

儿女成婚啊嗨

兄弟欢腾嘛嘿

别人羡慕啊嗨

赠给全鞍骏马嘛嘿。

儿孙成婚啊嗨

老少欢腾嘛嘿

他人羡慕啊嗨

赠给黄牛一对嘛嘿。

赵包一达的女儿与王府克勒木日齐（祝颂手）那颜台成婚了。可是，赵包一达不愿意把女儿嫁给那颜台。在这种情况下，包一达对手下暗示："献鼻烟壶时，不要轻易地放过！"当那颜台献鼻烟壶时，坐在新娘跟前的姑娘们唱道：

给参加宴席姐姐们啊嘿

好好敬献鼻烟壶啊嘛嘿

皇帝的儿子太子也啊嘿

在亲家面前是下等啊嘛嘿。

身为平民的儿子啊嘿

不会曲膝半跪吗嘛嘿

皇帝的儿子太子也啊嘿

在亲家面前是下等啊嘛嘿。

女婿唱道：

> 漂亮玉石鼻烟壶啊嘿
>
> 亲手敬献给您们嘛嘿
>
> 本以平民的惯例啊嘿
>
> 曲膝半跪献礼呐嘛嘿。

> 美丽玛瑙鼻烟壶啊嘿
>
> 高举齐头敬献着嘛嘿
>
> 依着我蒙古规矩啊嘿
>
> 锦缎哈达一起献嘛嘿。

坐在中间的一个姑娘把鼻烟壶抢了过去，而不还了。女婿为了要回鼻烟壶，重新斟酒，唱道：

> 把斟满金杯的美酒啊嘿
>
> 敬献给我的妹妹们嘛嘿
>
> 把衣袖里的鼻烟壶啊嘿
>
> 还给我吧求求您啦嘛嘿。

> 把斟满银杯的美酒啊嘿
>
> 低头敬献给妹妹们嘛嘿
>
> 刚才接过的鼻烟壶啊嘿
>
> 还给我吧求求您啦嘛嘿。

姑娘们叫那颜台唱歌，那颜台立即答应，唱道：

> 请你们掀开箱柜吧啊嘿
>
> 拿出里面的金银吧嘛嘿
>
> 让背后的人下来吧啊嘿
>
> 共同高唱幸福歌吧嘛嘿。

> 请你们打开包裹吧啊嘿

拿衣服给我穿上吧嘛嘿

让背后的人出来吧啊嘿

俩人一起站着歌吧嘛嘿。

拿长袍给我穿上吧啊嘿

众人会夸你们光彩嘛嘿

请你们放出自己人啊嘿

我们会唱是自己人嘛嘿。

大毛皮袍给我穿上啊嘿

别人会夸你们大方嘛嘿

请让她一个人出来啊嘿

指认她为我的来唱嘛嘿。

这时候,知客的急了说:"不能随这些孩子们的便!给女婿更衣!"随声进来几位小媳妇,给女婿更衣。那些预备的衣物穿不进时,那颜台又唱道:

荷包与荷包不同啊嘿

腰带羞愧不想带嘛嘿

我想不要带了啊哈嘿

嫂子的脸面可惜嘛嘿。

腰带与腰带不同啊嘿

扎以围都不够啊嘛嘿

我想要扔掉了啊哈嘿

大哥的脸面可惜嘛嘿。

长袍与长袍不同啊嘿

衣领扣子扣不住嘛嘿

我想不穿脱掉啊哈嘿

　　　　　　　　老爷子脸面可惜嘘嘿。

　　　　　　　　靴子与靴子不同啊嘿
　　　　　　　　仨人帮穿穿不来嘘嘿
　　　　　　　　我说不穿脱掉啊哈嘿
　　　　　　　　我的新人怎么办嘘嘿。
　　坐在旁边静观的岳母实在忍不住了,唱道:
　　　　　　　　眼看他的穿和戴啊嘿
　　　　　　　　两眼都发黑了啊嘘嘿
　　　　　　　　为我的小女婿啊哈嘿
　　　　　　　　赏给三岁骏马啊嘘嘿。

　　其岳母继续唱道:
　　　　　　　　眼看他的穿和戴啊嘿
　　　　　　　　我的两眼都发黑嘘嘿
　　　　　　　　我为我的小女婿啊嘿
　　　　　　　　赏给两头成岁牛嘘嘿。

　　(载自《奈曼民歌》,杭图德·乌顺包都嘎编著,孛儿只斤·额尔德木图汉译)

赖 青 歌

从西天境界降临
年轻邦奇嘎日布
遵循莲花生旨意
八江流域的大师。

从高山仙境降临
附于穿花衣信徒
真实福荫的大师
洪福主子的旨意。

年轻力壮靠边坐

白发年富靠里边

婀娜小姐做法事

碰其行路怕误事。

苍白老年靠那边

同辈青年坐这边

漂亮小姐做法事

被她撞到会误事。

别人看来是青铜

附到我身为神祇

众人看来是翁衮

被看中的我是神祇。

（载自《奈曼民歌》,杭图德·乌顺包都嘎编著,字儿只斤·额尔德木图汉译）

安　代

3 6 6 6　6 6 | 5 5 6 6　3 3 3 | 5 5　6 6　1 6 | 2 2 3 3　6 ‖

如塞子大的地盘上
挥舞手帕唱起来。
摇摇摆摆摇摆嘿。

如饭碗大的地盘上
走起慢步唱起来。
摇摇摆摆摇摆嘿。

如狮子羔子那样
欢腾跳跃唱起来。
摇摇摆摆摇摆嘿。

如凤凰崽儿那样
翘起翅膀唱起来。
摇摇摆摆摇摆嘿。

如苍龙崽子那样
腾云驾雾唱起来。
摇摇摆摆摇摆嘿。

（载自《奈曼民歌》,杭图德·乌顺包都嘎编著,孛儿只斤·额尔德木图
汉译）

搏克之歌

玉皇大帝为首的
诸多天神啊嘿
九十九尊天神啊
邀请诸天神降临。

嗨哟,嗨哟全体
烧香又要点佛灯,
向我们祖先顶礼
大家一起来磕头。

首祖苏果所开辟

次祖当父所散发
继承祖辈之传统
大家一起来祈祷。

我们的大哥魏征
二哥英雄秦叔宝
三哥军师徐茂功
四哥智囊程咬金。

五哥大刀王金河
是一个盖世英雄
六哥大力铁思建
七哥义雄单雄信。

白马银胄神枪手
一代枭雄小罗成
二十八宿齐点名
敬请光临受祭祀。

(载自《奈曼民歌》,杭图德·乌顺包都嘎编著,孛儿只斤·额尔德木图汉译)

努 恩 吉 雅

奈曼旗德木楚克道尔吉①王爷将女儿努恩吉雅与遥远的乌珠穆沁旗王族布仁巴特尔之子博迪必里格订下了婚约。婚期将近，其母亲舍不得离开女儿努恩吉雅，唱道：

> 老哈河的岸上
> 拖着龙头的马，
> 性情温柔的努恩吉雅
> 出嫁到遥远的地方。
>
> 海青河的岸上
> 拖着嚼子的马，

---

① 德木楚克道尔吉王爷——在奈曼旗历代札萨克郡王中，没有叫"德木楚克道尔吉王爷"。在这里指的可能是奈曼旗第十一任札萨克郡王德木楚克扎布。

性情温顺的努恩吉雅

出嫁到遥远的异旗。

努恩吉雅舍不得离开自己的家乡,怨恨自己的缘分,唱道:

山坡上成长的

是榆树的缘分,

出嫁到遥远的

是我的缘分不佳。

成长在下坡的

是柳树的缘分,

远嫁他乡的是

姑娘我的苦恼。

听到女儿的怨言,父亲唱道:

山岭虽然很高

有绕过去的路,

虽为王公女儿

必须要嫁出去。

山崖虽然很高

有绕过去的路,

虽为皇帝公主

必须出嫁异地。

嫌种植谷子地远

难道不种谷子了吗?

嫌奈曼旗之地远

难道终身不嫁了吗?

嫌种植苞米地远

难道不起早种植了吗？

嫌乌珠穆沁遥远

不去看望女儿了吗？

待到努恩吉雅婚期一到,用几辆车送闺女往乌珠穆沁旗,努恩吉雅在途中唱道：

把长辕子打车驾上

走也走不到的地方,

花翅膀的雏凤

飞也飞不到的地方。

把大轱辘车套上

赶也赶不到的地方,

蓝翅膀的雏凤

飞也飞不到的地方。

努恩吉雅在遥远的婆家生活了数年,不由得思念起家乡和父母亲,唱道：

在妈妈身边的时候

整幅的绸缎裁衣裳,

来到这偏远的地方

羊皮羊毛做衣裳。

在爸爸身边的时候

绫罗绸缎裁剪新装,

来到这边远的地方

绒毛皮张做衣裳。

这里不种大垅田

蔬菜咸菜吃不上，
不叫大娘和婶子
不想报恩和孝道。

这里不种池子田
青菜苦菜吃不上，
不叫叔叔与婶子
不想报恩和孝道。

大垅上种的打瓜
打瓜的汁液如蜜甜，
细细品嚼起来啊
不如妈妈的奶汁香。

畦子里种的香瓜
香瓜汁液甜如蜜，
一口一口嚼起来
不如妈妈的奶汁香。

喝足人家壶里酒
眼馋人家快骏马，
把端庄的努恩吉雅
嫁给远方的是爸爸。

喝足别人壶里酒
眼馋他人枣红马，
把可爱的努恩吉雅
嫁给偏远的是爸爸。

换到手的快骏马

在旅途中骑过吗？

把女儿嫁到远方

难道不来把女儿看？

换到手的枣红马

在旅途中骑过吗？

把女儿嫁给远方

妈妈称心如意了吧？

（载自《奈曼民歌》，杭图德·乌顺包都嘎编著，孛儿只斤·额尔德木图
汉译）

毛玉很阿哥

　　所谓的毛玉很阿哥，是奈曼旗五爷大沁人。为王族分支，是土豪台吉，家境比较富裕。他娶了翁牛特旗青格勒台吉之女为妻，而经常折磨她。因此，其妻子思念家乡，思念父母，唱道：

　　　　瞭望蔚蓝的远方啊

　　　　车勒塔奔乌苏我的故乡；

　　　　永远难以忘怀的啊

　　　　我青格勒协理爸爸嘿。

　　　　倚门相望在眼前啊

　　　　乌鲁木齐山我的故乡；

　　　　永远难以忘怀的啊

　　　　我嫁到乌珠穆沁的姑姑嘿。

　　　　抬头仰望看见的啊

　　　　阿拉坦嘎达苏北斗星；

　　　　心中铭记难忘的啊

　　　　阿达玛勒丁和尔哥哥嘿。

　　　　望眼欲穿看见的啊

　　　　额日博日山我的故乡；

　　　　永远铭记难忘的啊

　　　　额尔敦其其格我的嫂子嘿。

　　　　远处听说他啊

　　　　奈曼王的家族嘿，

　　　　亲身接触看来啊

　　　　没法比的坏种啊嘿。

听说他的祖先啊
王爷家族上等户嘿，
亲临近处看来啊
盗贼不如的恶棍啊嘿。

从远处打听到啊
札萨克王爷的亲族嘿，
亲自面临看来啊
奸猾胜过狐狸啊嘿。

不是恨他驼背啊
只恨其无知又愚昧嘿，
不是恨他有狐臭啊
只恨他阴险又狡猾啊嘿。

不是恨他有特臭味
只恨他满肚子坏水嘿，
不是恨他多事故啊
只恨他本性太丑陋啊嘿。

斜坡上成长的啊
榆树的缘分不佳嘿，
远嫁异地他乡的啊
姑娘我的缘分不好啊嘿。

成长在山根的啊
桦树的缘分不佳嘿，

听信传闻而嫁的啊

姑娘我的缘分不好啊嘿。

成长在陡坡上的啊

柳树的缘分不佳嘿

远嫁他乡做媳妇的

姑娘我的缘分不好啊嘿。

(载自《奈曼民歌》,杭图德·乌顺包都嘎编著,孛儿只斤·额尔德木图
汉译)

乌　日　娜

说起出生的地方啊哈嘿

宽甸子西北的布隆艾勒啊嘿,

说起饮水的地方啊哈嘿

前边流经的纳淋泉的水啊嘿。

乌日娜从村里人们的传言中得知,其心上人色勒贺被征入伍。在家里深沉地唱道:

听到南屯色勒贺哥哥啊哈嘿

被征入武装队伍的消息啊嘿。

日月过得太快了啊哈嘿

心胸刺痛得难受啊哈嘿。

心爱的人色勒贺哥哥啊哈嘿

听说被征入军队参战啊哈嘿,

日子过得太快了啊哈嘿

思绪乱成了一团啊哈嘿。

乌日娜一边搜集各色绸缎裁料,给订亲的朋友色勒贺缝制荷包,一边唱道:

用南方的香丹绸缝制的荷包啊哈嘿

字纹巧列在飘带上啊哈嘿。

说起飘带上的字纹之义啊哈嘿

文王额祯朝羑里城启程嘿。

用湖南的郭华丹绸缝制的荷包啊哈嘿

字纹巧缝在两条飘带上啊哈嘿。

说起两条飘带上的字纹之义啊哈嘿

二周亲王注视着鳌门山啊哈嘿。

用关里的丝绸缝制的荷包啊哈嘿

六字巧缝在三条飘带上啊哈嘿。

说起六字与三条飘带之义啊哈嘿

国母娘娘与众兵将宴会啊哈嘿。

用四季花绸缝制的荷包啊哈嘿

巧缝八字在四条飘带上啊哈嘿。

说起四条飘带与八字之义啊哈嘿

四大天王八大仙往天堂启程嘿。

（载自《奈曼民歌》，杭图德·乌顺包都嘎编著，孛儿只斤·额尔德木图
汉译）

敖　道　胡

说起她出生的地方啊嘿

端庄整齐的查敏皋勒嘿，

应命出嫁的地方

啊嘿敖道胡！

大沁庙西北的太山木头艾勒嘿。

说起她饮水的地方啊嘿

自南往北的查敏皋勒嘿，

应命出嫁的地方

啊哈嘿敖道胡！

杨柳成排的太山木头艾勒嘿。

敖道胡对自己丈夫吸食大烟不务正业的行为不满,给母亲唱道:

骑上白马潇洒的时候

似乎梦中王子占卜拉嘿，

离开白马扫兴的时候

啊哈嘿嬷嬷！

活像是个盗贼无异嘿。

骑上骟马潇洒的时候

风流倜傥的王子占卜拉嘿，

离开骟马败兴的时候

啊哈嘿嬷嬷！

连于胜浩局子都进不去嘿。

欢快飞翔的越燕鸟

筑起鸟巢忙碌着嘿，

失去平衡的占卜拉

啊哈嘿嬷嬷！

忘记了家庭一切啊哈嘿。

查敏皋勒里的鱼虾

随着时令游戏着嘿，

不可救药的占卜拉

啊哈嘿嬷嬷！

恰似冻肉一般啊哈嘿。

不顾自己的家业

也不想自己的妻子嘿，

跟随那些满洲人

啊哈嘿嬷嬷！

糟蹋生活吸食大烟啊嘿。

不顾自己的子女

更不顾倾家荡产嘿，

跟随那些满洲人

啊哈嘿嬷嬷！

一直卷曲着吸大烟啊嘿。

唯一饭锅有补丁

所有器物均破损嘿，

出入之门难挡风

啊哈嘿嬷嬷！

生活在这种苦难中啊嘿。

没有五畜穷光蛋

没有五谷可种地嘿，

每天在野外捡野菜

啊哈嘿嬷嬷！

过的是被遗弃的生活啊嘿。

听到女儿唱的词,母亲抑制不住地唱:

> 金镯子虽然在你手上
> 父辈的教诲虽在你心中嘿,
> 老的妈妈我想办法
> 啊哈嘿敖道胡!
> 让你离婚回娘家嘿。

> 银镯子虽然在你手上
> 母亲的教诲虽在你心中嘿,
> 妈妈我给你想办法
> 啊哈嘿敖道胡!
> 让你离婚回娘家嘿。

敖道胡叹息,唱道:

> 被野火烧过的地方
> 谁能去捡杏树疙瘩嘿,
> 对火神佛爷可过头
> 啊哈嘿嬷嬷!
> 悔婚别离有损父辈名声嘿。

> 被烈火烧灼的地方
> 谁能捡柴禾啊哈嘿,
> 对上天佛爷磕过头
> 啊哈嘿嬷嬷!
> 无头绪别离有损祖辈名声嘿。

(载自《奈曼民歌》,杭图德·乌顺包都嘎编著,孛儿只斤·额尔德木图汉译)

都 吉 雅

蒺藜艾蒿生长的地方是嘿

路旁田埂之类地方啊嘿，

温柔的都吉雅出嫁的地方嘿

奈曼旗那木达克扎兰的幼子嘿。

艾蒿野艾生长的地方是嘿

河岸斜坡之类地方啊嘿，

温顺的都吉雅出嫁到地方嘿

奈曼旗那木达克扎兰的幼子嘿。

都吉雅的父母将包办都吉雅许配给王府那木达克扎兰的幼子德博宁布。都吉雅听说德博宁布的恶霸性情，深为不满。并且已与旺楚克排长有了情谊而对父母唱道：

玉皇大帝主子啊

是否两眼都瞎了嘿？

爸爸妈妈二位啊

是否心胸堵塞了嘿！

把我嫁给啊

牲口般的德博宁布嘿，

还不如嫁给啊

军队旺楚克排长啊嘿。

玉皇大帝主子啊

是否两眼都瞎了嘿？

妈妈爸爸二位啊

是否心胸都堵塞了啊嘿！

妈妈回唱：

玉皇大帝主子啊

两眼都在睁开着呢！

爸爸妈妈二位啊

心胸还在想着你嘿！

要想把你嫁给啊

军队里的旺楚克排长嘿，

与你父亲拜过把子

是为你的叔叔辈啊嘿！

玉皇大帝主子啊

仍然睁开双眼嘿，

妈妈爸爸两位啊

心胸还在想着你嘿！

本想把你嫁给啊
队伍里的旺楚克排长嘿，
和你爸爸拜过把子
是为你的叔叔辈嘿！

爸爸接着唱道：

空中飞来的
花凤雏啊嘿，
见到原来栖息的树
盘旋其上不想离去。

可爱的女儿都吉雅
刚才所说的两句话嘿
在我心中成就了
泯不灭的苦难啊！

南方飞来的
花凤雏啊嘿
见到昔日栖息的树
回旋其上不想别离啊。

温顺的女儿都吉雅
方才说过的的一席话嘿
在我心中成就了啊
成了充满的苦恼啊。

旺楚克排长在军队里，思念都吉雅唱道：

快骏骗马啊

嘶鸣着来临嘿,
是否来找啊
吃惯了的草嘿?

双眼在不停地啊
跳来跳去的嘿,
初恋的情人啊
都吉雅在念叨吧!

快骏骟马啊
从远处嘶鸣而来嘿,
是否来寻啊
吃惯了的草嘿?

双眼在不停地啊
跳个不停啊哈嘿,
心中思念的人啊
都吉雅在念叨吧?

（载自《奈曼民歌》,杭图德·乌顺包都嘎编著,孛儿只斤·额尔德木图汉译）

乌仁塔娜

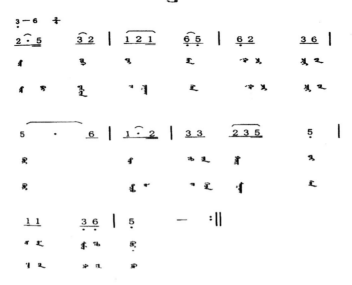

说起出生的地方啊嘿
土柱北敖伦苏木图嘿，
应命出嫁的地方啊嘿
民众集中的王府啊嘿。

说起饮水的地方啊嘿
南边流的查敏皋勒嘿，
应命嫁到的地方啊嘿
历来兴盛的王府啊嘿。

父母身边的时候啊嘿

哥哥姐姐的当中啊嘿，
嫁到远方以来啊哈嘿
双眼充满泪水啊哈嘿。

爸妈身边的时候啊嘿
姐姐弟弟的当中啊嘿，
嫁到偏远以来啊哈嘿
两眼挂满泪水啊哈嘿。

秋天季节到来啊哈嘿
草木枝叶金黄啊哈嘿，
温柔的乌仁塔娜要结婚啊
同辈姐妹们伤心啊嘿。

冬天季节到来啊哈嘿
百花衰竭枯黄啊哈嘿，
美丽的乌仁塔娜要结婚啊
同龄姐妹们悲凉啊嘿。

车乘启动要赶路啊嘿
灰尘随轮扬又扬啊嘿，
送亲乌仁塔娜启程啊嘿
家园神祇掉下了眼泪。

车乘启动要赶路啊嘿
荒野土尘随轮扬啊嘿，
送亲乌仁塔娜启程啊嘿
家乡神祇哭泣不停嘿。

当乌仁塔娜结婚的第二天,传来了确吉被征兵的消息。乌仁塔娜烧香唱道:

花斑喜鹊悲凉地叫嘿

可能要出非凡的事故嘿,

我这里烧起炷香啊嘿

向上天佛爷磕头祈祷嘿。

花斑喜鹊唧唧喳喳叫嘿

心爱的确吉可能摊事故嘿,

温顺的乌仁塔娜心不安嘿,

手捧炷香祈祷磕头啊嘿。

事情不出所料,满洲官兵与随从来到村里,要带走确吉。确吉跪倒在地,苦苦求饶,唱道:

兄弟们骑的骏马嘿

还没来得及放群嘿

还没把妻子乌仁塔娜

介绍给父老乡亲嘿。

参加宴席的兄弟嘿

还没来得及回家嘿,

还没把妻子乌仁塔娜

介绍给乡亲父老嘿。

求求尊贵的老爷嘿

准我十天五日假嘿,

我把妻子乌仁塔娜嘿

交给父母双亲啊嘿。

官兵听到歌词唱道:

　　　　　不能以结婚宴席嘿

　　　　　做无畏的借口啊嘿,

　　　　　赶紧准备鞍骑乘嘿

　　　　　应征入伍奔前方啊嘿。

　　　　　不能以酒席宴会嘿

　　　　　做莫大的借口啊嘿

　　　　　日本军戒律严明啊嘿

　　　　　再三求情要严惩啊嘿。

　　确吉苦苦请假都不准,无奈告别新婚妻子乌仁塔娜启程了。确吉的两
位兄弟看到乌仁塔娜的哭泣,唱道:

　　　　　百灵鸟儿双双地飞嘿

　　　　　在空中尽情歌唱啊嘿,

　　　　　心爱的确吉启程啊嘿

　　　　　爱妻乌仁塔娜哭着送行嘿。

　　　　　水鸟双双游在水中嘿

　　　　　清清流溪迎合喜悦嘿,

　　　　　新婚丈夫应征启程嘿

　　　　　爱妻乌仁塔娜难舍哭泣嘿。

　　婆婆见儿媳妇乌仁塔娜的哭泣,也止不住眼泪,唱道:

　　　　　雄野鸡飞走了啊哈嘿

　　　　　河岸山间空荡荡啊嘿,

　　　　　我儿确吉应征去了嘿

　　　　　媳妇乌仁塔娜无聊啊嘿。

　　　　　雌野鸡飞走了啊哈嘿

　　　　　草丛柳林空荡荡啊嘿,

我儿确吉启程走了嘿

可怜乌仁塔娜无聊啊哈嘿。

乌仁塔娜为未来伤心,唱道:

如果失去了双目啊嘿

金贵的养目镜有啥用嘿?

如果失去心爱的确吉嘿

在家里要等待谁啊嘿?

如果失去乌黑的双目嘿

银贵的养目镜有啥用嘿?

如果失去结发的确吉嘿

在婆婆家里等待谁啊嘿?

(载自《奈曼民歌》,杭图德·乌顺包都嘎编著,字儿只斤·额尔德木图汉译)

杉　巴

年迈的杉巴巡总因权势而趾高气昂,无视邻里,行为卑劣。对此,纷纷

扬扬,舆论嘈杂:

> 有财的人进义州
> 恶行的杉巴显洋相,
> 有益的歌,珍贵的歌
> 一两一两五斤重的歌。

> 有钱的人进北京
> 丑陋的杉巴老不相,
> 有益的歌,珍贵的歌
> 一两一两五斤重的歌。

> 甸子上鸽子生蛋见过吗?
> 人间罕见的诓歌听过吗?
> 有益的歌,珍贵的歌
> 一两一两五斤重的歌。

> 蛤蟆在树上生蛋见过吗?
> 世上罕见的诓歌听过吗?
> 有益的歌,珍贵的歌
> 一两一两五斤重的歌。

> 看见过老鼠生在井里头
> 听到过不诓的真正歌曲,
> 有益的歌,珍贵的歌
> 一两一两五斤重的歌。

> 大家或明或暗议论过
> 还向大王诺颜上告过,

有益的歌,珍贵的歌

一两一两五斤重的歌。

乡里乡间大家议论过

还向当政的王爷上告过,

有益的歌,珍贵的歌

一两一两五斤重的歌。

王爷得知杉巴的罪恶行经,惩罚他筑城墙。

用板子打土墙啊哈嘿

立起了山那么高啊嘿,

有益的歌,珍贵的歌

一两一两五斤重的歌。

围绕王府打起墙啊嘿

高大的围墙立了起来,

有益的歌,珍贵的歌

一两一两五斤重的歌。

(载自《奈曼民歌》,杭图德·乌顺包都嘎编著,孛儿只斤·额尔德木图汉译)

香　月

吃了汤药

也不见好啊

啊嘿哪哪嘿

五个喇嘛念经

也徒劳无功嘿！

吃了粒儿药

也起不来啊

啊嘿哪哪嘿

乌力吉喇嘛念经

也不见好转嘿！

永僧嘎梅林的妻子香月患上病之后，请附近的医生大夫以及寺庙里的喇嘛,怎么看也不见好转。正在这时候，蒙古贞旗(当今辽宁省阜新市)巴伊拉先生来到他们村。就请他看香月的病。

　　　　用其大拇哥啊
　　　　按摩着巴伊拉先生
　　　　啊嘿哪哪嘿
　　　　从其正面和背面
　　　　仔细观察了一边嘿。

　　　　早就患上的病啊
　　　　是伤寒的后遗症
　　　　啊嘿哪哪嘿
　　　　以前看过的大夫
　　　　都用错了药啊嘿。

　　　　用其食指啊
　　　　按摩着巴伊拉先生
　　　　啊嘿哪哪嘿
　　　　无语地观察着
　　　　她上身和下身嘿。

　　　　这是一场老病啊
　　　　是传染病的后遗症
　　　　啊嘿哪哪嘿
　　　　虽然看的医生多
　　　　但用的药全错了嘿。

永僧嘎梅林听到巴伊拉先生的话,又急又怕,唱道:

　　　　请把最贵重的药
　　　　全部拿出来吧嘿
　　　　啊嘿哪哪嘿

治好病痛的话
用牛赏赐您嘿。

请把最珍贵的药
尽数拿出来吧嘿
啊嘿哪哪嘿
病痛痊愈的话
整群羊来赏赐您。

巴伊拉听到他的话,心思着(唱道):

看看这,瞧瞧那,
暗自寻思着巴伊拉
啊嘿哪哪嘿
用错药的病情嘛
短期内治不好啊嘿。

斜视着,啰嗦着,
查查药方很仔细,
啊嘿哪哪嘿
最快得一百天
才能有治好的希望嘿。

用良药长期治疗,香月的病情明显好转。天长日久,两厢发生了对彼此的好感,巴伊拉先生徘徊他们家,依依不舍了。永僧嘎梅林为治疗妻子的病,耗尽了财力,生活境况日见下坡。他看出蛛丝马迹,唱道:

父辈积攒的财产
富裕的那个时候
啊嘿哪哪嘿
北面的呼和车勒
是我的草牧场啊嘿。

牲畜和财产
有些吃力的时候
啊嘿哪哪嘿
异旗的巴伊拉先生
鄙视起我来了嘿。

父亲积攒的财产
富裕的那个时候
啊嘿哪哪嘿
这边的呼和车勒
是我的草牧场啊嘿。

财产和牲畜
不如以前的境况下
啊嘿哪哪嘿
异旗的巴伊拉先生
开始小瞧我来了嘿。

过来的当初
亲昵称香月妹妹
啊嘿哪哪嘿
久住在家里
改称嫂嫂来了嘿。

初次过来时
亲昵称香月姐姐
啊嘿哪哪嘿

久住在家里

改称尊嫂来了嘿。

永僧嘎梅林越想越生气,用自己仅剩下的牛羊补偿药费,把巴伊拉先生赶走了。

(载自《奈曼民歌》,杭图德·乌顺包都嘎编著,孛儿只斤·额尔德木图汉译)

葡 萄 来 喜

说起出生的地方啊嘿

坐落整齐地大代村嘿,

应缘适嫁的地方啊嘿

丛林围绕的乌力吉芒石筒啊嘿。

说起饮水的地方啊嘿

前边流的查敏皋勒嘿,

迎娶所配的地方啊嘿

杨柳围绕的乌力吉芒石筒啊嘿。

五月初五药师节这天,葡萄来喜按古老的习惯,在草原上欣赏百花芬芳的时候,扎木苏喇嘛走到她俩跟前,谈论花草之间,有意地插上几句话,匆匆辞别而去。扎木苏喇嘛非常喜欢葡萄来喜的美貌,见人就夸,唱道:

西河岸的芦苇和柳条嘿

胜似生长而画下一样嘿,

美丽漂亮的葡萄来喜嘿

不是人生而神手画匠所画啊嘿。

东河岸的蒲棒和芦苇嘿

茂密丛生千百人欣慰嘿,

漂亮美丽的葡萄来喜嘿

不是人生而金巴画匠所画啊嘿。

人多嘴杂,好多人听这样说,出现了对她们三人的各种流言。

五月初五葡萄与来喜嘿

草原上见扎木苏喇嘛嘿

这次遇见扎木苏之后嘿

大代村七十户人家传言纷纷啊嘿。

二位姑娘五月节那天嘿

草原上和扎木苏见面嘿,

自从那次见面以来啊嘿

这个村七十户人家舆论纷纷啊嘿。

葡萄来喜的父亲听到这些传言之后,教训两个姑娘唱道:

李子这个水果很可口嘿

吃得过分了会闹病啊嘿,

人众当中随便玩耍啊嘿

玷污了父辈一代清名啊你俩啊嘿。

水果本是可口的食品嘿

过分地食用会得病啊嘿,

无意玩耍在东西村啊嘿

玷污了祖先历代清名啊你俩啊嘿。

玉石本来是好宝贝啊嘿

不能和一般石头相比嘿？

大众当中清名扬的我家

今后发扬还是糟蹋全看你俩啊嘿。

白玉是不一般的宝贝嘿

怎能与一般石头相比嘿？

人众当中清名扬的我家

今后上进还是下滑全看你俩啊嘿。

葡萄来喜姐俩听父亲的教训,知道了检点。

（载自《奈曼民歌》,杭图德·乌顺包都嘎编著,孛儿只斤·额尔德木图汉译)

龙 眼

说起出生的地方
土默特旗德日孙艾勒，
应缘出嫁的地方啊龙眼
奈曼旗大沁他拉嘿。

说起饮水的地方
流水清澈的汤皋勒，
相遇出嫁到地方啊龙眼
奈曼旗大沁他拉嘿。

攀登高处瞭望嘿
父亲的故乡在眼前，
回头走下高处啊龙眼
眼泪湿透衣襟啊嘿。

攀登山崖瞭望嘿
自己的家乡在眼前，
回头走下山崖啊龙眼
脸颊挂满泪水啊嘿。

西河岸的柳条嘿
风中摇曳漂亮啊嘿，
温柔少女龙眼啊嘿
思念父母哭泣嘿。

东河岸的芦苇嘿
风中摇曳喜人啊嘿，

美丽漂亮的龙眼嘿
思念家乡悲戚啊嘿。

南河中的鱼虾嘿
自由自在游戏啊嘿，
温顺少女龙眼啊嘿
思念姐妹哭泣啊嘿。

北河中的野鸭嘿
自由自在穿梭啊嘿，
可爱美丽的龙眼嘿
思念家乡悲戚啊嘿。

龙眼结婚的第十年上，她哥哥来看望她。龙眼对哥哥唱道：

远嫁已经十年了
连糟糠礼物都没有，
不是想要糟糠礼物啊哥哥
只想看看爸爸妈妈嘿。

出嫁已经九年多
连微妙礼物都没有，
不是想要微妙礼物啊哥哥
只想见到妈妈爸爸嘿。

背靠衣柜休息会儿
骂我是懒惰不勤奋，
转身出去干活儿时啊哥哥
又说我脾气不好啊嘿！

背靠碗橱休息会儿
骂我是狡猾不忠诚，
转身出去干活儿时啊哥哥
又说我心怀不轨啊嘿！

不喂狗的食物啊
是我日常的饭菜嘿，
累了困了撑不住啊哥哥
就在湿地上盹一会儿！

不喂猪的食物啊
是我时常的饭菜嘿，
困了累了撑不住啊哥哥
就地躺下睡觉啊嘿。

绣花蝴蝶的布鞋
转递给我妈妈嘿，
妈妈问起我的啊哥哥
就说幸福又安乐嘿。

皮子缀成的钱搭子
转递给我爸爸嘿，
爸爸问起我的话啊哥哥
就说安乐又幸福嘿。

用心缝制的荷包
转递给我姐姐嘿，
姐姐问起我的话啊哥哥

健康如常很幸福嘿。

绣制兰花的鞋子
转递给我嫂子嘿，
嫂嫂问起我的话啊哥哥
幸福如常很幸福嘿。

绣制金钱花的荷包
转递给媒妁人嘿，
媒妁问起我的话啊哥哥
就说我半途死了嘿。

（载自《奈曼民歌》，杭图德·乌顺包都嘎编著，字儿只斤·额尔德木图汉译）

冬 梅

说起出生的地方啊冬梅嘿

坐落集中的八仙筒艾勒嘿,

应缘出嫁的地方啊冬梅嘿

牲畜成群的阿鲁科尔沁满都拉图啊嘿。

说起饮水的地方啊冬梅嘿

南边清澈的纳里德皋勒嘿

应缘出嫁的地方啊冬梅嘿

连着住的满都拉图恶霸富翁家啊嘿。

　　冬梅十八岁的那年,父母为女儿选择一个比较富裕的人家,图的是叫女儿一辈子衣食无缺。可是,这个家的主人是一个大恶霸。当家的把冬梅看成是长工,只知道叫她干活儿,从不关心其饥饿和疲劳。为此,冬梅思念父母唱道:

姑娘我在爸爸身边的时候嘿

生活在自己家里无忧又无虑嘿,

嫁到这北方富人家里以来嘿

放牧在旷野上独自一人啊嘿。

姑娘我在妈妈身边的时候嘿

安栖在自己家里缝绣绸缎嘿,

嫁到这偏远的地方以来啊嘿

不会缝制熟皮而整天受折磨嘿。

　　冬梅放牧在旷野上,时刻想念着父母。她爬上高处,仰望远方,心里凄切,唱道:

如果生活在父亲近处艾勒啊嘿

把畜群圈起来去看望父亲啊嘿,

艾勒家园很远的情况下啊哈嘿

只能思念我父母在心胸里边嘿。

如果生活在母亲近处艾勒啊嘿
把牛羊圈起来去看望母亲啊嘿，
家园艾勒偏远的情况下啊哈嘿
只能想念我父母在心深里啊嘿。

我的父母嫁我远方以来啊哈嘿
回看一次都不曾有过唉啊哈嘿，
不是想吃回看的礼物点心啊嘿
只是想看看娘家父老兄弟啊嘿。

这样，冬梅徘徊在深深地思念当中。不知不觉天边卷起乌云，狂风怒
号，即刻下起倾盆大雨。冬梅拼命喊着，奋力聚拢散逃的畜群。因为失去
一只羊或一头牛犊，当家的会要她的命的。在暴风雨中的畜群也不由自主
地顺风狂奔。天，渐渐黑了。冬梅孤苦伶仃，无依无靠，跟着畜群走啊走，
迷失了方向。冬梅又累又怕，唱道：

西边卷起了乌黑的云彩
是不是魑魅魍魉在行走？
穿行密林和草丛啊冬梅
老虎猞猁子不会有吧嘿！

向佛爷神祇祈祷着冬梅
帮我保护好畜群的安全！
靠着高山峻岭猥琐行进
只求安全回到家啊冬梅。

到了冬季百花枯衰啊嘿
谁能在意深夜迷路的人？
不断地注视着天边霞光

黎明的朝霞何时能出现？

严冬季节百花枯黄啊嘿
何人在意深夜迷路的我？
时刻注视着天边的晨光
明天的朝霞何时能出现？

　　紧随着畜群累疲了的冬梅，寻一个避风的地方，昏昏沉沉睡着了。一醒过来，东方发白，太阳升了起来。冬梅开心地笑了，唱道：

金色的太阳从东方升起嘿
疲劳的冬梅眉开眼笑了嘿，
振奋起来回拢着畜群啊嘿
无一伤亡而心中兴奋啊嘿。

阳光温暖着万物复苏啊嘿
旷野迷路的冬梅信心倍增，
甩起鞭子来回拢畜群啊嘿
马上回到家园而高兴啊嘿。

　　（载自《奈曼民歌》，杭图德·乌顺包都嘎编著，孛儿只斤·额尔德木图汉译）

金 莲

奈曼旗王族之分支台吉毛玉很阿哥,在五爷大沁艾勒生活得富富裕裕。毛伊很阿哥娶了翁牛特旗图萨拉克齐青格勒的女儿金莲为妻,而瞧不起她,经常歧视折磨她。为此,金莲思念家乡唱道:

旷野那边模糊的

车勒塔奔乌苏嘿,

难以忘怀铭记的

青格勒协理父亲啊嘿。

远处巍巍崇高的

乌呐格图乌拉嘿

永远难以忘怀的

乌珠穆沁的姑姑啊嘿。

影影绰绰看见的

阿拉坦嘎达苏山，

铭记难以忘怀的

阿达玛勒丁火尔哥哥嘿。

隐约陡峭的山影

是额热布拉乌拉，

永远难以忘怀的

额尔德尼其其格嫂子嘿。

远处听说他是个

奈曼王族的分支，

见面方知其人为

凶神恶煞的坏人啊嘿。

闻听他的祖先是

高贵王府的分支，

来到其家才知道

盗贼不如的恶棍啊嘿。

唱着唱着，金莲觉得自己的命运不好，接着又唱：

盐碱地里生长的

是丛柳的命运嘿，

听信远处消息的

姑娘我的命运啊嘿。

偏坡地上生长的

是榆树的命运嘿，

听信异地消息的

姑娘我的命运啊嘿。

金莲越想越恨毛伊很阿哥的刁钻狡猾,唱道:

不是嫌弃他的狐臭

是憎恨他的恶行嘿,

不是嫌弃他的丑貌

是忌恨他的品行啊嘿。

不是嫌弃他的臭味

是憎恨他的奸诈嘿

不是嫌弃他的丑陋

是嫉恨他的诡计啊嘿。

(载自《奈曼民歌》,杭图德·乌顺包都嘎编著,孛儿只斤·额尔德木图
汉译)

花叶日姑娘

花叶日姑娘是奈曼旗阿卜达尔泰艾勒人。在他们村里发生了鼠疫,十室九空。花叶日姑娘全家人被疫情夺去了性命,只剩她一个人孤苦伶仃,在大街上哭泣着盲目行走时,日本人畦田见她可怜,领养她为干女儿。日月如梭,小花叶日长大成人了。谈婚论嫁的时候,花叶日姑娘哭着唱道:

> 斜坡上生长的是
> 榆树根的事情啊嘿,
> 出嫁到异地本是
> 姑娘家的命运啊嘿。

> 河岸上生长的是
> 柳树根的事情啊嘿,
> 出嫁到婆家本是
> 姑娘家的命运啊嘿。

其养父在唱:

> 玉石本来是宝贝
> 可遗弃了是石头啊嘿,
> 姑娘虽然最可爱
> 不出嫁就空空的啊嘿。

> 玉石虽然是宝贝
> 不会用就是石头啊嘿,
> 姑娘虽然很可爱
> 不出嫁就空空的啊嘿。

女儿回顾养父养母的养育之恩,唱道:

> 穿绸缎虽然美嘿
> 不如父亲恩情重啊嘿,
> 吃黄油奶酪虽然香
> 不如母亲的初乳美啊嘿。

穿皮衣虽然暖和
不如父亲教诲亲啊嘿，
吃美食虽然香啊嘿
不如母亲初乳美啊嘿。

妈妈叫声"女儿",唱道：

檀香树高耸入云
为北山的景观啊嘿，
自己儿女在长大
也是父母掌上宝啊嘿。

山顶子树高耸入云
为高山的景观啊嘿，
女儿长大到婚嫁龄
父母眼里是小孩啊嘿。

广阔世界虽宽广
没有太阳是黑暗啊嘿，
姑娘人家虽聪明
不依靠丈夫是孤独啊嘿。

人间宇宙虽广阔
没有阳光是黑暗啊嘿，
姑娘人家虽伶俐
不依靠丈夫是孤独啊嘿。

（载自《奈曼民歌》,杭图德·乌顺包都嘎编著,孛儿只斤·额尔德木图汉译）

龙　棠

说起出生的地方啊龙棠嘿

图古日格汤东北乌丹乌苏嘿，

应缘出嫁的地方啊嘿

万人聚集的大段艾勒啊嘿。

说起饮水的地方啊龙棠嘿

南边流的纳里德皋勒水啊嘿，

应缘出嫁的地方啊嘿

众人聚集的大段艾勒啊嘿。

大名鼎鼎的戈伯宁布嘿

是爸爸妈妈的活宝贝啊嘿，

为了让女儿龙棠啊嘿

过得幸福而嫁给他了啊嘿。

年少戈伯宁布虽然孤儿嘿
有志气而很勤奋啊嘿
年迈的爸爸与妈妈嘿
看中了才把女儿嫁给了他啊嘿。

戈伯宁布和龙棠结婚不久,札萨克衙门对戈伯宁布下达了征兵令。军令如山,戈伯宁布对爱妻龙棠唱道:

孤儿戈伯宁布啊嘿
对妻子龙棠谆谆留言嘿,
我虽参军去队伍啊嘿
精心孝敬我年迈的婶婶啊嘿。

聪明的戈伯宁布嘿
对妻子龙棠诚恳留言嘿
等我参军去队伍啊嘿
精心照顾我年迈的婶婶啊嘿。

戈伯宁布自小失去生身父母,在婶婶手上长大。婶婶贪财,把远道而来的杂货郎留在家里。杂货郎看到龙棠年轻美貌,又加其初婚丈夫被征入伍,就产生了邪念。婶婶也受杂货郎的蒙骗,想办法早点把戈伯宁布支走。唱道:

白糖虽然好吃嘿
但不能随便吃嘿,
温柔的龙棠美丽嘿
但不能迟延军令啊嘿。

红糖虽然好吃嘿
但不能接连吃嘿,

漂亮的龙棠温顺嘿

但不能不应征入伍啊嘿。

听到婶婶的嘱咐，戈伯宁布沉思一会儿，把妻子交给婶婶唱道：

粗布虽然不中看嘿

做个坎肩够暖和嘿，

把年少龙棠当儿媳嘿

爱抚教导会成为您的帮手啊嘿。

麻布虽然不中看嘿

做个被褥够暖和嘿，

把年少龙棠当儿媳嘿

恩爱教导会成为您的帮手啊嘿。

戈伯宁布把爱妻交给婶婶，辞别故乡，奔赴军营。从此，杂货郎老摊儿越来越不检点了。

丑陋的买卖老摊儿嘿

露出狰狞面貌来了啊嘿，

温顺聪明的龙棠啊嘿

急迫地哭泣着告知婶婶啊嘿。

阴谋多端的买卖老摊儿

使出了种种卑鄙伎俩嘿，

聪明温顺的龙棠啊嘿

哭泣着申诉给婶婶啊嘿。

戈伯宁布向上司请假，回到家乡的路上，看到妻子龙棠坐在羊群旁缝衣物。又看到在不远的河岸那边，狡猾的买卖老摊儿猫着腰往这边窥视。戈伯宁布唱道：

想吃跳鼠的花猫嘿

猫在沙坨里窥视呢嘿，

没正经的买卖老摊儿
想要袭击我的爱妻龙棠啊嘿。

爱吃老鼠的灰猫儿嘿
隔着碗橱窥视着呢嘿，
品行狡猾的买卖老摊儿
想要偷袭我的爱妻龙棠啊嘿。

智谋双全的戈伯宁布嘿
强压气头仔细观看啊嘿，
解下枪支子弹上膛啊嘿
想灭掉这个畜生老摊儿啊嘿。

力气齐全的戈伯宁布嘿
按捺不住心头的气氛嘿，
拿起枪支子弹上膛啊嘿
想灭掉这个畜生老摊儿啊嘿。

听到马蹄声，买卖老摊想逃走，可没来得及被逮住了。他跪倒在戈伯宁布面前，苦苦哀求："饶命!"戈伯宁布狠狠训斥他一顿，厉声叫他："滚蛋!以后不许踏进本地半步!"戈伯宁布与爱妻龙棠见了面，高高兴兴地回家了。

（载自《奈曼民歌》，杭图德·乌顺包都嘎编著，孛儿只斤·额尔德木图汉译）

乌 云 高 娃

奈曼旗王府北哈日沙巴日艾勒的乌云高娃在家里做女红,思念起朝鲁
吐艾勒的达力扎布图萨拉克齐,唱道:

　　　　黑斑喜鹊啊

　　　　在门前叫唤嘿,

　　　　在我的家里啊

　　　　可能要来客人吧嘿。

　　　　忽然间心胸啊

　　　　郁闷得发慌啊嘿,

　　　　从小为伴的啊

　　　　达力扎布哥哥要来吧嘿!

　　　　花斑喜鹊啊

　　　　在窗前叫唤嘿,

　　　　在我的家里啊

　　　　可能要来客人吧嘿!

突然间感觉嘿

忐忑不安发闷啊嘿，

青梅竹马的啊

达力扎布哥哥要来吧嘿！

正在这个时候，远方出现一个骑马的人往这里奔来。

风尘仆仆来的嘿

好像崇鲁布包一达，

隔着玻璃眺望的啊

婀娜多姿的乌云高娃嘿！

快马加鞭来的嘿

达力扎布哥哥嘿，

大门上迎接的啊

美丽漂亮的乌云高娃嘿！

乌云高娃抑制不住思念的激情，唱道：

前坡朝鲁吐你家嘿

往常一样安好吧？

你结发妻子席美荣

允准你出来串门了吗？嘿

南坡朝鲁吐你家嘿

安好吗？阿哥哥嘿！

你的妻子席美荣嘿

允准你来这里了吗？嘿

达力扎布唱道：

前坡朝鲁吐我家嘿

往常一样安好啊嘿，

我的妻子席美荣嘿

没有预定时间啊嘿！

我的家乡朝鲁吐嘿

安好啊乌云高娃嘿，

结发妻子席美荣嘿

没有预定时间啊嘿！

这样，达力扎布在乌云高娃家住上了数天。乌云高娃的父亲包一达诺颜虽然不太同意，但由于公务忙，没说什么。达力扎布临走时，乌云高娃送到门口，唱道：

晨霭雾霾挡不住嘿

东方升起的太阳光，

只要你我相爱啊嘿

包一达爸爸无奈何嘿！

雾霾晨霭挡不住嘿

东方升起的太阳光，

只要你我相爱啊嘿

这个那个无奈何啊嘿！

暴风急雨刮不倒嘿

闪烁升起的太阳光，

只要我俩相爱啊嘿

赛兴嘎老爷无奈何嘿！

达力扎布回唱道：

打不碎的玉石宝贝

是皇帝用的玉玺嘿，

同住总是不满足的

是我心爱的乌云高娃嘿!

永不破的玉石宝贝
是可汗用的玉玺嘿,
见面不想离开的嘿
美丽漂亮的乌云高娃嘿!

达力扎布在回家的路上唱:

大母猪生下十二崽子
是主人的口福嘿,
温柔大方的乌云高娃
是诺颜们艳福嘿!

二母猪生下十二崽子
是主人的口福嘿,
温顺大方的乌云高娃
是诺颜们的艳福嘿!

乌云高娃的名声传到了翁牛特旗司首图萨拉克齐的耳朵里了,他派遣媒妁之人到乌云高娃父母那里,谈成了这门亲事。乌云高娃听说司首图萨拉克齐年事已高,对母亲唱:

门口等待杂货郎啊
买一把牛角梳子嘿,
为那翁牛特旗的啊
司首诺颜梳梳胡子啊嘿。

本旗台的吉民众嘿
死光了吗? 阿嬷嬷!
把女儿我嫁给那嘿
异旗老头诺颜干什么嘿!

门口等待杂货郎啊

买一些梳篦子啊嘿，

给翁牛特旗的老头

梳理梳理胡子啊嘿。

家乡奈曼旗里嘿

找不到年轻人了吗？

与那翁牛特白发人

怎能度过年年岁岁嘿！

　　这时木已成舟，亲事已定，乌云高娃的父母无奈，送走了女儿。过一段时间，娘家接女儿回来省亲。邻里姐妹们问起乌云高娃婆家和女婿的情况。乌云高娃叹息着唱道：

结婚前邻里传言

人多嘴杂啥都说嘿，

北旗里的司首诺颜

年老身衰心难受啊嘿。

嫁到他家以后嘿

十天半月注意啊嘿，

十八岁的青年人

十个八个不换啊嘿！

远远人们传说啊

人多嘴杂啥都说嘿，

异旗老人司首诺颜

人老身衰不顶用啊嘿！

可是我结婚到他家
慢慢试看其性格嘿,
二十五岁年轻人嘿
两个三个不换啊嘿!

乌云高娃回娘家,待了好长时间不回来了。司首诺颜忍不住,在家里唱道:

达力扎布这个人
奈曼旗的图萨拉克齐,
是否霸占了我的啊嘿
美丽太太乌云高娃嘿!?

达力扎布这个人
奈曼旗的图萨拉克齐,
趁自己年轻体壮啊
是否强占了乌云高娃太太!?

司首诺颜对孩子们唱:

你们早晨起来啊嘿
注意乌呐格图山的路,
你们美丽太太乌云高娃
兴许今天回来了啊!

你们早晨起来啊嘿
注意老哈河岸的路,
令我爱慕的乌云高娃太太
兴许今天回来了啊!

当他这么不安的时候,乌云高娃回来了。司首诺颜高兴极了。几天后,乌云高娃在家门口做活儿,心里觉得徘徊不安,唱道:

金翅小鸟飞来飞去

激荡地声音唱着歌，

我的内心空荡荡嘿

似乎丢掉了什么似的。

心胸内啊慌张张嘿

别有什么事情似的，

从小相恋的达力扎布

是不是要来我这里啊嘿！

百灵鸟儿双双地飞嘿

我的前后叫唧唧嘿，

我的心里空荡荡嘿

好像丢掉了什么似的嘿！

心胸内的思绪紊乱嘿

似乎别有事情发生

自小相爱的达力扎布

是不是来找我小妹啊嘿！

　　司首诺颜有公务出门了。这几天，乌云高娃出来进去，徘徊无常，日有所思地时候，忽然，达力扎布哥哥来了。……别提乌云高娃多高兴，好几天聊不尽的心事。……当达力扎布辞别的时候，乌云高娃唱道：

要想赶山路啊嘿

别忘了给马挂掌嘿，

来回行程的时候嘿

别忘了我在等待你啊嘿！

要想赶山崖路嘿

别忘了挂海骝马掌，

公务出差行路时嘿

别忘了我在等待你啊嘿!

达力扎布依依难舍,激动地唱:

掀动山路尘埃的是

骏马强劲的四蹄啊嘿,

乌云高娃的两句话嘿

拽动我心弦难以平静嘿!

掀动山崖尘埃的是

黑马强劲的四蹄啊嘿,

乌云高娃的两句话嘿

激动我心胸难以平静嘿!

(载自《奈曼民歌》,杭图德·乌顺包都嘎编著,李儿只斤·额尔德木图汉译)

吉娆昂嘎

说起出生的地方啊嘿

朝廷大臣红顶诺颜家嘿，

说起应缘嫁给人家啊嘿

糊里糊涂的旺哈尔沙拉嘿。

说起饮水的地方啊嘿

南边流的纳里德河嘿，

说起应缘嫁给的人家

敖汉村中的旺哈尔沙拉嘿。

爸爸的名声顾不了了嘿

与北村萨嘎拉玩耍为上，

与北村萨嘎拉玩耍的话

年迈力衰时会照看我啊嘿！

祖辈的名声顾不了了嘿

与彼村萨嘎拉玩耍为上，

与彼村萨嘎拉玩耍的话

身衰年迈时照顾我啊嘿！

王府文书叫扎纳的人，听到吉娆姑娘唱的歌，一一记住，转告了萨嘎拉。萨嘎拉高兴地唱道：

白糖本来甜上甜啊嘿

查干诺颜的吉娆美中美，

只要能引见吉娆姑娘嘿

全鞍白马送给你啊扎纳嘿！

红糖本是甜上甜啊嘿

红顶诺颜的吉娆贤中贤，

只要能引见吉娆姑娘嘿

全鞍骏马送给你啊扎纳嘿！

扎纳急忙说："那怎么行呢？我是闲聊的,结果被套住了!"萨嘎拉接着唱道：

八月份里出去呀我嘿

去那各色商店逛一逛,

八元多钱的茶叶啊嘿

买他个八九斤过来嘿。

只要将温静的吉娆嘿

拿下八九成的话啊嘿,

把八元多钱的茶叶嘿

八九盒的送给你啊嘿。

七月份里出去呀我嘿

去那内荒商铺逛一逛,

七元多钱的茶叶啊嘿

买他个七八斤过来嘿。

只要将温柔的吉娆嘿

拿下七八成的话啊嘿,

把七元多钱的茶叶嘿

七八盒的送给你啊嘿。

贪心的文书扎纳摆出无可奈何的样子出去了。他穿东门走西家的好长一会儿之后,又回到萨嘎拉身边,说："吉娆叫你抽空来一趟呢!"萨嘎拉急急忙忙骑上白马,风驰电掣般跑到吉娆身边,唱道：

很早以来喜欢上了你嘿

　　　　可能是前生所许的愿嘿

　　　　如果心想王府的我啊嘿

　　　　谈谈嫁娶大事吧我俩嘿。

　　　　自古以来欣赏你了啊嘿

　　　　可能是前生所许的愿嘿

　　　　如果心想萨嘎拉我啊嘿

　　　　谈谈娶嫁大事吧我俩嘿。

吉娆微笑一下，也没吱声。萨嘎拉更急了，唱道：

　　　　骏马放在后甸子上了嘿

　　　　让兄弟姐妹注意着点嘿，

　　　　结发妻子胡亮追过来嘿

　　　　顺你家后院逃出去啊嘿。

　　　　骟马绊在后甸子上了嘿

　　　　让兄弟姐妹注意着点嘿，

　　　　我的妻子胡亮跟过来嘿

　　　　靠着高墙根逃出去啊嘿。

吉娆回唱道：

　　　　骏马放就放了吧哥哥嘿

　　　　兄弟姐妹都去放牛马了，

　　　　你妻子胡亮来就来吧嘿

　　　　不是你爸娶的妈妈吧嘿？

　　　　骟马放就放了吧哥哥嘿

　　　　姐妹兄弟都去放牲畜了，

　　　　你妻子胡亮来就来吧嘿

　　　　不是你爸娶的妈妈吧嘿？

　　萨嘎拉高兴得一把抓住了吉娆的后背,吉娆着急地唱起来:

　　　　把抓住的手松开哥哥嘿

　　　　兄弟们看见不得了啊嘿,

　　　　你心中只要有我啊哈嘿

　　　　日久天长和好吧我俩嘿!

　　(载自《奈曼民歌》,杭图德·乌顺包都嘎编著,字儿只斤·额尔德木图汉译)

多　艳

　　奥瑞哈日黑勒庙的嘎日巴喇嘛早已和北村多艳姑娘好上了,瞒着庙里喇嘛经常相互来往。葛思贵喇嘛知道情况后,严禁喇嘛们出门了。嘎日巴喇嘛急了,爬后墙跑过去骑上马,朝多艳村奔去,唱道:

　　　　为骏马备上了鞍啊哈嘿

　　　　辞别了奥瑞哈日黑勒庙,

　　　　为了去见心爱的多艳嘿

旷野上疾奔灰尘扬扬嘿。

为烈马备上了鞍啊哈嘿
离开了奥瑞哈日黑勒庙，
为了去见心爱的多艳嘿
原野上驰骋尘埃漫天嘿。

扬起山间尘埃的是啊嘿
骏马四蹄刨出来的土嘿，
激荡人们心弦的是啊嘿
阿娜多姿的多艳两眼嘿！

扬起山崖尘埃的是啊嘿
黑马四蹄跑出来的土嘿，
激荡众人心弦的是啊嘿
美丽漂亮的多艳两眼嘿！

相互见面认识以前啊嘿
活似山里的三只狍子嘿，
见面认识聊起天来啊嘿
嘴唇三条动脉一样啊嘿！

相互遇见认识以前啊嘿
恰似原野上三只狍子嘿，
遇见认识聊起天来啊嘿
巧舌三条动脉一样啊嘿！

嘎日巴喇嘛唱着唱着乘骑停住了脚步。定睛一看，哦，已经到了多艳家门口了。多艳早已迎接在门口，向前一步，唱道：

好吗哥哥,你好哥哥,你好啊嘿

奥瑞哈日黑勒庙安好啊?

你好哥哥,安好哥哥,你好啊嘿

星星闪烁的庙宇安好啊?

　　她俩这样问好问安后,安祥地度过了这一天。次日早晨,传开了奥瑞哈日黑勒庙来了几位骑马人,在寻找嘎日巴喇嘛的消息。嘎日巴喇嘛下定决心,再不回奥瑞哈日黑勒庙,要去阿鲁科尔沁旗投靠叔叔等亲戚。但他舍不得离开多艳,唱道:

将热水凉透了喝啊哈嘿

还是不如泉水凉啊哈嘿,

相互爱慕而离别啊哈嘿

还不如不曾爱慕啊哈嘿!

将开水凉透了喝啊哈嘿

还是不如泉水凉啊哈嘿,

相互依恋而离别啊哈嘿

还不如不曾依恋啊哈嘿!

在九月天气里来啊哈嘿

下起连绵雨来的啊哈嘿,

还不如下没膝大雪啊嘿

人们心里好受些啊哈嘿。

心爱的人儿如此啊哈嘿

想得死去活来时啊哈嘿,

早知这样活生生离开嘿

何必想得如此实啊哈嘿!

　　　　在十月初天气里啊哈嘿

　　　　下起倾盆大雨来啊哈嘿,

　　　　还不如下没裆大雪啊嘿

　　　　人们心里好受些啊哈嘿。

　　　　心爱的人儿相爱啊哈嘿

　　　　恋情难舍难分时啊哈嘿,

　　　　早知这样必须地离开嘿

　　　　何必玩得如此快乐啊嘿!

　　嘎日巴喇嘛在阿鲁科尔沁旗待了仅仅六个月,想起心爱的多艳昂嘎,
唱道:

　　　　从南边吹起风来啊哈嘿

　　　　草木枝叶飘飘扬啊哈嘿,

　　　　想起美丽的多艳昂嘎嘿

　　　　心胸里边阵阵刺痛啊嘿。

　　　　从北边吹起风来啊哈嘿

　　　　芦苇叶子飘飘扬啊哈嘿,

　　　　思念温柔的多艳昂嘎嘿

　　　　双手三条动脉阵阵痛嘿。

　　嘎日巴喇嘛在阿鲁科尔沁旗实在待不下去了,返回自己的故乡奈曼
旗。在路途上又饥又渴,回到自己家的嘎日巴喇嘛正在烧水做饭的时候,
远方出现七八个人,朝他家而来。嘎日巴喇嘛唱道:

　　　　达喇嘛德木齐下令了嘿

　　　　肯定前来缉拿我了啊嘿,

　　　　打趴了身子了也啊哈嘿

　　　　不向德木齐喇嘛投降嘿。

席勒喇嘛肯定下了令嘿

是要前来缉拿我啦啊嘿，

打扁了身子了也啊哈嘿

不向席勒喇嘛投降啊嘿。

几个喇嘛闯门而入，一句话不说，将嘎日巴喇嘛逮捕，送交了德木齐喇嘛。德木齐喇嘛唱道：

你的父亲母亲啊哈嘿

富有牛羊马群啊哈嘿，

寺庙赐你的名字啊嘿

阿拉班嘎日巴啊哈嘿。

因你父亲的财产啊嘿

骄横不羁太自由了嘿，

散漫自在行为不轨嘿

破坏宗教清规戒律嘿。

你父亲的福荫盖世嘿

牛羊多的数不清啊嘿，

在寺庙奥瑞哈日黑勒

目中无人嘎日巴啊嘿。

你破坏了寺庙清规嘿

又违反了宗教的戒律，

因此罚你戒板七十下

狠狠揍他不留面子嘿。

嘎日巴承受了如此的重责，并被罚为每天清扫寺院，厨房挑水的重活。嘎日巴一边劳动，一边还在唱：

清净寺庙图清净啊嘿

情思绵绵难清净啊嘿，
左顾右盼心不静啊嘿
此辈却是一片空啊嘿。

想起美丽的多艳昂嘎
心中阵阵刺痛难受嘿，
心扉的各个角落啊嘿
撕抓般的刺痛难忍嘿。

清净庙宇图清净啊嘿
情思绵绵难挣断啊嘿，
左顾右盼心难静啊嘿
此辈还是一片空啊嘿。

想起温柔的多艳昂嘎
心扉阵阵刺痛难忍嘿，
想要躲避不思念啊嘿
漂亮多艳显现眼下嘿。

日月如梭,眼看着到了七月七查玛大会日,庙里派遣嘎日巴去前后村子募捐鲜奶。嘎日巴骑上马,唱道:

募捐鲜奶无所谓啊嘿
温顺的多艳似拽我啊,
美丽的多艳昂嘎啊嘿
招徕我的灵魂啊哈嘿。

募捐庙会的鲜奶啊嘿
不急不忙无所谓啊嘿,

　　　　　　　　　温柔漂亮的多艳昂嘎

　　　　　　　　　吸引我的心灵啊哈嘿。

　　嘎日巴实在抑制不住思念多艳昂嘎,就策马奔向多艳家。多艳迎接在门口。嘎日巴唱道:

　　　　　　　　　日月过得再长啊哈嘿

　　　　　　　　　亲爱你在我的心中嘿,

　　　　　　　　　思念的心情清洁无瑕

　　　　　　　　　胜过鲜奶更洁白啊嘿。

　　　　　　　　　日子过得再长再多嘿

　　　　　　　　　心中只有你一个啊嘿,

　　　　　　　　　想念的心情洁白无瑕

　　　　　　　　　比过鲜奶更洁白啊嘿。

　　多艳激动地唱道:

　　　　　　　　　鸿雁的小小雏啊哈嘿

　　　　　　　　　怎能离开小溪的水嘿,

　　　　　　　　　多情的多艳姑娘啊嘿

　　　　　　　　　离不开知遇的你啊嘿。

　　　　　　　　　水中遨游的鱼虾啊嘿

　　　　　　　　　怎能离开清净的湖水,

　　　　　　　　　温柔美丽的多艳啊嘿

　　　　　　　　　一辈子离不开你啊嘿。

　　她俩进屋,摆上满桌的奶茶、黄油、乌乳馍。多艳唱道:

　　　　　　　　　用我甜蜜的奶食啊嘿

　　　　　　　　　表达我思念的心情嘿,

　　　　　　　　　用我清洁的黄油啊嘿

　　　　　　　　　比喻我无瑕的情爱嘿。

嘎日巴在唱：

> 所谓的强劲是啊哈嘿
>
> 强有力的表现啊哈嘿，
>
> 分不开的情谊是啊嘿
>
> 前生修来的福分啊嘿。

（载自《奈曼民歌》，杭图德·乌顺包都嘎编著，孛儿只斤·额尔德木图汉译）

海　棠

说起出生的地方嘿，啊嘿海棠嘿

集中坐落的特门乌苏艾勒嘿，

应缘出嫁的地方嘿，啊嘿海棠嘿

大代艾勒的榔头那个人啊嘿。

说起饮水的地方嘿，啊嘿海棠嘿

朝北流向的杜贵皋勒嘿，

遇缘出嫁的地方嘿，啊嘿海棠嘿

长势好的大代艾勒的梛头嘿。

孟古译作银子啊嘿，啊嘿海棠嘿

银达巴是你父亲的名字嘿，

银达巴的女儿海棠昂嘎嘿，啊哈嘿

不是生来的，而是画出来的嘿。

阿拉塔译作金子啊嘿，啊嘿海棠嘿

金梅就是你母亲的名字嘿，

金梅的女儿海棠昂嘎嘿，啊哈嘿

不是生来的，而是画出来的嘿。

从沙坨顶上望去海棠啊嘿，啊哈嘿

像云雾缭绕般的美丽啊嘿，

放着牧的青年遇见你海棠啊，啊哈嘿

圈住牲畜跟着你不想离开嘿。

从高处望去啊海棠啊嘿，啊哈嘿

如云雾缭绕般的美丽啊嘿，

放骆驼的青年人遇见你海棠啊，啊哈嘿

面对你赞叹不已跟你走啊嘿。

呐合力艾勒的芒萨大富翁长子德钦，本已娶了亲。但遇见美丽漂亮的海棠姑娘，一见钟情，回到家里沉浸在思念当中，唱道：

左盼右顾心神不宁嘿，啊哈嘿

登攀高处瞭望海棠让心神安宁嘿，

忧心忡忡地闲坐啊忐忑不安，啊哈嘿

攀登高处望一眼海棠让神智安宁嘿。

德钦思念海棠坐不住了,备着鞍唱道:

　　　　铁青马上备上了鞍嘿,啊哈嘿

　　　　蓝包装的孔雀烟带上了数包嘿,

　　　　激动不已的去看望海棠啊哈嘿

　　　　在旷野上风尘仆仆驰骋呐啊嘿。

　　　　枣红马上备上了鞍嘿,啊哈嘿

　　　　红包装哈德门烟带上了数包嘿,

　　　　久久思念而去看望海棠啊哈嘿

　　　　在原野上尘埃扬扬疾驰呢啊嘿。

快马加鞭,德钦立马到达了海棠家。看到海棠独自在家,唱道:

　　　　你父母去哪儿了? 啊嘿海棠嘿

　　　　我心爱的海棠你独自一人吗嘿?

　　　　心里思念抑制不住啊嘿海棠嘿

　　　　原野直走来到了你身边啊哈嘿。

　　　　你父母去哪儿了? 啊嘿海棠嘿

　　　　温柔美丽的海棠独自一人吗嘿?

　　　　前生许下的姻缘吧啊嘿海棠嘿!

　　　　家园里正是肃静玩耍吧啊嘿。

　　德钦为了让海棠知道自己的心情,把带来的礼物摆放到海棠面前时,
海棠脸红了,要走出去。德钦连忙抓住海棠的手,拉住了。海棠着急地唱
道:

　　　　把抓住的手放松吧啊嘿哥哥嘿

　　　　要是父母看见了要剥我的皮嘿,

　　　　来的心情真切的话啊嘿哥哥嘿

　　　　慢慢畅谈不是更好吗啊嘿哥哥。

请把抓住的手松开吧啊嘿哥哥
要是父母看见了说不好的话啊,
真情实意来到这里的话哥哥嘿
大胆畅谈不是更好吗啊嘿哥哥。

德钦抑制不住自己激动的心情唱道:

不放松你洁白的手啊嘿海棠嘿
你年老的父母看见就看见吧嘿,
思念你的心情压抑不住海棠嘿
放松自己好好玩耍啊海棠啊嘿。

抓住你白胖的手啊嘿海棠啊嘿
你父母看见就看见吧海棠啊嘿,
爱恋你的心情抑制不住海棠啊
想办法跟你玩个痛快啊海棠嘿。

他们俩这样聊着,玩了个痛快。之后,海棠对德钦唱道:

用牛马做聘礼试试看吧啊哥哥
求兄弟姐妹做媒妁吧啊哥哥嘿,
只要父母俩答应了啊嘿哥哥嘿
人间幸福属于你我嘿啊哥哥嘿。

用金银做聘礼试试看吧啊哥哥
选个好日子求个媒妁吧啊哥哥,
只要父母同意了啊嘿啊哥哥嘿
世界上的幸福属于我俩啊哈嘿。

日子过得如白驹过隙,海棠的父母把海棠许配给大代艾勒的椰头。听到消息,德钦来到海棠家。海棠对德钦唱道:

用十色绒线绣制狮子啊嘿哥哥
已经来不及了啊嘿哥哥啊哈嘿,

等待你来娶我啊德钦哥哥啊嘿

错过了生孩子年龄啊嘿哥哥嘿。

用六色绒线绣制展翅孔雀啊嘿

已经来不及了啊嘿哥哥啊哈嘿，

把幸福的希望放在你身上啊嘿

错过了生小孩年龄啊嘿哥哥嘿。

德钦听到海棠唱，心如乱麻，唱道：

等待了海骝马嘿，啊嘿海棠嘿

落后了春季的围猎嘿，

要想娶亲爱的你嘿，啊嘿海棠嘿

被自己的老婆嫌弃了嘿。

等待了骟马嘿，啊嘿海棠嘿

落后了狐狸的围猎嘿，

要想娶美丽的你嘿，啊嘿海棠嘿

被自己的老婆嫌弃了。

（载自《奈曼民歌》，杭图德·乌顺包都嘎编著，孛儿只斤·额尔德木图汉译）

普吉德托克太

说起出生的地方啊嘿
王府前布日噶苏台嘿，
应缘出嫁的地方啊嘿
左筒的多伦毛都啊嘿。

说起饮水的地方啊嘿
前边流的孟和河啊嘿，
应缘出嫁的地方啊嘿
左筒的多伦毛都啊嘿。

　　王府马倌巴拉吉尼玛用财物讨好普吉德托克太姑娘，欲娶为老婆。普吉德托克太年少，思考问题不周密，逐渐与他有了感情。有一天，普吉德托克太爬到村西高处，瞭望放马去的巴拉吉尼玛唱道：

　　　　爬到布日噶苏台高处

心急如燎地瞭望远处，
使人喜欢地驰骋而来
是巴拉吉尼玛哥哥嘿。

爬到柳树筒的高处啊
心酸地瞭望远处啊嘿，
穿过云雾驰骋来的啊
是巴拉吉尼玛哥哥嘿。

普吉德托克太从姐妹打听到自己婚姻状况，对巴拉吉尼玛唱道：

请求能言善辩的老人
当媒妁吧，阿哥哥嘿，
从姐妹们打听啊哈嘿
要许配给别处的消息。

请求聪明伶俐的老人
当媒妁吧，阿哥哥嘿，
从前屋姐姐打听啊嘿
要许配给别处的消息。

巴拉吉尼玛回唱：

寻找能言善辩的老人
哥哥不为难啊哈嘿，
可你父母答应了的话
事情就难办了啊嘿。

请求聪明伶俐的老人
哥哥不为难啊哈嘿，
可你父母许配了的话
别的办法就没有了嘿。

普吉德托克太结婚的日子将近,她把自己精心绣制的靴子摆在巴拉吉尼玛面前,唱道:

> 绣制二龙的靴子嘿
> 瞒着父母做的啊嘿,
> 妹妹远嫁之后啊嘿
> 当做伴侣吧啊哥哥。

> 绣制吉祥结的靴子
> 瞒着二老做的啊嘿,
> 妹妹远嫁之后啊嘿
> 当做伴侣吧啊哥哥。

巴拉吉尼玛"哼!"一声,不耐烦地唱道:

> 金色的绸缎啊哈嘿
> 哥哥给你不少啊嘿,
> 早知成不了夫妻啊
> 不如要了她的命嘿。

> 花斑的绸缎啊哈嘿
> 哥哥给你多了啊嘿,
> 早知如此难成的话
> 不如灭了她的命嘿。

巴拉吉尼玛没能达到自己预期的目的,想让普吉德托克太与其丈夫不和,致使其婚姻半途而废,说:"妹妹如果不忘哥哥的心,到婆家后"——唱道:

> 手镯与发簪啊哈嘿
> 扔到外边吧妹妹嘿,
> 叩拜火灶之后啊嘿
> 甩手回来吧妹妹嘿。

> 项链与额箍啊哈嘿
>
> 扔出去吧妹妹啊嘿,
>
> 叩拜父母之后啊嘿
>
> 辞别出来吧妹妹嘿。

普吉德托克太回唱:

> 火烧的地方啊哈嘿
>
> 难找一棵草啊哈嘿,
>
> 叩拜火灶之后啊嘿
>
> 离家出走是失礼嘿。

> 天火震灭的地方嘿
>
> 难寻一包柴禾啊嘿,
>
> 叩拜上天佛爷后啊
>
> 挑起事端是失礼嘿。

巴拉吉尼玛的脸色灰白,唱道:

> 为你送亲的车子嘿
>
> 轴承自然断裂啊嘿,
>
> 与你同拜上天的人
>
> 遭到天谴夭折啊嘿。

> 为你送亲的车子嘿
>
> 车辕自然断裂啊嘿,
>
> 与你同拜父母的人
>
> 脖颈自然断折啊嘿。

看透了巴拉吉尼玛恶性的普吉德托克太回唱:

> 回旋的老鹰啊哈嘿
>
> 吊不尽家鸡啊哈嘿,
>
> 大王爷的马倌你啊

妄想骗人很容易啊!

狡猾狐狸偷不尽嘿

街里的家鸡啊哈嘿,

阴险的马倌你啊嘿

别妄想得逞啊哈嘿。

普吉德托克太到了婆家,婆婆把财产交给她唱道:

钥匙和锁头啊心肝

串在一起交给你嘿,

牛马牲畜啊心肝啊

在前边山坳里啊嘿。

使这个家兴旺啊还是

衰亡啊?全仗你心肝,

使这群牲畜繁殖还是

萧条啊?全靠你心肝。

普吉德托克太腼腆地回唱:

要想离开沙坨子啊嘿

来到这里干什么啊嘿!

要想不听父母话啊嘿

何必来这个家啊哈嘿!

要想脱离干活儿啊嘿

来到这里干什么啊嘿!

要想不听父母话啊嘿

何必叩拜观音菩萨嘿!

(载自《奈曼民歌》,杭图德·乌顺包都嘎编著,孛儿只斤·额尔德木图汉译)

月　亮

说起出生的地方

啊月亮啊哈嘿

喇嘛庙东北边的

道劳代村里啊嘿。

说起饮水的地方

啊月亮啊哈嘿

流向东北方向的

纳里德皋勒啊嘿。

忍耐其品行啊嘿

嘎匝哥哥啊哈嘿

十个月的毒素啊
积在胸脯里了嘿。
邻里大家知道了
不行了的啊哈嘿，
我俩还是要逃到
阿鲁科尔沁巴林！
叶喜嘎瓦本来是
富裕的人家啊嘿，
豪绅大人面前啊
有脸面的人啊嘿。
叶喜嘎瓦知道了
不得了啊啊哈嘿，
准备一些应用物
逃走吧我们俩嘿。
早就把生存的路
连在你身上了嘿，
难以与叶喜嘎瓦
对付过一辈子嘿！
嘎匝哥哥没法子
只得捶胸哭泣嘿。
与会达喇嘛们啊
得知情况之后啊
忘记了在开会嘿
悲悲切切啊哈嘿。
继续开会的时候
与会喇嘛们啊嘿
心不在焉听经会
寻思月亮常戚戚。

　　放马的年轻人嘿

　　见到月亮之后啊

　　跳下马来站在那

　　一动不动眺望啊。

　　刚刚下工的老人

　　遇见月亮啊哈嘿

　　说声悯爱的月亮

　　放慢脚步难向前。

　　（载自《奈曼民歌》，杭图德·乌顺包都嘎编著，字儿只斤·额尔德木图汉译）

金　龙　华

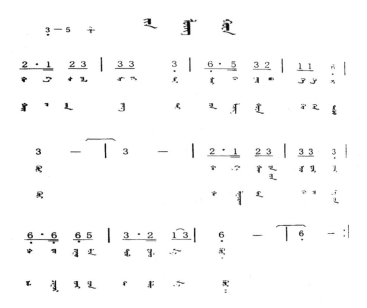

　　父母包办金龙华许配给了哈丹通拉格。金龙华没能与自己相爱的僧格嘎日布结婚，所以，经常与他见面谈心。有一天，金龙华在野外放牧，瞭望僧格嘎日布的到来。俩人从遥远的距离对唱：

骑黑骏马的僧格嘎日布啊
风尘仆仆驰骋在旷野上嘿,
温柔可爱的金龙华妹妹啊
手摇绸巾招徕心爱的哥哥。

骑栗色骏马的僧格嘎日布
顺着呼和德楞甸子疾驰嘿,
温顺可爱的金龙华妹妹啊
手摇围巾招徕亲爱的哥哥。

看到这个场面,邻里青年扎木苏荣对别人唱:

爱吃跳鼠的大花猫啊哈嘿
这边那边猫着抓住了跳鼠,
骑着骏马的僧格嘎日布嘿
跑来跑去遇见了金龙华嘿。

爱吃老鼠的大花猫啊哈嘿
猫来猫去抓住了老鼠啊嘿,
骑着黑骏马的僧格嘎日布
芦苇塘里见到了金龙华嘿。

金龙华看中僧格嘎日布是因为:

僧格嘎日布所骑的马嘿
由小走大走齐全啊哈嘿,
我那丑陋丈夫所骑的马
没由小走大走只有大颠。

僧格嘎日布所背的枪啊
响亮而有七十三颗子弹。
我那矮个子背的枪啊嘿

没声而还有五十三补丁。

（载自《奈曼民歌》，杭图德·乌顺包都嘎编著，孛儿只斤·额尔德木图汉译）

巴布达喇嘛

博勒梯庙附近离村子较远居住的名叫公主的妇女，在庙仓萨拉齐挤奶为生。其丈夫病逝之后，她与附近村里尼玛扎拉散谈妥要住在一起。可是，不久与资本雄厚的巴布喇嘛有染，相互来往的勤了。巴布喇嘛早晨起来，爬到庙宇后山，瞭望远处的奥特尔萨拉齐唱道：

> 宽阔敞亮的绿草原啊
> 是王府的萨拉齐啊嘿
> 难以忘怀的小情人啊
> 是情深意重的公主嘿。

> 远处葱葱郁郁的啊嘿
> 是沙坨花的奥特尔嘿，

铭记难忘的小情人啊
美丽漂亮的心肝公主。

早晨起来挤奶子的公主,望着远方唱道:

从远方看见的是啊嘿
唯一的牙日奈树啊嘿,
悲切的心中晃动的是
嘎布楚巴布喇嘛啊嘿。

从遥远的地方看见的
寺庙周围的林子啊嘿
在我心中晃动的是嘿
年老的巴布喇嘛啊嘿。

不久,巴布达喇嘛与公主同居了。附近的年轻人们嘲笑唱道:

成群结队的鸽子啊嘿
离不开寺庙的附近啊
走路不便的巴布喇嘛
住在虔诚的公主家里。

结队成群的家雀啊嘿
离不开布日格图德楞
驼背喇嘛巴布的灵魂
离不开可爱的公主家。

有牛马的巴布达喇嘛
已经占有寡妇公主嘿
尼玛扎拉散没有办法
只能迁往阿鲁科尔沁。

有财产的巴布达喇嘛

同居可爱的寡妇公主

贫穷的尼玛扎拉散嘿

迁往阿鲁科尔沁啊嘿。

（载自《奈曼民歌》，杭图德·乌顺包都嘎编著，孛儿只斤·额尔德木图汉译）

嘎嘎拉玛

河边的韭菜啊嘎嘎拉玛

一撮一撮的揪啊有兴趣

皋勒艾勒嘎嘎拉玛妹妹

栖息在心肝不分离啊嘿。

原野上韭菜啊嘎嘎拉玛
三撮五撮的揪啊有兴趣
塔拉艾勒嘎嘎拉玛妹妹
栖息在心腹不分离啊嘿。

嘎嘎拉玛辫拢的头发嘿
恰似青龙的犄角啊哈嘿
你那定睛注视的眼睛啊
胜过夜明珠更明亮啊嘿。

嘎嘎拉玛盘龙的头发嘿
活生生的白龙犄角啊嘿
你那偶尔扫视的眼光啊
胜似如意明珠更明亮嘿。

永远吃不厌烦的是啊嘿
奶豆腐和乌乳馍啊哈嘿,
占据心肝不分离的是嘿
美丽漂亮的嘎嘎拉玛嘿。

永远吸不厌烦的是啊嘿
红色美味的香烟啊哈嘿
占据心肝不分离的是嘿
婀娜多姿的嘎嘎拉玛嘿。

(载自《奈曼民歌》,杭图德·乌顺包都嘎编著,孛儿只斤·额尔德木图汉译)

赛罕达古拉

色布虎林敖包艾勒的陶克陶胡是赛罕达古拉的表叔。日久天长，他们彼此产生了爱慕之心、无话不说的感情。可是因为叔侄关系，赛罕达古拉在别处订了婚。赛罕达古拉被送往婆家的那天，陶克陶胡急急忙忙骑上马，恨达古拉"说话不算数"而赶了上来，唱道：

　　　　　备上白骏马的鞍嘿
　　　　　装上砂枪的子弹嘿
　　　　　为截住达古拉的路
　　　　　站在岔道注视各路。

　　　　　备上骟马的鞍啊嘿
　　　　　装上五眼枪的子弹

为截住达古拉的路
站在高处注视四方。

陶克陶胡望着送亲车,唱道:

前边领路的是乌日图的车
套俩骡子的是达古拉的车,
后边跟着的是浩毕图的车
套俩骡子的是达古拉的车。

在右边走的是巴特尔的车
套俩骡子的是达古拉的车,
在左边走的是吉如和的车
套俩骡子的是达古拉的车。

陶克陶胡策马扬鞭赶上了
套两匹花骡子的车啊哈嘿
截住了赛罕达古拉的车嘿
质问原先的契约怎么样啦?

原先答应的事怎么样了嘿?
我们的好事怎么办达古拉?
以前答应的话算不算数嘿?
如今你的心愿向哪里啊嘿?

赛罕达古拉回唱:

做枕头的布料啊表叔啊嘿
做头巾啊合适吗?啊哈嘿
娶自己外甥女儿啊表叔嘿
人们的舆论怎么样啊表叔?

做袜子的布料啊表叔啊嘿

做帽子合适吗？啊表叔嘿

娶自己亲外甥女儿啊表叔

人们的舆论怎么样啊表叔！

陶克陶胡听达古拉一席话，如咽下冰块一样，当即骑上骏马，无言而归。

（载自《奈曼民歌》，杭图德·乌顺包都嘎编著，字儿只斤·额尔德木图汉译）

罕达日玛

说起出生的地方啊哈嘿

土默特蒙古贞的边界上，

应缘出嫁的地方啊嘿罕达日玛

奈曼旗那木斯来扎兰的长子啊。

说起饮水的地方啊哈嘿

前边流的奈林布拉格水,

应缘出嫁的地方啊嘿罕达日玛

奈曼旗那木斯来扎兰的长子啊。

钢梁纸里包裹的烟啊嘿

三千三百元的贵重烟嘿,

想和钢铁木耳一起抽啊嘿完蛋了!

人间不该发生的事发生了啊哈嘿!

透亮纸里包裹的烟啊嘿

五千五百元的贵重烟嘿,

想和特木耳钢一起抽啊嘿完蛋了!

擎天大事发生了啊发生了啊哈嘿!

罕达日玛生的美丽又漂亮。罕达日玛的丈夫被别人害死了,当时的政府,告人命案不是那么容易的事。所以,罕达日玛亲自去告状。

套上了大轿车罕达日玛

姓韩的车夫驾驭了车嘿

赴札萨克衙门告状啊罕达日玛!

在大道上风尘仆仆疾驰呢啊嘿!

套上了蓝包车罕达日玛

年迈的车夫驾驭了车嘿,

赴绥东县衙门告状啊罕达日玛!

在上库伦的大道上疾驰呢啊嘿!

在热河城的大街上走过

凿碾子的石匠也看见她，
再看一眼漂亮的脸蛋啊石匠嘿！
失手掉下凿斧子压断了大拇哥！

在锦州城大街上走过嘿
算命的瞎子也知道了她，
虽然看不见她的脸面啊瞎子嘿！
一排一排跌倒在坑里不起来了！

在宽敞的街道上走过嘿
写文章的先生看见了她，
被她的美貌迷住了神先生啊嘿！
写错了句子被牵连案子了啊嘿！

人烟繁华的大街上走过
两鬓花白的老头们知道了，
为看一眼闻名的罕达日玛啊嘿
刮好胡须跑步跟上罕达日玛嘿！

饭馆门前罕达日玛走过
饭馆子掌柜的左右踱步，
被罕达日玛的美貌迷住了啊嘿
两间房子着火了还不知道啊嘿！

水果铺前罕达日玛走过
卖水果的掌柜的懵住了，
张口望着罕达日玛啊嘿完蛋了
邻里孩子偷光了水果还不知道！

理发店门前罕达日玛走过
理发的老少们吵嚷起来了,
眼看罕达日玛的美貌啊嘿完蛋了
把人家一只耳朵刮下来还不知道!

柴禾市中间罕达日玛走过
驾车的老板子都跟着跑了,
跟着看漂亮的罕达日玛嘿完蛋了
马毛车翻轴承断了还不知道啊嘿!

大佛寺门前罕达日玛走过
达喇嘛与二喇嘛跟着跑了,
抬头望着漂亮的罕达日玛嘿完蛋了!
七位麦大力跌倒在其上还不知道嘿!

忽如克庙前罕达日玛走过
呼毕勒罕葛根也跟着跑了,
跟着赞叹美丽的罕达日玛嘿完蛋了!
青砖瓦的庙宇倾倒了还不知道了嘿!

(载自《奈曼民歌》,杭图德·乌顺包都嘎编著,孛儿只斤·额尔德木图汉译)

张 玉 玺

王买卖是关内人。他来到科尔沁草原买了一头毛驴和一辆勒勒车,装上货物到一个村子做买卖,认识了在这蒙古村久居的汉族姑娘张玉玺,而且有了感情。于是,他在村中来回走着,把自己的想法当成真实,唱道:

我从山东出来的时候

背着鞋子出来的。

自从看上张玉玺,走运了

我的白毛驴下了驹,下了驹。

我从关里出来的时候

赤足光脚出来的。

自从爱上张玉玺,走运了

三岁毛驴下了驹,下了驹。

村里人们听到他的唱歌,很生气:"你一个年轻人,胡乱唱什么？趁早回去吧!"王买卖很伤心,唱道:

> 在沙梁的漫坡上
>
> 狼尾草长得旺。
>
> 生活在沙坨子里的人们真奇怪,
>
> 把一对有情人拆散了,拆散了!

> 在坨子岗的斜坡上
>
> 黄蒿草长得旺。
>
> 生活在坨子上的人们真奇怪,
>
> 把一对恋人拆散了,拆散了!

王买卖说完,心想:"回去之前再看看相好的张玉玺吧!"便带上礼物一盒胭脂、一盒口红到张玉玺家去了。礼物刚放在炕上,张玉玺的父母问:"孩子,这是什么?"王买卖说:"我唱给您听!"

> 白纸里包的白纸包
>
> 特意拿来送给你。
>
> 打开白纸包看吧,张玉玺,
>
> 里边有脸上涂的胭脂。

> 红纸里包的红纸包
>
> 送给心灵手巧的你。
>
> 打开红纸包看吧,张玉玺,
>
> 里边有嘴唇上抹的口红。

张玉玺的父母听了很生气,把他撵了出去。

王买卖从张玉玺家出来时,有一串鸿雁"咕嘎……咕嘎……"地叫着,在头上飞过。他来到这里,听人们说"慈鸦叫了是不祥之兆"。他把鸿雁误认为是慈鸦或土鸳鸯,心想"完了! 这回可真的吹了!"唱道:

土鸳鸯叫唤了

肯定没有好事了。

温柔的张玉玺怎么了？

见了我都不理不睬不讲话？不讲话！

鸿雁在叫唤了

肯定没有好事了。

温顺的张玉玺怎么了？

见了我都不理不睬不讲话？不讲话！

王买卖想原先不是这样啊！越想越不是滋味,唱道:

原先原先来的时候

她爸爸看了挺好的。

艾勒的人们啊,真麻烦!

把我给撵了,给撵了!

以前以前来的时候

她妈妈看了把话说。

听到不好的消息啊,真麻烦!

把我本人给撵了,给撵了!

年轻买卖怎样被撵也心不死,因为他太喜欢张玉玺了。心想白天见不到无所谓,晚上她一定会瞒着家里人出来的,那时候见她!拿定主意,他就在张玉玺家附近猫着,唱道:

站在院落后面啊

北风吹得凉凉地。

站到墙脚可真怪

小狗叫的不停息,不停息!

站在房屋后面啊

这里风吹得凉凉的。

躲到洼地真奇怪

这个狗叫的不停息,不停息!

白色公鸡不叫了

黄鼠狼子吃了吧?

温顺的张玉玺不出来了,怎么了?

尼姑老妈醒了吧!可能啊!

她家公鸡不叫了

可能狐狸吃了吧?

美丽的张玉玺不出来了,怎么了?

爸爸妈妈醒了吧!可能啊!

王买卖等了多半宿,张玉玺始终没有出来。夜深天凉吃不住了,回到住处,收拾行囊,准备启程回故乡。他又唱道:

背起大小包裹了

歪歪斜斜走起来。

想起可爱的张玉玺,无奈何!

热泪盈满双眼啊,盈满泪!

背起黑白包裹啊

晃晃悠悠走起来。

想起心爱的张玉玺,无奈何!

自捶脑袋悔恨啊,悔恨啊!

要是成了竹鞭子

拿到手里可带走。

要是没有法律啊,干脆地!

把她带到湖南了,拿走了!

要是成了纸叠花

装到钱搭子拿走了。

要是没有法律啊,干脆地!

把她带到山东啊,拿走了!

(载自《奈曼民歌》,杭图德·乌顺包都嘎编著,孛儿只斤·额尔德木图汉译)

双 喜

说起出生的地方啊

达巴盖筒艾勒啊嘿,

应缘出嫁的地方啊

林木中的古日古勒岱嘿。

> 说起饮水的地方啊
>
> 清澈的纳里德皋勒，
>
> 应缘配嫁的丈夫啊
>
> 年轻帅哥陶拉本人啊嘿。

双喜自小跟邻居的福喜青梅竹马，随着年龄的增长，两厢逐渐有了感情。可是，双喜的父母包办，把双喜许配给达巴盖艾勒的陶拉。双喜结婚后，福喜成了失群的孤雁，唱道：

> 树木众多的达巴盖艾勒
>
> 走了双喜姑娘之后啊嘿
>
> 达巴盖艾勒的风水啊嘿
>
> 跟着消失的一样啊哈嘿。

> 自小成伴的双喜昂嘎嘿
>
> 离开的那天开始啊哈嘿
>
> 本人似乎失掉了灵魂啊
>
> 充满悲凉和痛苦中啊嘿。

有一天，福喜路过古日古勒岱艾勒，想看看思念已久的双喜昂嘎。进她家时，双喜高兴地拿出一双荷包给福喜，唱道：

> 瞒着缝制的荷包啊哈嘿
>
> 是装着我爱心的荷包嘿。
>
> 每当看到这个荷包啊嘿
>
> 旧有的情谊不要忘切嘿。

> 趁人静时缝制的荷包嘿
>
> 是装着我情谊的荷包嘿。
>
> 有空看见这个荷包啊嘿
>
> 曾经的心情不要忘切嘿。

福喜激动地唱道:

　　　　带上绣萨日娜花的荷包
　　　　知道双喜你的心情啊嘿。
　　　　装满情谊的这个荷包嘿
　　　　日夜不离地随身带啊嘿。

　　　　带上绣菩提花的荷包嘿
　　　　知道双喜你的情谊啊嘿。
　　　　如果忘记了你的情谊啊
　　　　上天佛爷会不容啊哈嘿。

陶拉下工回家遇见了福喜。福喜立即出来,站在院落当中唱道:

　　　　见面无语似撵走啊哈嘿
　　　　心狠的陶拉干得出来嘿。
　　　　含泪惜别出来的是啊嘿
　　　　想念已久的福喜我啊嘿。

　　　　见面不语似赶走啊哈嘿
　　　　心狠的陶拉做得出来嘿。
　　　　含着热泪辞别的是啊嘿
　　　　依恋双喜的心情啊哈嘿。

陶拉在家里气愤地唱道:

　　　　在原野上种的地啊哈嘿
　　　　不是为了乌鸦而种啊嘿。
　　　　使出十头五只的牲畜嘿
　　　　不是为你花的吧啊哈嘿。

　　　　费尽力气种的地啊哈嘿
　　　　不是为了寒鸦而种啊嘿。

使出好多牲畜是啊哈嘿

不是为你花的吧啊哈嘿。

双喜的美貌传到旗庙,六月的庙会上众喇嘛准备了欢迎仪式。

古日古勒岱筒里出来了

三十辆车在护送着双喜。

管事达喇嘛席润扎布嘿

迎接在皋日亚路背后嘿。

从北边的筒出来时啊嘿

二十辆车在护送着双喜。

旗庙来的喇嘛僧人啊嘿

大家一起出来迎接啊嘿。

庙会结束后,达喇嘛和管事的喇嘛请双喜到后堂做客。双喜向他们作揖致谢,直接往回家走了。达喇嘛在唱:

比那三国演义中的貂婵

更美丽多姿的双喜啊嘿。

因为比貂婵还美丽啊嘿

更加狡猾了双喜啊哈嘿。

比那隋唐演义的罗成啊

更美丽动人啊双喜啊嘿。

因为比罗成还美丽啊嘿,

更加潇洒了双喜啊哈嘿。

众多喇嘛欣赏双喜,称赞她为:

宫廷里的诺颜们欣赏她

日思夜想都是双喜啊嘿。

沏茶倒水的小侍喜欢她

嘴里嘟囔着的都是双喜。

庙仓里达喇嘛欣赏了她
梦中大喊着双喜的名字。
静坐思经的小喇嘛念她
悄悄嘟囔着双喜双喜嘿。

坐禅的二喇嘛喜欢双喜
诵经时喊出双喜的名字。
主管膳食的尼日巴喇嘛
双喜双喜地重复不停嘿。

管理粮仓的官吏们啊嘿
面壁说的是双喜双喜嘿。
念诵菩提经的诸多喇嘛
回头都颂双喜双喜啊嘿。

（载自《奈曼民歌》，杭图德·乌顺包都嘎编著，孛儿只斤·额尔德木图汉译）

第三节　奈曼旗蒙古族传统习俗

一、祭祀文化

祭敖包求雨习俗邻近及家人预先定好祭敖包的日子，各自割柳条捆包好，带到敖包旁，围绕敖包摆好，用柳条绳子加以保护。这样，敖包就着了新装。之后，古代是请孛额进行祈祷。现在是请喇嘛念经，祭龙神求雨。大家杀猪宰羊，煮肉粥。首先用带来的奶食和肉粥祭奠敖包。又把奶酒、白酒祭撒给敖包。然后，敬请喇嘛们用膳，大家享受敖包的恩赐，吃饱喝足为止。接着,进行搏克比赛,分一、二、三等发奖赏。祭敖包结束。

清扫祖先坟墓习俗每年四月四日的清明节,奈曼旗蒙古人都要到其祖先坟茔地,烧饭献朵颜。清明节那天,各家各户所有子孙尽量全去祖先坟茔地,用新起的湿土覆盖加固坟茔之后,大家敬献朵颜烧饭,向祖先的坟茔磕头。称之为给祖先维修家舍。

请奶奶神的习俗为防治小孩子们的急性传染病,奈曼旗蒙古人每年春天请种痘先生来为孩子们种痘。在种痘期间严防污染,保持清洁。种痘成熟结痂,是种痘先生要回收的"种子"。痂落时节,人们准备好吃又好看的小巧玲珑的豆包,带上各色布条,领着那些受种痘的孩子们,爬上历年祭奠"奶奶神"的高处。在那里,摆上供品,把带去的布条分别系在高处树枝或干草枝上,好言请奶奶神上天。为了使奶奶神高兴,把做好的豆包撒向四处,让种痘的孩子们竞相捡豆包。在这期间,痘痂纷纷被碰落。等孩子与家长回去后,种痘先生赶紧过去捡那些痘痂,以备来年的种痘。

二、狩猎文化

围猎习俗春季或秋季,收完田园或放开畜群之后,邻近村子的人们见面商定围猎的时间和地点,通告有关人们。到预定时间,人们从不同方向走到指定的围场,徒步走的或骑马牵猎犬的人们,从四面八方形成包围圈。之后,人们不断地高声呐喊着,惊吓围场内的猎物——野鸡、兔子、沙斑鸡、狐狸、狼等,步步缩小包围圈,还大声吆喝着指点猎物的去向。陆地上有猎犬跟踪,天空中有猎鹰翱翔。拿布鲁的掷布鲁,拿连棍的抡连棍,拿猎枪的瞄准猎物,牵猎犬的放猎犬,把个猎物打得上天不能,钻地无孔。徒步走的人们找到猎物惯跑的行径,放下套子,等待被逼急而走投无路的猎物来自投罗网。如果野鸡飞上天,看到的人们大声呼喊:"天上……天上……"来提醒同伴们。收猎的时候,幸运者有十个五个收获,熟练者也有三五个野味,最普通人也没有空手而归的。实在无猎获物的人也可以参与有争议的猎物之裁判,分得"麻纳罕神的恩赐"——野鸡或兔子。猎获物多的人主动把自己的猎获物分给那些年老体弱的人们,遵行"上天的恩赐大家一起享用"的古老准则。

放鹰狩猎习俗自古以来,席氏家族的蒙古人有放鹰狩猎的习惯。蒙古席氏家族是古代乌梁海部的一个分支。历史上称其为"席卜失兀惕"或"须卜沁"。随着历史岁月的日增,人们习惯称他们为"席卜失兀惕"。古代分乌梁海须卜沁为"兀梁哈须卜沁"、"额勒吉根须卜沁"、"别杜嫩须卜沁"。固日班花苏木乌兰吉台艾勒的席卜失兀惕氏巴力吉老人是一辈子放鹰狩猎的人。

放猎鹰,必须要履行四步艰苦的训练。首先,一入冬就巡察各片森林,以鹰粪辩认哪棵树上有猎鹰过宿。之后,趁黑夜准备套子到该树下,绕着大树慢慢爬行。鹰在树上好奇地观看爬行的人,看着看着入睡了的时候,悄悄地把它套住,牢牢地拴在毡子做的摇篮里。拿到家里,每天用其爱吃的食物喂它,还要不断地抚摸其脑袋、身子,开始使其习惯的第二步。

在当院里准备一个树墩子,把猎鹰用带牛角扣子的皮绳拴在树墩子上固定一个半尺高的木头顶端按上一个二尺长的叫"道古尔"的横木上。之后,不断地抚摸其头,理一理其羽毛,一阵捆绑在毡摇篮里,一阵拴在"道古尔"上,拿出其爱吃的肉类做诱饵,诱逗,按时按量地喂养它。这样经过教它习惯的一定过程之后,进入吊控放猎的第三步。

将拴鹰的皮绳换成长一点的,主人拿其爱吃的肉块,站在鹰能飞到的远处,嘴里喊:"嘛!嘛!嗨,嘛!"诱逗猎鹰。这时,被吊控饿了的猎鹰不顾一切地飞来啄食物。经过数次诱逗,给它吃一些肉块。之后,又将猎鹰拴在原处,再诱逗它。每次诱逗,猎鹰都飞过来欲啄食物,这就喂它吃个饱。这样训练差不多了,就把猎鹰吊控一阵,拿到野外对野鸡或野兔放。这是第四步的训练。

当猎鹰击杀野味之时,主人手里拿诱饵,大声喊:"嘛!嘛!嗨,嘛!"的时候,猎鹰就叼着击杀的猎物飞回来。主人拿刀子割开猎物的侧腋,掏出其心肺五脏给猎鹰吃。如此以来,猎鹰与其主人混的更熟。如果主人不及时赶到的话,猎鹰自己吃饱。主人就拿诱饵叫它回来,而猎鹰不回来的话,这就再不回来了。

席卜失兀惕氏有与众不同的忌讳,那就是不食用动物的肠、胃、脾脏、骶等部位。他们吓唬子孙后代说"吃肠胃要撑死,吃脾脏要断肠",来达到忌讳的目的。

三、游牧文化

为牲畜系彩绸带献给神的习俗奈曼旗蒙古人有给自己最疼爱的牲畜脖子上系上彩绸带,献给神的习惯。比如不剪翁衮儿马的鬃鬣;任何人不得乘骑翁衮儿马。不得挤翁衮牛的奶;不得杀、卖翁衮牲畜。把青灰色山羊选为翁衮羊,等它老死了不得吃其肉,拉到高处埋葬。

为羊群驱除秽物的习俗到春天,为防治羊群受热而长疥癣,奈曼旗蒙古人有请"唤天孛额"来为羊群驱除秽物的习俗。"唤天孛额"身穿特制宽敞的孛额服装,脖子上套各种颜色的护身结,手拿把上系铜钱铜环的半边鼓,在羊栏里烧各种香料制成的熏香进行驱除秽物。之后,从羊群里抓住一只成年绵羊,四蹄朝上放在地上。孛额口念咒语,摩挲羊身,忽然大声喊:"嗨! 嗨!"绵羊似乎很听话,安静地躺在那里一动不动。这时,唤天孛额光着脚丫子,围绕着羊击着鼓,大声喊叫着,点起九九八十一尊天神。之后,又一次点起九九八十一尊天神,请天神"升天"。整个过程都是光着脚丫子进行。称此为"为羊群驱除秽物"。

进行招财仪式的习俗奈曼旗蒙古人有为了增添福禄,古代是请孛额主持这项仪式,自从藏传佛教进来后,改请喇嘛诵经招财。首先准备好达拉拉杆苏拉噶(招财筒),煮熟整羊之后,把肩甲带肋骨以及四蹄的全羊肉装进达拉拉杆苏拉噶里,露出羊脚连膝盖以上蹄子部分于达拉拉杆苏拉噶之上。再把奶豆腐、奶皮子、乌乳馍、黄油、油拌炒米、红糖、白糖、自制点心、煎饼、哈比赛等最好吃的食物分给参加仪式的人们。这时,喇嘛们开始诵经,吹拉弹唱,铃铛、摇鼓一起奏响。大家跟着高声唱:"呼锐! 呼锐! 呼锐!"这样好多次"呼锐"之后,为首的达喇嘛问大家:"福禄来了吗?稳定了吗!"大家齐声回答:"福禄来了! 稳定了!"招财仪式进入尾声。首先请喇嘛们用膳,接着所有参加招财仪式男女老幼一起,享受招财的恩赐。

四、忌讳文化

厌恶夜猫子与猫头鹰的怪叫习俗夜猫子与猫头鹰都是夜间行猎的肉食类鹰鹞，它们深夜出来袭取田鼠或野兔之类来维持生命。而且发出一种怪声音来吓唬对方惊愕，令其离开洞穴。这样，它们就很容易得手。夜猫子发出的声音，好像人们在大声憨笑。所以，人们厌恶它为深夜憨笑的人一样，很不吉利，不是好东西。猫头鹰发出的声音，好像有人在深夜里呼唤谁一样："嘿，嘿，嘿……"，听见的人们毛骨悚然。所以，忌讳它们的叫声。

敌视渡鸦与狼的习俗对于游牧生活来说，狼与渡鸦是天敌。

渡鸦往往剜吃刚出生的羊羔或牛犊马驹的眼睛，或要剜吃陷泥里的牲畜之眼睛，扣开那些陷泥而难以动弹的牲畜之屁股。所以，牧民们一听到渡鸦"咣"、"咣"的叫声，就立即提醒人们："喂！注意畜群！那个'咣''咣'来了……"

狼一般都要趁下雨刮风的恶劣天气来袭击畜群，所以，人们嫉恨它，连它的称谓都忌讳，称其为"野狗"、"怪物"、"大嘴巴"、"细脚"等等。每逢下雨、刮风、雪天，人们听到雄鹰的叫声，渡鸦的"咣"、"咣"，喜鹊的喳喳声，都要提醒年轻人："喂！注意那怪物！云雾中悄悄袭击的'大嘴巴'，下雨天猫腰接近的'细脚'哦！"

五、保护自然生态的文化

弄柴禾用斧子的习俗弄柴禾必须在春秋两季，绝不趁夏天水头向上之际弄柴禾。弄柳条必须用斧子在根际间斜砍下去，在土层上不留茬。这样，来春柳丛的长势更旺，不至于干枯而死。如果用镰刀在割，留茬于土层上面，来春柳丛就会干枯而死。割油松也要在其根际处斜砍，忌讳用铁锹或镐镐连根拔出。如果连根拔出，一年比一年消失，土壤表层很快就会破坏殆尽。割柳条或油松，注意从其逆风处一步一步往外割，忌讳从其顺风处割除一片。这样割，上风处留下的部分保护其下风处的再生长具备不可缺少的条件。这是防止流沙淹没柳条或油松的科学方法。

熬地方茶喝的习俗 本地蒙古人有从野外捡回草木类熬茶喝的习惯。其中有"苏敦茶"、"布日噶森茶"、"胡日干茶"、"哈日吉勒茶"和"布达尔甘茶"等五种茶。还有炒小米熬成茶,加鲜奶喝之外,熬面粉煮成稀粥,称其为"面茶"。如果遇到灾年,奈曼旗蒙古人从沙坨上割来名叫"粗粝格尔"的植物,打下其种子,炒了压成面,或碾成米,煮着吃。或者从野外捡一些野菜,如"乌拉盖"、"哈木忽勒"、"穗哈"等,掺点牛奶,渡过艰年。所以,蒙古人称:我们保护大自然,大自然养育了我们。

六、农垦文化

祭祀场院的习俗 秋收将近尾声之际,选择一处平坦风顺的地方,平整土地,清除草木石头。把拉回来的作物平铺在场院里,或用牛踩,或用碌碡碾压之后,用木叉、木锨分离作物的根植与硕实。再用粗眼筛子分离小石子与细土。一年的收场结束之后,把木锨、木叉、碌碡、扫帚、筛子等用具有序地摆放在场院中央,作肉粥加黄油祭祀场院。祝福木锨称:"为我们付出力气的木锨,付出一生的木叉,我们祝福你";祝福碌碡时称:"滚滚不息的碌碡,打下无数粮秣的碌碡,咚咚前行的碌碡,打下丰收粮秣的碌碡,我们祝福你"。称祭祀场院为"讨欣太白金星"的仪式。

七、喜庆文化

游戏习俗 每逢节假日或正月、冬季闲暇日,奈曼旗蒙古人聚集在一起,玩麻将、追胡、六十牌、骨牌。老年人或年轻姑娘们则玩鹿棋、裤裆棋、十二连棋竞赛。他们为了赢对方,争得面红耳赤。在室外,就有踢毽子、踢撑头、扔狼仍、击嘎拉哈。击嘎拉哈游戏要分包、坑、白、红、翁衮、行黑勒。还有猜谜语、朗诵古书、拉唱乌里格尔、唱民歌、奏乐器、击尜儿、射箭等竞赛。

过新年习俗 每年腊月廿三日,奈曼旗蒙古人都要举行祭火仪式。首先,各家各户都要煮肉粥,点上香。肉粥上加黄油、红糖,与白酒、红枣一起祭撒给灶神。大家跪拜,祈祷全家人在新的一年里幸福、安康、欢乐。同时,还给祖先献祭朵颜、烧饭。

　　大年三十那天，奈曼旗蒙古人有煮手把肉或饺子，煎祭佛的点心等，准备过大年。还要把祭火粥、大年饺子、煎饼等送给兄长亲戚，问问这些礼物味道可口不可口等习俗。

　　大年初一，祭拜天神，看方向，相互祝贺新年。起早，在大年三十晚上立起来的敖包上点香，祈祷新年的理想，向天神磕头。之后，向预先看好的方向出行。他们认为这样可以在新的一年出行任何方向，去住任何地方都安全无忧。基本方式是向东出去，绕行从由南边进来；或向西出去，绕行从北面进来。

　　喝完早茶后，小辈们到兄长家里，献哈达，敬酒，跪下磕头拜年。兄长们对小辈致以衷心的祝福，其大概意思如下：

　　祝你五畜满山坡，长命百岁！

　　家园牛羊成群，幸福常在！

　　幸福不断，精神愉快！

　　如此很多。磕头拜年的人等兄长祝福到："长命百岁，幸福美满！"之后方才可以抬起头。

　　问安问好的习俗奈曼旗蒙古人遇见熟人、兄长都要把双手叠放在右膝上，身子略前倾，哈腰，进行问安的习惯。兄长叫子弟名讳时，要答应"嗻！"不得很随便地称："啊"或"哎"。如果称："啊"的话，兄长就生气责问："你是我的父亲吗？称'啊'？"到人家门口，看门狗阻住你的去路时，等家里人出来喝住狗，之前绝对不可以打狗。遇见离群的牛犊、羊羔或单独走失的牲畜，必须送到失主手里，或捎信给他家。

　　端午节习俗奈曼旗蒙古人每年端午节，必须趁日出前起床，到野外捡艾蒿，塞在耳朵里，夹在门、窗等处。他们认为这样做是能驱除一切秽物，辟邪。他们忌讳农历八月十五。据说，很早以前的八月十五这天，有一个异族对蒙古人进行残酷的屠杀，并连续了很长时间。到翌年的五月，成群的鸿雁在空中排列成长长的线，不断地"咕嘎"、"咕嘎"叫着过去时，刽子手们以为很多人在朝他们袭击过来了，急急忙忙收兵回去。从此，蒙古人重视五月五日，禁杀鸿雁。

八、婚庆文化

首先请媒妁去看中的姑娘家里说亲。结果,有可能成功迹象的话,让儿子去见姑娘的父母亲。姑娘家的父母答应这门亲事的话,说定日子置酒席,谈好聘礼,牛、马以及什物的详细数目。等把聘礼交齐后,男方选定结婚吉日,让媒人到女方家里通知这些规定,征求他们的意见。新婚庆典男女双方一样举行。

男方聘请贵客,准备宴席之后,让儿子穿上最好的绸缎衣袍,扎上三庹长的绸子腰带,挎上蒙古刀和火镰,顶戴华菱,备齐上弓箭。伴郎和祝颂人,再加几个行动敏捷、能说会道的年轻人,选骑良好的骏马,簇拥新郎赴沙恩图宴。

新娘家也和男方一样,聘请贵客,准备宴席之后,趁男方沙恩图宴的人们到来之前,让姑娘穿上最好的绸缎衣袍,戴上珊瑚、绿松石头饰,插上三支簪子,并准备随礼的箱子、衣物、牛马等。让姑娘到应嫁屋里,由送亲的姑娘们层层护住,前面放长条桌子。

男方沙恩图将到的时候,女方派几个人去迎接。在这段路上,迎接人们欲抢新郎的帽子而追逐。等他们到来,女方的祝颂人护住门栏,欲使对方难住而质问对方:"你们是何人?有何贵干?"男方祝颂人冲到跟前,把自己过来迎亲的事由用流畅押韵的诗歌形式,讲道理摆事实地一一道来。女方被说住了,哑口无言,请男方进屋。没有儿子的人家,还可以应聘倒插门的赘婿。

女方祝颂人领女婿先向佛像磕头。之后,拜见新娘的爷爷奶奶、父亲母亲以及有关兄长,一一敬酒。这时,女方开始摆喜酒,摆上全羊或八盘八碗,加上火锅。请所有的贵客入席。新郎从主桌的首席亲家开始,半跪敬酒。新郎转到新娘屋里,用刀割开新娘前面桌上盘子里的绵羊尾巴两边,交叉放到尾巴上面,再用刀割下尾巴上面的肥肉,吃一块,把剩下的放回盘里。新郎用这种方式品尝三次,又把剩下的三块肥肉放回盘里。之后,拿起沙恩图腿骨,用手拧断,取出髁骨,装到自己的挎包里。接着,新郎拿出鼻烟壶,对那些护住新娘的姑娘们半跪,一一敬献鼻烟壶。这些姑娘们有抢夺鼻烟壶塞子的规矩。所以,伴郎早有准备,把鼻烟壶塞子使劲拧紧之后,才给她们。新郎也有准备,敬鼻烟壶之际,用大拇指和食指掐紧鼻烟壶,以防被抢了过去。如果不小心鼻烟壶或壶塞子被抢了,那还得半跪敬酒,请求姑娘们高抬贵手,把鼻烟壶还给他。

这时候,新娘的嫂子出来,给新郎换新装,带箭巾荷包,换新靴子。如果靴子略小,穿不进去的时候,嫂子忽悠说:"哎呦,你不是人而是纯脚啊!"

当新娘辞行的时候,护住新娘的姑娘们和新娘一起放声大哭,欲不让新娘离开家。这时候,嫂子们出来,从两旁扶住新娘,弄开姑娘们,送新娘上车或骑上马。送亲车启程。

送亲车到男方家时,新郎的嫂子们迎接送亲队伍,扶住新娘,盖上她的头,迎进大院。首先向男方佛像磕头。之后,男方聘请的主婚父母出来,用簪子给女儿分发,戴上耳坠子和簪子,扎上额箍,换上媳妇装。接着,举行新娘磕头之礼。新娘磕头认公公婆婆时,把自己做好的鞋或靴子献给他们。对丈夫的兄弟姊妹都有一定的礼物。

接着,开始摆酒席,摆上全羊或八盘八碗,加上火锅。请本村德高望重的、并且是台吉出身的首席亲家坐中间,再请女方送亲来的所有的贵客与本家兄长九位与他们共同入席。其余客人均入席后,新郎新娘从主桌的首席亲家开始,对全体贵客敬酒。每一桌都有专门知客的,劝酒到全部客人一醉方休。尤其是送亲的,必须喝倒为目标劝酒。

酒席接近尾声,送亲的启程之际,女方要选出一位老练又有经验的中老年上辈女人,留在新娘身边,为新婚二人做催合工作。当贵客辞别的时候,又要摆上简单一桌,请辞别的亲家们喝上"冒鲁尔"酒——上马酒。这回是有定量,必须喝三杯以上。

婚庆结束后,婆婆对新媳妇交待自己家的炊具开始,到牲畜、柴禾、院落以及生活中的所有一切。还要谆谆教导与本家有关系的上辈们的名讳。比如,忌讳白为"吉兰"、红为"吉拉甘"、黑为"巴然"、黄为"昂吉尔"、布哈为"阿斯玛克"……如此种种。

三天后，女方有三日回门的规矩。新娘的娘家准备女儿平时爱吃的肉类、点心等，来看望姑娘。

主要参考文献：

《元史》【明】宋濂撰，中华书局，1976 年 4 月汉文版。

《史集》【波斯】拉施特，余大钧等汉译，商务印书馆 1983 年 1 月汉文版。

《蒙古秘史》巴雅尔，内蒙古人民出版社，1981 年 1 月蒙文版。

《成吉思汗史记》赛熙亚乐，内蒙古人民出版社，1987 年蒙文版。

《史记》司马迁，上海古籍出版社，1986 年汉文版。

《汉书》班固，中华书局，1962 年汉文版。

《后汉书》范晔，中华书局，1965 年汉文版。

《三国志》陈寿，中华书局，1959 年汉文版。

《晋书》房玄龄等，中华书局，1974 年汉文版。

《宋书》沈约，中华书局，1974 年汉文版。

《魏书》魏收，中华书局，1974 年汉文版。

《隋书》令狐德芬，中华书局，1973 年汉文版。

《旧唐书》刘昫，中华书局，1975 年汉文版。

《新唐书》欧阳修，中华书局，1975 年汉文版。

《宋史》脱脱，中华书局，1974 年汉文版。

《辽史》脱脱，中华书局，1974 年汉文版。

《金史》脱脱，中华书局，1974 年汉文版。

《中国民族史》吕思勉，东方出版社，1995 年汉文版。

《北方民族文化新论》高延青，哈尔滨出版社，2001 年汉文版。

《北狄源流史》何光岳，江西教育出版社，2002 年汉文版。

《突厥人和突厥汗国》马长寿，广西师范大学出版社，2006 年汉文版。

《中国北方民族史探》陈琳国，商务印书馆，2010 年汉文版。

《唐代九姓胡与突厥文化》蔡鸿生,中华书局,1998年汉文版。

《内蒙古大事记》乌日吉图,内蒙古人民出版社,1997年汉文版。

《哲里木盟志》杨青锋,方志出版社,2000年汉文版。

《库伦旗志》包福舜,内蒙古文化出版社,2005年汉文版。

《奈曼旗志》吴志强,方志出版社,2002年汉文版。

《开鲁县志》耿璞,内蒙古文化出版社,2001年汉文版。

《科尔沁历史与地理》额尔德木图等,内蒙古文化出版社,2010年汉文版。

《科尔沁文化史》额尔德木图等,内蒙古人民出版社,2002年汉文版。

《哲里木史话》德力格尔,远方出版社,1995年汉文版。

《奈曼民歌》杭图德·乌顺包都嘎等,内蒙古少儿出版社,2008年蒙文版。

《奈曼旗地名典》张斌等,内蒙古人民出版社,2009年汉文版。

《奈曼旗蒙古族名人集》杭图德·乌顺包都嘎,内蒙古人民出版社,2011年蒙文版。

《奈曼旗地名解释》孟根达来、希儒博,内蒙古文化出版社,2012年蒙文版。

《奈曼民间故事》杭图德·乌顺包都嘎等,内蒙古少儿出版社,2008年蒙文版。

《蒙古地志》【日本】柏原孝久、滨田纯一,内蒙古社会科学院资料复制社,1986年汉文版。

《民国初年蒙旗"独立"事件研究》田志和等,内蒙古人民出版社,1991年汉文版。

《中国百科全书·中国历史·元史》中国大百科全书编辑委员会《中国历史》编辑委员会元史编写组,中国百科全书出版社,1985年汉文版。

《蒙古族通史》内蒙古社科院历史所《蒙古族通史》编写组,民族出版社,1991年汉文版。

《蒙古诸王朝史纲》阿巴拉噶兹可汗著,策登道尔吉哈译蒙,内蒙古文化出版社,1999 年蒙文版。

《中亚塔吉克史》【苏联】Б·г·加富罗夫著,中国社会科学院出版社,1966 年汉文版。

《中国民族史研究》中国社会科学院民族研究所(论文集),中国社会科学出版社,1987 年汉文版。

《中亚突厥史十二讲》【苏联】威廉·巴托尔德著,罗秋萍译,中国社会科学出版社,1984 年汉文版。

李儿只斤·额尔德木图

2015 年 2 月 9 日于呼和浩特

后 记

奈曼的文化和这片土地一样,悠久而深厚。

清王朝初期,对奈曼地区实行严格的封禁政策。清王朝中叶以后,内地的土地兼并激烈,农民生活极端艰难。为了谋生,汉族农民进入奈曼地区,"依蒙族,习蒙语,行蒙医,垦蒙土,为蒙奴,入蒙籍,娶蒙妇,为蒙僧等等不齐,否则不容其自掌门户"。这样,奈曼的新文化萌发,农牧结合的体制开始形成。

奈曼文化的内涵博大精深,外延源远流长。经过多年的创造和积淀,博采众长,交流互补,融会贯通,更新开拓,形成了丰富统一,多维一体的传统文化。地理,是特定文化形成的界限;历史,是特定文化形成的过程。

奈曼部是古代吉尔吉斯部的分支,她的历史记载出现于我国汉代史书上。上下可溯两千年的有文字的历史。蒙元时期,奈曼人和其他蒙古部落一样,积极参与统一蒙古各部的伟大事业,积极参与统一祖国的事业,打通中西方文化和连接南北方经济而立下了汗马功劳。

奈曼部的历史上,杰出人物层出不穷。古代有塔塔统阿、可可薛兀撒布里克、衮楚克……近现代有苏珠克巴特尔、玛西巴特尔、布和克什克、戈瓦等等。他们在各自所处的历史时期内,均为祖国、为人民立下了不朽的功勋。他们虽然所处时代不同,事业有别,但都有一个共同的特点,那就是执着地献身于祖国、献身于中华民族的振兴事业。

令人欣慰的是不管"奈曼文化"有多深厚,有多悠长。研究以往,是为将来打基础;我们这块热土怎样从一个游牧文化逐渐演变成半农半牧、直到纯农业文化的? 其中成功的经验占主导地位,而失败的教训更为重要。正因如此,我们有责任,有义务对其搜集和整理。同时也有感情,有实力对其进行总结和归纳。

这是蕴涵着多少和奈曼有血缘关系或地缘关系的专家学者们的深厚情谊,包容着有志者多少代的精神追求,体现着研究者在翻阅历代文化典籍和野史笔记根基的同时,又不断地深入社会底层,调查实证,防止偏见造成错觉的求真务实科学态度。

这是一部民族历史的读物,更是面向未来的教科书。我们纂写这本书的时候,注重的是客观和事实,力求的是给读者一份实事求是的资料。文字计划50~80万字,图文并茂,兼政治、经济、传说、历史、诗歌、图画融为一体的文化史。我们执意要纂写这本《奈曼文化史》的目的就是"是书之成,读史者,得实事求是之资;临政者,收经世致用之益"。为奈曼文化的研究提供第一手客观的资料;为奈曼地区的政治改革和经济建设提供借鉴的同时,对其他有关研究提供可靠地依据。对于局外人来说,读不懂"奈曼历史与地理",就无法和奈曼人打交道;对我们奈曼人来说,不自知就更无法知人。本课题为客人提供"奈曼地区通行证"和"消费导游";为主人提供"奈曼明细账"和"座右铭"。

本书编委会主任:布仁(奈曼旗委副书记、旗长)、王广权(中共奈曼旗委书记),副主任:孛儿只斤·额尔德木图(内蒙古民族大学历史学教授、硕士生导师)。编委会成员:李玉山(中共奈曼旗委副书记)、王振山(中共奈曼旗委常委、办公室主任)、李延辉(中共奈曼旗委常委宣传部长)、陈静(奈曼旗政府副旗长)、梁琛(中共奈曼旗委宣传部副部长、文联主席)、王书博(奈曼旗文化广播电影电视局局长)、张文龙(奈曼旗政府四大机关后勤服务中心副主任)、白嘎丽(奈曼旗文联副主席)、却吉(奈曼旗记者站站长)、包玉山(奈曼旗文化馆《奈曼文学》编辑)、杭福柱(奈曼旗文化馆《奈曼文学》编辑)、那顺乌力吉(内蒙古民族大学政法与历史学院教师)、包乌日娜(内蒙古民族大学2010级双语本科生)、马布和(奈曼旗第五中学教师)。

图书在版编目（CIP）数据

奈曼文化史／孛儿只斤·额尔德木图 编著-呼伦
贝尔：内蒙古文化出版社，2016.3
ISBN 978-7-5521-1043-2

Ⅰ．①奈… Ⅱ．①孛… Ⅲ．①奈曼旗-文化史 Ⅳ.
①K292.64

中国版本图书馆 CIP 数据核字（2016）第 059416 号

奈曼文化史

孛儿只斤·额尔德木图　编著

出版发行	内 蒙 古 出 版 集 团 **内蒙古文化出版社** （呼伦贝尔市海拉尔区河东新春街 4 付 3 号）
直销热线	0470-8241422　邮 编　021008
激光照排	呼伦贝尔市圣山排印设计有限责任公司
印刷装订	三河市华东印刷有限公司
责任编辑	铁山　白鹭
封面设计	鸿儒文轩
开　　本	787 毫米×1092 毫米　1/16
印　　张	42.25
字　　数	587 千
版　　次	2016 年 3 月第 1 版
印　　次	2016 年 4 月第 1 次印刷
印　　数	1～1000 册

ISBN 978-7-5521-1043-2
定价:218.00 元（精装）　160.00 元（平装）